1 MONTH OF
FREE
READING

at

www.ForgottenBooks.com

By purchasing this book you are eligible for one month membership to ForgottenBooks.com, giving you unlimited access to our entire collection of over 1,000,000 titles via our web site and mobile apps.

To claim your free month visit:

www.forgottenbooks.com/free1341374

ISBN 978-0-365-10316-5
PIBN 11341374

Dr. Josef Kohler
Lehrbuch des Bürgerlichen Rechts
Zweiter Band.

Lehrbuch

des

Bürgerlichen Rechts

Von

Dr. Josef Kohler

Geheimer Justizrat
ord. Professor an der Universität Berlin

ZWEITER BAND

Vermögensrecht
Zweiter Teil: Sachenrecht

Berlin
Carl Heymanns Verlag
1919

Druck: Julius Sittenfeld in Berlin.

Vorwort.

Bei diesem vierten Bande meines Werkes, dem in kurzer Zeit der fünfte und Schlußband folgen soll, tritt die ganze Methode meiner Rechtsbehandlung so klar hervor, daß eine Beurteilung vom Standpunkt der abgestandenen früheren Jurisprudenz aus den altvergessenen Zeiten hier ohne weiteres abzulehnen ist. Daß die Jurisprudenz, auf Savignys Worte schwörend, angenommen hat, daß es Aufgabe des Juristen sei, den Willen des Gesetzgebers zu erforschen und durchzuführen, ist ein Jahrhundert lang wie ein Alp auf der Jurisprudenz gelegen, vollständig die Gedanken zerstörend, die aus den Zeiten des alten Naturrechts die Rechtswissenschaft beherrscht hatten und die noch in Hugo Grotius zutage traten. Daß man unterscheiden müsse zwischen Recht und Gesetzgebung und daß die Gesetzgebung nur einer der rechtsbildenden Faktoren ist, zu der noch andere Faktoren hinzukommen, das hatte man längst vergessen. Vor allem gehört dazu die bildende Kraft der Jurisprudenz und der Wissenschaft, und diese bildende Kraft schöpft man aus dem modernen Naturrecht, das sich ersättigt in der Betrachtung und Erwägung aller der Umstände, welche uns umgeben, in der Würdigung der wirtschaftlichen und ethischen Interessen, welche in unserer Kultur walten, und in dem ständigen Bestreben, unseren Kulturgütern die bestmögliche Förderung zu geben. Schon anderwärts habe ich dargetan, daß die ganze Lehre von der Analogiebildung, die Lehre von den Umgehungsgeschäften, die Lehre von den Rechtslücken und ihrer Ergänzung eben nichts anderes als ein Ausfluß des Gedankens ist, daß neben der Gesetzgebung noch andere sehr wichtige Faktoren des Rechtes walten.

Wenn daher immer noch Stimmen auftauchen, welche mir etwa entgegenhalten, daß der Gesetzgeber offenbar etwas anderes gemeint habe, oder daß, wenn der Gesetzgeber so etwas gemeint hätte, wie ich voraussetze, er sich sicher anders ausgedrückt hätte, oder daß man dem Zusammenhang der Sätze etwas anderes entnehmen müsse, so muß ich derartige altabgestandene Einwendungen einfach zurückweisen. Allerdings bin auch ich dafür, nicht allem Neuen einfach zu huldigen und das Altbewährte insoweit festzuhalten, als es einen fruchtbaren Inhalt hat und nicht durch ein Besseres ersetzt ist; allein diese ganze Rechtsbehandlung von Savignys Gnaden her ist eben nicht die Rechtsbehandlung unserer Altvordern gewesen; weder Bartolus hat auf diese Weise argumentiert, noch hat es Hugo Grotius, noch haben es die Naturrechtslehrer getan. Das, was Savigny hier brachte, war eine Verbildung des Rechts, verbunden mit dem ungeheuren Mangel des wahren historischen Verständnisses, wie ihn Savigny der deutschen Rechtsentwicklung entgegenbrachte. Man kann 8 Bände über die formelle Geschichte des römischen Rechts im Mittelalter schreiben und doch gegenüber dem, was dieses Recht uns geboten hat, völlig verständnislos bleiben. Man kann ein Buch über den Besitz verfassen, das als Tat ersten Ranges galt, und dieses Buch kann ein Hohn sein auf die ganze Entwickelung des mittelalterlichen Rechtes, und sein Pseudoverdienst kann nur darin bestehen, daß es alle praktischen Ideen, welche der mittelalterliche Kaufmannstand geschaffen hat, mit dem Feuerwerk einer halbgelehrten Historik verflattern läßt.

Leider ist diese ganze Richtung noch sehr verstärkt worden durch die Ideen des patriarchalen Absolutismus, welcher lehrte, daß die ganze Rechtserleuchtung nur vom Gesetzgeber herrühre, ebenso auch durch die Überhebung parlamentarischer Kreise, welche glaubten, daß aus Parlamentsverhandlungen die Kraft der Jurisprudenz hervorgehe. Sie ist aber leider noch mehr gesteigert worden durch die Mißachtung der Wissenschaft, der man nur eine untergeordnete Stellung zuschreiben zu können vermeinte, und durch die geringschätzige Art, wie man die praktische Jurisprudenz behandelte, als ob unsere Richter nicht Manns genug wären, das Recht in vernünftiger Betrachtung weiter zu bilden, als ob man dem Richter durch eine Logarithmentafel von tausenden von Paragraphen jeweils haarklein sagen müßte, was er im einzelnen Falle als Recht zu sprechen habe. Stets habe ich mich gewundert, daß unter dem Richterstand nicht bei Erscheinen des Bürgerlichen Gesetzbuches ein lebhafter Protest eintrat gegenüber dem Überschwall eines Gesetzes, das in hunderten von Paragraphen nur das sagte, was den Richter die gesunde Vernunft lehrt, und das glaubte, durch eine geradezu vertrakte Fassung dem Richter auch noch die Beweislast an die Hand geben zu müssen, welche sich bei vernünftiger Behandlung des Rechtes von selber ergibt. Ich habe mich gewundert, daß seiner Zeit sich nicht ein lebhafter Widerspruch erhob, als Dambach den Mut hatte zu behaupten, daß die Gerichte vom Urheberrecht meist wenig verstünden und erst durch den Sachverständigenverein belehrt werden müßten. Man ist doch sonst bei uns so feinfühlig, warum hat man in dieser Beziehung nicht eine scharfe Opposition erhoben?

Gerade das Sachenrecht mit seinen ungeheuer schwierigen Problemen bietet unendlich viele Verknüpfungspunkte mit dem agrarischen und industriellen Leben, und das Hypothekenrecht ist der Talisman unserer Finanz und das sachauflösende Machtmittel, welches es ermöglicht, die felsenfeste Welt zum Gegenstand des Geldverkehrs zu machen; es ist eine Hauptnährquelle unserer Kapital- und Wirtschaftskräfte und seine vernünftige Gestaltung deswegen von größter Bedeutung. Aber gerade hier hat man sich vielfach in ein Netz von Formalismus hineinversponnen, was daher rührt, daß man die Grundgedanken nicht ausgedacht und sich vielfach nur an die äußeren Ausläufer gehalten hat. Und wenn dies nicht half, so mußten bei Güthe u. a. bald die Worte des Gesetzes, bald die Vorarbeiten zur Ausdeutung helfen, oder man behandelte die Sache nach der Regeldetri und glaubte auf solche Weise auszukommen.

In der Tat läßt sich aber das Sachenrecht nur erfassen einmal unter Beachtung der Bedeutung der äußeren Natur für die menschliche Ökonomie. Wie sich hier die Einzelwirtschaft aus der Welt des Gemeingebrauches hervorbildet, wie das Recht sodann die großen Probleme der Produktion und des Güterumtausches erfaßt, wie sich hier Arbeit und Natur miteinander verschwistern, wie sich im Servitutenrecht wirtschaftliche, volkspolitische, soziale Rücksichten kreuzen, wie durch das formale Grundbuchsystem das materielle Recht Sicherheit und Festigkeit erwirbt, wie das Pfandrecht in Gestalt des Hypothekenrechtes sich auf der einen Seite mit der Forderung verbindet, auf der anderen Seite wieder von ihr loslöst, wie hier Rang und Stufenfolge herrscht und wie das Pfandrecht sich gleich einer Liane um vergeistigte Dinge, selbst um Forderungen herumschlingt, wie auf solche Weise die Rechtsordnung es vermag, aus der Natur die größtmögliche Förderung menschlicher Interessen herauszugewinnen, das alles muß im Sachenrecht zur Geltung kommen, und auf diese Weise birgt die Lehre eine unendliche Fülle der juristischen Schätze.

Vielen Dank schulde ich den Praktikern, welche mir auf meine Frage über die praktische Gestaltung einzelner Institute geantwortet haben.

Leider konnten meine Nachforschungen in dieser Beziehung nicht so umfangreich sein wie ich gern wollte; die Kriegsverhältnisse waren dem nicht günstig. Nicht aber wollte ich das Werk länger verschieben, denn nach dem Kriege gedeihen auch für die Rechtswissenschaft neue schönere Tage.

Den alten Formalisten aber gelte meine Absage, ihre Zeiten sind hoffentlich für immer vorbei.

Was das Verhältnis von Reichs- und Landesrecht betrifft, so bemerke ich:

Das Landesrecht spielt im Gebiete des Grundeigentums eine sehr große Rolle, mit Recht; denn es handelt sich hier um örtlich verschiedene wirtschaftliche Entwicklungsformen und Entwicklungsstufen, und diesen muß insbesondere die Benutzung der Kräfte von Grund und Boden dienen, anders in vorwiegend agrarischen, anders in vorwiegend industriellen Gegenden, und auch hier wieder anders bei agrarischer Großwirtschaft, anders bei starker Waldkultur und anders bei der Möglichkeit der Gewinnung neuen Kulturbodens.

Alle diese landesgesetzlichen Normen zu verfolgen, ist nicht Sache des dem Reichsrecht gewidmeten Werkes; jedoch soll insofern darauf eingegangen werden, als wesentliche Grundzüge hier zu erwähnen sind, die in den verschiedenen landesrechtlichen Vereinzelungen und Besonderheiten doch gemeinsame Rechtsgedanken erkennen lassen; solche Rechtsgedanken sind, wenn sie sich auch in Landesgesetzen befinden, Reichsrecht, denn sie sind gemeinsames Recht Deutschlands als ein gemeinsamer Grundstamm, aus dem die vielen einzelnen Zweige hervorgegangen sind.

Von diesem Standpunkt soll die künftige Darstellung verstanden werden. Eine in das einzelne eingehende Schilderung der Landesrechte ohne die Grundlegung durch Charakteristik der gemeinsamen Ausgangspunkte entspricht den Geboten der Wissenschaft nicht. Die Wissenschaft muß zeigen, daß wir in Deutschland auch in der landesrechtlichen Zersplitterung ein großes einheitliches Reichsrecht haben, das allerdings nicht im Reichsgesetz steht, aber aus den gemeinsamen Gedanken der Landesgesetze geschöpft werden kann.

Ich schreibe dies in der Bedrängnis Deutschlands. Aber wir arbeiten weiter. Es werden schönere, bessere Tage kommen.

Berlin, Oktober 1918.

Josef Kohler.

Inhaltsverzeichnis.

III. Buch.

IV. Buch.

Abkürzungen:

E. = Entscheidungen (des Reichsgerichts bezw. des Oberverwaltungs-
   gerichts oder des Obertribunals).
E. St. = Entscheidungen in Strafsachen.
EfG. = Entscheidungen in Angelegenheiten der freiwilligen Ge-
   richtsbarkeit.
Gruch. = Gruchot Beiträge.
GBO. = Grundbuchordnung.
GfG. = Gesetz über freiwillige Gerichtsbarkeit.
HGB. = Handelsgesetzbuch.
Hyp. B. G. = Hypothekenbankgesetz.
Johow = Jahrbuch der Entscheidungen des Kammergerichts von Johow
   und Ring.
M. = Mugdan und Falkmann, Rechtsprechung der Oberlandesgerichte.
VVG. = Versicherungsvertragsgesetz.
WO. = Wechselordnung.
ZPO. = Zivilprozeßordnung.
ZVG. = Zwangsversteigerungsgesetz.

Verbesserung.

S. 136 Anm. 3 lies Bauer, Jagdordnung.

Einleitung.

I. Recht und Sache.

§ 1.

I. 1. Gegenstand des Rechts können Güter der geistigen Welt, können aber auch die Güter der Natur sein.

2. Über Gegenstände der geistigen Welt, über Ideen und die Rechte daran ist hier nicht zu sprechen; sie sind anderwärts Objekt der Untersuchung gewesen, und es ist dort zugleich erörtert worden, welche Ideen so weit in unser Leben eingreifen, daß das Recht sie fassen kann.

3. Gegenstände der Natur aber können alle in das Gebiet des Rechts fallen, soweit sie der menschlichen Herrschaftssphäre unterworfen sind; was außerhalb ihrer steht, das steht außerhalb des Rechts (die Sterne, die begehrt man nicht): mit dem Moment aber, wo etwas in unsere Herrschaft gelangen kann, beginnt es möglicher Gegenstand des Rechtes zu werden. So steht der Zukunft noch eine unbegrenzte Möglichkeit zu, Naturwesen in das Recht einzubegreifen.

II. Gegenstände im Raum, welche nach der natürlichen Anschauung den Raum erfüllen (denn die natürliche Anschauung kommt für das Recht in Betracht, nicht die naturwissenschaftlich vertiefte [1]), heißen körperliche Sachen oder kurzweg Sachen; sie stehen hiermit im Gegensatz 1. zu den Kräften wie Wärme und Elektrizität, welche nach der natürlichen Anschauung keine raumerfüllenden Größen sind, sie stehen auch im Gegensatz 2. zu Eigenschaften und Zuständen, welche nur Ab-

---

[1]) Sind die Atome Abstoßungskräfte, die kraft der Abstoßung ihre Selbständigkeit beweisen, so kommt dies im Recht gegenüber der natürlichen Anschauung nicht auf.

straktionen aus der Sachwirklichkeit sind. Kräfte können Gegenstand des Rechtes sein, sofern sie faßbar und der menschlichen
Herrschaft unterworfen sind, nicht aber Eigenschaften und Zustände, welche nur zusammen mit den Sachen in unserer Herrschaft stehen. Dies ist insbesondere patentrechtlich wichtig:
es gibt Sachpatente und Verfahrenspatente, aber keine Eigen-
schafts- oder Zustandspatente. Die Aristotelische Hyle und ihr
Wirken ist Gegenstand des Rechts, nicht aber die Summe der
Eigenschaften, die sie umsäumen.

Bei der Elektrizität ist zwar eine zeitweise Verörtlichung
vorhanden, aber die physisch-wirtschaftlichen Verhältnisse sind
doch so abweichend von denen einer Sache, daß hier gleichfalls
die Übertragung des Eigentumsbegriffs von Übel wäre.[1]) Im
folgenden soll nur vom Recht an Sachen im eigentlichen Sinne
die Rede sein.

III. Die Sachen sind entweder Teile unserer Erdoberfläche,
also Teile der Erde als Raumentwickelung, oder sie sind Raum-
gebilde, die vom Erdball abgelöst sind. Daraus entwickelt sich
der natürliche Unterschied zwischen unbeweglichen und
beweglichen Sachen. Dieser Unterschied muß auch für das
Recht bedeutsam sein. Auf der einen Seite Unwandelbarkeit
und Stetigkeit, auf der anderen Seite die Möglichkeit, die Lage
auf der Erde zu wechseln; bei den ersten heißt es: der Berg
kommt nicht zum Mahomed, Mahomed muß zum Berge
kommen. Auf der einen Seite Sicherheit, aber auch Starrheit
und Ungeschmeidigkeit, auf der anderen Seite eine gewisse
Unstetigkeit und Unruhe, aber auch die Möglichkeit, in
ungemessener Weise den menschlichen Erfordernissen wo und
wie nahezukommen.

Indes ist der Unterschied nicht absolut, denn auch hier wie
sonst kann sich das Recht über den natürlichen Standpunkt
erheben und die Grenzen verschieben. Schon die menschliche
Technik vermag die Starrheit der Grundstücke zu überwinden
und Teile der Erdoberfläche zu verschieben. Sodann vermag
die menschliche Kraft Teile der Erdoberfläche abzulösen und

---

[1]) Über das Elektrizitätsrecht hoffe ich in Bälde besonders
handeln zu können. Es ermangelt noch der eingehenden wissenschaftlichen Bearbeitung; vgl. einstweilen Enzyklopädie II S. 70.

beweglich zu machen. Die Rechtsordnung vermag aber auch
Teile der Erde, die noch unabgelöst sind, wegen der alsbald zu
verwirklichenden Ablösung schon jetzt als beweglich zu erklären, d. h. darauf die Grundsätze der beweglichen Sachen
anzuwenden. Das deutsche und das altfranzösische Recht hat
dies in erheblichem Maße getan.

IV. Die Sache ist eine Raumeinheit; wie weit sich die
Einheit erstreckt, bestimmt das Recht; und auch hier schließt
es sich teils der Natur, teils der menschlichen Bestimmung an.
Zur Einheit verlangt das Recht körperlichen Zusammenhang;
doch genügt dieser nicht: die ganze feste Erde hängt zusammen; aber wir schaffen durch perpendikuläre Absteckung
Teile willkürlicher Art, was allerdings durch rechtliche Soll-
bestimmungen näher normiert sein kann.

Die Absteckungen schaffen wir nach unten und oben und
bestimmen so ein räumliches Ganze, welches, in die Luftlinie
wie in die Tiefe, soweit reicht, als überhaupt die menschliche
Herrschaft reichen kann und welches alles zu umfassen vermag, was mit dem Boden in Verbindung gesetzt ist.

Aber auch hier kommt die menschliche Zweckbestimmung
in Betracht: was die Natur in diesen Zusammenhang bringt,
gehört zur Sache, nicht aber alles, was der Mensch hier einfügt.
Hier gewinnt die Zwecklehre ein neues Feld.

V. 1. Noch mehr tritt die menschliche Zweckbestimmung
hervor, wenn es sich um die Einheit beweglicher Sachen
handelt. Der körperliche Zusammenhang gibt natürlich immer
einen Anhalt, aber er ist nicht allein entscheidend. Auch ein
loser Zusammenhang kann genügen, um die Einheit der Sache
darzustellen, z. B. wenn es sich um die Schubfächer eines
Schreibtisches, um die Teile einer zerlegbaren Lampe, um die
eingeschraubten Teile eines Autos oder um die Gummireifen
eines Fahrrades handelt. Hier ist immer die einheitliche Zweckbestimmung entscheidend, und es ergibt sich der Satz, daß
lose zusammengefügte bewegliche Dinge eine Einheit bilden,
wenn der Zweck des Lebens sie zur einheitlichen Funktion
bestimmt. Umgekehrt kann mitunter eine innigere Verbindung
stattfinden, ohne daß eine Einheitssache entsteht; einmal dann,
wenn die einheitliche Funktion nur eine vorübergehende sein

1*

soll, wie z. B. bei dem eingebauten Reservemagnet eines Autos,
den man in den nächsten Tagen wieder herausnehmen will;
und ebenso können die Abschnitte eines Couponbogens verschiedenen Eigentümern angehören, wenn sie verschiedenen
Personen bestimmt und so eingerichtet sind, daß durch einfaches Abschneiden oder Ablösen eine Verselbständigung eintreten kann.

2. Etwas besonderes gilt auch von den kleineren
Gegenständen, welche haufenweise zusammengeschüttet sind.
Hier kommt es darauf an, ob nach den Anschauungen des
Lebens die kleinen einzelnen Stücke einer besonderen Zweckbestimmung gewidmet sind, wie z. B. bei zusammengehäuften
Äpfeln, wo jedes Stück Gegenstand des Eigentums ist, sodaß
die Äpfelgruppe eine Summe von Eigentumsgegenständen, nicht
ein einziger Gegenstand ist. Noch mehr gilt dies, wenn etwa
Diamanten oder Perlen aufeinander liegen. Anders bei Weizen-
körnern; das einzelne Korn bildet keinen Gegenstand des
menschlichen Verkehrs, sondern erst die entsprechende Gruppe,
weil erst diese Gruppe eine Funktion im menschlichen Leben
ausfüllen kann.

Wie im allgemeinen, so gilt auch hier nicht die natur-
geschichtliche, sondern die menschlich wirtschaftliche Betrachtung. Einheitssache ist nicht, was eine natürlich abgeschlossene Einheit bildet, Einheitssache ist, was die menschliche Wirtschaft als Gegenstand eines einheitlichen menschlichen Interesses ansieht.

3. Sind die Einheitssachen, wie die Perlen, die Äpfel in
beschriebener Weise Gegenstände des menschlichen Interesses,
so kann zwar eine Gruppe derselben eine besondere Rolle
spielen und besondere Funktionen erfüllen, allein dies kann die
Gruppe nicht zur Einheitssache machen; solches würde ja zu
einer übereinander geschichteten oder ineinander geschach-
telten doppelten Einheit führen. Allerdings kann die Zusammen-
gehörigkeit zu einer Gruppe die sachenrechtlichen Beziehungen
beeinflussen, aber sie kann nicht die Einzelsache als Einzelsache verneinen, und dies wäre der Fall, wenn man die Einzelsache zum Teil einer höheren Einheitssache machen würde. Mit
anderen Worten: Sachen, die im Recht als Einzelsachen an-

erkannt sind, können nicht zu gleicher Zeit Teile einer Gesamtsache sein. Alles, was man über die Einheitlichkeit des Vermögens gesagt hat, bewirkt nur, daß die Zugehörigkeit zur
Vermögensgruppe auf die Rechtsverhältnisse einen gewissen
Einfluß ausübt, nicht aber, daß das Vermögen zur Einheitssache
wird. In dieser Beziehung kann ich auf Enzyklopädie II
S. 21 f. verweisen.

II. Recht und Rechtsschein im Sachenrecht.

§ 2.

I. Rechtsschein ist eine solche äußerliche Gestaltung der
Verkehrsverhältnisse, welche den Verkehr zum Glauben an
eine bestimmte Gestaltung des materiellen Rechtes führt. Man
hält den A. für Eigentümer und erwirbt von ihm.

II. Dieser Rechtsschein kann in doppelter Weise wirken,
als eindeutiger Rechtsschein oder kraft doppelter Rechtsordnung: er kann so wirken, daß unter bestimmten Umständen
die Rechtsfolge ebenso eintritt, wie wenn der Rechtsschein
Wirklichkeit wäre; er kann aber auch so wirken, daß der Dritte
die Wahl hat, entweder diese Folge anzunehmen, oder dafür
einzutreten, daß sich die Angelegenheit nach der normalen Regel
gestaltet, daß also der Rechtsschein Schein bleibt und diejenigen Rechtsfolgen eintreten, welche der Wirklichkeit entsprechen.

III. Im Gebiet des Sachenrechtes wirkt der Rechtsschein
regelmäßig eindeutig; der Grund wird sich später ergeben. Daß
aber der Rechtsschein wirkt, das beruht auf der vernünftigen
Bestimmung des Rechts.

Das Recht ist für den Verkehr der Menschen da, und
dieser Verkehr könnte sich nicht gestalten, wenn überall
lediglich und allein die innersten oft recht verborgenen und
schwererkennbaren Grundbedingungen des Rechts für die
Folgen maßgebend wären. Der Verkehr kann sich nur entwickeln, wenn gewisse für das Recht äußerlich sprechende
Umstände so betrachtet werden, als wenn hinter dem Schein
das ihm entsprechende Recht stünde. Dabei ist zu bemerken:

1. Das eindeutige Scheinrecht verlangt, wie die doppelte
Rechtsordnung, den guten Glauben des Erwerbers; denn nur
ein solcher Erwerber kann sagen, daß er sonst durch den

Schein getäuscht würde und daß die Rechtsordnung ihm einen Fallstrick legte. Wer die Rechtsordnung betrügen will, der kann die Rechtsordnung nicht für sich anrufen.

2. Das eindeutige Scheinrecht gilt regelmäßig nur für die Rechtsakte des Verkehrs, es gilt nicht für die gerichtlichen Akte; denn nur zur Sicherung des Verkehrs ist das eindeutige Scheinrecht-bestimmt. Eine vermeintliche Ausnahme wird sich später ergeben.

IV. Das Sachenrecht kennt vor allem zwei Gestaltungen des eindeutigen Scheinrechts: 1. das Recht des Grundbuchs, 2. das Recht des gutgläubigen Fahrniserwerbs.

III. Sachenrecht und Schuldrecht.

§ 3.

I. So sehr das Sachenrecht von dem Schuldrecht getrennt ist, so hat doch das Rechtsleben schon längst Brücken gebaut, welche die beiden Rechtsgebiete vereinigen. Die eine Brücke war das Wertrecht, welches in Gestalt des Pfandrechts mit dem Schuldrecht in nächste Verbindung treten kann; die andere Brücke ist die Verknüpfung des Gläubigerrechts mit einem Sacheigentum in Gestalt des Inhaberpapiers; die dritte ist die obligatio in rem scripta, die Obligation, welche den gegenwärtigen wie den künftigen Eigentümer und Sachberechtigten zum Schuldner macht, das sog. Recht zur Sache, welches durch unser Institut der Vormerkung eine neue Kraft erlangt hat. Wertrecht, Inhaberpapier, Recht zur Sache sind die genialen Verbindungen, durch welche die Rechtsordnung den Abgrund zwischen Schuld- und Sachenrecht überbrückt hat.

II. Eine weitere Verbindung kann noch angebahnt werden durch das Besitzrecht. Schuldrechtliche Verhältnisse wie Miete und Pacht sind nicht bloß schuldrechtlich, wie es die Pandektologie annahm, sondern der gesteigerte Besitz kann hier die Wirkung zeitigen, daß der Folgeerwerber des Eigentümers entweder vollständig in das Schuldverhältnis eintritt wie bei Grundstücken, oder daß er wie bei beweglichen Sachen in das Verhältnis dann eintritt, wenn es der Mieter begehrt. Außerdem treten hier Besonderheiten ein

1. im Fruchtrecht,

2. im Entschädigungsrecht: auch der Mieter und Pächter kann wegen der Eingriffe in seine Genußsphäre Entschädigung, er kann aus Billigkeit im Nachbarrecht Ersatz verlangen.

III. Vom Inhaberpapier ist bereits im 2. Bande die Rede gewesen, ebenso von der Verdinglichung der Miet- und Pachtverhältnisse. Hier ist von den übrigen Verbindungsbrücken zu sprechen, vom Pfand- und Hypotheken- und Grundschuldrecht und von der Vormerkung. Die Inhaberpapiere kommen nur insoweit noch besonders in Betracht, als sie zu diesen Instituten in nähere Verbindung treten.

I. Buch.

Gemeinrecht und Sonderrecht.

A. Allgemeines.

§ 4.

I. Der Übergang vom Gesamtrecht des Volkes, des Stammes, der Familie zum individuellen Einzelrecht ist eine der wichtigsten Erscheinungen des Kulturlebens. Wie er sich vollzog und welche Motive hier tätig waren, hat die Universalgeschichte zu lehren. [1] Die Entwickelung schloß in der Art ab, daß der Einzelperson die einen oder anderen Gegenstände als ihr Eigen zukamen, sodaß diese zu Sachen ihres Gehörens wurden. So entstand nicht nur das Eigentum, sondern das Einzelrecht überhaupt, aus dem sich auch sprachlich das sachenrechtliche Eigentum herausgestaltete: sprachlich wurde das Wort Eigentum zuerst für alles gebraucht, was dem Einzelnen gehört, erst späterhin beschränkt es sich auf das Zugehören sachlicher Gegenstände. Einer der letzten und wichtigsten Reinigungsakte war es, als man das sogenannte geistige Eigentum aus dem Eigentumsbegriff entfernte und einer besonderen Kategorie zuwies.

II. Noch der Sachsenspiegel hat keinen Ausdruck für Eigentümer, sondern drückt sich aus, „jener des de stat is" (I 20,2; I 62,2 und ähnlich). Der Ausdruck „egen" wird hier vornehmlich vom Grundeigentum gebraucht, allerdings auch vom Hörigen (Sachsenspiegel II 19,2), doch auch beides im Gegensatz zu einander, z. B. egen und sine lüde I 52,1; während das besitzanzeigende Fürwort auch für bewegliche Sachen gilt, z. B. I 9,1, sin silver oder ander sin gut. Ausnahmsweise findet

---

[1] Vgl. Lehrbuch der Rechtsphil. S. 110 f.

sich das Wort egindum für Grundeigentum früher, so in Köln um 1170: missus est in possessionem vur hegindum (Höniger, Kölner Schreinsurkunden II 1 S. 5).

Damit hat man einen an sich möglichen Weg vermieden, nämlich Grundeigentum und bewegliches Eigen vollkommen zu trennen. Es hätte dies zu keinem guten Ende geführt, da zwar die Erwerbsarten sich recht verschieden gestalten, dagegen die Rechtsgedanken des bestehenden Eigentums in beiden Fällen die gleichen sind, und da außerdem in dem Recht der Zubehörden bewegliches und unbewegliches Eigentum zusammentrifft und auch das Fruchtrecht einen ständigen Übergang vom unbeweglichen ins bewegliche Eigentum bietet. Es war schon ein wenig glücklicher Gedanke, als man in der neueren Zeit Hypothek und Pfand vollständig von einander zu trennen suchte; es wird sich später zeigen, daß es konstruktiv unrichtig ist, hier einen so tiefen Graben zu ziehen.

III. Der Begriff des Eigentums im Sinne des rechtlichen Gehörens hat sich überall bei den Völkern entwickelt, soweit eine Individualisation eingetreten ist und der Einzelne sich von der Allgemeinheit zum selbständigen Rechte hervorgerungen hat. Allerdings hat es molluskenhafte Gestaltungen gegeben; man hat nicht selten anstelle des materiell rechtlichen Gehörens eine mehr oder minder prozessuale Beziehung zwischen Person und Sache gesetzt, sodaß man nicht eigentlich sagen konnte, wessen Eigentum die Sache ist: man erklärte nur, daß in Fällen des Streites die Sache eher dem einen als dem anderen zugewiesen werden müsse, daß der eine ihr näher stehe als der andere. Solche molluskenhaften Erscheinungen waren zeitweise die „rechte Gewere" des deutschen und die „Chasaka" des jüdischen Rechtes. Es ist aber nachgewiesen worden, daß sie mit der Zeit diese Bedeutung abgelegt haben und zu materiell rechtlichen Instituten geworden sind.[1)]

IV. Mit dem Gedanken des Einzeleigentums ist noch nicht das Motiv gegeben, welches die einzelne Sache der einzelnen Person zuweist. Dieses Motiv ist nicht etwa bloß dem

---

[1)] Über rechte Gewere vgl. mein Carolinawerk IV S. 249, über Chasaka vgl. Z vgl. R. XXXI S. 312.

historischen Geschehen zu entnehmen, sondern vor allem den
ethischen und wirtschaftlichen Gedanken der Kulturordnung.
Eines dieser Motive ist der Gedanke, daß, wer eine Sache er-
arbeitet, ihr näher steht als der andere, weil er einen Teil
seines Wesens in die Sache versenkt und die Sache dadurch
mit einem Teil seiner Person erfüllt hat.[1]) Dieser Gedanke
führt in verfeinerter Weise zum Recht der Okkupation oder
Besitzergreifung: wer herrenlose Sachen in das Gebiet der
Menschenherrschaft bringt, der erwirbt sie der Menschheit,
aber er erwirbt sie damit auch für sich, er bereichert, indem er sie für sich nimmt, damit die vorhandene Güterwelt.
Unter Umständen enthält schon die Entdeckung ein solches
Verdienst und ein solches Ergebnis. Langjähriger Besitz kann ein
weiteres Motiv bilden; denn die Zeit ist die Mutter der Dinge,
und nach dieser Mutter sehnen sich alle Menschen und alle
Verhältnisse: sie wollen sich nicht gerne von dem trennen, was
die Zeit in ihrem Schoße gepflegt und gehütet hat. So entsteht
eine Reihe von Erwerbsformen.

V. Die Eigentumsordnung verlangt die Möglichkeit der
Eigentumsübertragung.[2]) Die rechtsphilosophische Begründung
ist anderwärts gegeben und ich muß darauf verweisen.

1. Das Wesen der Übertragung besteht nicht darin, daß
der eine das Eigentum verliert und der andere es erwirbt,
sondern darin, daß der Erwerber an die Stelle des Veräußerers
tritt. Daraus ergibt sich: der Verlust des bisherigen Eigentümers ist nicht ein selbständiger Verlust, sondern die Folge
des Eigentumserwerbes des anderen, er ist ein Verlust per
consequentiam; wird daher der Erwerber aus irgend einem
Grunde nicht Eigentümer, so verliert der bisherige Eigentümer
sein Recht nicht, und die Sache wird nicht etwa eigentumslos.

2. Der Verlust erfolgt, sobald der Erwerber das Eigentum
erwirbt. Die Frage aber, ob ein solcher Eigentumserwerb
stattfindet, ist nicht nur aus individuellen, sondern aus sozialen
Rücksichten zu beantworten. Der Erwerber wird nicht etwa
bloß Eigentümer kraft der dem bisherigen Eigentümer zustehenden Übertragungskraft; er wird auch Eigentümer auf

---

[1]) Rechtsphilosophie S. 118.
[2]) Rechtsphilosophie S. 119.

Grund der sozialen Verkehrsordnung und des ihr dienenden Rechtsscheines. Vgl. oben S. 5.

3. Die Übertragung erfolgt durch Einigung, zu der möglicher Weise noch etwas weiteres hinzutreten muß. Diese Einigung geschieht auf Grund irgend eines wirtschaftlichen oder quasiwirtschaftlichen Geschäftes, das man auch Kausalgeschäft nennt. Es ist eine berühmte Frage des dinglichen Rechtes, ob die Einigung von dem Kausalgeschäft loszulösen und von ihrem Bestand und ihren rechtlichen Bedingnissen unabhängig zu machen ist. Bei Grundstücken hat sich eine solche Loslösung als absolut erforderlich erwiesen, denn das Grundbuch muß einen festen Ausgangspunkt für den Erwerb bieten, und dies ist nicht möglich, wenn alle Wenn und Aber des Kausalgeschäftes mit hineingenommen werden; höchstens daß im einzelnen Falle ein im Grundbuch erwähntes Kausalgeschäft zur Bedingung erhoben werden kann.[1] Vgl. S. 94.

Bei Übertragung von beweglichen Sachen findet eine solche Loslösung nur dann statt, wenn das Verhältnis zwischen Wirtschaftsgeschäft und Einigung keinen Bedingungs-, sondern bloß Voraussetzungscharakter hat, was bei den einzelnen Geschäften verschieden ist. Bei der Zahlung z. B. ist die dingliche Wirkung unabhängig von der zu zahlenden Schuld, denn diese ist bloße Voraussetzung. Anders aber beispielsweise beim Kaufvertrag: hier ist regelmäßig die Einigung von dem Wirtschaftsgeschäft nicht zu trennen; allerdings kommt dabei noch der Rechtsschein in Betracht, um den Verkehr zu sichern, und dieser bietet ein neues Element der Loslösung.

B. Gemeinsachen, Gemeingebrauchs-, Gemeinnutzungssachen.
I. Allgemeines.
§ 5.

I. Gegenstände, die, obgleich in unserem Bereiche wirkend, dem ausschließlichen Einzelgebrauch entzogen sind, sind die Gemeinsachen (res communes omnium), wie die Luft und das freie Meer: sie müssen dem Gesamtbedarf dienen, wenn das Leben bestehen und Verkehr und Kultur gedeihen sollen. Hier

---

[1] Vgl. R. G. 30. 4. 1910 Gruchot 54, 887; Ob. L. G. Bayern 30. 6. 1906 E. f. G. 7, 276.

gibt es kein Eigentum, überhaupt kein Sonderrecht, außer soweit abgesplitterte Teile der Gemeinsache dem unendlichen Bereiche entzogen und damit individualisiert sind, was aber nur soweit geschehen kann, als eine Beherrschung ohne Abbruch der Gemeinlebensinteressen möglich ist.

Gemeinsachen stehen außerhalb des Privatrechtes, sie stehen auch außerhalb des Staatsrechts, sie sind außerstaatlich. [1])

II. Daneben gibt es Wege und Flüsse, die nicht durch die Natur dem Gesamtbedarf gewidmet, sondern durch die Ordnung der öffentlichen Verhältnisse dem Gemeingebrauch nach der einen oder anderen Seite hin eröffnet sind; diese sind nicht Gemeinsachen, sie sind aber Gegenstände des Gemeingebrauchs, Sachen des usus publicus; sie stehen, abgesehen von gewissen „Internationalisierungen", innerhalb des Staates, sie sind auch Gegenstand des Privatrechtes.

III. Von den Gemeinsachen und von den Sachen des Gemeingebrauchs sind wohl zu unterscheiden die Sachen des Gebrauchs für öffentliche Zwecke, die Sachen des usus publicae utilitatis. Sie ähneln den Sachen des Gemeingebrauchs insofern, als auch sie im privaten Eigentum stehen (meistens des Staates oder der Gemeinde), unterscheiden sich aber von ihnen dadurch, daß nicht der Gebrauch des Publikums, sondern der Gebrauch des Staates oder des öffentlichen Verbandes, also ein öffentlicher Zweckgebrauch auf ihnen lastet; er lastet auf ihnen so sehr, daß das Privatrecht nur soweit zur Wirkung kommen kann, als es der öffentliche Zweck zuläßt: daher ist eine Veräußerung, Verpfändung, Servitutenbestellung nur unter dieser Beschränkung zulässig, ebenso ein Vollstreckungszugriff. Wichtig wird dies insbesondere bei dem Konkurs von Gemeinden, durch den weder die öffentlichen Brunnen noch die Schulen, Rathäuser, Feuerlöschgerätschaften ihrem Zweck entfremdet werden dürfen.

Solche Gemeinnutzungssachen sind 1. die Festungen und andere militärischen Grundstücke, 2. solche Gebäude, die dauernd zur Staats- oder Gemeindeverwaltung bestimmt, also

---

[1]) Inwiefern hier Ausnahmen gelten, darüber vgl. Internat. Strafrecht S. 234 f.

nicht etwa bloß vorübergehend gemietet sind, und 3. Gebäude, die dauernd dem religiösen Kultus gewidmet werden, insbesondere die Kirchen.[1]) Auch Kirchhöfe gehören hierher, die entweder der politischen oder der Kirchengemeinde zustehen, je nachdem die religiöse Anschauung sie der Religionsgemeinde oder der ebenfalls von religiösen Pietätsbestrebungen erfüllten politischen Gemeinde zuschreibt.[2])

Der Unterschied zwischen Gemeingebrauch- und Gemeinnutzungssachen zeigt sich vielfach; so können insbesondere über Gemeinnutzungssachen öffentliche Wege gehen, z. B. in Festungswerken[3]) — also Gemeingebrauch an Gemeinnutzungssachen.

II. Gemeingebrauchssachen insbesondere.

1. Wegerecht.

§ 6.

I. 1. Dem Gemeingebrauch dienen vor allem die Wege- und Wasserstraßen. Das Preuß. L. R. II 14,21 spricht von Land- und Heerstraßen, von schiffbaren Strömen, von den Ufern der Meere und den Häfen und gestattet II 15,7 auf den Land- und Heerstraßen „zu reisen und seine Sachen fortzuschaffen" (!).

2. Von diesen Gemeingebrauchssachen gilt nun folgendes: Der Gemeingebrauch muß nach bestimmter Ordnung erfolgen. Die Regelung geschieht durch allgemeine Vorschriften, vgl. Preußische Polizeiordnung 1850 a. 6, b., oder durch Bestimmungen des einzelnen Falles. Die Ordnung entspricht den Grundsätzen des suum cuique, aber doch so, daß für bedeutende Kulturzwecke Ausnahmen außerhalb der gewöhnlichen Ordnung geschaffen werden können; auch bei dem suum cuique sind nicht nur die Einzelnen als solche, sondern auch die Einzelnen als Vertreter besonderer Interessengruppen zu berücksichtigen: so kommen bei dem Bürgersteige einer öffentlichen Straße die besonderen Funktionen in

---

[1]) Preuß. Landrecht II 11, 170, vgl. auch R. G. 8. 2. 1893 E. 31, 217.

[2]) Preuß. Landrecht II 11, 183.

[3]) OVG. 28. 3. 1896 E. 29, 231.

Betracht, denen die Straße für die anliegenden Häuser zu dienen hat (Aus- und Einfahrt, Stellung von Stühlen vor einer Wirtschaft, Hufbeschlag einer Schmiede usw.)[1] Auch diese Rechte sind Rechte der öffentlichen Benutzung und sind daher auch nicht nach Servitutenrecht eintragbar.[2]

3. Den Anliegern an einem öffentlichen Wege stehen also die Rechte zu, wie jedem andern, aber natürlich modifiziert je nach den Bedürfnissen und der Sachlage.[3] Sie dürfen namentlich von ihren Wohnungen aus in Verkehr mit dem öffentlichen Wege eintreten; doch stehen sie auch in dieser Hinsicht unter den Regeln der Wegepolizei: insbesondere ist nicht einem jeden gestattet, etwa eine Brücke oder sonst eine besondere Verbindungsanlage zu errichten, dies unterliegt dem Ermessen der Wegebaupolizei. Wohl aber besteht auch hier, wie unter privaten Grundstücken ein Nachbarrecht: die Wege stehen insofern den Anliegern näher als den anderen, als sie den Anliegern gewisse Rücksichten schuldig sind; diese sind natürlich auf den öffentlichen Gebrauch der Straße viel mehr angewiesen als andere, und es ist eine Verschlechterung ihrer Grundstückslage, wenn durch wesentliche Umgestaltungen die Benutzungslage des Weges geändert und hierdurch seine Benutzung erschwert oder ganz unmöglich gemacht wird.

4. Aus diesem nachbarlichen Verhältnisse ergibt sich allerdings nicht das Recht, eine Wegeänderung zu verbieten, wohl aber der Anspruch auf einen billigen Ersatz für dasjenige, was der Weg leisten sollte und nicht mehr leistet. Dies gilt insbesondere von Niveauverlegungen, von Hebungen und Senkungen des Weges, wodurch die anliegenden Häuser ent-

---

[1] OVG. 30. 4. 1877 E. 2, 395.
[2] RG. 2. 12. 1908 E. 70, 77.
[3] Vgl. OVG. 2. 5. 1901 E. 39, 230: „Allerdings hat, wie die Berufungsschrift hervorhebt, der Anlieger kein besonderes, im Verwaltungsstreitverfahren verfolgbares Recht, eine bestimmte seinen Interessen entsprechende Einrichtung des öffentlichen Weges für den Verkehr zu verlangen, vielmehr beruht die Benutzung öffentlicher Wege durch die Anlieger in der Regel nur auf dem Rechte zum Gemeingebrauche, wie bei Jedermann, der an der Benutzung des Weges zum Verkehr ein Interesse hat. Allein der Gemeingebrauch der Anlieger hat einen weitergehenden Inhalt als der der sonstigen Benutzer des Weges."

weder der Straße beraubt oder gezwungen sind, Änderungen vorzunehmen, um sich weiter der Straße bedienen zu müssen.

5. Die ganze Frage hat die Jurisprudenz des preußischen, französischen und gemeinen Rechts beschäftigt. Im preußischen Recht hat man die Frage bejaht: man hat sich mit Konstruktion eines servitutenartigen Rechts beholfen, oder man hat einen fiktiven Vertrag angenommen, wonach die Gemeinde, welche die Wege anlegt, das Publikum gleichsam auffordert, zu bauen, und ihm entsprechend eine gewisse Gewähr gibt, daß die Wege so gestaltet sein werden, daß der Anliegergebrauch nicht gehindert ist. Das gemeine Recht hat eine Ersatzpflicht meistens abgelehnt; allerdings waren die bezeichneten Konstruktionen so wenig tragfähig, daß, wenn man sich nicht auf eine durchgreifende Praxis, sondern auf diese Gründe stützen wollte, die Argumentation von selbst zusammenbrach. Es verlohnt sich nicht, auf die geradezu widersprechende Jurisprudenz, namentlich auch auf die Jurisprudenz des Reichsgerichts mit seinen verschiedenen Wandlungen näher einzugehen, insbesondere auch nicht auf die Gründe, welche man aus der Theorie eines stillschweigenden Vertrages ableitete,[1] so z. B. daß keine Ersatzpflicht eintrete, wenn der Grund der Verlegung eben in der Wegeordnung liege: das rechtfertigt doch nur eine Minderung, keine Aufhebung des Schadensersatzes. Wenn z. B. die Gemeinde zu Niveauveränderungen genötigt ist, etwa wegen eines Brückenbaues oder wegen einer Eisenbahnanlage oder weil überhaupt eine Verlegung der Wege dem öffentlichen Interesse entspricht, so ist gewiß ein entsprechend geminderter Ersatz zu leisten, denn man muß die allgemeinen und speziellen Interessen abwägen und insbesondere berücksichtigen, daß durch Förderung allgemeiner Interessen auch die einzelnen Anlieger zu gewinnen pflegen.[2] Auch dem Mieter hat das

[1] „Notwendig bleibt der den konkreten Umständen zu entnehmende Aufforderungswille der Gemeinde“, RG. 21. 1. 1902 Gruch. 46, 27. Man bezog sich auch auf § 75 Einl. zum Preuß. LR.
[2] Vgl. z. B. RG. 16. 11. 1880 E. 3, 171; RG. 7. 3. 1882 E. 7, 213; RG. 13. 2. 1883 E. 10. 271; RG. 30. 4. 1902 E. 51, 251; RG. 3. 11. 1903 E. 56, 101; vgl. auch Hamburg 4. 12. 1888 S. 45 nr. 99; ferner was die Aufhebung eines öffentlichen Wegs betrifft RG. 13. 1. 1882 E. 6, 159. Aus früherer Zeit vgl. OAG. Berlin 12. 12. 1872 S. 30 nr. 150 und 17. 12. 1878 S. 34 nr. 306.

Reichsgericht unter Umständen einen Ersatz zuerkannt, was mit dem Besitzrecht des Mieters (oben S. 6) zusammenhängt. [1])

Zutreffend hat man eine Ersatzpflicht nicht nur dann angenommen, wenn die Wegebenutzung verhindert, sondern auch wenn das Licht entzogen wird. [2]) Andererseits ist die Entschädigung nur eine Anliegerentschädigung. Wenn infolge Verlegung anderer Wege der Anlieger genötigt ist, von seiner Straße aus einen umständlichen Weg, etwa zur Bahn, zu machen, so kommt dies nicht in Betracht. [3])

6. Auch die Wegeordnungen haben sich teilweise damit beschäftigt. Vgl. Wege-Ordnung Hannover 21. 7. 1851: [4])

§ 21. Wegen Abschneidung oder Beeinträchtigung rechtsbegründeter Wegeverbindungen zufolge Anlegung oder Instandsetzung öffentlicher Wege hat die Gemeinde beziehungsweise der Wegeverband Entschädigung zu leisten.

II. An dem Grundstück des publicus usus sind dingliche Rechte aller Art möglich, Eigentums- wie Gebrauchsrechte, soweit sie sich mit dem publicus usus vertragen. Ja noch mehr, eine Sache des publicus usus steht regelmäßig im Eigentum, sei es des Staates, sei es einer öffentlichen Kommunalanstalt, sie kann auch im privaten Eigentum stehen; in wessen Eigentum, dies bestimmt Staats- und Verwaltungsrecht. [5])

Daher kann bei öffentlichen Grundstücken, insbesondere bei öffentlichen Wegen, dreierlei in Betracht kommen:

1. das Eigentum,
2. der öffentliche Gebrauch und
3. die Baulast,

drei Dinge, welche völlig auseinanderzuhalten sind. Die nähere Bestimmung der Baulast ist Sache des Verwaltungsrechts und muß hier außer Betracht bleiben. [6]) Das Eigentum aber ist

---

[1]) RG. 21. 9. 1895 E. 36, 272.
[2]) RG. 3. 4. 1900 Gruch. 44, 970 auch RG. 2. 11. 1900 Gruch. 45, 884.
[3]) R. G. 25. 1. 1892 Gruch. 36, 921.
[4]) Die Wegegesetze finden sich bei **Germershausen**, Wegerecht und Wegeverwaltung in Preußen (1907) B. II.
[5]) OVG. 26. 5. 1893 Kamptz III S. 11.
[6]) Aus dem älteren Recht, vgl. Preuß. Obertrib. 19. 5. 1865 Strieth. 59, 183 (Wegebaupflicht beziehe sich auch auf Brücken).

völlig privates Eigentum und unterliegt im allgemeinen den Grundsätzen des Privatrechts, nur mit der Besonderheit, daß die dem öffentlichen Gebrauch gewidmeten Grundstücke meist nicht unter dem Grundbuchzwange stehen. Von einem öffentlichen Eigentum im Gegensatz zum Privateigentum ist keine Rede, es ist dies nicht ein deutscher, sondern ein französischer Gedanke, der seiner Zeit von Ihering und später von Otto Mayer vertreten worden ist, denen die tieferen Gedanken des Deutschen Rechts fremd blieben. Öffentlich rechtlich ist nur die über den Weg sich breitende Rechtslage des Verkehrsgebrauchs; diese Rechtslage ist öffentlich rechtlich, sie ist nicht eine Servitut, die einer juristischen Person zustände, etwa dem Staat oder der Gemeinde, sondern sie ist eine allgemeine Rechtslage, welche allerdings aufgehoben werden kann, aber nicht durch privatrechtliche, sondern durch öffentlich rechtliche Bestimmung. Im übrigen kann sich die Rechtslage verschieden gestalten: der öffentliche Gebrauch kann jedem Verkehr eröffnet sein, oder auch nur einem bestimmten Verkehr, z. B. dem Verkehr von Kurgästen, oder einem sachlich beschränkten Verkehr, also z. B für Holzabfuhr, Erntezwecke usw.; er kann bestimmt sein zum Gehen oder zum Fahren, Reiten, für Lastfuhrwerke usw.; er kann bestimmt sein als Sommerweg und Winterweg. [1]) In allen diesen Beziehungen kann die öffentliche Berechtigung gemindert sein, doch ist der Weg öffentlich, wenn er auf die Dauer der Öffentlichkeit bestimmt ist. Dagegen sind als öffentliche Wege nicht anzusehen

1. Privatwege, bei welchen das Publikum vorübergehend oder unter Vorbehalt zugelassen ist; dahin können auch Parkanlagen gehören, Teiche usw.;

2. auch nicht solche Privatwege, welche von einem größeren oder geringeren Kreis von Interessenten für ihren Bedarf angelegt sind, sogenannte Interessentenwege.

So sagt die Wege-Ordnung der Provinz Sachsen 11. 7. 1891:

§ 1. Öffentliche Wege sind solche, welche zu allgemeinem Gebrauche dienen und demselben nicht kraft Privatrechts entzogen werden können.

Beschränkungen des allgemeinen Gebrauchs nach der Eigenschaft der Wege als Fahr- oder Fußwege oder nach der besonderen Be-

---

[1]) OVG. 25. 3. 1885 E. 12, 282.

stimmung derselben als Mühlen-, Kirchen-, Schul-, Waldzufuhrwege usw. heben die Eigenschaft der Wege als öffentliche nicht auf.

§ 2. Dadurch, daß Wege als Koppel-, Feld-, Holzwege usw. einer Mehrheit (Genossenschaft, Interessenschaft usw.) zustehen, oder der feldflur- und forstpolizeilichen Aufsicht unterliegen, wird die Eigenschaft derselben als öffentliche nicht begründet.[1]

Das wesentliche besteht darin, daß eine ständige Rechtslage geschaffen ist, kraft eines öffentlichen, über das Privatrecht hinausreichenden Titels. Allerdings steht die Möglichkeit, den Gemeingebrauch unter ganz besonderen Umständen aufzuheben, der Öffentlichkeit nicht im Wege,[2] ebensowenig eine vorübergehende Sperrung.[3]

III. Wem das Eigentum zusteht, ist geschichtlich zu ermitteln. Eigentum und Wegebaupflicht sind nicht immer in einer Hand, obgleich eine gewisse Vermutung für das Zusammentreffen beider besteht;[4] beides wird mitunter auch gesetzlich zusammengestellt.

Man vergleiche z. B. die Wegeordnung der Provinz Sachsen von 1891:

§ 9. Die unbeschadet des allgemeinen Gebrauchs zulässige Nutzung der öffentlichen Wege und ihrer Zubehörungen steht, soweit nicht ein Anderer kraft privatrechtlichen Titels darauf Anspruch hat, den Wegebaupflichtigen zu.

Auch das Preuß. Kleinbahngesetz von 1892 spricht in § 6 unvollständiger Weise nur von der Genehmigung des Unterhaltspflichtigen, nicht des Eigentümers.

IV. 1. Das Privateigentum an einem öffentlichen Wege zeigt sich 1. in allem, was das Grundstück leistet, ohne daß dadurch die öffentliche Verkehrslage gehindert wird. Dies gilt von dem Gras an dem Rain, wie von den Bäumen und ihren Früchten. Dies gilt vor allem auch von dem Jagdrecht; der Staat hat als Geländeeigentümer Jagdrecht im Festungsgebiet,[5] ebenso im Küstengebiet,[6] auch an dem Küstenmeer innerhalb der Dreimeilenzone. Ebenso steht dem Eigentümer

---

[1] Ebenso Wege-O. Westpreußen 27. 9. 1905.
[2] OVG. 9. 5. 1894 Kamptz III S. 11.
[3] OVG. 5. 1. 1903 E. 42, 381.
[4] OVG. 23. 2. 1880 E. 6, 299 (305); OVG. 29. 12. 1883 E. 10, 198, 200.
[5] Vgl. § 28 Preuß. Jagdordnung 1907.
[6] Rostock 1. 10. 1909 S. 65 nr. 61.

das Luftrecht zu, soweit das Grundeigentum im Luftraum walten kann. [1])

2. Der Eigentümer kann über sein Eigentum verfügen, er kann auch Dienstbarkeiten begründen [2]), wobei allerdings zu bemerken ist, daß hier beides landesrechtlich nur dann dem Grundbuch unterliegt, wenn der Grundbucheintrag beantragt wird, § 90 GrundBO. und a. 127 BGB., was nicht der Fall zu sein pflegt (S. 82). Bei Wegfall des Grundbuchrechts gelten die landesgesetzlichen Vorschriften, und zwar sowohl für die Eigentumsübertragung wie für die Begründung und Aufhebung von Dienstbarkeiten, a. 127, 128 BGB., Preuß. AG. a. 27. Übrigens können hier auch gesetzliche Zwangsordnungen eintreten; so bestimmt z. B. die Wegeordnung Westpreußen § 47, daß unter Umständen das Eigentum des Staates an Land- und Heerstraßen an die wegebaupflichtigen Kommunalverbände übergehe. Andererseits sind freiwillige Übertragungen im größten Maße erfolgt; so hat durch Akt vom 30./31. 12. 1875 der Preuß. Fiscus sämtliche im Weichbild von Berlin belegenen Straßen und Plätze an die Stadt Berlin übertragen. Als Servitutenbestellung ist insbesondere die Gestattung der Anlage und des Betriebes einer Kleinbahn zu betrachten [3]). Auch andere Servituten sind üblich, [4]) wie die Überquerungen von Eisenbahnen (solange sie mit dem Eisenbahnbetrieb verträglich sind; [5]) auch die Gestattung der Durchleitung von Gasröhren, elektrischen Kabeln usw. kommt in Betracht, [6]) ebenso die Gestattung der Überbrückung. [7]) Auch hier ist oftmals ein den Vertrag ersetzendes Zwangsverfahren möglich; so bei Kleinbahnen, wo nach § 7 Kleinbahngesetz 1892 die Zustimmung durch den Provinzialrat bezw. Bezirksausschuß oder Kreisausschuß er-

---

[1]) Vgl. Luftfahrtrecht S. 5 f., RG. 12. 1. 1918 E. 92, 46.

[2]) RG. 12. 6. 1895 Gruchot 39, 881.

[3]) RG. 13. 12. 1897 E. 40, 280 hat hier zu Unrecht Mietvertrag angenommen, vgl. auch OVG. 29. 12. 1883 Kamptz III S. 39.

[4]) OVG. 13. 3. 1886 Kamptz III S. 111.

[5]) RG. 3. 12. 1909 E. 72, 828. Ob bei Aufhebung Entschädigung zu gewähren ist, hängt von den Umständen ab.

[6]) Vgl. meine Abhandlung Z. f. französisches Zivilrecht 32, S. 47.

[7]) OVG. 27. 2. 1908 E. 52, 320.

gänzt werden kann; so auch sonst: man vergleiche z. B. die
Wege-O. für die Provinz Sachsen:

§ 10. Der Wegebaupflichtige hat die von den zuständigen Behörden festgestellte Herstellung und Veränderung von Telegraphen-
und Telephonlinien, Eisenbahnübergängen, Brücken, Durchlässen und
Drainagen in seinem Straßengebiete zu gestatten. Vor Feststellung
des Planes hat die Anhörung der Wegepolizeibehörde und der Wegebaupflichtigen zu erfolgen.

Und was die Anlegung von Telegrapheneinrichtungen
betrifft, so bestimmt das Telegraphengesetz, daß sogar
gegenüber Privatgrundstücken ein solches Zwangsverfahren
erfolgen kann, §§ 1 und 12. So kann der Eigentümer auch über
Früchte der Bäume an den Straßen verfügen, aber es gelten
manchmal auch hier Zwangsbestimmungen, wie z. B. im
Preußischen Landrecht: wer die Bäume an den Wegen baut,
mindestens wer auf Grund von Zwang diese Bäume baut, soll
ohne weiteres die Fruchtbenutzung haben, vgl. Preuß. LR.
II 15,9 und 10. Vgl. auch Preuß. Wasser-G. 1913 § 143.

3. Der Eigentümer, der mit dem öffentlichen Brauch
belastet ist, ist nur belastet, soweit die Rechtslage reicht. Wenn
also beispielsweise ein Weg nur bestimmten Arten des
Verkehrs gewidmet ist, so kann nicht nur die Wegebehörde,
sondern auch der Eigentümer sich dagegen verwahren, daß
eine anderweitige Benutzung stattfindet,[1] und er kann zu
diesem Zwecke auch Warnungstafeln anbringen; und wenn die
Rechtslage erweitert werden soll, so muß dies entweder mit
seiner Zustimmung oder in einem bindenden Zwangsverfahren
geschehen.

4. Hauptsächlich aber tritt das Recht des Eigentümers
hervor, wenn die Rechtslage des öffentlichen Brauchs aufhört
und der Weg wieder frei wird. Dann ist alles gleichsam vom
Banne befreit, und das Privateigentum kann seine volle Entwickelung nehmen. Natürlich findet die Konsolidation zu
Gunsten dessen statt, der beim Wegfall Eigentümer ist: die
Konsolidation gestaltet sich nicht als Rechtserwerb, sondern
als Befreiung des Eigentums oder sonstigen Rechts von einer
Belastung.

---

[1] RG. 16. 1. 1889 Gruch. 33, 420.

. 5. Bei einem Streite, ob eine Sache mit dem Gemeingebrauch belastet ist, kommt daher der Eigentümer, aber auch der dinglich Berechtigte in Betracht.

V. 1. Die Versetzung einer Sache in den Gemeingebrauch (Bewidung) geschieht regelmäßig durch einen öffentlichen Akt, der in das Privatrecht eingreift und so die Eigentumssache dem öffentlichen Dienste widmet. Wird dadurch der Eigentümer in seinen Rechten gemindert, so steht ihm das Recht des Enteigneten zu, und wird etwa ein Grundstück ohne Enteignung unversehens einbezogen, so ist dies eine stillschweigende Enteignung, und der Eigentümer hat das Entschädigungsrecht, wie wenn er insoweit enteignet worden wäre. [1] In gleicher Weise ist auch die Aufhebung der Gemeinbestimmung (die Entwidung) eine Angelegenheit des öffentlichen Rechts. Dem öffentlichen Bewidungs- und Entwidungsakt steht der unvordenkliche Gebrauch gleich, was man in der Art auszudrücken pflegt, daß in solchem Fall eine stillschweigende Be- oder Entwidung zu vermuten sei; im übrigen spricht die Vermutung für die Freiheit des Eigentums. [2]

2. Daraus ergibt sich von selbst, daß die Frage, ob eine Belastung mit Gemeingebrauch oder öffentlichem Gebrauch begründet ist, eine Frage des öffentlichen Rechtes ist und daher den öffentlichen Gerichten, nicht den bürgerlichen Gerichten untersteht; vgl. dazu Handbuch des Patentrechtes, S. 812, wo Literatur in reichem Maße beigebracht ist. Unrichtig das Reichsgericht, welches, wenn der Eigentümer in dieser Beziehung eine actio negatoria erhebt, den Streit den bürgerlichen Gerichten anheim geben will. [3]

Für das preußische Recht ergibt sich die richtige Auslegung auch aus dem Zuständigkeitsgesetz 1. 8. 1883 § 56,

---

[1] OVG. 11. 7. 1893 E. 21, 276.

[2] OVG. 3. 2. 1891 E. 20, 215.

[3] RG. 21. 10. 1885 E. 14, 262; 24. 2. 1906 JW. 35, 432; vgl. aber auch RG. 6. 10. 1909 E. 72, 234, auch OVG. 17. 1. 1883 E. 9, 219.

welches durchaus nicht in der beschränkenden Weise des
Reichsgericht auszulegen ist. [1])

3. Ausnahmsweise kann ein Gemeingebrauch durch
Privatakt begründet werden, wenn der Eigentümer seinen
Park dem Publikum preisgibt und zum öffentlichen Park
macht, insbesondere in der Art, daß er einer Gemeinde die
Gemeinbefugnis gewährt zu Gunsten der Gemeindegenossen,
oder auch zu Gunsten des Publikums überhaupt. [2]) Steht eine
solche Verleihung in Frage, oder wird behauptet, daß das Ver-
leihungsrecht erloschen sei, dann sind auch die bürgerlichen
Gerichte zur Entscheidung berufen.

VI. Bei alledem muß man eines beachten: ein öffentlicher
Weg ist nicht notwendig ein öffentlicher Weg im Sinne der
Wegeordnung, namentlich auch was die Baulast betrifft. So
hat man namentlich erkannt,

1. daß Zugangswege zu Eisenbahnen, Bahnsteige und
dergl. zwar öffentlich sind, aber der Wegeordnung nicht
unterliegen, [3])

2. daß Leinpfade, sofern sie nicht als Wege, sondern nur
als Schleppfade dienen sollen, gleichfalls nicht unter das Wege-
gesetz fallen. [4]) Hierfür bestehen eigene Bestimmungen,
ebenso wie von Landungsstellen, z. B. Preuß. Wasser-Gesetz
1913 § 27.

3. Besonderes gilt auch für die Küstenwege, für die Strand-
parzellen u. dgl. [5])

4. Hiernach sind auch die obigen Bestimmungen über die
Privatbewidung von Parkanlagen für Gemeinden zu beurteilen.

---

[1]) Vgl. auch Wege-O. Hannover 28. 7. 1851:
§ 7. Streitigkeiten über die Frage, ob ein Weg ein öffentlicher
oder ein Privatweg sei, sind von der Wegepolizeibehörde nach
Abhörung der Beteiligten zu entscheiden.
    Gegen die Entscheidung der Wegepolizeibehörde, durch welche
ein Weg für den öffentlichen Verkehr in Anspruch genommen wird,
finden die Rechtsmittel des § 56 des Zuständigkeitsgesetzes vom
1. August 1883 statt.
[2]) Hamburg 4. 3. 1915 M. 31, 334; Braunschweig 13. 6. 1913 M.
30, 346.
[3]) OVG. 8. 3. 1884 Kamptz III S. 23.
[4]) OVG. 21. 4. 1894 Kamptz III S. 32.
[5]) KG. 29. 12. 1902 M. 6, 493. Vgl. auch RG. 3. 7. 1907 S. 62
nr. 222.

VII. 1. Ist der Gemeingebrauch sicher, so können die Streitigkeiten Einzelner über ihre Befugnisse nicht dem bürgerlichen Austrag anheim gegeben werden, sondern die Regelung unterliegt zunächst der diskretionären Gewalt der Polizei.[1]

2. Die Polizei hat in dem Rahmen des suum cuique zu entscheiden, dabei aber auch die dem Einzelnen zuerkannten Sonderrechte zu berücksichtigen. Allerdings gilt bezüglich der letzteren der Umstand, daß sie meistens auf Widerruf begründet werden, oder wenn dies nicht der Fall ist, gegen Entschädigung abgelöst werden dürfen. Man denke sich z. B., daß Übergänge über Eisenbahnen gestattet sind, die nachher aus eisenbahntechnischen Rücksichten geschlossen werden.[2] Die Bestimmungen der Polizei betreffen insbesondere auch die Anliegerverhältnisse (oben S. 13), so z. B. auch was die Ordnung des Regenwassers betrifft.[3]

2. Wasserwege.

a. Fließendes Wasser.

§ 7.

I. Bezüglich des fließenden Wassers[4] hat man im deutschen Rechte von alters her zwischen öffentlichen und Privatgewässern unterschieden, und hierbei boten Schiffahrt und Floßbarkeit die Hauptmerkmale. Dementsprechend nahm man an, daß die Privatgewässer nicht dem Staat, sondern den Privatpersonen gehörten, vor allem den Ufereigentümern, und so hat man ein Recht der Wasserbenutzung als Privatrecht zu konstruieren gesucht. Das neue Preußische Wassergesetz von 1913 unterscheidet Wasserläufe 1., 2. und 3. Ordnung, von denen die erster Ordnung katalogartig aufgezählt sind; sie sind die öffentlichen Gewässer des neuen Rechts. Die Gewässer der 2. und 3. Ordnung sind Privatgewässer; sie weisen mehrere Unterschiede auf, die aber hier nicht näher zu entwickeln sind.

II. Im ganzen aber ist es ein Unding, ein Eigentum an fließender Wasserwelle anzunehmen: es ist ein Unding,

---

[1] RG. 14. 12. 1892 E. 30, 246.
[2] RG. 2. 5. 1903 E. 55, 145; 26. 1. 1914 E. 84, 113.
[3] OVG. 14. 4. 1897 E. 31, 356.
[4] Über Quellen gilt etwas besonderes. Darüber unten.

dieses Recht in der Art zu konstruieren, als ob die
Wasserwelle bei Privatflüssen den Ufernachbarn zu Eigentum zustehe. An der Wasserwelle, die an dem einen vorbei
eilt und in einigen Minuten einem anderen zufließt, ein
jeden Augenblick wechselndes Eigentum anzunehmen, und
zwar noch in der Art, daß der momentane Eigentümer infolge
der kurzen Dauer seines Eigentums auf den Nachfolger
Rücksicht nehmen muß, das ist ein Gedanke, der jeder
juristischen Gestaltung spottet; vielmehr muß unterschieden
werden zwischen der Wasserrinne und dem die Wasserrinne
überflutenden Wasser. Das fließende Wasser ist aller Welt
gemeinsam (res communis omnium), wohl aber sind Rechte an
dem Raum der Wasserrinne möglich, und diese Rechte ergeben
von selber die Möglichkeit, die wirtschaftlichen Kräfte des
Wassers zu benutzen, ganz ähnlich wie der Eigentümer eines
Hohlwegs oder einer Schlucht die Möglichkeit hat, den
darüber hinwegeilenden Luftstrom zu benutzen. Der Eigentümer einer Mühle hat daher ebenso wenig ein Eigentum an
der Wasserwelle, wie der Eigentümer einer Windmühle ein
Eigentum an dem Luftstrom hat, der die Windmühle treibt: es
handelt sich in beiden Fällen um ein Eigentum am Raum, und
damit ist ein Alleinbenutzungsrecht an den Vorgängen verbunden, die sich in diesem Raum abspielen.

III. Die Wasserrinne ist Gegenstand des Privateigentums;
sie steht bei öffentlichen Gewässern dem Staate zu, was auch
schon das Preußische Landrecht II 14,21 und II 15,38 annimmt,
bei Privatgewässern regelmäßig den Ufereigentümern. [1]) Ein
Eintrag im Grundbuch findet auch hier nur auf Antrag statt,
§ 13 Preuß. Wass.-G.

Die Bedeutung des Eigentums ergibt sich einmal aus der
Benutzung des Wassers innerhalb der Wasserrinne, sie zeigt
sich aber auch besonders, wenn das Wasser zurücktritt: hier
besteht das Eigentum an dem ausgetrockneten Flußbett; ebenso
bei der Inselbildung, denn die Insel ist ein hervortretender Teil
des Flußbetts, § 14 Preuß. Wass.-Ges. Übrigens ist es nicht aus-

---

[1]) Es gibt Ausnahmen: z. B. in Hessen-Nassau steht das Eigentum den unterhaltpflichtigen Gemeinden zu, §. 9 Preuß. Wasser-Ges.

geschlossen, daß an dem Bett und der Wasserrinne Rechte Dritter gelten, z. B. an öffentlichen Flüssen ein Recht auf die Benutzung des Strauchgeländes bei Rücktritt des Flusses. [1]

IV. 1. Was die Privatgewässer betrifft, so ist die Frage, wer das Eigentum an der Wasserrinne hat, rein privatrechtlich; was aber die Gebrauchsrechte innerhalb dieser Wasserrinne betrifft, so ist die Frage über die Benutzung des durchfließenden Wassers eine öffentlich rechtliche, über welche zunächst die Polizei zu bestimmen hat, dann aber auch das Verwaltungsrecht nach den obigen Grundsätzen. Die bürgerlichen Gerichte haben hier keine Entscheidungsgewalt. [2]

Regelungen in weitem Maße enthält das Preuß. Wasser-Gesetz § 19 ff.

2. Von dieser öffentlichen Benutzungsbefugnis soll hier nur folgendes erwähnt werden:

a. Es gilt zunächst das Prinzip der möglichsten Gleichheit, des suum cuique, da kein Grund vorhanden ist, den Einen vor dem Anderen zu begünstigen.

b. Es gilt der Gedanke, daß die Wasserkräfte möglichst für die menschliche Kultur ausgenutzt werden sollen, sodaß das absolute Gleichheitssystem oft einem relativen Gleichheitssystem Platz machen muß, und

c. die Verschiedenheit und Verschiedenwertigkeit der wirtschaftlichen Erfordernisse kann so bedeutsam sein, daß man schließlich zu einer Art von Enteignung schreitet und dem einen Unternehmer eine Fülle von Kräften gewährt, welche den Ufereignern an dem ihnen zukommenden Kräftebetrag ein Beträchtliches entzieht. Nur auf diesem Wege können bedeutende Unternehmungen geschaffen werden, welche ein großes Maß von Wasserkräften verlangen, Mühlen, Fabriken mit Wasserkraft, Einrichtungen mit Stauvorrichtungen usw. Hier überall

---

[1] RG. 23. 5. 1908 Gruchot 42, 1214, auch RG. 3. 7. 1907 S. 62 nr. 222.

[2] Seinerzeit hatte das Obertribunal durch Plenarentscheidung vom 8. 1. 1849 E. 11 S. 73, und im folgenden das RG. 13. 5. 1888 E. 21, 263, angenommen, daß über die Staubefugnisse die bürgerlichen Gerichte zu entscheiden hätten; allein damals war das Verwaltungsrecht noch nicht genügend entwickelt. Anders natürlich im Fall der Verleihung S. 26.

muß der Einzelne sich dem sozialen Zuge des Rechtes fügen: die Naturkräfte müssen so weit ausgebeutet werden können, daß dadurch die menschliche Kultur möglichst gesteigert wird. [1]

In dieser Richtung bewegen sich die modernen Wassergesetze, z. B. auch das neue Preußische Wassergesetz.

d. Auf solche Weise werden durch Verleihung Personal- und Realservituten begründet; diese sind in der Verleihung so zu gestalten, daß die sonst Beteiligten einen möglichst geringen Schaden erleiden; im übrigen ist eine entsprechende Entschädigung aufzuerlegen; werden Grundstücke ganz nutzlos, so sind die Grundstücke selbst zur Enteignung zu bringen.

Es gilt zu diesem Zwecke ein besonderes Verleihungsverfahren vor dem Bezirksausschuß als Verleihungsbehörde mit öffentlichem Aufgebot.

Die Verleihung wird einem Unternehmer oder einem Grundstück erteilt: sie hat hiernach den Charakter einer Personal- oder Realservitut, ist letzterenfalls (auf Antrag) auf dem (aktiven) Grundbuchblatt zu vermerken, § 81 Wasser-Gesetz, und geht, wie sonstige Realservituten, mit dem herrschenden Grundstück über. [2]

e. Der Begründungsakt der Servitut ist ein öffentlicher, er beruht auf der Ausgleichung der Interessen zu einem bestimmten Zweck. Daraus geht hervor

α) Der Akt ist von einem Nichtigkeitselement erfaßt, wenn er auf Grund wissentlich unrichtiger Darstellung ergangen ist.

β) Er ist mit auflösender Beendigung verbunden, sodaß er zurückzunehmen ist, wenn die Einrichtung aufgegeben oder nutzlos wird, § 85 Wasser-Gesetz.

f. Der Begründungsakt verleiht ein Privatrecht; dieses kann durch Enteignung entzogen werden, § 84.

---

[1] Schon der Bischof Burchard von Worms gewährte 29. 6. 1016 der Kirche S. Paul ein weitgehendes Wasserrecht: aquam et ripam ejus et alveum dedi in potestatem canonicorum . ., ne quis preter voluntatem eorum vel alveum artare vel de ipsa aqua aliquid presumat derivare; excepimus autem duo foramina, que in latitudine et altitudine mensuram unius pugni represso pollice debent habere . . . ., quorum alterum nostre piscine, alterum abbatisse S. Marie . . . concessimus (Wormser Urkundb. I nr. 44).

[2] RG. 14. 4. 1917 E. 90,53.

Es unterliegt dem Nachbarrecht insofern, als nötigenfalls
Änderungen in der Einrichtung getroffen oder Ersatz geleistet
werden muß wegen der Nachteile, die erst später hervortreten
oder erkennbar sind.

g. Besonderes gilt von Stauanlagen, welche dem Stau-
berechtigten, mit Rücksicht auf die damit verbundenen Gefahren und die damit verknüpften Interessen, besondere Verpflichtungen auferlegen.

h. Eine Mehrheit von Servitutenberechtigten, deren Befugnisse in der Ausübung zusammenstoßen, kann einem Aus-
gleichungsverfahren unterworfen werden, nötigenfalls unter
Auferlegung von Ersatzleistungen.

i. Wie die Verleihung ein öffentlicher Akt ist, so ist auch
diese Ausgleichung ein Akt des öffentlichen Rechts, § 87 WG.

3. Unterschieden von dieser Einzelrechtserscheinung ist
der Ausbau der Wasserverhältnisse, d. h. die Umgestaltung der
Verhältnisse im öffentlichen Interesse durch Staat, öffentliche
Körperschaften, Wassergenossenschaften, wobei den Anliegern
verschiedene Lasten auferlegt werden können, § 152 f. WG.;
dies gehört dem Verwaltungsrecht an.

Ebenso die Unterhaltspflicht, welcher nach geschichtlichen
Daten bestimmte Personen unterliegen, für welche aber besondere Wassergenossenschaften (auch als Zwangsgenossen-
schaften) gebildet werden können.

In gleicher Weise gehören die Aufsichtsämter (Schauämter,
Landeswasseramt), sowie die Wasserpolizeibehörde in das
Verwaltungsrecht.

b. Seen, Grundwasser, Küstengewässer. [1])
§ 8.

I. Auch Seen sind öffentliche oder Privatgewässer; doch
kann hier die Schiffbarkeit nicht ohne weiteres entscheiden,
denn der Seeverkehr ist ein Verkehr in beschränkt eingeschlos-
senem Gebiete, welches nicht in gleicher Weise den Charakter
einer öffentlichen Verkehrsstraße an sich trägt. Davon geht
auch das Preußische Landrecht aus, I 9,176. Schwierigkeiten
können hier entstehen, wenn ein öffentlicher Fluß den See

---

[1]) Vgl. zum Folgenden mein internationales Strafrecht S. 226 f.

durchfließt: man hat hier mit Recht angenommen, daß die
Öffentlichkeit des Flusses nicht auch die Öffentlichkeit des Sees
bewirkt, sondern nur die Öffentlichkeit der Wasserrinne, soweit sie im See bemerkbar ist. Anders wäre es nur dann,
wenn der See nichts anderes als eine Ausweitung und Ver-
breiterung des Flusses wäre, sodaß hier nicht von einem ab-
geschlossenen Wasserbecken die Rede sein könnte. [1])

II. Nach dem Preuß. Wassergesetz 1913 § 1 gehören Seen
mit natürlichem Wasserabfluß zu den Wasserläufen und unterliegen den Bestimmungen dieser; sie gehören also zu den
Wasserläufen erster, zweiter oder dritter Ordnung, § 4 f, zu
den Wasserläufen erster Ordnung, soweit sie in das gesetzliche
Verzeichnis aufgenommen sind (z. B. die großen Seen im
Gebiet der Dahme und der Wendischen Spree): diese allein
sind öffentliche Seen im Sinne des neuesten Rechts, die übrigen
haben den Charakter von Privatseen.

III. Seen, die keinen natürlichen Abfluß haben, sind Privateigentum, welches einem Gemeingebrauch nur insofern unterliegt, als er geschichtlich, vor allem durch unvordenkliche Zeit,
hergebracht ist. Das Eigentumsrecht ist auch hier ein Eigentumsrecht an der Wasserrinne mit vollem Benutzungsrecht des
darin befindlichen Wassers, aber auch hier unter Berücksichtigung der Wasserberechtigungen, deren Wässer mit der des
Sees zusammenhängen, sei es durch den künstlichen Ablauf,
sei es durch das Grundwasser, § 199 WG.

Auch hier können durch Verleihung oder im Ausgleichs-
verfahren Servitutenrechte geschaffen werden, § 203 WG.

IV. Vom Grundwasser gilt gleichfalls die Bestimmung,
daß die Wasserrinne dem Eigentümer zusteht. Von einem
Wassereigentum ist nicht die Rede, wohl aber von einer
Beschränkung des Wassergebrauchs und der Wasser-
beeinflussung mit Rücksicht auf den Zusammenhang mit den
Wässern, die im Bereich Anderer stehen; auch ist die Möglichkeit von Verleihungen und Ausgleichungen im Interesse der
ausgiebigen Benutzung der Wasserkraft nicht ausgeschlossen,

---

[1]) Vgl. darüber auch RG. 5. 3. 1890 Gruch. 34, 1050; 5. 11. 1898
Gruch. 43, 1986; 6. 5. 1900 Gruch. 44, 722; 9. 11. 1912 E. 80, 366;
Celle 12. 7. 1911 M. 26,12, KG. 29. 3. 1912 M. 26,11.

§ 200 WG. [1]) Regelmäßig ist der Gebrauch auf die Benutzung für eigene Haushaltung und Wirtschaft beschränkt. [2]) Doch gelten die Übergangsbestimmungen des § 379 WG. [3])

V. 1. Küstengewässer sind solche Teile des Ozeans, an welchen dem anliegenden Staat die Staatshoheit und, was den Meeresboden und den Meeresraum betrifft, das Eigentum zusteht, LR. II, 14, 21. Auch hier kann der Eigentümer Dritten Privatrechte gewähren, z. B. Badeanstalten anzulegen, Fabrikunternehmungen zu betreiben, Kraftmaschinen zu laden, Fischbehälter einzulegen, Badekarren aufzustellen, Anstalten für die Schiffahrt zu errichten und die Fischerei auszuüben. [4])

2. Der Staat kann auch das Eigentum an Küstengewässern (im obigen Sinne) einem Privaten abtreten; ein solcher kann das Eigentum kraft geschichtlicher Ereignisse erworben haben, was wegen des Fischereirechts wichtig ist, Preuß. Fischereigesetz 11. 5. 1916, § 6 und 7. [5])

VI. Der freie Ozean steht außerhalb der Staatshoheit und außerhalb der Eigentumsordnung. Doch ist eine völkerrechtliche Okkupation des Meeresbodens nicht ausgeschlossen, z. B. durch Anlegung eines Tunnels; und mit dieser Okkupation ist auch der Erwerb des Privateigentums verbunden, vgl. Preuß. LR. II 14,21. [6]) Vgl. meine Grundlagen des Völkerrechts S. 105

---

[1]) RG. 12. 7. 1916 E. 88, 383, RG. 14. 11. 1917 E. 91, 148. Vgl. auch franzö̈s. Gesetz 8. 4. 1898.

[2]) Dies ist eine soziale Änderung des Gesetzes. Vgl. über früheres Recht RG. 11. 1890 E. 27, 328.

[3]) RG. 1. 11. 1916 E. 89,84.

[4]) OVG. 19. 2. 1898 E. 33, 450. Vgl. auch § 8 Preuß. Fischerei-Ges.

[5]) Ungenau ist die Ausdrucksweise in § 2 des Gesetzes: Küstengewässer, an denen kein Eigentum besteht (soll heißen ein staatliches Eigentum besteht).

[6]) RG. 5. 5. 1900 S. 55, 194.

II. Buch.

Sozialer Schutz. Friedensordnung.
A. Besitzinstitut im allgemeinen.
I. Grundsätze.
§ 9.

I. Neben der Rechtsordnung besteht eine Friedensordnung, welche man lange Jahre mit der Rechtsordnung zusammengeworfen hat; Recht ist Bewegung, Friede ist Ruhe.

II. Die Friedensordnung besteht in der Vorschrift, daß die Selbsthilfe unterbleiben soll und die gegen widerstrebende Personen gerichtete Rechtsverwirklichung den staatlichen Organen zu überlassen ist. Soll diese Ordnung durchgeführt werden, so muß der Satz gelten: die Person und was sich um die Person gruppiert oder mit ihr in einem bestimmten Verhältnis steht, muß unbedingt und ohne Rücksicht auf das Recht unangefochten bleiben.

III. Dieses Verhältnis nennt man Besitz, die Deutschen nannten es Gewere. Besitz wie Gewere haben das Schicksal gehabt, lange Jahre der konstruktiven Unfähigkeit zu dienen.

Dies gilt vor allem von Savignys Buch über den Besitz. Es hat den Vorzug, daß es begonnen hat, die Cujazische historisch-kritische Methode der Quellenbehandlung nach Deutschland zu verpflanzen, an Stelle der praktisch exegetischen Methode, welche die Quellen nur als Umkleidung betrachtete, um die eigenen Ideen zum Ausdruck zu bringen. Bartolus war ein Selbstdenker, Savigny aber zog es vor, seine Gedanken einer fremden Gedankenwelt zu unterwerfen, wie es schon Cujaz getan hatte. Das war allerdings die Vorbedingung für eine geschichtliche Betrachtung, aber auch nur die Vorbedingung. Von der wirklichen geschichtlichen Behandlung des Rechtes war niemand weiter entfernt als Savigny; Hegels Einfluß hat er viel zu wenig in sich aufgenommen. Unglücklicherweise war auch seine geschichtliche Grundlegung eine brüchige, denn die kritische Behandlung des Corpus juris fehlte völlig, und was die Byzantiner in das Corpus juris hineingetragen hatten, wurde mit derselben Inbrunst angebetet, wie die Aussprüche der römischen Juristen.

IV. Die Hegelianer Gans und Lenz gewannen keinen Einfluß. Schriften, wie die Bekkers, sind wertlos, und was Ihering darüber geschrieben, entbehrt völlig des universellen philosophischen Geistes. Nur Puchta hatte einen fruchtbaren Gedanken: Besitz sei das Recht an der eigenen Person: also Besitz als Persönlichkeitsrecht! Dies wirft ein Licht auf das Ganze: es ist die Verknüpfung mit der Persönlichkeit, was den Besitz ausmacht, weshalb Besitzverletzungen sehr häufig auch Persönlichkeitsverletzungen sein werden; nur ist es nicht richtig, den Besitz mit dem Persönlichkeitsrecht zu vergleichheitlichen. Besitz ist nicht Persönlichkeitsrecht, sondern ein Verhältnis der Umwelt zur Person; aber immerhin liegt in der Puchtaschen Fassung ein Hinweis auf das richtige: der Friede gebührt der Person und darum auch der mit der Person verknüpften Umwelt. Vielen Einfluß hat diese Puchtasche Idee nicht gewonnen, sie konnte es auch nicht; denn der Besitz ist viel zu sehr mit dem Sachenrecht verknüpft und drängt sich viel zu sehr als eine Erscheinung sachenrechtlicher Natur auf, als daß man ihn in das Persönlichkeitsrecht verpflanzen könnte. Ich erinnere mich noch, wie mein Lehrer Adolph Schmidt die Puchtasche Idee in die Redewendung kleidete, Puchta sei der Münchhausen, der sich am eigenen Zopf aus dem Wasser ziehe. . . . .

V. Das deutsche Recht der Gewere bot eine weitere richtige Grundlage für die Rechtsbehandlung. Vor allem war ihm die Staffel der verschiedenen Gewereformen vertraut. Die Lehens- und Hörigkeitsverhältnisse lebten im deutschen Rechte so tief, daß man von selbst dazu kam, die Stufenfolge von der Eigentums- zur Lehens- und Leihgewere zu erkennen, und daß man dem Unsinn des römischen Rechtes fern blieb, dem Mieter und Pächter den Besitz abzusprechen. Von der sogenannten hebbenden Gewere, als dem titellosen Besitz, staffelte sich die Gewere zur Leihgewere, und von da zur Eigengewere auf. Wie die rechte Gewere sodann mit der Zeit vom Besitz zum Eigentum übergegangen ist, wurde anderwärts entwickelt. (S.9.)

VI. 1. Dies ist nun die Grundlage, auf welcher der größte mittelalterliche Jurist, B a r t o l u s , das Besitzrecht aufbaute. Es ist unbegreiflich, wie nach Bartolus solche Unfähigkeiten, wie Savignys Lehre, sich breit machen konnten. Bartolus nahm das deutsche Recht und kleidete es sehr geschickt in die römische Form; er unterschied zwischen der civilis possessio (Eigengewere), der naturalis possessio (Lehens- und Leihgewere) und der corporalis possessio (hebbenden Gewere); daß er dabei die Besitzauftragung (das Konstitut) in meisterhafter Weise behandelte, habe ich anderwärts gezeigt. [1])

2. Die moderne Gesetzgebung ist zu Bartolus zurückgekehrt. Man unterscheidet Eigenbesitz und Fremdbesitz, entsprechend auch mittelbaren und unmittelbaren Besitz, und konstruiert den mittelbaren Besitz in dem Sinne, daß der Fremdbesitzer für den Eigenbesitzer und in dessen Namen besitze: also eine Art von Stellvertretungsverhältnis, aber kein reines, sondern ein gemischtes; denn der Fremdbesitzer wirkt zwar in der Sphäre des Eigenbesitzers, aber er wirkt oft auch kraft eigenen Interesses, §§ 868, 870, 871, 872.

3. Auch das haben schon die Alten beobachtet, daß neben dem stellvertretenden Fremdbesitzer das Verhältnis der Besitzhilfe besteht, das Verhältnis des Dieners, des Kochs, des Markthelfers. Es sind dies Personen, denen man nicht etwa den Besitz anvertraut, die man vielmehr nur zur Hilfeleistung bei der Besitztätigkeit verwendet. Es ist natürlich etwas anderes, ob ich einen Gehilfen habe oder ob ich etwas dem Vertrauensmann überlasse: dem Gehilfen gegenüber habe ich die Befugnis der Selbsthilfe, denn er ist noch ohne jeden Eigenbesitz in meinem Besitze tätig, dem Vertrauensmann gegenüber habe ich diese Befugnis nicht, § 855.

VII. Der Besitz ist ein soziales Institut, das sich nicht nach den Grundsätzen des individualistischen Rechtes richtet. Daher

1. auch ein Geschäftsunfähiger kann Besitzer sein, sofern er nur das dazu gehörige Verständnis hat;

2. auch an einem Teil, an einem Raum, an einer Fläche kann Besitz bestehen, § 865;

3. auch an einem Vermögen, sodaß der Besitz an der einzelnen Vermögenssache nur ein Folgebesitz ist. Hierher gehört namentlich der Erbschaftsbesitz.

---

[1]) Vollstreckungsurkunde als Verkehrsmittel S. 11 f.

VIII. Der Besitz ist nicht ein individuelles, sondern ein Sozialinstitut, ein Institut nicht der Rechts-, sondern der Friedensordnung; es besagt: liegen bestimmte Umstände vor, so soll das Recht in seiner Vollzugskraft gehemmt, seine Verwirklichung der privaten Tätigkeit entzogen und der öffentlichen Gewalt überantwortet werden. Entsprechend ist umgekehrt jeder, welchem die Besitzlage zugute kommt, befugt, einen Angriff abzuweisen, wenn dieser auch im Recht begründet sein möge.

Um das Verbot der Selbsthilfe und dessen Ausläufer, die Notwehr, dreht sich das Institut des Besitzes, § 859.

IX. 1. Indes kommt die Rechtsordnung an verschiedenen Punkten der Besitzordnung zu Hilfe. Dies gilt in folgender Weise. Das soziale Institut des Besitzes gibt dem Besitzer einen Anspruch gegen den Störer auf Ablassung und gegen den Besitzentzieher auf Wiedereinräumung; ja noch mehr, nicht nur gegen den Entzieher, sondern auch gegen denjenigen, der unter Bewußtsein dieser Sozialwidrigkeit weiter erworben hat, denn auch dieser besitzt gegen die Ordnung des Friedensgesetzes. Das ist es, was man im gemeinen Rechte die Spolienklage nannte, ein Institut, das in der Savignyschen Schule wieder völlig verkümmert wurde.

Gegenüber dem Entzieher handelt es sich natürlich nicht mehr um den Anspruch aus dem vorhandenen Besitz, sondern um den Anspruch aus dem Konflikt, den der Entzieher durch Eingreifen in die Besitzordnung geschaffen hat, und um eine sozialmäßige Wiederherstellung gegenüber der sozialwidrigen Tat.

2. Die Rechtsordnung kommt also der Friedensordnung in dieser Weise zur Hilfe, daß sie einen Besitzstörungs- und einen Besitzentziehungsanspruch gibt. Diese Ansprüche sind in folgender Weise geregelt:

a) Es gilt eine Jahresfrist, innerhalb der die Ansprüche erhoben werden müssen, denn nach einiger Zeit konsolidiert sich das tatsächliche Verhältnis.

b) Wenn A. dem B. den Besitz entzieht und daraufhin B. dem A., so ist dies ein beiderseitiges Unrechttun, es müßte denn beides in unmittelbarer Folge geschehen, in welchem Falle aller-

dings nicht eine Wegnahme und Gegenwegnahme, sondern eine
Verteidigung anzunehmen wäre; liegt aber einige Zeit dazwischen, dann ist ein doppeltes sozialwidriges Tun gegeben,
aber es ist zu sagen, daß, wenn A. dem B. den Besitz genommen
hat und ihm dieser den Besitz wieder nimmt, A. es nicht verdient, daß die Rechtsordnung ihm zur Hilfe kommt; er entbehrt
hier die Hilfe der Rechtsordnung, er entbehrt des Anspruchs.
Doch gilt auch hier der Satz, daß der Besitz in Jahresfrist konsolidiert wird, und wenn daher A. die weggenommene Sache
ein Jahr lang besessen hat, dann hat er gegen B., der nach
Jahresfrist ihm wieder in die Quere kommt, den vollen Be-
sitzesschutz, vgl. § 861—864 BGB.

c) Daß auch der mittelbare Besitzer Besitzansprüche hat,
versteht sich von selbst, denn in der Sphäre des unmittelbaren
Besitzers besitzt auch er. Natürlich soll gegenüber der Besitz-
entziehung das Verhältnis so wiederhergestellt werden, wie es
war, also in der Art, daß der mittelbare Besitzer nicht den
unmittelbaren, sondern den mittelbaren Besitz zurückerhält,
vorausgesetzt, daß der unmittelbare Besitzer seinen unmittelbaren Besitz überhaupt wieder haben will, § 869.

d) Diese Ansprüche rechtfertigen es, den Besitz, obgleich
er ein Institut der Friedens-, nicht der Rechtsordnung ist, Recht
zu nennen und unter die Rechte einzuordnen, aber völlig unter
Vorbehalt des Obigen.

e) Da der Besitz der Ausdruck der Friedensordnung ist,
so ist er zugleich ein mächtiges Element des Rechtsscheins;
Staat und Volk wird zunächst den Besitz als Ausdrucksform
des Rechts betrachten: man wird von der Norm ausgehen, daß
der Besitzer auch der Eigentümer ist. Daraus ergibt sich:
Polizei- und Steuerverwaltung richten sich an denjenigen,
welcher im Rechtsschein ist, und das öffentliche Recht des
Strafantrages (bei Sachbeschädigung) steht einstweilen demjenigen zu, welcher den Rechtsschein hat, so lange, bis der
Rechtsschein zerstört und das wahre Recht den Schein verdrängt hat.[1] Dies gilt vom Mobiliarrecht § 1006; im Immobiliarrecht tritt der Schein des Grundbuches an seine Stelle.

---

[1] Archiv für Rechtsphil. XI S. 194.

II. Mitbesitz.

§ 10.

I. Besitz kann auch Mitbesitz sein; entweder Mitbesitz mit Vertrauen oder Mitbesitz mit Sperrwirkung. Im ersten Falle finden die Besitzhandlungen stets im Vertrauen auf die vom redlichen Willen getragene Besitzstellung des anderen statt, wobei die Kollisionen durch Mittelsmann oder Richter beschwichtigt, nötigenfalls durch einen modus vivendi begütigt werden können. Im letzteren Falle ist die Besitzhandlung eines jeden so lange gesperrt, bis der andere mitwirkt, welche Mitwirkung nur nach der Art obligationsrechtlicher Verpflichtungen erzwungen werden kann, § 866.

II. Dieser Mitbesitz mit Sperrwirkung ist ein bedeutsames Mittel, um jemanden den Besitz einzuräumen und doch die Leitung der Sache nicht aus der Hand zu geben.

III. Er kann indirekt dadurch erzielt werden, daß die Sache einem Dritten übergeben wird, der sie nur zum Mitbesitz an beide Beteiligte herausgeben darf. Sowohl das Familienrecht, als auch das Pfandrecht bedienen sich dieses Mittels. Die Rechtsordnung kennt es beim Vormund, beim Ehemann, beim Faustpfand und Nießbrauch, § 1392, 1814, 1082, 1205; auch im Konkursrecht ist es vertreten, § 137 KO.

III. Entstehen und Vergehen.

1. Entstehen.

§ 11.

I. Das Problem des Besitzes spitzt sich dahin zu: Besitzer ist, wer mit einer Sache in einer solchen Beziehung steht, daß die Friedensordnung es für geeignet findet, ihm den Schutz zu gewähren.

II. Diese Frage ist nicht nach individueller, sondern nach sozialer Seite zu beantworten, und die Beantwortung kann nicht immer eine gleichheitliche sein: sie hängt zusammen mit der ganzen Ordnung und Lebensweise der Völker. Einen sehr bedeutenden Einfluß hat die häusliche Ordnung und die Gründung der Häuslichkeiten ausgeübt, indem der Satz Anerkennung finden mußte, daß, was in verkehrsmäßiger Weise in die Häuslichkeit hineingekommen ist, mit der Häuslichkeit auch den Besitzschutz findet; mit anderen Worten: die in die Häuslichkeit gelangten Gegenstände sind in die Besitzsphäre der Person eingetreten. Nicht unbedingt: man kann nicht sagen, daß, was in mein Haus hineingeflogen ist, auch in meinem Besitz ist, wohl aber dasjenige, was im Verlauf des regelmäßigen Verkehrs in mein Haus gebracht wird; so wenn Briefe oder Pakete abgegeben werden, sollte es auch irrig und kraft Verwechselung geschehen; denn eine solche individuelle Unregelmäßigkeit ist keine Verneinung des sozialen Charakters der Tätigkeit. Das jüdische Recht hat dies in die Formel gekleidet, daß das Haus uns wie ein vernunftloser Bote oder Stellvertreter dient.

Aber auch bei Landgrundstücken ist die Gestalt der Kulturordnung bedeutsam; insbesondere wird die scharfe Abgrenzung und Abmarkung dem Grundstück eine Wesenheit geben, welche für den Besitzerwerb wichtig ist. Daher kann eine Übertragung erfolgen, ohne daß das Grundstück nach allen Seiten hin umgangen wird: es genügt eine Einsetzungsform innerhalb des Grundstückes oder in seiner Nähe in einer solchen Weise, daß die neue Verknüpfung mit dem begrenzten Grundstück deutlich in die Erscheinung tritt; solche Betätigungen sind genügend, um die soziale Neuerung für das ganze Grundstück zum Ausdruck zu bringen. [1]

III. 1. Das Germanische Recht hat den Begriff des Besitzes erweitert.

Das Römische Recht hing mehr oder minder an gewissen tatsächlichen Beziehungen zwischen dem Einzelnen und der Außenwelt, andere Beziehungen wurden bei Seite gelassen. Die Tatsächlichkeit glaubte man in einem äußerlichen Haben, Beherrschen der Sache oder in einer äußerlichen Beziehung zu finden, in welcher sich die wirtschaftliche Macht über die Sache kundzugeben pflegt.

Aber warum sollen diese Beziehungen die einzigen sein, welche eine solche soziale Fürsorge rechtfertigen? Warum soll

[1] Dies hat man auch neuerdings verschiedenfach anerkannt, vgl. z. B. München 13. 3. 1909 S. 64 nr. 232. Die Übertragung „vom Turm aus" war eine echte Ausgeburt Vangerow-Windscheidscher Pandektologie, die von Bähr mit Recht verspottet worden ist.

die Verbindung immer nur örtlich sein? Wie, wenn der Staat mich öffentlich mit einem Gute bedacht hat? Sollte das Gut nicht in gleicher Weise (ohne Rücksicht auf die Rechtslage) für mich gesichert sein, so daß niemand mich verletzen und daß ich dem Angriff Gewalt entgegensetzen darf? Und wie, wenn das Totenhaus geschlossen und ich der Erbe bin? Mein Erbrecht kann bestritten sein und demgemäß auch mein Zutritt zur Sache; aber dies ist ein interner Streit: Dritten gegenüber hat der Erbe den Beruf, sich des Eingriffs zu erwehren.

In allen solchen Fällen sprach man von einer Gewere und wollte besagen: hier tritt der Sozialschutz ein, wie im Falle des tatsächlichen Besitzes.

2. So ist die germanische Gewere ein sinngemäß erweitertes Besitzwesen, und es zeugt von der vollkommenen Unfähigkeit des Pandektenrechts, daß man es nicht vermochte, den Gedanken zu fassen, daß der Sozialschutz durchaus nicht an den tatsächlichen Besitz gebunden ist, daß er von anderen Elementen mit beherrscht werden kann, wenn auch der tatsächliche Besitz stets ein wesentliches Element des Instituts sein wird.

IV. 1. Dementsprechend muß auch unser Recht aufgefaßt werden, § 854: die Einigung zwischen dem Besitzer und dem Nachfolger schafft Besitz, wenn der normalen Sachbewirtschaftung durch den Erwerber keine überwiegenden Hindernisse im Wege stehen; und dem deutschen Recht hat man in § 857 den Satz entnommen, daß der Besitz auf den Erben übergeht, vorausgesetzt, daß der Erblasser im Besitze war und daß nicht besitzstörende Umstände in der Zwischenzeit eingetreten sind: dann erwerben die Erben den Besitz ohne Kenntnis und von selbst. Welche Folgerungen sich daraus ergeben und wie sich die Umstände bei dem Erbstreite gestalten, soll im Erbrecht weiter ausgeführt werden. Der Gedanke der Rechtsordnung ist: die Erbfolge ist etwas sozial so sehr Anerkanntes, daß der Besitz des Erblassers sich auf die Erben erstreckt.

2. Aber auch in anderer Weise kann solches eintreten; und wenn beispielsweise keine besitzhemmenden Umstände vorliegen, so wird man ohne weiteres annehmen können, daß durch die Auflassung nicht nur das Eigentum, sondern auch der Besitz

übergeht. Das war auch die Anschauung des deutschen Rechtes, denn die Gerichtsfunktion ist etwas von jeder sozialen Ordnung anzuerkennendes; und das gleiche muß gelten von dem Zuschlag und von der Enteignungsfunktion: hier geht der Besitz über ohne jede Verörtlichung. Wozu sonst? Solche richterlichen Akte haben eine Publizitätskraft, welche den örtlichen Übergabeakt noch weitaus übertreffen; und nur insofern kommt die Verörtlichung noch in Rücksicht, daß keine hemmenden Einflüsse eingetreten sein dürfen, daß insbesondere nicht dritte Personen sich der Sache bemächtigt haben.

V. Die Tätigkeit des Menschen, welche ihm den Besitz verschafft, ist kein Rechtsgeschäft; sie kann ein neutraler Akt sein, der Besitz kann auch ohne jede Mitwirkung des Besitzers erworben werden: so wenn mir jemand einen Brief in die Wohnung trägt, oder eine Düte in die Tasche steckt, oder wenn der gütige Wirt mir eine Beigabe zum Nachtmahl ins Auto legt. Daher versteht sich von selbst, daß alle Kategorien von Geschäftsfähigkeit und Geschäftsunfähigkeit bedeutungslos sind. Von Einfluß kann es nur sein, ob jemand, der durch eigenen Eingriff sich Besitz verschafft, so viel gesunden Sinn hat, um die Bedeutung des Aktes wenigstens im allgemeinen zu verstehen.

VI. Nur in einem Punkt berühren die Erwerbsverhältnisse die Rechtsordnung und nehmen eine rechtsgeschäftliche Natur an. Der Eigenbesitz und der Fremdbesitz beruhen auf Qualitäten, welche durch Rechtsvorgänge geschaffen werden: der Mieter, Pächter, Nießbraucher erklärt, im Umkreis fremden Eigentums besitzen zu wollen; er erklärt, daß sein Besitz nur eine naturalis, nicht eine civilis possessio ist und in Beziehung zur civilis possessio eines Anderen steht. Alles dieses setzt Vorgänge voraus, die im Gebiete des Rechtsverkehrs spielen; zwar sind sie vom Recht nicht in der Art abhängig, daß sie nur bei Gültigkeit des Verkehrsgeschäftes eintreten, aber sie sind doch davon abhängig, daß die Form des Rechtsaktes beobachtet wird und daß es sich um Personen handelt, denen so viel gesunder Sinn innewohnt, um die Andeutungen des Verkehrsgeschäftes im allgemeinen zu erfassen.

2. Vergehen.

§ 12.

I. Der Besitz erlischt, sobald die Verhältnisse geschwunden sind, welche die Friedensordnung als genügende Verknüpfung zwischen Person und Sache erkennt. Solcher Verlust kann durch die Tätigkeit des Besitzenden erfolgen; er erfolgt allerdings nicht durch Übergabe, denn die Übergabe schafft nur die Lage, damit ein Dritter den Besitz erwerben kann; er erfolgt aber durch willkürliche oder unwillkürliche Besitzaufgabe, § 856.

II. Er erfolgt aber auch ohne Zutun des Besitzenden durch jeden Umstand, welcher die Beziehung löst, vor allem durch Wegfliegen, Wegwehen, Wegrollen, durch Wegnahme, Wegführung, bei Tieren durch Davonlaufen. Einen niedlichen Trick ersannen hier die Römer. Der Sklave besaß für den Herrn, er besaß auch sich selbst; er konnte daher durch Flucht dem Herrn den Besitz nicht entziehen. Damit hat das Römische Recht dem Sklaven eine Schlinge gelegt; in der Tat gleicht die Argumentation der Schlange, die sich in den Schwanz beißt: ein Institut außerhalb der Rechtsordnung kann nicht nach den Grundsätzen der Rechtsordnung behandelt werden.

B. Gesteigertes Besitzrecht.

I. Gesteigerter Eigenbesitz.

§ 13.

I. Der gutgläubige Eigenbesitz entsteht durch Erwerb auf Grund des Besitzscheines unter voller ethischer Geistesverfassung, also unter der Annahme, daß der Besitzerwerb im gegebenen Fall in der Rechtsordnung verankert ist; vorausgesetzt wird hierbei, daß der Erwerber die nötige Sorgfalt gewahrt hat, welche man im Verkehr verlangt, wo so viele Rechte sich kreuzen und teilweise in Zusammenstoß treten; mindestens muß den Besitzerwerber nicht der Vorwurf grober Fahrlässigkeit, d. h. nicht der Vorwurf der Unvernunft und Leichtfertigkeit treffen, § 932 BGB.

II. Schon das römische und deutsche Recht zeichneten den gutgläubigen Besitz aus; im Gefolge des römischen Rechts hat man ihn auch den Publizianischen Besitz genannt.

III. Die besonderen Auszeichnungen sind:

1. Er gibt das Fruchtrecht in Verbindung mit dem Verwendungsrecht, von dem unten die Rede sein wird.

2. Er ist die Grundlage für das Ersitzungsinstitut. Hierzu tritt

3. der über den Besitzanspruch hinausreichende Anspruch auf Unterlassung der Störung und auf Besitzherausgabe.

IV. Die ersten zwei Rechte können so geartet sein, daß die einmal erworbene Besitzsteigerung das Fruchtrecht und die Ersitzung gewährt, auch wenn die ethischen Eigenschaften des guten Glaubens weggefallen sind.

Im Römischen Recht war das Fruchtrecht in dieser Weise noch zu Julians Zeiten gestaltet; das Pandektenrecht verlangte die Fortdauer des guten Glaubens. Im Ersitzungsinstitut folgten noch das Pandektenrecht und verschiedene neue Gesetzgebungen, z. B. der Code Napoleon diesem Satz: man verlangte den guten Glauben bei dem Erwerb, man verlangte nicht seine Fortdauer während der Ersitzungszeit (vgl. Eichrodts schönen Vers: Bösgläubige Besitzer streichen durch Feld und Flur und schaun, um zu ersitzen, jeden Augenblick auf die Uhr). Wir verlangen auch hier die Fortdauer des guten Glaubens.

V. Im Anspruchsrecht ist zwischen Immobiliar- und Mobiliarrecht zu unterscheiden.

1. a) Im Mobiliarrecht hat der gutgläubige Erwerber ein über den Besitzanspruch hinausgehendes Anspruchsrecht; ist ihm die Sache abhanden gekommen, so kann er sie auch gegen den gutgläubigen Erwerber verfolgen.

b) Es gilt hierbei eine Genealogie; wenn A der Sache verlustig geworden ist, so kann er sie nicht nur gegen den Besitzer verfolgen, sondern, wenn er selbst wieder in Besitz gekommen ist und B sie gegen ihn verfolgen will, so hat er als der in der Genealogie früher stehende eine Einrede.

c) Dieser Anspruch ist nicht an die Jahresfrist der Besitzklage gebunden.

d) Verlangt wird gutgläubiger Erwerb, nicht gutgläubiger weiterer Besitz, § 1007, was ein Fehler des Gesetzes ist.

2. Im Immobiliarrecht besteht ein solcher Anspruch zugunsten der Grundbucheingetragenen.

a) Der Eingetragene, der die Herausgabe der Sache verlangt, wird zwar regelmäßig sein Eigentum behaupten und er wird hierzu den § 891 anrufen können; aber, wie, wenn er Zweifel hat, wenn er zu gewissenhaft ist? Sollte ihm dann jeder Anspruch fehlen?

b) Daraus ergibt sich von selbst; er kann erklären: auch wenn ich etwa nicht Eigentümer bin, so bin ich Grundbucheingetragener und kann auf Grund dessen die Herausgabe verlangen. Der Grundbucheingetragene hat daher nicht nur die Vermutung des Eigentums für sich, sondern er hat schon als solcher ein publizianisches Anspruchsrecht.

II. Gesteigerter Fremdbesitz.

§ 14.

I. Ein gesteigertes Fremdbesitzrecht ist das des Mieters und Pächters; diese Steigerung zeigt sich 1. in dem Fruchterwerb des Pächters, 2. in dem Enteignungsrecht, bei welchem der Mieter und Pächter selbständig entschädigt werden muß und nicht etwa in das Entschädigungsrecht des Eigentümers eintritt. [1] So hat man bei Straßenverlegung auch den Mietern eine Entschädigung zuerkannt. [2] Es zeigt sich

3. darin, daß das Besitzrecht auch gegenüber dem nachfolgenden Eigentumserwerber fortbesteht, entweder unbedingt, wie bei der Eigentumsübertragung; oder bedingt und beschränkt, wie bei der Immobiliarvollstreckung und bei dem Nießbrauchspächter nach Beendigung des Nießbrauchs: hier unterliegt es dem gesetzlichen Kündigungsrecht, § 571, 986, 1056 BGB. und § 57 ZVG.

II. Wer nicht von dem Eigentümer, sondern von dem Nichteigentümer gepachtet hat, hat das Fruchtgenußrecht nach den im Fruchtrecht näher entwickelten Grundsätzen.

---

[1] Vgl. z. B. Preuß. Enteignungsgesetz 11. 6. 1874 § 11: Der Betrag des Schadens, welchen . . . Pächter und Mieter durch die Enteignung erleiden, ist besonders zu ersetzen.
[2] RG. 21. 9. 1895 E. 36, 272. Vgl. oben S. 15.

III. Buch.

Eigentumslehre.

I. Hauptteil. Grundeigentum.

I. Kapitel: Grundrecht im Allgemeinen.

A. Grundbegriffe.

§ 15.

I. Grundstücke sind Teile der Erdoberfläche; dies bedingt es, die horizontale Erdoberfläche zu zerlegen und danach die Grundstücke aus dem Gesamten auszuscheiden.

II. Diese Ausscheidung ist eine beliebige, insbesondere ist es auch gestattet, ein einheitliches Grundstück weiter in Teile zu zerlegen und aus dem einen Grundstück mehrere zu machen; vorbehaltlich besonderer wirtschaftlicher Vorschriften, welche eine Absplitterung einzelner Teile untersagen, wie bei Rentengütern, oder die Verkleinerung der Grundstücke auf ein bestimmtes Maß beschränken, um Zwerggütersysteme zu vermeiden, a. 119 BGB.

III. Grundstücke können auch zusammengelegt werden, sodaß aus zwei Grundstücken eines wird. Diese Zusammenlegung kann eine gleichgeordnete oder eine Zusatzzusammenlegung sein, sodaß das eine Grundstück einem Hauptgrundstück als Nebengrundstück hinzutritt.

IV. Der Begriff des Grundstücks ist der Begriff einer Einheit; die dinglichen Schicksale des Grundstücks betreffen regelmäßig das Ganze, es ist nicht die Regel, daß sie auf die einzelnen örtlichen Punkte beschränkt sind.

V. Das Grundstück ist nach oben und unten ein und dasselbe, es ist einem Eigentümer unterworfen: eine Zersägung des Grundstückes in der Art, daß ein gewisser Teil bis zu bestimmter Höhe dem einen, ein anderer Teil von dieser Höhe an einem anderen gehörte, würde zu den größten Wirrsalen führen.

B. Einzelheiten.

§ 16.

' I. 1. Germanische Rechte ließen eine Verselbständigung von Boden und Bodenbestandteilen zu. Noch unter dem Preußischen Landrecht nahm man an, daß das Holz auf dem Stamm einen besonderen Eigentümer haben könne. [1] Im Gegensatz hierzu steht ·das heutige Recht. [2] Unsere Behandlungsweise ist vorzuziehen; eine Ordnung, welche das Grundeigentum zersägt und zerspaltet, führt, wie bemerkt, endlose Mißlichkeiten herbei.

2. Wir haben daher kein Kellereigentum: solches ist nur entweder Erbbaurecht oder Grunddienstbarkeit. [3] Ebenso haben wir kein Stockwerkeigentum. Als Ersatz könnten solche Verhältnisse erbbaumäßig entstehen, wenn das Bürgerliche Gesetzbuch nicht ausdrücklich die Benutzung des Erbbaurechtes für diesen Zweck ausgeschlossen hätte, § 1014. Es ist allerdings auch möglich, dem Gedanken des Stockwerkeigentums dadurch nahe zu kommen, daß mehrere Miteigentümer eines Hauses eine dauernde Genußteilung vornehmen, wobei jedem die Benutzung eines Stockwerkes zukommt; aber auch hier treten die Bestimmungen des Bürgerlichen Gesetzbuches dazwischen, welche unter Umständen dem Miteigentümer die Lösung der Gemeinschaft und das Austeilungsrecht gestatten. Um nun die Möglichkeit fester Stockwerkverhältnisse nicht ganz auszuschließen, hat unser Einführungsgesetz a. 131 den Landesrechten gestattet, die Stockwerkberechtigungen in der Art zu festigen, daß dieses Austeilungsrecht mehr oder minder beseitigt wird. Außerdem hat man vorübergehend zugelassen, daß die alten Stockwerksrechte, wo sie bestanden, vom Landesrecht in alter Weise aufrecht erhalten werden, a. 182. [4]

II. Die örtliche Trennung, welche aus einem Grundstück zwei macht, hat von selber rechtliche Folgen; denn 1. wenn die

---

[1] Obertribunal 9. 5. 1845 E. 11, 201.
[2] RG. 24. 3. 1905 E. 60, 317.
[3] RG. 13. 1. 1904 E. 56, 258.
[4] Dem entsprechen verschiedene Ausführungsgesetze, auf die hier nicht einzugehen ist; vgl. z. B. Badisches Gesetz 20. 2. 1868 a. 2 und Badisches Ausführungsgesetz zum BGB. a. 12.

Ausübung einer Dienstbarkeit bisher nur auf einem Teil des Grundstückes stattfand, so konnte trotzdem das ganze Grundstück damit belastet sein; mit Abtrennung dieses Teiles vom anderen aber tritt die rechtliche Änderung ein, daß jetzt nur dieser Teil von dem Grundstück belastet ist, der andere Teil frei wird, § 1026. Allerdings ist dies nur dann anzunehmen, wenn die Benutzung sich dauernd und folgerichtig auf einen örtlichen Teil des Grundstückes beschränkt hatte. [1])

2. Wenn die Ausübung der Dienstbarkeit bisher auf dem ganzen Grundstück stattfand, so entsteht durch die Trennung eine Mehrheit von Servituten.

3. Ähnlich wie zu 1 und 2 ist es, wenn das herrschende Grundstück geteilt wird: auch hier kann die Servitut bezüglich des einen Grundstücks erlöschen, auch hier kann sie zu einer Mehrheit von Servituten werden, nur daß die Gesamtbelastung nicht größer werden darf als früher, § 1025, 1109 BGB.

4. In solchen Fällen entstehen und vergehen Servituten kraft einer g e n e r a t i o s p o n t a n e a.

III. Wenn bisher der eine Teil des Grundstückes dem anderen tatsächlich gedient hat, so gestaltet sich dies von selbst zu einem Servitutenverhältnis, sobald beide Teile durch Trennung verselbständigt werden. Auch hier entsteht, da kein Grund vorhanden ist, die Benutzungsverhältnisse zu ändern, eine Servitut durch generatio spontanea. Man hat dies früher irrtümlich als stillschweigende Begründung einer Servitut erklärt: man nahm an, daß beide Teile beabredeten, daß in der Zukunft das eine Grundstück dem anderen dienen solle (destinatio patrisfamilias). Dies ist falsch. Allerdings tritt jetzt ein Servitutenverhältnis ein, aber nicht durch Vertrag oder Quasivertrag, sondern durch den Umstand, daß, was bisher berechtigte Betätigung innerhalb des einen Grundstücks war, nunmehr berechtigte Betätigung von Grundstück zu Grundstück ist. Die Entstehung der Servitut erfolgt automatisch, weil die Betätigung durch die Trennung des Eigentums einen anderen Charakter annimmt. Natürlich gilt dies auch nach unserem

---

[1]) Dies wird vom KG. richtig hervorgehoben, KG. 3. 2. 1902 Joh. 24 A. 118; KG. 7. 12. 1905 Joh. 31 A. 309.

Rechte, und man kann nicht sagen, eine solche Servituten-
entstehung bedürfe einer Bestellung und die Bestellung könne
nur durch Grundbucheintragung erfolgen; es findet eben keine
Bestellung statt, sondern ein Werden kraft des stillschweigenden Waltens der Verhältnisse; was nicht ausschließt, daß die
Eintragung nachträglich verlangt werden kann, ebenso wie bei
den Servituten, die ohne Eintragung aus der früheren Zeit her
bestehen.

Das Gleiche gilt auch vom Erbbaurecht: findet eine Grund-
stücksteilung in der Weise statt, daß ein Stück eines Bauwerkes, das hauptsächlich auf dem nunmehrigen Grundstück A.
steht, auf das nunmehrige Grundstück B. hinüberragt, so entsteht automatisch ein Erbbaurecht: natürlich ist hier von
Überbau und Überbaurente keine Rede. [1]

Die ganze Theorie von der destinatio patris familias und
der stillschweigenden Servitutenbegründung beruht also auf
einem groben Denkfehler; das automatische tritt von selbst
ein und ohne ausdrückliche oder stillschweigende Bestellung,
das automatische tritt nicht ein als ein stillschweigend gewolltes.

Vergleiche darüber Excurs I.

IV. Die Trennung hat auch die Bedeutung, daß nach
Landesrecht bei Veräußerung eines Teiles ein Unschädlichkeitszeugnis möglich ist, was bezüglich eines ganzen Grundstückes nicht erfolgen kann. [2] Das Unschädlichkeitszeugnis
soll es bewirken, daß der abgesplitterte Teil des Grundstücks
von den Belastungen frei werden kann: dies kann geschehen,
weil dafür genügend gesorgt wird, daß den Beteiligten kein
Schaden erwächst. Auf diese Weise allein ist bei Absplitterun-
gen eine gedeihliche Regelung der Verhältnisse möglich und
wird Wirrwarr vermieden. Vgl. Preuß. AG. z. GBO. a. 20.

V. 1. Eine gleichgeordnete Zusammenlegung von Grundstücken hat die Bedeutung, daß die Grundstücke eins werden,
ohne daß die Rechtsverhältnisse sich ändern: die Hypotheken
bleiben an dem alten Teil des Grundstückes bestehen wie sie
waren: weder weicht eine Hypothek noch erstreckt sich die
Hypothek des Teiles auf das Ganze.

---

[1] RG. 20. 3. 1907 E. 65, 361; RG. 8. 12. 1909 E. 72, 269.
[2] Colmar 9. 11. 1910 M. 21, 404.

Anders bei der Verbindung als Zutat, „Zuschreibung"; hier bleibt allerdings auch jede Hypothek auf ihrem Teil bestehen, die Hypotheken auf dem Hauptgrundstück aber erstrecken sich auf das Zusatzgrundstück, doch so, daß die auf diesem liegenden Hypotheken vorgehen, §§ 890, 1131 BGB., § 5 GBO.

2. Die gegenseitigen Servituten würden durch die Vereinigung zweier Grundstücke automatisch als Servituten untergehen, wenn sie nicht kraft Grundbuchrechts aufrechterhalten würden, § 889.

3. Die Zusammenlegung setzt volle Verfügung der Eigentümer voraus; Fideicommißgrundstücke können nur mit Genehmigung der Fideicommißbehörde zugeschrieben werden. [1]

4. Eine Vereinigung kann mit dem Grundstück erfolgen, nicht mit einem Recht am Grundstück; eine Ausnahme gilt nur bei den verselbständigten Grundgerechtigkeiten, welche wie selbständige Grundstücke behandelt werden. So können Bergrechte, so können Kohlenbaugerechtigkeiten unter bestimmten Umständen zu einer Einheit vereinigt werden, so a. 38 Preuß. AG. z. BGB., so der Hilfsbau in § 60 Preuß. Berggesetz.

5. Eine Zuschreibung eines Grundstückes, z. B. eines Hofes, der mehreren Grundstücken dienen soll, ist grundbuchmäßig nicht möglich; [2] der Hof gehört den Grundstücken zu Miteigentum; es kann aber durch Grundbuchvermerk eine Beziehung der einzelnen Grundstücke zu ihrem Miteigentumsteil geschaffen werden, wodurch dann ein ähnliches Verhältnis eintritt, wie bei einer Grunddienstbarkeit. Die Landesgesetzgebung hat hier vielfach ein Rechtsverhältnis der mehreren Grundstücke zu dem „Interessenstück" konstruiert, und wo Landesrechte bestehen, gelten sie nach a. 113 BGB. weiter; so Preuß. Ges. 2. 4. 1887. [3] Vgl. unten S. 63.

VI. 1. Daß die Einheit des Grundstücks ausnahmsweise gebrochen werden kann, ergibt sich aus dem obigen: durch die Zusammenlegung kann es kommen, daß die einzelnen Teile desselben Grundstücks verschiedenen Rechten unterworfen werden.

---

[1] KG. 30. 6. 1902 M. 5, 314.
[2] KG. 16. 5. 1904 M. 9, 328.
[3] KG. 10. 6. 1915 Joh. 48 A. 200.

2. Dies kann bei Dienstbarkeiten und bei Reallasten auch sonst geschehen: hier kann auch sonst bestimmt werden, daß nur, ein Teil des Grundstückes dienen oder herrschen soll, § 1109 BGB., § 6 GBO. [1]) Bei Hypotheken kann dies nur erfolgen, wenn sie fehlerhafterweise, entgegen dem § 6 GBO., einem Teil des Grundstückes zugeschrieben werden. Dies ist ein Fehler, hat aber keine Nichtigkeit zur Folge. [2])

3. Davon ist der Fall zu unterscheiden, daß eine Dienstbarkeit auf das ganze Grundstück gelegt und das ganze Grundstück belastet wird, daß aber die Servitut ihrer Natur nach nur eine Betätigung auf einen bestimmten Teil des Grundstückes erfordert. Hier ist nichtsdestoweniger das ganze Grundstück belastet, es muß sich als ganzes Grundstück der Last widmen. Daher wird auch, wenn die Last in eine Geldlast umgewandelt wird, diese dem ganzen Grundstück, nicht bloß jenem Teil, auferlegt, § 92 ZVG. Vgl. auch oben S. 44.

C. Boden- und Bodenbestandteile.
I. Natürliche Verbindung.
§ 17.

I. Die Verbindung mit dem Erdboden kann eine Verbindung kraft Natur sein. Alles, was einen Bestandteil unseres Planeten bildet, wird damit Teil des Erdbodens. Dahin gehören auch die im Boden ruhenden Versteinerungen; nur wenn es sich um solche Überreste handelt, die kraft ihres Umfanges und ihrer Geschlossenheit eine gewisse Selbständigkeit verraten, hören sie auf, Bestandteilscharakter zu haben und nehmen sie den Schatzcharakter an (Saurierlager usw.).

II. Eine Naturverbindung mit dem Erdboden kann noch heutzutage durch Erdschicksale erfolgen. Eine Hauptverbindung erfolgt durch den organischen Zusammenhang bei Wildpflanzen. Eine andere erfolgt durch Anlandungen, Alluvionen, d. h. durch allmähliche Anspülungen an das Ufer mit sofortiger oder allmählicher Befestigung und Verwachsung, und sodann durch Antreibungen von Landstücken an einen Anlieger des Wasserlaufes.

---

[1]) Unrichtig: Dresden 29. 1. 1901 M. 2,513.
[2]) RG. 29. 3. 1905 J. W. 34, 319.

Hier treten zwei Momente hervor:

1. die Bestandteilseigenschaft und

2. das Gegenrecht dessen, dem das Landstück früher gehörte und der insbesondere bei der Antreibung nicht sofort beseitigt werden soll. Diese beiden Momente hat schon das frühere Recht berücksichtigt; man gab namentlich dem Eigentümer des angetriebenen Stückes die Befugnis, innerhalb einer bestimmten Zeit das Stück wieder an sich zu ziehen und sein Eigentum aufrecht zu erhalten.

Ein 3. Moment ist erst in der neueren Zeit in seiner Wichtigkeit hervorgetreten: solche Anspülungen geschehen vielfach infolge von systematischen Strom- und Flußregulierungen. Hier ist es ein richtiger Gedanke, daß demjenigen, der die regulierende Tätigkeit vollzieht und somit den Erwerb bewirkt, auch ein Recht daran zukommt. Eine Regelung nach dieser Richtung bietet das Preußische Strombauverwaltungsgesetz vom 20. 8. 1893, vor allem aber das Preußische Wassergesetz 1913 § 17 und 140. [1]

III. Bemerkenswert ist, daß, wenn ein Dritter auf solche Weise an den Anspülungen und Antreibungen ein Recht erwirbt, dem Anlieger der Zutritt zum Wasser nicht verwehrt werden darf. Es entsteht daher kraft generatio spontanea eine Wegeservitut, vgl. § 17 und 141 Wassergesetz.

II. Verbindung durch Menschenhand.

§ 18.

I. Die Verbindung durch Menschenhand unterliegt nicht der bloßen Naturordnung, sondern hierbei kommen auch die von den Menschen gesetzten Zweckbestimmungen in Betracht: auch hier siegt der Geist über die Materie. Die Einfügung einer Sache durch Menschenhand ohne den Zweck, daß sie dem Grundstück dienen soll, bewirkt keine Bestandteilseigenschaft; so insbesondere nicht bei einem in den Boden eingelassenen Schatz, auch wenn er in noch so feste Verbindung mit ihm gebracht worden wäre. Eine Einfügung aber mit der Zweck-

---

[1] Vgl. RG. 9. 6. 1915 E. 87,26. Künstliche Anschüttungen sind natürlich keine Anlandungen.

bestimmung, daß das Eingefügte zum Boden gehören soll, sei es nun durch unorganische oder organische Verbindung, kann eine Bestandteilseigenschaft herbeiführen. Man spricht hier von Einpflanzung und von Einbau, und namentlich der letztere ist bedeutsam; bei ihm ist die Zweckbestimmung nicht nur wesentlich für das Ob, sondern auch für das Wie der rechtlichen Schicksale, § 93, 94 BGB.

II. Die Verbindung durch Einbau kann eine Eigentumsverbindung oder eine Verbindung zugunsten anderer von dem Eigentum verschiedener Rechte sein, eine Verbindung zugunsten einer Servitut, eines Mieterechts, eines Bergrechtes.[1] In beiden Fällen büßt die verbundene Sache ihre Sacheigenschaft ein und wird zum Bestandteil der Gesamtsache, im einen Fall zum Eigentums-, im anderen Fall zum Rechtsbestandteil.

Hier hat das Bürgerliche Gesetzbuch, §§ 93 und 94, eine arge Verwirrung angestellt. Es ist unrichtig, die Bestandteilseigenschaft im Falle des Servituten- oder Mieteeinbaues zu leugnen; es ist vielmehr zu sagen: die Bestandteilseigenschaft tritt in allen Fällen ein, nur im einen Falle zu gunsten des Eigentums, im anderen Falle zugunsten des Servituten- oder Mietrechts. woraus sich ergibt, daß der Bestandteil zwar mit der Sache, aber nicht mit dem Eigentumsrecht, sondern mit der Servitut oder dem anderen Rechte zusammenhängt und diesem folgt. Das Recht ist als Einbaurecht zu bezeichnen, und dieses steht also im Gefolge, sei es des Eigentums oder sei es der Servitut, des Erbbaurechts, Mietrechts oder auch des Eigenbesitzes.[2]

III. 1. Die Frage, ob diese Einbauten, wenn sie etwa kraft Servituten- oder Mietsrecht errichtet werden, beweglich oder unbeweglich sind, beruht auf völliger Verwirrung. Beweglichkeit oder Unbeweglichkeit gilt nur von Sachen, nicht von Bestandteilen; will man auch auf diese die Kategorie anwenden, so ist zu sagen, daß natürlich auch die Bestandteile die Eigenschaft der Sache teilen, deren Bestandteile sie sind,

---

[1] Über die Anlagen zugunsten von Bergwerken vgl. RG. 5. 7. 1905 E. 61, 188.

[2] Darüber besteht eine wenig erfreuliche Literatur, vgl. Braunschweig 9. 2. 1915 S. 75 nr. 78.

also die Bestandteile einer unbeweglichen Sache unbeweglich sind.

2. Ebenso kann die Frage, wer Eigentümer dieser Einbauten ist, nicht auftreten, solange die Verbindung besteht; sie kann erst entstehen, wenn die Trennung stattfindet, wenn der Einbau den Bestandteilscharakter verliert und zur Sache wird. Dann gilt der Grundsatz: der Einbau wird Sache dessen, dem zur Zeit der Trennung das Einbaurecht zusteht, also des Servitutenberechtigten, Mieters usw. Nur insofern kommt das Einbaurecht schon während der Bestandteilsperiode in Betracht, als die Pflege und Besorgung des Eingebauten dem Einbauberechtigten obliegt und er die Verantwortlichkeit trägt.

3. Mit der Trennung hört der Einbau auf, Bestandteil zu sein, er wird zur Sache und damit zum Eigentumsgegenstand und fällt, wie bereits bemerkt, in das Eigentum dessen, dem das Einbaurecht zusteht, dem es entweder von Anfang an zustand oder dem es zusteht infolge der Rechtsnachfolge, die etwa bezüglich des ursprünglichen Servituten-, Miet-, Erbbaurechts eingetreten ist.

4. Übrigens ist auch der Fall möglich, daß der Einbau dem Servituten- oder Mietberechtigten dient, ohne daß diesem das Einbaurecht zusteht, so z. B. wenn der Eigentümer den Einbau hergestellt und ihn dem Berechtigten nur zur Benutzung überlassen hat. Dies kann insbesondere der Fall sein, wenn ein Eigentümer ein Gebäude errichtet und dann ein Erbbaurecht bestellt. Zwar wird auch hier der Erbbauberechtigte, wenn während dieser Periode sich Teile des Baues ablösen, Eigentümer des durch Trennung zur Sache gewordenen Bestandteiles, aber er wird es nicht mehr, sobald das Erbbaurecht erloschen ist.

5. a) Das Einbauen ist kein Rechtsgeschäft; allerdings hat die menschliche Zweckbestimmung hier eine entscheidende Bedeutung, allein das Inbeziehungsetzen zu Eigentum oder Servitut beruht nicht auf Rechtsgeschäft, sondern auf neutralem Akt mit Rechtsfolgen.

b) Allerdings ist auch bei neutralen Akten eine Bedingung und Befristung möglich. Daher kann der Eigentumseinbau auch als bedingter oder befristeter erfolgen, sodaß das Einbau-

recht. nach Eintritt einer Bedingung oder Befristung einem
Dritten zusteht: dies ist sehr wichtig bei dem Einbau von noch
unbezahlten Maschinen, welche der Maschinenfabrik im Falle
der Nichtzahlung wieder zufallen sollen: ein solcher Einbau ist
ein Einbau mit auflösender Bedingung. Das Einbaurecht steht
hier zunächst dem Eigentümer zu, geht aber bei Eintritt der Bedingung auf die Fabrik über, und diese kann, wie sich aus dem
folgenden ergeben wird, die Trennung mit entsprechendem
Eigentumserwerb verlangen, denn sie ist der Einbauberechtigte.
Daß eine derartige Gestaltung der Sache ein gesellschaftliches
Bedürfnis ist, wurde schon längst anerkannt; bedauerlich ist
es aber, daß weder die Rechtslehre noch die Rechtsprechung
die Zeichen der Zeit genügend erkannt und besonders das
Reichsgericht in doktrinärer Weise die wichtigen Interessen
schutzlos gelassen hat; [1]) doch hat auch das Reichsgericht einmal den Fall vorgesehen, daß die Einbausache zuerst eine Miet-
einbausache und dann erst eine Eigentumseinbausache wird. [2])

6. Macht ein Nichteigentümer, der das Grundstück im
Eigenbesitz hat, den Einbau, dann ist er der Einbauberechtigte,
mit der Befugnis, die Einbausache wegzunehmen, wenn der
Eigentümer das Grundstück herausverlangt, § 951, 997; es ist
dann ähnlich wie im Falle des Nutzungsberechtigten, wenn das
Nutzungsrecht aufhört. [3]) Auf eine Besonderheit dieses Falles
ist später (S. 53) einzugehen.

IV. Die Einbaurechte stehen, wie bemerkt, mit dem Rechte,
dem sie dienen, in untrennbarem Zusammenhange, § 946, der
Eigentumseinbau mit dem Grundeigentum, der Miets-, der Ser-
vituteneinbau mit Miet-, Servitutenrecht usw. [4])

Bemerkenswert ist, daß mit der Abeignung des Eigentums
die Beziehung zum Eigentum nicht aufhört, sondern wie alle

[1]) Darüber Enzyklopädie II 23.
[2]) RG. 23. 6. 1906 E. 63, 416.
[3]) Vgl. auch Dresden 20. 1. 1908 M. 18, 139.
[4]) Über diese Dinge vgl. bereits meine Abhandlung Zeitschrift
für französisches Zivilrecht XXXII S. 47, 109. Vgl. auch RG. 8. 7.
1913 E. 83, 67; 5. 3. 1915 S. 71 nr. 2; 2. 6. 1915 E. 87, 43;
5. 5. 1917 E. 90, 198; Braunschweig 9. 2. 1915 S. 71 nr. 78. So die
Röhrenleitung einer Gas-, die Netzleitung einer elektrischen Anstalt,
die Schienen einer Feldbahn usw. Vgl. auch Düsseldorf 26. 11. 1913
M. 28, 78.

Eigentumsbeziehungen bestehen bleibt und sich auf die künftigen Grundstückserwerber (Fiskus usw.) fortpflanzt. Mit Aufhören des Servituten- oder Mietsrechtes dagegen tritt ein endgültiger Wandel ein: die Beziehung hört auf und die Einbausache drängt nach Änderung. Die Folge ist, daß der Berechtigte die Befugnis zur Trennung hat, mit welcher Trennung der abgetrennte Bestandteil sofort Eigentumssache, und zwar Eigentumssache des Einbauberechtigten, wird. Auch der Grundeigentümer hat alsdann die Befugnis, eine endgültige Gestaltung der Dinge zu verlangen: er kann, wenn beide Teile sich nicht freiwillig verständigen, dem Berechtigten eine Frist setzen; jedenfalls aber verjährt das Trennungsrecht in 6 Monaten, vgl. §§ 558, 1057, 1093.

Von diesem Trennungsrecht gilt folgendes:

1. Es ist ein Ausfluß des Einbaurechtes; eine von diesem Rechte abgesonderte Übertragung in die Zukunft ist daher unmöglich, denn es ist ein notwendiges Angebinde des dinglichen Rechtes, dem es dient.

2. Steht das Einbaurecht, wie es öfters der Fall ist, dem Eigentümer und Servituten- oder Mietberechtigten gemeinschaftlich zu, dann ist die Trennungsfrage nach Billigkeit zu entscheiden. In der Regel wird der Einbau zugunsten des Eigentümers bleiben, und der Drittberechtigte ist zu entschädigen.

3. Das Trennungsrecht steht unter dem Gesetze des guten Glaubens, und es ist ausgeschlossen, wenn an der Wegnahme kein Interesse besteht, wenn sie also bloß den Charakter der Zerstörung hat, vgl. § 997. Es verlangt ferner, daß nach der Wegnahme alles auf Kosten des Trennenden in entsprechender Weise wiederhergestellt wird, § 258.

4. Das Trennungsrecht gibt dem Einbauberechtigten Eigentum. Ist die Sache eines Dritten eingebaut, so kann dieser Eigentümer ihr nicht mehr nachgehen, denn durch den Einbau ist die Sache Bestandteil geworden und damit das ursprüngliche Recht an ihr für immer erloschen; der ehemals Berechtigte kann nur schuldrechtliche Ausgleichung begehren.

5. Wünschenswert ist es, den Konflikt zwischen dem einbauenden Besitzer und dem Eigentümer in anderer Weise als

durch Trennung oder durch Schadenersatz zu schlichten. Verschiedene Rechte haben hier andere Mittel gewählt. Man hat z. B. bestimmt, daß, wenn der Wert des Eingebauten bedeutend größer ist als der Wert des Grundeigentums, der Einbauende gegen Vergütung des Grundeigentümers das Ganze erwerben kann, so Schweizer Zivilgesetzbuch § 673, oder auch, daß der Grundeigentümer von dem Einbauenden die Übernahme des Ganzen verlangen kann, so Preußisches Landrecht I 9,331, eine Schlichtung der Interessen, die wir bei dem Überbau kennen. Das BGB. § 997 gibt dem Grundeigentümer in einem Fall die Befugnis, den Einbau gegen Erstattung des Wertes für sich zu verlangen, wenn nämlich der Einbau von einem Eigenbesitzer, der nicht Eigentümer ist, herrührt.

6. Auch in anderen Fällen kann durch Einverständnis auf das Trennungsrecht verzichtet werden; der Einbauberechtigte hat dann das Recht auf den Verwendungsersatz, von dem später die Rede sein wird.

III. Zubehör.

§ 19.

I. Das Bedürfnis des wirtschaftlichen Zusammenwirkens erzeugt das Recht des Zubehörs beweglicher Sachen zu anderen beweglichen, vor allem aber das Recht des Zubehörs beweglicher Sachen zu unbeweglichen.

II. Über diese Begriffe ist bereits in I S. 473 f gehandelt worden.[1] Hier soll im Interesse der modernen Wirtschaft nur versucht werden, einiges schärfer zu fassen.

1. Zubehör ist nur die Sachhilfssache, nicht die Industriehilfsache; Zubehör kann daher Baumaterial sein, auch dann, wenn der Bau noch nicht begonnen hat,[2] ebenso Kohlen für Maschinenheizung, auch für die Heizung der Zentralöfen; nicht aber das Werkmaterial für eine Fabrik, welches nicht der Fabrik, sondern der Fabrikation dient;[3] noch weniger natürlich das Warenmaterial eines Warenlagers oder Warenhauses.

---

[1] Vgl. auch RG. 7. 5. 1898 E. 41, 317.
[2] RG. 12. 3. 1914 E. 84, 284.
[3] RG. 17. 3. 1915 E. 86, 326.

2. Zubehör setzt das Vorhandensein der Hauptsache vor_
aus, also ist eine Maschine, welche für eine Fabrik bestimmt
ist, noch nicht Zubehör, solange die Fabrik nicht gebaut ist. [1])

-    III. Die Bedeutung des Zubehörs ist Verkehrszugehörig-
keit, nicht Sachzugehörigkeit. Die Zubehöreigenschaft bewirkt
daher nicht Einheit des Eigentums und des dinglichen Rechtes,
wohl aber Erstreckung der Verkehrswirkungen, sowohl der
Wirkungen des privaten als auch des staatlichen Verkehrs, auf
die Zubehörsachen.

IV. Dies ist besonders wichtig, weil die Grundsätze des
Grundstückverkehrs andere sind als die Grundsätze des beweglichen Verkehrs, sowohl was das Eigentum als auch was
die Pfandverhältnisse betrifft. Bei Grundstückszubehör gilt
nun das Prinzip, daß jede Einwirkung, welche das Eigentum
oder das Pfand (Hypotheken) recht an Grundstücken betrifft,
das Zubehör mit ergreift; für Eigentums- und Nießbrauchs-
verkehr gelten daher die Bestimmungen des § 926, vgl. auch
§ 1031, 1096; für Hypothekenrecht verwickeln sich etwas die
Verhältnisse, worüber später zu handeln ist.

V. Die Zubehöreigenschaft kann auch die Zubehörsache
negativ binden, sodaß gewisse Verkehrseingriffe, welche die
Zubehörsache von der Hauptsache trennen würden, unwirksam sind. Dies gilt insbesondere von der Bestimmung des
Vollstreckungsrechtes, wonach eine Mobiliarvollstreckung die
Zubehörsache von der Hauptsache nicht losreißen kann,
§ 865 ZPO. [2])

Dagegen bewirkt die Zubehöreigenschaft, wie bemerkt,
nicht Einheit des Rechtes, insbesondere auch nicht Einheit des
Eigentums. Eine bewegliche Sache wird nicht deshalb Eigentum des Grundeigentümers, weil sie Zubehör wird. Ist sie
fremdes Eigentum, so bleibt sie fremdes Eigentum: sie kann
erst nach den Grundsätzen des beweglichen Verkehrs ıhr
Eigentum ändern, vgl. §§ 926 und 1120 BGB.

---

[1]) RG. 28. 10. 1916 E. 89, 61.
[2]) Dies gilt zunächst für das Zubehör unbeweglicher Sachen;
natürlich aber auch für das Zubehör beweglicher Sachen, weil hier
ein allgemeines Prinzip ausgesprochen ist, Arch. f. b. R. 26,200 (hier
auch über die längst verklungene Weisheit des Herrn Eccius).

VI. Ein Grundstück kann Bestandteil eines anderen Grundstückes werden, aber nicht sein Zubehör, wie dies noch das
Preußische Landrecht I 2, 44 annahm. Zwar ist der Fall nicht
selten, daß ein Grundstück einem anderen dienen soll: man
denke an Höfe, Stallungen, Garagen; allein die Grundsätze des
Zubehörwesens, wonach Verfügungen über das Hauptgrundstück auch das Zubehör treffen, stoßen sich an unserem Grundbuchsystem, welches will, daß jedes auf dem Grundbuchblatt
befindliche Grundstück selbständig behandelt wird. Wie hier
zu verfahren ist, darüber vgl. S. 65.

VII. Anlagen auf fremden Grundstücken, z. B. Fernleitun-
gen eines Elektrizitätswerkes, können, auch wenn sie durch
feste Verbindung mit fremden Grundstücken unbeweglich
geworden sind, doch Zubehör sein, weil dem Elektrizitätswerk
ja stets ein Trennungsrecht zusteht. [1]

VIII. Nicht eine Sacheneinheit, aber doch eine Rechts-
einheit tritt bei solchen Anlagen ein, welche im öffentlichen
Interesse einen ununterbrochenen Betrieb erheischen, sodaß die
Ausmerzung eines einzelnen Stückes ausgeschlossen sein muß.
Das gilt z. B. bei dem Eigentum am Eisenbahngut: fremde
Zubehörstücke bleiben hier nicht fremd, sondern sie wachsen
in das Eigentum des Betriebseigners hinein, und der bisherige
Eigentümer hat nicht die Befugnis, Ausscheidung, sondern nur
Wertersatz zu verlangen. Die Einreihung in das wirtschaft-
liche Gefüge wirkt daher wie eine stillschweigende Enteignung.

Im übrigen werden diese Anlagen nicht durch Reichsgesetz, sondern durch Landesgesetz regiert und sind darum
nicht weiter zu besprechen. Eine Charakteristik ist in Enzyklopädie II S. 23 gegeben.

IV. Mehrheitsbeteiligung.

I. Miteigentum und Gesamthand.

§ 20.

I. Miteigentum und Gesamthand unterscheiden sich nach
dem Grundsatz der festen und wandelbaren Beteiligung. Beim
Miteigentum besteht ein festes Fachwerk: jeder Beteiligte hat

---

[1] Vgl. RG. 2. 6. 1915 E. 87, 43.

sein bestimmtes Nutzteil, und man weiß für immer, wo die
Grenze des einen und des anderen läuft. Bei der Gesamthand
aber wechseln die Beteiligungen: die Grenzen können sich ständig verschieben, sodaß die Beteiligung des Einen bis zum Null-
punkt herabsinkt, die des Anderen das Ganze umfaßt, und diese
Verschiebung kann mit den verschiedensten, oft recht verwickelten Umständen zusammenhängen. Vor allem ist die Beteiligung eine Gesamthandbeteiligung, wenn nicht der einzelne
Eigentumsgegenstand in der Mitberechtigung steht, sondern ein
ganzes Vermögen; wenn das Vermögen dem Einen und dem Anderen zu einem Bruchteil gehört, so ist damit nicht gesagt, daß
die einzelnen Vermögensgegenstände je zu Bruchteilen unter die
Einzelnen zerlegt sind, sondern es will heißen: die Beteiligten
haben ein Miteigentum an den Einzelsachen in der Art, daß
bei einer Auseinandersetzung die Austeilung der einzelnen
Gegenstände so stattfindet, daß eine jede dieser Gegenstands-
gruppen in ihrem Betrag dem Wertbestand entspricht, der dem
Mitberechtigten zukommt. Bis zu dieser Auseinandersetzung
sind die Beteiligungen an den Einzelsachen in Schwebe, und man
weiß nicht, ob an der einzelnen Sache der A. oder B. Volleigentum oder Nulleigentum oder ein Bruchteileigentum hat. In der
Zwischenzeit kann daher die Verwaltungsverfügung nicht nach
dem Grundsatze behandelt werden, wie wenn die Beteiligten
an jeder Sache einen bestimmten Bruchteil hätten, sondern die
Verfügung muß eine Vermögensverfügung sein in der Gestalt,
daß bei einer späteren Auseinandersetzung die Zuweisung in
der obengenannten Weise geschehen kann: eine schwankende,
schwebende, erst mit der Auseinandersetzung sich befestigende
Beteiligung an den Einzelsachen, das ist der Charakter, den
hier die Vermögensbeteiligung der verschiedenen Personen
aufweist. Die Folge ist also, daß die Verwaltung und Verfügung nicht eine Verwaltung und Verfügung der einzelnen im
Miteigentum stehenden Sachen, sondern eine Verwaltung und
Verfügung des in der Mitberechtigung stehenden Vermögens ist,
und daraus ergibt sich von selbst der Satz, daß keiner der Miteigentümer über einzelne Vermögensgegenstände verfügen
oder die Früchte der einzelnen Vermögensgegenstände beziehen kann, sondern daß Verfügung, Nutzung, Fruchtbezug

gemeinsam ist; was natürlich nicht ausschließt, daß von Zeit
zu Zeit eine Auseinandersetzung bezüglich der Früchte und der
Genußergebnisse stattfindet, bevor eine Gesamtauseinander-
setzung eintritt, §§ 2038—2040 BGB.

II. Aber auch beim Einzeleigentum kann das Verhältnis so
gestaltet sein, daß, wenn auch im großen Ganzen ein jeder der
Beteiligten einen bestimmten Teil der Rechtssubstanz hat, doch
eine Ausbuchtung nach der einen oder anderen Seite erfolgt.
Es gibt gewisse Gemeinschaftsansprüche, welche den Anteil
des einzelnen Beteiligten vermehren oder vermindern; so wenn
der eine Beteiligte Verwendungen auf die Gemeinschaft machte,
oder wenn der Einzelne die Gemeinschaft geschädigt oder aus
dem Gemeinschaftsgut etwas entnommen hat. Es ist dann
nicht etwa so, als ob die Bruchteile dieselben blieben und nur
daneben äußerliche Ersatz- und Ergänzungsansprüche ent-
stünden, sondern der Bruchteil wird dadurch vermehrt oder
vermindert; daher die Bestimmung des § 756 BGB. und der
§§ 16 und 51 der KO.

III. Dieser Gedanke nun, der hier nur im einzelnen zu Beschränkungen und Ausbuchtungen führt, ist im Gesellschafts-
wesen so ausgiebig gestaltet, daß die Beteiligungen ebenso
schwankend sind, wie vorhin bei dem Miteigentümer an einer
Vermögensmasse. Auch wenn das Gesellschaftsgut nur aus
einzelnen Gegenständen besteht, so sind die Beteiligungen der
Gesellschafter in ein solches Schwanken gebracht, daß die
ganze Regelung des Gesellschaftswesens jeweils Ansprüche und
Gegenansprüche erzeugt. Daher besteht bei Gesellschafts-
sachen nicht ein Bruchteilseigentum, sondern eine schwankende
Beteiligung, eine Gesamthand. Dies ergibt sich aus den §§ 718,
719 BGB.

IV. Wie die Verwaltung und Einzelverfügung bei der Gesamthand geregelt ist, ergibt sich aus den verschiedenen Arten
der Gesamthand und ist nicht im allgemeinen zu bestimmen;
möglicherweise haben die Gesamthänder zusammen zu wirken,
möglicherweise steht einem Einzelnen das Alleinverwaltungs-
und Verfügungsrecht zu. Letzteres ist z. B. der Fall bei der
Gütergemeinschaft. Wenn hier der Ehemann das Gemeinschaftsgut verwaltet oder veräußert, so handelt er nicht etwa

teils in seinem oder teils in seiner Ehefrau Namen, sondern allein in seinem Namen mit Wirkung auf das Gesamtgut, welches eben in seiner besonderen Weise sachenrechtlich gestaltet ist; und er tut dies, so lange die Gemeinschaft besteht in unabänderlicher Weise, sodaß nicht etwa durch einen Vertrag der Ehegatten für ein Einzelgrundstück eine andere Norm geschaffen werden kann. [1])

V. Gesamthandgut und Miteigentum unterscheiden sich wesentlich. Die Verwandlung eines Bruchteilsrechts in ein Gesamthandrecht ist eine qualitative wie quantitative Verwandlung, weshalb ein dahingehendes Geschäft bei Grundstücken dem § 313 BGB. unterliegt. [2]) Über die Eintragung im Grundbuch vgl. unten S. 83 und 85.

2. Miteigentum insbesondere.

§ 21.

I. Bei dem Miteigentum ist nicht die Sache, nicht ihr Wert, sondern ihre Nutzkraft geteilt. Jeder hat das Recht auf die ganze Sache, wodurch ein Zusammenstoß entsteht, der nur dadurch gelöst werden kann, daß ein jeder so weit zurücktritt, um die anderen in gleicher Weise an dem Nutzen der Sache zu beteiligen. Nicht die Sache, sondern die Gaben der Sache sind zu begleichen. Abgesehen davon strebt jeder nach dem Gesamtgenuß. Daraus geht hervor: 1. das Miteigentumsgrundstück kann mit einer Dienstbarkeit oder Hypothek zugunsten eines Miteigentümers belastet werden, und ebenso ist eine Dienstbarkeit möglich zugunsten dieses Grundstücks gegenüber dem Einzelgrundstück eines Miteigentümers, § 1009. Die Römer hatten hier Bedenken, die aber in der Form ihrer Dienstbarkeitsbestellung begründet waren.

2. Bei Abeignung des Miteigentums tritt nicht etwa ein Nichteigentum, sondern ein Zuwachs an die übrigen ein.

II. Der Zusammenstoß, welcher durch die Ausbeutungsbefugnis der verschiedenen Miteigentümer entsteht, muß aus-

---

[1]) KG. 5. 3. 1905 EfG. 7, 214.
[2]) RG. 21. 4. 1904 E. 57, 432; KG. 2. 4. 1914 Joh. 46 A 181.

geglichen werden, sowohl was die Früchte, als auch was die Nutzung betrifft. In dieser Beziehung gilt folgendes:

1. Man möchte annehmen, daß Früchte und Mietszinsen ohne weiteres nach Bruchteilen an die einzelnen Berechtigten fielen; indes tritt nach unserem Rechte schon hier der Gesamthandgedanke ein: man müßte sonst die Früchte teilen, und nachdem dies geschehen, die Aufwandskosten von dem Einzelnen einziehen. Dies könnte zu ungerechten Resultaten führen; daher gilt der Grundsatz: die Früchte fallen in die Gesamthand, und erst nach Auseinandersetzung unter Tilgung der Aufwandkosten wird das Nettoerträgnis den Einzelnen zugewiesen. Daher kann kein Miteigentümer zum voraus einen bestimmten Teil der künftig entstehenden Früchte veräußern, er kann nur dasjenige veräußern, was ihm seiner Zeit bei der Fruchtauseinandersetzung zukommt, § 743. [1])

Ganz eigentümliche Formen der Ertragsteilung haben sich bei der Viehverstellung, dem contractus socidae, entwickelt, auf welche hier nicht einzugehen ist.

2. Was die Nutzungen betrifft, so wird am besten eine Norm bestimmt werden, wie die einzelnen abwechselnd sich der Sache bedienen, z. B. eines Autos (wo die Benzinfrage mit hineinspielt), eines Pferdes, der Stockwerke eines Hauses.

Die Feststellung einer solchen Norm kann, wenn nicht eine Einstimmigkeit erfolgt

a) durch Stimmenmehrheit geschehen, aber doch so, daß die Grenzen der Billigkeit eingehalten werden und keinem Beteiligten im Werte beträchtlich weniger zukommt als dem anderen. Oder

b) nötigenfalls durch Schiedsmannsspruch, durch Schiedsspruch, durch Richterspruch, §§ 743, 745 BGB.

Die Billigkeit kommt insofern zur Geltung, als möglichst die Vermögensverhältnisse und der Sachbedarf eines jeden Vermögensberechtigten in Betracht kommt und nach diesen Rücksichten die Regelung stattfindet, z. B. bei der Benutzung eines Pferdes zum Fahren oder bei der Benutzung landwirt-

---

[1]) Vgl. KG. 10. 5. 1912 S. 68 No. 8, Dresden 16. 3. 1915 S. 70 No. 124.

schaftlicher Maschinen. [1]) Es muß auch hier individualisiert werden, § 743.

3. Die Normierung des Genußrechtes kann auf den Augenblick oder auf die Dauer erfolgen; sie hat nicht etwa bloß schuldrechtliche, sondern dingliche Bedeutung: denn das Miteigentum erhält jetzt die feste Norm, und dies wirkt auch gegen die Rechtsnachfolger, § 746; es bedarf aber allerdings, um dies zu erreichen, bei Grundstücken des Grundbucheintrages, § 1010. Im übrigen hat diese Normierungsbestimmung keinen Veräußerungscharakter und der § 313 findet daher hierauf keine Anwendung.

4. Die Lasten sind verhältnismäßig zu tragen; sie treten in die Erscheinung, indem sie die Erträgnisse mindern und auf die Fruchtteilung Einfluß haben, sie treten aber auch dadurch in die Erscheinung, daß jeder Miteigentümer schuldrechtlich zur Zahlung seines Anteils verpflichtet ist, § 748. [2]) Dies kommt bei der Auseinandersetzung zur Geltung, aber auch nachträglich, wenn noch ungedeckte Lasten zu Tage treten, § 755.

III. 1. Im übrigen ist der Bruchteil jeweils fest bestimmt, und es ist daher kein Grund vorhanden, daß er nicht veräußerlich und pfändbar sein sollte; und auch die Ausbuchtung, von der gesprochen wurde, ist nicht so erheblich, daß hier grundsätzlich zu ändern wäre, § 747. Anders bei der Gesamthand, wo die Beteiligungen so schwankend und schwebend sind, daß sie noch keine festen Vermögenswerte darbieten. Dazu kommt noch die Besonderheit, daß die Umstände, welche das Schwanken und Schweben beeinflussen, vielfach von dem persönlichen Verhalten der Beteiligten abhängen, und daß daher eine Veräußerung auch nach diesem Gesichtspunkte hin der gesunden Entwickelung des Verhältnisses widerspräche. So ist es der Fall bei der Gesellschaft; denn die Gesellschaft ist regelrecht auf die Persönlichkeit der Gesellschafter gebaut, und die Art und

---

[1]) Vgl. Celle 12. 4. 1904 S. 62 No. 207.

[2]) So auch das Pandektenrecht, allerdings erst in seiner späteren byzantinischen Periode; die actio communi dividundo utilis während der Gemeinschaft und ohne Teilungsantrag ist eine Schöpfung der byzantinischen Zeit, aber eine Schöpfung, welche einen wesentlichen Fortschritt des sozialen und billigen Rechtes darstellt.

Weise, wie die einzelnen Geister auf einander einwirken und in den Gesellschaftsangelegenheiten sich betätigen, hängt mit der Person der Beteiligten zusammen; daraufhin ist bei der Gesellschaft der Plan gebaut. Hieraus ergibt sich von selbst, daß die Gesamthand der Gesellschaft unveräußerlich ist, oder jedenfalls nur mit Zustimmung aller Gesellschafter veräußert werden kann, wobei dann der neue Gesellschafter in den Kreis der wirkenden Mitglieder aufgenommen wird, § 719.

Wenn allerdings die Gesamthand nur darauf beruht, daß die Bruchteile Vermögensbruchteile, nicht Sachbruchteile sind, dann liegt kein Grund vor, daß die Vermögensbruchteile unveräußerlich wären: sie sind veräußerlich, während die Gesamthand an den Einzelsachen unveräußerlich ist, vgl. § 2033 BGB. Bemerkenswert ist allerdings, daß auch hier die Veräußerung oft schwere Unzuträglichkeiten herbeiführt; darum das Einstands- und Vorkaufsrecht des § 2034, wovon im Erbrecht zu handeln ist.

2. Was die Veräußerung des Miteigentums betrifft, so ist eine solche Veräußerung zum Eigenrecht ohne weiteres möglich, ebenso eine Veräußerung zum Wertrecht, also Verpfändung, Hypothekenbestellung. Der Veräußerung entspricht auch der Übergang des Rechts durch staatlichen Eingriff, wie Enteignung, Pfändung, gerichtliche Hypothek. Auch eine Nießbrauchsveräußerung eines Miteigentums ist möglich.

Dagegen kommen solche Rechte, welche nicht an einem arithmetischen Teil der Nutzkraft bestehen können, sondern nur an der Nutzkraft der ganzen Sache, weder dem Miteigentümer auferlegt noch zugunsten eines Miteigentümers bestellt werden. Grunddienstbarkeiten können nur am ganzen Grundstück, nicht am Miteigentumsteil bestehen, sie können nur dem ganzen Grundstück, nicht dem Miteigentumsteil zukommen.

3. Auch eine Veräußerung in der Art, daß aus dem Volleigentum ein Miteigentum ausgeschieden wird und sich solchergestalt ein Miteigentumsrecht bildet, ist möglich; doch besteht hier einige Diskretion: insbesondere soll ein Volleigentümer nicht eine Miteigentumshypothek und nicht ein Miteigentumsvorkaufsrecht bestellen, §§ 1114 und 1095, ein Fall, der nicht zutrifft, wenn ein Grundstücksmiteigentum mit einer Hypothek

belastet ist und diese auf das ganze Grundstück erstreckt wird: hier wird nicht ein Mißstand geschaffen, sondern ein bestehender Mißstand ausgeglichen. [1]

IV. 1. Die Schwierigkeit der Miteigentumsverhältnisse führt zum üblichen Aufteilungsrecht, welches man bei Vermögensgesamtheiten Auseinandersetzung nennt. Beides geschieht durch Verwandlung des Mitrechts in Einzelrechte, was in der Art der direkten Ausgleichung geschehen kann. Möglich ist auch, daß ein qualifiziertes Gesamthandgut zuerst in ein einfaches Gesamthandgut übergeht, das dann der Auseinandersetzung unterliegt, so bei der ehelichen Gütergemeinschaft 1471 f.

2. Das Aufteilungsrecht des Gesamthandgutes unterliegt den besonderen Grundsätzen der einzelnen Arten des Gesamthandgutes. Bei Miteigentum aber gilt folgendes:

a) regelmäßig hat jeder Miteigentümer jederzeit die Befugnis, eine Aufteilung zu verlangen;

b) die Befugnis kann durch Vereinbarung ausgeschlossen werden. Die Vereinbarung hat dinglichen Charakter, bindet auch den Nachfolger, muß aber bei Grundeigentum in das Grundbuch eingetragen werden, §§ 749, 1010.

c) Trotz solcher Vereinbarung kann eine Aufteilung aus gerechtfertigtem Grunde begehrt werden; auch kann in jedem Falle ein Gläubiger, der einen Anteil gepfändet hat, sofern er einen endgültigen Vollstreckungstitel hat, die Aufteilung verlangen; denn für den Gläubiger spricht immer ein besonderes Interesse, da er bei fortdauernder Gemeinschaft nicht zur Befriedigung gelangen könnte, §§ 749 und 751. Auch ist der zeitweise Ausschluß der Aufteilung regelmäßig so gedacht, daß der Tod eines Teilhabers die Grenze bildet, § 750.

d) Der Zeitablauf stört das Recht der Aufteilung nicht; von einer Verjährung kann natürlich keine Rede sein, da jeder Augenblick der Gemeinschaft das Gespenst der Trennung von neuem wachruft, § 758.

---

[1] RG. 11. 3. 1908 E. 68,79 (EfG. 9, 190), KG. 21. 9. 1908 M. 18, 160; früher hat seltsamer Weise das KG. entgegengesetzt entschieden, KG. 28. 9. 1903 M. 8, 133, KG. 16. 3. 1905 M. 10, 416.

3. Die Aufteilung muß sich den Geboten des wirtschaftlichen Lebens fügen und darf daher nur in solcher Weise begehrt
werden, daß die in der Sache oder Gesamtheit enthaltenen
Güter möglichst gewahrt bleiben. Andererseits soll ein jeder
Beteiligte gleich behandelt und keiner zum Nachteil der Anderen begünstigt werden. Daher die Ausscheidung einzelner
Stücke oder die Bildung einzelner Sachgruppen und nötigenfalls die Verteilung durch das Los, um der Willkür den Nerv
zu brechen; event. muß zur Verwertung und Wertteilung ge-
schritten werden, §§ 752, 753. Für die Verwertung bei Grund-
miteigentum gelten besondere Bestimmungen nach §§ 180—184
ZVG., auf die hier nicht einzugehen ist.

4. Die Aufteilung unterliegt den Regeln des guten Glaubens;
sie unterliegt natürlich außerdem den Regeln des Verkehrsrechts; daraus ergibt sich von selbst, daß dem Mitberechtigten
für die bei der Teilung zugewiesene Sache Rechts- und Sach-
gewähr zu leisten ist; nur, daß hier keine Entschädigung im
eigentlichen Sinne, wie bei Spekulationsgeschäften, sondern
eine billige Ausgleichung zu erfolgen hat. So muß § 757 verstanden werden.

5. Bei Vermögensauseinandersetzungen treten besondere
Schwierigkeiten ein, die, weil sie sich hauptsächlich im Erbrecht betätigen, dort zu besprechen sind. Hier ist auch über
die Beihilfe durch die freiwillige Gerichtsbarkeit zu handeln;
diese ist in Erbsachen von größtem Wert, und hierbei ist auch
ein gewisser Zwang nicht zu entbehren.

3. Zweckgenossenschaft.

§ 22.

I. Vom Miteigentum und Gesamteigentum verschieden ist
die Zweckgenossenschaft, die darin besteht, daß das Grundeigentum mehrerer Personen einem gewissen gemeinsamen Zweck
dienstbar gemacht wird und die Beteiligten eine Organisation
schaffen, welche über das Ganze insoweit verfügt, als es nötig
ist, die betreffenden Zwecke zu erreichen. Es liegt dann eine
Mitberechtigung nicht in bezug auf die Gesamtheit der Eigen-
tumszwecke, sondern in bezug auf gewisse aus dem Eigentum
zu erreichende Ziele vor.

Man hat hier die Denkform gebildet: das Eigentum an den verschiedenen Grundstücken bleibt getrennt und es sei nur ein jedes mit einer Servitut zugunsten des anderen belastet; eine Denkform, die nur insofern zutreffend ist, als die Gesamtheit dieser Servituten als eine einem einheitlichen Zwecke dienende Rechtsgruppe aufgefaßt wird, wobei dann die Frage, ob eine Gemeinschaftslösung verlangt werden kann, eben aus den Gemeinschaftsverhältnissen, nicht aus dem Servitutenrecht beantwortet werden kann.

Früher aber ließ man eine solche Lösung regelmäßig nicht zu und dies auch noch aus einem anderen Grunde.

II. 1. Sehr häufig beruhen diese Zweckgemeinschaften (oder wie sie in Preußen genannt wurden, Gemeinheiten) nicht auf Einigung der Beteiligten, sondern auf Geheiß der Rechtsordnung, welche, um Kulturzwecke zu fördern, ein für allemal bestimmt, daß die Eigentümer solche Gemeinheiten bilden sollen mit einer bestimmten Organisation, die regelrecht dem Einzelnen eine Stimme gewährt, aber durchaus nicht unbedingt; denn in vielen Fällen ist es der Obrigkeit gestattet, hineinzureden, Organe zu entfernen und neue einzusetzen. Diese Idee geht zurück auf die früheren Zeiten, in denen Grund und Boden als Gesamteigentum einer Gemeinschaft von Personen angehörte und die einzelnen Teile nur den Familien zur einstweiligen Kultur zugewiesen waren. Hier verstand sich von selbst, daß die gemeinsamen Interessen gemeinsam besorgt wurden, und so bildete sich die Gemeinsamkeit in der Errichtung von Deichen, in der Richtung von Bewässerungs- und Entwässerungskanälen u. a. Vor allem aber gehören hierher die Bestimmungen über die gemeinsame Hut, über das Weiden von Tieren auf dem gemeinsamen Gelände nach erfolgter Aberntung und die vielen Bestimmungen über den gemeinsamen Wald, die Mastgerechtigkeiten, das Recht zu plaggen und heuen und andere Rechte derart.

2. Die Geschichte dieser Rechte ist ein bedeutsames Blatt in der Geschichte der Landkultur, vergl. z. B. Preuß. Gemeinheitsteilungs-Gesetz 1821 §§ 2, 72, 164 und Ergänzungsgesetz von 1850 und so die Gesetze anderer Länder.

3. Ein großer Teil dieser Rechte mußte der neueren Zeit weichen, als die Landkultur intensiver betrieben wurde, weil auf solche Weise eine Menge von Gelände dem stärkeren Ackerbau entzogen war; und so wurden derartige Gemeinheiten gelöst, z. B. in Preußen durch Gesetze von 1821 und 1850, und es wurde auch für die Zukunft bestimmt, daß solche nicht mehr durch Ersitzung entstehen könnten, sondern nur durch Einigung, und auch da nur mit Kündigungsrecht oder auf bestimmte Zeit. Es handelt sich hier um die Überreste einer verflossenen Kultur.

III. Neue derartige Zweckgenossenschaften mußten sich im 19. Jahrhundert bilden, so die Waldgenossenschaften, Wassergenossenschaften, Fischereigenossenschaften, und so in neuester Zeit auch die Moorkulturgenossenschaften, um das Moorgelände möglichst zur Kultur heranzuziehen, weil auf solche Weise noch eine Menge von Grund und Boden der intensiveren Landkultur gewonnen und dadurch der Bevölkerung reichlichere Nahrung verschafft werden kann. So hat denn auch der Weltkrieg solche Bestrebungen der Kulturförderung noch bedeutend gesteigert, vgl. in dieser Beziehung das Preußische Gesetz vom 4. 3. 1913 (Ges.-Sam. 29) und die Verordnung vom 7. 4. 1914 (S. 165), 30. 9. 1915 (S. 55) und für Brandenburg 26. 1. 1915 (S. 17).

IV. Eine Zweckgenossenschaft im kleinen findet sich bei Agrar- und Wohnungsverhältnissen in der Art, daß gewisse gemeinschaftliche Einrichtungen einer Mehrheit von Eigentümern dienen, so ein gemeinsamer Brunnen, ein gemeinsamer Keller, eine gemeinsame Treppe, eine gemeinsame Kelter usw. Die Zweckgenossenschaft liegt darin, daß jeder verlangen kann, daß die gemeinsame Einrichtung allen gewahrt bleibt, weshalb Aufteilung, auch Wertaufteilung, ausgeschlossen ist. Wer von den Beteiligten die Einrichtung nicht mehr benutzen will, hat sie dem anderen entschädigungslos zu überlassen. [1] Hierüber und über die Interessentengemeinschaften des Landesrechts vgl. oben S. 46.

---

[1] Vgl. darüber meine vor vielen Jahren entstandene Darstelluug (1877), aufgenommen in Gesammelten Abhandlungen (1883) S. 167 f.

II. Kapitel. Grundbuchrecht.
A. Allgemeines.
I. Abschnitt: Geschichtliches.
§ 23.

I. Die Übertragung des Grundeigentums war von alters her mit einer bedeutungsvollen Symbolik verbunden; sehr begreiflich, denn im Grundeigentum wohnten die Geister, mit denen der Eigentümer jahraus, jahrein zu tun hatte, und der Übergang auf einen anderen konnte nicht ohne Eingriff in dieses Geisterreich erfolgen. Von da aus blieben dann aber die Symbole, wenn auch unverstanden, noch lange Zeit lebendig: Übergaben von Rasenschollen, Baumzweigen boten einen lebendigen Ausdruck für die Gedankenwelt, welche mit dem Grund und Boden verbunden war. Daneben entwickelte sich ein zweiter symbolischer Gedanke, der Gedanke, daß der Eigentümer sich selbst von der Sache los sagte und die wesentlichen Interessen seines Besitzes dem Anderen überantwortete. Daher eine zweite Reihe von Symbolen: Übergabe des Stabes, der Festuca, der Halmwurf und alle die weiteren Bräuche, welche die Ablösung von der Person kundgaben. Dem folgte dann die eigentliche Besitzübertragung.[1]) Die erste Art von Symbolik ist unter dem Ausdruck Sala zusammenzufassen: sie bekundet eine Bindung der unterweltlichen Mächte, die im Grundstück walten; die andere ist die Investitur: sie bekundet eine Überantwortung aus der einen Persönlichkeit in die andere. Dieser Gegensatz hat sich auch noch in der späteren Zeit fortgesetzt, und als man das Grundbuchs- oder Intabulationssystem einführte, so blieb auch diese Zwiespältig-

---

[1]) Vgl. die fränkischen und französischen Urkunden in Zwölf Studien zum BGB. I. S. 269. Ferner die Veroneser Urkunde von 1063: per presentem paginam et per una fuste, quas in manu tenebat, in meinen Beiträgen zur Germanischen Privatrechtsgesch. 1. S. 15. In Köln im 12. Jahrhundert: suam partem manu et calamo abdicarunt, Kölner Schreinsurkunden I. S. 19. Fränkische Urkunde 1429: gabe .. auff mit munde hand und halmen und verschoß sich des gentzlich (in Festschrift f. Martitz S. 117, aus dem Kitzinger Achtbuch). So Weistum Siffersheim (Grimm IV 618 § 6): jede auffgab soll mit mundt und halm bescheen; so Weistum Bleidenstatt, Liebenstein, so die Ingelheimer Entscheidungen (Mein Carolinawerk IV 236). In Frankreich im 14. und 15. Jahrhundert: par verge et baston usw.

keit bestehen; die Auflassung entspricht der Sala, und der Investitur entspricht die Eintragungsbewilligung. Dieser Gegensatz
wäre nicht geblieben, wenn er nicht auch praktisch bedeutsam
wäre, und er ist praktisch bedeutsam, weil er die Möglichkeit gewährt, eine Bindung herbeizuführen für Verhältnisse, welche
sich erst in der Zukunft vollständig gestalten sollen, z. B. eine
Bindung mit erst bedingtem, befristetem Eigentumsübergang.

II. Dabei trat vielfach die Idee des alten Gemeineigentums
hervor: das Grundstück, welches A. auf B. übertragen wollte,
kehrte kraft Investiturakt zuerst von A. an die Allgemeinheit,
an den Herrn, an die Gemeinde zurück, diese übergab es dem
B.: dies war das Institut des vest und devest, das im Recht
Beaumanoirs und in unzähligen Gewohnheitsrechten charakterisiert ist. [1]) Darum erfolgte die Veräußerung hier an den Gerichtsstab und von dem Gerichtsstabe aus, wie sich dies insbesondere in dem flandrischen Recht nachweisen läßt. [2]) Hieraus entwickelte sich die Fertigung vor Gericht mit Gerichtsstab oder auch (wie in St. Gallen) mit der Gerichtskappe, [3])
und in Mainz mit dem Mantelgriff; [4]) und hierzu kam vielfach
der richterliche Bann, das richterliche Friedenswirken und die
Sicherung durch Erklärung der Schöffen, daß der Rechtsakt
fest und stete sei. [5])

Hierher gehört auch noch die besondere Bekräftigung,
welche das Grundbuch durch Jahr und Tag gewinnt, so Hamburg 1270 a. 328 (Hach S. 503):

So wat in deme erve boke der stat steit beschreven unde jar
unde dach dar ynne stan hevet, dar en mach nen tuch boven gan,
id en were also, dat de man buten landes were, de dat bispreken
wolde; unde mochte he dat tughen, he en hedde syne clage nicht
verlorn.

III. Während nun aber in Frankreich die Investitur vor
Notar und Zeugen als genügend erkannt wurde, so in Orléans
(1509) a. 218: Dessaisine et saisine faictes presens notaires
de cour laye .... valent et equipollent à tradition de faict,

---

[1]) Arch. f. civ. Prax. 69 S. 164, Zwölf Studien I. S. 270 f.
[2]) Zwölf Studien I 278.
[3]) Von Thal, Fertigung in St. Gallen 1897 S. 18 f.
[4]) Mein Carolinawerk IV S. 237.
[5]) Festgabe für Martitz S. 83.

oder die Investitur als bloß facultativ erschien: ne prend
saisine qui ne veut (Paris 1510) a. 56, indem an ihrer Stelle die
mise de fait als genügend galt und so der ganze Aufbau des
Allodialinvestitursystems zusammenstürzte, so behielten die
deutschen Rechte die Fertigung vor Gericht oder Stadtrat bei,
und damit verband sich die Eintragung in das Gerichts- oder
Stadtbuch; so in Westfalen, so am Rhein, so in Franken, so
anderwärts. Allerdings auch in Deutschland finden sich Zeiten
und Orte, wo das Institut abflaut und man die obrigkeitliche
Erklärung nur als fakultativ behandelt. Aber diese Richtung
hat nicht überwogen und die große geschichtliche Einrichtung
blieb gewahrt, während in Frankreich bis 1855 das klägliche
Rumpfsystem galt, wonach die Eintragung ins Grundbuch nur
für gewisse besondere Geschäfte, namentlich Schenkungen, als
erforderlich galt, a. 938, 939, und für Hypotheken, aber auch
hier nur mit Ausnahme von a. 2134 f., und außerdem für das
Purgationssystem, a. 2181!

Besonders belehrend sind die Kölner Karten- und Schreins-
bücher, welche bis in die erste Hälfte des 12. Jahrhunderts
hinaufreichen. Hier werden die Übertragungen und Recht-
bestellungen schriftlich vermerkt und werden die behördlichen
Personen als Zeugen aufgerufen, wofür ihnen eine Zeugen-
gebühr (ein testimonium) entrichtet wird. Die Einträge
beziehen sich nicht nur auf Eigentumsübertragung, sondern
auch auf zeitliche Rechte, insbesondere auf Bestellung
von Leibzucht; vor allem wird hier vielfach bestimmt, wie es
nach dem Tode der betreffenden Personen gehalten werden
soll: gewöhnlich heißt es, daß, wenn die Ehegatten ohne Kinder
sterben, die Sache an den Überlebenden fällt; wenn Kinder
vorhanden sind, so wird mitunter über die Erbfolge nähere
Norm getroffen. Vgl. z. B. I. p. 183: post mortem unius pueri,
alterius pueri.

Von regem Interesse sind auch noch die Einträge der
bedingten Übertragungen durch die Kreuzfahrer, je nachdem
der Kämpfer von dem Gelobten Land zurückkehrt oder nicht,
vgl. z. B. I 283, I 246.

Es ist unnötig, weitere Beweise dieses Stadt- und Land-
rechtsystems in Deutschland zu bringen.

Erwähnt sei nur noch die Auflassung vor dem Geheimgericht in Dortmund:

1295. accessi ad locum legitimum secreti judicii et ibidem secundum morem patrie proprietatem bonorum predictorum tam in cespitibus quam frondibus necnon omnibus pertinentiis ejusdem libere resignavi in manus comendatoris. [1])

Und so auch Mainzer Urkunden a. 1229, 1269 bei Gudenus II p. 439, 441 renunciant in judicio coram nobis; so die Urkunden im Kitzinger Achtbuch, [2]) so das Gerichtsbuch in Worms [3]) u. a.

IV. 1. Die deutsche Entwicklung zum Grundbuchrecht hat zwei wichtige Ideen gezeigt. Die eine ist die Bedeutung des guten Glaubens des Grundbuches und die andere der Grundbucheintrag als Bedingung für die Entstehung des Immobiliarrechtes. Beide Bestrebungen sind nicht etwa gleichen Schritt miteinander gegangen, sondern haben zeitweise völlig getrennte Wege eingeschlagen.

2. Als man in Deutschland die Immobiliarverträge in das Stadtbuch eintrug, ebenso wie man Testamente und Vergabungen von Todeswegen und Einkindschaften einzutragen pflegte, so verfolgte man verschiedene Zwecke; einmal den Zweck der Publizität: man wollte Heimlichkeiten vermeiden und das Ganze unter den Schutz der Öffentlichkeit stellen; namentlich als die Einträge vor dem Rat der Städte erfolgten, so geschahen sie patriarchalisch unter der wohlwollenden Mitwirkung und Kenntnisnahme der städtischen Behörden, welche meist den Parteien nahe standen und auf solche Weise ihnen Hilfe, Schutz und Schirm boten. Auf diese Weise wurde die Verfügung gekräftigt; und noch mehr befestigte sie sich, als der Gedanke zutage trat, daß die Stadtbehörde zu gleicher Zeit als Gericht nach Prüfung den Rechtsakt bestätigte und so durch ein Urteil jeden Zweifel an der Wirksamkeit ausschloß. Fügte man an manchen Orten noch eine Art von Aufgebotverfahren dazu, so wurde zu gleicher Zeit auch aller Einspruch von selbst beseitigt.

3. Die Entwicklung hat sich nun nach doppelter Richtung vollzogen. Entweder war diese Intabulation, Fertigung, Proto-

---

[1]) Bei Frensdorff, Dortmunder Statuten S. CLII.
[2]) Festgabe für Martitz S. 82.
[3]) Mein Carolinawerk IV S. 5.

kollierung oder wie sie sonst hieß, nur ein Sicherungsmittel: der Erwerber wußte nun, daß er nicht mehr beanstandet werden könne und in Zukunft mit gesteigertem Immobiliar- kredit über die Sache ungehindert verfügen dürfe, aber man machte die dingliche Übertragung nicht davon abhängig, sondern ließ sie entweder formlos zu oder band sie nur an einen Notariatsakt; also eine Abflauung wie im französischen Recht. Der Typus dieser flauen Entwickelung ist das Preußische Landrecht I 10 § 6, 10 und 15: Für die Übertragung genügt der Notariatsakt, die Intabulation aber hat gewisse Wir- kungen: sie wirkt zugunsten des gutgläubigen Erwerbers. Die Eintragung ist daher für den Erwerb nicht unentbehrlich, aber sie schafft den Erwerb, sobald der gute Glaube hinzutritt: durch Eintragung und guten Glauben wird das etwa entgegen- stehende Recht aufgehoben und der Rechtsverlierer ist auf Entschädigungsansprüche beschränkt. Dies ist die Entwicke- lung nach dem guten Glauben hin.

4. Eine zweite kräftigere Entwickelung aber ist folgende: Man hielt die Fertigung mit der Eintragung in der Art fest, daß man die dingliche Folge von ihr abhängig machte; sie galt daher als ein notwendiger Vollendungsakt für den Erwerb ding- licher Rechte. So in zahlreichen Städten, namentlich in Hansa- städten und in Süddeutschland, so in München, Augsburg, Mainz, Kempten, Rothenburg, so auch im Oberpfälzerrecht, so endlich in Österreich, wo das Bürgerliche Gesetzbuch in § 431 sich den großen Ruhm erwarb, das Intabulationssystem konsequent zum Ausdruck gebracht zu haben.

5. Kombiniert man nun beide Gedanken miteinander, so hat man das heutige System; der erste wird durch den zweiten nicht überflüssig gemacht. Allerdings wenn für den dinglichen Erwerb die Eintragung erforderlich ist, dann wird es seltener vorkommen, daß sie mit dem materiellen Rechte in Wider- spruch steht: der Unterschied zwischen Bucheigentum und wirklichem Eigentum, der unter dem ersteren System zur chro- nischen Krankheit wird, kann sich in diesem Maße nicht bilden. Doch gibt es auch hier genug der Fälle, in welchen der Grund- bucheintrag unrichtig ist, da bei aller Sorgfalt Fehler, Irrungen und Verstöße vorkommen und da insbesondere auch Geschäfts-

unfähigkeit der Parteien, mangelnde Vollmacht usw. hindernd im Wege stehen können, sodaß ein Rechtsakt eingetragen ist, der trotz der Eintragung wirkungslos bleibt. Diesen Zwiespalt nun soll das Prinzip des guten Glaubens begleichen, welches das Preußische Landrecht I 10,10 ausspricht. Auf solche Weise werden die ungeheuren Interessen des Immobiliarkredits am besten gesichert.

Die Verbindung beider Rechtsgedanken bietet der § 873 und 892 BGB.

Daß außerdem zugunsten des Eingetragenen noch eine Rechtsvermutung spricht, § 891, ergibt sich aus dem obigen von selbst. Vgl. oben S. 41.

II. Abschnitt.
Grundbuchamt und Grundbuchtätigkeit.

§ 24.

I. Grundbuchämter sind meist die Amtsgerichte; in einigen Staaten bestehen allerdings besondere Grundbuchbehörden. Die Verweisung an die Amtsgerichte hat gewiß manche Vorteile, namentlich gegenüber der Verwendung von Gemeindebehörden, welche für die schwierige und verantwortungsvolle Betätigung meist nicht die nötige Gewähr bieten; doch hat man in Württemberg mit dem Institut der die Grundbuchämter verwaltenden Bezirksnotare, welche die mittlere Justizprüfung bestanden haben, gute Erfahrungen gemacht.

II. Vom Grundbuchamt geht die Beschwerde an das Landgericht, von da die Oberbeschwerde an das Oberlandesgericht, §§ 73—79 GBO. Hierbei gilt die bekannte Ordnung, wie nach dem G. f. G.: die Oberbeschwerde ist nur als Revisionsbeschwerde gedacht (wegen Verletzung einer Rechtsnorm), sie ist, wenn über dieselbe Frage bereits schon einmal ein Oberlandesgericht oder das Reichsgericht entschieden hat und das Gericht davon abweichen will, dem Reichsgericht vorzulegen, damit auf solche Weise die Rechtseinheit aufrechterhalten wird, § 73—79 GBO. cf. § 19, 27, 28 G. f. G.

III. In Preußen entscheidet über die Oberbeschwerde regelmäßig das Kammergericht, vorbehaltlich der obigen Bestimmung über die Anrufung des Reichsgerichts und vorbehalt-

lich der Befugnis des Kammergerichts, die Entscheidung einem
Preuß. Oberlandesgericht zu überlassen, zu dessen Bezirk das
Landgericht gehört, falls es sich um eine örtliche Norm handelt,
a. 7 und 8 Preuß. AG. zum G. f. G.

IV. Die Grundbuchführung ist ein Teil der freiwilligen Gerichtsbarkeit, bei welcher man nicht nur die vorgebrachten,
sondern auch die nicht vorgebrachten offenkundigen Tatsachen
berücksichtigen muß. [1])

Doch können nicht alle Bestimmungen des G. f. G. Anwendung finden, schon darum nicht, weil die Grundbuchämter
in den verschiedenen Staaten verschieden organisiert sind und
jene Bestimmungen nicht überall passen.

V. 1. Da in Preußen die Grundbuchämter mit den Amts-
gerichten verbunden sind, so konnte hier im großen und ganzen
eine Gleichartigkeit mit der sonstigen freiwilligen Gerichtsbar-
keitstätigkeit erzielt werden, und es sind deswegen auch in dem
preußischen Ausführungsgesetz zu G. f. G. a. 1 eine Reihe von
Sätzen in das Grundbuchrecht mit übernommen.

2. So vor allem der vorzügliche Satz des G. f. G. § 7,
wonach die örtliche Unzuständigkeit auf die Wirksamkeit der
behördlichen Tätigkeit keinen Einfluß ausübt. Hieraus folgt
auch, daß, wenn das Beschwerdegericht wegen Unzuständigkeit angerufen ist, es zwar in futurum die weitere Tätigkeit
zu untersagen, nicht aber die bisherige Tätigkeit als wirkungslos aufzuheben vermag. [2])

3. Auch die Bestimmungen über Zwangsmittel, § 33 G. f. G.
(und die landesgesetzlichen Ergänzungen, so a. 15, 17 Preuß.
Ausf.-G.), gelten; sie haben, namentlich, was die Herausgabe
der Hypothekenbriefe betrifft, große Bedeutung, § 62 GBO.

4. Die Bestimmung aber, wonach das Gericht eine von ihm
erlassene ungerechtfertigte Verfügung ändern darf, § 18 G. f. G.,
ist mit Rücksicht auf die ungeheure Bedeutung des Grundbuchs dahin geändert, daß das Gericht, wenn eine Beschwerde
erhoben ist, die es für gerechtfertigt erachtet, der Beschwerde
abhelfen muß, § 75 GBO.

---

[1]) KG. 10. 10. 1910 EfG. 11,62.
[2]) Vgl. KG. 29. 6. 1905 EfG. 6, 85.

5. Die Beschwerde ist stets eine fristenlose; es gibt in Grundbuchsachen keine sofortige Beschwerde.

VI. Die freiwillige Gerichtsbarkeit oder Rechtspolizei kann nach den verschiedensten Richtungen hin ausgebildet sein:

1. entweder ist sie nur eine rein beurkundende Tätigkeit, oder

2. sie ist eine Tätigkeit, welche hilfeleistend dahin wirkt, daß die Parteitätigkeit mit dieser Hilfe mehr leistet, als sie allein leisten könnte, oder

3. sie schafft ein von der Parteitätigkeit unabhängiges Ergebnis.

So ist z. B. die freiwillige Gerichtsbarkeit des Patentamtes eine Tätigkeit, die über 1 hinausgeht und hauptsächlich nach der Seite 2 hin wirkt, indem sie einer Erfindung mehr Recht verleiht, als sie an sich hätte; sie neigt aber auch nach der Seite 3, indem nach 5 Jahren das Patent gegen jeden Angriff gefeit ist.

Ähnlich verhält es sich mit der Tätigkeit des Grundbuchamts. Sie ist ebenfalls nicht eine bloß beurkundende, sondern eine die Parteitätigkeit stark unterstützende; dies ist ihre normale Funktion. Über diese Funktion hinaus reicht es aber, wenn die Eintragung durch den guten Glauben des Erwerbers und sodann durch die Tabularersitzung und Tabularversitzung über die Tragweite der Parteitätigkeit hinaus wirkt. Vgl. unten S. 102 f.

VII. Daraus geht hervor:

1. Ist der Antrag der Partei scheinhaft und nicht rechtlich, so ist auch das Ergebnis ein nur scheinhaftes, solange nicht diese Festigung eingetreten ist.[1] Ist der Antrag durch Zwang oder Furor beeinflußt, so ist auch die Eintragung fehlerhaft.[2]

2. Fehlt es an einer der Voraussetzungen der Rechtswirkung, so tritt diese trotz der Tätigkeit des Grundbuchamtes nicht ein.

---

[1] Braunschweig 3. 11. 1908 M. 18,117; KG. 31. 10. 1910, Joh. 40 A 133; KG. 8. 9. 1911 M. 23, 323.

[2] RG. 17. 4. 1907 E. 66, 21; RG. 3. 6. 1916 E. 88, 278. Vgl. auch unten S. 94.

Dies ist einer der Fälle, in welchen das Grundbuch unrichtig werden kann.

VIII. Die Hilfstätigkeit des Grundbuchamtes verlangt, wie
die Hilfstätigkeit des Patentamtes, eine eingehende Untersuchung und Prüfung der Sachlage. Diese Untersuchung muß
durch die Art der Parteitätigkeit unterstützt werden:

1. Der Antrag muß bestimmt sein; das Grundbuchamt kann
z. B. bei Übertragungen und Verpfändungen von Hypotheken
eine bestimmte Erklärung über die Zinsen verlangen. [1])

2. a) Ein Antrag an sich bedarf zwar keiner Form, wohl
aber die Eintragsbewilligung und die die Eintragsbewilligung
begleitenden Erklärungen: sie bedürfen die Form der öffentlich
beglaubigten Urkunde.

b) Sonstige Umstände sollen regelmäßig durch öffentliche
Urkunden nachgewiesen werden, außer soweit Offenkundigkeit
vorliegt. Offenkundigkeit ist aber im weitesten Sinne anzunehmen, insbesondere auch im Sinne der Aktenkundigkeit, sofern es sich um Vorgänge handelt, welche dem Amtsgericht
(wenn auch in anderer Funktion) vorliegen, indem der Grundbuchbeamte die Vorgänge selbst vollzog oder darauf hingewiesen wird, §§ 29, 30 GBO.

3. Trotzdem wird vieles der kombinierenden Rechts-
erwägung des Grundbuchamtes anheimgestellt sein; denn aus
den Urkunden lassen sich die einen oder anderen Schlüsse
ziehen, welche dem Amt eine Überzeugung bieten können.
Eine solche Überzeugung soll es sich verschaffen; gelangt es
nicht zu derjenigen Überzeugung, welche nötig ist, um eine
bestimmte Funktion auszuüben, so hat es den Antrag abzulehnen oder mindestens der Partei durch Zwischenverfügung
anheimzugeben, die nötigen Unterlagen für die richterliche
Überzeugung beizubringen. Einzelheiten des Schuldtitels bei
Hypotheken zu untersuchen, ist es allerdings nicht gehalten. [2])

4. Sonstige Beweiserhebungen vorzunehmen, ist nicht
Sache des Grundbuchamtes. Es muß dabei von dem Gedanken
ausgehen, daß es sich zunächst um private Interessen und um
Wirkungen in privaten Rechtskreisen handelt, die man den

---

[1]) KG. 14. 5. 1914, Joh. 46 A 240.
[2]) KG. 13. 5. 1911 M. 23, 329.

Parteien überlassen muß. Nur insofern berührt die Amtstätigkeit die Öffentlichkeit, als dahin zu streben ist, daß das Grundbuch nicht unrichtig wird, unrichtige Einträge daher zu vermeiden sind. [1])

5. Die Schwierigkeiten für das Grundbuchamt erheben sich weniger auf dem Gebiete des Eigentums- und Servituten-, als auf dem Gebiete des Hypothekenrechts. Da die Hypothek mit der Forderung verschwistert ist, so sind die Schicksale einer Forderung für die Hypothek maßgebend, und diese Schicksale können wieder in den verschiedensten geheimen Vorgängen des Schuldrechtes verankert sein. Die Zahlung einer Hypothekenschuld kann die Hypothek zur Eigentümerhypothek machen, möglicherweise tritt aber auch der Zahlende in die Forderungen und in die Hypothek ein. [2]) Auch kann die Frage vorliegen, ob eine Eigentümergrundschuld entsteht, was der Fall ist, wenn der Grundeigner zugleich der Schuldner ist und die Schuld durch die Zahlung erlischt; oder ob eine Eigentümerhypothek, was der Fall ist, wenn die Hypothek für die Schuld eines Dritten bestellt worden ist und der Grundeigner durch Zahlung in das Gläubigerrecht gegen den Dritten eintritt. [3])

6. Aber auch sonst können sich Schwierigkeiten ergeben.

a) in bezug auf die Geschäftsfähigkeit und die Verfügungsmacht.

Das Grundbuchamt hat sowohl die Geschäftsfähigkeit als auch die Vollmacht, und wenn es sich um Organe einer juristischen Person handelt, die Erstreckung der Organbefugnisse mit in Betracht zu ziehen und sich deswegen die nötigen

---

[1]) KG. 8. 10. 1900 M. 1, 382; 2. 11. 1903 E. f. G. 4, 69; KG. 8. 10. 1900 M. 1,382.

[2]) Dies ist anders nach den Gesetzen, bei welchen die Zahlung das Hypothekenrecht nicht tilgt, sondern nur die Befugnis gibt, die Löschung zu verlangen. So das ehemalige Sächs. Gsb. § 453, so das Österr. Gb. § 469.

[3]) Vgl. z. B. Jena 29. 6. 1909 Thüringer Bl. 57, 211; KG. 14. 12. 1900 M. 2, 318; Marienwerder 6. 4. 1911 M. 22, 380.

Belege geben zu lassen; [1]) eine besondere Vollmachtsbestim-
mung enthält in dieser Beziehung der § ·15 GBO., wonach der
Notar, welcher eine Erklärung beurkundet oder beglaubigt hat,
ohne weiteres als bevollmächtigt gilt, die der Urkunde entsprechende Eintragung zu beantragen. Ebenso hat das Grundbuchamt, wenn es zweifelhaft ist, ob ein Hypothekenbrief erteilt worden ist, dies aufzuklären. [2])

In gleicher Weise können Zweifel auftauchen, wenn bei
auflösend bedingten Verhältnissen der Träger des Rechts trotz
der Auflösungsmöglichkeit entgeltliche, aber ·auch nur entgeltliche, Verfügungen treffen darf. Man muß in solchem Falle dem
Grundbuchrichter überlassen, nach Umständen des Falles zu
prüfen, ob eine nach außen hin sich als entgeltlich darstellende
Verfügung nicht einen unentgeltlichen Charakter hat. Diese
Frage ist insbesondere beim Vorerben hervorgetreten, wenn ihm
durch den Erblasser eine befreiende Stellung eingeräumt ist und
er daher auch ohne den Nacherben entgeltliche Grundstücks-
verfügungen vornehmen kann, niemals aber unentgeltliche.
Man hat hier vielfach den strikten Nachweis der Entgeltlichkeit
verlangt, was aber zu weit geht. Das Recht ist für das
Leben da, nicht für die Pedanterie der Grundbuchbehörde
oder der vorgesetzten Instanzen. Vielmehr unterliegt diese
Frage der freien Prüfung des Grundbuchamtes. Namentlich
kann von Bedeutung sein, wenn der Notar die Entgeltlichkeit
bescheinigt. Die Erklärung des Vorerben allein genügt allerdings nicht, wenn nicht besondere Umstände sie bestärken. [3])

b) Schwierigkeiten können ferner eintreten bei der Rechtsnachfolge, also namentlich bei der Beerbung: die Beerbung soll

---

[1]) Der Konkursschuldner ist nicht geschäftsunfähig, er hat nur
das Schicksal, daß sein Vermögen mit dem Beschlagsrecht der
Gläubiger, also mit einem Wertrecht, belastet ist. Er kann daher,
vorbehaltlich des Rechts der Gläubiger, eine Eintragungsbewilligung
geben. Die verkehrte Ansicht des RG. enthält eine ganz unberechtigte Schmälerung des Gantschuldners und beruht auf wortklaubender
Konstruktionslosigkeit. Vgl. unten S. 90.

[2]) KG. 5. 2. 1914 Joh. 46 A 196.

[3]) KG. 26. 9. 1910 M. 23, 340; KG. 19. 6. 1911 M. 23, 341; KG.
7. 11. 1910 EfG. 11, 123; Colmar 29. 2. 1912 M. 25, 384. Am rich-
tigsten Darmstadt 13. 5. 1910 und 19. 8. 1910 Hess. Rechtspr. XI
S. 107, 108.

durch Erbschein nachgewiesen werden; [1]) es soll aber auch ein öffentliches Testament genügen, vorausgesetzt, daß das Gericht keinen begründeten Anstand findet, z. B. nicht die Vermutung hegt, daß das Testament später aufgehoben worden ist. [2]) Bei dem Testament kann die Frage der Nacherbschaft herantreten, und bei der Nacherbschaft können Zweifel über die Person der Nacherben bestehen, ja diese können einstweilen noch ungewiß sein, sodaß sie nur unbestimmt bezeichnet werden können, § 52 GBO. Unrichtig ist es, anzunehmen, daß der Nacherbe nur auf seinen Antrag einzutragen sei; denn eine Erbeintragung ohne die Beziehung auf die Nacherbschaft würde das Grundbuch unrichtig machen. [3]) Von Bedeutung ist auch die Berechtigung des Verwaltungstestamentsvollstreckers, [4]) wogegen eine erblasserische Generalvollmacht den Erben gegenüber keine bindende Kraft hat. [5]) Vgl. S. 83, 85 und 112.

7. Abgesehen von Beerbungen und ähnlichen Vorgängen hat das Grundbuchamt darin eine Stütze, daß regelmäßig die Einträge nur erfolgen, wenn die Eintragsbewilligung von einer Person ausgeht, welche bereits im Grundbuch eingetragen ist, § 40, 41 GBO. Bei nachgewiesener Erbfolge ist davon Abstand zu nehmen, sofern nicht weitere Verwickelungen zu erwarten sind: solche sind nicht zu erwarten bei Übertragung oder Aufhebung der Rechte (auch · Umschreibung der Hypotheken), wohl aber bei Hypothekenbegründungen mit all den Fragen, welche sich daran knüpfen; diese verlangen den Grundbucheintrag des Erben, § 41 GBO. [6]) Vgl. unten S. 114.

---

[1]) KG. 6. 7. 1904 M. 9,335; KG. 26. 9. 1904 M. 10,94; KG. 19. 1. 1905 EfG. 5, 206.

[2]) KG. 31. 10. 1911 M. 23,344.

[3]) Unrichtig KG 4. 1. 1905 M. 10,446, vgl. aber auch KG. 23. 12. 1913 E. f. G. 13,269, KG. 15. 10. 1914, Joh. 47 A 165.

[4]) KG. 16. 1. 1911 E. f. G. 11,125.

[5]) Unrichtig RG. 28. 6. 1916 E. 88, 345 und KG. 1. 11. 1917, Joh. 50, 157. Daß eine Prozeßvollmacht auf die Erben übergeht, ist bei der beschränkten Dauer der Prozesse begreiflich; aber eine Grundbuchvollmacht in infinitum widerspricht völlig dem beschränkten Wirkungskreis der Persönlichkeit. Über diesen hinaus darf sie nur gehen im Bereich erbrechtlicher Institute, die ihre bestimmten Voraussetzungen und Ausdehnungskraft haben.

[6]) RG. 28. 6. 1916 E. 88, 345.

Über persönliche Legitimationsprüfungen ist auf § 33—35
GBO. zu verweisen. [1])

IX. 1. Die Haftung bei der Grundbuchtätigkeit ist eine besonders schwere. Die Werte, die hier im Spiele stehen, sind
ungeheure, und die Führung verlangt die allerpeinlichste Sorgfalt, verbunden mit Rechtskenntnis und Rechtsverständnis. Die
Haftung trifft zunächst den Staat, § 12 GBO.; in welcher Weise
er vom Beamten Ersatz verlangen kann, ist landesgesetzlich
geregelt: in Preußen nur im Falle groben Verschuldens, a. 8 AG.
z. GBO. Die Haftung erstreckt sich auf das ganze Verhalten
des Grundbuchbeamten, insbesondere auch auf die Fälle, in
denen der Grundbuchbeamte von amtswegen zu handeln hat,
z. B. §§ 54 und 62 GBO. [2])

2. Bei der Haftung des Grundbuchbeamten muß man davon
ausgehen, daß er nicht zu entscheiden, sondern zu handeln hat
und daß, was ihm an Entscheidung zukommt, nur die Voraussetzung seines Handelns ist. Der Handelnde aber muß vor
allem die Folgen seiner Handlung ins Auge fassen, und diese
sind mehr von der herrschenden, als von der richtigen Ansicht
abhängig; der Grundbuchrichter soll also nur aus gewichtigen
Gründen von der gebräuchlichen Anschauung abgehen. [3])

3. Übrigens kann die Haftung des Staates auch veranlassen, nach Maßgabe des § 54 einzutreten und einen Widerspruch im Grundbuch eintragen zu lassen. [4])

III. Abschnitt.

Charakter des Grundbuchs.

I. Grundbuch als öffentliches Register.

§ 25.

I. Das Grundbuch ist ein staatliches Register von weit-
tragender Bedeutung, bestimmt, allgemeine Klarheit über die
Grundeigentumsverhältnisse zu schaffen, und weiter bestimmt,
zur Entwickelung der Grundrechtsverhältnisse beizutragen,

---

[1]) Über Eintragungen im Fall einer Fusion vgl. KG. 6. 6. 1914
Joh. 46 A 190.
[2]) KG. 5. 2. 1914 E. 14, 64.
[3]) Braunschweig 3. 4. 1914 M. 30,395.
[4]) Colmar 15. 12. 1913 EfG. 13, 263 (= Joh. 47 A 265).

direkt durch Rechtsteilnahme an der Rechtsentwickelung und indirekt durch Erregung des gutgläubigen Rechtsscheins.

II. 1. Eine erste Bedingung hierfür ist die Offenheit des Grundbuchs; sie muß sein eine Offenheit für Rechtsinteressenten aller Art, § 11 GBO., allerdings nicht für Interessenten der Neugierde oder des politischen Parteiwesens.[1]) Berechtigte Interessen können sein Interessen des Klage-, des Vollstreckungsbetriebes, Familieninteressen, aber auch wissenschaftliche Interessen. Daß öffentliche Interessen ganz ausgeschlossen seien, läßt sich nicht behaupten.[2])

2. Die Offenheit des Grundbuchs wird auch dadurch zum Ausdruck gebracht, daß man, um zum Grundbuch zu gelangen, nur der Darlegung des Interesses bedarf, § 11 GBO., während bei der freiwilligen Gerichtsbarkeit Glaubhaftmachung des Interesses verlangt wird, § 34 GfG.[3]) Damit ist gesagt, daß eine Angabe vernünftiger Gründe nicht durch Beglaubigungsmittel gedeckt zu sein braucht und das Grundbuchamt stets das Grundbuch öffnen kann, wenn es keine Bedenken findet. Dem entspricht es auch, daß nach der Preuß. VO. vom 20. 11. 1899 § 32.

a. öffentlichen Behörden ohne Darlegung eines Interesses die Einsicht zu gewähren ist und

b. Notare, welche für eine Partei Einsicht nehmen wollen, ihren Auftrag nicht nachzuweisen brauchen.

3. a) Die Öffentlichkeit des Grundbuchs ist dadurch gesteigert, daß, sobald Einträge stattfinden, welche in die Rechte der aus dem Grundbuch ersichtlichen Person eingreifen, das Grundbuchamt ihnen Mitteilung zu machen hat, ebenso natürlich auch den Personen, für welche die Eintragung geschieht und welche daher wissen müssen, wie die von ihnen angeregte Amtstätigkeit sich entwickelt. Dies ist vor allem bei Hypotheken von Bedeutung, wenn eine Hypothek an einen anderen Gläubiger übertragen wird: hiervon muß der Grundeigentümer Kenntnis haben; aber auch die Eigentumsübertragung soll

---

[1]) KG. 17. 4. 1913 EfG. 13, 143 (= Joh. 45 A 198).
[2]) Zu weit geht KG. a. a. O.
[3]) KG. 14. 5. 1900 M. 1,180; Jena 19. 1. 1911 M. 25, 368.

den Hypotheken- und Reallastberechtigten kundgegeben werden, § 55 GBO. [1])

Dadurch kommen die Personen in die gleiche Kenntnislage, wie wenn eine besondere Anzeige an sie erfolgt wäre.

Auch die Mitteilung an Behörden, z. B. an die Grundsteuerbehörde, kann zur Pflicht gemacht sein, Preuß. VO. 20. 11. 1899 § 31.

b) Grundbücherliche Personen, welche nicht durch eine solche Eintragung rechtlich berührt werden, bedürfen keiner Nachricht; so z. B. braucht die Übertragung oder Verpfändung einer Hypothek dem Nachhypothekar nicht mitgeteilt zu werden. [2])

c) Übrigens ist es statthaft, daß eine grundbücherliche Person zum Grundbuch erklärt, daß die gemäß § 55 GBO. ihr zukommenden Nachrichten an eine Zustellungsperson mit der Wirkung gelangen können, wie wenn die Benachrichtigung ihr selbst gemacht worden wäre. [3]) Vgl. S. 112.

d) Die Mitteilung eines Eintrages an die Interessenten nach § 55 GBO. ist hiernach eine grundbücherische Pflicht; aber sie ist keine Bedingung für die Vollwirksamkeit des Eintrages. Wenn daher beispielsweise eine einstweilige Verfügung ein Veräußerungsverbot bestimmt, dann ist die nach § 929 ZPO. erforderliche Vollstreckungshandlung durch die Eintragung bereits erfolgt (§ 932 ZPO.), und es ist daher nicht nötig, daß die Mitteilung innerhalb eines Monats geschieht. [4])

III. Die Offenheit des Grundbuchs schließt eine Bezugnahme auf die Grundbuchakten nicht aus, denn diese sind ebenfalls, soweit darauf Bezug genommen wird, offen, § 11 GBO.,

---

[1]) Der § 55 ist durch Gesetz vom 14. 7. 1905 erweitert:

„Jede Eintragung soll dem Antragsteller und dem eingetragenen Eigentümer sowie im übrigen allen aus dem Grundbuch ersichtlichen Personen bekannt gemacht werden, zu deren Gunsten die Eintragung erfolgt ist oder deren Recht durch sie betroffen wird; die Eintragung eines Eigentümers auch denjenigen, für welche eine Hypothek, Grundschuld, Rentenschuld, Reallast oder ein Recht an einem solchen Rechte im Grundbuch eingetragen ist."

[2]) KG. 23. 11. 1905 EfG. 7, 50.
[3]) KG. 30. 12. 1911 EfG. 11, 307.
[4]) Vgl. auch KG. 14. 10. 1915 EfG. 15, 79.

vgl. auch §§ 874, 1115 BGB.; [1]) allerdings die konstruktiven Elemente des Rechts, z. B. bei Nießbrauch Zeit und Bedingung, müssen im Grundbuch selbst stehen. [2]) Die Bezugnahme auf äußerliche Elemente, z. B. auf Polizeivorschriften, ist unzulässig; [3]) eine Besonderheit gilt von öffentlichen Statuten im Sinne des § 1115.

II. Grundbuch als Bezeichnung des Grundbestandes.

§ 26.

I. Das Grundbuch soll die Grundbuchflächen möglichst getreu wiedergeben und mit dem Kataster möglichst im Einklang stehen. [4])

II. Für die Bezeichnung der Grundstücke sind die Steuerbücher maßgebend, so z. B. nach der Preuß. VO. vom 20. 11. 1899 § 3.

III. Dieser beschreibende Charakter des Grundbuchs hat nur informative, nicht rechtlich konstruktive Bedeutung; das Grundbuch soll die Rechtsverhältnisse darstellen, dagegen haben die Angaben und Bemerkungen über die wirtschaftliche Art der Grundstücke keinen juristischen Charakter; anders verhält es sich mit der lokalen Erstreckung, denn Recht und örtliche Rechtsgrenze hängt zusammen. [5]) Vgl. S. 103.

IV. 1. Das Grundbuch ist auf Realfolien angelegt: jedes Grundstück sollte sein Grundbuchblatt erhalten, § 3; doch gilt dies nicht durchweg: mehrere Grundstücke desselben Eigentümers können e i n Grundbuchblatt erhalten, wenn daraus keine Verwirrung zu befürchten ist, § 4, 86 GBO.; die mehreren Grundstücke sind dann im Bestandverzeichnis des Blattes aufzuführen. Eine Trennung und Übertragung auf mehrere Grund-

[1]) z. B. auch bezüglich der Einzelheiten eines eingetragenen Rangvorbehaltes, KG. 17. 6. 1915 Joh. 48 A. 179.

[2]) KG. 30. 11. 1916 Joh. 49 A. 187.

[3]) KG. 15. 1. 1914 Joh. 46 A. 221.

[4]) KG. 6. 2. 1911 M. 23, 357.

[5]) RG. 12. 2. 1910 E. 73, 125; auch Karlsruhe 4. 10. 1902 M. 6, 12; LG. Gießen 6. 4. 1909 Hess. Rechtspr. 11, 36; KG. 25. 1. 1904 M. 8, 214. Weitere Entscheidungen bei Güthe S. 76.

buchblätter kann auch nachträglich erfolgen, vorzüglich wegen
der Ordnung des Hypothekenwesens. [1]

2. Findet eine Zerteilung oder eine Vereinigung von Grundstücken statt, dann ist das Grundbuch entsprechend zu ändern,
§ 5 GBO. Über die Vereinigung von Grundstücken ist bereits
oben S. 43 f. gehandelt worden.

3. Verselbständigte Rechte werden als Grundstücke behandelt und bekommen ein eigenes Grundbuchblatt, § 7 GBO.
Für Bergwerke gelten besondere Bestimmungen.

V. Die Organisation der Realfolien im Einzelnen ist der
Landesgesetzgebung anheimgestellt. Nach der Preuß. VO. 20.
11. 1899 soll das Grundbuchblatt neben einer Aufschrift und
einem Bestandverzeichnis die Bezeichnung der Rechte in 3 Abteilungen enthalten,

1. Eigentum und die damit verbundenen Aktivrechte,

2. Belastungen (abgesehen von den Wertrechtsbelastungen),

3. die wichtigsten Wertrechtsbelastungen.

Vormerkungen sind in die Spalte einzutragen, in welcher
die Rechte stehen, auf deren Begründung, Übertragung. Änderungen die Vormerkung als obligatio in rem scripta gerichtet ist.

VI. Öffentliche Wege und Gewässer, öffentliche Bahn-
strecken bekommen kraft Landesrechts nur auf Antrag ein
Realfolio und treten nur dann in das Grundbuchrecht ein, § 90
GBO., a. 127 EG. BGB., a. 27 Preuß. AG. z. BGB. Vgl. S. 19,89.

Wird eine Grundbuchliegenschaft einer grundbuchfreien
Person übertragen, so kann diese das Realfolio streichen
lassen; umgekehrt muß natürlich ein solches Realfolio für den
Erwerber eingesetzt werden, wenn ein Grundstück von einer
grundbuchfreien Person an eine nichtgrundbuchfreie übertragen wird. [2]

III. Grundbuch als Bezeichnung des
Rechtsbestandes.

§ 27.

I. Das Grundbuch hat die dinglichen Rechte soweit anzugeben, als sich dies mit der Eigenart des Grundbuchs und seiner

[1] KG. 13. 12. 1917 Joh. 50, 127.
[2] Colmar 10. 3. 1908 M. 18, 195.

Übersichtlichkeit verträgt. Realgewerberechte werden den dinglichen Rechten gleichgestellt und sind eintragbar.[1]

, ' II. Im Einzelnen ist folgendes bemerkenswert: Bei Miteigentum sind die Bruchteile, bei der Gesamthand ist das das Gesamthandseigentum charakterisierende Verhältnis einzutragen, § 48 GBO.[2] Dagegen ist bei einer Mehrheit von Dienstbarkeitsberechtigten oder Leibzuchtsträgern ein Eingehen auf die gegenseitigen Verhältnisse nicht erforderlich.[3] Schwierigkeiten entstehen bei der Nacherbschaft: hier ist das Nacherbenverhältnis möglichst genau anzugeben, z. B. eheliche Nachkommenschaft;[4] auch Ersatznacherben sind einzutragen.[5] Der Verwaltungstestamentsvollstrecker ist neben den Erben einzutragen, § 53 GBO.[6] In Einzelheiten kann auf die Eintragsakten verwiesen werden, § 874 BGB., § 50 GBO.[6] Vgl. S. 77 und 85.

III. Die Eintragung kann zugunsten einer Zweigniederlassung erfolgen; jedenfalls sofern sie eine eigene Firma hat; aber auch wenn dies nicht der Fall ist, es muß nur eben auch die Hauptniederlassung bezeichnet werden: dann will die Eintragung besagen, daß sie eine Eintragung für die Hauptfirma ist mit besonderer Beziehung zur Zweigniederlassung und mit all denjenigen Erscheinungen, welche sich aus dem Verhältnis zwischen Haupt- und Zweigniederlassung ergeben.[7]

IV. G r u n d b u c h a l s r a n g b e s t i m m e n d e s
R e g i s t e r.
§ 28.

I. Die Rangstellung dinglicher Rechte wird später ausführlich erörtert werden. Sie muß aus dem Grundbuch hervorgehen.

II. Das Grundbuch bezeichnet sie durch die Reihenfolge der Einträge, wenn die Einträge in derselben Abteilung, und durch Angabe des Datums, wenn die Einträge in verschiedenen

---

1) KG. 9. 3. 1903 M. 7, 190 und KG. 18. 10. 1906 M. 13, 389.
2) Jena 18. 4. 1903 M. 6, 488; Colmar 23. 1. 1904 M. 8, 156.
3) KG. 20. 3. 1913 EfG. 13, 135.
4) KG. 25. 9. 1911 EfG. 11, 280.
5) Rostock 24. 4. 1911 EfG. 11, 147.
6) Rostock 3. 9. 1912 M. 26, 126.
7) KG. 8. 7. 1901 M. 3, 360.

Abteilungen stehen; § 879 GBO., Einträge desselben Datums sind dann (wenn nichts anderes bestimmt) im Range gleich.

III. Diese Normierung kann aber Ausnahmen erleiden,

1. Einträge, die in der Reihe aufeinander folgen, können durch besondere Bestimmung einander gleichgestellt werden;

2. Einträge desselben Tages können einen verschiedenen Rang erhalten, wenn dies besonders gesagt ist, § 46 GBO.

IV. Jedenfalls sind alle Einträge mit Datum zu versehen, § 45 GBO.

IV. Abschnitt.

Grundbuch und seine Berichtigung.

§ 29.

I. Das Grundbuch ist nicht unrichtig, wenn eine beabsichtigte Eintragung nicht erfolgt, eine beabsichtigte Rechtsänderung nicht eingetreten ist. Es ist auch nicht unrichtig, wenn ein dinglicher Erfolg eingetreten ist, welcher schuldrechtlichen Anforderungen widerspricht. [1])

Im ersten Falle entspricht das Nichts im Grundbuch dem Nichts im dinglichen Recht, im letzten Falle gibt es das dingliche Recht richtig an, die schuldrechtlichen Verhältnisse aber berühren das Grundbuch nicht.

II. Wohl aber ist das Grundbuch unrichtig, wenn es einen Rechtserfolg darstellt, der nicht eingetreten ist oder ihn anders darstellt, als er in der Tat eintrat, oder ihn als fortdauernd darstellt, während er längst anders geworden ist. Wenn also z. B. eine Hypothek durch Zahlung zur Eigentümergrundschuld geworden ist, so ist das Grundbuch unrichtig, so lange der Hypothekar noch als Hypothekar einzutragen ist; hat aber jemand sich verpflichtet, das Grundstück an einen Dritten aufzulassen, so ist das Grundbuch richtig, auch wenn der Auflassungspflicht nicht entsprochen ist. [2]) Die Gründe der Unrichtigkeit können

---

[1]) RG. 1. 11. 1905 EfG. 6. 223; KG. 15. 3. 1906 EfG. 7, 148; KG. 25. 11. 1912 M. 26, 130.

[2]) Vgl. auch Dresden 15. 12. 1908 M. 18, 235; München 6. 10. 1911 S. 67 Nr. 181.

1. darin liegen, daß dingliche Rechtsänderungen außerhalb des Grundbuchs stattfinden, so namentlich durch staatliche Vorgänge: Enteignung, Zuschlag bei der Zwangsversteigerung, Beerbung. Bleibt das Grundbuch im bisherigen Stand, so ist es in dem Augenblick, in dem die Rechtsänderung eintrat, unrichtig geworden. Namentlich aber treten solche Rechtsänderungen im Hypothekenrechte ein, wo durch Erscheinungen auf dem Gebiete des Schuldrechts, z. B. durch Zahlung, durch gesetzliche Subrogation die dinglichen Rechte bedeutend beeinflußt werden können, ohne daß im Grundbuch ein Vermerk erfolgt ist. Vgl. S. 93.

Der Grund kann aber

2. darin liegen, daß ein Grundbucheintrag ohne die richtigen Voraussetzungen erfolgt ist, z. B. wenn eine der Parteien geschäftsunfähig oder der zu Grunde liegende Parteiakt sonst nichtig war, oder wenn eine Partei als berechtigt angenommen worden ist, die nicht berechtigt und daher nicht in der Lage war, über das Recht zu verfügen; er kann aber auch

3. in einem einfachen Versehen des Grundbuchamtes liegen, wenn Einträge ganz außerhalb der Ordnung und ohne sinngemäße Überlegung erfolgt sind.

III. Unrichtig ist das Grundbuch auch, wenn es unvollständig ist. Eine Unvollständigkeit liegt namentlich auch dann vor, wenn bei Angabe der Erben die Nacherbschaft nicht erwähnt oder wenn bei Angabe einer bruchteilsmäßigen Gemeinschaftsberechtigung die Bruchteile nicht angegeben sind, § 48 GBO. Vgl. S. 77, 83 und 112.

IV. Die Unrichtigkeit des Grundbuchs ist ein schweres Übel; sie widerspricht dem Grundsatz, daß die Vermutung für das Vorhandensein des Rechtszustandes nach Maßgabe des Grundbuchs spricht, § 891 BGB.; sie führt noch mehr kraft des Rechtscheinprinzips zu der größten Verkehrung der Verhältnisse, indem die Unrichtigkeit zur unwiderruflichen gesetzlichen Existenz heranreift.

V. Die Rechtsordnung muß daher Möglichkeiten geben, das Grundbuch zu berichtigen.

Der Möglichkeiten gibt es zwei. Die Rechtsordnung kann die Hand bieten zu einer prozessualischen Feststellung im Bereich des bürgerlichen Prozesses mit dem Erfolg, daß die Feststellung den Rechtsboden unwiderruflich schafft und daher vom Grundbuchamt angenommen werden muß.

Oder die Berichtigung kann innerhalb des Grundbuchamtes selbst auf dem Wege der freiwilligen Gerichtsbarkeit erfolgen, sodaß diese an Stelle des unrichtigen Ergebnisses ein richtiges schafft.

Es ist ähnlich, wie z. B. im Markenrecht entweder durch Tätigkeit des Patentamts oder durch gerichtliche Entscheidung eine Berichtigung herbeigeführt werden kann.

VI. Über die Berichtigung auf dem Wege der freiwilligen Gerichtsbarkeit ist später zu handeln (S. 117).

Hier ist von der Berichtigung kraft bürgerlichen Rechts zu sprechen:

1. der Berichtigungsanspruch ist ein bürgerlich rechtlicher Anspruch gegen denjenigen, der, weil unrichtig im Grundbuch eingetragen, die Rechtsstellung der Berechtigten beeinträchtigt; denn es ist ebenso eine Beeinträchtigung, wenn jemand statt meiner im Grundbuch steht, als wenn er mich tagtäglich im Genusse stört. Der Anspruch ist daher als Negatorienanspruch zu bezeichnen, § 894,[1]) der als dinglicher Anspruch auch den Konkursgläubigern gegenüber wirkt,[2]) der so lange nicht zu verjähren beginnt, als die Unrichtigkeit besteht, § 898; und der als dinglicher Anspruch auf Kosten des Berechtigten geht, sofern sich nicht eine schuldrechtliche Ersatzpflicht aus den Umständen ergibt, § 897.

Abgesehen von diesen Umständen besteht für den unrichtig Eingetragenen keine Verpflichtung, außer der auch bei der sonstigen Negatoria hervortretenden sekundären Pflicht, durch Klärung der Sachlage an der Herstellung der Rechtsharmonie mitzuwirken, §§ 895, 896.

---

[1]) München 6. 7. 1908 M. 18, 116.
[2]) Hamm 17. 12. 1906 S. 62 Nr. 102.

2. Träger des Rechts ist der Berechtigte, natürlich der jetzige Berechtigte, nicht etwa ein früherer;[1] der jetzige Berechtigte, auch wenn er erst nachträglich sein Recht erworben hat: mit dem Rechte hat er die Negatoria, er braucht sie nicht etwa besonders zu erwerben.[2]

3. Der Berichtigungsanspruch kann nicht übertragen, aber seine Geltendmachung, d. h. die Betätigung innerhalb des Anspruchs kann einem Interessenten überlassen werden. Ein solches Interesse kann haben

a) ein dinglich Berechtigter A., bezüglich dessen das Grundbuch unrichtig ist, der also die Berichtigung von sich aus verlangen kann, aber sie möglicherweise nicht durchzuführen vermag, weil B., von dem er das Recht ableitet, ebenfalls nicht richtig eingetragen ist; z. B. die Hypothek des A. ist irrig gelöscht, der Eigentümer B. aber ist als Erbe noch nicht eingetragen. Hier kann A. die Wiederaufrichtung der Hypothek nur dann erwirken, wenn B. als Eigentümer eingetragen ist, § 895 BGB. Vgl. S. 114.

b) Ein schuldrechtlich Berechtigter, z. B. der Käufer A., kann die Auflassung nicht erwirken, so lange der Verkäufer B. nicht eingetragen ist.

c) Ein Gläubiger A. mit vollstreckbarem Titel kann eine Zwangshypothek erst erwirken, wenn der Schuldner B. im Grundbuch steht.

In allen diesen Fällen ist es sicher, daß B. nicht nur selbst die Berichtigung betreiben, sondern auch dem A. die Befugnis geben kann, sie zu betreiben; man bezeichnet es als Vollmacht, es ist aber keine Vollmacht, sondern ein in der Sphäre der actio negatoria liegendes abgeleitetes Recht (Quasivollmacht).

4. Läßt sich B. nicht dazu herbei, ihm diese Befugnis einzuräumen, so hat A. wie sonst ein doppeltes Mittel; er kann vorgehen auf dem Wege des Prozesses, er kann vorgehen auf dem Wege der freiwilligen Gerichtsbarkeit.

a) Auf dem Wege der freiwilligen Gerichtsbarkeit ist ihm die Möglichkeit gewährt, nach § 14 GBO. die Berichtigung des

---

[1] Kassel 18. 12. 1910 S. 66 M. 29.
[2] RG. 24. 1. 1906. E. 62, 322.

Grundbuchs direkt zu betreiben. Dies geschieht in der Art des grundbücherlichen Verfahrens, wovon S. 118 zu sprechen ist.

b) Er kann aber auch prozessualisch gegen den B. vorgehen, und dies geschieht in der Art, daß er auf dem Vollstreckungswege die Überantwortung der negatoria, d. h. die Befugnis zu ihrer Geltendmachung erwirkt, § 857 Abs. 3 ZPO.[1]

5. Gestattet der Erstberechtigte die Geltendmachung der negatoria, so ist die Gestattung eintragsfähig; sie ist ebenso eintragsfähig wie eine zugunsten eines Dritten erfolgte Verfügungsbeschränkung.[2]

6. Der Berichtigungsanspruch kann durch Eintragung eines Widerspruchs gesichert werden, sei es nun auf Grund einer Bewilligung dessen, der durch die Berichtigung betroffen wird. sei es auf Grund einer einstweiligen Verfügung, § 899 BGB. Wer eine Quasivollmacht für die negatoria hat, sei es nun eine widerrufliche oder eine unwiderrufliche, kann, wenn er einen vollstreckbaren Titel für die negatoria besitzt, auch eine einstweilige Verfügung für einen Widerspruch beantragen.

VII. Keine Berichtigung liegt vor, wenn ein Eingetragener schuldrechtlich verpflichtet ist, den Grundbuchstand zu ändern; solche Ansprüche unterliegen dem Schuldrecht (S. 84). Noch weniger gehört hierher die Gläubigeranfechtung, wenn etwa ein Nachhypothekar B. von seinem Vorgänger A. verlangt, daß er sein Hypothekenrecht ihm zur Verfügung stellt. Ein Recht auf Rangverschiebung ist hier nicht gegeben;[3] B. hat nur die Befugnis, zu verlangen, daß die Ergebnisse des Rechtes des A. ihm zur Befriedigung zukommen; es kann daher weder von Berichtigung des Grundbuchs gesprochen werden noch von einer Befugnis, kraft Schuldrechts eine Änderung des Grundbuchs zu erwirken, sondern nur von einem Anspruch auf Zuwendung der Ergebnisse, die A. erlangen kann, welcher An-

---

[1] Man vergleiche über alle diese Fragen RG. 7. 2. 1903 E. 53, 408; RG. 13. 12. 1904 E. 59, 289; RG. 10. 10. 1906 S. 62 Nr. 11; RG. 7. 1. 1911 J. W. 40, 280; KG. 22. 6. 1908 Joh. 36 A. 170 und KG. 4. 3. 1915 Joh. 47 A. 170; Celle 22. 9. 1905 M. 14, 185; Dresden 8. 1. 1901 M. 2, 159 und Dresden 16. 2. 1903 M. 7, 315.

[2] Unrichtig KG. 4. 3. 1915 Joh. 47 A. 170.

[3] Unrichtig Dresden 30. 6. 1914 M. 31, 312.

spruch in der entsprechenden Weise, z.B. durch Veräußerungsverbot, gesichert werden kann.

B. Materielles Grundbuchrecht.

I. Abschnitt: Einzutragende Rechte.

§ 30.

I. 1. Öffentliche Rechte sind nicht einzutragen, daher nicht Regalrechte, welche, wenn auch mit Privatrechtsbefugnissen begleitet, dem öffentlichen Rechte angehören.[1)]

2. Zu öffentlichen Rechten gehört nicht das Eigentum an öffentlichen Wegen und Wasserläufen; gleichwohl schlägt die Öffentlichkeit der Zweckbestimmung insofern durch, daß öffentliche Wege und Gewässer, Eisenbahnen, Kirchen- und Staatsland, event. Gemeindeland, kraft Landesrechts nur dann in dem Grundbuch eingetragen werden, wenn der Eigner es beantragt. So auch Wasserläufe im Sinne des Preuß. Wassergesetzes, § 13 WG., a. 127 BGB., § 90 GBO., Preuß. VO. 13. 11. 1899 a. 1. Vgl. S. 19 und 82.

II. Einzutragen sind Privatrechte, und zwar

1. dingliche Rechte aller Art, namentlich auch die Wertrechte, Grundschuld-, Hypotheken-, Pfandrechte und das Beschlagsrecht.

2. Aber nur Rechte an Sachen, nicht Rechte an Sachgesamtheiten, diese nur soweit sie als Rechte an Einzelgrundstücken hervortreten; also nicht Erbrechte, nicht Wertrechte der Aktionäre am Aktienvermögen.

3. Besitz und Besitzrechte als Rechte wesentlich sozialer Art gehören nicht hierher, auch nicht, wenn sie sich zu Miet- und Pachtrechten verdichten.

4. Schuldforderungen gehören in das Grundbuch nur, wenn sie als obligationes in rem scriptae verdinglicht werden; sonst nur, wenn sie als Hypothekenforderungen mit dem dinglichen Rechte verkoppelt sind.

5. Personenrechtliche Verhältnisse, so insbesondere was Geschäftsfähigkeit und Geschäftsbeschränkung angeht, fallen aus dem Rahmen des Grundbuches heraus. Dahin gehört auch

---

[1)] Kassel 21. 12. 1911 S. 67 Nr. 154.

die Geschäftsbeschränkung kraft des Zwangsrechtes der Strafprozeßordnung § 332. [1])

III. 1. Die relativen Verfügungs- oder Veräußerungsbeschränkungen des § 135 BGB. gehören zu den allerunklarsten Begriffen, die
in unserer Rechtspflege herumhuschen und in der Wissenschaft
nichts als Unheil angerichtet haben. Dies tritt insbesondere auch im
Grundbuchrecht hervor, und ein Muster dieser Art der Jurisprudenz
mit ihren Tüfteleien sind die mühseligen, aber geistlosen und
öden Bemerkungen von G ü t h e in dem Kommentar zur Grundbuch-
ordnung. Vor allem sind natürlich die sogenannten relativen Ver-
fügungsbeschränkungen von den absoluten wohl zu unterscheiden.
Die absoluten Beschränkungen gehen aus allgemeinen Rechtslagen
hervor, besonders aus Rechtslagen des Personenrechts, so die Geschäftsunfähigkeit oder Geschäftsbeschränkung einer Person, so die
mangelnde Bevollmächtigung. Wenn hier eine Verfügung nicht durchdringt, so ist gar nicht von einem Verfügungsverbot zu sprechen,
sondern von einem Mangel der wirkenden Persönlichkeit. Dahin gehört auch das sogenannte Veräußerungsverbot des flüchtigen Ver-
brechers, der insofern geschäftsunfähig gemacht wird.

2. Ebensowenig ist als Verfügungs- oder Veräußerungsverbot zu
bezeichnen die Rechtslage des auflösend bedingten Rechts; denn wenn
der Berechtigte nicht über diese Bedingung hinauskommt, so handelt
es sich um die Grenze seines Rechts, nicht um eine dem Rechte auf-
erlegte Sperre.

3. Noch weniger kann von einem Verfügungsverbot die Rede
sein, wenn Jemandem ein Recht abgenommen und dieses einem Anderen übertragen ist. Dies ist der Fall der Nachlaßverwaltung und
der Fall des Verwaltungstestamentsvollstreckers: in diesen Fällen ist
das Vermögen wieder als Erbschaft dem Erben entzogen und bis zur
Liquidation der Sache einer stillschweigenden juristischen Person
überantwortet, deren Organ der Nachlaßverwalter oder der Testa-
mentsvollstrecker ist. Vgl. Lehrb. I S. 355 f.

4. Relative Verfügungs- und Veräußerungsverbote sind
nichts anderes als der Gegenstoß eines bestehenden positiven
Rechtes, und insbesondere gilt dies von den Verhältnissen,
welche durch den Konkurs entstehen. Daß der Konkursschuldner nicht verfügen kann, ist nur die Folge des Beschlagsrechtes der Konkursgläubigerschaft: wie beim Pfandrecht und
anderen dinglichen Rechten, ist die Verfügung des Konkurs-
schuldners gültig, aber nur so, daß das Beschlagsrecht unangetastet bleibt. Abgesehen davon ist der Konkursschuldner be-

---

[1]) KG. 9. 2. 1905 M. 11, 3; ObLG. 13. 11. 1911 M. 22, 137.

rechtigt zu verfügen, und die neuere Rechtsprechung des Reichsgerichts, wonach eine Auflassung durch den Konkursschuldner ganz wirkungslos und uneintragungsfähig sei, beruht auf völliger Unklarheit; und wenn Güthe sie noch damit rechtfertigen will, daß der Konkursverwalter die Verwaltung habe, so ist zu sagen: er hat sie im Kreise des Beschlagsrechtes und nur, soweit dieses reicht; eine Rechtshandlung des Gantschuldners außerhalb dieses Kreises auszuschließen, widerspricht vollkommen dem Sinne und der Bedeutung des Instituts. Wie, wenn der Gantschuldner am Vorabend der Aufhebung des Konkurses steht? Wenn sich eine günstige Gelegenheit der Verwertung bietet, welche den Schuldner aus Not und Elend befreien kann?

Zur Vorbereitung des Beschlagsrechtes kann eine einstweilige Verfügung ergehen; diese ist einzutragen und kraft Eintragung wirksam. [1])

In gleicher Weise ist die Beschlagnahme bei der Zwangsversteigerung zu betrachten; der Beschlag des § 20 ZVG. ist nichts anderes als ein Pfandrecht und vollkommen als Pfandrecht zu behandeln und einzuordnen, und wenn § 13 KO. hiernach von diesem Falle als einem Fall eines Veräußerungsverbots spricht und hervorhebt, daß diese Beschlagnahme gegenüber dem Konkurs gilt, so beruht dies auf voller Unklarheit: die Beschlagnahme gewährt ein Pfandrecht, welches natürlich dem nachträglichen Konkurs gegenüber Bestand behält.

5. Gerichtliche Veräußerungsverbote nach § 135, 136 BGB. aber sind eine Steigerung vorhandener Rechte mit der Wirkung, daß sie gegenüber dem Belasteten stärker hervortreten und ihn mehr beschränken als sonst; so insbesondere die Sequestrationsverfügung der § 1052, 1134, so auch die Veräußerungsverbote, welche auf Grund eines Gläubigerrechts ergehen; [2]) während das vertragsmäßige Veräußerungsverbot des § 399 BGB. nur eine besondere Gestaltung des Schuldrechtes enthält, wonach der Schuldner dem bestimmten Gläubiger und niemand anders zu zahlen schuldig ist, — eine

---

[1]) RG. 5. 11. 1907 E. 67, 39.
[2]) Colmar 2. 5. 1902 M. 5, 143.

Bestimmung, die auch für Hypothekenschulden gilt und deren Eintragung sich nach den Grundsätzen der Eintragung der Hypothekenschulden richtet. Da solche Veräußerungsverbote den Gegenstoß von Rechten Dritter darstellen, so muß die Person, zu deren Gunsten das Veräußerungsverbot lautet, mit eingetragen werden. [1])

Wie sich solche Veräußerungsverbote einem Pfandrecht oder Konkursbeschlagsrecht gegenüber verhalten, richtet sich nach ihrer Art und ihrem Wesen. Sofern die hierdurch gesteigerten Rechte dem Beschlagsrecht gegenüber nicht durchschlagen, schlagen sie auch in ihrer Steigerung nicht durch, und dies bezeugt § 13 KO.: wenn ein Forderungsrecht dem Beschlagsrecht gegenüber nicht wirkt, so wirkt es auch nicht, wenn es durch ein Veräußerungsverbot gekräftigt ist.

6. Veräußerungsbeschränkungen können nicht· beliebig durch Rechtsgeschäfte herbeigeführt werden. Das schließt aber nicht aus, daß andere Rechte begründet werden können, welche ähnliche Zwecke wie die Veräußerungsverbote zu erreichen suchen, wie z. B. die Bestimmung, daß für den Fall einer Veräußerung eine Hypothek auf das Grundstück gelegt werden soll, welche Bestimmung dann durch Vormerkung verdinglicht werden kann. [2]) Dem steht nichts im Wege; denn, wenn auch Veräußerungsverbote in ihrer Allgemeinheit dem Verkehrsbedürfnis widersprechen, so sind doch andererseits besondere Institute, welche gewisse Verkehrsbedürfnisse erfüllen, bedeutsam genug, daß man sie gewährt, auch wenn sie indirekt den Erfolg von Veräußerungsverboten herbeiführen.

II. Abschnitt.
Einzutragende Vorgänge.
§ 31.

I. Einzutragen sind Privatrechtsgeschäfte, welche die bezeichneten Rechte begründen, aufheben oder sie in ihrem Wesen ändern.

Derartige Geschäfte sind regelmäßig in der Art eintragsbedürftig, daß sie ohne Eintragung nicht in Wirksamkeit treten.

---

[1]) KG. 20. 3. 1913 Joh. 45 A. 255.
[2]) Vgl. KG. 9. 12. 1901 M. 4, 23; KG. 13. 10. 1902 M. 6, 122.

II. Keine Ausnahme liegt vor,

1. wenn ein Recht an sich seine Beschränkung hat und kraft dieser Beschränkung untergeht, denn dann geht es nicht durch diesen Vorgang unter, sondern durch seine abgeschwächte Wirkungskraft; so wenn der Nießbrauch mit dem Tode, wenn das Wertrecht mit Erlangung des Wertes, die Hypothek mit Forderungsbefriedigung erlischt, oder wenn deshalb die Hypothek in eine Eigentümergrundschuld übergeht, §§ 1143, 1153, 1164, 1173 und 1174. Keine Ausnahme liegt vor.

2. wenn der Rechtszuwachs eine Folge des natürlichen Ausdehnungsbestrebens des Rechtes ist, z. B. wenn das wegfallende Miteigentum eine Steigerung des vorhandenen Miteigentums (sogar bis zum Volleigentum) bewirkt.

3. Keine Ausnahme ist es, wenn die Briefhypothek durch Übertragung des Briefes übergeht, denn bei der Briefhypothek lautet der Eintrag zugunsten des A. und des künftigen Brieferwerbers. Ebensowenig

4. wenn Rechtsschicksale des Einzelrechts durch Vorgänge des Gesamtvermögensrechts beeinflußt werden, z. B. durch Vorgänge der Gütergemeinschaft, durch Erbgang. Darüber ist im Erbrecht zu handeln.

5. Keine Ausnahme ist es, wenn durch staatliche Verfügung, durch Enteignung, Konkurseröffnung, Zuschlag in der Zwangsvollstreckung [1] das Eigentum übergeht, und ebenso, wenn der Konkurs auch ohne Eintragung wirkt. Denn der Staatsakt ist kein Verkehrsakt. Dasselbe gilt, wenn durch Urteil zwischen A. und B. dem B. das Eigentum zugesprochen worden ist: B. ist Eigentümer auch ohne Eintragung, und wenn A. eingetragen ist, so ist von dem Urteil an das Grundbuch unrichtig. Dasselbe gilt vom Prozeßvergleich. [2] Vgl. S. 85.

Anders ist es, wenn der öffentliche Akt nicht die Funktion hat, ein dingliches Recht zu begründen, sondern nur den Titel eines solchen zu schaffen, z. B. das richterliche Urteil als Titel für die Zwangshypothek oder die Verfügungen des Zwangs-

---

[1] Vgl. § 90, 97 ZVG. Entgegengesetzte Rechte können nur nach § 37 Z. 5, § 66, § 83, 97 ZVG., § 876 ZPO. geltend gemacht werden, sonst verschwinden sie, vgl. auch RG. 10. 10. 1914 E. 85,316.

[2] Unrichtig Dresden 27. 6. 1911 EfG. 11, 235.

vollstreckungsgerichts als Grundlage für die verschiedensten
ändernden Verfügungen in der Reihe der dinglichen Rechte;
oder die Enteignungen des Preuß. Berggesetzes § 135 f. [1])
Frühere Rechte, wie das Sächs. GB. §§ 276 und 277, gingen
allgemein von diesem Gesichtspunkt aus und verlangten auch
bei Staatsakten die Eintragung, sodaß der Staatsakt nur einen
Titel für die Eintragung bildete.

III. Abschnitt.
Grundbuchtitel.
A. Private.
I. Allgemeines.

§ 32.

I. Die Grundbuchgeschäfte spielen sich vorläufig außerhalb des Grundbuchs ab, sie sollen schließlich zur Grundbucheintragung führen und erreichen erst dadurch ihr Ziel. Diesem
letzten Rechtserfolg können Rechtslagen vorhergehen.

II. Man hat also zu unterscheiden zwischen den vor-
läufigen Rechtsgeschäften und dem nachträglichen Eintrag,
und zwischen den Rechtslagen, welche aus den ersten, und den
Rechten, welche aus dem letzteren hervorgehen.

III. Von Grundbuchgeschäften gilt folgendes:

1. Grundbuchgeschäfte sind notwendig abstrakter Art.
Ein bedingungsweiser Anschluß an alle Wenn und Aber eines
wirtschaftlichen Geschäftes ist dem Wesen des Grundbuches
ebenso zuwider wie dem Wesen des Wechsels. [2]) Man unterscheidet daher streng zwischen dem Kausalgeschäft und dem
Grundbuchgeschäft. Vgl. oben S. 11.

2. Die Grundbuchgeschäfte folgen den Grundsätzen über
Rechtsgeschäfte: es gelten also die Regeln der Geschäftsfähigkeit und der Anfechtung wegen Irrung und Betrug. [3]) Ebenso
gelten die Regeln von der Simulation und dem Scheingeschäft.

---

[1]) RG. 30. 12. 1905 E. 62, 215, KG. 30. 4. 1914, Joh. 46 A. 210.
[2]) RG. 17. 12. 1910 E. 75, 68.
[3]) Irrung, z. B. wenn die Erklärung auf einen Teil des Grundstückes gerichtet war, aber das Ganze gemeint wurde, vgl. RG.
12. 2. 1910 E. 73,33, RG. 21. 2. 1912 E. 78, 372, und über Betrug vergl.
Rostock 5. 2. 1910 M. 26, 8.

Wenn beide Teile eine bloße Scheinerklärung abgeben, so hat das Ganze nur Scheincharakter, auch wenn das Grundbuchamt selbst die Sache für ernsthaft hält; denn das Grundbuchamt ist nicht wie ein Standesamt: es hat, wie S. 73 bemerkt, nur bedingt eine Selbstschöpfungsfunktion.[1]) Ein häufiger Fall der Simulation ist die Übertragung von 1/1000 des Grundstückes, um die Möglichkeit der Eigenjagd zu begründen.[2]) Vgl. oben S. 73.

3. Grundbuchgeschäfte teilen sich in zwei wesentliche Klassen:

a) in die beiderseitigen Einigungsgeschäfte,

b) in die einseitigen (Verzichts-, Zustimmungs-, Okkupations-) Geschäfte.

II. Grundbuchgeschäfte.

I. Einigungsgeschäfte.

§ 33.

I. Rechtsbegründungs-, Rechtsübertragungsgeschäfte des unbeweglichen Rechts und Geschäfte, welche solche Rechte verändern, verlangen die Einigung der Beteiligten, §§ 873, 877. Die Einigung ist eine dem Vertrag ähnliche Verbindung zweier auf ein Ziel hinsteuernder Willenserklärungen, vom Vertrag jedoch dadurch unterschieden, daß eine Selbständigkeit von Antrag und Annahme wie beim Vertrag nicht vorliegt, vielmehr beide Erklärungen in einem Momente zusammentreffen müssen. Wenn daher vor dem Zusammentreffen der eine Teil stirbt oder geschäftsunfähig wird, so findet eine Einigung nicht statt, § 130 Absatz 2 BGB. findet keine Anwendung.[3]) Im übrigen gilt für die Einigung der § 181 BGB.[4])

II. Die Einigung kann auch eine Einigung zugunsten eines Dritten sein, z. B. zugunsten eines eingetragenen Hypothekars; dieser wird von selbst berechtigt, kann aber das Recht ablehnen.[5])

---

[1]) Vgl. RG. 21. 2. 1912 E. 78, 372, KG. 2. 12. 1912 M. 26, 178.
[2]) Vgl. KG. 8. 9. 1911 M. 23, 323; KG. 2. 12. 1912 M. 26, 178, vgl. aber auch OVG. 15. 3. 1894 E. 26, 264.
[3]) Vgl. RG. 28. 10. 1913 E. 83, 223.
[4]) RG. 3. 2. 1917 E. 89, 368.
[5]) RG. 4. 12. 1900 E. 47, 356.

III. Die Form der Einigung ist regelrecht die Form der öffentlichen Urkunde, wozu natürlich auch die Protokollierungserklärung vor dem Grundbuchamt gehört.

Es genügt aber auch

1. eine bei dem Grundbuchamt eingereichte, in der Form der Grundbuchgeschäfte gefaßte Einigungserklärung (also eine Erklärung in öffentlich beglaubigter Urkunde); es genügt

2. eine Erklärung des durch das Geschäft zu seinen Ungunsten Betroffenen in der Form einer grundbuchmäßigen Eintragungsbewilligung und eine formlose Annahme dieser von seiten des anderen, § 873 BGB.

Wird zudem die Einigung eingetragen, dann wird dadurch die Abwesenheit einer jeder Form geheilt, § 873.

IV. 1. Eine wichtige Ausnahme von diesen Formalbestimmungen gilt, wo die Auflassung nötig ist, wo also die Einigung zur Auflassung werden soll. Diese hat ihre besondere Form, auch soll sie notwendig der Eintragung vorhergehen und ist nicht durch die Eintragung zu ersetzen; doch muß angenommen werden, daß die unterbliebene Auflassung nach der Eintragung nachgeholt werden kann: die gegenteilige Ansicht ist als formalistisch abzulehnen.

Die Auflassung soll nämlich bei gleichzeitiger Anwesenheit beider Teile erfolgen, sie ist ein Geschäft unter den Parteien und entspricht der alten Sala, welcher die Investitur, die Erklärung vor dem Grundbuchamt nachfolgen soll.

2. Nach dem BGB., § 925, soll diese Auflassung vor dem Grundbuchämte stattfinden; dies ist ein Fehler und beruht auf Verwechselung: man hat die Auflassung als Sala mit der Investitur, der Handlung vor dem Gerichtsstab verwechselt. Die Verwechselung hat sich darum auch nur zeitweise erhalten, sie ist im Abgang begriffen.

3. Eine Reihe von Bundesstaaten drängte von Anfang an dahin, eine Erklärung vor irgend einem Amtsgericht, einer anderen Behörde oder auch vor einem Notar als genügend zu betrachten. Die Notare stehen namentlich in Süddeutschland mit der Bevölkerung viel mehr in Fühlung, als das Amt, und sind daher besonders geeignet, die Einigungserklärung zu formulieren und von den Parteien entgegenzunehmen: sie sind

die richtigen Persönlichkeiten, vor denen die Salaerklärung abzugeben ist.

4. Dementsprechend bestimmt a. 143 BGB.:

a) Anstelle des Grundbuchamtes kann kraft Landesrechts irgend eine andere Behörde, ein Beamter oder ein Notar treten.

b) Die Gleichzeitigkeit des Erscheinens beider Parteien ist allerdings auch hier erforderlich und kann landesgesetzlich nicht wegbedungen werden, außer in einem Falle, wenn nämlich die Auflassung im Termin stattfindet, in welchem das Grundstück durch Gericht oder Notar versteigert wird. Hier genügt es, wenn die Auflassungserklärung des einen vor und die des anderen im Termin erfolgt, a. 143.

5. So hat man die Sache in den Rheinlanden, in Mecklenburg, Bremen, Lübeck, Thüringen, in Süddeutschland gestaltet; so auch in den preußischen Gebieten des Rheinischen Rechts, a. 26 Preuß. AG. zum BGB., in ganz Bayern a. 81, 82 Bayr. AG. zum BGB.; ja schließlich hat man sich in Preußen veranlaßt gesehen, durch Gesetz vom 13. Mai 1918 (Ges.-Sammlung 51) die rheinische Bestimmung auf die ganze preußische Monarchie auszudehnen, allerdings mit dem Vorbehalt, daß das Gesetz 2 Jahre nach Beendigung des Krieges außer Kraft treten soll, was indes nicht zu befürchten ist; vielmehr ist eine Erstreckung des Gesetzes in perpetuum sicher zu erwarten. Damit ist auch die Hochburg der Gerichtsauflassung erstürmt, die vereinfachte Form verallgemeinert, ein geschichtlicher Irrtum berichtigt.

6. Auf die Sala folgt die Investiturerklärung; sie erfolgt durch formellen Akt vor dem Grundbuch: anstelle des Gerichtsstabes tritt das Grundbuch, dem durch die formellen Akte, Eintragsbewilligung und Antrag beizukommen ist. Hiervon ist im formellen Grundbuchrecht zu handeln. S. 111.

Bemerkenswert ist nur, daß auch bei uns die Sala und Investitur in ihrer Bedeutung getrennt sind; die Parteien können die Einigung, die Auflassung vollziehen und doch erklären, daß der Grundbucheintrag erst an einem späteren Zeitpunkt erfolgen solle, woran sie ein bedeutsames Interesse haben können.

V. Das Schuldgeschäft, auf welchem die Vormerkung beruht, ist kein Grundbuchgeschäft; der Vormerkung braucht
eine Einigung nicht vorherzugehen. [1]

VI. Einigungsgeschäft ist auch das Änderungsgeschäft,
namentlich auch das Geschäft über die Intensitätsänderung oder
Rangverschiebung, § 880 BGB.

2. Verzichts- und Zustimmungsgeschäft.

§ 34.

I. Die Aufhebung eines dinglichen Rechts verlangt keine
Einigung, sondern nur einseitige ankunftsbedürftige Erklärung.
Diese erfolgt gegenüber dem belasteten Eigentümer, welcher
von der Belastung frei werden soll, und zwar geschieht sie
durch Übergabe einer grundbuchmäßigen Löschungsbewilligung, §§ 875, 1168. Allerdings kann diese Erklärung auch dem
Grundbuchamte gegenüber direkt erfolgen, aber das Grundbuchamt gilt hier nicht als Adressat der Erklärung, sondern als
Empfangsbehörde für den Grundeigentümer, wie dies auch aus
§ 143 Absatz 3 BGB. hervorgeht.

II. Liegt auf dem durch Verzicht aufzuhebenden Recht ein
überlastendes Recht, so kann dieses überlastende Recht nicht
durch den Verzicht berührt werden, sofern sein Inhaber nicht
zu dem Verzicht seine Mitbewilligung gibt, § 876. Vielfach
wird behauptet, daß ein Verzicht ohne diese Mitwirkung überhaupt nichts ausrichte, daß vielmehr das Recht trotz des Verzichts in vollem Maße fortbestehen bleibe. Dies hat aber gar
keinen juristischen Grund; wer sein Recht nicht mehr haben
will, soll nicht zurückgehalten werden; das überlastende Recht
ist genügend gewahrt, wenn es so weiter besteht, wie wenn das
verzichtete Recht noch fortdauern würde. Die entgegengesetzte Ansicht beruht auf Wortinterpretation; die Zustimmungserklärung ist also hier eine erweiternde, sie ist nicht
Bedingung des ganzen Aktes.

III. Eine besondere Art des Verzichts ist die Abeignung
(Dereliktion). Die Person, gegenüber welcher der Verzicht zu
erfolgen hat, ist natürlich nicht der jetzige Eigentümer der
Sache, es könnte nur der künftige Eigentümer der Sache sein,

---

[1] KG. 14. 5. 1914 Joh. 46 A. 200.

und da nach den Grundsätzen der Abeignung eine stillschweigende juristische Person eintritt (worüber unten), so sollte
gegenüber dieser die Erklärung abgegeben werden. Allein sie ist
einstweilen noch ohne Organ, und man hätte zuerst ihre Organisation hervorrufen sollen, damit ihr gegenüber die Abeignungserklärung erfolgte. Dies wäre auch sehr zutreffend gewesen,
denn es ist nicht Sache des Rechts, solche Abeignungen zu
unterstützen und zu fördern; sie sind Gegenstand der er-
denklichsten Mißbräuche, man hätte ihnen damit ein Hemmnis
entgegensetzen sollen. Dies hat man im BGB. nicht erkannt
und daher die Abeignung dadurch begünstigt, daß sie einfach
durch Erklärung an das Grundbuchamt, als dem Träger der
Grundeigentumsordnung, erfolgt, § 928. Im übrigen trifft auch
hier der Grundsatz zu, daß die überlastenden Rechte den Verzicht des Grundeigners nicht hindern: sie bestehen eben weiter,
wie wenn das Eigentum fortbestände.

IV. 1. Anders verhält es sich mit der Zustimmung des
Eigentümers zur Hypothekenlöschung; da der Verzicht des
Gläubigers auf die Hypothek die Eigentümergrundschuld herbeiführt, so kann eine Hypothekenlöschung nur unter Zustimmung des Eigentümers erfolgen, so daß zum Verzicht des Gläubigers auch dessen Verzicht erforderlich ist, § 1183.

2. Ebenso ist es mit der Zustimmung des Eigentümers zur
Rangminderung der Hypothek, denn dadurch wird die künftige
Eigentümerhypothek gemindert, § 880.

3. Ebenso ist es auch mit der Zustimmung des Forderungs-
gläubigers, wenn die Hypothekenforderung mit einer anderen
vertauscht werden soll, § 1180.

4. In diesen Fällen 1—3 tritt ohne diese Zustimmung der
Löschungserfolg oder Minderungserfolg nicht ein; die Zustimmung ist daher eine nicht bloß ergänzende, sondern zum
Eintritt des Erfolges erforderliche. Es handelt sich um Even-
tualrechte, nicht um übergeordnete Rechte.

Die Verzichts- oder Minderungszustimmung ist aber auch
hier eine Zustimmung gegenüber dem Beteiligten (in § 880
gegenüber einem der Beteiligten); sie kann allerdings dem
Grundbuchamt gegenüber erklärt werden, welches auch hier
die Erklärung für die Beteiligten entgegennimmt.

3. Aneignungsgeschäft.
§ 35.

I. In einem Fall kann das Grundbuchgeschäft ein An-
eignungsgeschäft sein: der Fiskus kann ein abgeeignetes
Grundstück sich aneignen. Der Aneignungsakt ist eine Erklärung, die an die stillschweigende juristische Person geschehen könnte, welche sich als Eigentümer des abgeeigneten
Grundstücks darstellt. Sie geschieht aber auch hier nicht
ihr gegenüber, sondern gegenüber dem Grundbuchamte,
§ 928 BGB.

II. Landesgesetzlich kann einer anderen (physischen oder
juristischen) Person das Aneignungsrecht gegeben sein, a. 129;
für ihren Aneignungsakt gelten die gleichen Bestimmungen.

III. Rechtslage und Recht.
§ 36.

I. Die Einigung und die einseitige Verzichterklärung bewirkt eine feste Rechtslage insofern, als nunmehr der einseitige
Widerruf ausgeschlossen ist; sie bewirken noch nicht Entstehung
oder Änderung des Rechts: dazu gehört noch Eintragung, und
zwischen ihnen und der Eintragung können auch noch hem-
mende Umstände eintreten; allein die Rechtslage der Unwiderruflichkeit steht fest.

II. Die Einigung bewirkt die Rechtslage, sofern sie in der
obigen Weise erfolgt ist, die Verzichtserklärung bewirkt sie,
sobald sie in der entsprechenden Form an den Beteiligten oder
an seiner Statt an das Grundbuchamt gelangt ist, §§ 873, 875.
Das gleiche gilt von der Zustimmungserklärung.

III. Daß Einigung und Eintragung wirtschaftlich getrennt
sein können, ist oben bemerkt; fraglich ist es aber, ob
aus der Einigung und Auflassung (Sala) eine Verpflichtung hervorgeht, die Investitur zu betreiben, also die Grundbucheinträge
zu bewilligen und zu beantragen. Oder steht die Sala unvermittelt und ohne jede Beziehung zur künftigen Investitur
fest, und muß derjenige, welcher den Grundbucheintrag haben
will, sich auf das Kausalgeschäft berufen und, wenn der andere
nicht will, auf Grund dessen klagen?

Hier ist zu bemerken: die Einigung an sich enthält noch
nicht die Erklärung, daß ohne weiteres der Eintrag geschehen

soll, sie kann vielmehr alle möglichen Vorbehalte und Bedingungen enthalten. Dies ist eine Frage des einzelnen Falles.
Wenn aber die Einigung so gemeint ist, daß ohne weiteres die
Eintragung nachfolgen soll, dann ist in ihr allerdings eine derartige Verpflichtung zu erblicken; sie enthält dann insofern einen
schuldrechtlichen Vertrag, aus dem die weitere Folge schuldrechtlich beansprucht werden kann. Für eine derartige, in
dem materiellen Grundbuchgeschäft enthaltene Verpflichtung
kann auch eine Vormerkung eingetragen werden, sodaß sie
dadurch verdinglicht wird. Die Praxis ist in dieser Beziehung
anderer Meinung, aber aus dem bloß formalen Grunde, weil
das Auflassungsgeschäft nur dinglich sei; dies ist eine unrichtige Voraussetzung: dingliches Geschäft und sekundäre
Verpflichtungen stehen häufig nebeneinander! [1]

B. Öffentliche Grundbuchtitel.
§ 37.

Solche sind

1. Vollstreckungsakte; dahin gehört

a) insbesondere der die Einigungs-, Verzichts-, Zustimmungserklärung ersetzende Vollstreckungsakt, welcher
   in der die Verpflichtung aussprechenden rechtskräftigen
   Gerichtsentscheidung stillschweigend enthalten ist,
   § 894 ZPO.; so auch der gerichtliche Vergleich. [2]
   Dahin gehören

b) die Vollstreckungstitel, welche einen Titel für die
   Zwangshypothek bieten, §§ 866, 932. Dahin gehören

c) die vorläufig vollstreckbaren Urteile und die einstweiligen Verfügungen, welche Titel für vorläufige
   Grundbuchakte bilden, sowie die Vollstreckungstitel
   des Konkurs- und des Liegenschaftsvollstreckungs-
   rechts;

---

[1] Unrichtig Rostock 5. 4. 1909 S. 65 Nr. 9; München 6. 10. 1911
S. 67 Nr. 181; dem Richtigen wendet sich zu München 6. 10. 1913
M. 30, 319.

[2] Er bewirkt dasselbe, was die Auflassung bewirkt; so überhaupt; am sichersten gilt dies natürlich in den Rechten, welche von
der Befugnis des a. 143 BGB. Gebrauch gemacht haben, sodaß die
Auflassung vor jedem Gericht erfolgen kann, Rostock 24. 8. 1915
Joh. 49, 279.

d) alle Gerichtsakte, welche kraft Ausdehnung vorhandener Zivilrechte eine Verfügungsbeschränkung hervorrufen, § 136 BGB.

2. Oder es sind Geschäfte der Obervormundschaft oder der
Verwaltung, welche zur Auflegung einer Sicherungshypothek
oder zu sonstigen Vollstreckungshandlungen führen, § 1844
BGB., § 54 GfG. und a. 91 BGB. Vgl. unten S. 116.

IV. Abschnitt.
Grundbuchfolgen.
§ 38.

I. Konstitutive Folgen:

I. Die Hauptfolge des Grundbucheintrags ist die Bewirkung
der Entstehung, Änderung und des Erlöschens der Rechte. Dies
bedarf keiner weiteren Ausführung.

II. Eine zweite wichtige Folge ist der Rechtsschein, welcher
gerade hier tief in das Rechtsleben einwirkt.

II. Rechtsschein.
§ 39.

I. Der Rechtsschein aus dem Grundbuch wirkt unmittelbar
oder mittelbar. Unmittelbar wirkt er durch die Erzeugung
einer Rechtsvermutung: es wird vermutet, daß ein eingetra-
genes Recht, so wie es eingetragen ist, insoweit besteht, als
die Eintragung im Grundbuch besagen soll; es wird ferner
vermutet, daß ein gelöschtes Recht nicht mehr besteht, § 891
BGB. Diese Rechtsvermutung ist nicht nur eine Sache des
Prozesses, sondern auch eine Sache des Rechtsverkehrs,
denn jede Rechtsvermutung rechtfertigt es, daß man darnach
handelt. [1]

II. Der Rechtsschein wirkt mittelbar 1. durch ein hinzu-
tretendes in gutem Glauben abgeschlossenes Rechtsgeschäft,
§ 892. Dieser Satz gilt im modernen Recht allüberall, wo das
Grundbuchrecht eindringlich behandelt wird, vgl. Österr. Gesetzbuch 1500 und Sächs. Gesetzbuch 278. Oder er wirkt 2.
kraft bestätigender Frist, kraft Ersitzung oder Verjährung,
§§ 900, 901.

III. Der Rechtsschein wirkt, wie bemerkt, soweit die Aufgabe des Grundbuchrechts reicht. Das Grundbuch hat die Auf-

---

[1] Arch. civ. Prax. 96, 364.

gabe, 1. die dinglichen Rechte am Grundstück zu bezeichnen, insbesondere das Eigentum und alle dinglichen, auch die verdinglichten Belastungen. Es hat auch die örtlichen Kreise zu bezeichnen, innerhalb deren sich die Rechtsverhältnisse bewegen, also die Grenzen des Grundstückes (oben S. 81). Weiter wirkt der Rechtsschein nicht. Daher:

1. Angaben über Art, Güte, Flächenumfang des Grundstückes haben keine entscheidende Bedeutung.

2. Aus dem Grundbuch ergeben sich die genannten Rechte, aber nicht die Geschäftsfähigkeit des Handelnden. Wenn also B. als Eigentümer eingetragen ist, so erwerbe ich von ihm trotz meines guten Glaubens das Grundstück nicht, wenn er geschäftsunfähig ist; das Grundbuch sagt nur, daß das Grundstück ihm gehört, nicht aber daß er als Geschäftsfähiger über das Grundstück verfügen kann.[1]) Ist allerdings mein Erwerb eingetragen und veräußere ich das Grundstück weiter, dann besagt das Grundbuch dem gutgläubigen Weitererwerber, daß ich Eigentümer geworden bin, und die Geschäftsunfähigkeit des B. kommt dann nicht mehr in Betracht. Der Geschäftsunfähigkeit wird das allgemeine Verfügungsgebot gegen die Ehefrau bezüglich des eingebrachten Gutes gleichgestellt, § 1404 BGB. Vergl. Lehrbuch III, 200.

IV. Der Gedanke des gutgläubigen Erwerbes ist der, daß, wer das Grundbuch eingesehen hat, sich darauf verlassen kann; allein dies will nicht heißen, daß der gute Glaube davon abhängt, daß er das Grundbuch wirklich einsah, es genügt, daß er das Grundbuch hätte einsehen können und wenn er es eingesehen, es ihm die betreffende Auskunft gegeben hätte.[2])

Wohl aber ist zu sagen:

1. der gute Glaube bezieht sich nicht auf eine inhaltlich unmögliche Eintragung.[3])

2. Der gute Glaube bezieht sich nur auf Einträge, die zu maßgebender Zeit bereits bestanden, die nicht erst nachgefolgt sind.[4])

---

[1]) KG. 2. 3. 1908 M. 18, 110.
[2]) RG. 30. 3. 1915 E. 86, 353.
[3]) RG. 12. 1. 1916 E. 88, 22.
[4]) RG. 6. 12. 1916 E. 89, 152; Hamm 20. 11. 1914 M. 31, 313.

3. Der gute Glaube bezieht sich auf alle zu jener Zeit vorhandenen Einträge; daher ist es nicht statthaft, eine Eintragung, die zu Unrecht erfolgt ist, zu löschen, sondern man
hat in diesem Fall einen in futurum wirksamen Widerspruch
einzutragen (unten S. 107). Daher kann auch, sobald die Eintragung erfolgt ist, eine Beschwerde und auf eine solche
ein Widerspruch ergehen, dagegen keine die Eintragung auf-
hebende Entscheidung, [1]) § 71 GBO. [2])

V. Der Rechtsschein wird zum Rechte, wenn auf Grund
des guten Glaubens ein Rechtsgeschäft abgeschlossen wird; er
gilt also 1. nur für den Erwerb durch Rechtsgeschäft, nicht
für den Erwerb durch öffentliche Macht, also nicht für Zwangs-
hypotheken, auch nicht für die Pfändung einer Hypothek, wie
man in Preußen früher vielfach angenommen hatte. Es ist
begründet, daß der Rechtsverkehr besondere Sicherungen hat,
welcher der öffentliche Verkehr deswegen nicht bedarf, weil
hier andere Hilfsmittel vorliegen.

2. Er wird zum Rechte bei gutem Glauben, und hier gilt
folgendes: a) der gute Glaube wird ausgeschlossen durch
Kenntnis, nicht schon durch Kennensollen; der Gedanke ist der,
daß der Erwerber sich auf das mit so vieler Vorsicht geführte
Grundbuch verlassen sollte, jedenfalls ist von ihm nicht zu
verlangen, daß er weitere Nachforschungen anstellt; und wenn
Zweifel auftauchen, so ist er nicht genötigt, daraufhin fernere
Erkundungen einzuziehen; eine derartige Pflicht würde den
Verkehr belasten und die Autorität des Grundbuches lähmen.

3. Liegt aber eine entgegengesetzte Kenntnis vor, dann ist
diese maßgebend, so insbesondere, wenn der Veräußerer dem
Erwerber entsprechende Mitteilung gemacht hat, vorausgesetzt,
daß der Erwerber diese Mitteilung wirklich glaubte. [2]) Die
dingliche Wirkung tritt daher auch bei Fahrlässigkeit des Erwerbers ein, allerdings kann hier unter Umständen, obgleich
er Eigentümer wird, eine Entschädigungspflicht begründet
sein, [3]) allein nur was den Erwerbsakt betrifft; das was der
Erwerber nach dem Erwerbsakt mit der Sache tut, tut er

---

[1]) KG. 11. 11. 1901 M. 4, 322.
[2]) RG. 7. 7. 1905 E. 61, 195.
[3]) RG. 13. 5. 1914 E. 85, 61.

innerhalb seines Eigentums, kann daher nicht mehr Gegenstand der Verantwortung nach § 823 sein. [1]

, 4. Der gute Glaube ist ein guter Glaube mit Rücksicht auf das Bestehen des dinglichen Rechts: das Bewußtsein von Unsittlichkeiten, welches bei dem Erwerb des Rechts s. Zt. gespielt hat, und das Bewußtsein von Verpflichtungen, die Sache zurückzuübertragen, hindert die dingliche Wirkung des guten Glaubens nicht. Ob hier nicht eine Ersatz- oder Entschädigungspflicht gegen einen geschädigten Dritten besteht, ist eine andere Frage, die nach schuldrechtlichen Grundsätzen zu entscheiden ist. [2]

5. Maßgebend ist der gute Glaube im letzten Moment der Parteitätigkeit, also im Augenblick des Antrages (oder wenn etwa die Einigung erst nachfolgt, im Moment der Einigung), nicht, wie man sachwidrig im früheren preußischen Rechte annahm, in dem dem Parteieinfluß, völlig entrückten Augenblick des Eintrages, § 892. [3] Bei Briefhypotheken ist der Zeitpunkt der Briefaushändigung maßgebend; und wenn vereinbart ist, daß das Grundbuchamt den Brief dem Erwerber einhändigen soll, der Augenblick des Eintragungsantrags. [4]

6. Jener Augenblick ist für den guten Glauben maßgebend; die Folgen des Rechtsscheins treten aber nicht schon mit jenem Augenblick ein, sondern erst, wenn auf Grund des Antrags eine Eintragung erfolgt. [5] Eine Eintragung auf Grund dessen erfolgt aber nur, wenn das Grundbuch nicht durch eine Zwischenverfügung einem früheren Antrag vorbehalten war: war dies der Fall, so geht eine der Zwischenverfügung entsprechende spätere Eintragung vor, § 17, 18 GBO. [6]

VI. 1. Die Folge des Rechtsscheins ist eine eindeutige; er erzeugt keine doppelte Rechtsordnung: eine solche wäre höchstens in den Fällen des § 893 erträglich; unerträglich wäre sie für den Hauptfall, § 892: denn wer Eigentümer ist,

---

[1] RG. 5. 7. 1917 E. 90, 395.
[2] RG. 28. 2. 1906 S. 61 Nr. 137; Naumburg 11. 11. 1904 M. 11, 327.
[3] Über die ehemalige Preußische Praxis vgl. RG. 25. 11. 1885. E. 14, 288.
[4] RG. 6. 12. 1916 E. 89, 152.
[5] KG. 9. 11. 1903 M. 8, 107.
[6] RG. 10. 2. 1906 E. 62, 375.

dies ist eine Frage, die nicht nur für die Verkehrsinteressen, welche sich im Augenblick eröffnen und schließen, wichtig ist, sondern es ist wichtig für das ganze Publikum und wichtig für die dauernde Befestigung der Verhältnisse. Daher darf ein solches Wahlrecht des gutgläubigen Erwerbers, so daß es in seinem Belieben steht, den Erwerb anzunehmen oder ihn zurückzuweisen, nicht zugelassen werden: dies würde dem Verkehr Festigkeit und Stetigkeit nehmen. Wo immer sichere Zustände eintreten sollen, da bedarf es bestimmter, jeder Willkür entzogener Verhältnisse: dem Belieben des einen dürfen nicht die Interessen des ganzen Publikums geopfert werden. Aus diesem Fall aber gegen die Fälle der doppelten Rechtsordnung schließen zu wollen, in welchen ganz andere Interessen beteiligt sind, zeugt von vollständiger Verkennung der Konstruktionsgesetze.

2. Die Folgen des gutgläubigen Rechtserwerbs sind nicht nur eindeutig, sondern auch endgültig. Der Erwerber wird Eigentümer, Servitutenberechtigter, Hypothekar usw.; er erlangt nicht etwa bloß eine Rechtslage und eine Einrede u. dgl., er erlangt das Recht, und dieses kann er mit vollem Fug weiter veräußern, so daß jeder, der von ihm erwirbt, wieder Eigentümer oder entsprechend dinglich Berechtigter wird, gleichgültig was dieser weiß und glaubt. Mit anderen Worten, der gute Glaube ist nur beim ersten Erwerber notwendig, nicht beim folgenden; der gutgläubige Erwerb des Ersten heilt den Mangel für immer.[1] Man kann dies auch so ausdrücken: da der erste Erwerber Eigentümer wird, so ist der weitere Erwerber stets, soweit es seinen Erwerb angeht, in gutem Glauben, denn er muß den Übertragenden ja als Eigentümer ansehen. Richtiger ist zu sagen, daß es dann auf den guten Glauben überhaupt nicht mehr ankommt; denn, wenn der Übertragende Eigentümer ist, so bedarf es des Rechtsscheines überhaupt nicht mehr. Auch kommt in Betracht, daß, wenn es anders wäre, der erste Erwerber sich durchaus nicht in der glücklichen Lage des Vollerwerbers befände; denn wenn hintennach die durch den guten Glauben überwundenen Mängel sich

---

[1] RG. 8. 11. 1893 E. 32, 222; RG. 12. 2. 1910; KG. 16. 10. 1900 M. 2, 266; Dresden 19. 4. 1911 S. 67 Nr. 12.

herausstellen, so könnte kein anderer mehr von ihm erwerben, er fände keinen Abnehmer. Daher kann jetzt von einer Berichtigung des Grundbuches nicht mehr die Rede sein; was nunmehr steht, entspricht dem Recht: [1]) es gilt nicht nur für den Rechtsverkehr, der mit dem Erwerber gepflogen wird, sondern auch für die daran sich anschließenden Staatsakte, z. B. für eine auf sein nunmehriges Eigentum gelegten Zwangshypothek. [2]) Daher darf auch der einmal erfolgte Eintrag nicht ungeschehen gemacht werden; es sind allerdings, so lange noch kein gutgläubiger Erwerb stattgefunden hat, Änderungen möglich, aber doch nur solche, die in die Zukunft wirken; gegen Personen, die davon rechtzeitig Kunde erwarben, nicht aber gegen Personen, die auf Grund des ursprünglichen Eintrages einen Entschluß gefaßt haben, den sie nun im guten Glauben ins Werk setzen. [3]) Vgl. S. 104.

3. Der gute Glaube wirkt für die dinglichen Rechte, nicht für die Ersatzobligationen, welche im Versteigerungsverfahren auf Grund dinglicher Rechte geschaffen werden (§ 118 ZVG.). [4])

4. Wenn für dasselbe Grundstück einander widersprechende Einträge gemacht sind, so hat man angenommen, daß sie sich in der Art aufheben, daß daraufhin ein guter Glaube nicht gebaut werden könne. [5]) Dies ist unzutreffend, wenn die Einträge an verschiedenen Stellen des Grundbuches stehen: hier wäre es ungerecht, dem Erwerber den Erfolg zu versagen, wenn er auf Grund des einen Eintrages erworben hat. Einstweilen liegt hier noch keine Kollision vor: eine solche wäre nur gegeben, wenn auf Grund des zweiten Eintrages ein anderer in ähnlicher Weise gutgläubig erworben hätte; dann würde der Erste vorgehen — mit vollem Recht, weil für seine Enteignung kein Grund spräche.

5. Noch eine Erweiterung des Rechtsscheinprinzips liegt darin, daß die Wirkung des guten Glaubens sich nicht nur auf den Erwerb des dinglichen Rechts, sondern auf alle Rechts-

[1]) KG. 6. 2. 1911 Joh. 41 A 225.
[2]) Hamburg 4. 12. 1914 M. 31, 313 (Note).
[3]) Vgl. KG. 28. 12. 1910 M. 23, 349, Braunschweig 16. 2. 1911 M. 23, 348.
[4]) RG. 14. 6. 1911 E. 76, 374.
[5]) KG. 25. 10. 1909 Joh. 31 A., 154.

handlungen in bezug auf das dingliche Recht bezieht, § 893. Ein jeder, welcher im Verkehrsleben eine Rechtshandlung vornimmt, insbesondere mit Rücksicht auf das dingliche Recht einen Vertrag abschließt, genießt die Wohltat des guten Glaubens, sofern er selbst im guten Glauben ist. So, wenn er z. B. eine dem Eigentum zukommende Rente bezahlt oder den Ersatz bietet für eine vom Eigentum zugunsten einer Servitut gemachte Aufwendung. Und wenn der Gläubiger eine Hypothek kündigen will, so kann er dem im Grundbuch als Eigentümer Eingetragenen kündigen, §§ 1141 und 1148. Das Prinzip muß auch bezüglich eines das dingliche Recht betreffenden Prozesses gelten, obgleich dies hier nicht, wie im § 1435, ausdrücklich ausgesprochen ist.

Dagegen gilt es nicht, wenn die Annahme, daß jemand Eigentümer sei, nur das Motiv für ein fremdes Geschäft, d. h. für ein Geschäft ist, das nicht mit den Schicksalen des Eigentums oder eines dinglichen Rechts am Grundstück zusammenhängt.

VII. Mittelbar wirkt der Rechtsschein in der Ersitzung. Die Grundeigentumsersitzung ist bei uns wie in anderen Rechten entweder eine Aufgebots- oder eine Tabularersitzung.

1. Aufgebotsersitzung gilt, wenn nach 30jährigem Eigenbesitz das Aufgebotsverfahren ohne widersprechenden Erfolg bleibt und wenn entweder gar kein Eigentümer eingetragen ist oder wenn der Eintrag sich als veraltet erweist, sofern der Eingetragene gestorben und der Eintrag in 30 Jahren unberührt geblieben ist, § 927. Der Ausschluß wirkt gegen alle, der Eigentümer wird gefeit. [1]

2. Die Tabularersitzung liegt vor, wenn Eintragung und 30jähriger Besitz zusammenstimmen. [2] Dann wird der Besitzer ohne Rücksicht auf den gutgläubigen Erwerb und auf die etwaigen Erwerbshindernisse Eigentümer, § 900.

VIII. Dem Rechtsschein kann entgegengetreten werden durch den Gegenschein. Der Gegenschein erfolgt im Grundbuchrecht durch den „Widerspruch": dieser bietet eine Eintragung lediglich zu dem Zwecke, um als Gegenschein den Rechtsschein zu überwinden, § 899. Er besagt: aus dem

---

[1] RG. 20. 5. 1911 E. 76, 357.
[2] Vgl. auch Österr. BGB. 1467, 1468.

Grundbucheintrag soll kein Rechtsschein erwachsen. Daraus geht hervor: 1. der nunmehrige Erwerber kann sich nicht mehr auf den Rechtsschein des Grundbuches berufen, § 892. 2. So lange der Widerspruch eingetragen ist, kann der Rechtsschein in Verbindung mit dem Besitz nicht zur Ersitzung führen, der Lauf der Frist ist so lange gehemmt, § 900 BGB.

IX. Die Eintragung eines Gegenscheins kann erfolgen von Amts wegen oder auf Antrag:

I. Von Amts wegen zu Fehlervermeidungs- oder Fehlerverbesserungszwecken, §§ 54, 76 GBO.

2. Auf Antrag im Berichtigungsverfahren (oben S. 88).

C. Formelles Grundbuchrecht.
I. Abschnitt.
Fürsorgliche Tätigkeit.

§ 40.

I. Die Funktion des Grundbuchs kann eine rechtsbildende, eine berichtigende und eine fürsorgliche sein.

II. Die rechtsbildende Tätigkeit besteht in Eintragung und Löschung, die berichtigende in der Richtigstellung des Eingetragenen. Von beiden Arten ist demnächst zu sprechen.

III. Die fürsorgliche aber besteht darin, daß das Grundbuchamt durch einen Vermerk, den man früher Protestation nannte, es verhindert, daß aus dem Grundbuch ein unrichtiger Eindruck entnommen wird.

Diese Protestation nennt die GBO. Vormerkung und Widerspruch. Beides ist von Vormerkung und Widerspruch auf Parteiantrag zu unterscheiden; insbesondere ist die Vormerkung weit entfernt von der Vormerkung im Sinne des bürgerlichen Rechts; sie ist vom Widerspruch nur äußerlich verschieden: sie ist ein positiver Vorbehalt im Gegensatz zu einem bloß negativen Widerspruch; sie will besagen, daß der Widerspruch nur bedingt ist, indem er nur zur Wahrung bestimmter Interessen dienen soll. So namentlich

1. wenn ein Antrag nicht sofort erledigt werden kann, sondern zum Gegenstand eines Zwischenverfahrens wird und wenn ein neuer Antrag gestellt wird, der alsbald erledigungsfähig ist. Hier hätte man die Möglichkeit, das Grundbuch zu

sperren und den neuen Antrag zurückzustellen, bis der erste verbeschieden ist. Dies hätte aber Ungerechtigkeit gegen den zweiten Antragsteller zur Folge; vielmehr wird der neue Antrag erledigt, aber unter Vorbehalt, und dieser Vorbehalt kleidet sich in die Form eines Widerspruchs oder einer Vormerkung, § 18 GBO.[1])

2. Ergibt sich, daß das Grundbuch eine Unrichtigkeit enthält, so ist es regelmäßig Sache des Berichtigungsverfahrens, hier einzugreifen. Ist allerdings der Inhalt absolut unzulässig, enthält also z. B. die Eintragung die Angabe eines Rechts, das ganz unmöglich ist oder das gar nicht in das Grundbuch gehört, z. B. einer Hypothek am Gemeinschaftsteil eines Ehegatten oder die Angabe einer unsittlichen Verpflichtung, so ist die Eintragung von Amts wegen zu löschen;[2]) vorausgesetzt, daß die Unzulässigkeit sich schon aus dem Eintrag, nicht aus äußerlichen Umständen ergibt. Daneben ist dem Grundbuchamt aber auch in einem weiteren Fall gestattet, fürsorgend einzutreten, wenn nämlich die Eintragung eine Gesetzesverletzung enthält und das Grundbuch durch den Eintrag unrichtig wurde; so, wenn eine Eigentumsübergabe ohne Auflassung eingetragen wurde oder eine Hypothek auf Grund einer privaten Eintragsbewilligung, die sich als falsch erweist, oder wenn etwa der Grundbuchrichter einen Antrag unrichtig aufgefaßt oder nur teilweise berücksichtigt hat. In diesen Fällen kann das Grundbuchamt nach § 54 GBO. durch Widerspruch den verderblichen Folgen einer solchen Eintragung steuern, und zwar ohne Antrag, von Amts wegen,[3]) durch einen Widerspruch zugunsten dessen, der durch solche Eintragung betroffen würde. Dies gilt auch, wenn jemand zu Unrecht als Eigentümer eingetragen worden ist.[4]) Vgl. auch § 76 GBO.

III. Vormerkung und Widerspruch in diesem Sinne gewahren keinen Rechtsschein, sie können daher jederzeit ge-

---

[1]) KG. 25. 10. 1909 EfG. 10. 231.
[2]) RG. 9. 2. 1916 E. 88, 83; Ob. LG. 23. 5. 1914 M. 30, 18; LG. Mainz 2. 6. 1917 Hess. Rechtspr. 18, 222. Es genügt auch hier, wenn das Grundbuchamt sich die Überzeugung von der Unmöglichkeit verschafft hat, KG. 5. 11. 1914 Joh. 47, 185.
[3]) RG. 9. 2. 1916 EfG. 15, 59.
[4]) Unrichtig KG. 6. 7. 1914 EfG. 14, 200.

löscht werden, §§ 18, 76 GBO. Es gibt auch keinen Widerspruch gegen solche Vormerkung und keinen Widerspruch gegen den Widerspruch.[1]) Für sie gilt § 24 KO. nicht.[2])

II. Abschnitt.
Eintragungstätigkeit.
I. Kraft Privatantrags.
§ 41.

I. Das Rechtspolizeiverfahren, welches zur Eintragung oder Löschung führt, ist ein Verfahren, welches sich aus einseitigen Akten der Parteien entwickelt. Diese Akte sind Antrag und Eintragungsbewilligung; beides sind einseitige Akte, nicht Akte gegenüber der Gegenpartei, sondern gegenüber dem Grundbuchamt. Daher kann ein Gläubiger den Antrag auf Hypothekeneintragung stellen, auch wenn er zugleich Vertreter des Eigentümers ist; § 181 BGB. trifft nicht zu.[3])

II. Diese Akte sind Rechtsakte, sie unterliegen daher den Grundsätzen der Rechtsakte; es kann Irrung, Betrug, Zwang hineinspielen, es kann Scheinhaftigkeit vorliegen. Über diesen Punkt wurde bereits (S. 94) gesprochen. Doch können diese Mängel hier nicht in privatrechtlicher Weise, sondern nur auf rechtspolizeilichem Wege geltend gemacht werden.

III. Da die Datierung für den Rang von der größten Bedeutung ist, so gilt der Grundsatz:

1. die Anträge müssen nach der Einlaufzeit genau bestimmt werden,

2. die Anträge müssen nach der Reihenfolge des Einlaufs erledigt werden mit Vorbehalt einer etwaigen Zwischenverfügung, §§ 17 und 18 GBO.

3. der Reihenfolge der Anträge muß die Rangfolge entsprechen in der oben (S. 83) angeführten Weise, § 46 GBO.

IV. Die Bestimmtheit des Eintrages verlangt eine genügende Bezeichnung der Beteiligten. Ob, wenn die Eintragung eine physische Person betrifft, diese notwendig als bürgerliche Person anzuführen ist, oder ob die Eintragung auch

---

[1]) Vgl. KG. 28. 1. 1901 M. 2, 243; KG. 3. 6. 1916 Joh. 49, 179.
[2]) KG. 25. 10. 1909 EfG. 10, 231.
[3]) KG. 20. 12. 1909 M. 20, 420.

zugunsten einer Firma geschehen kann und dann von selbst auf den jeweiligen Träger der Firma anspielt, entscheidet die Landesgesetzgebung. [1]) Sachsen läßt auch Firmen zu, Preußen Württemberg, Baden, Hessen nur die Person in ihrer bürgerlichen Bezeichnung.

Juristische Personen sind unter ihrem richtigen Namen einzutragen, z. B. die Gemeinden als solche, wobei der Fond oder die Abteilung, zu welcher das Recht gehört, mitbezeichnet werden kann. [2])

Für verstorbene Personen ist nichts einzutragen, auch nicht, wenn sie zur Zeit des Antrages noch leben. [3]) Bei Unbestimmtheit der Erben kann ein Eintrag auf die Erbschaft lauten, wenn ein maßgebendes Organ dafür vorhanden ist. [4])

Ist bei Nacherbschaft der Nacherbe oder Ersatznacherbe unbestimmt, so ist er zu bezeichnen, soweit möglich, sonst als unbestimmt anzugeben. [5]) Vgl. oben S. 77, 83 und 85.

Wird ein Zustellungsbevollmächtigter angegeben, so ist dieser bei den Grundbuchakten zu vermerken. [6]) Vgl. S. 80.

V. Der Bestimmtheit des Eintrags widerspricht nicht das Wesen der Briefhypothek. Der Eintrag bei dieser gilt als Eintrag zugunsten des jeweiligen Briefinhabers: die Eintragung wird bestimmungsgemäß durch den Brief ergänzt.

VI. Die Parteiakte sind Antrag und Eintragungsbewilligung; beide entsprechen dem Investituakt, welcher ehedem symbolisch bei Gericht vorgenommen wurde; anstelle dessen ist die Erklärung des Habenwollens und des Zugestehenwollens getreten, die Symbole sind geschwunden.

1. Eintragungsantrag wie Eintragungsbewilligung müssen vorbehaltslos sein, das entspricht der Einseitigkeit und dem Grundsatze des formellen Rechts § 16 GBO.: [7]) Antrag und Bewilligung sind einseitig, aber sie müssen zusammenstimmen. Ein Gegensatz liegt allerdings dann nicht vor, wenn

---

[1]) Darmstadt 30. 6. 1911 M. 23, 320.
[2]) KG. 12. 10. 1903 M. 8, 204.
[3]) Colmar 24. 5. 1910 M. 23, 323.
[4]) KG. 22. 1. 1912 Jahrbuch 42, 219.
[5]) Rostock 18. 4. 1911 M. 23, 336, KG. 25. 9. 1911 M. 23, 338.
[6]) Colmar 21. 7. 1900 M. 2, 196.
[7]) KG. 31. 5. 1912 EfG. 12, 164.

das, auf was die Eintragung geht, einfach ein Minus bezüglich der Eintragsbewilligung ist. [1])

2. Sie müssen auf Begründung, Änderung, Übertragung, Aufgeben von Rechten gehen; unbestimmte Belastungen ohne Berechtigung bestimmter Personen kommen nicht in Betracht.

3. Sie müssen ausdrücklich erfolgen. Allerdings, wenn bei der Briefhypothek der Brief mit der entsprechenden schriftlichen Erklärung übergeben wird, so gilt dies auch zu gleicher Zeit als Bewilligung der Eintragung, weil ja bei der Briefhypothek die Briefübergabe die Hauptsache und die Eintragung nur eine damit verbundene nebensächliche Sicherung ist, § 26 GBO. [2])

4. Sie müssen so bestimmt sein, daß das Grundbuchamt nicht noch die Elemente zusammenzusuchen hat. [3]) Handelt es sich z. B. um Zession einer Hypothek, so muß ersichtlich sein, ob die Zinsen mit übertragen werden. [4])

5. Sie haben die Grundstücke in grundbuchmäßiger Weise, regelmäßig unter Angabe des Grundbuchblattes zu bezeichnen, § 28 GBO. [5])

VII. Der Antrag kann von demjenigen herrühren, zu dessen Gunsten er spricht (einfacher Antrag), er bedarf in diesem Falle keiner Form. Oder er kann von demjenigen herrühren, der durch ihn belastet wird: er enthält dann zugleich die Eintragungsbewilligung (gemischter Antrag); dann bedarf er der Form der Eintragungsbewilligung, §§ 13, 29, 30 GBO.

VIII. Die Eintragungsbewilligung ist wie der Antrag eine Erklärung an das Grundbuchamt: sie ist es, auch wenn sie der Gegenpartei in die Hand gegeben wird, denn sie ist für das Grundbuchamt bestimmt. Sie ist 1. ebenfalls ein formeller Akt, womit nicht ausgeschlossen ist, daß die Übergabe an den Gegner zugleich den materiellen Akt der Einigungserklärung enthalten kann (S. 95).

2. Sie hat von demjenigen auszugehen, dessen Recht, sei es durch Übertragung, sei es durch Änderung, sei es durch

---

1) Jena 4. 3. 1911 EfG. 11, 144.
2) KG. 28. 6. 1906 M. 14, 64.
3) Braunschweig 5. 11. 1909 M. 21, 4.
4) KG. 28. 11. 1904 M. 10, 422.
5) KG. 22. 8. 1908 M. 18, 178.

Verzicht von der Bewilligung betroffen wird. Damit ist von selbst gesagt, daß Verfügungen über die Hypothek, welche die Eigentümergrundschuld berühren, auch der Bewilligung des Grundeigners bedürfen, wovon im Hypothekenrecht die Rede sein wird.

Daraus geht weiter hervor, daß, wenn es sich um Änderungen vorhandener Rechte handelt, der eine oder der andere betroffen sein kann; z. B., wenn die Hypothekenzinsen von 4 auf 5 Prozent erhöht werden, der Eigentümer, wenn sie von 5 auf 4 Prozent heruntergesetzt werden, der Hypothekar, und wenn die Veränderung der Zinsen mit der oder jener Bedingung zusammenhängt, so können beide gleichmäßig beteiligt sein.

IX. Der Kontinuität des Grundbuchs entspricht es, daß die Eintragsbewilligung von einer Person ausgehen muß, die nicht nur berechtigt, sondern auch im Grundbuch als Berechtigter eingetragen ist. Wer als Eigentümer eine solche Bewilligung geben will, ohne in das Grundbuch eingetragen zu sein, muß für eine vorgängige Eintragung sorgen, § 40 GBO. Eine scheinbare Ausnahme gilt für Erben und Gesamtnachfolger überhaupt: der Gesamtnachfolger tritt nicht nur in die Rechte, sondern auch in die Rechtslagen des Erblassers, also auch in die Grundbuchlage ein, § 41 GBO. Dasselbe gilt auch dann, wenn durch Fusion (Bestandveränderung) eine juristische Person in die andere übergegangen ist, so insbesondere auch bei einer Gemeinde durch Eingemeindung. [1]) Dasselbe gilt auch, wenn der Nacherbe dem Vorerben folgt. Dies ist keine Rechtsfolge im gewöhnlichen Sinne, aber es steht der Rechtsfolge gleich. [2]) Nur wenn es sich nicht um Rechtsübertragung, sondern um die Komplikationen einer Hypothekenbestellung handelt, wird aus Zweckmäßigkeitsgründen eine vorherige Konstatierung der Erben durch Grundbucheintrag verlangt, weil sonst bei einer

---

[1]) RG. 13. 11. 1915 EfG. 14, 300; KG. 16. 3. 1905 M. 11, 35, auch KG. 9. 11. 1911 M. 23, 329 (= EfG. 11, 288), wobei sich nur das Kammergericht die ebenso unnötige als unrichtige Polemik gegen mich JZ. XVI S. 1262 hätte ersparen können, denn es ist fürwahr förderlich und im höchsten Grade wünschenswert, wenn enge Gesetzesstellen zu allgemeinen Grundsätzen ausgeweitet werden.
[2]) KG. 22. 2. 1904 M. 8, 317.

Mehrheit von Hypothekenbestellungen die Sache bald so, bald anders angesehen und gehandhabt werden könnte, was zu Verwirrung und Unsicherheit führen würde, § 41 GBO.[1]) Vgl. oben S. 77.

X. Antrag und Bewilligung schaffen eine Rechtslage, und zwar in der Art, daß ein auf die Bewilligung hin erfolgter Antrag, was die Rechtsstellung der Parteien betrifft, für die Zukunft entscheidend ist, § 878. Weshalb

1. die Geschäftsfähigkeit zur Zeit des Antrages genügt;

2. es genügt auch, wenn die Rechtsmacht über Grundstück oder Hypothek zu dieser Zeit besteht; die Rechtslage bleibt in Kraft, auch wenn hintennach der Konkurs ausbricht,[2]) oder eine Zwangsvollstreckung erfolgt,[3]) oder wenn durch Verheiratung der Frau das Vermögen zum eingebrachten Gute wird.[4]) Ebenso ist eine nach diesem Zeitpunkt eintretende Zwangshypothek ohne Wirkung, wenn etwa der Antrag auf Löschung gestellt war.[5]) Und die Heilung des § 313 tritt bereits in diesem Augenblick ein.[6])

Dagegen sind Organisationsänderungen, Vollmachtsänderungen usw. nicht stabil, sie sind, auch wenn erst nachträglich eingetreten, zu berücksichtigen.[7]) Das gleiche gilt vom Tod einer Person.

XI. Das Grundbuchamt hat auf Antrag und Bewilligung hin zu handeln; ob die materiellrechtliche Begründungs- und Änderungsakte vorhergegangen sind, hat es nicht weiter zu prüfen und braucht es nicht weiter zu prüfen; die zivilrechtliche Einigung allerdings wird sich regelmäßig bereits aus der obigen rechtspolizeilichen Tätigkeit von selbst ergeben.

Das ist nur anders bei denjenigen Eintragungen, welchen eine Sala, eine Auflassung vorhergehen muß. Eine Sala in Gestalt einer gleichzeitigen Auflassungserklärung ist in Antrag

---

[1]) KG. 22. 2. 1904 M. 8, 317.
[2]) RG. 24. 4. 1909 EfG. 10, 140.
[3]) Vorbehaltlich natürlich des § 37 Z. 4 ZVG. Vgl. Celle 22. 10. 1906 M. 17, 352.
[4]) KG. 19. 10. 1908 EfG. 9, 274.
[5]) RG. 30. 3. 1915 E. 86, 383.
[6]) Vgl. München 10. 12. 1916 S. 79 Nr. 131.
[7]) KG. 2. 9. 1912 M. 26, 4.

und Eintragsbewilligung nicht enthalten; hier muß das formelle Recht auf das materielle zurückgreifen, um nicht fehl zu gehen: neben Antrag und Eintragungsbewilligung muß die Auflassung dargetan werden, § 20 GBO.; denn der materielle Akt ist hier zugleich Voraussetzung für die Wirksamkeit des Formalaktes.[1]) Das Kausalgeschäft allerdings kommt auch hier nicht in Betracht.[2]) Vgl. oben S. 96.

II. Kraft öffentlichen Ersuchens.

§ 42.

I. In manchen Fällen bietet ein öffentlicher Akt nicht nur einen Vollstreckungstitel, der den Privaten die Befugnis zum Antrag gibt, sondern es hat die öffentliche Behörde die Befugnis, das Grundbuchamt um die Eintragung zu ersuchen, § 39 GBO.

II. In diesen Fällen hat das Grundbuchamt nur zu prüfen, ob die Behörde hierzu im allgemeinen befugt ist und ob das Ersuchen sich im Kreise dieser Befugnisse bewegt; alles andere überläßt sie der ersuchenden öffentlichen Behörde, welche dafür auch die volle Verantwortung trägt.[3])

III. Solche Fälle liegen vor: bei dem Prozeßgericht im Falle einstweiliger Verfügungen, § 941 ZPO., sodann in großem Maße im Zwangsversteigerungsverfahren, auch im Konkursverfahren, § 113 KO., und auch das Nachlaßgericht kann die Einleitung einer Nachlaßverwaltung eintragen lassen, vgl. § 1984, ebenso das Vormundschaftsgericht eine Vormundschaftshypothek § 54 GfG.; und das Strafgericht kann, wenn es sich um eine Vermögensbeschlagnahme handelt, die Eintragung verlangen, §§ 93, 140 StGB., §§ 325, 326 StPO. Vgl. oben S. 101.

IV. Auch in anderen Fällen können kraft Landesrechts Verwaltungsbehörden die Eintragung vorschreiben, z. B. die Generalkommission in Preußen, KG. 5. 6. 1913 Joh. 45 A. 215.

V. Im Falle der Zwangshypothek tritt das eigentümliche Verhältnis ein, daß das Grundbuchamt in doppelter Funktion

---

[1]) KG. 31. 5. 1912 M. 26, 35.
[2]) OLG. 9. 6. 1911 M. 26, 37.
[3]) ObLG. Bayern 2. 5. 1913 EfG. 13, 147; KG. 14. 10. 1901 M. 3, 340; KG. 5. 10. 1903 M. 7, 367; KG. 10. 5. 1906 M. 14, 70; KG. 27. 2. 1911 M. 23, 351; KG. 12. 3. 1913 EfG. 13, 132; Hamburg 4. 7. 1910 EfG. 11, 48.

handelt, zunächst als Vollstreckungsgericht, indem es bestimmt, daß für den Vollstreckungstitel ein richterliches Pfandrecht erwachsen soll, sodann, indem es sich selbst als Grundbuchamt ersucht, dieses Pfandrecht einzutragen. Daher gelten für den Parteiantrag nicht die Bestimmungen des Grundbuchrechtes, sondern die Bestimmungen des Vollstreckungsrechts: sind die Bedingungen der Zwangshypothek nicht vorhanden, so ist der Antrag zurückzuweisen, im anderen Fall ist auf Hypothekenentstehung zu erkennen, und daraufhin hat dasselbe Grundbuchamt kraft seiner rechtspolizeilichen Funktion die Hypothek einzutragen. Der § 18 GBO. findet hier keine Anwendung. [1]

III. Abschnitt.
Berichtigungstätigkeit.
§ 43.

I. Das Berichtigungsverfahren ist ein internes Grundbuchverfahren, um das Grundbuch in Ordnung zu bringen, ein Verfahren, das ausnahmsweise von Amts wegen zur Ausmerzung absolut unzulässiger Einträge führt, § 54 GBO., das aber regelmäßig von Parteien beantragt wird und zu einem Parteiverfahren vor dem Grundbuchamt überleitet. Vgl. oben S. 86.

II. Eine Berichtigung kann die Sala, die Auflassung nicht ersetzen. Ist also jemand als Eigentümer eingetragen, so kann er nur durch eine Auflassung aus seiner Stellung verdrängt werden; eine bloße Berichtigungsbewilligung seinerseits kann sie nicht ersetzen, aber auch nicht der Nachweis der Unrichtigkeit der Eintragung, denn Grund und Boden bedarf der Auflassung, wenn der eingetragene Herr gewechselt werden soll, § 22 GBO. [2]

III. Abgesehen davon ist eine Berichtigung unbedenklich, wenn der Betroffene einwilligt: die Eintragsbewilligung zum Zwecke der Berichtigung steht der Eintragsbewilligung zum Zwecke der Rechtsänderung gleich; hier braucht die Frage der Richtigkeit oder Unrichtigkeit nicht weiter aufgeworfen zu werden. [3] So insbesondere, wenn ein Hypothekar die Be-

---

[1] RG. 17. 6. 1914 E. 85, 163; Darmstadt 13. 9. 1913 Joh. 47 A 254.
[2] RG. 4. 3. 1903 E. 54, 85; KG. 26. 10. 1903 M. 8, 211.
[3] RG. 16. 3. 1910 E. 73, 154.

richtigung dahin bewilligt, daß an Stelle der Hypothek eine Eigentümergrundschuld als entstanden gilt.

IV. Eine Berichtigung ist aber auch statthaft, wenn dem Grundbuchamt die Unrichtigkeit der Eintragung nachgewiesen wird; es ist Sache des Grundbuchamtes, im Interesse der Partei eine Berichtigung eintreten zu lassen, und daß man dies kann, ist zugleich ein öffentliches Interesse, § 22 GBO. S. oben S. 85.

V. Beantragt kann die Berichtigung von einem jeden werden, der unmittelbar bei der Berichtigung beteiligt ist: insbesondere von einem jeden im Range Nachstehenden, der möglicherweise kraft einer Berichtigung vorrücken kann. [1]

VI. Ein besonderer Fall der Berichtigung ist die Streichung einer Vormerkung oder einer Verfügungsbeschränkung. [2] Ein anderer Fall ist die indirekte Berichtigung: die Berichtigung um einer anderen Berichtigung willen, wovon bereits S. 87 gehandelt worden ist.

IV. Abschnitt.

Verhältnis zwischen formellem und materiellem Recht.

§ 44.

Die Grundbucheintragung soll zu einem dem materiellen Recht entsprechenden Resultate führen; doch deckt sich (wie im Privatrecht) nicht immer das eine mit dem anderen; es gibt Fälle übergreifenden Wirkens, bei denen dann allerdings eine entsprechende Ausgleichung den Zwiespalt begütigen soll.

1. Es kann ein solches Übergreifen stattfinden zum Zweck der Sicherung. Verhältnisse, die auf Lebenszeit oder auf eine bestimmte Zeit gestaltet sind, wie z. B. der Nießbrauch, können insofern einige Nachwirkung haben, als da oder dort noch Rückstände zu decken sind: auch diese Rückstände sollen durch das formelle Recht gesichert werden; daher der Grundsatz: der Eintrag ist nicht sofort oder nach Ablauf des Termins zu löschen, sondern erst wenn innerhalb eines Jahres von dem

---

[1] RG. 12. 2. 1910 E. 73, 50.
[2] KG. 3. 10. 1910 EfG. 11, 60; vgl. auch KG. 3. 7. 1911 EfG. 11, 237.

entsprechenden Rechtsfolger kein Widerspruch eingelegt wurde; es müßte denn der Eintrag ausdrücklich dahin lauten, daß er sofort nach diesem Termin gelöscht werden soll, §§ 23, 24 GBO. Dies gilt auch von einer Hypothek, welche zur Sicherung derartiger Verhältnisse, z. B. für eine Leibrente, gegeben ist. [1]

2. Ein Übergreifen kann stattfinden zum Zwecke der Vereinfachung. Wenn A. dem B. und B. dem C. das Grundstück aufläßt, so braucht das Grundbuch nicht die beiden Übertragungsakte geschichtlich darzustellen, sondern es genügt, wenn das Schlußergebnis eingetragen wird, wie wenn A. direkt an C. übertragen hätte. Der Antrag kann hier durch C. gestellt werden unter Bewilligung des A. und unter entsprechender Zustimmung des B., welche Zustimmung nach § 185 auch nachfolgen kann. [2] Ähnliches gilt bei der Hypothekenveräußerung. [3]

3. Ein Übergreifen kann erfolgen zur Erweiterung der familienrechtlichen Befugnisse. Ein Grunderwerb des Ehemannes ist auch bei der allgemeinen Gütergemeinschaft seinem Antrage gemäß auf seinen Namen einzutragen, [4] auf den Namen der Gütergemeinschaft nur, wenn er daraufhin den Antrag stellt, [5] was er kann, — allerdings nicht auf den Namen seiner Ehefrau. [6] Eine Änderung des auf den Namen des Ehemannes gestellten Eintrags auf den Namen der Gütergemeinschaft kann kraft Antrags des Ehemannes erfolgen, denn er ist hierzu berechtigt als Herr der Gemeinschaft. [7] Und weder § 22 Abs. 2 GBO. spricht dagegen, noch kommt § 181 BGB. in

---

[1] KG. 3. 2. 1913 EfG. 13, 59.
[2] KG. 26. 9. 1914 EfG. 14, 207, vgl. auch schon Dresden 2. 7. 1901 S. 57 Nr. 7; Jena 8. 10. 1902 M. 5, 418 und KG. 20. 8. 1902 M. 5, 419.
[3] RG. 9. 5. 1903 E. 54, 362; KG. 23. 10. 1911 M. 26, 193; KG. 26. 9. 1914 Joh. 47 A. 158.
[4] RG. 31. 1. 1914 EfG. 13, 283; Oberst, LG. 13. 2. 1914 EfG. 14, 69.
[5] RG. 9. 5. 1914 EfG. 13, 286.
[6] KG. 1. 4. 1912 M. 26, 129.
[7] Unrichtig KG. 8. 4. 1915 Joh. 48 A. 210. Auch Darmstadt 13. 9. 1913 EfG. 13, 163 hat dies wegen § 22 GBO. bestritten, aber zu Unrecht; denn hier handelt es sich nicht um die Ehefrau, sondern um die Gemeinschaft, deren Herrscher der Ehemann ist. Das ObLG. 10. 7. 1913 EfG. 13, 160 will damit helfen, daß eine Einwilligung der Frau ohne weiteres anzunehmen sei!

Betracht, da der Mann als Herr der Gemeinschaft und nicht als Vertreter der Frau handelt. Vgl. oben S. 95, 111.

Ist der Eintrag auf den Ehemann gestellt, so verbleibt ihm trotz der Gütergemeinschaft so lange das freie Eigentümerverfügungsrecht, als das Grundbuch nicht zugunsten der Gütergemeinschaft berichtigt worden ist. Dies ist eine Korrektur gegenüber der ganz unverantwortlichen Bestimmung des § 1445 BGB., welche den Ehemann im Erwerb zum Sklaven der Frau macht.

Auch hat es keine Bedenken, daß auf das Gesamtgutgrundstück eine Hypothek oder Grundschuld zugunsten der Ehefrau eingetragen wird, wie wenn es sich um eine Hypothek an dem Vermögen des Ehemannes handelte. [1])

III. Kapitel.
Kulturordnung des Grundrechts.
§ 45.
I. Abschnitt.
Allgemeines.

I. Das Eigentum unterliegt einer allgemeinen Ordnung im Interesse der wirtschaftlichen und geistigen Kultur.

II. Der Grundgedanke des Eigentums ist, einer Person unter den irdischen Gütern einen Freipaß zu gewähren, damit sie in Entwickelung ihrer Persönlichkeit zu gleicher Zeit die allgemeine Kultur fördere. Darin liegt schon inbegriffen, daß Willkür nur soweit walten kann, als hierbei die Lebensinteressen der Allgemeinheit, die wirtschaftlichen und Kulturgüter der Menschheit, gewahrt bleiben können.

III. Man spricht vielfach von Beschränkungen des Eigentums. Dies erregt aber den unrichtigen Schein, als ob es sich hier um ein von außen einwirkendes fremdes Element handelte. Nicht das Eigentum, sondern die Eigentümerwillkür wird beschränkt; daß eine solche Beschränkung stattfindet, ist in den Grundbegriffen des Eigentums enthalten: nach dem, was öfters über die Bedeutung des Eigentumsinstituts entwickelt

---

[1]) Vgl. KG. 16. 2. 1903 M. 8, 119; KG. 5. 4. 1909 M. 20, 424.

wurde, ist das soziale Element ebenso wichtig wie das individualistische. Eigentum ist mit Willkür nicht identisch.

, IV. Die Kulturordnung ist eine allgemeine und eine besondere. Allgemeine Ordnung ist die Ordnung zur Pflege des Kunst- und Heimatsinnes, die Ordnung für die Interessen von Gesundheit und Sicherheit und die Sorge für die wirtschaftlichen Interessen. Die Sonderinteressen sind die Interessen des gesellschaftlichen Zusammenlebens.

II. Abschnitt.

Kulturordnung im Einzelnen.

I. Pflege des Kunst- und Heimatsinnes.

§ 46.

I. Die Interessen des Heimat- und Kunstwerkschutzes wirken auf die Befugnisse der Eigentumsausübung ein, treten aber auch sonst vielfach zu Tage, insbesondere was die Enteignung von Funden künstlerischen Inhaltes betrifft; sie begründen vielfach ein Ersitzungsverbot, gestatten ein Schürfrecht usw.

Hier sind allgemeine Gesetze maßgebend; die Polizei mit ihrer verordnenden und ordnenden Tätigkeit tritt zurück.

1. Schon das römische Recht und die mittelalterlichen Verordnungen der Päpste enthalten derartige Bestimmungen; im Laufe des vorigen Jahrhunderts aber haben die Kulturstaaten fast im Wettlauf überall derartige Vorschriften gegeben und Kultureinrichtungen geschaffen. Sie haben damit die Grundbegriffe des Eigentums nicht erschüttert, sondern es vielmehr in seiner Kulturbedeutung erweitert und neu ausgestaltet. [1] Eine Reihe von Sammlungen solcher Erlasse und Verordnungen ist bereits früherhin ausgegeben worden. [2] Eine wissenschaftliche Behandlung des ganzen Gebiets habe ich zuerst versucht

---

[1] Vgl. auch Schweizer ZGB. a. 702, 724. Mit Recht hat auch das Schweizer Bundesgericht erkannt, daß solche kantonale Schutz-Gesetzgebungen mit der Natur des Eigentums nicht im Widerspruch stehen und deswegen auch von bundeswegen nicht zu beanstanden sind.

[2] So von W u s s o w und, was Italien betrifft, von M a r i o t t i.

im Archiv für bürgerliches Recht IX, 63, sodann in der Juristen-
zeitung von 1904 S. 771. [1])

Hierher gehört insbesondere auch die Fürsorge für die
Erhaltung der Naturschönheiten und der geschichtlichen Land-
schaftsbilder, welche auf der einen Seite das ästhetische Interesse und auf der anderen Seite den heimischen geschichtlichen Sinn pflegen und läutern soll. Daher eine Reihe von
Verordnungen, welche es untersagen, daß Straßen und Land-
schaftsbilder verunziert und ihres Charakters entkleidet
werden. [2])

Bedeutungsvoll und viel verbreitet ist auch der Schutz in
dem Sinne, daß die Gegend nicht durch Reklame verunstaltet
werden dürfe. Bald hat man in dieser Beziehung Verbote
erlassen, bald auch die Reklame unter schwere Steuern genommen, worüber anderwärts gehandelt wurde. [3])

2. Derartige Bestimmungen lassen sich bei Grundstücken eher
durchführen als bei beweglichen Sachen. Bei diesen wird mehr
durch Enteignung und Museumseingliederung zu helfen sein. Eine
Frage allerdings kommt hier in Betracht, ob nicht unter Umständen
ein Obrigkeitsgebot ergehen kann, Kunstgegenstände unter entsprechenden Vorsichtsmaßregeln und gegen entsprechende Vergütung
dem Publikum und der Wissenschaft zur Einsicht darzubieten. Ich
habe dies seinerzeit bejaht; der von mir gemachte Vorschlag hat aber
wenig Anklang gefunden, so auch nicht bei Giesker S. 56. Selbstverständlich handelt es sich nicht um ein allgemeines Gebot, wohl
aber darum, daß unter Umständen die Kunstverwaltung sich einen
derartigen Eingriff erlauben darf. Anlaß hierzu hat insbesondere der
bedauernswerte Vorgang gegeben, als die Farnesina durch ihren
Eigentümer dem Publikum verschlossen wurde; allerdings handelte

---

[1]) Literatur in Enzyklop., II S. 50. Eine ganz vorzügliche und
umfassende Arbeit darüber erschien neuerdings von Giesker-
Zeller, der rechtliche Heimatsschutz in der Schweiz 1910, mit
reichen bibliographischen und gesetzlichen Nachweisen.

[2]) Auch hierauf habe ich bereits im Archiv a. a. O. hingewiesen;
vgl. auch beispielsweise die von Giesker erwähnte Berner Verordnung a. 51, auch schon Preußisches LR. I 8,66. Für Preußen gilt
nunmehr das Gesetz vom 15. 7. 1907, wonach in diesem Sinne Orts-
statuten ergehen können, vgl. auch Wassergesetz vom 7. 4. 1913
§§ 58 und 160, auch Baufluchtgesetz § 3.

[3]) Unlauterer Wettbewerb S. 155; vgl. auch KG. 2. 3. 1911 und
23. 9. 1912, Joh. 41 C. 431 und 43 C. 444.

es sich hier um Fresken, also um unbewegliche Kunstwerke, aber das gleiche kann auch bei Tafelbildern vorkommen. Die Farnesina ist nachträglich wieder geöffnet worden, wenigstens was die Raffaelbilder betrifft, dagegen die wunderbaren Sodoma im Oberstockwerk waren auch nachträglich nur unter manchen Beschränkungen zu sehen. Daß man gegen einen derartigen Eingriff in das Privateigentüm so furchtbar empfindlich ist, während doch die höchsten Kunstinteressen dabei beteiligt sein können, ist mir wenig verständlich. Wir leiden hier überall an einer „Hypertrophie“ des Eigentümerwillkürgedankens. [1]

II. 1. Zu den Interessen des heimischen Lebens gehört das Heimstättenwesen, dessen Bestreben dahin abzielt, dem individuellen und Familienleben „Heimstätten“ zu schaffen, welche nicht durch die Gläubiger angegriffen werden dürfen und dem Einzelnen und seiner Familie einen dauernden Verbleib bieten können. Derartige Schutzbestimmungen sind nicht so modern wie es scheint, sie wurzeln bereits in den alten Vorstellungen von den Erb- und Stammgütern, die der Familie nicht entfremdet werden durften. Sie sind aus der Idee des Familieneigentums hervorgegangen und sind darum auch in Gebieten, welche noch dem Gemeineigentum nahe stehen, wie z. B. in südslawischen Rechten, längst bekannt.

2. Neuerdings haben starke wirtschaftliche Krisen derartige Gesetze namentlich in einigen Süd- und Westgebieten der Vereinigten Staaten von Amerika hervorgerufen, in Texas, Wisconsin, Ohio usw.; auch ein französisches Gesetz vom 12. 7. 1909 ist dieser Idee entsprungen, und auch das Schweizer Zivilgesetzbuch a. 349—359 läßt unter bestimmten beschränkenden Voraussetzungen solche Heimstätten zu, ebenso wie dasselbe Gesetz auch dem Institut der Gemeinderschaften Raum geboten hat. In Preußen kommt hier das Gesetz vom 20. 8. 1906 über die Grenze des Verschuldungsrechtes in Betracht. [2] Über die empfehlenswerten und nichtempfehlenswerten Seiten des Instituts habe ich in dem Berichte des zweiten Internationalen Hausbesitzerkongresses 1912 S. 39 f.

---

[1] Neuerdings ist man durch den Vorschlag der Inventarisierung bedeutender Kunstwerke, in Verbindung mit etwaigem Ausfuhrverbot oder Vorkaufsrecht, meiner Idee näher gerückt.
[2] Vgl. KG. 19. 3. 1914 Joh. 46 A. 217.

gehandelt, wo von anderer Seite auch ein Verzeichnis von Gesetzen gegeben ist.

III. Das Institut läßt sich nur bedingt empfehlen; durchzuführen ist es nur dann, wenn man das entsprechende Gut, Haus
oder Landgut kreditunfähig macht, indem man das Grundbuch
für Hypotheken sperrt und auch die Zwangsvollstreckung,
welche sonst dem gewöhnlichen wie dem hypothekarischen
Gläubiger zusteht, ausschließt und höchstens, wie es das
Schweizer Gesetzbuch tut, die Zwangsverwaltung und den
Konkursbeschlag zuläßt. Auf solche Weise schneidet man dem
Eigentümer die Möglichkeit eines gesunden Kredits ab und jagt
ihn, wenn er Geldbedürfnisse hat, den Wucherern in die
Hände. Eine unantastbare Heilighaltung des Grundstückes auf
der einen Seite und Kreditfähigkeit auf der anderen sind, wie
ich damals hervorgehoben, Dinge, die einander ausschließen,
und da die Kreditfähigkeit in erster Reihe steht, so ist dem
Institut keine Zukunft zu versprechen.[1] Höchstens läßt es
sich für kleinere Familienwohnungen, denen die Kreditbelastung
fern bleiben soll, empfehlen.

II. Gesundheit und Sicherheit.

§ 47.

I. Andere Interessen sind vor allem Interessen polizeilicher
Fürsorge und polizeilichen Einschreitens. So die Interessen der
Hygiene und persönlichen Sicherheit: sie kommen namentlich
im Bauwesen in Betracht; gerade hier tritt die Pflicht des
Staates zu Tage, für Gedeihen und Sicherheit von Person und
Eigentum zu sorgen, und daher ist die Baupolizei eine wesentliche Staatsaufgabe, welche von selbst in die Privatrechte tief
eingreift, d. h. dafür zu sorgen hat, daß diese in einer der Kulturordnung entsprechenden Weise zur Geltung gelangen.

II. 1. Die polizeiliche Einwirkung kann sich zu allgemeinen
Gesetzen verdichten, sie kann aber auch erfolgen durch Polizeiverordnungen, die sich mehr oder weniger den augenblick-
lichen Umständen anschließen und auch für die verschiedenen
Gebiete verschieden sein können. Auch Observanzen und bisherige Gewohnheiten können maßgebend sein.

---

[1] Vgl. auch Jovanowicz, Heimstätten (1908).

Gesundheit. Sicherheit. 125

2. Wie weit die Polizeiorgane im Verordnungswege gehen dürfen, und wo sie vor den Interessen der individuellen Eigentumswillkür halt machen müssen, ist eine Frage, welche mit dem ganzen Institut der Polizeigewalt zusammenhängt·

Die Gesetze und Polizeiverordnungen genügen aber nicht, sondern das Recht verlangt bei bedeutenderen Bauten in jedem einzelnen Fall eine baupolizeiliche Bestätigung, teils um zu prüfen, ob man den Verordnungen nachgekommen ist, teils auch um nach den Zwecken und Zielen der Baupolizei den einzelnen Fall näher auszugestalten. Natürlich ist es die Bestimmung der Polizeibehörde, gerade solchen Interessen nachzukommen, es ist nicht ihre Sache, durch Auflegung von irgend welchen damit nicht zusammenhängenden Lasten Vorteile für Staat, Gemeinde oder Private herauszuschlagen. [1]

III. Das Preußische Oberverwaltungsgericht hat stets den Grundsatz beibehalten, daß die Polizei innerhalb der Sphäre des preußischen Landrechts, II 17, 10 und der Polizeiverordnung vom 11. 3. 1850 in das private Eigentum eingreifen könne, also insbesondere aus hygienischen und sanitären Gründen, aus Gründen der Feuersicherheit, aus Gründen der Ordnung des menschlichen Verkehrs. [2] In dieser Beziehung sagt das Oberverwaltungsgericht folgendes:

OVG. 2. 7. 1900 E. 37, 403:

„Der Gerichtshof hat allerdings stets daran festgehalten, daß die Polizei mit Rücksicht auf die von ihr zu wahrenden Interessen, insbesondere aus sanitären Gründen, auch in die Art und den Umfang der Bebauung und Benutzung der Grundstücke eingreifen und dabei den Eigentümern gewisse Beschränkungen auferlegen darf. Solche Beschränkungen können, abgesehen von Vorschriften über die Zahl der Stockwerke, Höhe der Gebäude, über das Verhältnis der bebaubaren Fläche zur Größe des ganzen Grundstücks, Freilassen von Zwischenräumen zwischen den Gebäuden auch dahin gehen, daß für bestimmte Teile eines Kommunalbezirks Anlagen und gewerbliche Betriebe gänzlich ausgeschlossen werden, welche in irgend einer Weise, insbesondere durch Rauch, Ruß, üblen Geruch, schädliche Ausdünstungen, ungewöhnlichen Lärm, Gefahren, Nachteile oder Belästigungen für das Publikum herbeiführen würden. Denn derartige Bestimmungen dienen der Sorge für Leben und Gesundheit des Publi-

---

[1] OVG. 9. 3. 1909 JZ. 14, 1446.
[2] Genauere Bestimmungen haben die Staaten mit Polizeistrafgesetzbüchern, wie Bayern und Baden.

kums sowie der Sicherheit und Leichtigkeit des Verkehrs auf öffentlichen Straßen."

Danach sollen insbesondere Bestimmungen, wonach Fabriken, Werkstätten mit Geräusch oder feuergefährlichem Betrieb oder sonstige Einrichtungen, welche durch Rauch, Ruß, üblen Geruch oder schädliche Ausdünstungen lästig fallen, nur in einer bestimmten Entfernung von anderen Wohnhäusern oder von der Straße bestehen dürfen, gültig sein. Dies wird mehrfach ausgesprochen, z. B. OVG. 16. 1. 1894 E. 26, 323; OVG. 4. 10. 1892 E. 23, 349. Dagegen wird es durch das OVG. 3. 11. 1898 E. 34, 394 als unstatthaft erklärt, zu verordnen, daß in einem bestimmten Bereiche nur Wohnhäuser, nicht auch Läden, oder Gebäude für gewerbliche Zwecke angelegt werden dürfen, denn es wird angenommen, daß hierbei keine der Rücksichten vorliege, welche die Polizei zu einem solchen Eingreifen berechtigte. Ebenso OVG. 2. 7. 1900 E. 37, 401. [1] Immerhin wurden-Verordnungen zugelassen in dem Sinne, daß Häuser nur bis zu einer bestimmten Höhe errichtet werden dürfen und die Bauten so ausgestaltet sein müssen, daß frische Luft in genügendem Maße eintreten kann, OVG. 7. 3. 1898 E. 34, 375. Vielfach wird auch von dem Anschluß an eine Wasserleitung gesprochen: auch sie soll geboten werden können, denn hier handle es sich um die Sicherheit gegen Feuersgefahr und um die Erhaltung der Gesundheit, die sonst durch den Genuß verseuchten Brunnenwassers oder durch unzureichende Verwendung von Wasser zu Reinigungszwecken notleiden könnte, so OVG. 10. 7. 1895 E. 28, 354, OVG. 31. 5. 1897 E. 31, 361, so auch KG. 27. 4. 1905 JZ. X 818. Es könne sich aber anders verhalten, wenn bereits eine genügende Wasserversorgung vorhanden ist, vgl. OVG. 28. 11. 1885 E. 12, 382.

Diesen Grundsätzen entspricht es auch, daß man im Interesse des Wegeverkehrs die Spannung von Drähten nach dem Erdboden hin untersagte, OVG. 4. 5. 1899 E. 36, 243, daß man den Zwang zur Anlegung von Wasserleitungsklosetts anerkannte, OVG. 4. 1. 1881 E. 7, 354, Ofenklappen verbot, OVG. 14. 3. 1882 E. 8, 331, daß man die Errichtung von Wohnungen in der Nähe von Pulvermagazinen nicht duldete, OVG. 19. 3. 1908 Goltd. Arch. 56, 328, daß man das Halten von Schweinen in Städten untersagte, KG. 24. 4. 1911 JZ. XVI 989, die Beleuchtung der Privatwege gebot, OVG. 23. 11. 1889 E. 18, 411, OVG. 22. 1. 1900 E. 36, 238, die Wegschaffung der Abfuhrstoffe anordnete, KG. 31. 3. 1898 Goltd. 46, 149, daß man im Interesse der Flußpolizei eine bestimmte Entfernung zwischen Bauwerken und dem Flußufer verlangte, OVG. 14. 3. 1882 E. 8, 331; während einerseits Stätten mit Lärmbetrieb nur dann unter diese Bestimmungen fallen sollen, wenn etwa der Lärm gesundheitsschädlich werden könne, KG. 11. 6. 1896 Goltd. 44, 172; überhaupt sollen private Interessen Einzelner ohne

---

[1] Anders die Postulate der Gegenwart; heutzutage sind solche beschränkenden Bestimmungen dringend notwendig.

öffentlichen Bezug nicht die polizeiliche Einwirkung rechtfertigen, OVG. 14. 9. 1885 E. 12, 306.

Stets blieb man aber unter der Preuß. Gesetzgebung bei der Abwehr solcher Schadenszustände stehen; man gestattete nicht, daß aus ästhetischen Gründen ein bestimmter Baustil vorgeschrieben werde oder daß etwa in der Umgebung eines Nationaldenkmals nur so gebaut werden dürfe, wie es der Würde des Denkmals entspricht, vgl. OVG. 14. 6. 1882 E. 9, 353.

Andere Landesgesetze gehen weiter und geben der Verwaltungsbehörde auch nach dieser Bestimmung größere Befugnisse. Dies ist auch richtig; in der Tat darf sich die Polizei durchaus nicht auf die Abwehr von speziellen Gefährdungen beschränken, sondern sie soll die Steigerung des Volkswohls und die Förderung der höheren Lebensinteressen mit in ihr Bereich ziehen dürfen, auch ohne daß man im einzelnen Falle ein besonderes Gesetz schaffen muß.

IV. Soweit übrigens polizeiliche Bestimmungen gelten, gelten sie kraft öffentlichen, nicht kraft Privatrechts. Sie wirken daher ohne Grundbucheintragung.[1]

III. Interessen der wirtschaftlichen Kultur.

§ 48.

I. Die allgemeinen Interessen der wirtschaftlichen Kultur können sich beziehen auf die Erhaltung von Wald und Weide, auf die Regelung des Flußlaufes, auf die Sicherung gegenüber übermäßigen Erdgewalten, Überschwemmungen, Erdbeben, auch auf die Regelung der Ackerkultur, Geschlossenheit der Güter, Verbot der Zwergteilung (a. 119 BGB.). Das sind alles Interessen, welche in die landesrechtliche Pflege des Bodens und der Bodenschätze hineinspielen und daher nach der Anlage des Werkes nicht näher zu behandeln sind.[2]

II. Spezieller noch ist es, wenn die Interessen des einzelnen Falles dahin führen, das Eigentum zu belasten oder auch ganz aufzuheben, indem man sein Einzeldasein auflöst und den Wert an Stelle der Sache setzt. Das Enteignungsinstitut ist als Regel-

---

[1] KG. 21. 4. 1903 M. 6, 490.
[2] Vgl. in meinem Werke Recht und Persönlichkeit in der Kultur der Gegenwart (1914) S. 162 f. das Kapitel: „Schätze der Erde".

institut im Reichsrecht nur in einigen Ausläufern behandelt, im
Rayongesetz und in Gesetzen über die Kriegshilfe, sonst unterliegt es der Landesgesetzgebung, welche in dieser Beziehung
selbständig ist, nur muß es sich um eine Enteignung im öffentlichen Interesse handeln: politische Interessen gehören hierher
nur, soweit sie zu Kulturinteressen hinansteigen.

III. In Notstandszeiten natürlich gelten besondere Bestim=
mungen, wie z. B. bei einer belagerten Stadt, bei einem in
Notlage befindlichen Schiffe, [1] vor allem aber im Falle von
Blockierung und Abschließung ganzer Länderstrecken in
Kriegszeiten, wofür unsere Kriegsgesetzgebung ja reichliche
Beispiele bietet.

IV. 1. Eine besondere Stelle nimmt das Institut der Beschlagnahme ein zum Zwecke der Eigentumsstockung. Das Institut ist modernsten Ursprungs. Die Notwendigkeit, Nahrungs-
mittel und Rohstoffe zu rationieren und damit eine Art von
Staatssozialismus zu pflegen, hat es herbeigeführt, daß durch
Beschlagnahme derartige Stoffe einer Eigentumsstockung
unterworfen wurden. [2] Diese Stockung hat zur Folge: 1. die
Wirkungslosigkeit jeder dinglichen Verfügung, 2. die Wirkungslosigkeit eines auf eine dingliche Verfügung gerichteten schuldrechtlichen Geschäftes und 3. aber auch das Verbot einer
solchen tatsächlichen Veränderung, welche den Zwecken dieser
Gebundenheit widerspräche. Die Eigentumsstockung bewirkt
daher eine Stockung nicht nur im Eigentümerverkehr, sondern
auch in der tatsächlichen Eigentumsübung, wie sie früher niemals üblich gewesen ist. [3]

Die Gebundenheit dauert bis zur Freigabe. Sie ist nicht
etwa eine Belastung zugunsten eines bestimmten Berechtigten,
sondern eine soziale Minderung in der Rechtsstellung, weshalb

---

[1] Z. B. Handels-GB. Monaco a. 212: Si les victuailles du
bâtiment manquent pendant le voyage, le capitaine, en prenant l'avis
des principaux de l'equipage, pourra contraindre ceux qui auront des
vivres en particulier de les mettre en commun, à la charge de leur
en payer la valeur.

[2] Die Eigentumsstockung findet sich in einer Unzahl von
Bundesratsverordnungen in teilweise recht verschiedenfacher Fassung.

[3] Vgl. darüber Ball in Goltdammers Archiv 66 S. 304 f. und
meine Vorbemerkung dazu.

auch der gutgläubige Verkehr gegenüber der Rechtsstockung ohne Einfluß ist. Der Rechtsschein ist ausgeschlossen und die besonderen Bestimmungen über die sogenannte relative Veräußerungsbeschränkung finden hier keine Anwendung.

2. Eine derartige Beschränkung greift in das Gebiet des beweglichen Gutes ein; sie bedarf zur Durchführung der Hilfe von polizeilichen Eingriffen und von Strafandrohungen.

IV. Interessen des gesellschaftlichen Zusammenlebens.

1. Unterabschnitt.
Allgemeines.

§ 49.

I. Von dem allgemeinen Interesse verschieden sind die Interessen des gesellschaftlichen Zusammenlebens mit Rücksicht auf die Grundstücksbesitzer unter sich. Auch hier muß das Prinzip gelten: das soziale Element steht neben dem individuellen. Das Zusammenbestehen verschiedener Grundstücke bewirkt eine Reihe von Zusammenstößen und Schwierigkeiten, welche nur durch eine bestimmte Ordnung und Regel begütigt werden können. Die Gesamtheit dieser Regeln faßt man unter dem Begriff des Nachbarrechtes zusammen. Schon im allgemeinen muß das Prinzip gelten, welches das Reichsgericht vom 10. 6. 1896 E. 37, 35 in folgenden Worten ausspricht:

„Das Eigentum — und namentlich das Eigentum an einem Grundstück — kann nicht als für sich allein bestehend und losgelöst von den Beziehungen betrachtet werden, die sich mit Notwendigkeit aus einem geordneten bürgerlichen Zusammenleben ergeben."

II. Das Nachbarwesen zeitigt daher eine Reihe von Konflikten, die privatrechtlich gelöst werden müssen, § 906 f.

2. Unterabschnitt.
Besonderes.
A. Konflikte.
I. Allgemeines.
§ 50.

I. Bei dem nachbarlichen Überwirken kommen als Wirkungsfaktoren die Wohnungen, die agrarischen und die gewerblichen Grundstücke in Betracht; insbesondere bieten die letzteren Anlaß zu vielen Schwierigkeiten: die menschliche Gesellschaft muß die Industrie nicht nur dulden, sondern fördern, aber dies ist nicht möglich ohne vielfache mächtige Einwirkungen auf die Nachbarstätten und ihre Bewohner.

II. Zu unterscheiden ist die Wirkungsstätte und die Empfangsstätte. Als Empfangsstätte kommen namentlich Wohnungen in Betracht, aber auch agrarische Grundstücke, Waldungen und Gewässer; ja auch die gegenseitigen Einwirkungen von gewerblichen Grundstücken ist bedeutsam.

III. Die Art, wie die Rechtsordnung sich hier zu verhalten hat, ist nicht die mathematische. Es lassen sich keine arithmetischen Regeln bilden, sondern nur Leitsätze aufstellen, nach welchen im einzelnen Falle unter Berücksichtigung der hierbei waltenden Interessen die Entscheidung zu geben ist. Häufig ist auch nicht mit einem „entweder" „oder" zu helfen, sondern ist eine mittlere Linie zu verzeichnen, auf welcher die Interessen am besten zu versöhnen sind. Insbesondere tritt die Ausgleichung mitunter in der Art ein, daß die Betätigung zwar zugelassen, aber abgemildert oder durch eine Entschädigung vergütet wird. Für die industriellen Einwirkungen gelten noch besondere Bestimmungen; im ganzen aber sind folgende Grundsätze zu beachten:

1. Als Einwirkung kommen hier nur Einwirkungen in Betracht, die von Grundstücken ausgehen, nicht die Einwirkungen durch andere Wesen, wenn sie auch mit dem Grundstück in Beziehung stehen. Daher gehört nicht hierher

a) die einmalige Störung durch Lärm oder Unfug, wenn sie nicht durch die Art und Weise des Grundstücksbetriebes begründet ist; ein sonstiger Unfug ist nicht ein Unfug durch das Grundstück, sondern durch die Person, und wenn es sich hier um eine Reaktion handelt, so hat diese nicht das Grundstück zu treffen, sondern eben speziell diejenigen Personen, welche dies zu verantworten und dafür einzustehen haben.

b) Es gehören nicht hierher die Beschädigungen durch Tiere, welche von einem Grundstück in das andere kommen, sofern es sich nicht um Tiermassen handelt, die als Ausläufer des Grundstückes zu betrachten sind.

2. Fördernde und schützende Tätigkeiten innerhalb des Eigentums, welche nur indirekt die Nachbarschaft berühren, sind keine Störungen; dies auch dann nicht, wenn die gesteigerte Ausnutzung des einen Grundstücks eine gewisse Minderstellung des anderen bewirkt. Wenn jemand aus seinem Grundstück das Wild verjagt, das infolgedessen auf das andere Grundstück hinüberläuft, wenn jemand, um sein Grundstück zu schützen, die Hagelwolke anschießt, die dann das Nachbargrundstück verheert, so ist dies keine Störung; ebensowenig wenn der Jagdberechtigte durch Lockmittel Wild anzieht, worüber sich etwa die Nachbarjäger beschweren. [1]

Noch weniger kann natürlich ein Konkurrenzgeschäft eine Störung sein, dies auch schon deswegen nicht, weil es nicht die Örtlichkeit und den Betrieb, sondern die den Betrieb begleitenden wirtschaftlichen Zustände stört. [2]

3. Die Nachbarverhältnisse können durch Vereinbarung in der Art geregelt werden, daß eine in das Nachbargut eingreifende Maßregel geduldet werden soll. Eine solche Vereinbarung ist dinglich, aber sie bedarf keiner Eintragung, ebensowenig als das ganze Gebiet des Nachbarrechts der Eintragung unterliegt. [3] Doch kann das gleiche Ergebnis dadurch herbeigeführt werden, daß dem einen Grundstück eine in das Nachbargrundstück einwirkende Grunddienstbarkeit bestellt wird, sodaß die Einrichtung nicht kraft des modifizierten Eigentumsrechts, sondern kraft des Servitutenrechts geduldet werden muß. Solche Dienstbarkeiten sind natürlich einzutragen (S. 288, 316). Die letztere Behandlungsweise ist vorsichtiger und namentlich, wenn es sich um bedeutende Werte handelt, sehr anzuraten. [4]

4. Wie solche Änderungen durch Servitutenvereinbarung gestützt werden können, so kann aber auch die normale Belastung des Nachbarrechts servitutenartig befestigt und bestärkt weiden, welche Servitut dann als Grunddienstbarkeit einzutragen ist. So hat man z. B. mit Recht angenommen, daß

---

[1] RG. 4. 5. 1899 E. 44, 195 f.
[2] Kolmar 13. 1. 1911 M. 26, 71.
[3] Vgl. RG. 11. 5. 1907 E. 66, 126; KG. 11. 9. 1900 M. 1, 380.
[4] Vgl. KG. 20. 1. 1902 M. 4, 305.

wenn baupolizeiliche Vorschriften eine gewisse Entfernung der
Grundstücke verlangen, für dieses Verhältnis auch eine -be-
lastende Servitut eingetragen werden kann. [1])

Dies kann verschiedene Vorteile bieten:

a) Es kann dadurch möglicherweise die in der Natur der
Umstände liegende Unsicherheit gehoben und eine gewisse
Begrenzung festgesetzt, es kann auch die Berechtigung
elastisch erweitert werden.

b) Die Grunddienstbarkeit bleibt bestehen, wenn die Gesetzgebung sich ändert, was insbesondere dann von Wichtigkeit ist, wenn die gesetzgeberische Norm in einer polizeilichen
Verordnung besteht, die vielleicht dem zeitigen Wechsel
unterliegt.

c) Die Dienstbarkeit ist unabhängig gestellt von den maßgebenden Umständen, sie erlischt nur nach den Grundsätzen
des Servitutenverlustes, insbesondere nach den Bestimmungen
des § 1028.

d) Wenn daneben noch andere Dienstbarkeiten bestehen,
so geht die Berechtigung den nachträglich eingetragenen Berechtigungen vor.

e) Greift die gesetzliche Belastung weiter, als die Servitut
angibt, so besteht das Plus der Belastung als gesetzliche Belastung fort, wenn das Servitutenverhältnis nicht zugleich als
Beschränkung gedacht ist.

5. Die Anlage einer Einrichtung kann möglicherweise die
Gefahr verderblicher Einwirkungen nahelegen, andererseits
setzt, wer eine Einrichtung macht, sich der Gefahr aus, daß ihm
späterhin wegen derartiger Einwirkungen der Betrieb gesperrt
oder beeinträchtigt wird. Es ist daher in doppeltem Interesse
wünschenswert, eine vorherige Feststellung zu erzielen. Nach
erster Richtung kann die Feststellung zu einem Verbot führen,
nach zweiter zu einer Sicherung des Einrichtungseigentümers,
der ruhig seine Kapitalien in die Sache hineinlegen kann. Vom
ersten Fall spricht das BGB. in § 907, der zweite Fall unterliegt den Grundsätzen der Feststellungsklage.

---

[1]) KG. 16. 1. 1911 Joh. 40 A. 247.

6. Im übrigen sind die Einwirkungen als
    a) Sacheinwirkungen oder als
    b) Ideelle Einwirkungen
zu kennzeichnen.

Dazu kommen als Besonderheiten:
    c) die Besonderheiten des Gewerberechts und die
    d) Besonderheiten der Bodenkultur.

II. Einwirkungen.
1. Sacheinwirkungen.
§ 51.

I. Man spricht hier von Emissionen, aber doch in sehr un-
geeigneter Weise, denn es handelt sich nicht immer um Hinüberspringen von körperlichen Sachteilen, sondern auch um
Sachbeeinflussung durch Kraftwirkungen.

II. Sacheinwirkung kann eine Wirkung a u f d e n G r u n d
u n d B o d e n sein, sie kann bestehen 1. in der Lockerung des
Bodens, wodurch seine Tragfähigkeit gemindert wird, welche
Lockerung durch ungeeignete Verteilung des Bodens geschehen
kann, [1] aber auch durch Entziehung des Grundwassers, indem
hier ein innerer Hohlraum entsteht und der Erdzusammenhang
gestört wird. [2] Gewöhnlich pflegt man nur die Vertiefung
allein hervorzuheben, § 909, dies ist aber unzutreffend; andererseits kommt das Graben und Vertiefen an sich nicht in Betracht,
sondern nur sofern es eine schädliche Lockerung bewirkt und
daher nicht, wenn durch solche Grabungen lediglich Feuchtig-
keiten entstehen und schädlich einwirken. Solches kann nur
nach anderer Seite hin von Bedeutung sein. [3]

Daß in allen diesen Fällen die Kausalitätsfrage Schwierigkeiten bietet, ist nicht zu leugnen, und die Schwierigkeiten vermehren sich, wenn die Einwirkung von verschiedenen Seiten
aus erfolgt. [4] Die Annahme des englischen Rechtes, daß die
Beschädigung durch solche Bodenlockerung nicht in Betracht

---

[1] RG. 15. 12. 1909 JW. 39, 150.
[2] RG. 7. 2. 1906 E. 62, 370; 16. 2. 1910 JW. 39, 390. Wie weit
der Eigentümer zur Veränderung des Grundwasserstandes berechtigt
ist, bestimmt jetzt das Preuß. Wasser-Ges. 1913 §§ 50, 199, 200 f. Die
Veränderung des Grundwasserstandes durch die gewöhnliche Boden-
entwässerung kommt regelmäßig nicht in Betracht, §§ 50, 199.
[3] RG. 9. 6. 1891 S. 47 Nr. 96.
[4] RG. 2. 12. 1914 S. 70, 151.

komme, wenn ein Gebäude nicht mindestens 20 Jahre lang besteht, hat keinen rationellen Anhalt und kann unberücksichtigt bleiben. [1]

2. Die Einwirkung kann erfolgen durch Grundbauten, wodurch eine Quelle versiegt. Quelle ist ein Wasser, welches aus unterirdischen Wasseradern nicht etwa nur vorübergehend an die Oberfläche tritt; Quelle ist nicht schon das Wasser in der Tiefe, im übrigen aber ohne Unterschied, ob der Übertritt an die Erdoberfläche von selbst oder kraft Maschineneinwirkung erfolgt. [2]) Hier ist ein Einschreiten der Rechtsordnung gerechtfertigt. [3]) In hervorragendem Maße hat das Schweizer Zivilgesetzbuch a. 706, 707 Fürsorge getroffen, im übrigen ist es nach deutschem Recht der Landesgesetzgebung überlassen, weitere Schutzmaßregeln zu treffen. So nun auch das Preuß. Quellengesetz vom 14. 5. 1908: hier kann ein Schutzbezirk festgesetzt werden, innerhalb dessen Bohrungen, Ausgrabungen und anderen einwirkende Arbeiten, wodurch „die Ergiebigkeit oder die Zusammensetzung der Quellen beeinflußt werden können", nur mit Genehmigung des Oberbergamts und des Regierungspräsidenten erfolgen dürfen (§ 3). Auch das Wassergesetz von 1913 kommt in Betracht, da nach § 1 die oberirdischen Quellen als Wasserläufe gelten und den Regeln dieser unterliegen; über unterirdische Einwirkungen vgl. § 200 f.

3. Die schädliche Wirkung auf den Boden kann ferner eine Verschlechterung durch Wucherkraut sein, welches sich auf das Nachbargrundstück hinüberpflanzt, ebenso eine Verschlechterung des Bodens durch Sandkippen, von welchen der Wind Sand ausstreut und den Boden verdirbt. [4]) Übrigens kann auch das Wachsenlassen von unschuldigen Schlingpflanzen an der Nachbarmauer als Schädigung betrachtet werden, vor allem, wenn dadurch die Architektur beeinträchtigt wird. [5]

4. Über den Wasserablauf galt früher die Bestimmung, daß der untere Eigentümer sich den Wasserablauf gefallen lassen

---

[1]) Gale, Easements (8 Edit.) p. 387, namentlich Appellationsertscheidung Angus v. Dalton.

[2]) RG. 23. 4. 1910 E. 73, 282; 23. 5. 1917 E. 90, 280.

[3]) Unrichtig Hamburg 1. 7. 1905 S. 62 Nr. 85 (M. 12, 120).

[4]) RG. 9. 2. 1905 E. 60, 138.

[5]) KG. 11. 3. 1910 M. 26, 72.

musse; soweit es kraft der natürlichen Verhältnisse, nicht kraft
künstlicher Anlage abläuft, und daß der untere Eigentümer
diesen Ablauf nicht hindern dürfe, vgl. C. Nap. a. 640.

Dabei war vielfach streitig, ob zu der unstatthaften Erschwerung durch künstliche Anlage auch eine Wirtschafts-
änderung gehört, welche indirekt eine Steigerung des Ablaufs
herbeiführt. [1]

Das Preußische Wassergesetz hat letzteres verneint, im
übrigen aber dem unteren Eigentümer gestattet, durch entsprechende Einrichtungen das Wasser von seinem Boden abzu-
halten, jedoch vorbehaltlich der Verhältnisse zweier landwirt-
schaftlicher Grundeigentümer im Gebiete des gemeinen und
französischen Rechts: hier soll der untere Eigentümer den
Wasserzufluß dulden müssen, §§ 197, 198.

Das Schweizer ZGB. a. 689 gewährt dem unteren Eigentümer das Abwehrrecht nicht, gibt ihm aber umgekehrt die
Befugnis, zu verlangen, daß ihm das nötige Abwasser nicht
entzogen wird, soweit es dem oberen Eigentümer nicht unentbehrlich ist. Diese Lösung ist die beste und ausgiebigste.

5. Eine weitere Verschlechterung des Bodens kann durch
Erschütterung entstehen, wodurch der Boden aus seiner Ruhe-
lage kommt und nach den verschiedenen Richtungen hin Wohnung und Bodenbenutzung erschwert wird. [2] Auch die Erschütterung durch eine Feldbahn kann hierher gehören. [3]

III. Die Sachwirkung kann auch eine Einwirkung in den
L u f t k r e i s sein, in welchem sich das Leben und Treiben
bewegt, so 1. eine Einwirkung durch Hinüberfliegen von leb-
losen Körpern, Steinen, Splittern usw., ein Hinüberfliegen von
Geschossen aus einem Schießstand, [4] aber auch die Einwirkung von Flugzeugen von einer Flugstätte aus kommt in
Betracht, wovon ich in meinem Luftschiffrecht S. 9 gehandelt habe.

So 2. eine Einwirkung durch Hinüberfliegen von Massen-
tierchen, welche Menschen und Tiere belästigen oder Gegen-

---

[1] Über früheres Recht ObLG. 20. 7. 1875 S. 32 Nr. 15; RG. 14. 3.
1890 E. 25, 165; RG. 3. 12. 1892 Gruchot 37, 1006.
[2] RG. 9. 3. 1907 Recht XI Nr. 1036.
[3] Marienwerder 26. 1. 1911 M. 26, 22.
[4] RG. 3. 10. 1908 JW. 37, 182.

stände schädigen, so Fliegen aus einer Aasstätte, aus einer
Knochenablagerung, welche sogar Leichengift verbreiten
können, [1]) Stechfliegen aus einem Sumpf, aber auch Tauben-
schwärme, [2]) auch wilde Kaninchen; [3]) vor allem aber kommen
die Bienen in Betracht, also Tiere hervorragender Kultur, aber
auch Tiere hervorragender Belästigung. [4])

3. Mehr noch ist die Einwirkung durch Herüberströmen
von Rauch und durch üble Dünste zu berücksichtigen, welche
das Leben verderben, ja geradezu unmöglich machen können.
So Kanal- und Latrinengerüche,[5]) Düngeranlagen,[6]) so Ziegel-
feldbrände mit belästigendem Rauch, [7]) so vor allem Rauch und
Gerüche aus Fabriken, namentlich aus chemischen Fabriken. [8])
Seit dem Betrieb der Industrie auf der einen und dem Groß-
stadtleben auf der anderen Seite ist dieses Moment immer
wichtiger geworden. [9]) Und dies gilt nicht nur vom Verderb
der Luft, sondern auch vom Verderb und Vergiften von
Bäumen. [10]) Vgl. § 906 BGB.

4. Und wie die Rauch- und Geruchseinwirkungen, so die
Geräuscheinwirkungen, die gleichfalls durch das industrielle
Leben außerordentlich gesteigert werden und auf die modernen Nerven zerrüttend wirken. [11]) So die Knallwirkungen
von einem Schießstand,[12]) so die Klopfgeräusche einer Fabrik,
das Kegelschieben;[13]) so aber auch schon das Hundegeheul in

---

[1]) Jurisch, Luftrecht S. 69.
[2]) ObLG. Bayern 18. 12. 1876 S. 33 Nr. 5.
[3]) Vgl. Baujagdordnung S. 281.
[4]) RG. 23. 9. 1884 E. 12, 173 (S. 40 Nr. 183); Stuttgart 6. 12. 1888
S. 47 Nr. 97 und 21. 3. 1912 M. 26, 23.
[5]) Frankfurt 16. 6. 1908 M. 18, 122.
[6]) Oldenburg 14. 3. 1874 S. 29 Nr. 218.
[7]) RG. 23. 5. 1882 S. 38 Nr. 8.
[8]) So schon die ältere Jurisprudenz, deren Entscheidungen allerdings einen oft recht philiströsen, manchmal kindlichen Charakter
haben, so Lübeck 29. 10. 1840 S. 9 Nr. 218 und 28. 6. 1856 S. 11 Nr. 114,
Celle 25. 10. 1867 S. 21 Nr. 208; Wolfenbüttel 28. 5. 1878 S. 34 Nr. 151
und 27. 2. 1877 S. 34 Nr. 182.
[9]) Auch in anderen Ländern. Über das englisch-amerikanische
Recht vgl. Rhodes v. Dunbar (1868), Campbell v. Seaman, in Co-
lumbian Law Review VIII p. 56.
[10]) Obertribunal Berlin 12. 10. 1875 S. 31 Nr. 116.
[11]) RG. 29. 3. 1882 S. 38 Nr. 7 (E 6, 217).
[12]) RG. 3. 10. 1908 JW. 37, 682.
[13]) RG. 20. 2. 1904 S. 59 Nr. 126.

einer Hundezucht, das Schnattern der Gänse in einer Gänse-
mästerei, worüber neuerdings eine Entscheidung des Kammergerichts erging, während das OVG. in einem Urteil von 1903
(bei Jurisch S. 177) das Hahnenkrähen nicht als berücksichti-
gungswerte Störung erklärt hat. Vgl. § 906.

5. Auch stark abwechselnde, nervenangreifende Licht-
wirkungen können hierher gehören.

2. Ideelle Einwirkungen.

§ 52.

I. Ideelle Einwirkungen sind solche, die, ohne die Sinne
direkt zu berühren, durch ihr Verhältnis zum Gemütsleben
Ruhe, Sicherheit, Friede und Glück der Menschen beeinträchtigen.

1. Der Betrieb eines unsittlichen Gewerbes in der Nachbarschaft ist störend und für die Jugend verderblich. Der ganze
derartige Betrieb mit all den häßlichen und Ärgernis erregen-
den Vorgängen wirkt auf die Nachbarschaft in einer unsäglich
bedrückenden Weise. [1]

2. Auch anderwärtige Einrichtungen können auf den
Lebensgenuß lähmend und herabstimmend wirken, so Leichenhäuser, Begräbnisstätten. [2]

3. Auch unästhetische Einflüsse kommen in Betracht.
Man kann natürlich nicht verlangen, daß in der Nachbarschaft
alles nach den Grundsätzen der Schönheit sich gestaltet, und
unser heutiges Leben führt sogar dazu, das Aussichtsbild oft
recht zu verderben, man denke an die elektrischen Leitungen; [3]
aber absolut häßliches und abschreckendes, da wo eine Schön-
heitsaussicht zu erwarten wäre, ist doch zu vermeiden oder ab-
zumildern, vor allem wenn für die Häßlichkeit keine anderen
Gründe vorliegen, als etwa die Freude an dem Unschönen.
Man denke sich den Fall, daß eine Aussicht dadurch verdorben
wird, daß der Nachbar auf dem flachen Dach eine ständige

---

[1] Ganz unrichtig RG. 8. 4. 1911 E. 76, 130; richtiger hatte das
RG. 8. 1. 1897 E. 38, 379 nach dem alten Recht entschieden. Der
Segen des BGB. hat sich also hier nicht bewährt.
[2] Zweibrücken 23. 10. 1911 M. 4, 61.
[3] Vergleiche Kiel 17. 6. 1915 S. 71 Nr. 89.

Sammlung von Hundeknochen anbringt oder etwa Kadaver von Kröten und Eidechsen. Im Falle der wirklichen Schikane kommt sicher § 226 BGB. in Betracht.

II. Zu den ideellen Einwirkungen gehört aber auch die Gefahr: Lagerungen gefährlicher Dinge, namentlich mit Explosionsmöglichkeit, stören Ruhe und Friede der Nachbarschaft. Es ist unrichtig zu sagen, daß hier keine Einwirkung stattfindet; die ständige Befürchtung lähmt den Lebensgenuß und das Lebensvertrauen, trotzdem hier von irgend einer stofflichen Emission nicht die Rede ist.[1]) Dies gilt auch von Dampfkesseln: die Gefahr der Dampfkessel ist nicht etwa bloß eine direkte Belästigung, sondern eine ständige Störung der inneren Ruhe, sofern nicht die nötigen Sicherungen gegeben sind.[2])

III. Gewerberecht.[3])

§ 53.

I. Bei der Industrie kreuzen sich öffentliche und privatrechtliche Rücksichten aus doppeltem Grunde. Die Einwirkung industrieller Anstalten auf die Nachbarschaft erstreckt sich meist nicht auf das eine oder das andere Grundstück, sondern auf einen größeren Bezirk, sodaß privatrechtliche und polizeiliche Rücksichten hier zusammentreffen. Sodann pflegen die Industrieanstalten meist große Kapitalanlagen zu verlangen, sodaß es wirtschaftlich unzulässig ist, ihr künftiges Sein oder Nichtsein je nach der Art ihrer nachbarlichen Beziehungen in Frage zu stellen. Eine Negatoria, welche sie zum Abbau zwänge, würde oft riesige Werte zerstören. Es ist daher ein Interesse vorhanden, ganz abgesehen von allem anderen, die Frage des Seins oder Nichtseins zum voraus in einer möglichst unantastbaren Weise zur Erledigung zu bringen; dies kann aber kaum in der Art von privatrechtlichen Prozessen geschehen, da ihre Einwirkung oft in unbestimmte Fernen wirkt. Die Feststellungsmaßnahmen müssen auch hier durch das

---

[1]) Unrichtig RG. 27. 2. 1902 E. 50, 226.
[2]) Vgl. RG. 19. 11. 1897 E. 40, 182.
[3]) Wir behandeln es hier, nicht oben bei der allgemeinen Kulturordnung, da hier jene öffentlich rechtlichen mit den bürgerlich rechtlichen Elementen zusammentreffen und die bürgerlichen Interessen die vorwiegenden sind.

öffentliche Recht geschehen, in den Formen des öffentlichen Rechts und durch seine Organe.

II. Dementsprechend hat das Gewerberecht folgende Ziele erstrebt:

1. möglichst im Durchschnitt zu bestimmen, welche Einwirkungen die Allgemeinheit zu dulden hat;

2. im einzelnen Fall zu ermitteln, ob die Einrichtung, so wie sie geplant ist, solche Nachteile mit sich bringt, daß die Interessen der Industrie zurücktreten müssen. Hierbei können dann die Beteiligten aus der Nachbarschaft gehört werden.

3. Nach eingehender Prüfung ist zu bestimmen, ob die Anstalt in dieser Art errichtet werden darf, sodaß ein Negatoria auf Vernichtung nicht mehr statthaft ist.

III. In dieser Richtung bewegt sich das Gewerberecht, so die Gewerbeordnung § 16 und f. und die zahlreichen auf die Industrie sich beziehenden Einzelgesetze und Verordnungen.

Es handelt sich hier meist um zwei Fragen:

1. um die örtliche, wo solche Einrichtungen angelegt werden dürfen und in welcher Entfernung vom Wohnbezirke,

2. um die Art der Einrichtung und die Schutzmaßregeln, welche zu treffen sind.

IV. 1 Auf solche Weise ist ein großer Teil der bürgerlichen Interessen durch das Verwaltungsrecht gedeckt: es sind verwaltungsrechtliche Organe, welche hier entscheiden. Ihr Einfluß auf das bürgerliche Recht zeigt sich aber in folgendem Prinzip: Hat die Anlage ihre Genehmigung gefunden, dann soll die industrielle Beruhigung eintreten: eine bürgerlich rechtliche „Negatoria" soll zwar immer noch der Anlage nahe treten können, sie soll sie aber nicht mehr in ihrem Grundstock anfassen dürfen: die Frage über Sein und Nichtsein ist endgültig gelöst, § 26 GO. [1] Vorausgesetzt ist natürlich, daß die ganze Anstalt, und nicht etwa bloß einzelne Teile derselben, wie z. B. die Dampfkessel, der polizeilichen Prüfung unterstellt waren, § 24 GO. [2] Außerdem muß es sich um eine wirkliche gewerbepolizeiliche Genehmigung handeln, welche nicht vorliegt,

---

[1] Vgl. ObLG. Bayern 2. 6. 1881 S. 38 Nr. 6.
[2] RG. 19. 11. 1897 E. 40, 183.

wenn etwa lediglich im städtischen Bebauungsplan die Anlage
von Fabriken vorgesehen wird. [1])

2. Der § 26 GO. bezieht sich auf industrielle Anordnungen
und zählt sie besonders auf; allein das Prinzip greift allgemein
durch. Schon a. 125 BGB. gestattet es der Landesgesetzgebung, den Grundsatz auf Eisenbahnen, Dampfschiffe und ähnliche Verkehrsunternehmungen auszudehnen. Mit Recht hat
sich die Praxis aber an solche Schranken nicht gebunden und,
ohne Rücksicht auf Landesgesetze, den großen Verkehrsanstal-
ten, sobald sie die nötige Genehmigung erhalten haben. die
Wohltat der Bestimmung zuteil werden lassen, [2]) so vor
allem den Kleinbahnen; [3]) auch den postalischen Anstalten,
z. B. der Rohrpost; [4]) handelt es sich hier doch um wichtige
Kulturanlagen, die auch noch die Eigentümlichkeit haben, daß
sie kraft ihrer Aufgabe und Bestimmung auf einen bestimmten
örtlichen Bereich angewiesen sind, während andere Einrichtungen, wie z. B. eine Gasanstalt, nicht in gleicher Weise an
der Örtlichkeit haften. [5])

3. Man hat hier vielfach bestimmte Leitsätze aufgestellt;
solche Leitsätze waren besonders in Ländern nötig, welche,
wie England, keinen Konzessionszwang haben und in welchen
man darum besondere Normativbestimmungen geben mußte.
Es finden sich aber auch bei uns Verordnungen derart für
Pulverfabriken, für Glashütten, bei welchen die Luft, bevor sie
entweicht, staubfrei zu machen ist, bei Nitroglyzerinfabriken,
die nur in bestimmter Entfernung von bewohnten Gebäuden
errichtet werden dürfen; überall aber gilt die allgemeine
Klausel, daß die bestmöglichen Mittel anzuwenden sind, um bei
Entweichen von Gasen, Staub und Krankheitskeimen und bei
Erschütterungen die Belästigung der Nachbarschaft zu mildern.
So bestimmt es auch England in den zahlreichen Alkali-
gesetzen. [6])

[1]) Hamburg 25. 4. 1908 Recht 12 Nr. 2179.
[2]) Vgl. RG. 12. 12. 1908 E. 70, 150.
[3]) RG. 11. 5. 1904 E. 58, 130; 12. 10. 1904 E. 59, 70; RG. 21. 3.
1907 JW. 36, 299.
[4]) RG. 16. 4. 1910 E. 73, 270.
[5]) RG. 13. 6. 1906 E. 73, 374.
[6]) Über alles dieses Jurisch, Luftrecht S. 93 f., 162 f., 277 f.,
und die dort angeführten technischen Werke.

4. Die Milderung der Störung zu 3. kann a) dadurch erfolgen, daß der Betrieb örtlich oder zeitlich beschränkt, etwa auf gewisse Stunden festgelegt wird. [1] Sie kann b) erfolgen durch Einrichtungen, welche der Wirkung ihre Schärfe nehmen, sie mindern oder sie ganz aufheben: hohe Kamine, Rauchverzehrer, geräuschlose Motoren, geruchzerstörende Chemikalien können hier wohltätig wirken, [2] Auch bessere Beaufsichtigung der Arbeiter kann hier förderlich sein. [3] In welcher Weise die Abhilfe zu treffen ist, muß der Fabrik überlassen werden: [4] weder ist es Sache des Klägers, die einzelnen Abhilfsmittel zu bezeichnen, [5] noch Sache des Gerichts, eine bestimmte Maßregel vorzuschreiben, welcher sich die Fabrik unbedingt unterwerfen müßte; auch ist es nicht seine Aufgabe, der Fabrik aufzuhelfen, um die nötige Auskunft und Anleitung für die Verbesserungen zu finden; das Gericht kann nur gebieten, daß Einrichtungen getroffen werden, die in entsprechender Weise helfen, und zwar Einrichtungen, die so in der Reichweite liegen, daß sie der Fabrik zugemutet werden können. Gibt es hier eine Anzahl von Möglichkeiten, so überläßt man es der Fabrik, diejenige Möglichkeit auszusuchen und zu wählen, welche ihr gut dünkt.

5. Übrigens schafft auch das Prinzip des § 26 GO. nicht immer volle Beruhigung, denn

a) es kann mit dem Vorbehalt verbunden sein, daß, wenn sich ein Bedürfnis ergibt, Änderungen vorzunehmen sind.

b) Eine jede Neuerung im Betrieb unterliegt einem neuen Konzessionszwang. Dies führt zu Häklichkeiten und Verzögerungen, denn die Fabriken können nicht auf dem alten Stande bleiben und müssen dem Fortschritt zugänglich sein. Da wo der Konzessionszwang in diesem Sinne nicht besteht, wie bei Kleinbahnen, haben die Betriebe eine größere Freiheit,

---

[1] Frankfurt 7. 4. 1914 S. 96, 198.
[2] RG. 16. 4. 1896 E. 37, 172, wo auch frühere Entscheidungen erwähnt sind. Ferner Marienwerder 14. 11. 1901 M. 4, 59. Über das sachliche vergleiche Jurisch, S. 43.
[3] LG. Berlin 15. 10. 1900 bei Jurisch S. 167.
[4] ObLG. Bayern 27. 3. 1897, S. 53 Nr. 8.
[5] RG. 16. 4. 1896 E. 37, 172.

z. B. wenn es sich darum handelt, die Rauchentwickelung zu verbessern. [1]

IV. Besonderheiten der Boden-, Wasser- und Wegekultur.

§ 54.

I. Der Nachbarschutz gebührt nicht nur dem Wohnhaus als Stätte menschlichen Verweilens und menschlichen Wohlseins, er gebührt auch dem Acker und der Wiese, dem Wald und dem Feld; er gebührt auch anderen Gütern des agrarischen Lebens. [2]

II. Durch Rauchgase, durch Soda, Zement, Staub usw. können namentlich die Waldungen leiden, Blätter zerstört werden, und in ihrem Gefolge können schädliche Insekten aufkommen, durch welche vor allem die Nadelhölzer sehr stark gefährdet sind. [3]

III. Unter solchen Einwirkungen kann auch besonders die Bienenkultur beeinträchtigt werden; hier ergeben sich allerdings große Schwierigkeiten, weil die Bienen auf ziemliche Entfernungen ausschwärmen und auf diese Weise leicht in Luftkreise kommen, welche mit schädigenden Substanzen erfüllt sind. Auch das kommt in Betracht, daß bei Anlage einer Zuckerfabrik die Bienen sich dort ersättigen und dadurch für die Weiterproduktion unfähig werden. Natürlich kann nicht das ganze Schwarmgebiet freigehalten werden, aber gewisse Rücksichten sind auf eine ausgedehnte Bienenzucht immerhin zu nehmen. [4]

IV. a) Von Bedeutung ist auch die Fischkultur und die Möglichkeit der Zerstörung von Fischen und Fischbruten durch

---

[1] RG. 6. 12. 1905 E. 62, 131.

[2] Dresden 14. 5. 1901 M. 2, 506; Zweibrücken 21. 11. 1900 Ztschr. franz. Zivilrecht 32, 45.

[3] Vgl. das von Dickel, S. 815, erwähnte Gutachten von Dankelmann, vgl. ferner Haselhof, Beschädigung der Vegetation durch Rauch 1903.

[4] Hiergegen kann man nicht aus dem Prinzip der absoluten Freiheit der Luft argumentieren, wie es das RG. tut, 23. 10. 1915 S. 71, 86.

chemische Abwässer. Gerade hier hat die Materie große Schwierigkeiten, weil möglicherweise die Fischkultur sich nicht an den Einlaufstellen, sondern in weiterer Entfernung befindet und die vergifteten Wässer erst längere Zeit und indirekt an die Schadensstelle gelangen. Näheres kann in den landesgesetzlichen Fischereiordnungen bestimmt werden. [1]) Auch die Schädigung der Fischbrut durch Tiere in der Nachbarschaft, z. B. Enten, kommt in Betracht, [2]) und auch die Verunreinigung als Störung und Verseuchung der Viehtränke muß berücksichtigt werden. [3])

b) Gerade hier ist mit dem individualistischen Rechtsstandpunkt nichts auszurichten, und es ist Sache öffentlicher Verordnung, Vorschriften zu geben, um die Interessen der Industrie mit den Interessen der Fischzucht zu verbinden. Im allgemeinen wird man sagen müssen, daß die Fabriken die nötigen Vorkehrungen zu treffen haben, um die Vergiftung der Wässer möglichst zu vermeiden; jedenfalls muß aber § 26 Gewerbe-Ordnung auch hier gelten. [4])

c) Übrigens kommen hier nicht nur solche Einwirkungen in Betracht, sondern auch Änderungen durch Flußkanalisation, durch Verlegung des Wasserlaufs, durch Flußbauten, welche die Fischbrut schädigen können. [5])

---

[1]) Vgl. z. B. das neue Preuß. Fischerei-Ges. 11. 5. 1916. Nach § 101 desselben haben die Eigentümer von Turbinen womöglich Einrichtungen zu treffen, um das Eindringen und Zerstören von Fischen zu verhüten, in § 102 ist die Rede von der Einführung flüssiger Stoffe, welche die Fischerei wesentlich beeinträchtigen, und heißt es, daß die Fischereiberechtigten Einrichtungen verlangen können, die „geeignet sind, die nachteiligen Wirkungen zu beseitigen oder zu verringern, soweit solche Einrichtungen wirtschaftlich gerechtfertigt sind und den Betrieb des Unternehmens nicht wesentlich beeinträchtigen." Vgl. auch schon RG. 1. 2. 1898 E. 41, 142, sodann meine Aufsätze in Goltd. 64, 338 und 65, 138.

[2]) Vgl. Preuß. LR. I. 9. 188 f., Preuß. Fischereigesetz 1916 § 106 Z. 11.

[3]) RG. 10. 2. 1915 E. 86, 233.

[4]) RG. 10. 2. 1915 E. 86, 232. So jetzt ausdrücklich Preußisches Fischereigesetz 1916 § 102; die Interessen der Fischerei sollen nunmehr bei der gewerblichen Prüfung nach § 16 Gew.-O. vollständig mitberücksichtigt werden. Über Küstengewässer vgl. ebenfalls den § 102.

[5]) Preuß. Obertrib. 31. 10. 1865 Strieth. 61, 193; München 23. 6. 1910 M. 26, 76 und 22. 10. 1912 M. 26, 75.

V. Ebenso ist die mit dem Flußanliegerrecht verbundene Wasserbenutzung ein wirtschaftliches Gut, das in Betracht kommt, insbesondere auch gegenüber gewerblichen Anlagen des § 26 Gew.-O.; [1] ebenso das Recht des Besitzers eines Sees, dem durch Grundwasserbohrungen das Wasser entzogen wird. [2] Vgl. oben S. 134.

VI. Auch das Wegerecht kommt in Betracht. Der Staat oder die Gemeinde, welche Grundeigentümerin des Wegekörpers ist, kann kraft dieses Eigentums die Entfernung von Anlagen verlangen, welche in die Benutzung des öffentlichen Weges störend eingreifen. [3] Sie wird natürlich auch kraft öffentlichen Rechts Abhilfe treffen können, aber auch das hinter dem öffentlichen Recht lauernde Privateigentum von Staat oder Gemeinde ist ein Grund des Widerspruchs.

B. Lösung der Konflikte.

I. Das Recht und seine Lösung.

1. Leitsätze.

§ 55.

I. Kleine, unbedeutende Störungen sind nicht zu berücksichtigen, [4] mindestens dann nicht, wenn sie die Folge vernünftiger Anlage und vernünftiger Tätigkeit sind und nicht etwa durch reine Unvernunft herbeigeführt wurden, § 906.

II. Ist die Störung erheblich, so müssen die einander widerstreitenden Interessen so ausgeglichen werden, wie es den Kulturverhältnissen am besten entspricht. Die Grundstücke sollen möglichst geschont, die Lebensbeziehungen möglichst unbelästigt bleiben; andererseits aber müssen Landwirtschaft, Industrie, Forst- und Waldkultur betrieben werden, und auch die Verkehrseinrichtungen sind unentbehrlich.

III. Darum gelten folgende Leitsätze:

1. Der Mensch steht im Verkehr und muß die Freuden und Leiden des Verkehrs dulden. Darum darf der Einzelne

---

[1] RG. 3. 3. 1917 E. 90, 47.
[2] RG. 14. 11. 1917 E. 91, 148.
[3] Celle 28. 11. 1907 M. 18, 121; RG. 1. 6. 1910 S. 65, 241; auch noch RG. 24. 5. 1901 E. 49, 241.
[4] Jena 2. 11. 1882 S. 39 Nr. 194.

nicht seine beliebige Empfindlichkeit in die Wagschale werfen: lex non favet delicatorum votis, [1]) sondern es kommt die allgemeine Übung in Betracht, und örtlicher Brauch und örtliche Art ist vor allem von Bedeutung. Natürlich gilt in der Groß-stadt etwas anderes als in der Kleinstadt, im Industriegebiet etwas anderes als an ausschließlich agrarischen Orten. Doch ist dies nicht allein ausschlaggebend, es können auch individuelle Verhältnisse ihre Berücksichtigung erheischen, [2]) z. B. wenn es sich um ein Sanatorium oder Erholungsheim handelt, wogegen allerdings ganz krankhafte Empfindungen eines Einzelnen, wie z. B., wenn jemand das Glockengeläute nicht ertragen kann, außer Ansatz bleiben. [3])

2. Bei der Beurteilung darf nicht ein Einzelelement herausgegriffen, sondern es muß der ganze Gang der Sache ins Auge gefaßt werden. So kann z. B. ein an sich nicht nervenreizendes Geräusch störend wirken, wenn es regelmäßig wiederkehrt oder mit anderen Geräuschen verbunden ist. [4]) Dies gilt auch von Betrieben, die nur zeitweise, aber in regelmäßiger Folge wirken, z. B. einer periodischen Dampfdrescherei. [5])

3. Hierbei kommt in Betracht der kulturförderliche Charakter einer Einrichtung: kulturwidrige Dinge, wie z. B. Unzuchtshäuser, verdienen keine Rücksicht; Spiel oder Sport können eine relative Beachtung finden, namentlich wenn aus ihnen menschlich bedeutsame Tätigkeiten entspringen (z. B. der Luftschiffsport).

Aber auch kulturförderliche Einrichtungen sollen nur so betrieben werden, daß sie keine unnötigen Härten enthalten. Der Betrieb soll also möglichst in Stunden geschehen, wo die Störung geringer ist, und mit Ausrüstungen, welche die lästigen Einwirkungen auf ein Mindestmaß herabsetzen, allerdings unter Berücksichtigung der Kosten und der Ergiebigkeit der Anlage.

---

[1]) RG. 15. 5. 1896 S. 52 Nr. 146; RG. 3. 2. 1904 S. 59 Nr. 125 So auch schon Celle 29. 4. 1879 S. 35 Nr. 32.
[2]) Hamburg 25. 4. 1908 M. 18, 125.
[3]) Dagegen kann z. B. das Holzhauen in der Nähe eines Erholungsheims eine diskrete Beschränkung erfahren nach Zeit und Wiederholung.
[4]) RG. 9. 12. 1908 J. W. 38, 50.
[5]) Braunschweig 7. 11. 1892 S. 48 Nr. 247.

4. Ein wichtiges Element ist natürlich das konservative des Schutzes des Vorhandenen. Was unangefochten längere Zeit gegolten hat, hat ein gewisses Anrecht auf Fortbestand; man soll den Menschen, die sich eingerichtet haben, den Lebenskampf nicht unnötig erschweren und wirtschaftliche Anlagen, welche mit einem ganzen Betrieb zusammenhängen, nicht zum Tode verdammen.

Andererseits kann dieses Moment doch nicht allein durchschlagend sein; denn

a) Schädlichkeiten, die früher verborgen waren, treten oft später zu Tage; dies zeigt sich z. B. auch bei Vertiefungen und Quasivertiefungen, deren Einwirkungen oft erst nach längerer Zeit erkennbar werden.

b) Die Grundstücke verändern ihre Bestimmung, und Dinge, welche bei der früheren Grundstückslage erträglich waren, werden unerträglich; so wenn Plätze bebaut, Stadtteile, die früher wenig beachtet waren, zu Wohnsitzen des Wohlstandes gemacht werden. [1]) Nach all diesen Richtungen hin muß eine Ausgleichung erfolgen, und danach ist die Frage zu entscheiden. [2])

IV. Mehr oder minder hat die Praxis diese Ziele zu erreichen gesucht, wobei allerdings das Richtige häufig mehr gefühlt als erkannt wurde. [3])

2. Art der Lösung.

§ 56.

I. Hierfür sind folgende Möglichkeiten gegeben:

1. Wenn die Anlagen erst errichtet werden sollen: Einspruch gegen die Errichtung, § 907;

---

[1]) Vgl. RG. 30. 3. 1904 E. 57, 224.

[2]) In England hat man früher dieses konservative Element übertrieben; vielfach will man aber auch mit dem Alter von 20 Jahren (Ersitzung) operieren, Elliotson v. Feetham (1835) bei Gale, Easements (8 Ed.) S. 449.

[3]) Vgl. RG. 20. 2. 1891 S. 46 Nr. 248; RG. 16. 5 1903 S. 58 Nr. 187; RG. 16. 3. 1910 J. W. 39, 472; RG. 30. 10. 1907 J. W. 37, 11; RG. 12. 6. 1915 S. 71 Nr. 167; RG. 24. 11. 1906 E. 64, 363; RG. 16. 10. 1915 S. 71 Nr. 166; RG. 9. 12. 1908 JW. 38, 50; RG. 20. 2. 1909 E. 70, 311; München 18. 11. 1912 M. 26, 125.

2. wenn der Bau bereits vollendet ist, Verlangen nach Entfernung;

3. Verlangen nach anderer Gestalt des Betriebes, sodaß sein störendes Wesen mindestens gemildert wird.

4. Es kann endlich, wenn dies unmöglich ist, ein Geldersatz verlangt werden für die Einbuße an Lebensgenuß und auch für den entsprechenden geldlichen Minderwert des Grundstückes im Falle von Veräußerung, Verpfändung, Verpachtung und Vermietung.

II. Die Möglichkeit 1. und 2. ist dann in Betracht zu ziehen, wenn die Einrichtung nicht nur erheblich schädigt, sondern auch nicht durch überwiegende Gründe gestützt wird; hierbei wird natürlich das Verbot des Baues viel leichter sein als das Gebot des Abreißens einer bereits bestehenden Einrichtung; doch ist auch das letztere nicht unbedingt ausgeschlossen. [1]

Ganz ausgeschlossen ist der Fall Nr. 2 allerdings überall da, wo durch verwaltungsrechtliche Entscheidung oder durch Feststellungsklage bestimmt ist, daß die Einrichtung bestehen darf. Dann bleiben nur die Möglichkeiten Nr. 3 und 4 übrig; dies insbesondere auch dann, wenn eine Einrichtung nach mehrerer Richtung hin wirtschaftlich bedeutsam ist und vielleicht auf der einen Seite die Umgebung schädigt, auf der anderen Seite aber nützlich oder doch neutral wirkt. [2]

III. Über die Milderung des Eingriffs durch Betriebsänderung ist auf das obige (S. 141) zu verweisen. [3]

IV. Die Ausgleichsvergütung zu 4. ist nicht als Entschädigung zu bezeichnen; sie ist ein Beitrag zur Verbesserung des Lebensgenusses oder zur Hebung der Wirtschaft, um das, was man dem Nachbarn entzieht, ihm wieder einzubringen. Sie beruht nicht etwa auf einer Verschuldung, sondern sie beruht darauf, daß ein durch die Kulturveranstaltung geschaffener Konflikt zu lösen ist. [4]

---

[1] Vgl. Zweibrücken 26. 5. 1908 S. 64 Nr. 32.
[2] Vgl. RG. 20. 4. 1912 J. W. 41, 752.
[3] Vgl. auch noch RG. 26. 2. 1892 S. 47 Nr. 285.
[4] RG. 21. 12. 1908 E. 70, 150. So schon die frühere Zeit. Auffallend unrichtig OHG. Mannheim 10. 12. 1860, welches wegen Erlaubtheit der Fabrik jeden Ersatz verweigerte, S. 14 Nr. 113.

a) Daher ist es selbstverständlich, daß, wenn etwa eine Einrichtung durch Funkensprühen Gefahr bringt, für diese Schäden Vergütung zu leisten ist, auch wenn das Funkensprühen aus der natürlichen Anlage hervorgeht und hierbei gar keine Verschuldung vorliegt; denn eine auf solche Weise einwirkender Betrieb darf eben nur geführt werden unter Lösung des Konfliktes, und diese Lösung erfolgt durch eine entsprechende Vergütung. Das gleiche gilt z. B., wenn etwa ein Gasrohr platzt; [1]) das gleiche, wenn durch Vertiefung beim Kanalbau Schaden entsteht. [2])

Es bedarf übrigens keiner besonderen Bemerkung, daß, wenn nicht ein Betriebsschaden vorliegt, sondern ein außerhalb des Betriebes liegender Zufallsschaden, nicht das gleiche gilt; denn hier ist ein solcher Konflikt nicht gegeben, hier walten die Grundsätze des gewöhnlichen Lebensverkehrs und ist daher die Frage, ob Schuld oder Nichtschuld, entscheidend. [3])

b) Die zu leistende Vergütung hat allerdings gewisse Ähnlichkeit mit einer Geldentschädigung des § 251 Absatz 2, in der Richtung nämlich, daß wegen der wirtschaftlichen Erschwerung anstelle der realen Negatorienfolge eine Geldfolge eintritt. Der Unterschied besteht nur darin, daß es sich hier nicht um eine Schadensersatzpflicht, sondern um eine durch Ausgleichung zu verwirklichende Negatoria handelt. [4])

c) Die Vergütung hat die volle Vermögens- und Lebenslage des Beschwerten in Betracht zu ziehen: Sachschaden, Verlust an Vermögen, Verhinderung der sonst zu Gebote stehenden Vermögensausbeute, Verlust der Mieter, Unmöglichkeit der Einrichtung eines Wirtschaftsunternehmens kommt ebenso in Betracht, wie andererseits Minderung der Annehmlichkeit und Störung des Lebensgenusses.

d) Obgleich mithin die Vergütung nicht als Entschädigung im Sinne des Schadenersatzes zu betrachten ist, so unterliegt der Anspruch doch der Verjährung des § 852; denn wenn

---

[1]) R.G. 7. 12. 1886 E. 17, 103; RG. 29. 11. 1900 E. 47, 99; Karlsruhe 11. 10. 1905 M. 12, 123.
[2]) Kassel 5. 5. 1902 M. 5, 151.
[3]) z. B. wenn ein Luftschiff sich losgelöst und Schädigungen angerichtet hat, RG. 11. 1. 1912 E. 78, 171.
[4]) Vgl. RG. 4. 6. 1902 E. 51, 408.

jemand ohne Verschuldung eine Ausgleichung zu leisten hat, so spricht die Billigkeit doppelt und dreifach für die kurze Verjährung. Allerdings muß man hier zweierlei unterscheiden: die Verjährung betrifft nur die bisher eingetretenen Schäden; die Frage, ob aus der längeren Duldung eines solchen Zustandes eine vergütungslose Berechtigung auf eine weitere Duldung hervorgeht, ist nicht hiernach, sondern nach den obigen Grundsätzen (S. 146) zu beantworten.[1]

V. 1. Sehr wichtig und bei uns wenig behandelt ist die Frage des Gesamtschadens. Besteht eine Reihe von Fabriken mit schädigender Einwirkung, so kann hier ein Gesamtschaden entstehen, welcher nicht nach den Regeln des Einzelschadens zu beurteilen ist. Möglicherweise kann es sich so verhalten, daß unter der Wucht der Gesamteinwirkungen die eine oder andere Fabrik ausscheidet und das Plus, welches der Einzelne bewirkt, nicht mehr beachtbar ist; möglicherweise kann aber durch das Zusammenwirken eine Schädigung entstehen, die über die Summe der Einzelschädigungen hinausgeht: die Belästigung kann unerträglich, die gesundheitsschädlichen Gase können tödlich, die Stätte unbewohnbar werden.[2]

2. Diese Frage kann auch bei uns trotz des Konzessionszwanges hervortreten; in England, wo kein Konzessionszwang gilt, war sie lange Zeit an der Tagesordnung. Wie man sich hier half, ist echt englisch. Man legte die Fabriken nahe zusammen, und jeder schützte sich gegen die Klage der Nachbarschaft unter Hinweis darauf, daß der Zusammenhang zwischen seiner individuellen Fabriktätigkeit und dem Schaden nicht nachweisbar sei. Durch diesen Trick gewann man meistens den Prozeß. Oder aber die größten Fabriken veranlaßten die kleinen, die am besten schützenden Einrichtungen ebenfalls anzunehmen: man teilte ihnen auch die entsprechenden Schutzerfindungen mit, sodaß auf solche Weise die Gesamtschädigung gemindert wurde.

Schließlich hat sich eine Reihe von Gesetzen vom Alkaligesetz 1861 an hiermit befaßt, so die Public Health Act 1891, 54,

[1] Formalistisch und unrichtig Breslau 30. 4. 1902 M. 5, 151.
[2] Vgl. auch RG. 22. 12. 1909 JW. 39, 149.

55 Vict. c. 76 und die darauf folgenden weiteren hygienischen Gesetze.

3. Bei uns müssen folgende Grundsätze gelten:

a) Möglicherweise ist die Gesamtwirkung der Störungen geringer als die Summe der Einzelstörungen, z. B. bei gleichzeitigen Erschütterungen, bei welchen der Nerveneindruck gewiß nicht in gerader Linie mit der Steigerung der Erschütterung erhöht wird. Hier sind die allenfallsigen Vergütungen zusammenzurechnen und ist die Gesamtsumme entsprechend auf sämtliche Fabriken zu verteilen: jede Fabrik vereinzelt hätte sonst vielleicht 10 000, jetzt jede nur 6000 zu zahlen.

b) Möglicherweise ist die Gesamtwirkung aber stärker als die Summe der Einzelwirkungen. Hier ist zunächst der Fall auszuscheiden, daß die eine Fabrik durch die Art ihrer Anlage an dieser Steigerung besonders beteiligt ist und durch schützende Maßregeln das Plus herabmildern könnte: dann ist an dieser Stelle auszuhelfen. Im übrigen ist jede Fabrik an dem Plus zu beteiligen, und dies ohne Rücksicht, ob ihre Anlage früher oder später erfolgte; denn die Haftung einer Anlage würde auch dann gesteigert, wenn durch hinzutretende sonstige ungünstige Umstände nachträglich ihre verderbliche Einwirkung erhöht worden wäre.

3. Lösungsmittel, Abwehr- und Ausgleichungsanspruch.

§ 57.

I. Der Abwehranspruch geht gegen den Eigentümer der Anstalt oder Einrichtung, sei es nun, daß er sie selbst geschaffen hat oder daß er der Nachfolger ist. Dies gilt z. B. von dem Anspruch wegen Vertiefung, § 909,[1]) es gilt von Anstalten, welche im Betriebe sind.

Wenn etwa ein Dritter auf dem Grundstück ein störendes Gewerbe betreibt, dann ist der Eigentümer zu belangen, der es duldet; denn dann enthält das Gewerbe eine von dem Grundstück herrührende Störung, die der Eigentümer zu ent-

---

[1]) Braunschweig 8. 3. 1901 M. 4,62; Kolmar 4. 6. 1908 M. 18,129.

fernen hat, ganz ähnlich, wie wenn etwa aus einem Hause Dünste entstehen und der Eigentümer dagegen nichts vorkehrt. [1]

II. Der Abwehranspruch spitzt sich nach den obigen Rücksichten zu; er kann auf ein Verbot der Anlage, auf ein Gebot der Entfernung der Anlage, auf ein Gebot von Milderungen und Schutzvorkehrungen, er kann auf eine ausgleichende Vergütung hinauslaufen. Wie der Anspruch und das ihm entsprechende Urteil zu fassen ist, wurde bereits S. 146 erörtert. [2]

Statthaft ist es, einen solchen Ausgleichsanspruch auch in die Zukunft hinein zur urteilsmäßigen Feststellung zu bringen, [3] vorbehaltlich der späteren Änderungen, wenn die Verhältnisse sich nachträglich anders gestalten. Das Urteil bindet auch die künftigen Eigentümer; der Grundgedanke ist nicht schuldrechtlich, sondern negatorisch.

III. Dem Anspruch kann eine Einrede entgegenstehen, wenn der Beschädigte durch die außergewöhnliche Art seiner eigenen Anlage, z. B. durch zu dünne Wände, den störenden Einflüssen selbst Zugang verschafft oder ihre Einwirkung begünstigt hat. [4] Eine Einwendung des Beklagten, daß er den Betrieb eingestellt habe, kommt nicht in Betracht, wenn die Erneuerung des Betriebes durch ihn oder seinen Rechtsnachfolger nicht außer dem Bereich der Wahrscheinlichkeit liegt. [5]

II. Das Unrecht und seine Lösung.

§ 58.

I. Von der Ausgleichsvergütung wohl zu unterscheiden ist die Verschuldungsentschädigung. Beides wird gewöhnlich zusammengeworfen, aber zu Unrecht. [6]

II. Eine Verschuldung liegt natürlich nicht in jeder Anlegung von Einrichtungen, welche Kollisionen mit den Nachbarinteressen verursachen: solche Einrichtungen erfolgen unter Vor-

---

[1] Unrichtig RG. 28. 2. 1900 E. 45,297.
[2] Vgl. auch Braunschweig 19. 3. 1884 S. 40 nr. 279.
[3] RG. 29. 4. 1890 E. 26,352.
[4] RG. 24. 2. 1912 JW 41. 589.
[5] RG. 27. 6. 1906 JW. 35 556.
[6] Vgl. z. B. RG. 29. 12. 1900 E. 47, 98; Kassel 5. 5. 1901 M. 5, 151. Vgl. von früher her RG. 13. 12. 1883 E. 11, 341, 345 und über die Klage wegen eventuellen künftigen Schadens RG. 29, 4. 1890 E. 26,352.

behalt der Ausgleichung und sind insofern berechtigt, umsomehr natürlich, wenn die staatliche Konzession hinzutritt. Aber
eine Verschuldung liegt vor,

1. wenn jemand eine Anlage, welche eine behördliche Genehmigung bedarf, ohne solche errichtet; dann handelt er,
ohne daß er die Interessen der Nachbarschaft in der entsprechenden Weise berücksichtigt hätte. In solchem Fall hat
auch die Wohlfahrtspolizei die Befugnis, ohne weiteres ihres
Amtes zu walten. [1])

2. Aber auch wenn er eine dieser Genehmigung nicht
bedürftige Anlage in einer solchen Weise errichtet, daß er die
gebräuchlichen Vorsichtsmaßregeln nicht beobachtet und die
üblichen Vorkehrungen nicht trifft; denn wenn auch eine gutgläubige Anlage vielleicht später noch Milderung und Sicherung bedarf, so ist dies wohl von dem Fall zu unterscheiden,
wenn jemand das unterläßt, was die gebräuchliche Rücksicht
für Andere gebietet. Vgl. § 908 BGB.

III. Hier bewegen wir uns nicht im Bereich der aus-
gleichenden Billigkeit, sondern im Bereich der Gegenwirkung
gegen eine unerlaubte Handlungsweise, [2]) §§ 823 und 826 BGB.

Daher:

1. der Anspruch zielt auf volle Entschädigung,

2. er ist nicht dinglich, geht daher nicht gegen den Eigentümer des Nachbargutes als solchen, sondern gegen denjenigen, der die Anlage hergestellt hat oder betreibt. [3]) Er
unterliegt natürlich auch der Verjährung des § 852. [4])

IV. Als Entschuldigungsgrund kann unter Umständen angeführt werden, daß der Nachbar die Herstellung ohne Widerspruch geduldet hat; denn es entspricht nicht den gutgläubigen
Nachbarverhältnissen, den Nachbarn bauen zu lassen und ihm
dann die Zerstörung anzusinnen.

---

[1]) OVG. 25. 10. 1886 E. 14, 323. Vgl. oben S. 125.
[2]) RG. 25. 10. 1905 S. 61 nr. 54; 13. 6. 1906 E. 63, 374.
[3]) RG. 12. 4. 1902 E. 51, 177.
[4]) RG. 21. 12. 1908 E. 70, 150.

III. Abschnitt.
Grenzverhältnisse.
A. Grenze.
1. Grenzanlagen.

§ 59.

I. Unter den agrarischen Grenzkonflikten sind zunächst die Zustände zu nennen, die eintreten, wenn sich Baumwurzeln oder Zweige in das Nachbargut erstrecken. Es ist ein allgemein deutscher Satz, daß in solchem Falle der Nachbar Wurzeln oder Zweige abhauen und sich nach Umständen aneignen darf. [1]

Heutzutage gilt nach § 910 BGB. folgendes:

1. Das Entfernungsrecht hört auf, wenn das Interesse aufhört.

2. Das Entfernungsrecht wird bei Zweigen dadurch abgemildert, daß es nur ausgeübt werden darf, wenn der Baumeigner auf Aufforderung hin die Zweige nicht selbst entfernt.

3. Das Entfernungsrecht ist ein dingliches Recht, auf dem Eigentum beruhend, nicht etwa ein schuldrechtlicher Anspruch auf Entfernung. Der Berechtigte kann nicht verlangen, daß der Baumeigner den Überhang oder Übergriff von sich aus entfernt. [2]

4. Dafür hat aber der Berechtigte die Befugnis der Aneignung der Zweige und Wurzeln. Die Aneignung ist dem Falle der Jagdgesetze zu vergleichen, wonach ein Grundeigentümer unter Umständen übertretendes Schwarzwild erlegen darf und Eigentümer des Tieres wird, Preuß. Jagdordnung § 64.

II. Das Entfernungsrecht kann sich stoßen an Interessen der Obstkultur: dies ist namentlich in Süddeutschland von Bedeutung; darum kann die Landesgesetzgebung Duldung verlangen und überhaupt nähere Bestimmungen treffen, a. 122. Nur eine vorübergehende Regel enthält a. 183, wonach für Waldgrundstücke die landesgesetzlichen Sonderbestimmungen bis zur nächsten Waldverjüngung in Geltung bleiben können.

---

[1] Vgl. Sachsenspiegel II 52: svat is ime volget, dat is sin; Goslar 31, 6: so mach he se selven af houwen. Vgl. jetzt auch französisches Gesetz 20. 8. 1881.
[2] Hamburg 16. 1. 1901 M. 2, 141.

III. Normen über Grenzanlagen sind im agrarischen Leben, sowohl was Bäume und Hecken in der Grenznähe betrifft, als auch was die Räume der Wohnung und des Handwerks angeht, von jeher in Übung gewesen. Unzählig.sind die Weistumsbestimmungen, welche den Abstand betreffen, die bei Pflanzungen, Backöfen, Senkgruben und ähnlichen Dingen eingehalten werden müssen, vgl. Sachsenspiegel II, 51. [1] Derartige Vorschriften werden füglich der örtlichen Gewohnheit anheimgestellt, die insoweit zum Rechte wird, als sich ein jeder dem überwiegenden Gebrauch fügen soll. Das BGB. hat deshalb in a. 124 alles nähere dem Landesrecht überlassen.

IV. 1. Anlagen an der Grenze, welche beiden Nachbarn dienen, können im Miteigentum beider stehen, indem das kleine Grenzgebiet, auf welchem die Anlage steht, mit allem, was darauf ist, Miteigentum wird; sie können aber auch Sondereigentum eines jeden Nachbarn bleiben, je für seinen Teil des Grund und Bodens, doch so, daß jedem Nachbarn die Benutzung des Ganzen in dem Maße zusteht, daß die beiderseitigen Interessen möglichst befriedigt werden. Das Recht eines jeden Nachbarn ist dann auf seinem Gebiet Eigentums-, auf dem Gebiet des Nachbarn servitutenartiges Recht, ein Recht nicht etwa durch Servitutenbestellung, sondern kraft generatio spontanea; so bei uns §§ 921 und 922.

2. Manche Rechte gehen vom Miteigentum aus; hiergegen spricht der Umstand, daß, wenn die Einrichtung aufgehoben und der Grund und Boden wieder frei wird, die Frage auftaucht: soll der Boden nun gemeinsam bleiben, oder soll man annehmen, daß die Bodengemeinschaft von selbst wieder auseinanderfällt, — also etwa bedingtes Miteigentum?

3. Die nämliche Frage gilt auch vom Grenzbaum, der bei uns durch eine fiktive Grenzlinie getrennt wird, aber so, daß jeder Nachbar das Verwertungsrecht hat, § 923.

4. In gleicher Weise entscheiden wir aber vor allem den Fall einer auf beiden Grundstücken gesetzten Grenzmauer. Sie ist an der Grenzlinie durch eine aufsteigende Fiktivgrenzfläche

---

[1] Vgl. auch die Bestimmungen in meinem Carolinawerk IV S. 252.

geteilt, aber jeder Mitberechtigte hat die Befugnis, nicht nur
bis in die Mitte hinein, sondern auch in das Gebiet der Nachbar-
hälfte Balken zu legen, so natürlich, daß beide für den jeder-
seitigen Bedarf sich einrichten müssen. Könnte man die Balken
nur bis zur Mitte legen, so würde die Festigkeit der Gebäude
darunter notleiden, ein Mißstand, der in früheren französischen
Coutumes schädigend hervorgetreten ist.

5. Von der Grenzmauer gilt folgendes:

a) Eine Grenzmauer wird vielfach von einem Nachbarn, der
zuerst baut, auf beiderseitigem Grund und Boden angelegt in
der Erwartung, daß sein Nachbargenosse, wenn er anbaut, ihm
die Hälfte der Mauer ersetzt, sodaß nun eine normale Gemein-
benutzung im obigen Sinne eintritt. Die Sache gestaltet sich
jetzt einfach so: in bezug auf den eigenen Grund und Boden
des Bauenden steht die Mauer in seinem Eigentum, in bezug
auf den fremden Grund und Boden hat er ein Erbbaurecht kraft
generatio spontanea, weshalb er beispielsweise auch die Befugnis hat, die Mauer mit Reklamen zu bekleben.[1]) Baut aber
der Nachbar an, so erklärt er damit, diesen Teil der im Erbbaurecht des Andern stehenden Mauer zu seinem Eigentum
zu machen. Der Erstere muß sich diese Verwandlung gefallen
lassen, denn das Erbbauverhältnis ist nur ein Notverhältnis, das
Normalzuständen weichen muß; natürlich kann der anbauende
Nachbar diese Verwandlung nur verlangen, wenn er dem
Ersteren für diese Mauerhälfte Ersatz bietet. Dies alles sollte
selbstverständlich sein.

b) Diese Behandlungsweise der Sache war natürlich umso
sicherer unter den Gesetzen, welche nach Art des romanischen
Rechts den Grundsatz aufstellten, daß mindestens in Städten
und Vorstädten jeder Grundeigentümer das Recht habe, von
dem Anderen zu verlangen, daß eine gemeinsame Um-
schließungsvorrichtung gebaut werde;[2]) was sich dann im
rheinischen Rechte vielfach so gestaltete, daß der Erstbauende

---

[1]) Köln 17. 6. 1911; über die rheinische Praxis Rheinisches Archiv
109, 277.

[2]) Die Bestimmungen der Coutumes sind bekannt; aber auch die
italienischen Stadtrechte enthalten den gleichen Rechtssatz, wie ich
s. Z. gezeigt habe, Centenaire du Code civil (1904) II p. 620. Vgl.
auch unten S. 275.

eine s. g. Giebelmauer halb auf seinem, halb auf des Nachbars Grundstück errichtete und von diesem dann, wenn er anbaute, die Hälfte des Wertes der Mauer begehrte. Diese Umschließungspflicht hat man nach dem Bürgerlichen Gesetzbuch in Elsaß-Lothringen (Ausf.-Ges. 69—72) beibehalten, dagegen nicht in Bayern, nicht in Baden und nicht in Preußen,[1]) und nun hat man seltsamerweise so argumentiert: Wenn der Hauseigentümer die Mauer über die Grenze hinausbaut, so werde der Nachbar vollständiger Eigentümer dieses übergebauten Teiles, und wenn er dann anbaue, so habe er keinen Ersatz zu leisten, höchstens könne verlangt werden, daß, was er in die Mauer (wenigstens über die Mittellinie hinaus) eingebaut hat, entfernt werde; was zu geradezu sinnwidrigen Resultaten führt. So ist es vorgekommen, daß sich in Mannheim ein angebauter Nachbar weigerte, die Mauerhälfte zu zahlen, worauf der andere kurz entschlossen die Wegnahme der Balken usw. begehrte, sodaß das Nachbarhaus ganz umgebaut werden mußte. Es geht nichts über eine praktische Jurisprudenz!

c) Diese höchst sonderliche Ansicht rührt aus Karlsruhe[2]) her und ist leider durch das Reichsgericht bestätigt worden,[3]) wogegen sich die Rechtsprechung der Oberlandesgerichte ziemlich einstimmig aufgelehnt hat.[4])

d) Mit dem Anbau erfolgt also die Umwandlung des Erbbaurechtes in das Eigentum des anbauenden Nachbarn an der Mauerhälfte, und damit entsteht dann die Ausgleichsforderung auf Ersatz der Herstellungskosten an den erstbauenden Nachbarn. Hieraus folgt:

---

[1]) Bayer. Ausf.G. 70, Preuß. Ausf.G. 24, Bad. Ausf.G.
[2]) Karlsruhe 10. 12. 1909. Unrichtig auch München 15. 3. 1913 M. 29, 340, aber auch 17. 1. 1914 M. 79, 341.
[3]) RG. 8. 2. 1911 Rheinisches Archiv 108 S. 360. Auch badische Rechtspraxis 1911 S. 158, vgl. auch JW. 41, 491.
[4]) Düsseldorf 30. 11. 1911 Rh. Archiv 109, 277 und 15. 2. 1912 Rhein. Ztschr. V. 544; Köln 17. 6. 1911 (über die Rheinische Praxis vgl. Rhein. Archiv 109, 282); OLG. Dresden 10. 10. 1911 JW. 41, 1037; OLG. München, 17. 1. 1914 Leipziger Ztschr. VIII 837. Richtig auch Dresden 30. 11. 1909 und 14. 12. 1909 Sächs. Archiv VI 387, 417; Nürnberg 6. 4. 1907 Bayr. Rechtspflege III 335. Darüber besteht eine ganze Literatur, z. B. Breit, Sächs. Archiv VI 385, Nützel, Bayr. Zt. f. Rechtspflege X 179, Vossen, Rhein. Ztschr. V 541 u. a.

aa) Der Ersatzanspruch steht demjenigen zu, welcher zur Zeit des Anbaues eigenberechtigt ist.

bb) Er steht ihm zu mit dem Moment des vollendeten Anbaues, also auch dann, wenn er in der Zwischenzeit in Konkurs gekommen und der Konkurs erledigt worden ist.

cc) Er steht ihm zu nach Maßgabe der Herstellungskosten, die natürlich vor oder nach dem Anbau in bindender Weise festgesetzt werden können. [1]

e) Braucht ein Nachbar eine Erhöhung der Grenzmauer, so steht ihm das Erhöhungsrecht zu, nur daß er für die gehörige Festigkeit der Mauer von ihren Fundamenten aus sorgen muß. Von der Erhöhung gilt dann das nämliche, wie vorhin: auch hier kann der Nachbar die Hälfte der Erhöhungsmauer durch Zahlung des Wertes zu seinem Eigentum machen. So ausdrücklich C. Nap. a. 658—660 (Cout. de Paris a. 195, 196), Preuß. Ausf.-G. zum BGB. a. 23. Dies ergibt sich aus der Natur der Sache und aus der Vernunft der Verhältnisse von selbst.

f) Das Thema der Grenzmauer ist ein uraltes Thema des Rechts. So lange man städtisch baut, baut man entweder so, daß zwischen den Gebäuden ein Zwischenraum besteht, der, um dem praktischen Leben zu genügen, eine bestimmte Weite haben muß, oder man baut direkt an: dann baut man natürlich nicht zwei, sondern eine genügende Mauer, woraus sich dann Verhältnisse der Gemeinschaft und der Gemeinbeteiligung entwickeln, und der Nachbar, der anbaut, an den Kosten der gemeinsamen Mauer teilnehmen muß. So in vielen Statuten, so aber auch schon im hellenistischen Recht, insbesondere nach dem Hallenser Papyrus. [2]

So Catania 62:

Si quis voluerit aedificare prope domum seu aedificium alicujus pro ampliore aedificatione domi suae cum aedificiis seu muris dicti vicini sui et communitaten habere, quod compellatur vicinus officio judicis ad communicandum aedificium seu murum suum proprium, — dummodo quod in ipso muro proprio antiquitus non appareat aedificata porta seu fenestra —, soluta prius domino dicti muri seu aedificii medietate extimationis dicti sui muri. Ita tamen quod stillicidia domus dicti muri seu aedificii, quod petitur communicari, nullatenus pervertantur. Si vero murus, qui petitur communicari, non sit illius firmitatis, quae possit utriusque onera domus substinere, qui petit communicationem, teneatur murum illum reaedificare de novo suis sumptibus; ita quod utrumque onus substineat. Et si, ultra quod extimatus fuerit, reaedificatio ipsa

---

[1] Nürnberg 27. 6. 1913 Bayer. Zeitschr. X, 194.
[2] Z. vgl. R. XXX 321, XXXII S. 323. Die Hallenser Philologen hatten die Stelle gründlich mißverstanden.

ascenderit, reaedificare de suo proprio teneatur; sin autem minus, residuum partis contingentis reservatur domino dicti muri.

So Ragusa 1272 V c. 8:

Si quis suum laborerium in comunalem murum affirmare voluerit, de tanto, quanto se in eundem murum affirmaverit, secundum quod bonihomines . . . illud appreciabuntur, domino alterius partis solvere teneatur. Sed si in dictum murum affirmare noluerit, dimisso spacio unius pedis ab ipso muro laboret in se.

So in deutschen Statuten und Urkunden:

a) Kölner Schreinsbuch v. 12. Jahrh. II, 75:

murus et imbrex inter E. et W. utriusque est et de herede in heredem durabit; et si murus aut imbrex vestutate, ut fit, corrumpitur, ab his utrisque et suis heredibus restaurabitur de anno in annum.

b) Aus deutschem Recht vergleiche man ferner Urkunde v. 1341 bei Ennen und Eckertz, Kölner Quellen IV nr. 249:

Vort sy zo wissen, dat Mathys durch die mure des huys zome Reesen tzwene ancker gelacht hait, dat die vrauwe Lorette off yre erven ouch moigen zwene enckere leigen durch dieselve mure, off sy willent in alle der wys, as sy Mathys vur gelacht hait.

c) So Züricher Richtebrief IV 46 f und andere Schweizer Rechte bei Huber IV 732:

wil der ander sin gewer auch in die muren legen, so sol er auch die mure halbe gelten und sol danne dü. mure beiden hüser gemein sin.

d) Ein Streit über Gemeinmauer s. in meinem Carolinawerk IV S. 253.

e) In den Coutumes wird das Thema von dem mur mitoyen unzählige Mal variiert.

II. Abmarkung.

§ 60.

I. Das Abmarkungsrecht ist eine Eigentumsbefugnis, beruhend auf der individualisierenden Stellung des Eigentumsgrundstücks im Gesamtverband. Der Eigentümer hat daher die Befugnis, zu verlangen,

1. daß in entsprechendem landesgesetzlichen Verfahren der freiwilligen Gerichtsbarkeit die Grenze festgesetzt und 2. daß die festgesetzte Grenze durch Grenzzeichen markiert wird. Dies ist eine alte Einrichtung, die sich überall findet; so in unzähligen deutschen Rechten, so in den Coutumes, so im Preußischen Landrecht I, 17, 362, I 8, 171, so im Code Napoleon a. 646, so im Schweizer Gesetzbuch a. 669, und so im BGB. § 919, wo auch von dem berühmten „verrückt gewordenen" Grenzstein die Rede ist.

II. Die geschaffenen Grenzzeichen werden auch strafrechtlich geschützt, so eine Grenzbezeichnung jeder Art, § 274 Z. 2
St. G. B., so besonders auch ein Grenzrain: er ist geschützt
gegen Abpflügung, § 370, Z. 1 StGB. [1]

B. Überwirkung.
I. Notweg.
§ 61.

I. Das Notwegrecht könnte so gestaltet sein, daß der Berechtigte einen Anspruch auf Bestellung einer Notwegservitut
hätte, die dann wie eine Servitut behandelt würde und, wenn
das Notwegbedürfnis aufhört, wieder aufzuheben wäre. So
ist die Sache in Österreich nach dem Notweggesetz vom 7. 7.
1896 geregelt: der Notweg wird dort ins Grundbuch eingetragen, und bei Aufhören des Bedarfes wird nötigenfalls ein
Erkenntnis erlassen, daß die Servitut wieder zu löschen sei,
§§ 17 und 24.

II. Eine solche Anschauung entspricht den Gedanken des
germanischen Rechtes nicht; dieses geht dahin, daß jeder
Nachbar dem anderen auszuhelfen hat, um die gemeine Straße
zu erreichen, ein Aushelfen, das so lange zu gewähren ist,
als das Bedürfnis besteht, aber auch von selbst aufhört, wenn
man dieser Hilfe nicht mehr bedarf. In zahlreichen Weistums-
sätzen wird der Notweg als Notweg zur Zeit der Ernte oder
der Aussaat besprochen: der Notwegbedürftige soll den
Anderen darum begrüßen „und mit seinem Willen fahren mit
Ablegung der Schäden". [2] Er soll sorgen, daß der Nachbar
möglichst wenig Schaden leidet; [3] und in der Schweiz spricht
man von Winterfahrweg, von Tränkweg, von Reistweg (zur
Abwärtsbeförderung des Holzes) usw.

Der Grundgedanke ist daher: der Notweg beruht auf dem
Nachbarrecht, er besteht, sobald das Bedürfnis vorhanden ist,
er vergeht, sobald das Bedürfnis wegfällt; nur das kann noch

---

[1] RG. 28. 9. 1911 Goltd. 59, 343; RG. 21. 9. 1894 E. St. 26, 74;
auch RG 8. 12. 1887 E. St. 17, 10; RG. 24. 1. 1890 E. St. 20, 202;
RG. 18. 10. 1892 E. St. 23. 254; RG. 7. 5. 1894 Goltd. 42, 125.
[2] Taiding von Pongau in Salzburger Taidingen 192, 36.
[3] Taiding von Wartenfels und von Hüttenstein ebenda 154, 4 und
172, 10.

erforderlich sein, daß der Weg nach Richtung und Ausdehnung
näher festgelegt wird: dies zu verlangen, hat jeder das Recht,
ganz ähnlich wie bei einer örtlich unbestimmten Wegeservitut
jeder Beteiligte der Ordnung halber eine nähere Festlegung
erheischen darf. Schwierigkeiten können sich allerdings erheben, wenn der Notweg auf einer Mehrheit von Grundstücken wahlweise genommen werden kann: hier ist die Gesamtheit der Grundstücke als Einheit zu betrachten und der
Notweg ebenso zu bestimmen, wie wenn die Grundstücke nur
eines wären; ganz ähnlich auch, wie wenn auf einem Grundstück eine unbestimmte Wegegerechtigkeit besteht und nach
Zerlegung der Grundstücke eine örtliche Regelung begehrt
wird, § 917.

III. Die Zahl der Weistümer und Taidinge, die vom Notweg und
vom zeitweisen Wegebedarf sprechen, ist Legion.

In vielen Weistümern wird der Umfang des zugestandenen Weges
mit deutscher Anschaulichkeit geschildert: so breit, daß zwei eine Braut
leiten und vier einen toten Leichnam tragen können;[1] so breit und
weit, daß ein Esel darinnen gahn kann mit ein Sack und ein Knecht
darbeneben mit Stecken oder Ruthe;[2] daß ein Esel unbedrängt
mit ein Malter Frucht gehen kann.[3] Oder auch ein Weg 30 Schuh weit.[4]

So Pürg (Steirische Taidinge 25,25): so soll der, der zeitig Korn
oder hei hat, ainen weeg in des andern Frucht abschneiden oder mäen,
ob er darüber zu faren recht hat, und dem andern solch garben . . .
nach billichen widerlegen.

IV. Das Notwegrecht ist also ein aus der Lage des Grundstückes und aus den Erfordernissen des Wirtschaftslebens von
selbst hervorgehendes Recht, welches nur der nachbarlichen
Regelung, nicht der Sonderbestellung bedarf, § 917 B. G. B.
Daraus ergibt sich folgendes:

1. Das Notwegrecht geht aus der Lage der Grundstücke
hervor und beruht auf der Notwendigkeit, bei Abgeschlossenheit eines Grundstückes wirtschaftlich zu helfen; bloße Un-
bequemlichkeit ist noch keine Abgeschlossenheit.[5] Hört diese
Abgeschlossenheit auf, dann hört der Notweg von selbst auf;[6]

[1] Weisthum Lommersum, Grimm II, 724.
[2] Weisthum Oberwesseling, Grimm III, 847.
[3] Weisthum Steinmark, Grimm VI, 79.
[4] Weisthum Unterelsaß, Grimm V, 477.
[5] Stuttgart 22. 11. 1859 S. 13. nr. 210.
[6] Karlsruhe 12. 4. 1901 M. 2, 506, so auch das englische Recht
Holmes v. Goring bei Gale p. 178.

beginnt die Geschlossenheit, so beginnt auch das Wegerecht, weshalb, wer in solchem Falle das Grundstück begeht, der Strafbestimmung des § 368 Z. 9 StGB. nicht unterliegt. [1]

2. Es kann daher auch als Einrede geltend gemacht werden. [2]

3. Es richtet sich nach den wirtschaftlichen Bedürfnissen und kann sich daher mehren oder mindern.

4. Die Regelung erfolgt durch Vereinbarung oder durch Urteil. Maßgebend für das Urteil ist die Sachlage unter Berücksichtigung aller wirtschaftlichen Verhältnisse; insbesondere braucht der Notweg nicht der kürzeste Weg zu sein. [3] Eine Vereinbarung kann auch stillschweigend erfolgen: längeres Geschehenlassen kann als Vereinbarung gelten. [4]

Die Regelung ist nicht etwa eine Begründung oder Bestellung einer Servitut und bedarf daher nicht der Eintragung ins Grundbuch. Sie erfolgt mit dem Eigentümer, [5] dinglich Berechtigte sind nur dann heranzuziehen, wenn sie nach der Sachlage bedeutend beteiligt sind (z. B. Nießbraucher).

5. Der Notweg ist mit einer reallastartigen Notrechtrente verbunden, die mit dem Augenblick entsteht, in welchem der Notweg benutzt wird oder als benutzungsfähig bereit steht. [6]

Nach diesem Augenblick ist auch die Notwegrente zu bemessen; eigentlich sollte sie steigen und fallen je nach den Preisumständen, was aber dem praktischen Leben widerspräche; denn es muß einmal eine Beruhigung eintreten. Hat der Notwegbelastete die Regelung verzögert, es insbesondere

---

[1]) KG. 1. 7. 1909 JZ. 14, 1446.

[2]) ObLG. Bayern 25. 5. 1906 S. 61 nr. 205, dies hat man unter dem Pandektenrecht aus unbegreiflichen scholastischen Gründen verneint, Jena 3. 3. 1840 S. 6 nr. 156; Kassel 25. 5. 1850 S. 13, 211; Kiel 11. 8. 1860 S. 14 nr. 114.

[3]) ObLG. Bayern 30 4. 1906 S. 62 nr. 41; so auch das englische Recht „most direct and conVenient", Pinnington v. Galant 1853 bei Gale p. 182.

[4]) Das französische Gesetz vom 20. 8. 1881 operiert mit 30jährigem Gebrauch.

[5]) Braunschweig 23. 8. 1900 S. 56 nr. 150.

[6]) RG. 22. 12. 1915 S. 71 nr. 91. Das RG. nimmt an: mit der Rechtskraft des Urteils; allein diese kann nicht unbedingt maßgebend sein. Wie, wenn der Nachbar den Notweg bereits längst benutzt hat oder wenn der Belastete ihm den Weg verlegt?

zum Prozeß kommen lassen, so muß natürlich auf einen früheren Zeitpunkt zurückgegriffen werden, falls damals die Preise geringer waren.

6. Das Notwegrecht entsteht mit der wirtschaftswidrigen Umschlossenheit des Grundstückes. Eine solche liegt natürlich dann nicht vor, wenn ein Grundstück, das einen Weg nach der Straße hat, örtlich geteilt und durch diese Teilung in zwei Grundstücke zerlegt wird: bei solcher Zerteilung entsteht nach dem Obigen (S. 44) kraft generatio spontanea das Wegrecht vom inneren über das äußere Grundstück bis zur Straße hin; und es ist daher keine Rede davon, daß jenes Grundstück vom Wege abgeschnitten wäre. Die Notwegslage ist daher nicht gegeben, mithin ist auch § 918 Absatz 2 völlig überflüssig, ja irreführend.

Wenn übrigens in § 918 bemerkt ist, daß, wer durch seine Verfügung sich selbst in die Ungelegenheit der Absperrung bringt, keinen Notweg begehren kann, so will dies nicht etwa ein absolutes Versagen bedeuten: es wird hier nur ausgesprochen, daß, wenn ein solcher Nachbar sich mit größeren Kosten einen Weg verschaffen kann, er die größeren Auslagen tragen, oder wenn er durch Wiederherstellung des früheren Zustandes helfen kann, diese Wiederherstellung möglichst versuchen soll, um der Mißlichkeit der Absperrung zu entgehen. Schlimmstenfalls erlangt er den Notweg nicht in der billigen Weise einer Notwegrente, sondern nur gegen vollen Schadenersatz. Eine volle Abgeschlossenheit aber, sodaß das Grundstück unbenutzbar wird, kann keine Kultur verlangen.

7. Die Verhältnisse des herrschenden Grundstücks sind entscheidend für das Bedürfnis: das Herrenhaus kann einen umfangreicheren Weg verlangen als ein Bauernhaus.[1] Daher

a) eine Änderung der Wirtschaft des Grundstückes und ein Wechsel seiner Bestimmung kann einen Notwegbedarf herbeiführen, welcher früher nicht bestand, da früher die Verbindung mit der Straße ausreichte, jetzt nicht mehr.[2]

b) Allein dies darf nicht übertrieben werden. Wenn jemand in einer an sich recht unangemessenen Lage ein Unternehmen

---

[1] Kassel 29. 11. 1915 S. 71 nr. 90.
[2] RG. 21. 2. 1914 S. 69. nr. 199 = JZ. 19, 698.

errichtet, welches ganz besondere Wegebelastungen herbeiführt, dann wäre dies ein Mißbrauch des Instituts. [1]

c) Hat das Grundstück eine genügende Verbindung mit dem öffentlichen Weg, dann ist die Funktion, welche allenfalls der Notweg aushilfsweise zu erfüllen hat. vollzogen. Weiteres kann vom Notweg nicht verlangt werden: der Notweg soll nicht jede Hilfe bieten, er soll nur dem Grundstück die Verbindung mit der öffentlichen Straße verschaffen. Die Art, wie die öffentliche Straße imstande ist, ist Sache der Staats- und Gemeindeverwaltung, sie liegt außerhalb des der Eigentumsordnung angehörigen Notweginstituts. Wenn daher der öffentliche Weg nicht genügt oder wenn er zeitweise außer Stand ist, dann kann derjenige, der diese Verbindung mit der öffentlichen Straße hat, nicht etwa einen Notweg nach anderer Richtung hin verlangen. Was er geltend machen kann, ist höchstens das Notrecht des § 904 BGB., das aber außerhalb unserer Betrachtung liegt; er kann auch möglicherweise, wenn eine öffentliche Kalamität vorliegt, die Polizei anrufen. [2] Die Vermischung dieser Dinge mit dem Notwegrecht würde die Sache in ein falsches Geleis bringen. [3]

V. 1. Das Notwegrecht ist aus agrarischen Verhältnissen hervorgegangen, ist aber in unsere industriellen und sonderwirtschaftlichen Verhältnisse hineingewachsen. Es gilt nicht nur von Land-, sondern auch von Industriegrundstücken, auch von Grundstücken des persönlichen Gebrauchs; denn überall verlangt unsere Kulturordnung eine solche Regelung des Bodens, daß die unnötigen Hemmnisse der menschlichen Entwickelung entfernt werden. Dies gilt auch für Waldgrundstücke, und das österreichische Notweggesetz, welches früher den Wäldern den Notweg versagt hat, mußte später durch Gesetz vom 9. 1. 1913 den Mangel verbessern.

2. Ein den Notweg begründender wirtschaftlicher Bedarf liegt nicht nur dann vor, wenn der Eigentümer für seinen Eigentumsbetrieb einen Weg nötig hat, sondern auch, wenn ein

---

[1] Karlsruhe 10. 2. 1905 M 12, 124.
[2] OVG. 1. 4. 1885 E. 12, 401.
[3] Vgl. insbesondere Augsburg 26. 4. 1911 Zeitschrift bayr. Recht 8, 15.

dinglich Berechtigter, z. B. ein Jagdinhaber, nicht ohne den Notweg auskommen kann. Der Notweg soll die Grundstücke nach allen Seiten hin der wirtschaftlichen Benutzung zugänglich machen. Vgl. S. 302 und 309.

3. Der Notweg gilt für den Erdverkehr, nicht für den Luftverkehr, für welchen ganz andere Rücksichten gelten. Wird einmal der Verkehr durch Luftfahrzeuge von Wohnungen oder Betriebseinrichtungen aus allgemein, dann werden sich dafür auch besondere Grundsätze entwickeln müssen, was bis jetzt nicht der Fall ist. Auch ein Notweg im Sinne einer Verbindung durch Schwebebahnen oder durch eine Drahtseilbahn in der Luft, sei es für Menschen oder für den Warenverkehr, kann nicht verlangt werden: er ist eine Seltenheit und bringt ungewöhnliche Belästigungen mit sich.[1] Über Drainierröhren vgl. unten S. 174.

4. Was die Verbindung mit dem Wasserverkehr betrifft, so kann die Funktion eines Wasserweges von so großer Bedeutung sein, daß auch eine Verbindung mit ihm zur Lebensfrage wird; die Frage ist den örtlich wirtschaftlichen Bedürfnissen überlassen und es haben darüber die Landesgesetze zu entscheiden. Dasselbe gilt auch für die Verbindung mit einer Eisenbahn, a. 123.

VI. Der im deutschen Überbaurecht waltende Gedanke, daß der Grundeigentümer vom Überbauenden die Erwerbung von Grund und Boden verlangen kann, sodaß dadurch endgültige Absonderungen entstehen, ist auch im Notwegverhältnis ein Gedanke der Billigkeit, weil er den Zusammenstoß der Interessen für immer begleicht; er ist im österreichischen Notweggesetz 1896 § 7 zum Ausdruck gekommen.

II. Überbau.

§ 62.

I. Es ist ein soziales Interesse, daß die Bauwerke, auch wenn sie mit dem Grundeigentum in Widerspruch stehen, nicht ohne weiteres entfernt werden müssen, sondern daß

---

[1] ObLG. Bayern 30. 4. 1906 S. 62 nr. 41.

eine billige Ausgleichung der Interessen stattfindet. Das Recht soll womöglich die grundlose Zerstörung von Werken verhüten.

II. Hier kommt folgendes in Betracht:

1. eine außergewöhnliche künstlerische Bedeutung des Baues widerstrebt der Vernichtung. Dieses Moment ist in den Gesetzen nicht ausgedrückt, aber es liegt in der Vernunft der Sache. Man denke sich, daß in einem Bau ein außerordentlich bedeutungsvolles Fresko angebracht ist oder kunstvolle Stukkaturen, die bei jeder Verschiebung Schaden leiden. Dieser Umstand kann überall in Betracht kommen, wo ein Grundstück auf fremdem Grund und Boden steht, ohne Rücksicht auf die Besonderheit der Verhältnisse. Die Rechtsordnung darf der Kunst nicht ins Gesicht schlagen. Vorausgesetzt ist, daß nicht durch Bodenverschiebung abgeholfen werden kann.

2. Abgesehen davon kommt der Fall des Überbaues in Betracht: wenn jemand auf seinem Grund und Boden (als Eigentümer oder als gutgläubige Besitzer) gebaut hat und wenn es sich nun herausstellt, daß sein Bau in das Nachbargut hineinragt. Der Gedanke, daß ein solcher Überbau geschont werden muß, ist universell;[1]) er ist auch altgermanisch und schon in alten Zeiten haben solche Bestimmungen bestanden, bis schließlich das Preuß. Landrecht I 9,340 und die modernen Gesetze die Sache geregelt haben, so BGB. §§ 912—916.

3. Bei dem Überbau kommen zwei Momente in Betracht:

a) das Interesse des Bauenden an sich, sofern er durch Niederlegung des Baues direkten Schaden leidet;

b) das Interesse des Bauenden als Nachbareigentümer, sofern durch Niederlegung des Überbaues ein auf seinem legitimen Boden errichteter Bau verkümmert wird. Dies unterscheidet den Überbau von dem Fall, daß völlig auf fremden Boden gebaut wird, welcher Fall anderen Regeln unterliegt.

Man hat für den Überbau ethische Grundsätze walten lassen: man sagte, wenn der Überbauende in gutem Glauben

[1]) Enzyklopädie II S. 51.

war und wenn es der Nachbar an einem festen, den objektiven
Rechtsstandpunkt scharf betonenden Verhalten fehlen ließ,
wenn er insbesondere keinen Widerspruch erhob: dann lägen
Gründe vor, den Bau zu erhalten und eine angemessene Ausgleichung eintreten zu lassen. Das BGB. § 912 nimmt dies
überall an, wenn dem Bauenden weder Vorsatz noch grobe
Fahrlässigkeit zur Last fällt und wenn der Nachbar nicht einen
sofortigen (nicht etwa bloß unverzüglichen) Widerspruch erhoben hat. Das Schweizer Gesetzbuch a. 674 hat einen weiteren Blick und läßt überhaupt die Umstände walten; denn es
ist allerdings auch der Fall möglich, daß durch den Überbau
das Nachbargrundstück ganz unbrauchbar wird und so eine
schwere Unbilligkeit auf dieser anderen Seite entsteht.

III. Das Überbaurecht begleicht einen Widerspruch zwischen dem Bauwerke und dem dinglichen Recht am Grund und
Boden. Ein solcher Widerspruch findet nicht nur statt, wenn
das Bauwerk im Gegensatz steht zum Rechte des Eigentümers, sondern auch, wenn im Gegensatz zu einem auf dem
Eigentum ruhenden dinglichen Rechte, z. B. einer servitus
altius non tollendi. [1])

IV. Noch mehr gilt dies, wenn nicht einmal ein Widerspruch
mit einer Servitut vorliegt, sondern nur ein Widerspruch mit
landespolizeilichen Vorschriften, wonach zwischen Nachbarbauten eine gewisse Entfernung walten soll. [2])

In allen diesen Fällen sind die Interessen im obigen Sinn
auszugleichen.

V. Eine andere Frage ist, ob nicht nur der Eigentümer des
Nachbargrundstücks, sondern auch ein dortiger dinglich Berechtigter den Widerspruch gegen den Bau erheben, also eine
operis novi nunciatio vornehmen darf. Dies ist zu bejahen von
dem Erbbau- und Servitutenberechtigten, nicht aber vom
Mieter und Pächter, der die Regelung der Grundverhältnisse
dem Eigentümer überlassen muß, und nicht vom Hypothekar,
der nur am Wert des Grundstücks, nicht an seinem realen
Bestand beteiligt ist.

---

[1]) Verkehrt und formalistisch RG. 4. 12. 1900 E. 47, 356 und
17. 6. 1901 E. 48, 262.
[2]) Auch hier unrichtig RG. 15. 12. 1915 JW. 45, 403.

VI. Die Gesetze sprechen nur von dem guten Glauben des Überbauenden, aber es kann auch der gute Glaube des Erwerbers des Grundstücks in Betracht kommen. Die Billigkeit spricht dafür, daß auch er geschont wird ohne Rücksicht auf die Verhältnisse zur Zeit jenes Baues, vor allem wenn eine angemessene Frist verstrichen ist und daher der Gedanke nicht mehr auftauchen kann, daß etwa ein bösgläubiger Überbauender auf einen späteren gutgläubigen Erwerber spekuliert hat. Das Schweizer Gesetzbuch a. 674 erfaßt diesen Fall zwar auch nicht ausdrücklich, aber er liegt in der Vernunft der Sache.

VII. Der gute Glaube kann nicht nur auf einem Irrtum über die Nachbargrenze beruhen, sondern auch auf einem Irrtum in der Beurteilung der Eigentumsverhältnisse überhaupt; so wenn der Bauende glaubt, Eigentümer des ganzen Nachbargrundstückes zu sein,[1] oder wenn er auf Grund eines vermeintlichen Vertrages[2] oder auf Grund des Eigenbesitzes handelte.[3] Immerhin muß es sich aber auch bei dieser Art des Überbaues um einen wirklichen Überbau handeln, nicht um einen Fall, wo jemand den ganzen Bau auf fremdem Grund und Boden gelegt hat; vgl. oben S. 165: in solchem Fall müssen andere Betrachtungsweisen eintreten.

VIII. Der Ausgleich erfolgt nach dem Schweizer Gesetzbuch durch angemessene Entschädigung. Unser bürgerliches Gesetzbuch „schablonisiert" die Sache, indem es eine Überbaurente als eine auf dem Überbaugrundstück liegende Reallast ansetzt, die einer Eintragung nicht bedarf und bei der eine Eintragung im Grundbuch nur insofern bedeutungsvoll ist, als hierdurch ihre etwaige Höhe oder ein etwaiger Verzicht konstatiert werden kann, §§ 913, 914.[4] Übrigens ist dem überbauten Eigentümer vorbehalten, zu verlangen, daß ihm unter Abtretung des Grund und Bodens, auf dem der Überbau steht, eine entsprechende volle Entschädigung gewährt wird, § 915.

---

[1] RG. 1. 10. 1913 E. 83, 142.
[2] RG. 11. 6. 1902 E. 52, 15.
[3] RG. 1. 10. 1913 E. 83, 142.
[4] Ist der Verzicht nichtig, so bleibt es beim alten, RG. 2. 7. 1910 E. 74, 87; doch gilt auch hier der gute Glaube des Grundbuches.

Es ist dies ein Fall der umgekehrten Enteignung, wodurch eine dauernde Besonderung eintritt.

IX. Das Überbaustück steht, so lange ein solcher Eigentumswechsel nicht stattgefunden hat, nicht im Eigentumsrecht, sondern im Erbbaurecht des Bauenden und seiner Rechtsnachfolger. [1])

X. Höchst mißlich ist es, wenn ein Bau hiernach nicht weiter bestehen kann und zu entfernen ist (S. 165). Der Bodeneigentümer hat dann das Recht, die Freiheit des Bodens zu beanspruchen und den Überbau niederzulegen, was natürlich möglichst schonlich geschehen soll. Die Kosten der Entfernung hat derjenige zu ersetzen, den eine Verschuldung trifft. [2]) Das Schweizer Gesetz hat in a. 673 die angemessene Bestimmung, daß, wenn der Wert des Baues den Wert des Bodens übersteigt, der Gutgläubige verlangen kann, daß ihm das Eigentum an Bau und Boden gegen angemessene Entschädigung zugewiesen wird — eine Bestimmung, welche viele Härten auszugleichen vermag.

III. Licht und Luft.

§ 63.

I. Die Sorge für Licht und Luft und die Bestimmung, daß so zu bauen ist, daß man dem Nachbarn nicht die Wohnung verdunkelt, ist dem deutschen Recht von jeher eigen gewesen. Der Deutsche mit seinem Gemeinsinn will eine Wohnung, in der er sich heimisch fühlen kann; allerdings sind die Lichtansprüche, die frühere Zeiten machten, nicht so bedeutungsvoll gewesen, wie heutzutage; doch das wollte der Deutsche schon von ehedem, daß ihm Licht und Luft nicht verbaut und der Himmel nicht abgeschnitten werde; vergl. Schwabenspiegel (Laßb.) a. 371: er sol ez in der höhi richten, daz sin (des Nachbars) liecht nüt verzimberet wäre; vgl. auch den Kölner Schreinsbucheintrag aus dem 12. Jahrhundert: domum suam inter aurifices tali conditione sibi comparavit, quod nullus aliquo edificio sibi lumen auferre poterit versus Judeos zu deme givele. (Höniger I, S. 282.)

---

[1]) Vgl. RG. 1. 10. 1913 E. 83, 142.
[2]) RG. 20. 1. 1909 E. 70, 200.

II. 1. Dem entsprechen die unzähligen Bestimmungen des deutschen Rechts, daß Gebäude in bestimmter Entfernung von einander errichtet werden müssen, und daß namentlich, wenn ein Gebäude bereits einige Zeit besteht, Nachbarbauten so zu gestalten sind, daß ihm das Licht nicht genommen wird. Da hier vieles aus dem Ortsgebrauch hervorgegangen ist und langjähriger Gewohnheit entspricht, so hat man von Reichs halber nicht eingegriffen, sondern die Sache der Landesgesetzgebung überlassen.

2. Die Landesgesetzgebung pflegt allgemein zwischen bloßen Lichtöffnungen und Fenstern und Aussichtsanlagen zu unterscheiden. Die Lichtöffnungen sollen einiges Licht spenden, aber so, daß durch ihre Höhe und durch die Art ihrer Verrammlung gegen die nachbarliche Vorwitzigkeit Vorkehrung getroffen ist. Solche Lichtöffnungen sind meist ohne Beschränkung gestattet. Anders die Fenster und Aussichtsanlagen, welche die Möglichkeit geben, belästigend in die nachbarlichen Wohnräume einzublicken und auch sonst den Nachbarn durch Fürwitz und Rücksichtslosigkeiten zu bedrängen.

3. Hier sei nur auf das rheinische und preußische Recht hingewiesen: das rheinische Recht beruht auf der langjährigen Entwickelung der Coutumes, welche sich nach der ernüchternden Art der Stadtrechtsbildung aus den Fantasiebräuchen des alten Rechts zu festen Abgrenzungen herausgearbeitet haben. Dem Grundsatze der Pariser Coutume entsprechend müssen die Aussichtsanlagen, die sogenannten vues, so eingerichtet werden, daß sie, beim Blick nach gerader Linie, 6 Fuß, nach der Seitenlinie, 2 Fuß vom Nachbargrundstück entfernt sind. Dies gilt insbesondere auch von Balkonen, welche eine Aussicht in gerader Linie nicht nur nach einer, sondern nach 3 Richtungen hin gewähren, Coutume Paris 202 und Code Napoléon a. 678—680. Sogenannte jours, d. h. bloße Lichtöffnungen, müssen 8 bezw. 6 Fuß vom Boden entfernt sein, müssen vergittert und mit Mattglas versehen sein, a. 676, 677, vgl. auch Coutume de Paris a. 200 und 201, ferner Orléans 229 und 230. Diese Bestimmungen sind auch im rheinischen Recht erhalten worden, namentlich nach dem Preußischen Ausführungsgesetz a. 89, Z. 2.

Bemerkenswert ist noch folgendes: Wenn jemand im Widerspruch mit diesen gesetzlichen Bestimmungen während der Ersitzungsfrist Aussichtsfenster hat, so soll dadurch eine Servitut erwachsen, und zwar nicht nur in dem Sinne, daß die Aussichtsfenster bestehen bleiben dürfen, sondern auch in dem Sinne, daß der Nachbar nunmehr bei seinen Bauten den Raum von 6 Fuß offen lassen muß; denn man sagt, eine solche Ersitzung ist nicht nur eine Ersitzung des Habens eines Aussichtsfensters, sondern eine Ersitzung des entsprechenden Lichtrechts. Diese Bestimmung muß aufrecht erhalten werden als unumgängliche Zutat zu den aufrecht erhaltenen Bestimmungen des rheinischen Rechts, obgleich wir sonst keine Servitutenersitzung mehr haben.

4. Im Preußischen Landrecht findet sich noch einiges aus der bildhaften Fantasie des älteren deutschen Rechts. Zunächst gelten auch hier allgemeinere Bestimmungen über die Lichtöffnungen, I 8 §§ 137 und 138. Was aber die Aussichtsfenster betrifft, so ist im allgemeinen gesagt, daß die neuen Gebäude regelmäßig 3 Fuß von Nachbarhäusern und 1½ Fuß von unbebauten Plätzen getrennt sein müssen, I, 8, §§ 139 und 140; wenn aber ein Gebäude schon mindestens 10 Jahre besteht, so soll ihm ein besonderes Lichtrecht zukommen, und dies ist in der Art altdeutscher Weistümer auf folgende Weise bestimmt:

Der Nachbar muß mit seinem Neubau so weit zurücktreten, daß der Bewohner des alten Baues aus den ungeöffneten Fenstern nach dem Himmel sehen kann, und zwar muß, wenn die Gemächer nur von einer Seite Licht erhalten, vom unteren Stockwerk, also vom Erdgeschoß aus der Himmel erblickt werden können; wenn ihnen aber noch von anderer Seite Licht zukommt, so genügt es, wenn der Himmel von einem zweiten Stockwerk (Stockwerk über dem Erdgeschoß) aus zu sehen ist, Preuß. LR. I. 8 §§ 142 und 143. Diese an deutsche Weistümer erinnernden Bestimmmungen haben zu großen Schwierigkeiten geführt, die sich von der Gerichtsstube aus nicht so leicht entscheiden lassen, wie ehemals, als man in Tangermünde unter freiem Himmel Gericht hielt. Insbesondere hat man gefragt, ob bei dem Himmelschauen ein normaler

Mensch in Betracht komme oder ein jeder aus dem Menschengeschlecht von möglicher Körperlänge. Man hat ferner den
Fall erwogen, wie es sich verhält, wenn das Fenster so hoch
angebracht ist, daß ein Mensch mittlerer Größe nicht hinaufreichen kann; und wenn es sich um das zweite Stockwerk
des § 143 handelt, so entstehen Schwierigkeiten, falls das Gebäude überhaupt nur ein Stockwerk hat: da muß man ein
zweites Stockwerk fingieren und muß ermessen, ob, wenn ein
solches bestünde, etwa ein aufrecht stehender Mensch mittlerer Größe den Himmel sehen könnte. Dem modernen Menschen, bei welchem alle diese bildhaften Vorstellungen nicht
durch Gebrauch und Sitte ergänzt werden, sind solche Bestimmungen nicht mehr gemäß, ihm fehlt für solche Dinge die nötige
Naivität, und die pedantische Durchführung gelangt zu aller-
hand Abenteuerlichkeiten; die Ordnung des rheinischen Rechts
ist vorzuziehen. [1])

Wesentlich ist die zehnjährige Dauer; sie ist natürlich
keine Verjährung oder Ersitzung, weshalb auch eine während
dieser Zeit erhobene Klage den Rechtserfolg nicht verhindern
kann. [2])

III. Das Fensterrecht geht natürlich gegen jeden, der nach-
barlich baut, auch wenn er nicht Eigentümer ist. [3])

IV. Nachbarliche Gefälligkeiten.
§ 64.

1. Die Landesgesetze haben gemäß a. 124 noch einige Ge-
fälligkeitsordnungen, von denen hier nur das Hammerschlagsrecht und das Windmühlenrecht zu erwähnen sind. Das Hammerschlagsrecht enthält die Befugnis, das Nachbargrundstück
zu betreten, um am eigenen Grundstück Ausbesserungen oder
Neubildungen vorzunehmen. Dieses Recht ist im höchsten
Grade wünschenswert und wird, mäßig durchgeführt, zum
Segen gereichen. Es ist beispielsweise im sächsischen Gesetzbuch anerkannt § 350 und muß auch im Preußischen Rechte

---

[1]) RG. 25. 10. 1893 E. 32, 194; RG. 17. 11. 1906 E. 64, 299 Das
Obertribunal hatte angenommen, daß eine Himmelsschau in jeder dem
Menschengeschlecht möglicher Körperlage genüge. Man hat auch den Fall
erwogen, daß das Fenster so hoch angebracht ist, daß ein aufrecht
stehender Mann mittlerer Größe nicht hinanreichen kann; so die Entscheidung RG. 64, 299 u. a.
[2]) RG. 28. 9. 1899 E. 44, 312.
[3]) Unrichtig Marienwerder 21. 11. 1910 M. 26, 15.

angenommen werden; man vergleiche den speziellen Fall im Landrecht I 8, 155, vor allem aber Landrecht I 22, 3, wo der sehr richtige Grundsatz ausgesprochen ist, daß der Grundbesitzer sich jede Einschränkung gefallen lassen muß, ohne welche das andere Grundstück ganz oder zum Teil unbrauchbar sein würde. Dies ist eine Billigkeitsvorschrift, welche vor allem auch zu dem Hammerschlagsrecht führt. Man hat allerdings behauptet, diese Bestimmung sei nicht speziell nachbarrechtlich, und hat darum gezweifelt, ob sie nach a. 124 BGB. noch unter dem heutigen Reichsrechte fortdauern könne; allein der Zweifel ist unbegründet: von jeher ist diese Bestimmung gerade auf das Hammerschlagsrecht bezogen worden und ihre Funktion betrifft auch heute vornehmlich das Nachbarrecht.[1] Auch Sondergesetze, wie das Preußische Enteignungsgesetz § 23, haben für gewisse Fälle, namentlich für Arbeiten an Eisenbahnen, ein Hammerschlagsrecht bestimmt.

II. Das Windmühlenrecht beruht in Preußen auf LR. II 15, 247 und auf einer Verordnung vom 18. November 1819, wonach einer Windmühle nicht durch Bäume der Wind genommen werden soll;[2] jedoch darf der Müller keinen Einspruch mehr erheben, wenn er den rechtzeitigen Widerspruch versäumt hat. Hier hat ein ständiger Streit gewaltet, ob der Widerspruch erst dann notwendig ist, wenn die Bäume bereits hoch gewachsen sind, oder schon dann, wenn sie der Mühle erst in Zukunft, beim Weiterwachsen, hinderlich sein werden. Schließlich hat die Meinung obgesiegt, daß ein Widerspruch erst dann erforderlich werde, wenn die Bäume sich so entwickelt haben, daß sie für den Windstand in Betracht kommen.[3] Im übrigen hat man die Windmühlenbestimmung nur auf windentziehende Bäume, nicht auf Bauanlagen, bezogen.[4]

C. Luftraum.
§ 65.

I. Wie die Verhältnisse der Grundeigentümer neben einander, so können die Verhältnisse des Grundeigentums darunter und darüber in Betracht kommen.

[1] Vgl. Hamm 19. 11. 1905 M. 12, 121.
[2] Preuß. Obertrib. 6. 12. 1858 E. 41, 344.
[3] RG. 8. 9. 1912 E. 79, 402, wo auch die frühere Jurisprudenz.
[4] Vgl. auch Rostock 12. 11. 1890 S. 48 nr. 246.

II. Es ist unrichtig, zu sagen, daß das Eigentum sich in der Luftsphäre und in der Tiefe nur soweit erstreckt, als ein menschliches Interesse besteht. Ein solches kann immer vorhanden sein, namentlich in der Luft, und wenn es jetzt nicht vorhanden ist, so kann es später hervortreten; man denke an die Beeinflussung des Grund und Bodens durch die Luftschiffahrt. Es ist daher unrichtig, wenn das Schweizer Gesetzbuch a. 667 erklärt, das Eigentum erstrecke sich nach oben und unten nur soweit, als für die Ausübung des Eigentums ein Interesse besteht; richtig ist vielmehr das andere, daß das Eigentum sich nach unten und oben ohne Grenze erstreckt, daß aber der Eigentümer Tätigkeiten, welche sein Interesse nicht berühren, nicht ausschließen darf; so § 905 BGB.

III. Diese Norm ist aber nicht genügend; auch hier muß der Nachbargrundsatz gelten, daß die bedeutenden Interessen durch einseitige Betonung des Einzelrechts nicht notleiden dürfen, sodaß auch hier der Zusammenstoß in einer unserer Kulturordnung entsprechenden Weise gelöst werden muß. Vor allem kommt hier die Anlage von überirdischen Telegraphenwegen in Betracht, wofür unser Telegraphenwegegesetz vom 8. 12. 1899 gilt. [1] Auch die verschiedenen Vereinbarungen sind bedeutsam, die zwischen Telegraphen- und Eisenbahnverwaltung getroffen worden sind, so z. B. zwischen dem Deutschen Reich und Preußen im Jahre 1888, dahingehend, daß die Gestänge der Eisenbahn als Stützen für die Telegraphenleitungen verwendet werden dürfen. [2]

IV. Vor allem sind die Interessen der Luftschiffahrt bedeutsam und sie werden immer bedeutsamer werden: es geht nicht an, daß der Eigentümer die Luftschiffahrt über dem Grundstück, weil sie belästigend oder gefährlich werden kann, absolut verbietet; auch hier muß der Konflikt angemessen gelöst werden. Zu dulden ist ohne weiteres die ordentliche Überfahrt in der üblichen Höhe und mit der nötigen Beschränkung; handelt es sich aber um Übungsanstalten oder um Örtlichkeiten, von welchen aus die Flugzeuge dauernd aufsteigen,

---

[1] Näheres darüber in meinem Luftfahrtrecht S. 8. Vgl. auch oben S. 20.
[2] Vgl. Fritsch, Handbuch der Eisenbahngesetzgebung S. 454.

und entsteht hieraus ein Übermaß von Belästigung, so muß eine besondere Regelung und Ordnung eventuell mit Entschädigungspflicht Platz greifen. Ich kann in dieser Beziehung auf mein Luftfahrtrecht S. 8 verweisen.

V. Das Schweizer Gesetz § 691 bestimmt allgemein, daß der Eigentümer ober- und unterirdische Leitungen, Gasrohre, Drainierröhren gegen Entschädigung dulden muß, wenn die Leitung sonst nicht oder nur mit unverhältnismäßigen Kosten erfolgen kann. Dies gilt auch bei uns nach den Grundsätzen des Notwegrechts.

II. Hauptteil. Fahrnisrecht.
I. Kapitel.
Verbindung und Zergliederung.
I. Verbindung.
§ 66.

I. Die Verbindung ist keine Kunsterzeugung, wenn sie auch die einzelnen Teile zu einer Gesamtfunktion vereinigt, wie z. B. in einer Maschine; denn wenn auch die Gesamtfunktion vielleicht einen geistigen Schöpfercharakter aufweist, so funktioniert sie materiell durch die Zusammenwirkung der einzelnen Teile, von denen jeder nach seiner Art wirkt. Das erfinderische Element ist also ein vergeistigtes Kombinationselement, nicht eine körperliche Neugestaltung.

II. Die Verbindung beweglicher mit unbeweglichen Sachen muß hier ausgeschieden werden, da bei ihr infolge der Vorherrschaft des unbeweglichen Elements besondere Immobiliarrechtsgrundsätze gelten. Vgl. oben S. 48.

III. Die Verbindung beweglicher Sachen unter einander bewirkt die Rechtsfolge, daß das Eigentum der vorherrschenden Sache (Hauptsache) das Eigentum an der verbundenen Sache an sich zieht (ähnlich wie bei der Verbindung von beweglichem und unbeweglichem Gut), oder daß, wenn eine solche Hauptsache nicht zu konstatieren ist, ein Miteigentum entsteht, bei welchem der Eigentümer jedes Teiles nach Verhältnis des Wertes vertreten ist, § 947.

IV. Als Hauptsache ist die funktionsbestimmende Sache, bei einer Maschine also das die Anlage bildende Ganze zu verstehen, und wenn neue Teile eingefügt werden, so sind es

eben Nebensachen, die der Hauptsache folgen. Allerdings ist
es möglich, daß bei einer Maschine immer weitere Teile ersetzt
werden, aber das Ganze bleibt dann doch ein Ganzes kraft
seiner Kontinuität.

V. Die Eigentumswandlung, die eintritt, ist eine Eigentumswandlung nach den Grundsätzen der Rechtsfolge: das
Eigentum der Hauptsache erstreckt sich auf die Nebensache mit
allen seinen Rechten, und das Miteigentum eines jeden ist belastet mit allen Rechten, welche auf der Einzelsache bestanden
hatten, § 949.

VI. Im übrigen muß die Einfügung nach den Grundsätzen
behandelt werden, die oben (S. 49) über den Einbau entwickelt
worden sind. Der Einbau kann.

a) als vorübergehender Einbau gemeint sein, z. B. man
fügt einem Auto einstweilen einen fremden Magneten ein, bis
man den eigenen erhalten hat.

b) Der Einbau kann als Einbau mit einer auflösenden Bedingung gemeint sein, wenn der Einbauende etwa kostbare
Maschinenteile in der Weise erworben hat, daß sie im Falle
der Nichtzahlung des Preises zurückfallen sollen.

c) Der Einbau kann durch einen Nießbraucher, Mieter,
Pächter erfolgen; in diesem Falle versteht sich von selbst,
daß das Einbaurecht dem Nießbraucher, Mieter usw. in sach-
gemäßer Weise zukommt.

In diesen Fällen gelten bei der Loslösung der Sache die
obigen Einbaugrundsätze (S. 50), und der Einbauberechtigte,
möglicherweise also der Mieter, Nießbraucher, der Resolutiv-
berechtigte erlangt das Eigentum und hat zu diesem Zweck das
Trennungsrecht, § 951.

d) Hat der Eigenbesitzer, der Nichteigentümer ist, die Einfügung gemacht, so tritt zwar der Eigentumsübergang ein,
der Eigenbesitzer aber, der die Sache herausgeben muß, kann
das Eingebaute herausnehmen und wieder zu seinem Eigentum
machen, vorbehaltlich der Befugnis des Vindicanten, die Sache
auszukaufen, §§ 997, 951.

e) Der dritte Eigentümer der hineingebauten Sache hat als
solcher kein Wegnahmerecht und kein Recht auf „Repristi-

nation", § 951. Dagegen hat er einen Ersatzanspruch mit der Befugnis des Verwendungsrechts, § 999 f.

VII. 1. Bei Massensachen kommt statt der Einfügung die Vermischung und Vermengung in Frage. Die Grundsätze sind die gleichen. Auch hier kann die eine Sache die Hauptsache sein (z. B. Tee und der darin aufgelöste Zucker). Sonst tritt Miteigentum ein. Eine chemische Verbindung aber stellt nicht eine bloße Verbindung, sondern eine Verarbeitung dar, vorausgesetzt, daß sie absichtlich hergestellt worden ist; nicht, wenn sie durch Zufall entstand, denn ohne Geist keine Verarbeitung, § 948.

2. Eine besondere Gestalt nimmt das Miteigentum bei der Zusammenschüttung von Massensachen in Lagerhäusern an, worüber auf § 419 HGB. zu verweisen ist.

II. Zergliederung.
§ 67.

I. Wie die Verbindung der Verarbeitung nahesteht, so die Zergliederung der Fruchtziehung, nur daß hier kein Sacherzeugnis von seinem Receptaculum abgelöst wird, auch nicht ein solcher Bestandteil, der wegen seiner Sachlagerung und Sachbestimmung wie ein Sacherzeugnis behandelt wird.

II. Von der Zergliederung gilt im allgemeinen der Grundsatz, daß die Teile mit ihrer Ablösung zwar selbständige Sachen werden, aber als selbständige Sache das Eigentum der Gesamtsache fortsetzen: das Eigentum der Gesamtsache mit allen seinen dinglichen Verhältnissen setzt sich in das Eigentum der abgelösten Teile um. Nur gilt hier folgendes:

1. Es ist eine gestreckte Eigentumsübertragung in der Art möglich, daß künftig mit der Abtrennung und Besitzergreifung das Eigentum des Bestandteiles auf einen Anderen übergehen soll.

2. Wird die Gesamtsache einem Anderen zum Zweck der Zergliederung und der Aneignung der abgegliederten Bestandteile übergeben, so wird der Besitzerwerber zum Eigentümer der Sachbestandteile schon mit der Trennung, nicht erst mit der Besitzergreifung, § 956[1]), z. B. wenn jemand in den Besitz eines zum Abbruch bestimmten Hauses gesetzt wird: er wird

---

[1]) Vgl. Colmar 4. 2. 1910 M. 20. 167.

Eigentümer der Ziegelsteine, auch wenn sie durch den Wind herabgeweht werden; oder wenn man einem Juwelier den Besitz eines Geschmeides übergibt, aus dem er einen Stein herausnehmen und mit einem anderen ersetzen soll: er erwirbt das Eigentum des herauszunehmenden Steines, auch wenn dieser etwa von unbefugter dritter Hand herausgenommen sein sollte.

3. Ein schwerer Fehler ist es, wenn es nach dem BGB. § 957 erscheint, als ob auch der gutgläubige Erwerb einer solchen abgegliederten Sache sich nach den Regeln des Fruchterwerbes bestimme, so daß z. B. der gutgläubige Juwelier im obigen Falle Eigentümer werde, auch wenn das Geschmeide gestohlen ist. Für eine solche Behandlungsweise spricht gar kein Grund. Da wäre nichts leichter, als der Bestimmung über das Eigentum gestohlener und verlorener Sachen dadurch zu entgehen, daß man die Sache einem gutgläubigen Dritten zur Zergliederung gäbe. Die Bestimmung hat beim Fruchterwerb ihren guten Sinn, nicht bei der Zergliederung. Auf Früchte muß sie daher auch beschränkt werden; die Fassung des Gesetzes ist eine ungenaue und fehlsame, die uns als falsche Wortfassung nicht binden kann. Vgl. S. 204.

II. Kapitel: Erwerb.
A. Ursprünglicher Erwerb.
1. Aneignung durch Besitz und Entdeckung.
1. Aneignung herrenloser Sachen.
a. Allgemeines.
§ 68.

I. Die Tätigkeiten, welche einen Gegenstand, sei es nun aus dem fremden Bereiche der Natur in das Bereich des Menschen bringen, oder welche durch Produktion oder ähnliche Tätigkeiten Eigentum schaffen, sind keine Rechtsgeschäfte, sondern neutrale Akte, denn sie bewegen sich nicht innerhalb der Verkehrsordnung, sondern stehen außerhalb ihres Waltens und Wirkens: der Erwerb des Eigentums ist nicht eine Folge einer Verkehrsvorschrift, sondern eine Huldigung, welche die Menschheit dem Bringer eines Rechtsgutes zuteil werden läßt. Sie verlangen daher keine Geschäftsfähigkeit, sondern nur insofern eine geistige Befähigung, als nötig ist, um den Akt zum

Bewußtsein zu bringen und das Rechtsgut aus der Nacht des Naturzufalles in das menschliche Bereich zu schaffen. Wohl aber ist auch bei neutralen Akten eine Stellvertretung möglich, denn die Stellvertretung liegt innerhalb des Persönlichkeits- rechts, nicht innerhalb des Verkehrsrechts.

II. Aneignung ist also wie Erfindung und Spezifikation ein neutraler Akt menschlichen Bewußtseins, welcher Rechts- folgen herbeiführt; sie ist Ergreifung zum ständigen Haben, während die Ergreifung zum vorübergehenden Haben, ins- besondere also die Ergreifung als Finder, keine Aneignung ist; diese wird erst Aneignung, wenn der Wille des dauernden Habens gefaßt wird. Daß der Finder, wenn sich die Sache als herrenlos erweist, erst dann Eigentümer wird, wenn er die Absicht des dauernden Habens betätigt hat, ist bedeutsam: wer bloß Finder sein will, hat nicht etwa die Absicht, die Pflichten des Eigentümers zu übernehmen und diese können unter Umständen schwer sein; ihm sie aufdrängen, hätte keinen Sinn. So wenn es sich beispielsweise um das Eigentum an Explosivstoffen handelt, das zur technischen Aufbewahrung verpflichtet und den Eigentümer mit aller Art von Gefahren umgibt.

III. Aneignung verschafft Eigentum, wenn die bewegliche Sache herrenlos ist, d. h. in niemandes Eigentum steht. Sie verschafft Eigentum ohne Rücksicht auf die weiteren ethischen Bedingnisse; daher wird auch der Dieb Eigentümer, wenn ohne sein Wissen die Sache herrenlos ist, z. B. der Eigentümer sie preisgegeben hat; auch derjenige wird Eigentümer, der mit gestohlenen Geräten gearbeitet hat, denn immerhin hat er das Verdienst, die Güter des menschlichen Verkehrs vermehrt zu haben.

IV. Wer bereits im Gewahrsam der Sache ist, z. B. als Verwahrer oder als Mieter, kann eine durch Abeignung herren- los gewordene Sache sich einfach dadurch aneignen, daß er durch irgendeine Publikerklärung kundgibt, daß er nunmehr die Sache zu Eigentum haben will; will er es nicht tun, dann ist er Fremdbesitzer ohne Eigenbesitz. Ein Dritter kann sich eine in diesem fremden Gewahrsam befindliche herrenlose Sache nur dann aneignen, wenn der Inhaber des Gewahrsams erklärt, Fremdbesitzer bleiben zu wollen, in welchem Falle dann eine Aneignung durch publike Erklärung des Dritten geschehen kann, welche notwendig auch an den Fremdbesitzer gelangen muß.

V. Anzueignen ist, was herrenlos ist. Hier spielt die Tierwelt eine besondere Rolle.

Zu unterscheiden sind:

1. Wilde, nicht in den Dienst des Menschen gebrachte Tiere sind herrenlos, so lange sie nicht unter unserer festen Herrschaft stehen; sie gehören nicht dem Eigentümer des Bodens, auf dem sie sich befinden; dieser hat nicht einmal ein vorübergehendes Recht; anders nach englischer Anschauung, welche ein transient property annimmt.

a) Die feste Herrschaft macht das Tier zum Eigentumsgegenstand, aber nur so lange, als die Herrschaft nicht aufgehört hat. Die Herrschaft ist daher hier nicht nur ein Mittel des Eigentumserwerbes, sondern auch eine Bedingung des Eigentumsfortbestandes.

b) Die Herrschaft wird dadurch gelockert, daß das Tier in seine natürliche Freiheit kommt; gelöst wird sie, wenn nach solchem Freiwerden nicht eine ständige Verfolgung stattfindet: die Verfolgung hält die Herrschaft noch gleichsam an einem Faden zurück. Die Verfolgung muß aber eine reale, nicht bloß ideelle sein: Aufforderung zur Mitwirkung, Verwarnung und derartiges können unterstützende Elemente bilden, sind aber noch keine Verfolgung: zu ihr sind tatsächliche, auf Wiedergefangennehmung gerichtete Bestrebungen nötig; natürlich können auch Locktöne hierher gehören (Schlangenbändiger) oder Entwickelung von Gasen, welche das Tier aus dem Versteck aufstöbern (wie ehedem bei der berühmten Giftschlange im Münchener Zoologischen Garten), Aufscheuchung durch Spürhunde usw. Sind die Mittel erfolglos und gibt man sie auf, so ist das Tier frei, und etwaige spätere Verfolgungsakte ziehen es nicht in das ursprüngliche Eigentum zurück.

2. Gezähmte wilde Tiere bleiben, auch wenn sie aus unserer Herrschaft gekommen sind, in unserem Eigentum, solange sie den Dienst des Menschen nicht verlassen haben, d. h. solange sie zurückkehren oder die Rückkehr versuchen, § 960.

12*

3. Zahme Tiere, d. h. Tiere, die bestimmungsgemäß der menschlichen Haus- und Landwirtschaft angehören, sind einfach bewegliche Sachen und folgen ihren Grundsätzen.

4. Einige Tiere gelten nur als halb gezähmt und stehen noch nach bestimmter Richtung hin der freien Aneignung offen. Hierher gehören die Tauben, welche, wenn sie im Freien betroffen werden, nach a. 130 BGB. durch Landesgesetz der freien Aneignung unterworfen werden können. Besondere Bestimmungen darüber hat das Preuß. LR. I 9,113. [1]) Die Befugnis der Aneignung hat nun allerdings durch die Notwendigkeit des Schutzes der Brieftauben einen bedeutenden Stoß erlitten: das Reichsgesetz vom 28. 5. 1894 a. 4 bestimmt, daß durch kaiserliche Verordnung jede gesetzliche Erlaubnis des Einfangens freier Tauben aufgehoben werden könne, und eine solche ist auch in unserem Krieg erfolgt durch Verordnung vom 23. 5. 1914 (Ges.-Bl. 425).

Hierher gehören aber insbesondere die Bienen, von welchen die alten Rechte sagen, daß sie wie ein wilder Wurm oder wie eine Wildgans sich nach Belieben da oder dort setzen und nicht in dauernder menschlicher Herrschaft verbleiben. Die Behandlungsweise war gewöhnlich die, daß, wenn sich ein Schwarm irgendwo anders niederließ, ein Dritter ihn einfangen und sich aneignen konnte, allerdings mitunter in Gemeinschaft mit dem Eigentümer des Baumes, in den er sich eingenistet hatte; doch gewährte man dem früheren Eigentümer auch vielfach ein Verfolgungsrecht, aber nur sofern er alsbald zur Verfolgung ausrückte, und er mußte mitunter den Schwarm mit anderen Personen teilen.

Zahlreiche Schweizer Rechte finden sich bei Huber IV 732. Vgl. ferner Weistum Winhering Grimm VI 145 § 25:

das die imp wie ain wildgans so jetzt da, bald andrer orten unbleiblich zu bestetten seien.

Doch gab man schon früh dem ursprünglichen Eigner ein gewisses Verfolgungs- und Wiedererlangungsrecht: z. B. lex Bajuv. XXI 8: cum fumo et percussionibus..... suum ejiciat examen.

Sehr häufig ist die Halbteilung zwischen dem Verfolger und demjenigen, bei dem sich die Bienen neuerdings niedergelassen

---

[1]) Vgl. RG. 28. 2. 1890 E. St. 20,271; RG. 23. 9. 1914 E. St. 48,384.

haben, so Weistum Wilzhut Grimm III 683 § 13, so Schweizer Rechte bei Huber IV S. 739.

Die Behandlung unseres Rechts, welches ebenfalls eine Verfolgungsbefugnis gibt, im übrigen zwischen der Einnistung in besetzte und in nicht besetzte Bienenwohnungen unterscheidet, ergibt sich aus §§ 961—964 BGB.: nisten sich die Bienen in einer besetzten Bienenwohnung ein, so bilden sie mit den dortigen Bienen einen neuen Staat, und der alte Staat hört auf.

VI. 1. Schwierigkeiten bietet die Frage, ob eine Herrschaft über wilde Tiere überall da gegeben ist, wo eine so sichere Umschließung stattfindet, daß die Tiere unter normalen Verhältnissen nicht heraus- und hereingelangen können. Man kann dies auch so ausdrücken: es ist fraglich, ob jeder Wildpark als Wildgarten anzusehen ist. Dies hat man bejaht, man hat es selbst bei solchen Umhegungen angenommen, die Tausende von Kilometern umfassen. Das ist unrichtig.[1] Allerdings läßt sich keine bestimmte Grenze geben, wohl aber ist zu sagen, daß ein Wildpark nur dann als Wildgarten anzusehen ist, wenn die einzelnen Tiere in wirklicher menschlicher Herrschaft stehen; eine solche Herrschaft liegt aber nicht schon dann vor, wenn dem freien Wildgang Grenzen gesetzt sind: derartige Grenzen können auch durch die Natur der Umgebung herbeigeführt werden, z. B. wenn ein Tal von solchen Bergen eingehegt ist, daß der Wildbestand nicht darüber hinauskommen kann. Eine Beherrschung liegt vielmehr nur dann vor, wenn man, wie in einem zoologischen Garten, zu jedem Tiere in einem individuellen Verhältnisse steht und zu ihm in normaler Weise gelangen kann, es daher nicht in jagdgemäßer Weise erbeuten muß. Gerade solche Wildparke aber sind meist dazu angelegt, um dem Eigentümer eine Jagd vorzubehalten und sie gegen Eingriff Dritter zu schützen: sie haben Jagdzwecke und dienen der Jagd. Hier ist also von einer Herrschaft über die einzelnen Tiere und dementsprechend vom Eigentum keine Rede: die Jagd setzt eben gerade den Nichtbesitz und die Herrenlosigkeit voraus: Tiere, die man im Besitz hat, kann

---

[1] Richtig hatte das RG. entschieden 16. 4. 1883 E. St. 8. 273; unrichtig aber 9. 11. 1894 E. St. 26, 218; 9. 8. 1902 JW. 32, 80; 26. 11. 1908 E. St. 42, 75; neuerdings auch Celle 4. 11. 1912 in Goltd. 62, 202, vgl. auch JZ. 12, 182 und Entsch. bei Bauer, Jagd-O. S. 55.

man immerhin verfolgen, wenn sie widerspenstig sind, aber man jagt sie nicht.

Die Bedeutung dieses Unterschiedes ist sehr groß; wären derartige Parke als Wildgarten zu betrachten, so wäre

a) alles Wild Eigentum des Wildparkeigentümers und daher die Wegnahme eines solchen Wildes Diebstahl und entsprechendenfalls Einbruchsdiebstahl. [1]

b) Es würden die Grundsätze für die Schonzeit nicht gelten und auch nicht die sonstigen Grundsätze über Wildschonung. [2]

c) Die besonderen Grundsätze über die Wildhegung würden hier keine Anwendung finden, sondern nur die Grundsätze über Hausfriedensbruch; und wenn jemand, ohne daß ein Hausfriedensbruch vorliegt, mit Gewehr ausgerüstet auf solchen Gebieten sich erginge, so könnte der § 368 Ziffer 10 keine Anwendung finden, denn dieser gilt nur da, wo überhaupt von einem Jagdgebiet die Rede ist.

d) Eine Jagdausübung auf solchen Gründen endlich, welche nicht zur Wegnahme von Wild führte, wäre höchstens versuchter Diebstahl, sie wäre auch das nicht, wenn die Jagdtätigkeit nur auf Jagdsport, nicht auf Erlegung von Tieren gerichtet wäre. Es läge daher ein Jagdfrevel nicht vor, und die Strafe des § 292 StGB. könnte nicht eintreten, so sehr durch solche Tätigkeit das Wild aufgespürt und in seiner Brut gestört würde. Gerade das Letztere aber würde den Interessen des Jagdberechtigten sehr wenig entsprechen.

2. Es ist dieselbe Frage wie beim Fischfang. Auch hier ist von geschlossenen Wässern die Rede, bei welchen ein Fischwechsel nicht oder nur in geringem Maße, vielleicht nur bei kleinen Fischen, stattfindet. Für diese geschlossenen Wässer gelten im Fischereigesetze besondere Bestimmungen; aber sicher ist, daß die Fische hier trotzdem herrenlos und das Okkupieren der Fische ein Fischfang ist, welcher den Regeln des Fischfanges unterliegt. Fische in dieser Art dürfen nicht etwa den Goldfischen eines Goldfischteiches oder den Fischen

---

[1] Frühere Gesetze, welche häufig die Diebstahlsstrafe anwandten, sind aufgezählt in RG. E. St. 8, 273.

[2] KG. 3. 1. 1898 Joh. 18 nr. 106.

in einem Brunnenbecken gleichgestellt werden, und nur von solchen spricht § 960: in Teichen oder anderen geschlossenen Privatgewässern.

b) Aneignungsrecht.

§ 69.

I. Herrenlose Sachen sind aneignungsfähig, wenn nicht bestimmten Personen ein ausschließliches Aneignungsrecht zusteht. In letzterem Falle haben die Sachen eine Mittelstellung zwischen herrenlosen und Eigentumssachen: sie stehen in niemandes Eigentum, aber im ausschließlichen Aneignungsrecht einer bestimmten Person.

II. Das Aneignungsrecht stellt sich dar als dingliches Recht an einem bestimmten Gebiete mit der ausschließlichen Befugnis, die auf diesem Gebiete befindlichen Gegenstände sich durch Aneignung zu Eigentum zu erwerben.

Solche Aneignungsrechte können Regalien sein, bei denen dem Staat die Aneignung allein zusteht, a. 73, wie z. B. das Bernsteinregal in Ost- und Westpreußen (Ostpreuß. Provinzrecht a. 228, Westpreuß. a. 73, 75). Vor allem aber gehört hierher das Jagd- und Fischereirecht: hier ist das Aneignungsrecht mit einem Produktionsgedanken und mit dem Gedanken des Nutznießens an fremdem Gute verbunden. Darüber ist später zu handeln (S. 201, 208); aber e i n e Frage ist hier zu erörtern, die Frage, unter welchen Umständen die Aneignungshandlungen das Eigentum des Aneignungsberechtigten herbeiführen. In dieser Beziehung muß ein verbreiteter Irrtum bekämpft werden.

III. Der § 958 Absatz 2 BGB. spricht dem Aneigner (Okkupanten) das Eigentum ab, wenn die Aneignungstätigkeit gesetzlich verboten ist oder das Aneignungsrecht eines anderen verletzt. Es bestimmt auch in a. 69, daß in dieser Beziehung die Landesgesetzgebung nichts ändern dürfe. Die gewöhnliche Meinung folgert daraus, daß hiernach trotz der Aneignungstätigkeit des Wilderers das Wild herrenloses Gut sei und herrenlos bleibe, solange bis es entweder von dem Jagdberechtigten angeeignet wird oder in den Besitz eines gutgläubigen Erwerbers gelangt. Mit anderen Worten, diese Be-

stimmung des Gesetzes hätte nicht nur die negative Bedeutung,
daß der Wilderer nicht erwirbt, sondern auch die positive
Bedeutung, daß nun niemand erwirbt. Eine solche Folgerung
ist nicht gerechtfertigt: das Gesetz tritt dem gemeinrechtlichen
Satze entgegen, wonach der Wilderer Eigentümer werde und
nur schuldrechtlich zur Rückgabe des Wildes verpflichtet sei;
es verneint dies, bestimmt aber nichts weiter: denn der § 958
soll zunächst nur die Norm geben über die Okkupation und
das Verhältnis zwischen dem okkupierten Gegenstand und dem
Okkupanten.

Man hat allerdings zur Bestätigung der gewöhnlichen Ansicht verschiedenes geltend gemacht; man hat gesagt: würde
durch die Aneignungshandlung des Wilderers der Jagdberechtigte Eigentümer, so läge in der Tätigkeit des Wilderers neben
dem Jagdfrevel eine Unterschlagung, denn er würde, nachdem
er das Tier gefangen, fremdes Gut sich aneignen; dies sei aber
nicht der Wille der Rechtsordnung: durch das Jagdfrevel-
gesetz und die Bestrafung des Jagdfrevels sei die Strafjustiz
erledigt. Das letztere ist richtig, die Argumentation aber ist
unrichtig: durch die Jagdfrevelstrafe ist die ganze Tätigkeit des
Wilderers, einschließlich der Aneignung des Wildes, erledigt,
ebenso wie man z. B. den Dieb, wenn er nachher die Sache
sich aneignet, nicht nochmals wegen Unterschlagung betraft.
Dieser ganze Gesichtspunkt fällt daher weg, und wenn sich
Dritte mit der gewilderten Sache weiter befassen, so ist dies
nicht Unterschlagung, sondern Hehlerei, denn der Aneignungs-
frevel hat sich bereits vollkommen entwickelt. Daher fällt die
strafrechtliche Rücksicht vollkommen aus, und wir stehen vor
der Frage: soll die durch Okkupation in den Bereich der Menschheit gebrachte Sache herrenlos bleiben, oder soll sie dem Aneignungsberechtigten zukommen? Die richtige Ansicht kann
nur nach der letzten Seite hin gehen. Aneignungsberechtigt ist
derjenige, der ein Recht durch die Aneignung erwirbt, und diese
braucht nicht notwendig s e i n e Aneignung zu sein, er wird
Eigentümer auch durch die Aneignungshandlung eines Anderen.
Der Gedanke ist der: solange die Sache außerhalb des menschlichen Bereiches liegt, ist sie herrenlos, der Aneignungsberech-
tigte aber wird Eigentümer mit dem Augenblick, in welchem

die Sache in das Bereich menschlicher Herrschaft gebracht wird.[1] Vgl. S. 209 und 304.

IV. Damit beantwortet sich denn auch eine Reihe von
Fragen, die sonst nicht gedeihlich zu lösen sind:

1. Wenn jemand das Tier dem Wilderer weiter stiehlt, so
ist dies Diebstahl, natürlich nicht als Wegnahme des Eigentums des Wilderers, sondern als Wegnahme des Eigentums des
Jagdberechtigten.

2. Der Diebstahl ist in diesem Falle nicht etwa ein Delikt
gegenüber demjenigen Jagdberechtigten, in dessen Bezirk die
Sache im Augenblick des Diebstahls sich befindet, sondern
gegenüber demjenigen, in dessen Bezirk die unberechtigte
Jagdhandlung erfolgte. Würde man hier Herrenlosigkeit annehmen und würde man annehmen, daß der Dieb wegen
Herrenlosigkeit der Sache nicht einen Diebstahl, sondern einen
neuen Jagdfrevel begehe, so käme man zu der sonderlichen
Anschauung, daß dies ein Jagdfrevel wäre gegenüber demjenigen, der am Orte der Wegnahme, also etwa im Haus und
Hof des Wilderers, wo gestohlen wurde, jagdberechtigt ist.[2]

3. Vernichtet ein Dritter die gewilderte Sache oder macht
er sie unbrauchbar, so ist dies Sachbeschädigung.

2. Aneignung des Finders.

a. Einleitung.

§ 70.

I. Eine verlorene Eigentumssache wird durch den Verlust
besitz-, aber nicht eigentumslos. Eine Ausnahme gilt

1. bei wilden, auch gezähmten Tieren nach den oben
(S. 179 f.) entwickelten Grundsätzen;

---

[1] Richtig D i c k e l, Forstcivilrecht S. 1061 f. Es ist also ähnlich wie bei der Verletzung des Bernsteinregals, Ostpreuß. Provinzialrecht a. 228 und Westpreuß. Provinzialrecht a. 73, 75, wonach, wer
Bernstein findet, die Rechtsstellung des Finders hat (d. h. nunmehr
eine fremde Sache besitzt).

[2] Zu welchen Folgerungen man gelangt, zeigt die Entsch. RG. 5. 2.
1907 ESt. 39, 427: A. hat ein Reh in hilflosem Zustand aufgefunden
und an B. verkauft; B. hat es im Stall aufgezogen und gezähmt, C.
hat es gestohlen. Das RG. nimmt an, daß, wenn B. bei Erwerb nicht
in gutem Glauben war, das Tier herrenlos geblieben sei und daher
kein Diebstahl vorliege!

2. bei anderen Sachen nur dann, wenn sie in eine solche örtliche Lage gebracht sind, daß sie nur mit ganz außerordentlichen Hilfsmitteln wiedererlangt werden können. Wenn hier der Eigentümer solche Hilfsmittel nicht anwendet, so gilt die Sache als preisgegeben und als nicht nur bezüglich des Besitzes verloren, sondern auch als bezüglich des Eigentums aufgegeben. Man denke an die vielen Schiffe, welche im Kriege versenkt worden sind und in denen sich noch manche Wertgegenstände erhalten haben, die möglicherweise durch gegenwärtige oder durch erst der Zukunft zugängliche Taucherkünste wieder ans Licht gebracht werden können.

II. Bei verlorenen, nicht herrenlosen Sachen gilt das Recht des Finders.

III. 1. Finder ist, wer eine abhanden gekommene Sache in Besitz nimmt und sie dadurch dem eigentumsschädlichen Schicksal entzieht. Finder ist auch der, welcher die gestohlene Sache dem Diebe abjagt. Finder ist auch der unredliche Finder, also auch der, welcher sieht, wie die Sache verloren geht und sie sofort an sich nimmt.

2. Finder ist nur, wer die Sache in seine Obhut nimmt; wer die Sache von der Erde aufhebt und wieder zurücklegt, ist kein Finder.

3. Voraussetzung ist, daß die Sache a) eine fremde Sache ist. Bei herrenlosen Sachen treten die obigen Grundsätze ein (S. 177); auch eine eigene Sache des Finders unterliegt nicht dem Finderrecht, außer, soweit an ihr Rechte Dritter bestehen. Voraussetzung ist b) daß die Sache abhanden gekommen ist; dies ist nicht gegeben, wenn jemand die Sache vergraben oder sonst verborgen hat, [1]) es müßte denn sein, daß das Gedächtnis des Versteckes vollständig verloren gegangen ist.

IV. 1. Das Finden ist ein neutraler Akt mit Rechtsfolgen, die auf altruistischer, nicht auf egoistischer Grundlage beruhen. Der Finder wird deshalb ausgezeichnet, weil er die verlorene und schutzlose Sache dem Verlierer oder dem Eigentümer erhält. Dies charakterisiert sich in den meisten Fällen als eine Art von Menschenhilfe, aus der gewisse Rechte, aber

---

[1]) Hamburg 15. 11. 1902 S. 59 nr. 35.

auch gewisse Pflichten hervorgehen; Rechte deshalb, weil dem Menschenhelfer ein wesentliches Verdienst zukommt, Pflichten, weil er eine fremde Sache nicht unbedingt dem Verderben entzieht, denn möglicherweise hält er andere Personen ab, die die Sache gefunden und in Verwahr genommen hätten: damit, daß er es zuerst tut, hat er die Sache sonstigen, vielleicht besseren Findern entzogen.

Das Menschenhilfeverhältnis beginnt mit dem Augenblick, in dem der Finder die Sache an sich nimmt, eine Verpflichtung hierzu besteht nicht; sie kann durch die Rechtsordnung unter Umständen bestimmt werden: so bestand in altdeutschen Rechten eine Aufbewahrungs- und Anzeigepflicht wegen fremder Tiere, die in das Eigenland gelangt waren.[1])

2. Das Menschenhilfeverhältnis des Finders ist in einigen Punkten besonders gestaltet. Der Grund liegt darin, daß es sich um eine Menschenhilfe für unbestimmte, nicht alsbald ermittelte Personen handelt; dies mindert einerseits das Interesse, rechtfertigt andererseits das Eingreifen der Obrigkeit. Im einzelnen gilt folgendes:

a) der Finder kann die Sorge auf die Polizei abwälzen; noch mehr, die Polizei kann um der richtigen Sorge willen die Sache dem Finder entziehen und in eigene Obhut nehmen, §§ 967 und 975.

b) Die Haftung des Finders ist gemindert bis zur groben Fahrlässigkeit, § 968.

c) Der Finder hat ein Anrecht nicht nur auf Verwendungsersatz, sondern auch auf Finderlohn, § 971 (5% bezw. 1% bezw. billiges Ermessen). Er hat dieses Recht, auch wenn er absichtsloser Menschenhelfer war, wenn er etwa gemeint hat, daß es sich um seine eigene oder eine herrenlose Sache handelte. Vgl. im übrigen § 970.

d) Die Unsicherheit des Verhältnisses zeigt sich darin, daß der Verlierer nicht immer Eigentümer ist, daß aber der Finder zunächst mit dem Verlierer in schuldrechtlichem Verwahrungsverhältnis steht. Der Finder ist schuldrechtlich frei, wenn er das Verhältnis gegenüber dem Verlierer erledigt. Man denke sich: der Verlierer ist Mieter eines Autos, aus

---

[1]) Rothar 343, 350; Liutprand 86, 151, lex Bajuv. 14, 17, lex Visig. VIII 3,15.

dessen Handwerkskasten bei der Fahrt Stücke herausgefallen sind. Der Finder ist gerechtfertigt, wenn er sie dem verlierenden Auto wieder zurückgibt, § 969. Indes kann auch der Eigentümer in Betracht kommen, wenn der Finder den Eigentümer ermittelt; wenn z. B. dessen Name auf dem verlorenen Werkzeugkasten steht, so ist der Finder gerechtfertigt, wenn er sich mit ihm auseinandersetzt. Der eine wie der andere kann Fundlohn und Verwendungskosten zahlen und die Sache herausverlangen; wie sich beide auseinandersetzen, ist ihre Sache.

3. Bestimmungen über Finderlohn und Funderwerb kennt bekanntlich das deutsche Recht. Der Finderlohn ist nach dem Sachsenspiegel ¹/₃ gegenüber einem Nichtgemeindegenossen; der Funderwerb gebührt dem Finder zu ¹/₃, dem Staat (dem Richter) zu ²/₃, Sachsenspiegel II 37. Im Schwabenspiegel (L) 347 ist (jedenfalls unter Genossen) nicht von Fundlohn die Rede. Nach 3 Jahren fällt der Fund zu ¹/₂ an das Gericht, zu ¹/₂ an das Gotteshaus, der Finder kann einen billigen Teil erhalten. Auch nach Schweizer Rechten bekommt die Obrigkeit alles oder ³/₄. [1] Nach Preuß. LR. J 9, 46 erhält der Finder schließlich 100 Thl. zum Voraus, während der Rest unter ihm und der Armenkasse zu ¹/₂ und ¹/₂ geteilt wird.

4. Alle diese besprochenen Rechtsverhältnisse sind schuldrechtlicher Art; sie sind hier nicht weiter zu erörtern, ebensowenig die im § 965 enthaltene absolute Pflicht der unverzüglichen Anzeige, welche zwar auch eine zivilrechtliche Bedeutung gewinnt, vor allem aber eine verwaltungs- und polizeirechtliche Pflicht darstellt, die einem anderen Rechtsgebiet angehört und bei Kleinfunden gänzlich wegfällt. Bemerkenswert ist nur:

a) Fundlohn und Aufwandvergütung wird nach den Regeln des Verwendungsrechtes behandelt, § 972: der Eigentümer oder Verlierer kann sich durch Verzicht auf die Sache von jeder Last befreien,

b) das Verwahrungsverhältnis hört mit dem Augenblick von selbst auf, in welchem der Finder Eigentümer wird.

b) Rechtserwerb des Finders.
§ 71.

I. Der Besitz des Finders ist ein Fremdbesitz, ohne daß ein entsprechender Eigenbesitz stattfindet, also ein klarer Fall

---

[1] Huber IV 740.

eines Fremdbesitzes ohne Eigenbesitz. Übergibt er die Sache der Polizeibehörde, so erwirbt der Staat Fremdbesitz: dem Staate gegenüber steht der Finder nicht in einem Zivil-, sondern in einem öffentlich rechtlichen Verhältnis, er tritt daher durch den Besitz des Staates aus dem Besitzverhältnis hinaus. Der Finder hat eine Hoffnungslage auf Erwerb des Eigentums: die Hoffnungslage ist eine mehr oder minder unsichere Rechtslage, welche nicht Gegenstand des Verkehrs, nicht Gegenstand der Pfändung und des Pfandrechts ist. Nur in einer Beziehung ist eine Verschiebung möglich:

II. Der Finder steht mit der Gemeinde des Fundortes in einem gewissen rechtlichen Zusammenhang. Es ist altgermanischer Satz, daß auch die Gemeinde des Fundortes sich am Erwerb der Sache erheblich beteiligt. Wie man ehemals die Gemeinde haftbar machte, wenn sich in ihrem Gebiete eine gestohlene oder geraubte Sache befand, so besteht auch eine Beziehung der Gemeinde zum Fund, und diese zeigt sich darin: die Hoffnungslage des Finders ist sonst nicht veräußerlich, wohl aber ist eine Verschiebung in der Art möglich, daß der Finder sich der Sache zugunsten der Gemeinde begibt. Dies geschieht durch Erklärung gegenüber der Polizeibehörde, in deren Besitz die Sache gegeben wurde: die Gemeinde erwirbt die Hoffnungslage und mit der Zeit eventuell das Eigentum, § 976.

III. 1. Die Hoffnungslage auf das Eigentum hebt das Institut aus dem Gebiet des Schuldrechtes hervor und reiht es in das Sachenrecht ein. Der Gedanke ist: wenn die Sache aus irgend einem Grunde nicht mehr an den Eigentümer gelangt, der vielleicht an dem Wiederfinden verzweifelt, so soll sie nicht eigentumslos bleiben; soll aber ein anderer als er das Eigentum erwerben, so ist der würdige Finder kraft seiner Verdienste um die Eigentumsordnung am besten berufen, die Stellung des Eigentümers zu übernehmen. Es ist eine Art Enteignung, eine Enteignung ex justa causa.

2. Nach unserem Rechte erlangt der gutgläubige Finder das Eigentum nach einem Jahre, welches Jahr beim kleinen Funde von der Zeit des Findens, beim Großfunde von der Anzeige an die Polizeibehörde läuft, § 973; der gute Glaube muß

fortdauern: er verlangt, daß der Verlierer demjenigen, der in
der Hoffnungslage ist, nicht bekannt wird, und daß er sich
auch nicht bei der Polizeibehörde gemeldet hat, § 974. Die
Zeit ist also auch hier ein sozial bedeutsamer Faktor.

Was aber die Kunde von dem Verlierer betrifft, so
ist auch hier zu sagen, daß der Verlierer nicht notwendig
der Eigentümer zu sein braucht, daß aber die Kenntnis
des einen oder des anderen für den guten Glauben des Finders
verhängnisvoll wird: er ist ausgeschlossen, wenn der Finder die
Sache behält, obgleich er den einen oder anderen erkundete.
Der gute Glaube kann auch nach anderer Weise ausgeschlossen
sein, z. B. wenn jemand einen adressierten Geldbrief findet:
es wäre rechtswidrig, wenn der Finder den Inhalt sich aneignen wollte.

3. Was aber die Zwischenzeit betrifft, so ist sie nicht als
Ersitzung zu denken, sondern als Bestätigungsfrist, wie ja
auch beim Aufgebot und bei der Verschollenheit eine bestimmte Frist abzuwarten ist, ob sich jemand kundgibt oder
bekannt wird.

4. Der Eigentumserwerb ist ein Aneignungserwerb, d. h.
ein ursprünglicher Erwerb kraft der Bestimmung der Rechtsordnung, welche das Recht des Einen aufhebt und das Recht
des Anderen begründet. Daher der Satz

a) das ursprüngliche Eigentum mit allen daran bestehenden Rechten (Pfandrecht, Nießbrauch, Mietrecht usw.)
erlischt.

b) Auf solche Weise kann es auch vorkommen, daß der
Eigentümer seine eigene Sache insofern erwirbt, als sie von
den Lasten befreit wird: sie war ihm ja insofern fremd, als
Drittrechte daran bestanden.

5. Ein solcher Aneignungserwerb kommt auch im Strand-
recht vor (bei seetriftigen Sachen), doch beruht diese Materie
auf besonderen Grundgedanken, und ihre Regeln sind hier
nicht darzustellen.

6. Hat der Finder nach einem Jahr das Eigentum erworben, so ist er vollständig Eigentümer und kann beliebig
über die Sache verfügen: die Welt kann sich auf seine Verfügung verlassen, und dies auch dann, wenn er nach Ablauf

des Jahres den verlierenden Eigentümer kennen lernt. Dagegen ist allerdings dem Verlierenden noch ein Bereicherungsanspruch vorbehalten. Der Gedanke ist der: das Opfer des
Eigentümers soll nicht zugleich auch ein Vermögensopfer sein:
der Eigentümer soll dem Vermögensverkehr gegenüber sich
von der Sache zurückziehen, wohl aber steht er dem Finder
gegenüber noch in einem schuldrechtlichen Vergeltungs-
verhältnis, wonach dieser ihm den Vermögenswert, natürlich
nur so, wie ein gutgläubiger Sacherwerber, zu ersetzen hat; zu
ersetzen ist nur die Bereicherung, § 977, selbstverständlich nur
nach § 818, nicht nach § 819 oder 820.

3. Quasifund.

§ 72.

I. 1. So lange sich eine Sache im Kreise des Hauses oder
eines Geschäfts- oder Verkehrsbetriebes, also in einer organi-
sierten Lebenseinheit befindet, ist sie nicht verloren, sondern
höchstens verlegt; von Verlorensein kann man nur dann
sprechen, wenn sie dem häuslichen Kreis entfremdet ist: dies
könnte allenfalls vorkommen, wenn die Sache in einem Loch
oder einer Spalte verschwunden ist, denn solche Schwund-
sachen liegen nicht mehr im häuslichen Kreise, ebensowenig
als ein verborgener oder vergrabener Schatz. Wo immer aber
eine Sache im Bereich einer solchen Lebenseinheit verlegt ist,
ergeben sich zwei Erfordernisse: 1. der Ergreifende, der nicht
Finder zu nennen ist, hat sie an den häuslichen Vorstand abzugeben, 2. der häusliche Vorstand hat die Befugnis, sich mit
der Zeit der Sache zu entledigen, da eine ständige Aufbewahrung ihm nicht zugemutet werden kann, 3. der durch solche
Entledigungsverwertung geschaffene Geldbetrag kann durch
die Rechtsordnung dem einen oder anderen Lebenskreise zugewiesen werden.

2. Jedenfalls ist kein Grund vorhanden, den „Findenden"
als Finder zu betrachten; dies würde unseren Lebensverhältnissen straks widersprechen. Man denke sich z. B.: nach einer
Gesellschaft von hundert Personen hat bei mir jemand im
Hausflur einen Schirm stehen lassen oder eine Dame ihr

Täschchen vergessen; wird es einem Gast einfallen, Schirm und Tasche an sich zu nehmen, von sich aus die Polizeibehörde in Bewegung zu setzen und einen Fundlohn zu beanspruchen? Das möchte ich mir als Vorstand des Hauses im höchsten Grade verbitten.

Das Bürgerliche Gesetzbuch hat an ähnliche Verhältnisse gedacht, aber nur bei Geschäftsräumen, bei Beförderungsmitteln öffentlicher Behörden und bei einer dem öffentlichen Verkehr dienenden Verkehrsanstalt, § 978; man hat sich auch die sehr gewissenhafte Mühe gegeben, diese gesetzlich aufgezählten Veranstaltungen recht eingehend zu definieren und unter sich abzugrenzen; allein der Sachverhalt ist nur der, daß in solchen Räumen viel leichter Sachen verlegt werden, als in Privatwohnungen und es viel leichter vorkommt, daß sich der Verlierer nicht mehr auskennt; auch der Diebstahl liegt hier näher, und schließlich ist in solchen erweiterten Kreisen auch eine gewisse Organisation nötig, wenn Ordnung und Regel herrschen soll.

II. Zwischen privaten und öffentlichen Räumen besteht also kein durchgreifender Unterschied, so auch das Schweizer ZGB. a. 722; nur in der Art der Entledigung zeigt sich eine notwendige Besonderheit. Die Behörde darf die Entledigungsverwertung von sich aus betreiben, es ist dies eine Zutat zu ihrer öffentlichen Berechtigung; über die Art der Verwertung, über die vorhergehende Bekanntmachung und über die dreijährige Kondiktionsfrist bestimmt § 978—982. Für die öffentliche Versteigerung und den Erwerb kraft derselben gelten die Bestimmungen des § 932 f., 1244. Dem Privaten ist eine solche Entledigungsform nicht zugestanden, ihm steht es nur frei, sich an die Polizei zu wenden und ihr die Sache zum Entledigungsverfahren zu übergeben.

Der Erlös fällt schließlich an das Reich, an den Einzelstaat, die Gemeinde, die Verkehrsanstalt, je nach der Verluststätte. Handelt es sich um Privaträume, so ist ein Erwerb durch den Hausvorstand nicht gerechtfertigt; an dessen Stelle muß die Gemeinde treten, die auch sonst in derartigen Rechtslagen als Erwerberin gilt.

III. Wie wenig hier von Fund und Fundrecht die Rede ist, beweist der Umstand, daß auch bei sonstigen in Privat- oder Behörderäumen zurückgebliebenen Sachen ein solches Entledigungsrecht notwendig ist, § 983 f., so z. B. bei Untersuchungssachen, bei Überführungsstücken, die zurückgeblieben sind. Man denke sich, daß z. B. Besichtigungsobjekte nicht abgeholt, daß Gegenstände falsch abgegeben, daß Sachen von einem Büro auf das andere verschickt wurden. Daß hier ein Entledigungsrecht gegeben sein muß, habe ich schon längst vor dem BGB. hervorgehoben.

4. Aneignung durch Entdeckung.

§ 73.

I. Das Schatzrecht wird gewöhnlich unter dem Fundrecht behandelt, aber dies ist völlig unzutreffend. Beim Fund ist die Besitzergreifung und die damit verbundene Verwahrung die Hauptsache. Handelt es sich doch um die Sorge für fremdes Eigentum, und die Hoffnungslage des Finders auf das Eigentum ist eine Huldigung, welche die Rechtsordnung dieser mehr oder minder aufopfernden Tätigkeit zuteil werden läßt. Beim Schatz handelt es sich um eine herrenlose Sache, welche infolge ihrer Lage der Menschheit entzogen ist und welche der Entdecker für die Menschheit neu erwirbt. Sein Verdienst ist daher nicht ein individuelles, sondern ein soziales. Anzeige- und Verwahrungspflicht können vorkommen, aber nur im sozialen Interesse, so insbesondere, wenn es sich um Kunstwerke und Altertümer, oder um solche Naturschöpfungen handelt, welche Gegenstand des wissenschaftlichen Studiums sind und der Wissenschaft nicht entzogen werden sollen: Aufbewahrungspflicht und Eigentumsschicksal müssen sich hier den großen Zwecken künstlerischer und wissenschaftlicher Bildung anpassen. Wesentlich ist dagegen die entdeckende Tätigkeit, Entdeckung nicht etwa im Sinne eines Wissenserfolges, sondern im Sinne des Zugänglichmachens. Wer auf dem Meer eine Kostbarkeit treiben sieht, die im anderen Augenblick verschwunden ist, hat sie nicht entdeckt; ebensowenig,

wer in den Alpen eine Sache erschaut, die im nächsten Augenblick in eine unzugängliche Versenkung fällt; ebensowenig, wer
Gegenstände, welche in das Meer versenkt sind, und deren
Standort ermittelt: der Entdecker bringt in solchem Falle die
Gegenstände der Menschheit nicht näher, denn ihre Einverleibung in den Verkehr hat so große Schwierigkeiten, daß die
Entdeckung einstweilen als fruchtlos erscheint. Die Entdeckung
muß Entdeckung in dem Sinne sein, daß die erschaute Sache
den Gutscharakter annimmt: nur wer auf diese Weise entdeckt,
schafft ein Gut herbei, steigert damit die menschliche Herrschaft
und vermehrt hierdurch die der Menschheit zukommenden
Werte. Ist die Entdeckung in dieser Weise erfolgt, so kann
die nachträgliche Besitzergreifung nur noch insofern in Betracht kommen, als die der Menschheit zugänglich gemachte
Sache nunmehr wirklich in den menschlichen Verkehr gelangt
ist. Hat A. den Schatz der Menschheit zugänglich gemacht
und nachher B. den Besitz ergriffen, so ist und bleibt A. der
verdienstvolle Entdecker, es müßte denn sein, daß er etwa
wegen der Schwierigkeit der Lage die Sache ihrem Schicksal
überlassen hat: dann hat er sie nur unvollständig zugänglich
gemacht; ebenso wenn die Sache als bewegliche Sache sich
vom Standorte so verrückt hat, daß sie unzugänglich geworden ist: hat in solchem Falle B. nachträglich den Besitz
ergriffen, dann steht er einem Entdecker gleich, weil er die
nur unvollständig entdeckte Sache wirklich zugänglich gemacht hat. Hat aber A. die Besitznahme der Sache nur vorübergehend unterlassen, etwa um sich eine Hilfe zu holen,
dann bleibt er der Entdecker, denn er hatte die Sache der
Menschheit doch vollkommen und endgültig in den Schoß gelegt, und wenn daher B. die Sache unterdessen wegnimmt,
so hat er nicht die Rechte des Entdeckers: dies selbstverständlich dann nicht, wenn er im Bewußtsein der Sachlage
sich des Gegenstandes bemächtigt hat; der Fall ist aber auch
denkbar, daß er vom ersten Entdecker nichts weiß und den
Gegenstand zuerst entdeckt zu haben glaubt: in diesem Falle
haben wir zwei Entdecker, von denen der erste vorgehen muß,
denn er, nicht der andere, hat die Sache in die menschliche
Kultur eingebracht.

II. 1. Das Wesen des Schatzes besteht darin, daß eine Sache in einem solchen Verberg ist, daß sie als der Menschheit entzogen gelten muß. Was der Menschheit entzogen ist, das ist eigentumslos: Eigentum ist nur im menschlichen Verkehr denkbar. Wenn ein Gegenstand auf den Mond fliegt, ist von einem Eigentum keine Rede mehr, ebensowenig aber auch, wenn er so im Erdinnern verborgen ist, daß wir darüber keine Herrschaft mehr haben. Der Schatz kann auch aus Gegenständen bestehen, die niemals in eines Menschen Eigentum gewesen sind, z. B. Saurierfunde und Tiere, die sich vor Millionen Jahre zum ewigen Schlaf gelegt haben, oder Leichen der Vorzeit. Vgl. S. 47.

Aber auch Gegenstände des Altertums, die aus dem Boden gewonnen werden, tauchen hierbei aus einem der Herrschaft der Menschheit bisher entzogenen Winkel auf; dies muß auch von mittelalterlichen Sachen gelten, z. B., wenn Gegenstände im dreißigjährigen Kriege vergraben sind und nun wieder dem Boden entnommen werden. Bei Sachen der Neuzeit kann es schwierig werden, z. B. wenn Dinge in einem Geheimfach niedergelegt sind und das Geheimfach erst jetzt wieder entdeckt wird; oder wenn sich im Ackerboden Schätze finden, die vor 20, 30 Jahren von einem Flüchtling vergraben worden sind. In solchen Fällen ist es wesentlich, ob begründete Aussicht vorhanden ist, die individuellen Eigentumsschicksale zu ermitteln; erscheint dies als möglich, so liegt kein Schatz vor: die Sache ist eine verlorene und nichts weiter. Einer Unmöglichkeit der Ermittelung steht es allerdings gleich, wenn diese so langatmig und so schwierig wäre, daß sie sich nach den Lebensverhältnissen nicht verlohnt. Im übrigen kann nicht etwa ein strikter Beweis des Eigentums verlangt werden, es muß Wahrscheinlichkeit genügen.[1])

2. Schatz ist stets eine im Versteck befindliche Einzelsache; was zum Aufbau unseres Planeten dient, wie alle Bergwerkprodukte, ist nicht als Schatz anzusehen und unterliegt einer besonderen Behandlung.

---

[1]) Stuttgart 17. 12. 1847 S. 4 nr. 9.

III. Die Entdeckung ist kein Rechtsgeschäft, sondern ein neutraler Akt mit Rechtsfolgen. Sie kann auch durch einen Geschäftsunfähigen, sie kann auch unbewußt und unbedacht erfolgen. Auch die zufällige Entdeckung genügt und ist für die Menschheit bedeutsam. Allerdings muß gesagt werden, daß auch die zufällige Entdeckung, eben weil sie Entdeckung ist, ein geistiges Element verlangt: es muß die Vorstellung vorhanden sein, daß man auf etwas besonderes geraten ist. Dies genügt aber: Geschäftsfähigkeit wird nicht verlangt und kann nicht verlangt werden. Der Vorteil für die Menschheit ist vorhanden, auch wenn der Entdecker ein Mensch ist, der im wirtschaftlichen Leben völlig sinnlos verfährt.

IV. Frühere Zeiten mißtrauten der Schatzgräberei und versuchten ihr möglichst entgegenzutreten. Man hielt sie für eine Verirrung des wirtschaftlichen Treibens, und der Gedanke, daß dabei eine bestimmte Dämonologie spiele, ließ sie als teuflische Kunst erscheinen. Heutzutage denkt man anders: nicht nur Mephisto, sondern wir alle wissen, welche ungeahnten Schätze der Erdboden birgt, und insbesondere, was nicht nur für die menschliche Wirtschaft, sondern auch für Kunst und Wissenschaft hier zu holen hat. Wir betreiben die Ausgrabung systematisch, wir finden im Boden die Zeugnisse des Lebens der Vergangenheit. Die frühere Auffassung, wonach, wer „de industria" auf fremdem Gute grabend einen Schatz erwirbt, kein Recht erlangt, sondern nur, wer „casu" findet,[1] ist aufgegeben.

Wenn beim Schatzerwerb strafbar gehandelt wird, so tritt der Schatzerfolg doch ein, sofern nur die vollen Voraussetzungen des Erwerbsaktes vorhanden sind. Die Strafbarkeit der Handlung ist eine Sache für sich, das soziale Verdienst bleibt; es ist wie bei dem Erfinder, der mit gestohlenen Werkzeugen gearbeitet hat.[2]

V. Wie bei anderen neutralen Akten, so ist auch hier eine Stellvertretung möglich; die Entdeckung des Stellvertreters

---

[1] Sie wird bei manchen Naturrechtlern, z. B. bei Molina de just. et jure. II 56 gelehrt.

[2] Unrichtig Sächs. Ges.-B. § 237, welches irrig dem Eigentümer, der durch eine verbotene Handlung den Schatz entdeckte, den Schatz entzog.

fällt in die Rechtssphäre des Herrn.[1]) Dies kommt insbesondere bei antiquarischen Grabungen, z. B. bei der Limes-
forschung, in Betracht: was an Altertümern hier gefunden
wird, wird für die Ausgrabungsgesellschaft oder für den aus-
grabenden Staat erworben. Anders wenn ein Arbeiter etwas
findet, was völlig außerhalb des Kreises der Ausgrabungen
läge, z. B. einen Beutel Geld aus der Zeit der Freiheitskriege.

Und wird aus anderen Gründen gegraben, so ist der Arbeiter in bezug auf die Ausgrabungsergebnisse nicht der Stellvertreter des Herrn, sondern Selbsthandelnder. So wenn ein
Brunnen gegraben oder ein Bach reguliert wird und der Arbeiter dabei auf eine Laokoonstatue stößt. Hier entdeckt
der Arbeiter mit Rechtsfolge für sich, nicht für den Arbeitsherrn; denn ihm, nicht dem Arbeitsherrn, gebührt das Verdienst, einen Gegenstand der Menschheit geschenkt zu haben.

VI. 1. Die Folgen der Schatzentdeckung müssen natürlich
bei Gegenständen von Kunst und Wissenschaft andere sein, als
bei Gegenständen von nur individuellem Wert. Leider hat das
BGB. in § 984 den Unterschied garnicht hervorgehoben. Den
Denkmalschutz und was damit zusammenhängt, hat man der
Landesgesetzgebung überlassen, was an sich schon ein Fehler
ist, jedenfalls aber hätte dies besonders hervorgehoben werden
sollen; nur notdürftig kann sich hier die Landesgesetzgebung
auf a. 109 BGB. stützen. In allen solchen Fällen darf das
Recht nur dahin streben, dem Entdecker mit Rücksicht auf den
Wert der Sache und auf das Maß der aufgewendeten Mühe
eine Belohnung zu geben; die Sache selbst muß der Öffentlichkeit erhalten werden: sie fällt in das Eigentum des Staates
oder der Gemeinde oder einer öffentlichen Anstalt. Bei Kunst-
werken ist dabei auf die Gemeinde des Fundortes Rücksicht
zu nehmen. Es ist z. B. vorgekommen, daß eine Statue in
Rom gefunden, dann in Mailand aufgestellt wurde; darüber
wurde gestritten, und sie kam, wie ich gehört habe, wieder
nach Rom zurück, wofür ich mich s. Z. ausgesprochen hatte.

2. Wo immer aber die Sache nur einen individuellen Wert
hat, läßt es sich rechtfertigen, sie oder ihren Wert ganz oder

---

[1]) RG. 19. 2. 1909 E. 70, 308; Hamburg 4. 12. 1903 S. 60 nr. 171.
So auch ausdrücklich Sächs. Ges.-B. § 234.

zum Teil dem Entdecker zukommen zu lassen. Dagegen ist es völlig sachwidrig, dem Bodeneigentümer einen Teil zuzuwenden: er könnte höchstens ein Schürfrecht beanspruchen, etwa wegen der damit verbundenen Belästigung, und um ihm damit eine gewisse Lockung zu geben, solchen Nachforschungen nicht entgegenzutreten. Alles andere ist vom Übel. Hier hat immer und immer die unrichtige Ansicht irre geführt, als ob die Sache ein Anhängsel des Bodens wäre, während sie doch mit ihm nichts weiter zu tun hat, als daß der Boden ein Versteck bot, welches sie der Menschheit vielleicht Jahrhunderte lang entzog: die Beteiligung des Bodeninhabers ist daher mehr negativ als positiv, mehr hindernd als fördernd gewesen.

3. Und daß ihm gar, wie nach römischem Recht und nach unserem BGB. die Hälfte des Fundes zukommen soll, ist völlig unsachgemäß; und möglichst noch unsachgemäßer ist es, daß ein Miteigentum entsteht, die Quelle der Zwietracht, welche gerade bei Schatzfunden, wo die Personen gewöhnlich einander völlig fremd oder gar feindselig gegenüber stehen, die Auseinandersetzung äußerst erschwert. Will man den Bodeneigentümer überhaupt beteiligen, so soll man es nur so tun, daß ihm ein schuldrechtlicher Anspruch auf eine entsprechende Summe gewährt wird. Das richtigste wäre es, den Schatz dem Staat oder der Gemeinde zuzuwenden und den Finder mit einer Summe, z. B. $^1/_3$ oder der Hälfte des Wertes, abzufinden.

§ 984 gehört daher zu den unglücklichsten Produkten der Gesetzgebung, welche noch ganz im pandektologischen Irrwahn stecken. Einstweilen wird man allerdings über das Gesetz nicht hinauskommen; doch kann landesrechtlich durch Anwendung der Bestimmung über die Regalien a. 73 und durch a. 109 BGB., insbesondere unter Ausdehnung der für Kunstsachen und Altertümer gegebenen Bestimmungen in einigem abgeholfen werden.

4. Den Bodeneigentümer als den Träger des Schatzrechtes wenigstens zum großen Teil zu betrachten, war eine Eigenart des römischen Rechts; der Codex Theodosianus c. 2 de Thesaur. (10, 18) teilt zu $^1/_4$ und $^3/_4$, eine Ordnung, welche durch den Einfluß des

Breviars bis in den Schwabenspiegel 346 gelangt ist. Der Codex Justinianus teilt zu halb und halb. In Deutschland war vielfach das Regalprinzip vertreten, und eine Erinnerung daran zeigen diejenigen Rechte, welche dem Fiskus einen Teil des Schatzes zuweisen, z. B. Österreich a. 399: ⅓ Fiskus, ⅓ Grundeigentümer, ⅓ Entdecker. So schon das altfranzösische Recht, s. Gothofred zu C. Theod. X 18.

5. So lange übrigens die Rechtsordnung ein Recht des Bodeneigentümers anerkennt, gilt folgender Grundsatz:

a) die Schatzhälfte gebührt dem Bodeneigentum; andere dingliche Rechte haben keinen Teil, insbesondere auch nicht der Nießbrauch, § 1040. Der gutgläubige Besitzer aber steht dem Eigentümer gleich, und der widerrufliche Eigentümer erlangt den Schatz unwiderruflich. [1])

b) Das Schatzrecht geht aus dem Eigentum hervor und ist nicht eine neben dem Eigentum bestehende Servitut, es ist daher nicht eintragsfähig. [2])

c) Ein dingliches Recht eines Dritten auf die Schatzhälfte als persönliche Dienstbarkeit ist ausgeschlossen. Der Schatz gehört nicht zu den Erträgnissen, auch nicht zu dem regelmäßigen Kulturstande des Bodens, er ist nicht Sache des dinglichen Verkehrs: das war er nur in Mephistos Reich.

II. Produktion.

1. Naturerzeugnisse.

a) Allgemeines.

§ 74.

I. Während die Aneignung eine der Menschheit noch fremde Sache in den menschlichen Verkehr bringt, so schafft die Produktion neue Lebensgüter; hier gilt noch mehr als dort der Billigkeitsgrundsatz, daß der Schöpfer dem Gute näher steht als ein anderer.

---

[1]) So richtig Sächs. Gesetzbuch 236; das österreichische Gesetzbuch 399 gab den Eigentumsteil dem Ober- und Untereigentümer zu halb und halb.

[2]) KG. 21. 5. 1902 M. 6, 265.

II. Die Produktion kann Naturproduktion oder Kunst-Produktion sein. Bei der ersteren spielt die Natur und die in ihr wirkende Kraft eine Hauptrolle; sie ist unsere Beherrscherin: das Produkt ist hier nie ein reines Kunsterzeugnis: es wird durch das Zusammenwirken von menschlichem Tun und von Naturwirken, in der Folge von Tag und Nacht, Sommer und Winter, erzeugt. Anders das technische Produkt, bei welchem zwar auch Naturkräfte regieren, aber unter menschlicher Herrschaft und nach menschlichem Machtgebot.

III. Die Naturproduktion ist bei den Völkern in verschiedener Weise aufgefaßt worden; manche, namentlich die Germanen, legten auf die menschliche Tätigkeit das Hauptgewicht, und ihr leitender Grundsatz war: wer sät, der mäht, ein Satz, der in unendlich vielen deutschen Rechten abgewandelt wird. Allerdings hat dieser Satz den schweren Mißstand, daß die Naturproduktion nicht ein einmaliges, sondern ein fortdauerndes Tun des Menschen verlangt; und wenn nun dieses Tun bald von dem Einen, bald von dem Anderen geleistet wird, so kann es fraglich sein, wem das Produkt zukommt. Man hat sich hier vielfach damit geholfen, daß man die Tätigkeit während bestimmter Bestellungs- und Arbeitsmonate besonders hervorhob und erklärte, daß, wer bis dorthin die Tätigkeit vollzogen habe, als Urheber gelte, vgl. z. B. Sachsenspiegel II 58,2, Rechtsbuch nach Distinktionen II 5,1 und die Schweizer Beispiele bei Huber IV 743.

Schon dieses hat seine Bedenken, noch mehr aber tritt der Mangel hervor, daß hier die Mitwirkung der Natur zu wenig zur Geltung kommt. Allerdings ist das Naturwirken eine unentgeltliche Gabe des Himmels, allein es konzentriert sich auf ein bestimmtes Gelände, welches im Eigentum einer bestimmten Person steht; wer aber ein Gelände im Eigentum hat, der zieht in diesem Bereich die Natur an sich, vor allem wenn er das Gelände schon jahrelang bearbeitet und dadurch den Naturkräften mehr und mehr zugänglich gemacht hat. Wer ein solches Gelände besitzt, es bearbeitet, es verteidigt, ihm seine Kräfte schenkt, der tritt ebenfalls auf den Plan, und es ist unrecht, ihn bei der Produktion nicht zu berücksichtigen; und bei den Viehzüchtern gilt dies noch in viel höherem Maße.

IV. Darum haben andere Völker, so namentlich die modernen, den Satz aufgestellt, daß die Früchte dem Eigentümer der Sache gehören, wobei der Dritte, der nicht im Dienste des Eigentümers tätig war, für seine Arbeit abgefunden wird, §§ 102 und 998 BGB. Allerdings läßt dieser Zustand eine Vervollkommnung zu; man kann einen Mittelweg wählen und die These aufstellen: der Drittbearbeiter solle nicht bloß auf seine Kosten kommen, sondern ihm solle ein entsprechender Teil der Früchte zugewiesen werden, sodaß er in einem bestimmten Maße an dem Mehrertrag der Ernte beteiligt wird.

Zu allem tritt noch ein Umstand hinzu: die Natur schafft so reichlich, daß auch ohne jede menschliche Tätigkeit Früchte entstehen. Man wollte hier zwischen fructus naturales und industriales unterscheiden; allein beides verwischt sich so sehr, daß der Unterschied juristisch unbrauchbar wird.

V. 1. Der Begriff Frucht wurde oben I S. 460 dargestellt; dort wurde auch der Unterschied zwischen Sachfrüchten und juristischen Früchten entwickelt. Die Sachfrüchte sind teils biologische Früchte oder Erzeugnisse im engeren Sinne, teils wirtschaftliche Früchte, sofern entweder ein ständiges Werden und Nachwachsen stattfindet, wie z. B. bei Torffeldern, oder sofern, wie bei Steinbrüchen und Bergwerken, die Ergebnisse in einem solchen Maße vorhanden sind, daß sie wirtschaftlich als ebenso unerschöpflich betrachtet werden können, wie die sich stets erneuernden Erzeugnisse. Zudem ist noch beizufügen: es ist möglich, daß gewisse Erträgnisse sich unregelmäßig einstellen, namentlich solche, bei denen zwar von einer Pflege, nicht aber von einer Erzeugung die Rede ist, so insbesondere das Wild als Jagdfrucht: es ist Frucht des Bodens in juristischem Sinne, denn der Erdboden gibt den Tieren die Mittel ihres Lebens und Treibens: hier entwickeln sie sich, vermehren sie sich und gedeihen. Vgl. S. 208.

2. Von biologischen Früchten oder Erzeugnissen gilt das besondere:

a) Sie sind Dinge, welche zwar mit der Grundsache zusammenhängen, aber doch nicht so, daß sie ihr auf die Dauer angekörpert sind. Die Grundsache ist bestimmungsgemäß nur das receptaculum, die Aufbewahrungsstelle, in welcher das Erzeugnis keimt und gedeiht und seinem endgültigen Sonderdasein entgegengeht. Wenn es selbständig wird, so wird es dies nicht als Bestandteil der Grundsache, sondern als ein in dieser Grundsache gehegtes und gepflegtes Sonderwesen. Manche Rechte haben dies zu dem Satze verdichtet, daß das Erzeugnis schon während seines Werdens als Sondersache und als Gegenstand des Rechtsverkehrs zu gelten habe. [1])

Dies geht zu weit. Der Zusammenhang mit der Grundsache bewirkt, daß der Keim noch kein Sonderdasein hat, sondern erst mit der Ablösung es erwirbt; wohl aber sind schon jetzt dingliche und Besitzverhältnisse an der Grundsache möglich, welche es herbeiführen, daß die Frucht mit der Ablösung einem bestimmten Berechtigten zufällt oder mindestens in sein dingliches Recht eintritt (Pfandrecht).

b) Es sind gerichtliche Satzungen in der Art möglich, daß die künftigen entstehenden Früchte in das gerichtliche Pfandrecht gelangen: also eine antizipierte Fruchtpfändung, die allerdings erst innerhalb eines Monats vor der Reife geschehen darf, § 810 ZPO.

c) Es sind Traditionsverhältnisse in der Art möglich, daß ein gestreckter Übertragungsakt in die Zukunft fortwirkt, um sich durch nachträgliche Besitzergreifung zum Eigentumserwerb zu vervollständigen. Vgl. S. 208 und 223.

VI. 1. Die Frucht fällt mit der Loslösung kraft des Produktionsprinzips an den Eigentümer der Grundsache, sofern nicht ein dingliches oder ein Besitzverhältnis besteht, welches sie einem anderen Berechtigten zuweist, §§ 953—955. Bei Grenzbäumen erfolgt der Erwerb zu halb und halb, § 923. Dingliche Rechte, kraft welcher die Frucht dem Nichteigentümer zufällt, sind der Nießbrauch und das Nutznießungsrecht, ferner das Nutzpfandrecht (soweit es zulässigermaßen besteht). Wenn das römische Recht beim Nießbrauch annahm, daß der Nießbraucher erst mit der Besitzergreifung Eigentümer werde, so beruhte dies auf dem Gedanken, daß der Nießbraucher nur im

---

[1]) Preuß. LR. I.9, 221.

Kreise des Genießens Rechte habe, und dazu gehöre bei den Früchten die Besitzergreifung; allein dies führte zu recht verwickelten Verhältnissen, die namentlich in der Darstellung Julians hervortreten. Man denke sich, daß herabgefallene Äpfel zuerst dem Eigentümer des Baumes gehören und dieses Eigentum erst in dem Momente, in dem sie der Nießbraucher aufliest, in dessen Eigentum gelangen; wie nun, wenn sie vorher gestohlen sind? Derartige Dinge sind wenig praktisch, da ja der Nießbraucher nicht nur dinglich Berechtigter, sondern auch Sachbesitzer ist, der die ganze Sache, und dazu gehört die Frucht, zu sichern und zu wahren hat.

2. Anders ist es natürlich bei Servituten, welche die Befugnis gewähren, Früchte oder Bestandteile aus dem Grundstück zu entnehmen: in diesem Falle tritt erst mit der Besitzergreifung das Eigentum ein, denn der Servitutenberechtigte hat keinen Besitz und ist nicht dazu bestimmt, über die Sache zu walten.

3. Etwas anderes ist die Sache auch bei dem (nicht antichretischen) Pfand und bei der Hypothek. Hier erlangt der Berechtigte nicht Eigentum, sondern Pfandrecht an den Früchten, und auch dies nur mit bestimmten Schranken und Bedingungen, § 1121. Beim beweglichen Pfandrecht erfolgt ein solcher Erwerb nur an den Erzeugnissen, nicht an den übrigen Früchten, § 1212.

4. Außerdem sind es gewisse Besitzverhältnisse, die zu dem Eigentum an abgetrennten Früchten führen:

a) die gesteigerten Besitzrechte aus Pacht- und ähnlichen Verhältnissen (S. 39), vorausgesetzt, daß das Pachtverhältnis mit dem Eigentümer oder Nießbraucher, d. h. mit dem an sich Fruchtberechtigten, abgeschlossen ist. Im übrigen besteht das Fruchtrecht, solange das Pachtverhältnis dauert, daher auch mit der üblichen Verlängerung nach § 597. Es dauert weiter, auch wenn in der Sache ein Eigentumswechsel stattfindet, nach den bekannten Grundsätzen des Pachtverhältnisses. Bei einer etwaigen Mehrheit gleichzeitiger Pachtverhältnisse geht der Besitzende vor.

b) Den normalen Besitzrechten stehen die anomalen Besitzrechte gleich, d. h. die Besitzrechte kraft des Rechtsscheines in Verbindung mit dem guten Glauben; wobei zu bemerken ist, daß der Rechtsschein, auf Grund dessen der Pächter besitzt,

α) ein Eigentumsbesitzschein oder ein Nießbrauchbesitzschein sein kann, d. h. der Pächter kann den Besitz von einem vermeintlichen Eigentümer oder von einem vermeintlichen Nießbraucher erlangt haben, § 957. Das anomale Besitzrecht kann aber auch

β) auf einem Pachtbesitzschein beruhen, wenn nämlich der Pächter kraft eines nichtigen Pachtvertrages in gutem Glauben die Sache besitzt. [1])

Allüberall wird hier das Eigentum der Frucht mit der Trennung erworben, §§ 957, 956. Aber zwischen α) und β) besteht der Unterschied, daß bei α) der Pächter nur kraft gesetzlicher Kündigung zu weichen braucht (ähnlich wie nach § 1054), wobei dann der Fruchtgenuß in normaler Weise weiter geht, während bei β) der Quasipächter sofort weichen muß, ja die Früchte nur genießt, wenn er bei der Trennung in gutem Glauben ist; der § 957, welcher beide Fälle nicht scheidet, ist falsch gefaßt.

VII. Der Fruchterwerb des Eigentümers, des dinglich Berechtigten, des Besitzberechtigten ist ein Fruchterwerb kraft der Naturproduktion, er findet statt nicht kraft Rechtsgeschäfts, sondern kraft vorhandener rechtlicher Beziehung. Daraus geht hervor :

1. er erfolgt auch zugunsten eines Geschäftsunfähigen, ja auch zugunsten eines völlig Sinnlosen; nur wo, wie bei gewissen dinglichen Rechten, Besitzergreifung nötig ist, wird mindestens ein vernunfterfülltes menschliches Tun verlangt.

2. Er erfolgt bei den anomalen Besitzrechten ohne Rücksicht auf die Art des Erwerbs der Muttersache, insbesondere auch dann, wenn die Muttersache eine abhanden gekommene Sache war; denn der Besitzschein wirkt hier nicht als Erfüllung und Stärkung des Erwerbsaktes der Muttersache, sondern als Folge des durch ihn entstandenen Besitzverhältnisses, §§ 955 und 957. Vgl. S. 177.

---

[1]) Vgl. RG. 13. 3. 1902 E. 51, 80.

VIII. Der Erwerb der Erzeugnisse richtet sich nach der Erzeugungssache, welche ihnen ihr natürliches Receptaculum gewährte. Eine bedeutende Änderung tritt ein bei den Erzeugnissen von Bäumen und Sträuchern infolge des Prinzips des Überfalles. Die überfallenden Früchte nämlich verwachsen rechtlich mit dem Grundstück, auf welches sie fallen, und wenn sie weiter rollen, so ist das Grundstück entscheidend, auf welchem sie schließlich kraft der Naturwirkung verweilen. Sie gelten rechtlich als mit diesem Grundstück verbunden, ebenso wie ein Keim, der, herübergeweht, auf dem Grundstück Wurzel gefaßt hätte. Man pflegt als Grund anzuführen: die Folgen des Überfalles seien meist Nachbarfolgen, der Nachbar aber solle die Frucht erwerben als Ersatz für die Nachteile, welche ihm die Nachbarschaft solcher Bäume und Sträucher bringt: er habe den bösen Tropfen und solle auch den guten genießen. Indes ist der Rechtssatz allgemeiner dahin zu fassen: an Stelle des jus originis soll das jus soli treten. Es ist der Eigentumsordnung entsprechend, daß der Boden auch die verirrten Bodenerzeugnisse aufnimmt und nicht genötigt ist, sie wieder herauszugeben. Der Grundsatz würde selbst dann gelten, wenn etwa durch einen Sturm die Früchte meterweise weggeweht worden wären. Dem entspricht es auch, daß das jus soli nur für solche Grundstücke gilt, welche dem Privaterwerb gewidmet sind, daher nicht für den fundus publicus, dem regelmäßig der Privaterwerb fremd ist. Im übrigen ist der Überfallgrundsatz in unzähligen deutschen Rechten vertreten, so auch im Pr. LR. I 9, 292 und BGB. § 911. Das jus soli gilt zugunsten des Eigentümers, Nießbrauchers, Pächters des Überfallgrundstückes, überhaupt zugunsten eines Jeden, dem eine hier gewachsene Frucht zukäme.

IX. Der dingliche Fruchterwerb verlangt nach zwei Richtungen eine schuldrechtliche Ausgleichung: 1. die Pandektologie glaubte dem römischen Recht entnehmen zu können, daß, wenn der Eigentümer gegen den gutgläubigen Sachbesitzer die rei vindicatio erhob, dieser die noch in Natur vorhandenen Früchte herausgeben müsse.[1) Man hat diese Behandlungs-

----

1) Inwiefern dies dem Recht der römischen Juristen entspricht, soll hier nicht weiter untersucht werden.

weise damit zu rechtfertigen gesucht, daß der Grundeigentümer
mit den entsprechenden landwirtschaftlichen Betriebsmitteln
versehen sein müsse und daher die vorhandenen Früchte in die
Kultur des Grundstückes aufnehmen dürfe. Dies würde aber
nur etwa für das Saatkorn passen; jedenfalls wäre der Rechtssatz ein sehr unvollkommener Ausdruck des Gedankens, und
die Sache wäre dem Zufall anheimgestellt; denn es käme darauf an, ob der Besitzer schon Gelegenheit gehabt hätte, die
Früchte abzusetzen, oder ob es bis jetzt an Käufern gefehlt
hätte, und ob demnach die fructus „fructus extantes" oder con-
sumpti sind.

Das moderne Recht hat diese recht roh umrissene und
wenig motivierte Behandlungsweise verlassen und die Ausgleichung in der Art vorgenommen: man unterscheidet
zwischen dem entgeltlichen und dem unentgeltlichen gutgläubigen Besitzer. Der entgeltliche Besitzer darf die bis zum Prozeß
gewonnenen Früchte behalten, der unentgeltliche muß sie
herausgeben. Dies beruht auf dem gesunden Gedanken, daß
der Eigentümer dem Beschenkten vorgeht und daher der Eigen-
tumsverlust abzuwenden ist, wenn durch Wahrung der Eigen-
tumsinteressen niemand als der Beschenkte zu leiden hat.

Eine andere Ausgleichung findet infolge prozessualischer
Ereignisse statt; sie geht das Prozeßrecht an: Früchte, die
während des Prozesses erworben werden, sind herauszugeben,
nach dem prozessualen Grunde, daß die Regelung der Verhältnisse so zu geschehen hat, wie wenn das Urteil bereits beim
Prozeßbeginn erfolgt wäre, §§ 987 und 988 BGB. Vgl. S. 253.

X. Eine weitere wichtige Ausgleichung ergibt sich aus
folgendem: Frucht ist nicht gleich Erträgnis. Nicht alle Früchte
sind Erträgnisse, sondern nur diejenigen, welche ordnungs-
mäßig gezogen sind, nicht die Raubbaufrüchte, nicht die Zu-
fallsfrüchte, insbesondere auch nicht der Windbruch des
Waldes. Wollte man hier bei dem Eigentumserwerb von dem
Satze ausgehen, daß die Früchte nur insoweit erworben
werden, als sie Erträgnis sind, so würde man zu juristisch
technischen Unmöglichkeiten gelangen, etwa dazu, daß $^1/_3$ der
Früchte dem Nießbraucher, $^2/_3$ dem Eigentümer zufielen. Dies
wäre ein Miteigentum mit allen seinen Mißlichkeiten, und zu-

dem wäre der ganze Satz eine Quelle der Unsicherheit, welche in schuldrechtlichen, aber nicht in Eigentumsverhältnissen annehmbar ist. Die Frage, ob Eigentum oder Nichteigentum, die Frage, ob die Wegnahme der Sache eine berechtigte Wegnahme oder Diebstahl und Unterschlagung ist, darf solchen unsicheren Umständen nicht anheim gegeben sein, um so weniger, als es im höchsten Maße unsicher ist, jeweils zu bemessen, wie hoch die normalen Erträgnisse sein würden.

ˋDas einzig richtige ist hier: Es tritt voller Eigentumserwerb des Berechtigten ein und eine entsprechende schuldrechtliche Ausgleichung zwischen den Beteiligten. So ist die Sache beim Nießbauch gestaltet, § 1039. Dasselbe muß auch gelten, wenn beim Fruchtgenuß des Nießbrauchers Vorbehalte gemacht werden, z. B. daß er nur nach Maßgabe des Eigenbrauchs genießen dürfe, und nur dann könnteˊ etwas anderes gelten, wenn die Ausscheidung zwischen Nießbrauchs- und Eigentumsfrüchten auf eine Formel gebracht wäre, welche ein offenkundiges Trennungsmerkmal böte. Vgl. auch § 993.

Während beim Nießbrauch diese Grundsätze im ganzen unbestritten sind, so wird für die Pacht gewöhnlich das Gegenteil behauptet, daß der Pächter nur so viel Früchte erwerbe, als zum ordnungsmäßigen Erträgnis gehöre. Man bezieht sich dafür auf den § 581, wo gesagt wird, daß dem Pächter der Genuß der Früchte, soweit sie nach den Regeln einer ordnungsmäßigen Wirtschaft als Ertrag anzusehen sind, zu gewähren sei. Allein damit ist nur gesagt, was auch bei dem Nießbrauch gilt, daß der Pächter endgültig nur so viel Früchte haben darf, als dieser Norm entspricht. Über den dinglichen Erwerb und den mit ihm verbundenen Ausgleich ist nichts gesagt: der dingliche Erwerb wird ja durch § 956 geregelt, und hier wird von einer solchen Beschränkung mit Recht nichts erwähnt. Wie wäre es auch, wenn man etwa bei der Pacht eines Bergwerkes bestimmen wollte, daß der Pächter an dem geförderten Material teils Eigentum, teils Nichteigentum hätte, je nachdem das Material zu den regelmäßigen Erträgnissen gehört oder nicht! Die Ausdrucksweise des § 581 zeugt allerdings noch von jenem naiven Standpunkt, als ob der Pächter nicht von sich aus erwürbe, sondern nur erwürbe durch eine Übertragung oder Gewährung des Verpächters, und davon kann keine Rede sein.

XI. Daß der Fall einer gestreckten Traditionsofferte von allen diesen Erwerbsformen wohl zu unterscheiden ist, wird sich aus der Lehre von der Eigentumsübertragung ergeben. Vgl. S. 202 und 223.

b) Jagderwerb.

§ 75.

I. Der Jagderwerb ist eine Art des Produktionserwerbes. Nicht der Gedanke ist maßgebend, daß der Jagdberechtigte auf Grund und Boden einfach einen bestimmten Sport treibt, wie dies die Gerichte mitunter annehmen, sondern daß er ein für die Menschheit wesentliches Naturprodukt in den Verkehr bringt, und außerdem, daß er den Wildbestand hegt, sodaß das Wild nicht etwa einfach als herrenloses Gut, sondern als das Erzeugnis einer hegenden Produktion erscheint; wenn auch die Natur hier vieles schafft, so ist doch die menschliche Einsicht und Sorgfalt mitbestimmend. Vgl. S. 201.

II. Die Anschauung, daß das Jagdwild eine Frucht, ein Erträgnis des Bodens ist, hat auch schon das römische Recht vertreten[1] und deswegen auch die richtige Ansicht ausgesprochen, daß im Falle des Nießbrauchs die Jagdausübung und dementsprechend die Jagdbeute dem Nießbraucher zukommt.[2]

III. Dem ist zu Unrecht widersprochen worden. Es ist ja richtig, daß nach römischem Rechte der Okkupant des Wildes Eigentümer wird; allein damit ist nur das gesagt, was in sehr vielen Jagdgesetzen der neuen Zeit gesagt wird, daß der Wilderer das Eigentum erwirbt, aber zur Herausgabe an den Jagdberechtigten verpflichtet ist.

Mit welcher actio dieser nach römischem Rechte vorzugehen hatte, ist hier nicht zu erörtern.

IV. Dazu kommt das Weitere: wie bei den Erzeugnissen der Landwirtschaft die Bodenpflege zu den Gaben der Natur hinzutritt, so kommt bei dem Wildstand die Hege des Wildes hinzu, ein Umstand, der in der Rechtsbetrachtung gewöhnlich vernachlässigt wird; darüber soll im Jagdrecht näher gehandelt werden.

---

[1] Julian ex Minicio in fr. 26 de usur: Venationem iructus fundi negavit esse, nisi fructus fundi ex venatione constet; Paulus, fr. 22 pr. de instr. vel inst.: si quaestus fundi ex maxima parte in venationibus consistat.

[2] Tryphonin in fr. 62 pr. de usufr.: aut fructus iure aut gentium.

V. Die Auffassung aber, daß nach römischem und gemeinem Recht das Jagderträgnis zu dem Eigentum am Gut nicht in Beziehung stehe, ist verhängnisvoll gewesen. Sie hat die Juristen des Mittelalters dazu geführt, das Jagdrecht vom Eigentum loszulösen, das Jagdregal zu fördern und schließlich das Eigentum am Wild direkt dem Regalberechtigten zuzuschieben, woraus dann die übertreibende Theorie sich entwickelte, daß der Jagdfrevel Diebstahl sei. Jetzt kam der Gedanke auf, als ob das Wild, das auf dem Grundstück herumläuft, zu diesem Grundstück und seinem Eigentum in gar keiner Beziehung stehe: das Grundstück sei nur der Boden, auf dem sich das Jagdwild ergehe, während doch die Grundstücke der Nährboden sind, auf dem das Wild sein Gedeihen findet. Vgl. oben S. 201.

VI. Die Folgerung ist: Früchte des Grundstückes sind auch die Jagdtiere, welche auf dem Grundstück erlegt werden, aber auch das Fallwild und die Dejekte, Geweihe usw., welche auf dem Grundstück sich befinden.[1] Fallwild, Dejekte, Geweihe werden sofort zu Eigen erworben, lebendes Wild mit dem Moment, in welchem es vom Stand der Freiheit in menschliche Herrschaft gelangt. Das Nähere ergibt sich aus dem Obigen S. 183. Vgl. auch S. 304.

2. Kunsterzeugnisse.
§ 76.

I. Die technische Produktion oder Kunsterzeugung, was das Bürgerliche Gesetzbuch unrichtig Bearbeitung nennt, § 950, ist die Herstellung einer in der menschlichen Wirtschaftsführung als neu zu betrachtenden Sache durch menschliche Tätigkeit auf stofflicher Grundlage. Die auf die Sache einwirkende menschliche Tätigkeit kann chemisch oder physikalisch sein, sie muß aber einen technologischen Charakter haben, im Gegensatz zur Naturproduktion; sie kann sich übrigens im Kreise der Einzelerzeugung wie im Kreise der Massenerzeugung bewegen.

II. Die Geschichte der Kunsterzeugung ist die Geschichte der Technik. Seit dem Aufkommen der materiellen Technik mußte sich der Erwerbsgedanke regen, ganz ebenso wie späterhin der Erfindergedanke durch Aufkommen der ideellen Technik. Daß hier der Stoffgedanke lange Zeit widerstrebte,

---

[1] RG. 21. 12. 1882 E. St. 5, 278.

ist begreiflich: wir finden solche Widerstände nicht etwa bloß im römischen Rechte bei den Sabinianern, sondern auch im deutschen Recht z. B. im Schwabenspiegel (Laßberg) 373, 374. Im übrigen hat sich das Talmudrecht, wie der Islam mit diesen Fragen eingehend beschäftigt.

III. Die Sacherzeugnisse in diesem Sinne stehen im Gegensatz 1. zu den Naturerzeugnissen, zur Fruchtproduktion der Landwirtschaft und Viehzucht, denn bei dieser spielt die Natur eine Hauptrolle: darum müssen bei den Naturerzeugnissen andere Grundsätze gelten als hier.

2. Die Kunsterzeugnisse stehen im Gegensatz zu den Ausgestaltungen der Erdoberfläche. Da diese stets der ausschlaggebende Faktor ist, so kann es sich bei der Baukunst, bei der Architektur, bei dem Wohnungsbau nie um Neuerzeugungen, sondern immer nur um Verbesserungen handeln. Selbst künstlerische Gestaltungen, wie Mosaiken, Fresken, Malereien, können hier nur als Verbesserungen, nicht als Kunsterzeugnisse in diesem Sinne gelten, und daher können die Sätze von dem Eigentumserwerb des Erzeugers hier nicht durchschlagen.

IV. Die Kunsterzeugung verlangt Herstellung einer neuen Sache aus Rohstoffen, die nur eine dienende Stellung annehmen. Sie steht daher im Gegensatz zu einer Herstellung, welche dem Stoff gegenüber nur dienenden Charakter hat, also

1. zur erhaltenden Tätigkeit, wenn eine Sache ausgeflickt, Schäden entfernt oder das Zusammenfallen durch Stoffklebung verhindert wird;

2. zu einer bloß verändernden Tätigkeit, welche die Sache innerhalb ihrer verkehrsmäßigen Funktion variiert, aber nicht dieser Funktion entzieht. Viele Sachen sind bestimmt, einer Reihe von Verkehrsfunktionen zu dienen, entweder ohne weiteres oder unter Einwirkung dienender Tätigkeiten, als Erhitzung, Zerspaltung, Zerdehnung, Zermürbung. Solche Prozesse gehen nur dann in eine Sacherzeugung über, wenn die Sache aus dem verkehrsüblichen Kreise herausgehoben wird, z. B. wenn infolge der Erhitzung ein umgestaltender chemischer Prozeß stattfindet oder infolge der Bakterieneinwirkung und der dadurch hervorgerufenen Gärung etwas ganz neues entsteht.

3. Sie steht im Gegensatz zur verbessernden Tätigkeit, welche die Funktion der Sache steigert, aber nicht weiter verändert, zur Formverbesserung und Verzierung usw., so das Anstreichen, Färben usw.

4. Sie steht im Gegensatz zu einer bloßen Zusammensetzung, wenn die einzelnen Teile in der Zweckbestimmung für ein Ganzes geschaffen sind und dementsprechend die Zusammensetzung erfolgt; z. B. die Einsetzung eines Vergasers, eines Magneten in das Auto, eines Rades oder Ventils in die Maschine. Ist hier das Ganze hergestellt, so ist die Einfügung eines neuen Bestandteiles sachlich eine dienende, nicht eine schöpferische Tätigkeit. Vgl. oben S. 174.

V. Daß die Kunsterzeugung auch in der Art geschehen kann, daß der Rohstoff innerlich bleibt und nur die Oberfläche verändert wird, hätte nie bestritten werden sollen. Viele Funktionen erfolgen gerade nur durch die Gestaltung der Oberfläche. Hierher gehört das Schreiben, das Malen, die Schaffung eines Reliefs. Das Schreiben auch dann, wenn nicht etwa gerade hervorragende Manuskripte entstehen, wenn auch nur Notizen pro memoria, Aufzeichnungen oder pädagogische Buchstabenfügungen niedergesetzt werden; so § 950, der dies besonders sagen zu müssen glaubte gegenüber den unsäglichen Sonderlichkeiten, welche die Pandektologie hier aus Justinians Sprüchen herausgeklaubt hatte.

VI. Die Kunsterzeugung ist kein Rechtsgeschäft, sondern eine neutrale Tätigkeit mit Rechtsfolgen: sie kann auch durch einen Geschäftsunfähigen erfolgen, läßt aber eine Ver·.etung zu. Die Vertretung ist hier bei der Massenerzeugung durch die Arbeiter für den Fabrikanten von besonderer Wichtigkeit: die Tätigkeit der Arbeiter bewirkt Rechtserwerb für den Arbeitsherrn. Allerdings ist hier zu bemerken, daß die Vertretung auf einem bestimmten Arbeitstitel beruhen muß, welcher den Vertretungskreis begrenzt; sie ist nicht in dem Sinne möglich, daß jemand seinem Geldgeber verspricht, alles, was er auf Grund des Gelderwerbes herstellen könne, für ihn als seinen Vertreter herstellen zu wollen:[1] dies würde zur vollen Ver-

---

[1] RG. 3. 10. 1913 S. 69 nr. 107.

14*

sklavung führen, ist allerdings in altdeutschen Rechten vielfach vorgekommen.

VII. Die Folge der Kunsterzeugung ist Eigentumserwerb, und zwar freier Eigentumserwerb des Erzeugers. Die Konsequenz ist Erlöschen des Eigentums des Rohstoffeigentümers, auch Erlöschen aller auf diesem Eigentum haftenden dinglichen Rechte. Das letztere kommt namentlich in Betracht, wenn jemand mit seinem eigenen Material arbeitet, das mit dinglichen Rechten belastet ist; es gilt natürlich auch, wenn auf dem Eigentum des Rohstoffes Anwartschaftsrechte ruhen.[1]

VIII. Daß hier schuldrechtliche Ausgleichungen erforderlich sein können, versteht sich von selbst, § 951; und daß eine solche Verarbeitung einen ordnungswidrigen Charakter haben, daß sie sich im Falle einer obrigkeitlichen Stoffbeschlagnahme selbst als Delikt, ja, daß sie sich als Unterschlagung darstellen kann, bedarf keiner Ausführung.

IX. Die Kunsterzeugung wirkt kraft der sozial ethischen Berechtigung der Arbeit, sie wirkt also ohne Rücksicht auf die Individualethik, ohne Rücksicht darauf, ob die Erzeugung in gutem Glauben erfolgt oder nicht; sie wirkt auch dann, wenn sie kraft Delikts stattfindet. Dies ist für den ganzen Verkehr von großer Wichtigkeit. Wer von dem Erzeuger der Sache erwirbt, der soll sicher sein, Eigentum zu erwerben, ohne daß er auf die individualethische Betrachtung zurückgeworfen wird.

B. Abgeleiteter Erwerb.

I. Direkte Form: Übereignung.

1. Unterabschnitt: Normale Übereignung.

I. Allgemeines.

§ 77.

I. Jahrhunderte lang hat die Romanistik den Satz vertreten, daß Eigentum nicht durch bloße Einigung, sondern nur durch Tradition übertragen werde, ein Satz, den das Römische Recht ursprünglich nicht gekannt hat; denn die Manicipation

---

[1] Karlsruhe 18. 3. 1901 M. 2, 343.

bedurfte der Gegenwärtigkeit der Sache nicht, man konnte in Abwesenheit aneignen, man bediente sich höchstens eines Symbols. In Ländern hellenistischen Rechts galt ebenfalls die 'Eigentumsübertragung durch bloße Einigung; die symbolische Übertragungsweise war auch hier in Gebrauch. Erst die spätere Entwickelung bei Zusammenbruch der Manicipation hat zum Satze geführt, daß nur die Besitzübertragung das Eigentum verschaffe, ein Satz, welcher den Verkehr in entsetzlicher Weise einengt und es unmöglich macht, eine verlorene, eine gestohlene Sache, eine Sache, die zur See schwimmt, eine Sache, die in einer belagerten Festung ist, zu Eigentum zu übertragen, ein Satz, welcher die rechtliche Macht des Menschen unnötig in tatsächliche Schwierigkeiten verwickelt, statt sie zu befreien.

II. Die Gründe, die man philosophisch und geschichtlich anführte, sind so nichtssagend, daß man sich kaum mit ihnen zu befassen braucht. Man spricht von einer Publizität des Eigentums gegen Dritte, aber diese fällt von selbst zusammen, sobald es einen Fremdbesitz gibt; gegen den Fremdbesitz (z. B. des Kommissionärs) können Kreditsicherungen notwendig werden; allein das Traditionsprinzip ist hierzu völlig untauglich. Man hat gesagt, das Prinzip sei dazu da, um die Verhältnisse unter den Parteien zu klären, damit diese wüßten, ob das Eigentum übergegangen sei oder nicht. Dies hängt mit dem ganzen törichten Jheringschen Gerede über die Wohltat des formellen Vertrages zusammen, aus welchem sich der Verkehr nie etwas gemacht hat. Wenn durch einen Hauch der Worte ein Spekulationsgeschäft von Millionen abgeschlossen werden kann, so ist es mehr als sonderlich, wenn man glaubt, daß es eines besonders sichtbaren Aktes bedürfe, um ein Paar Stiefel zu übereignen. In der Tat hat man auch in den Ländern des Vertragssystems diese eingebildeten Schmerzen nie gespürt. Man hat endlich davon gesprochen, daß durch das Traditionssystem die Trug- und Umgehungsgeschäfte erschwert würden: natürlich wenn man die Eigentumsübertragung erschwert, kann man auch die betrügerische Eigentumsübertragung erschweren, aber dies ist kein Grund, den redlichen Verkehr zu beeinträchtigen, schon darum, weil die Truggeschäfte sich stets über diese Schranke leicht hinwegzusetzen vermögen.

So bleibt also nichts übrig, als das „sic volo sic jubeo" der Pandektologie, welche, auf Mißverständnisse des Römischen Rechts begründet, die ganze Rechtsentwickelung des deutschen Mittelalters verkennend, einen Satz aufstellte, dem jeder philosophische und wirtschaftliche Halt fehlt und den weder das griechische noch das germanische Recht, und unter den neuen Rechten weder das französische noch das englische anerkennt. [1]

III. Was besonders das germanische Recht betrifft, so hatte dieses zwar auch sinnliche Ausdrucksmittel, aber man übergab ein Symbol, einen Stab, eine Gerte, einen Halm, überall aus dem mystischen Gedanken heraus, etwas von seinem Rechtsbereich in das Bereich des Anderen zu entlassen. Von der Sachübergabe war keine Rede, außer bei der Schenkung, und auch dort nur in dem Sinne, daß 1. der Schenker die Sache unwiderruflich geben mußte (donner et retenir ne vaut) und 2. daß der Schenker die Sache sofort entbehren mußte und sie sich selbst, nicht etwa erst seinen Erben entziehen durfte. Beides sollte ein Schutzwall sein gegen das Einbrechen der Todesverfügung, die sich unter dem Schein der Lebensverfügung bargen. Von einem Grundsatz, wie dem des Pandektenrechts, war hier nirgends die Rede.

2. Formen der Einigung.

a. Besitzauftragung (Konstitut).

§ 78.

I. Schon das römische Pandektenrecht kannte übrigens zwei Institute, durch welche das reale Traditionssystem spiritualisiert und vergeistigt wurde. Das eine war die brevi manu traditio, „Kurzhandübergabe", und das andere das constitutum possessorium, die „Besitzauftragung". Beide beruhen auf dem

---

[1] Vgl. meine Zwölf Studien zum BGB. I S. 256 f., 298 f. (französisches Recht), S. 304 f. (englisch-amerikanisches Recht), S. 310 f. (Naturrecht). Vgl. ferner meine Schrift, Vollstreckungsurkunde als Verkehrsmittel (auch Arch. f. Rechtsphil. X und XI.).

Gegensatz zwischen Eigen- und Fremdbesitz, einem Gegensatz, der in beiden Fällen geschaffen oder ausgeglichen werden kann, ohne daß die Sache von der Stelle gerückt wird. Das Konstitut ist dazu bestimmt, diesen Gegensatz zu schaffen: der Eigenbesitzer macht durch Vereinbarung sich zum Fremdbesitzer und den Dritten zum Eigenbesitzer. Bei der Kurzhandübergabe aber besteht bereits der Gegensatz zwischen Eigen- und Fremdbesitz; aber durch Vereinbarung wird der Fremdbesitzer zum Eigenbesitzer und der Eigenbesitzer tritt zurück. Beide Institute kannte das römische wie das deutsche Recht; das römische Recht verdankt die Besitzauftragung dem großen Celsus,[1] das deutsche Recht hat sie schon seit alter Zeit entwickelt. Unzählige Male kommt es vor, daß der Eigentümer Eigenbesitz an ein Kloster oder an irgend einen Herrn überträgt und sein ehemaliges Eigengut als Precarie, als Lehen, als Erblehen zurückbehält. Man findet dies schon im 8. und 9. Jahrhundert, und als man später das römische Konstitut kennen lernte, warf sich das deutsche Recht mit Heißhunger darauf. In unzähligen Urkunden findet sich die Bestimmung „venditor se nomine emtoris precario constituit possidere, donec ipsius possessionem corporalem acceperit"; und nicht nur zum Zwecke der Eigentumsübertragung geschah dies, sondern auch, um dem Gläubiger das beliebige Zutrittsrecht zum Vermögen des Schuldners, das jus ingrediendi, zu gewähren: man räumte ihm durch Konstitut den Besitz des gegenwärtigen und künftigen Vermögens ein mit der Befugnis, sich im Falle der Nichtzahlung kraft des Besitzrechtes in den tatsächlichen Gewahr zu setzen, eine Erscheinung, die bei Bartolus und seinen Nachfolgern, und im deutschen Rechte noch bei Colerus, eingehend besprochen wird.[2]

Sehen wir von diesem Kraftmittel ab, so ist die Formel venditor constituit se nomine emtoris possidere oder precario possidere im Mittelalter so häufig geworden, daß sie sich von

---

[1] Man hat sie mehr oder minder dem Celsus absprechen wollen; vgl. dagegen aber meine Abhandlung Zeitschr. für vergl. Rechtsw. XXXV S. 67 f.

[2] Vgl. die zahlreichen Nachweise in meiner Schrift: Vollstreckungsurkunde als Verkehrsmittel S. 13 f.

selbst verstand: es war die clausula constituti, precarii, die
clause de constitut et de precaire, und so war es eine selbst-
verständliche Entwickelung, als der Code Napoleon von den
Coutumes aus zu dem Satze gelangte, daß das Eigentum durch
bloßen Vertrag übergehe, a. 1138, 1583. [1]

II. Das BGB. war so sehr von der Windscheidschen Pandektologie beherrscht, daß es diesen Schritt nicht wagte und
wieder zu dem Satze zurückkehrte, daß das Eigentum nicht
durch bloße Einigung, sondern nur durch Einigung und Tradition überginge; und um ja das Gespenst des Konstituts zu
bannen und seinen zerstörlichen Geist fern zu halten, glaubte
man, die Besitzauftragung knebeln zu müssen und legte ihr
Fußangeln an. Nachdem man Jahrhunderte lang in unzähligen
Urkunden das Konstitut in der Weise gestaltet hatte, „constituit se possidere" oder „constituit se precario possidere"
hoffte man, es in der Art fesseln zu können: der Veräußerer
dürfe das Konstitut nicht abstrakt errichten, sondern müsse
ein wirkliches Rechtsverhältnis schaffen, welches einen Fremdbesitz zu tragen geeignet wäre. Hier hat man namentlich an
Nießbrauch und Miete gedacht in der Art, daß der bisherige
Eigentümer als Nießbraucher oder Mieter weiter besitze.

Nun kommen auch diese Arten des Konstituts im Mittelalter vor, und namentlich auch die clausula ususfructus, allein
völlig überwiegend ist die clausula precarii und die clausula
constituti simplicis. In der Tat, wenn ich Eigentum übertrage,
aber die Sache selbst im Besitz behalte, so liegt nichts anderes
als eine Art von Verwahrungsvertrag vor, der nur deshalb
nicht besonders markiert wird, weil er sich als Begleiterscheinung des Kaufgeschäftes darstellt, der aber nichtsdestoweniger
vollständige Realität besitzt. Die Sachlage ist nach §§ 929, 930
einfach die: entweder übertragen die Parteien den realen
Besitz sofort mit der Einigung, sodaß beides zusammen fällt,
oder beides fällt auseinander: dann ist es möglich, daß die
Einigung eine bedingte ist und dahin abzielt, daß der Eigentumsübergang erst mit realem Besitz, erst mit Besitzübertragung erfolgen soll; oder die Einigung ist eine unbedingte

---

[1] Vgl. darüber Exkurs II.

und sofortige, dann geht das Eigentum alsbald über und der die Sache einbehaltende Verkäufer hat sie als Verwahrer. Natürlich ist auch das möglich, daß der Verkäufer die Sache als Mieter behalten soll, aber dies ist doch ein besonderer und seltener Fall; Nießbrauch aber ist im Leben so selten, daß eine clausula ususfructus sofort den Geruch des „diabolischen" Konstituts an sich trüge.

Daß aber der Verwahrungsvertrag als Grundlage des Konstituts genügt, nimmt man auch im BGB. an. Hat man sich doch auch Jahrhunderte lang mit dem Konflikt abgemüht: wie, wenn A. die Einigung zuerst mit B., dann mit C. abgeschlossen, und sodann zuerst dem C. den realen Besitz übertragen hat? soll hier B. oder C. vorgehen? Man hat sich gemüht, aus irgend welchen Gründen den Vorzug des B. zu konstruieren, obgleich das Gespenst der Romanistik den C. vorschieben wollte. Nach dem Obigen löst sich der Konflikt sofort in befriedigender Weise: B. wird regelmäßig sofort Eigentümer durch Konstitut und geht daher dem C. vor.

III. Man könnte noch zwei Bedenken aufwerfen: 1. man könnte sagen: immerhin sei ein Verwahrungs- oder Auftragsvertrag genügend, aber es müsse ein schuldrechtlich gültiger Vertrag sein: die schuldrechtliche Ungültigkeit verhindere auch die Umwandlung in Fremd- und Eigenbesitz und damit die Eigentumsübertragung.

2. Man könnte sagen, die Rechtsordnung sei so sehr von der Richtigkeit des Traditionssystems überzeugt, daß das Konstitut als Umgehungsinstitut zu betrachen sei und daher beseitigt oder mindestens eingeschnürt werden müßte.

Allein 1. auch wenn das Verwahrungsgeschäft nichtig ist, betrifft diese Nichtigkeit doch nur die Pflicht des Verwahrers, so namentlich, wenn er geschäftsunfähig ist; sie trifft aber nicht die Besitzvorgänge, welche sich dabei abspielen. Sollte in solchem Falle der Hinterleger nicht etwa mittelbaren, der Verwahrer unmittelbaren (Fremd)Besitz bekommen? vorausgesetzt, daß der Verwahrer so viel vernünftige Einsicht hat, daß er ein solches Tun überhaupt verstehen kann.

Zu 2 aber ist zu sagen, daß ein Umgehungsgeschäft nur dann abzulehnen ist, wenn überwiegende Gründe dagegen sprechen, weil sonst ein dringendes Gebot der Rechtsordnung indirekt übertreten würde. Die Gegner müßten daher annehmen, daß die Rechtsordnung sich so sehr in das Traditionssystem versteift hätte, daß alles, was an die nackte Einigung anklingt, mit verboten wäre. Ist aber eine derartige unheilvolle Wirkung eines bloßen Einigungssystems anzunehmen, daß alles von der Rechtsordnung verpönt ist, was irgendwie an sie anstreift? Schließlich könnte man dann auch annehmen, daß, wenn eine reale Übergabe und Rückübergabe stattfindet, dies nur eine versteckte Einigung sei. Eine derartige Behandlungsweise aber würde zur höchsten Schädigung des Verkehrs gereichen: dann würden die Eigentumsverhältnisse schwer erschüttert und ins Schwanken gebracht, während sie felsenfest stehen müssen. Es kommt alltäglich vor, daß man eine gekaufte Sache beim Verkäufer zurückläßt, um sie später abzuholen. Sollte man etwa hier die Frage eines simulierten Verwahrungsgeschäftes aufrühren und eine Scheinübertragung unterstellen, wodurch nichts als die verderblichste Unsicherheit erzeugt würde? [1]

Wie doktrinär alle diese Betrachtungen sind, zeigt der einfache Blick ins Leben. Hundertfach wird gegeben und wieder zurückgegeben, hundertfach geschieht die Übergabe bedingt oder befristet als Übergabe' unter Eigentumsvorbehalt. [2] Man denke sich den Fall, daß ein Hypothekenbrief einer Bank mit der Bestimmung überantwortet wird, daß er erst nach Erfüllung der Bedingung in das Eigentum der Bank oder dritter Personen gehen soll. [3] Dazu die Treuhandübergabe und die tausend Fälle der kommissionsweisen Übergabe. Nur Doktrinäre können sich mit der Annahme tragen, daß die dinglichen Verhältnisse durch Übergabe geklärt werden.

IV. Betrachten wir im übrigen die Rechtsprechung, so finden wir überhaupt ein quälendes Bestreben, Geschäfte dem

---

[1] Man vergleiche hierbei die merkwürdige Entscheidung Dresden 20. 11. 1908 S. 64 nr. 134.

[2] Vgl. auch RG. 17. 12. 1909 E. 72, 310.

[3] Breslau 17. 2. 1910 M. 26, 132.

Moloch des Traditionssystems zu opfern, welche doch vom Standpunkt der Verkehrsverhältnisse völlig tadellos und unanfechtbar sind.

Das Reichsgericht hat sich mehrfach gegen das abstrakte Konstitut ausgesprochen, so RG. 8. 11. 1881 E. 5, 181; 15. 11. 1901 E. 49, 170.[1]) Am interessantesten ist der Fall 20. 2. 1901 E. 48, 318. Der Ehemann, der mit seiner Frau im gesetzlichen Güterrecht steht, überträgt eine Sache an die Frau und behält sie kraft Leihvertrag zurück. Man hat hier gesagt, der Ehemann habe an dem beweglichen Gut der Frau so viel Rechte, daß ihm der Leihvertrag keine Rechte mehr verschaffen könne. Das ist richtig. Der Mann hätte sagen können, ich übertrage die Sache und behalte sie kraft meines gesetzlichen Güterrechts zurück: der Leihvertrag sollte nur eine stärkere Betonung dieses Gedankens sein. Warum aber soll das Verhältnis des ehelichen Güterrechts nicht fähig sein, die Grundlage für ein Konstitut zu bilden, sobald die Übertragung einer Sache vom Ehemann an die Ehefrau vereinbart wird. Ist doch auch eine Übertragung des Vormundes an den Mündel möglich, indem der Vormund, um eine Schuld an den Mündel auszutragen, das Geld in die Mündelkasse legt und es also kraft seines vormundschaftlichen Gewaltverhältnisses in Gewahr behält. Eheherrliche und vormundschaftliche Gewalt mit ihren Verwahrungspflichten können sicher eine genügende Grundlage für das Konstitutsgeschäft sein, auch wenn man den strengsten Maßstab anlegt.

Übrigens ist die Entscheidung schon aus dem Grunde unrichtig, weil a) der Leihvertrag nicht ungültig war, denn wenn sich daraus auch keine größeren Rechte entspinnen, so doch Verpflichtungen; wenn der Ehemann von der Frau etwas leiht, so verspricht er damit, es unter bestimmten Umständen der Frau zur Verfügung zu stellen. Solche Vereinbarungen sind auch unter Ehegatten nicht wirkungslos, wenn auch in der Wirkung beschränkt. b) Aber auch wenn der Leihvertrag ungültig wäre, so käme der Grundsatz in Betracht, daß das Konstitut, sobald ein Rechtsverhältnis vereinbart wurde, von der Gültigkeit oder Ungültigkeit dieses Rechtsverhältnisses unabhängig ist.

In einem anderen Falle RG. 28. 4. 1903 E. 54, 396 lag die Sache so: A. hatte die Möbel ohne weiteres verkauft und übergeben. Einige Monate darauf wurde vereinbart, daß der Verkauf als unter Eigentumsvorbehalt abgeschlossen gelten solle; die Bedeutung des Vertrages war also, daß unter Aufrechterhaltung des Kaufgeschäftes das Eigentum auf den Verkäufer rückübertragen werden sollte. Der Eigentumsrückübergang wurde vom RG. verneint, weil das Konstitut ein abstraktes Konstitut sei, da nicht ein neuer Verkauf oder ähn-

---

[1]) Vgl. auch die recht gezwungene Entscheidung Rostock 6. 7. 1910 Seuff. 66 nr. 51. Weitere Entscheidungen bei Schäfer, Archiv f. b. Recht 38, 97.

liches ausgemacht sei. Dies ist völlig verkehrt: der zweite Vertrag
bewirkte eine Änderung des durch den ersten Vertrag geschaffenen
Vertragsverhältnisses in der Art, daß das Eigentum auf den Verkäufer zurückgehen solle und der Käufer künftighin nur als Kaufverwahrer zu betrachten sei, d. h. also als Verwahrer, wie bei jedem Kaufgeschäft unter Eigentumsvorbehalt. Der zweite Vertrag enthielt ein
völlig reales schuldrechtliches Geschäft, welches das Kaufverhältnis
änderte; solche Änderung des Kaufverhältnisses ist doch auch ein
schuldrechtliches Geschäft, und die Realität dieses Geschäfts ergibt
sich aus den rechtlichen Folgen: der Kaufverwahrer übernimmt
jetzt als Verwahrer die bekannte Verpflichtung gegenüber dem
das Eigentum zurückbehaltenden Verkäufer, eine Verpflichtung, die
er ehedem als einfacher Käufer nicht hatte! Daß dabei der
Kaufverwahrer nicht ausdrücklich als Verwahrer bezeichnet wird,
tut nichts zur Sache, weiß doch jeder, der ein solches Geschäft abgeschlossen hat, daß er Verwahrerpflichten erfüllen muß. Und ein
solches Umwandlungsgeschäft, wodurch ein Eigentumskäufer zu einem
Kaufverwahrer wird, sollte nicht die Grundlage für ein Konstitut
bilden? Dann wäre es auch keine genügende Grundlage, wenn etwa
der Kauf einfach rückgängig gemacht und das Verhältnis in ein Verwahrungsverhältnis ohne ein begleitendes Kaufgeschäft umgewandelt
würde. Also wiederum ein Fall, in welchem ein tadelloses Geschäft
dem Moloch des Pandektismus geopfert wird!

V. Ist der Vertragsschluß mit sich selbst als Stellvertreter
eines anderen möglich (beim Erfüllungsgeschäft), dann kann
auch die dem Erfüllungsgeschäft entsprechende Übertragung
durch Konstitut geschehen. So, wenn der Vormund, um seine
Schuld an dem Mündel zu tilgen, das Geld in die Mündelkasse
legt und für den Mündel in die Vormundschaftsrechnung aufnimmt — ein Fall, von dem schon die Römer sprachen; so
wenn der Bankier die kommissionsweise gekauften Papiere
für seinen Kunden bucht und in den für dessen Papiere bestimmten Umschlag legt, namentlich wenn er ihn noch davon
benachrichtigt. Dies hat auch das RG. angenommen.[1] In
solchem Fall übernimmt der Vormund die Sache in Verwahr
kraft des Vormundgewaltsverhältnisses, der Bankier kraft des
depositum regulare. Natürlich bedarf es aber eines derartigen
Aktes. Hat jemand dem Bankier erklärt, er solle einen
solchen Besitzakt vornehmen, so liegt kein Konstitut vor, wenn
der Bankier den Akt nicht vornimmt.[2]

---

[1] RG. 4. 7. 1902 E. 52, 130; RG. 2. 3. 1906 E. 63, 16.
[2] Vgl. RG. 21. 5. 1910 E. 73, 415.

b) Sonstige Einigung.

§ 79.

I. Das Constitutum konnte allerdings nicht immer durch-
reichen, denn es setzte voraus, daß der Übertragende Besitzer,
und zwar realer Besitzer, war, um vom realen Eigenbesitzer
zum Fremdbesitzer herabzusteigen. [1]) War die Sache im Gewahrsam eines Fremdbesitzers, z. B. Mieters, so fand das
constitutum possessorium Schwierigkeit; denn nun konnte man
sich nur in der Art helfen, daß der Eigenbesitzer, welcher den
Mieter als Fremdbesitzer unter sich hatte, selbst zum Fremdbesitzer wurde, sodaß man nunmehr mit einem Fremdbesitz
ersten und zweiten Ranges rechnen mußte. Man ist nun aber
schon in früheren Jahrhunderten zu der anderen Konstruktion
gelangt, daß in solchen Fällen der Besitz durch Anweisung (per
assignationem) übertragen wurde: der Eigenbesitzer erklärte
dem Mieter, dieser solle nicht mehr für ihn, sondern für den
nunmehrigen Erwerber besitzen; wenn nun der Mieter sich
damit einverstanden zeigte, so war die Sache korrekt geregelt und der Besitz in aller Form übertragen, indem der
Mieter nicht mehr den Vermieter, sondern den Erwerber als
Eigenbesitzer über sich hatte. Wie aber, wenn der Mieter sich
nicht dazu herbeiließ? Man gelangte später dahin, daß eine
Kundgebung an den Mieter genügen müsse. So bestimmte
z. B. noch das badische Landrecht a. 2010 d:

> „Eine Anweisung an Lieferungsstatt, die auf ein vollbestimmtes
> Stück aus einem Besitztitel gegeben und dem Anweisungszähler vor-
> gewiesen ist, gilt dem Empfänger für Besitzergreifung."

Das Preuß. LR. 1 7, 66 und 67 und das BGB., § 931, sind
noch weiter gegangen; man ließ es genügen, wenn einfach der
Eigenbesitzer dem Erwerber erklärte, er übertrage das Eigentum an ihn, was das BGB. in die Ausdrucksform kleidete, er
übertrage ihm den Anspruch gegen den Mieter, also die ihm
gegen den Mieter zustehende rei vindicatio. Damit ist das
constitutum verlassen, damit ist überhaupt die ganze Besitz-

---

[1]) Vgl. auch RG. 29. 11. 1903 E. 56 S. 52.

übertragungstheorie aufgegeben. Jene Kundgebung an den Mieter hat fürder nur die obligationsrechtliche Wirkung, daß dieser die Sache nun nicht mehr an den früheren Eigenbesitzer zurückgeben und sich damit seiner Pflicht entledigen kann.

II. Wenn aber der Eigentümer überhaupt nicht, auch nicht durch einen Fremdbesitzer besitzt, also beispielsweise wenn die Sache abhanden gekommen oder durch Unterschlagung in die Hände eines bösgläubigen Erwerbers gelangt ist, oder wenn er sie spornstreichs verlassen mußte, sodaß alles stehen und liegen blieb und schließlich besitzlos wurde, dann war nach dem Traditionssystem nichts übrig, als eine cessio vindicationis, welche eine Traditionsofferte in sich enthielt in dem Sinne: der Erwerber solle es versuchen, kraft der zedierten Vindikation in den Besitz der Sache zu gelangen, und wenn er in den Besitz gelangt sei, dann solle dies als eine Annahme der Traditionsofferte gelten. Offensichtlich ist aber hier die Eigentumsübertragung auf schwache Füße gestellt: so lange der Cessionar nicht den Besitz erworben hat, steht noch alles in der Luft.

Das BGB. nun hat den weiteren Schritt getan, zu sagen: die cessio vindicationis macht den Erwerber sofort zum Eigentümer, was eigentlich ein Unding ist; denn sobald er Eigentümer wird, hat er nicht mehr eine vindicatio cessa, sondern eine vindicatio propria; man zediert ihm also einen Anspruch, den er überhaupt nicht mehr brauchen kann, der gerade in dem Moment, in dem er zediert wird, von selber aufhoren muß: denn man kann doch nicht annehmen, daß der Erwerber sowohl eine vindicatio cessa als auch eine vindicatio propria habe. Was ist dies aber anderes als eine Umkleidung des Satzes, daß das Eigentum durch bloße Einigung übergeht? Und die ganze Konstruktion des BGB. fällt sofort in die Brüche, wenn man sich den Fall denkt, daß die Sache überhaupt von niemandem besessen wird, daß sie z. B. einfach verloren und wahrscheinlich oder sicher von niemand gefunden worden ist. Manche haben nun, dem Wortlaut des BGB. folgend, den Satz verteidigt: wenn mir eine Sache gestohlen wurde, so könne ich sie durch eine cessio vindicationis übereignen, wenn aber etwa der Dieb die Sache wieder verloren oder, um die Entdeckung zu verhüten, weggeworfen hat, so habe die cessio vindicationis diese Wirkung nicht mehr. Ein solches Unding anzunehmen, sollte man doch fürwahr sich hüten. Ich habe von jeher die Ansicht vertreten, daß diese Übertragung des Eigentums durch die scheinbare cessio vindicationis nichts anderes ist als eine Eigentumsübertragung durch bloße Einigung, die selbstverständlich auch dann durchgreift, wenn die Sache verloren und in niemandes Besitz ist.

Welch ein Unding die cessio vindicationis ist, wenn man sie ernst nimmt, zeigt übrigens auch der § 934. Ein Nichteigentümer kann keine Vindikation zedieren; nichtsdestoweniger soll diese cessio vindicationis eines Nichteigentümers den gutgläubigen Erwerber zum Eigentümer machen. Das zeigt nun deutlich, daß die cessio vindicationis nichts anderes als ein Ausdruck für formlose Einigung ist.

III. Aus alledem ergibt sich, daß es vollständige Verkehrtheit war, im BGB. auf der einen Seite das Traditionssystem aufzustellen, auf der anderen Seite es wieder aufzuheben, und der ganze § 929 will nur besagen: Schließen die Parteien die Einigung unter der ausdrücklichen oder stillschweigenden Erklärung, daß das Eigentum erst mit dem Realbesitz übergehen soll, dann geht es erst mit der Besitzübergabe über; ist dies nicht der Fall, so geht es mit der Einigung über. Hat hier der Übergebende unmittelbaren Eigenbesitz, so wird er zum Verwahrer als nunmehriger Fremdbesitzer; hat er mittelbaren Eigenbesitz gegenüber einem Fremdbesitzer, so erlangt der Erwerber gegenüber dem Fremdbesitzer diesen mittelbaren Eigenbesitz; hat er gar keinen Besitz, so geht einfach das Eigentum über.

IV. Fälle, in welchen die Einigung unter der Bedingung künftiger Besitzübertragung stattfindet, gibt es natürlich im Leben vielfach. Ein Fall ist der Fall der gestreckten Übergabserklärung. Mit dieser gestreckten Erklärung ist gesagt, daß der Übergabsantrag (die Traditionsofferte) fortdauert bis zur Annahme des Erwerbers, daß aber diese Annahme regelmäßig durch Besitzerwerb erfolgen soll. Allerdings wirkt eine solche Traditionsofferte nur dann bis zum Erwerb nach, wenn der Übertragende bis dahin noch Eigentümer ist; hat er unterdessen aufgehört, es zu sein, so kann die Erklärung

nicht mehr in das Gebiet des neuen Eigentümers hinüber-
reichen. [1])

Fälle solcher gestreckten Übergabserklärung bietet das
Leben manche: Ich gestatte meinem Nachbar, im Garten Blumen zu pflücken; man gestattet den Gemeindebürgern, im Wald
Holz zu lesen; man gestattet jemandem, im Steinbruch Steine
zu brechen [2]) u. a. Vgl. S. 202 und 208.

Eine solche Übergabserklärung kann widerruflich und unwiderruflich erfolgen; nur müssen bei der Unwiderruflichkeit
die Grenzen des vernünftigen Lebensverkehrs eingehalten
werden: also keine Übergabe auf Lebenszeit oder auf eine
unbestimmte Reihe von Jahren.

c. Einigung in die Zukunft.

§ 80.

I. Die Einigung kann in dinglicher Weise nur bezüglich des
bereits vorhandenen, nicht bezüglich des künftigen Vermögens
erfolgen, am wenigsten in bezug auf Sachen, die erst Gegenstand künftigen Werdens sind. In bezug auf künftiges Vermögen ist nur eine gestreckte Traditionsofferte möglich in der
Art, wie sie oben behandelt wurde, und die Annahme kann
nur durch Besitzerwerb erfolgen, also erst, wenn die Sache
geworden ist. Eine Übertragung in der Art, daß z. B. Früchte
im Moment der Trennung von selbst in das Eigentum des Erwerbers fallen, ist unstatthaft, weil vollkommen gegen die
Sicherheit des bürgerlichen Verkehrs. Daß beim Pächter
etwas anderes gilt, spricht nicht dagegen, da der Eigentumserwerb des Pächters auf einer anderen Grundlage beruht, als
auf einer Tradition in futurum. Vgl. oben S. 208.

II. Ebenso ist eine Einigung mit sogenannter cessio vindicationis in bezug auf künftige Sachen nicht möglich, ebenso-

---

[1]) Vgl. KG. 4. 12. 1911 E. 78, 35.

[2]) Daß in diesem Falle Steine mit der Besitzergreifung, nicht
erst mit der Verarbeitung, erworben werden, versteht sich von selbst,
vgl. Stuttgart 5. 12. 1890 S. 47 nr. 7.

wenig ein Konstitut; es gibt kein Konstitut in futurum und kein Konstitut in bezug auf Sachen, die erst später in das Vermögen des Übertragenden fallen.

III. Allerdings ist die Besitzauftragung in die Zukunft in alten Zeiten sehr häufig gewesen. Sie war der Knebelungsvertrag, um den Schuldner vollständig in die Hand des Gläubigers zu bringen. [1]) Sie wäre aber heutzutage bei unseren Verkehrsverhältnissen, die an Umfang und Intensität, an Mannigfaltigkeit und Reichhaltigkeit die mittelalterlichen Lebensübungen so unendlich übertreffen, geradezu verhängnisvoll. [2])

Die Folge eines solchen Konstituts in futurum wäre, daß beliebige künftige Sachen, die A. erwerben sollte, kraft Konstituts ohne weiteres, ohne Bewußtsein, ohne Kenntnis an den Erwerber B. fielen. Es wäre ein Seelenverkäufergeschäft, welches das künftige Vermögen vollkommen in die Hände eines Dritten spielte, eine Versklavung in futurum, eine Selbstvernichtung der Persönlichkeit. [3])

Ein Konstitut in futurum würde allerdings dann nicht vorliegen, wenn nach Eintritt des Erwerbsfalles der Erwerber erklärte, im Gefolge früherer Vereinbarungen nicht für sich, sondern für den Anderen besitzen zu wollen, also wie Baldus sagte, constitutario, nicht proprio nomine. Dies wäre aber ein Konstitut in präsens, das den gewöhnlichen Grundsätzen unterliegt.

IV. Eine andere Frage ist es, ob nicht der Erwerb aus einem ganz bestimmten konkreten Geschäftsunternehmen auf solche Weise übertragen werden kann. Man könnte dies zunächst bei dem Einkaufskommissionär annehmen, indem der Erwerb des Einkaufskommissionärs von selbst auf den Kommittenten hinüberspringen sollte. Indes wäre eine derartige Gestaltung sehr wenig zuträglich, einmal, weil bei der Vielgestaltigkeit der Tätigkeit des Kommissionärs es sehr fraglich sein kann, welcher Kauf kommissionsweise geschieht, welcher nicht, und

---

[1]) Vollstreckungsurkunde als Verkehrsmittel S. 9 f.
[2]) Vgl. RG. 24. 1. 1912 JW. 41, 457.
[3]) Vgl. meine zwölf Abhandlungen zum BGB. I 358 f.

sodann, weil die Forderungsverhältnisse zwischen Kommissionär und Auftragsgeber oft so vielseitig und mannigfaltig sind, daß es vollkommen der Sachlage entspricht, den Erwerb des Auftraggebers erst nach besonderer Erklärung des Kommissionärs eintreten zu lassen. Die etwa vorher vorhandene Verpflichtung darf nicht in ein dingliches Verhältnis umgebogen werden. Übrigens sind diese Fragen bereits im Islamrecht und im Talmudrecht Gegenstand vielseitiger Erörterung gewesen, wie ich dies anderweit dargestellt habe. [1])

V. Man hat insbesondere gefragt, ob eine Sicherungsübereignung eines ganzen Handelsunternehmens in dieser Weise möglich sei. Nicht selten führt der Geschäftsinhaber das Geschäft weiter, vereinbart aber mit einem Kapitalisten, daß er den Erwerb von nun an nicht mehr für sich selbst, sondern für den Kapitalisten machen wolle. Hiervon wird in der Lehre von der Sicherungsübereignung (S. 527) die Rede sein.

VI. Unrichtigerweise hat man ein Konstitut in futurum angenommen in Fällen des Ersatz- oder Subrogationserwerbes. Dieser gehört aber einer anderen Kategorie an. Vgl. S. 244.

VII. Es ist sehr verwunderlich, daß das Reichsgericht, das sich sonst dem Konstitut gegenüber recht spröde gezeigt, das Konstitut in futurum zugelassen hat. [2]) Gerade in dem Konstitut in futurum liegt die Gefahr, die man durch Einschränkung des Konstituts vermeiden wollte. Die Gegenwart kann sich selbst helfen, wer aber die Zukunft aufgibt, der ist verloren. So hat man mit Unrecht ein Konstitut in der Art zugelassen, daß, wenn aus einer bestimmten Masse ein gewisses Quantum ausgeschieden wird, dieses von selbst ohne weiteres dem Erwerber zufallen solle. [3]) Allerdings kann hier der Veräußerer nach § 181 an sich selbst als Vertreter des Erwerbers übertragen und als Vertreter annehmen, allein dies muß in irgend einer Weise nach außen hervortreten.

Über diese Fragen vgl. neben § 930 BGB. auch Exkurs II.

---

[1]) Moderne Rechtsfragen bei islam. Juristen S. 18 und Z. vgl. R. 27, 445 f.

[2]) RG. 15. 6. 1911 JW. 40, 762; RG. 12. 5. 1916 S. 71 nr. 254.

[3]) RG. 21. 5. 1912 JW. 41, 797. _

2. Unterabschnitt: Übereignung und Rechtsschein.

1. Unmittelbarer Erwerb.

a. Allgemeines.

§ 81.

1. Die Pandektologie glaubte in dem Satze „nemo plus juris in alterum transferre potest quam ipse habet" eine große Weisheit auszusprechen. In der Tat enthält er eine ungeheure Kurzsichtigkeit, denn er ist eine Übertreibung des individualistischen Standpunkts. Man verkannte die sozialen Erfordernisse des Rechtsscheins, welche ihre volle Berücksichtigung im Verkehr verlangen (S. 5). Daß man gedankenlos das Institut der römischen Ersitzung aufnahm, ohne zu ahnen, daß dieses an den Rechtsschein anknüpft und nur eine durch Zeitbesitz gesteigerte Wirkung des Rechtsscheinerwerbes ist, zeugt von einer überdürftigen Durchdringung der Materie. Im französischen Recht ist man sogar zu dem Unsinn gekommen, die Ersitzung als das Primäre anzunehmen und den gutgläubigen Erwerb als eine prescription momentanée rechtfertigen zu wollen!

II. Der Rechtsschein ist auch hier eine Sachlage, welche die Annahme nahelegt, daß man durch Übertragung das erwünschte Recht erwirbt, so insbesondere, wenn der Nichteigentümer als Eigentümer erscheint.

1. Übrigens muß der Rechtsschein sich im Gebiet des Sachenrechts bewegen. Ob der Rechtsschein im Gebiete der Geschäftsfähigkeit, wenn ein latent Unfähiger eine Sache veräußert, nicht auch unter Umständen den Erwerb decken sollte, hängt mit dem Personenrecht zusammen; es ist eine Frage, die ebenso auch auf dem Gebiet des Schuldrechts hervorgetreten ist, wo diese latenten Geistesstörungen gleichfalls zu schweren Unebenheiten geführt haben. Davon ist hier nicht weiter zu handeln. Auf dem Gebiete des Sachenrechts aber bewegt sich der Rechtsschein, auch wenn es sich nicht um die Frage, wer Eigentümer ist, sondern um die andere Frage handelt, ob der Eigentümer zur Veräußerung durch einen Dritten seine Zustimmung oder seine Vollmacht gegeben hat. Zwar ist diese Vollmacht ein Geschäft des Persönlichkeitsrechtes, sie

15*

nimmt aber in Anlehnung an den Vollmachtsgegenstand einen
Sondercharakter an. Die Vollmacht zur Veräußerung ist
Preisgabe des Eigentums an die Verfügung des Bevollmächtigten; ein Rechtsschein, der sich über diesen Umstand
breitet, ist ebenso ein auf die Sache sich beziehender Rechtsschein, wie der Rechtsschein, welcher den Veräußerer selbst
als Eigentümer erscheinen läßt. Ob der Veräußerer sich als
Eigentümer kundgibt oder ob er als ein solcher erscheint, der
kraft Zustimmung oder kraft Vollmacht des Eigentümers
handelt, ist für den Verkehr das gleiche.

III. Im übrigen wirkt der Rechtsschein kraft guten Glaubens des Erwerbers: dieser ist die Zauberkraft, welche das
soziale Recht anstelle des individuellen setzt. Man hat dies in
deutschen Rechten mehr und mehr anerkannt, und auch im
französischen Rechte war nach a. 2279 C. Nap. guter Glaube
erforderlich, obgleich er hier nicht erwähnt wird. [1]

IV. 1. Der Rechtsschein kann bewirken, daß der Erwerber
so viel Rechte erwirbt, als er hätte, wenn der Rechtsschein
Wirklichkeit wäre. Er bewirkt es nicht immer, möglicherweise
müssen weitere Elemente hinzutreten; denn man muß die
gegenseitigen Interessen abwägen und darf nicht verkennen,
daß, was auf der einen Seite zum Erwerb gedeiht, auf der anderen Seite zum Verlust führt. Es ist daher angemessen,
daß folgendes Element hinzutritt: der Rechtsschein soll zum
Erwerb des einen und zum Verlust des anderen führen, wenn
der bisher Berechtigte die Sache selbst in den Verkehr ge-
stoßen und damit die Möglichkeit des Weitererwerbes eröffnet
hat. Andererseits muß noch in Betracht kommen, daß der
Erwerber nicht etwa bloß gutgläubig, sondern auch vorsichtig
und nicht gegen die ersten Vorschriften des normalen Verkehrs
gehandelt haben muß. Daher der Grundsatz: „Hand muß Hand
wahren" und der Grundsatz, daß auch grobe Fahrlässigkeit
den guten Glauben ausschließt.

2. Der Grundsatz, Hand muß Hand wahren, hat somit seinen
rationellen Hintergrund. Geschichtlich hängt er mit der Lehre vom
Rechtsfrieden zusammen: wer in das Gewahrsam eines Anderen

---

[1] Vgl. auch a. 1141; unrichtig RG. 16. 10. 1891 E. 28, 380.

eindringt und die Sache wegnimmt, stört den Rechtsfrieden, und dieser verlangt seine Wiederherstellung; während im Fall der Unterschlagung von einer solchen Verletzung des Rechtsfriedens keine Rede ist, sondern nur von einem Eingriff in die internen rechtlichen Beziehungen. Auf die Geschichte soll hier nicht weiter eingegangen werden; besonders deutlich ist das charakteristische Moment im lübischen Recht gezeichnet, Lübeck 1294 (Hach II 194):

En iewelic mensche se weme he sines dinghes oder ghudes wat lene wante, cumt ist so, dat de, deme it ghelenet is, it verkoft oder vorsettet, unde ofte it bekummeret wert, oder holt it iement up, de deme anderen dat ghelenet hevet, de is plichtich it to losende ofte het weder hebben wil, unde de gene, de it under sic hevet, maghet bet beholden na stades rechte, den de gene, de deme anderen dat gelenet hevet.

Über die Schweizer Rechte vergleiche man die eidgenössischen Abschiede 1504, 1505, 1535 und 1536; III b 302 und 304, IV c 540, 669, 735, 748 und 758. Man hat sich hier genötigt gesehen, Bestimmungen zu geben, um das gestohlene Gut in interkantonaler Weise zu verfolgen; Bern hat sich der Regelung mehrfach widersetzt.

3. In gewissen Fällen allerdings hat man den Rechtsschein und den guten Glauben ohne weiteres als genügend erklärt. Wenn der Verkehr durch bestimmte sichernde Kanäle geleitet wird, sodaß fremdes Gut nur sehr schwer eingeschmuggelt werden kann, dann kann die Rechtsordnung soweit gehen, den Rechtsschein vollkommen walten zu lassen. Auf diese Weise entsteht ein Rechtssystem unter Abwägung der zusammenstoßenden Interessen.

V. 1. Unsere Gestaltung der Sache ist folgende:
Der Rechtsschein wirkt, wenn der Eigentümer die Sache dem Vertrauen eines anderen hingegeben und dieser sie unter Verletzung des Vertrauens in den Verkehr gebracht hat; er wirkt regelmäßig nicht bei abhanden gekommenen Sachen, er wirkt ausnahmsweise auch bei diesen.

Man könnte noch fragen, ob dem Eigentümer, abgesehen von dem Vertrauen, das er anderen Leuten schenkt, nicht noch andere Umstände verhängnisvoll werden können, z. B. wenn er sein Eigentum lässig verwahrte, wenn er sein Fahrrad irgendwo unvorsichtig stehen ließ, oder wenn er den Diebstahl

nicht energisch verfolgt hat. Es gibt Rechte, welche derartige
Momente berücksichtigten, z. B. das jüdische Recht, welches
im Falle der lässigen Verfolgung die Wirkung des Eigentums
abstumpft. Doch hätte diese Behandlung bedeutende Bedenken. Die Eigentumsschicksale würden hierdurch kasuistisch
beeinflußt, und es wäre Sache einer schwierigen Erwägung,
ob die Schuld des Eigentümers groß genug sei, um ihn auf
solche Weise büßen zu lassen. Gerade die Eigentumsverhältnisse verlangen aber einen festen Grund.

2. Aus dieser Betrachtungsweise ergibt sich die soziale
Richtigkeit des Satzes: Hand muß Hand wahren für unsere
Kulturordnung (§ 935). Es ergibt sich die Richtigkeit des gutgläubigen Eigentumserwerbes für den Fall, daß der Eigentümer
seine Sache einem Verwahrer, Verwalter, Reparaturarbeiter anvertraut hat; denn es war das Risiko des Eigentümers, wenn er
sich einen Mann auswählte, der ihn später durch Unterschlagung hinterging. Manche Rechte wollten kasuistisch den
Fall ausnehmen, wenn der Eigentümer nicht anders konnte,
wenn er in der Auswahl nicht frei war, wenn z. B. dem Mündel
der Vormund, dem Reisenden der Zollbeamte zugewiesen
wurde; allein dies würde wieder in ein endloses Meer der
Kasuistik führen, abgesehen davon, daß unter solchen Umständen besondere Sicherungsmaßregeln getroffen zu werden
pflegen. Und das gleiche gilt, wenn der Gläubiger eine Sache
pfändet und sie im Besitz des Eigentümers beläßt: es kommt
nicht in Betracht, daß dieses Belassen ein notwendiges war.[1]

Dagegen liegt der Fall nicht vor, wenn der Eigentümer die
Sache nicht einem Dritten anvertraut, sondern nur eine Persönlichkeit in seinem Haushalt oder in seinem Geschäfte hält,
welcher die Sache leicht zugänglich ist, oder welche sie zeitweise in die Hand bekommt, wie z. B. die Köchin, der Diener
usw.; dies ist kein Anvertrauen der Sache an eine bestimmte
Persönlichkeit, sondern nur ein Vertrauen auf die Redlichkeit

---

[1] RG. 14. 12. 1894 E. 35, 333.

der ganzen Umgebung, die hier nicht weiter in Betracht kommen kann[1]) (§ 855).

3. a) Im Gegensatz dazu steht das Abhandenkommen, die Entziehung der Sache aus dem Gewahrsam ohne Willensbestimmung: diese ist ein Einbruch in den Besitzstand, welcher die energischste Abhilfe verdient. Hier dringt der gutgläubige Besitz nicht durch; die Rechtsordnung ist durch ein derartiges Tun zu sehr geschändet, als daß man das Unheil weiter zehren ließe. In der Abwägung beider Standpunkte geht hier der Eigentümer vor. So bei Diebstahl, bei Raub; das gleiche muß aber auch von der Erpressung gelten, wenn der Eigentümer infolge solchen Zwanges die Sache weggegeben hat. Nicht aber gilt dies von dem betrüglichen Geschäftsverkehr oder dem Fall eines irrtümlichen Weggebens; denn wenn auch hier die Sache sich anders entwickelt hat, als der Eigentümer wollte, so ist es doch sicher, daß er in den Verkehr eintreten wollte, ihm ist daher die Sache nicht abhanden gekommen. Daher dringt der Satz: Hand muß Hand wahren, auch gegenüber den Fällen durch, wo der Eigentümer die Hingabe wegen Irrung oder Betrug anfechten kann, nicht aber im Falle des Zwanges: was ich gezwungen weggebe, das ist mir abhanden gekommen.

b) Hierbei ist zu bemerken:

Die künftigen Früchte einer abhanden gekommenen Sache sind nicht wiederum abhanden gekommen; allerdings haben die Früchte, wie gezeigt, Beziehungen zum Sacheigentum, aber nicht zu allen Schicksalen der Sache, insbesondere nicht zum Abhandenkommen. Früchte, die kraft gestreckter Übereignung übertragen sind, werden daher kraft guten Glaubens erworben ohne Rücksicht auf die vorhergehenden Lebensschicksale der Hauptsache, § 957 BGB. Es ist nur ein gewaltiger Fehler, daß Sachbestandteile in dieser Beziehung den Früchten gleichgestellt wurden. Vgl. oben S. 177, 202, 204, 208 und 223.

4. Fälle, in denen der Rechtsschein mit gutem Glauben ausnahmsweise auch bei abhanden gekommenen Sachen durchgreift, sind

---

[1]) RG. 18. 5. 1909 E. 71, 248.

1. der Erwerb von Geld, von Inhaber- und Ordrepapieren, § 935 BGB., a. 36, 74 WO., § 365 HGB.

2. Der Erwerb in öffentlicher Versteigerung, § 935 BGB. Im Falle 2 ist erforderlich, daß, was zum Wesen der öffentlichen Versteigerung gehört, erfüllt ist, worüber in der Lehre von der Pfandveräußerung die Rede sein wird (S. 496). Im übrigen gilt die Bestimmung von jeder öffentlichen Versteigerung, auch von den Fällen der §§ 383, 966 und 979.

VI. Im Einzelnen ist folgendes beizufügen:

1. Der gute Glaube ist ein guter Glaube im Sinne der Abwesenheit des dolus und der Abwesenheit derjenigen Sorglosigkeit, welche sich als Unvernunft charakterisiert, § 932: er ist also ausgeschlossen, wenn in bezug auf den Erwerb so schwere Bedenken vorliegen, daß sie einen ehrlichen, vernünftigen Mann vom Erwerb abhalten sollten.

Der gute Glaube ist ein guter Glaube im Sinne des sachenrechtlichen Rechtsscheines. Ob jemand das Eigentum als Eigentümer veräußert oder als der Inhaber einer Eigentumsveräußerungsgewalt, ist, wie schon oben bemerkt, gleichbedeutend und muß für den Verkehr gleichgültig sein (S. 227). Daher steht die Frage, ob jemand Eigentümer oder ob er sonst zur Verfügung berechtigt ist, vollständig auf der nämlichen Linie, und der Irrtum in bezug auf das eine oder andere ist ein Irrtum über dieselbe Frage. Wenn daher § 932 den Irrtum dahin charakterisiert, es sei die irrige Annahme, als ob die Sache dem Veräußerer gehöre, so ist der Satz rationell dahin zu deuten, es ist die irrige Annahme, daß die Sache in der Eigentumsveräußerungsgewalt des Veräußerers steht, sei es kraft Eigentums oder kraft einer sonstigen Rechtsstellung.

Man hat auf Grund des Wortlautes des § 932 das Gegenteil behauptet, und nur im Handelsrecht wollte man nach § 366 Handelsgesetzbuch eine Ausnahme machen. Das ist völlig unlogisch und unjuristisch. Daß es etwas anderes wäre, wenn sich der Irrtum nicht auf die objektive Verfügungsgewalt, sondern auf die subjektive Geschäftsfähigkeit bezöge, ergibt sich bereits aus dem Obigen (S. 227). Und ebenso kann es sich im Falle der Eigentumsstockung und eines absoluten Verbotes anders verhalten; aber das absolute Verbot betrifft nicht das

Eigentum als solches, sondern den Sachverkehr im Ganzen
(S. 128). In unserem Fall ist es völlig anders: es ist ein Mangel
in der Beziehung zur Sache, welcher dem Eigentumserwerb
entgegensteht und welcher durch den Rechtsschein überwunden werden kann.

2. Zum guten Glauben muß Besitzerwerb hinzukommen,
und zwar ein offener, selbst den Rechtsschein darstellender,
nach außen hervortretender Besitzerwerb. Daher genügt

a) nicht eine bloße Besitzauftragung (Konstitut), § 933;

b) eine brevi manu traditio genügt nur dann, wenn der
Eigenbesitzerwerb die Fortsetzung des Fremdbesitzerwerbes
war, d. h., wenn der Erwerber seinerzeit den Fremdbesitz
von dem nunmehrigen Veräußerer erworben hat; also dann,
wenn A. dem B. die Sache anvertraute und ihn darauf zum
Eigenbesitzer machte, nicht aber, wenn z. B. A. dem B. die
Sache anvertraute und nachträglich X. an B. herantritt mit der
Behauptung, Eigentümer zu sein, und ihm den Eigenbesitz
gewährt. Vgl. § 932.

3. Ist der Veräußerer im mittelbaren Eigenbesitz, so gewährt die Übertragung den publiken Besitz nicht schon, wie
es im § 934 heißt, mit der Abtretung des Anspruchs, sondern
erst mit der Erklärung an den unmittelbaren Fremdbesitzer
(Mieter usw.). Die Ausdrucksweise des Gesetzes ist ungenau.
Ist der Veräußerer gar nicht Besitzer, so erlangt der Erwerber das Eigentum erst mit Erlangung des Besitzes, wozu
aber auch mittelbarer Besitz genügt. [1])

4. Bei Übertragung des Konnossements oder sonstiger ge-
gesetzlich anerkannter Rechtssymbole wirkt das Symbol gleich
der Sache, denn das Symbol ist Zeichen des Habens und Ver-
fügens.

5. Das deutsche Recht verlangte noch, daß der Besitzerwerb unter besonderen offenkundigen Verhältnissen stattfand, also in einer Weise, welche ihrerseits die volle Friedensordnung betätigte. Diese Idee ist im modernen Rechte insofern
noch geblieben, als der offenkundige Erwerb vielfach besonders begünstigt ist. Dies gilt bei uns vom Erwerb durch
Versteigerung: wer auf Grund einer solchen erwirbt, soll, wie

---

[1]) RG. 23. 1. 1917 E. 89, 348.

bemerkt, Eigentümer werden, auch wenn die Sache eine abhanden gekommene ist, denn, was hier an der Friedensordnung
fehlt, wird durch den feierlichen öffentlichen Akt der Versteigerung ersetzt.

Manche Rechte gehen weiter und begünstigen auch den
Erwerb einer Sache, die im üblichen Betrieb eines Verkehr-
treibenden veräußert wurde u. a. Hiervon ist noch S. 237
zu handeln.

VII. Geschieht die Übertragung nicht durch Verkehrsakt,
sondern durch staatliche Tätigkeit, dann treten dieselben Folgen ein, sofern diese den Verkehrsakt ersetzen soll; so wenn
A. sich verpflichtet, eine Sache zu übertragen und sie ihm in
Folge seiner Weigerung vollstreckungsweise durch den Gerichtsvollzieher abgenommen wird. Anders ist es, wenn
im Rechtsstreit zwischen A. und B. die dem X. gehörige Sache
dem B. zugesprochen wird. Dies ist ein reiner Gerichtsakt,
kein Ersatz für einen Verkehrsakt, und der gutgläubige B. wird
hierdurch nicht Eigentümer, sondern nur ersitzungsberechtigt.

b. Wirkung.

§ 82.

I. Die Wirkung des gutgläubigen Erwerbes ist Umbiegung
des Zivilrechts. Der gutgläubige Erwerber wird Eigentümer,
wie wenn der Rechtsschein Wahrheit wäre, und der bisherige
Eigentümer hört auf Eigentümer zu sein. Es ist nicht mehr
wie im früheren deutschen Rechte, wo der Erwerber nur eine
gesicherte Besitzstellung hatte, die den verschiedensten
Schwankungen unterlag: eine derartige Behandlung würde die
Festigkeit des Eigentums untergraben, wie dies bereits oben
ausgeführt wurde (S. 9).

II. 1. Der zum Eigentümer gewordene gutgläubige Erwerber bleibt Eigentümer, auch wenn er nachträglich von dem
wahren Sachverhalt Kunde erlangt: zwar ein gutgläubiger Besitzer kann bösgläubig werden, nicht aber ein gutgläubiger Erwerber, wenn er Eigentümer geworden ist; denn sein Eigentum
trägt die volle Rechtfertigung in sich.

2. Dagegen ist es immerhin möglich, daß ein bösgläubiger
Erwerber, der infolge seines bösen Glaubens nicht Eigentümer,

sondern nur bösgläubiger Besitzer geworden ist, nachträglich infolge weiterer Umstände gutgläubiger Besitzer wird und daß er damit seinen Erwerb zum gutgläubigen Erwerb stempelt; z. B. er hat von B. eine Sache erworben, von der er annahm, daß sie dem A. gehört, und später wird ihm glaubhaft berichtet, daß der B. doch Eigentümer der Sache sei. In solchem Falle würde er im Moment des guten Glaubens gutgläubiger Besitzer und damit gutgläubiger Erwerber und Eigentümer.

III. 1. Ist der gutgläubige Erwerber Eigentümer geworden, so kann er durch Übertragung jeden Dritten zum Eigentümer machen; ist er doch Eigentümer wie jeder andere. Auf den guten Glauben des weiteren Erwerbers kommt es gar nicht an, denn der dritte erwirbt ja nicht Rechtsscheinbesitz, sondern er erwirbt wirkliches, gewordenes Eigentum, ein Hindernis ist daher hier regelmäßig ausgeschlossen.[1])

Es bedarf auch keiner Ausführung, daß das Eigentum des gutgläubigen Erwerbs nur ein sehr unzureichendes Eigentum wäre, wenn es ihm nicht möglich wäre, es sicher zu veräußern und den Weitererwerber zum Eigentümer zu machen.

2. Hierbei können allerdings einige Mißlichkeiten entstehen. Man denke sich den Fall: der Unterschlager A. veräußert an den gutgläubigen Erwerber B. und erwirbt dann die Sache von diesem zurück: A. hat sie jetzt zu Eigentum, denn B. ist Eigentümer geworden und überträgt das Eigentum an den A. wie an einen Dritten. Oder A. hat einen einfältigen guten Mann B. an der Hand, der jeweils die unterschlagenen Sachen von ihm erwirbt und von dem sie alle bösen Gauner der Umgegend weiter erwerben. Ebenso ist die Möglichkeit gegeben, daß der Unterschlager die Sache als ein indebitum an den gutgläubigen B. bezahlt und dann die gezahlte Sache von ihm als indebitum zurückerhält.

Allein diese Mißlichkeiten muß das Schuldrecht und die Schadenersatzpflicht begleichen. Natürlich kann in diesen Fällen der verletzte Eigentümer von A. und von allen denjenigen, welche wissentlich unter Benutzung des frevelhaften Eigentumserwerbs die Sache weiter erwarben, Entschädigung

---

[1]) RG. 25. 9. 1906 Goltd. 53, 450.

verlangen, und diese können sich nicht darauf berufen, daß sie
eben Eigentum vom Eigentümer erworben haben, denn sie
haben es im Gefolge eines Deliktes erworben, das sie zur
Rückerstattung verpflichtet. Und handelt es sich hier um ein
abgekartetes Manöver, so liegt trotz des Eigentumsüberganges
eine kriminelle Beteiligung vor; insbesondere kann der Gauner,
welcher von dem guten Mann B. erwirbt, sich der Hehlerei
schuldig machen, denn bei der Hehlerei kommt es nicht auf die
Identität der Hehlsache an: es läge Hehlerei auch dann vor,
wenn der Unterschlagende die Sache veräußerte, Eigentümer
des Geldes würde und das Geld mit seinen Spießgesellen teilte.

IV. Der gutgläubige Erwerber wird Eigentümer, auch wenn
er die Sache schenkweise erworben hat, was eigentlich dem
germanischen Satze widerspricht, wonach der Wirtschafts-
verkehr der Schenkung vorgeht; indes:

1. der Verlierende hat einen Bereicherungsanspruch auf
Eigentumsrückgabe und auf Erstattung der Bereicherung gegen
den unentgeltlichen Erwerber, wie gegen alle diejenigen, die
schenkweise weiter erworben haben, §§ 816, 822.

2. Obgleich der beschenkte gutgläubige Erwerber Eigentümer wird, so gilt doch von der schuldrechtlichen Ausgleichung
dasselbe wie vorhin, ebenso von der Möglichkeit der krimi-
nellen Verfolgung.

V. Der gutgläubige Erwerb ist ein Erwerb unter abge-
leitetem Titel, aber ein Erwerb kraft Rechtsscheines unter
Überwindung des bisherigen Rechts. Daher

1. der Erwerber wird Eigentümer unter Zerstörung des
bisherigen Eigentums;

2. er erwirbt volles Eigentum unter Zerstörung der bisherigen dinglichen Berechtigungen, vorausgesetzt, daß der gute
Glaube sich auch auf diese erstreckt und er also an ein be-
lastungsfreies Eigentum glaubt. Er muß daher a) auch bezüglich der Belastungen in Unkenntnis sein und sich in dieser
Beziehung auch nicht in schwerer Fahrlässigkeit befinden. Dies
ist insbesondere praktisch, was das Pfandrecht des Mieters betrifft. Wenn jemand vom Mieter kauft, so kann nach Umständen ein Erkundigungsrecht nach dieser Richtung geboten

sein,[1]) was man allerdings von dem Spediteur, der ein Spedi-
teurspfandrecht erwirbt, nicht angenommen hat.[2])

b) Er muß auch dem dinglich Berechtigten gegenüber offenen Besitz erwerben. Daher kann auch ein gutgläubiger Erwerber das dingliche Recht nicht zerstören, so lange der als
dinglich Berechtigte die Sache im Fremdbesitz hat, z. B. als
Faustpfandgläubiger, §§ 936 und 1208.

VI. Manche Rechte gewähren unter Umständen den Eigentumserwerb nur unter auflösender Bedingung, indem sie dem
verlierenden Eigentümer ein Auflösungsrecht geben, d. h. den
Rückerwerb gewähren gegen Erstattung dessen, was der Erwerber für die Sache ausgelegt hat.

Manche erweitern hierbei das Recht des gutgläubigen Erwerbers, indem sie es in Fällen, in welchen es sonst ausgeschlossen wäre, unter dieser auflösenden Bedingung gewähren; so der Code Napoléon für den Fall, daß der Erwerber
eine abhanden gekommene Sache in einem offenen Laden gekauft hat: hier soll der Erwerber Eigentum nur unter dieser
auflösenden Bedingung erwerben, aber er soll es auch unter
dieser Bedingung erwerben, a. 2279, 2280.

Dies wäre an sich eine Verbesserung des Rechts, würde
aber, wenn die so erworbene Sache weiter veräußert ist, zu
sehr schweren Wirrnissen führen. Ein solcher Rechtssatz mag
daher eher entbehrt werden.

2. Mittelbarer Erwerb. Ersitzung.

a) Allgemeines.

§ 83

I. Wenn der Erwerbsakt auf Grund des Rechtsscheines
noch nicht zum Eigentum führt und der Erwerber trotz des
guten Glaubens höchstens eine Rechtslage erwirbt, dann kann
unter Umständen, wenn diese Rechtslage unter günstigen Bedingungen fortgesetzt wird, der Eigentumserwerb eintreten;
zum gutgläubigen Erwerb muß hier ein gutgläubiger Besitz
während bestimmter Dauer hinzutreten. Hier spricht man von
Ersitzung.

---

[1]) RG. 20. 9. 1907, JW. 30, 672, RG. 17. 6. 1913 S. 69 nr. 5.
[2]) Hamburg 20. 1. 1916 S. 71 nr. 161.

II. Der Erwerber erlangt kraft Rechtsscheins zunächst eine Rechtslage. Daß diese sich unter Umständen zum Eigentum steigert, beruht auf doppelten Gründen, deren Zusammentreffen bis jetzt wenig gewürdigt worden ist. Der eine Grund hängt mit dem Motiv des Verjährungsinstituts zusammen: Zustände, die in ungeschmälerter Weise anstandslos bestanden haben, haben eine gewisse Anwartschaft auf Fortdauer, weil der bisherige Wirtschafter auf sie gebaut und von ihnen aus über die Güter geschaltet hat. Der zweite Grund liegt in der Steigerung des Rechtsscheines durch einen in öffentlicher Weise fortgesetzten Besitz. Wenn nicht nur die Zeit anstandslos vorübergegangen, sondern auch der Besitz anstandslos fortgesetzt worden ist, so bestätigen die Lebensverhältnisse dem Besitzer die endgültige Fortdauer.

Es braucht nicht hervorgehoben zu werden, daß es in allen Fällen nicht die Zeit an sich ist, welche hier wirkt, sondern die in der Zeit sich entwickelnden Welt- und Lebensbeziehungen, welche den Rechtsschein mit allen seinen Folgen beherrschen.

III. 1. Das römische Ersitzungsinstitut ist, insbesondere in seiner ursprünglichen Gestalt, bewunderungswürdig, indem es das bonitarische, d. h. Besitzscheineigentum, durch Ablauf von 1 oder 2 Jahren zum wirklichen Eigentum machte und dadurch klare und unzweifelhafte Verhältnisse schuf. Das spätere römische Recht hat die Sache wesentlich verdorben; insbesondere hat die Ersitzungsunfähigkeit der res furtiva dem Institut viel von seiner praktischen Bedeutung genommen. Immerhin bleibt der Grundgedanke bestehen, daß die Ersitzung nicht etwa dem einen oder anderen Teile bloße Prozeßvorteile bietet, sondern wirkliches Eigentum bringt.

2. Das römische Ersitzungsinstitut begegnete sich mit dem germanischen Institut der rechten Gewere. Auch bei der rechten Gewere sollte ein fortgesetzter Besitz eine sichernde Wirkung ausüben, aber diese Wirkung war (ähnlich wie bei der jüdischen chasaka) zunächst eine prozessuale. Wer die rechte Gewere hatte, hatte gewisse Prozeßvorteile, insbesondere Vorteile des Beweisrechtes. Diese Vorteile konnten aber mehr oder minder wegfallen, wenn auf der gegnerischen Seite bestimmte Umstände, z. B. Abwesenheit oder Minderjährigkeit, vorlagen, welche seinen Nichtwiderspruch und sein Gewährenlassen entschuldigten. Die spätere Entwickelung aber ist darüber hinausgegangen: [1] der Inhaber der rechten Gewere erlangte

---

[1] Dies habe ich im Carolina IV S. 249 entwickelt. Die bisherige Germanistik hatte den Hauptpunkt nicht erfaßt.

ein materielles Recht, er wurde zum Eigentümer (S. 9). Die Ausnahmen zugunsten der Abwesenden und Kinder blieben zwar bestehen, aber es waren jetzt nicht mehr Gründe, um der rechten Gewere die Prozeßvorteile zu versagen, sondern Gründe, welche den Erwerb des dinglichen Rechtes hinderten, ganz ähnlich wie die praescriptio dormiens des römischen Rechts.

Damit war eine bedeutsame Stufe der Rechtsentwickelung erklommen; denn nichts ist für die Sicherheit der Zustände notwendiger, als daß man stets weiß, wer Eigentümer ist und wer nicht, und daß man nicht, anstatt hierin klar zu sehen, unsicheren, prozessualen metamorphosischen Zuständen begegnet. Prozeß und materielles Recht müssen vollkommen getrennt bleiben, und die Ersitzung muß ein Institut des materiellen Rechtserwerbes sein, nicht eine Privilegierung einer Prozeßpartei.

IV. Das römische Recht ging von dem Ersitzungsinstitut als Verkehrsinstitut auf Grund des Rechtsscheines aus; daher das Erfordernis des verkehrsmäßigen Rechtsgeschäfts, des titulus, welchen titulus man nicht als abstraktes Veräußerungsgeschäft, sondern unter Anschluß an das zugrunde liegende Kausalgeschäft kennzeichnete. Dieses System war nach zwei Richtungen verfehlt; es war überhaupt verfehlt, den Rechtsschein als einen Rechtsgeschäftsschein zu konstruieren, und noch viel verfehlter war es, das Kausalgeschäft mit seinen verschiedenen Einzelheiten und Besonderheiten als maßgebend heranzuziehen. Schon bei den Römern zeigte sich das ungesunde des Gedankens, und namentlich Celsus ging darüber hinaus und konstruierte Fälle mit dem titulus putativus. Wir haben die Schranke völlig abgeworfen: die Ersitzung muß ein Rechtsscheininstitut weitester Art sein, welches überall Recht, Friede und Sicherheit bietet; und so verlangt man nur Besitzerwerb bei gutem Glauben, und wenn von einem Erwerbstitel die Rede ist, so ist er nur bedeutsam als Rechtfertigungsgrund dieses guten Glaubens.

V. Der Besitz aber muß ein Sachbesitz sein, es genügt nicht Vermögensbesitz, kraft dessen man infolgeweise Besitzer einzelner Sachen ist. Daher kann der Erbe als Erbe nicht ersitzen, sondern nur die Ersitzung des Erblassers fortsetzen, was insbesondere von Bedeutung ist, wenn eine Sache bei dem Erblasser bloß in Miete und Gewahrsam gewesen ist, während der Erbe sie als Eigenbesitzer im Gewahrsam zu haben glaubt;

und so kann auch der Erbschaftsbesitzer nicht gegen den Erben besitzen, § 2026.

VI. Die Ersitzungsfrist ist 10 Jahre, § 937; sie ist viel zu lang: das Schweizer ZGB. a. 728 hat 5 Jahre, eine 3jährige Frist wäre hinreichend.

b) Rechtslage und Wirkung.—

§ 84.

I. Die Rechtslage des Ersitzers ist eine Rechtslage, welche eine Rechtsnachfolge gestattet: ein Erwerber der Sache kann in die Rechtslage eintreten und sie fortsetzen; dies gilt sowohl von der eigentlichen Rechtsnachfolge, wie von der uneigentlichen; es gilt also 1. auch von Staffelrechten, welche kraft resolutiver Rechtsvorgänge entstehen z. B. Nach- und Vorerbschaft, § 943. Es gilt 2. auch, wenn auf einen Scheinberechtigten ein wahrer Berechtigter, z. B. wenn auf den Erbschaftsbesitzer der Erbe folgt: der Erbe setzt die Ersitzung des Erbschaftsbesitzers fort, § 944. 3. Dasselbe gilt, wenn eine Sache kraft anfechtbaren Rechtsgeschäftes erworben wird und nun die Anfechtung eintritt: der Anfechtende führt die Ersitzung weiter.

II. Die Rechtslage des Ersitzers ist nach mehrfacher Seite hin gebrechlich; denn 1. unser Recht verlangt, ebenso wie das kanonische, eine Fortdauer des gutgläubigen Besitzes; mit Eintritt des bösen Glaubens ist die Rechtslage abgeschnitten, wobei allerdings der Unterschied besteht: bei dem Erwerb verlangt der gute Glaube Abwesenheit des dolus und Abwesenheit der groben Fahrlässigkeit, während, was die Fortdauer betrifft, die Abwesenheit des dolus genügt; denn, wer einmal in gutem Glauben erworben hat, der braucht nicht weiter Tag für Tag nachzuforschen, ob nicht Gründe für das Gegenteil vorliegen, § 937. Man spricht daher von dem guten Glauben im positiven und negativen Sinn.

2. Was den Rechtsfolger (Successor) betrifft, so ist zu unterscheiden: dieser bedarf regelmäßig des guten Glaubens in vollem Sinne; nur wenn die Rechtsfolge lediglich eine Konsequenz der Vermögensfolge ist, wenn also bei der Erbfolge jemand mit dem Vermögen auch die in Ersitzung befindliche

Sache erwirbt, dann genügt der gute Glaube im abgeschwäch-
ten Sinne; hier umso mehr, als die Erbfolge sich ja ohne
Kenntnis des Erben vollzieht, § 943.

3. Ebenso wie der gute Glaube in den bösen, so kann auch
hier der böse Glaube in den guten übergehen, wenn derjenige,
der im Bewußtsein des Widerrechts zu besitzen begann, nachträglich solche Umstände erfuhr, welche ihm die Überzeugung
des Rechts und zwar kraft redlicher Erwägung und ohne grobe
Fahrlässigkeit, beibrachten. Hier beginnt die Ersitzung mit
dem Augenblick des vollständigen guten Glaubens.

III. 1. Die Rechtslage des Ersitzers ist auch gebrechlich,
weil sie unterbrochen werden kann. Die Unterbrechung will
besagen, daß Verhältnisse eintreten können, welche ein voll-
ständiges Aufhören der Ersitzungslage bewirken, sodaß nur
eine neue Ersitzung beginnen, nicht die alte mehr fortgesetzt
werden kann, § 942. Hier hat das BGB. einen Grundfehler des
römischen Rechts verbessert. Mit Recht hat man den Satz
abgelehnt, daß jeder Besitzverlust die Ersitzung unterbricht:
man hat angenommen, daß nur ein länger dauernder Besitzverlust zur Unterbrechung führt, und auch dieses nur dann,
wenn der Besitzer für den Wiedererwerb nicht rechtzeitig die
nötigen Schritte getan hat. Die Frist ist, wie ich seinerzeit
vorgeschlagen habe, auf ein Jahr bestimmt. Allerdings ist
§ 940 fehlerhaft gefaßt; es heißt hier: die Unterbrechung gilt
als nicht erfolgt, wenn während dieser Zeit der Besitz verloren war und wiedererlangt worden ist. Man hat aus dieser
Fassung geschlossen, daß, wenn innerhalb dieses Jahres der
Besitz wieder zurückerworben wird, die Ersitzung einfach so
fortgesetzt werde, wie wenn das Zwischenspiel des Diebs-
besitzes nicht erfolgt wäre. Das ist unrichtig: der Besitz des
Diebes kann nicht angerechnet werden; dies wäre mit dem
ganzen Gedanken des Instituts, welches fortdauernden gutgläubigen Besitz verlangt, im Widerspruch.

Wohl aber gilt der Satz, daß die Unterbrechung in diesem
genannten günstigen Fall nicht als Unterbrechung, sondern nur
als Hemmung gilt, d. h. daß in solchem Falle der wieder-
erlangte Besitz sich an den früheren anschließt und auf solche
Weise, unter Abstreichung der Diebsfrist, die Ersitzung fort-

dauert. Konnte die Jahresfrist nicht mit Erfolg benutzt werden,
dann zerflattert die Ersitzungsfrist für immer.

2. Die Vermutung, daß ein Besitz bei Anfang und Ende
der Frist annehmen läßt, daß der Besitz auch in der Mitte
gedauert hat, § 938, ist eine Vermutung, welche sich aus dem
gesunden Sinn von selbst ergeben sollte und nicht im Gesetz
zu stehen brauchte.

IV. 1. Von dieser Unterbrechung des Besitzes wohl zu
unterscheiden ist die subjektive Ablehnung der Ersitzung durch
Klageerhebung, d. h. durch Anrufung der staatlichen Hilfe
gegen den Ersitzer. Wer die Klage erhebt, unterbricht die
Ersitzung nicht, lehnt aber ihre Wirksamkeit von sich ab. Die
Wirkung der Ersitzung wird dadurch zu einer relativ bedingten. Wenn der Kläger mit seiner Klage nicht Recht bekommt,
so ist diese Ablehnung ohne jede Bedeutung; bekommt er aber
mit seiner Klage Recht, dann wird dieser Ablehnung statt-
gegeben und die etwa in der Zwischenzeit eingetretene Ersitzung ist hiergegen wirkungslos. Für Dritte ist diese ganze
Ablehnung ohne Bedeutung. Wenn A. und wenn um dieselbe
Zeit B. die Klage erhoben hat und A. abgewiesen wird, so
kann B. im Prozeß gewinnen und seine Ablehnung der Ersitzung wird wirksam: die Ersitzung wird ihm gegenüber nicht
beachtet, Gewinnen beide, so wird für beide die Ersitzung abgelehnt; welche Rechtsfolgen sich dann entspinnen, ist eine
Frage des rechtskräftigen Urteils, welche hier nicht zu erörtern ist.

2. Dies ist natürlich keine Unterbrechung, sondern eine
relative Unwirksamkeitserklärung, und es ist verwirrend, wenn
§ 941 hier von einer Unterbrechung spricht. Der Fehler rührt
daher, daß man das Verjährungsinstitut in das Ersitzungsinstitut hineingetragen hat. Die Verjährung wird allerdings
durch Klageerhebung unterbrochen, weil sie nur ein negatives
Institut ist; der Charakter der Ersitzung aber ist ein positiver
und absoluter: sie führt zum Eigentum. Daher kann von einer
Unterbrechung, welche nur gegenüber dem A., nicht gegenüber
dem B. gilt, keine Rede sein: das Eigentum besteht entweder
oder es besteht nicht, es besteht nicht dem einen gegenüber,
während es dem anderen gegenüber fehlt. Wohl aber kann

eine Ablehnungshandlung bewirken, daß die Ersitzung ihre persönliche Wirkung gegenüber dem Kläger verliert, also im Falle er Eigentümer ist, nicht zum Ziele führen kann. Die Ersitzung als Eigentumserwerbsinstitut wird bedingt unwirksam gemacht.

V. Eine Ablehnung, nicht der Ersitzung, aber eine Ablehnung der Rechtslage während eines Teils der Ersitzung ist gegeben, wenn der Beteiligte daran gehemmt ist, zu klagen, und darum eine Ablehnung der ganzen Ersitzung nicht herbeiführen kann; in diesem Falle würde er wehrlos durch die Ersitzung überrannt. Ein solches gesetzliches Hindernis liegt aber vor in allen Fällen der Verjährungshemmung, insbesondere also bei Gerichtsstillstand und bei Vorhandensein persönlicher Beziehung zwischen Kläger und Beklagten, welche eine Erhebung der Klage nicht als angezeigt erscheinen lassen, §§ 939, 203 f. Nach Aufhören des Hemmnisses läuft die Ersitzung weiter.

VI. Die Wirkung der Ersitzung ist wie die Wirkung des guten Glaubens eine durchgreifende. Die Sache wird nicht nur zu Eigentum, sondern zu freiem Eigentum erworben, also auch unter Zerstörung der etwaigen dinglichen Rechte; vorausgesetzt natürlich, daß der Besitz und der gute Glaube auch in dieser Beziehung vorhanden ist, § 945.

Auf diese Weise ist es möglich, daß auch der Eigentümer ersitzt, indem sein Eigentum freies Eigentum wird und sich der Belastungen entledigt. [1] Der Fall ist hier besonders bedeutsam, weil die Ersitzung keinen Titel verlangt, also ohne Verkehrsakt erfolgt, welcher die Befreiung des Eigentums herbeiführen könnte, sodaß einfach der Besitz der Sache als einer freien genügt. Dazu gehört aber, daß die Sache als eine freie und nicht belastete besessen, mithin solche Akte vorgenommen werden, welche mit der Belastung in Widerspruch stehen, und daß diese Widerspruchsakte nicht etwa in Widerrufs- und Gestattungsweise (precario), sondern in der Weise voller Rechtsübung erfolgen. Alles dieses muß in gutem Glauben geschehen, d. h. ohne Bewußtsein des Belastungsrechts, auch darf bei Be-

---

[1] Direkt entspricht es nicht den Worten des Gesetzes; aber es entspricht dem darin ausgeprägten Sinn des Instituts.

ginn der Ersitzung keine grobe Fahrlässigkeit vorliegen: V e r -
s i t z u n g.

Auf diese Weise kann namentlich ein Nießbrauch ver-
sessen werden.

II. Indirekte Form.

1. Z u g e h ö r e r w e r b.

§ 85.

I. Zwischen Schuldforderung und Schuldschein besteht ein
Zugehörigkeitsverhältnis. Der Schuldschein ist für den Gläubiger da und hat nur für ihn Bedeutung im Kulturleben. Daher
der Satz: das Eigentum am Schuldschein gehört dem Gläubiger,
der Schuldschein hat keine selbständigen dinglichen Schicksale;
ebenso gibt das Pfandrecht an der Forderung ein Pfandrecht
am Schuldschein, § 952 BGB.

II. Das Eigentum am Schuldschein wird daher nicht durch
sachenrechtliche, sondern durch schuldrechtliche Momente
bestimmt. Die sachenrechtlichen Momente können nur insofern hervortreten, als ein Rückbehaltsrecht möglich ist, aber
nur in der Art eines negativen Rechts. [1]

III. Dies gilt bei dem Schuldschein, d. h. bei dem einseitigen
Schuldversprechen, allerdings nicht nur bei dem abstrakten,
sondern auch bei dem kausal motivierten. [2]

IV. Bei anderen Urkunden kann eine Verkehrsbeziehung
stattfinden, indem die Interessenten die Vorlegung der Urkunde
zur privaten Erkundung oder auch zur prozessualen Benutzung
verlangen können, um durch sie die richterliche Überzeugung
zu bestimmen, § 810.

Bei Urkunden über doppelseitige Geschäfte ist nur die
letztere Beziehung möglich.

2. E r s a t z e r w e r b.

§ 86.

I. Der Ersatz- oder Subrogationserwerb besteht darin, daß
im Falle einer entgeltlichen Veräußerung das Entgelt dem-

---

[1] RG. 14. 3. 1902 E. 51, 83.
[2] Hamburg 1. 3. 1906 M. 12, 280.

jenigen zukommt, von welchem die veräußerte Sache herrührt, also daß Gegenerwerb und Erwerb einander entsprechen. Dieser Satz hat insbesondere im griechischen Rechte gegolten, für ihn spricht eine gewisse Billigkeit; trotzdem ist er im großen und ganzen im Verkehrsrecht unerträglich.[1] Das Eigentum muß vielmehr regelmäßig nach dem Grundsatz des Über-eignungsgeschäftes erworben werden: Derjenige wird Eigen-tümer, dem der bisherige Eigentümer die Sache zuwenden will, mag er nun mit irgendwelchen Mitteln erwerben. Könnte man stets entgegenhalten, daß die gekaufte Sache das Entgelt wäre für die von fremder Seite herrührenden Geldmittel und daher demjenigen zukäme, von welchem diese Geldmittel stammten, dann würde man die Eigentumsverhältnisse unendlich ver-wirren und die Eigentumsordnung ganz unübersichtlich ge-stalten. Nimmermehr kann man bei den unendlich viel Dingen, die jemand erwirbt, überall die Quelle erkennen, aus der das Entgelt stammt; daher kann der Grundsatz: meum est, quod ex re mea acquiritur, im allgemeinen nicht gelten.

II. Ausnahmsweise schlägt der Ersatzgrundsatz ein bei Gesamtverhältnissen, bei welchen eine Vielheit von Einzel-sachen wirtschaftlich eine Einheit bildet, während sie doch aus rechtlich selbständigen Rechtsobjekten besteht. Hier kann der Grundsatz gelten: was innerhalb der Gesamtheit vor sich geht, wird rechtlich so herausgestaltet, als ob es sich um eine rechtliche Einheit handelte; hier kann der Grundsatz gelten: res succedit in locum pretii et pretium in locum rei, ein Satz, der dann entweder unbedingt gilt oder nur, falls das Geschäft nichts gegenteiliges besagt. Der Grundgedanke ist hier: das Vermögen hat Zu- und Abgänge und die Zugänge werden für die Abgänge vom Vermögen festgeklammert, denn das Vermögen will wirtschaftlich bleiben wie es ist, der Ab-gang verlangt einen entsprechenden Zugang. So beim Erb-vermögen, § 2019, so beim Vorbehalt- und beim eingebrachten Gut der Ehefrau, §§ 1370, 1381 und 1382, so bei der Nach-

---

[1] Vgl. hierüber meine Abhandl. im Arch. f. Rechtsphil. X S. 56 f.

erbschaft, § 2111, so bei dem Kindesvermögen, dem freien und dem Nutznießungsgut, §§ 1638, 1651, 1646. [1]

III. Dieselben Grundsätze gelten bei kleineren wirtschaftlichen Einheitsgruppen, welche Zu- und Abgänge haben; was als Zugang der Gesamtheit einverleibt wird, gehört rechtlich in die Gesamtheit. So gehören die Herdenjungen der Herde mit ihrer Einreihung (submissio), und die in das Gutsinventar aufgenommenen Stücke gehören zum Inventar als Ersatz des Abganges, § 588. [2] Wesentlich ist aber hier die Einverleibung, d. h. die Einstellung in die Gesamtheit; man hat diese früher als Konstitut bezeichnet, was aber unzutreffend ist.

III. Hauptteil. Gemeinsame Institute.

I. Abeignung.

§ 87.

I. Im Gegensatz zur Aneignung steht die Abeignung, die man ehemals derelictio nannte. Sie ist im Gegensatz zur Aneignung ein Rechtsgeschäft, kein neutraler Akt; denn es handelt sich hier um einen Rechtsverlust, für den sachgemäß dieselben gesetzlichen Vorsichtsmaßregeln gelten, wie für Rechtsgeschäfte überhaupt. Die Abeignung setzt daher Geschäftsfähigkeit voraus, sie ist auch unter einer Bedingung möglich: man denke sich Jemanden, der Blumen ausstreut mit der Erklärung, daß nur diejenigen abgeeignet werden sollen, welche nach einer gewissen Richtung fallen, während diejenigen, welche nach anderer Richtung fallen, zur Weiterkultur bestimmt seien. Oder wenn etwa aus einem Flugzeug Gegenstände mit der Erklärung heruntergeworfen werden, daß das Eigentum nur dann abgeeignet werden soll, wenn sie in einer bestimmten Gegend herunterfallen, z. B. in einer Gegend, in welcher man derartige Dinge besonders bedarf. Die Abeignung kann auch rechtsgeschäftlich angefochten werden, so wegen Zwangs, wenn z. B. bei einem Volksaufstand jemand

---

[1] Über diese Gestaltung der Sache vgl. meine 12 Abhandlungen zum Bürgerlichen Gesetzbuch II S. 11 f.

[2] RG. 2. 10. 1908 Recht 12 nr. 3801.

gezwungen wird, seine Kostbarkeiten zum Fenster hinauszuwerfen, oder wenn jemand auf einem Luftschiff durch den Partner genötigt wird, einen Gegenstand herunterfallen zu lassen. Aber auch eine Anfechtung wegen Irrung ist möglich; so wenn jemand erklärt, vergoldete Ringe unter das Publikum zu werfen und ihm hierbei zufällig ein massiv goldener Ring durch die Hand gleitet; so wenn jemand aus Versehen ein Couvert mit einem Hundert-Mark-Schein in den öffentlichen Papierkorb wirft. Die Anfechtung erfolgt gegenüber dem, welcher im Gefolge die Sache erworben hat, nötigenfalls nach § 132 BGB.

II. Eine abgeeignete Sache ist keine abhanden gekommene, außer wenn die Abeignung auf Grund von Zwang stattfindet, in welchem Falle das, was an dem Akte freiwillig ist, verneint wird.

III. Die Abeignung bedarf der Absicht, sich des Gegenstandes endgültig zu entledigen. Ein Seewurf ist daher keine Abeignung; denn man will den Gegenstand nur vom Schiffe fernhalten, nicht aber für alle Zeiten von sich abtun, wenn man ihn auch der Gefahr der Wellen überläßt. Dasselbe würde stattfinden, wenn jemand von einem Luftfahrzeug einen Gegenstand herunterwirft, um das Luftschiff zu erleichtern. Die Absicht braucht nicht gerade dahin zu gehen, Eigentum aufzugeben: auch ein Eigentümer, der sich für den Nichteigentümer hält, kann die Sache von sich abschieben; wesentlich ist nur die Absicht, sich der Sache ständig zu entledigen, alles andere ist gleichgültiges Motiv.

IV. Die Abeignung muß publik geschehen. Der regelmäßige Publikationsakt ist die Besitzaufgabe; ist der Besitz bereits verloren, so genügt eine nachträgliche an die Öffentlichkeit gerichtete mündliche Abeignungserklärung. Ist die Sache im Fremdbesitz, so genügt die Erklärung an den Fremdbesitzer: diese wirkt als Besitzaufgabe und damit als Abeignung. Vgl. S. 178.

Eine Abeignung unter Aufrechterhaltung des Besitzes ist wirkungslos; sie wäre widerspruchsvolle Erklärung. Allerdings kann man, wenn eine Sache einem Dritten übertragen wird, das Gewahrsam in der Art eines Konstituts beibehalten, allein etwas dem Konstitut ähnliches ist bei der Abeignung nicht möglich. Zwar ist ein Fremdbesitz ohne Eigenbesitz nicht undenkbar (S. 188), aber es hätte keine Realität im Leben, daß jemand etwa erklären würde, ich entledige mich des Eigentums der Sache, will sie aber noch als Verwahrer behalten, bis zu dem Momente, wo ein anderer etwa sich die Sache aneignet.

V. Die Abeignung von beweglichen Sachen macht die Sache nicht nur herrenlos, sondern gibt sie als herrenlose Sache der Aneignung eines Jeden preis, § 959. Vgl. S. 178.

VI. 1. Die Abeignung von Grundstücken unterliegt besonderen Regeln; sie geschieht durch einseitigen Publizitätsakt. Dieser liegt aber nicht, wie bei beweglichen Sachen, in der Preisgebung der Sache selbst, sondern in der Preisgebung im Grundbuch, und sodann ist nicht jeder Dritte möglicher Erwerber, sondern nur der Staat, und der Erwerb des Staates erfolgt nicht durch Besitzergreifung, sondern durch einseitige Erklärung gegenüber dem Grundbuch und entsprechenden Antrag auf Eintragung, worauf der Grundbucheintrag erfolgt und das Eigentum erworben wird.

Die Gründe dieser verschiedenartigen Gestaltung ergeben sicht von selbst. Eine Aneignung durch einen beliebigen Dritten hätte zur Folge, daß Grund und Boden möglicherweise leeren Aneignern, die ihn nicht an sich fesseln wollen, preisgegeben oder der losen Spekulation anheimgestellt würde; insbesondere könnten Ausländer im starken Maße die Gelegenheit ergreifen, sich im Inlande festzusetzen; daher auch schon Preußisches LR. II 18,8. Dieses entspricht auch dem germanischen Grundsatz, wonach herrenloses Land Staats- oder Gemeindeland wird, BGB. § 928. Doch ist es den Landesgesetzen gestattet, den freiwerdenden Boden anderen Gemeinschaften oder auch bestimmten Einzelpersonen zuzuweisen, a. 129. Hierher gehört auch das in einigen Gegenden geltende Auenrecht, das allerdings manchen Zweifeln und Schwierigkeiten unterliegt. [1])

---

[1]) Dickel S. 832; OVG. 11. 5. 1887 E. 15, 322; KG. 3. 7. 1913, Joh. 45. A 207 (soll sich nicht auf Flußbette beziehen).

2. Über diese ganze nicht einwandfreie Form des Immobiliarverkehrs ist bereits im Grundbuchrecht (S. 98) gehandelt worden.

, VII. Die Abeignung zerstört das Eigentum des Abeigners; Rechte Dritter, welche von dem Eigentum unabhängig sind, bleiben bestehen, ebenso aber auch unabhängige Rechtslagen. Daher kann die Abeignung die an der Sache bestehenden Nießbrauchs-, Servituten- und Pfandrechte nicht aufheben; dies auch dann nicht, wenn der Eigentümer an der Sache Eigentümerhypotheken hätte. Auch Deichrechte und Deichlasten dauern fort.[1] Dies gilt auch vom Recht des Mieters und Pächters, woraus schwierige Verhältnisse hervorgehen können. Die Schwierigkeit rührt daher, daß ein solches Grundstück trotz der Abeignung immer noch inmitten des Verkehrs bleibt und infolgedessen zu Verkehrstätigkeiten Anlaß gibt, vor allem aber, daß die an ihm bestehenden Rechte zu ihrer Weitergeltung und Entwickelung der Rechtshandlungen bedürfen, so namentlich was Miete und Pacht betrifft; aber auch bei der Hypothek ist es wesentlich, daß jemand vorhanden ist, gegen den die Hypothek geltend zu machen ist.

Hier kann nur geholfen werden durch Einschiebung einer stillschweigenden juristischen Person und eines Organes derselben, § 1913. Man nennt dieses Rechtsorgan Pfleger und rechnet ihn zu den Pflegern des bürgerlichen Gesetzbuches, von denen im Lehrbuch III S. 515 f die Rede war. Ihm gegenüber sind die das Grundstück betreffenden Rechtshandlungen vorzunehmen und für ihn gelten die §§ 19 und 40 GBO.;[2] er hat auch die Prozesse zu führen und gegen ihn sind sie zu führen.[3] Ist noch kein allgemeiner Pfleger da, so hat das Prozeßgericht einen einstweiligen Pfleger als Organ der juristischen Person zu ernennen, § 58 ZPO.; so namentlich auch für die Zwangsvollstreckung, § 787 ZPO. Auch bei der etwaigen Schuldanfechtungsklage ist er die entsprechende Prozeßpartei.[4]

---

[1] Vgl. Hamburger AG. zum BGB. a. 51 f.
[2] Unrichtig Karlsruhe 3. 5. 1914 E. f. G. 14, 304.
[3] Vgl. KG. 19. 9. 1907 M. 15, 297.
[4] Nicht zutreffend KG. 28. 11. 1912 M. 26, 127.

Man kann eine solche Klage gegen Ungenannte, d. h. gegen eine hierfür eingeschobene juristische Person, nach englischem Rechte als Klage in rem bezeichnen. [1] Wenn mir von Hellwigscher Seite seinerzeit vorgeworfen würde, daß ich die Klage als eine Klage gegen die Sache erkläre, so beruht dies auf solchen Mißverständnissen, daß darauf nichts weiter zu erwidern ist.

VIII. Bei Abeignung des Grundstückes bleiben auch die dem Grundstück zustehenden aktiven Servituten bestehen: sie gehen mit dem Grundstück auf die stillschweigende juristische Person und schließlich auf den aneignenden Fiskus über (S. 310).

IX. Eine Abeignung solcher Servituten gibt es nicht, sondern nur ein Verzicht nach § 875, also gegenüber dem dienenden Grundstück vonseiten des Eigentümers oder nach der Abeignung vonseiten dessen, der die maßgebende juristische Person vertritt.

X. Die Grundstücksabeignung findet hauptsächlich bei drohender Zwangsversteigerung statt; denn hier hat der Eigentümer kein richtiges Interesse mehr an dem Eigentum und möchte sich den Schwierigkeiten des Zwangsversteigerungsverfahrens entziehen. Statistiken, in welchem Umfange derartiges erfolgt ist, hat Heinsheimer, Zeitschrift für bayerisches Recht 6,85 gegeben; die Fälle werden aber noch zugenommen haben. Ich habe bereits oben (S. 99) hervorgehoben, daß ein Grundfehler darin liegt, daß die Abeignung im Gesetze viel zu sehr erleichtert worden ist: die Abeignung sollte nur erfolgen, nachdem die juristische Person, die für das Grundstück zu sorgen hat, organisiert ist.

II. Anspruchslehre.
1. Eigentumsansprüche.
§ 88.

I. Der § 985 sagt, daß der Eigentümer vom Besitzer die Herausgabe der Sache verlangen könne. Dies ist eine unrich-

---

[1] Das ist besonders im Seerechte wichtig, wenn gegen den Eigner eines Schiffes, den man nicht kennt, eine Klage erhoben wird. Vgl. Gesammelte Beiträge zum Zivilprozeß S. 569.

tige Ausdrucksweise, welche mit der ganzen Natur der rei vindicatio in Widerspruch steht. Die rei vindicatio geht dahin,
daß der Besitzer der Tätigkeit des Eigentümers keine Schranken in den Weg legen, ihm also gestatten soll, die Sache zu
holen, wo sie sich befindet. Eine Verpflichtung, die Sache
herbeizuschaffen, hat der Besitzer als solcher nicht; er hat sie
nur dann, wenn besondere schuldrechtliche Gründe vorhanden
sind, wenn er also beispielsweise die Sache unrechtmäßig ver-
bracht, eingebaut, eingegraben, oder wenn er die eingebaute
Sache für sich benützt und dadurch die entfremdende Tätigkeit gebilligt hat. Die entgegengesetzte, auf dem Wortlaut
des Gesetzes beruhende Ansicht führt zu den unerträglichsten
Resultaten. Wird man denn, wenn die dem A. gehörige
Maschine infolge falscher Auffassung der diensttuenden Leute
in den Garten des B. gebracht und dort befestigt worden ist,
dem B. zumuten, daß er selbst die Maschine wieder löst und
herausgibt? Es genügt, daß er dem A. dazu die Befugnis
gibt; es wäre denn, daß diese falsche Maßregel auf eine Verschuldung des B. oder seiner Leute zurückzuführen ist.

Dies ergibt sich übrigens auch aus den Bestimmungen des
§ 1005; denn wenn eine Sache in das Grundstück eines anderen
hinübergeweht oder sonst durch irgend einen Zufall hinüber-
geschafft worden ist, so wird sehr häufig die Sachlage sich so
gestalten, daß der Eigentümer des Grundstückes die Sache in
seinen Besitz erhält. Man denke sich, daß der weg-
gelaufene Hund dem Grundeigentümer zuläuft oder der Hand-
schuh in den Löwenkäfig fällt. Auch hier gilt immer nur die
Bestimmung der §§ 1005 und 867, daß der Eigentümer das
Abholungsrecht hat, nicht aber, daß er eine herausgebende
Tätigkeit des Grundeigentümers verlangen kann.

Nur insofern besteht eine schärfere Ausnahme, als die Gestattung der Duldung ein indirektes Tun in sich schließen
kann, z. B. die Pflicht, die Räume zu öffnen oder die nötige
Anweisung zu geben, um Hemmnisse der Wegnahmehandlung
zu entfernen.[1] Über Miteigentum vgl. § 1011.

---

[1] Vergl. über diese Frage Rostock, 12. 5. 1910 M. 26,68, auch
RG. 22. 5. 1912, JW. 41,869.

II. Der Eigentumsanspruch geht gegen jeden, der durch Sachvorenthaltung dem Eigentum entgegentritt, also gegen den unmittelbaren wie gegen den mittelbaren Besitzer, gegen den Fremdbesitzer wie gegen den Eigenbesitzer. [1])

Ist die fremde Sache in das Grundeigentumsbereich gelangt, ohne in dessen Besitz gelangt zu sein, also bei dem Hinüberfallen oder Hinüberwehen von Sachen in einen Garten, dann gestaltet sich die rei vindicatio natürlich noch viel mehr in der negativen Weise, daß der Eigentümer dem Eingreifen der Sache kein Hindernis entgegensetzt. Allerdings kann hier ein Zusammenstoß von Interessen stattfinden, weil das Ergreifen der Sache das Betreten des Grundstückes und die Aufsuchung voraussetzt. Dieser Zusammenstoß wird dadurch ausgeglichen, daß der eintretende und ergreifende Eigentümer den hierdurch entstehenden Schaden zu vergüten hat, §§ 867 und 1005.

III. Eigentumsanspruch und Negatoria sind beides Ansprüche aus dem Eigentum gegen eine Person, welche der berechtigten Ausdehnung des Eigentums im Wege steht. Im ersteren Falle handelt es sich um eine Störung durch Besitzabsonderung, im anderen um eine sonstige Störung. Im übrigen entsprechen sich §§ 985, 1004 völlig, namentlich was die Möglichkeit betrifft, dem Anspruch Einreden entgegenzusetzen: Einreden aus vorübergehender Gestattung und Einreden aus der Einräumung eines Gegenrechts, wodurch der Anspruch in Schach gehalten wird; denn wo immer jemand zu etwas, was sonst Störung heißen würde, berechtigt ist, gebricht die Negatoria. [2]) Außerdem kann der Einwand auch darauf beruhen, daß eine öffentliche Berechtigung vorliegt, die der Eigentümer zu dulden hat: auch hier muß er natürlich zurücktreten. [3])

IV. Im übrigen ergibt sich das Nähere für die Vindikation aus der Lehre vom Besitz und für die negatoria aus der Lehre von der Eigentumsstörung. Über Verjährung vgl. §§ 898, 924.

V. Hiermit muß die Lehre von der rei vindicatio schließen, was im übrigen in den Lehrbüchern damit in Verbindung ge-

[1]) Dresden 24. 4. 1902 M. 5, 154.
[2]) Vgl. auch Kiel 24. 3. 1911 S. 66 nr. 190.
[3]) RG. 11. 4. 1908 S. 63 nr. 159.

bracht wird, gehört gar nicht hierher, sondern ist ein Durcheinander von Rechtssätzen, welche anderen Gebieten angehören. So 1. der Satz, daß nach der Rechtshängigkeit die Verhältnisse sich so gestalten, als ob das schließlich erfolgte Urteil ,bereits zur Zeit der Rechtshängigkeit ` erlassen wäre, sodaß die Folgen eintreten, wie wenn der Beklagte die Sache nunmehr als Treuwalter bis zur Beendigung des Prozesses innehätte.

Dieser Grundsatz gehört in die Lehre von der Wirkung des Prozesses und des Urteils, also in das Prozeßrecht, auch gilt er nicht bloß von der rei vindicatio, sondern allgemein, § 292. Daß ihn das Gesetzbuch bei der rei vindicatio besonders entwickelt, mag bei dem volkstümlichen Zweck des Gesetzbuches hingehen; daß man aber noch den gleichen Gang der Sache in der Wissenschaft befolgt, zeigt, daß die Pandektologie den Juristen nicht auszutreiben ist.

Die Folge ist natürlich, daß der Beklagte, auch wenn er als gutgläubiger Erwerber das Eigentum an den Früchten weiter erwirbt, er es wie ein fremdes Gut dem siegreichen Kläger herausgeben muß, § 989, daß er ferner die Nutzungen, die ihm zufallen, wie ein Treuwalter zu ersetzen hat und dies auch dann, wenn er Nutzungen bezieht, die der Eigentümer zu beziehen gar nicht in der Lage gewesen wäre. Daß er endlich, wenn er als schlechter Verwalter wirtschaftete, alles leisten muß, wie wenn er als guter Verwalter gewirtschaftet hätte, versteht sich von selbst, § 987.

2. Auch der Satz, daß in der Klage der Klagegegenstand möglichst genau zu bezeichnen, daß insbesondere das Grundstück nach seiner Begrenzung unter Berufung auf Kataster usw. zu fixieren ist, [1]) gehört dem Prozeßrecht an.

3. Sodann pflegt man in Verbindung mit der rei vindicatio eine Reihe von schuldrechtlichen Verhältnissen zur Darstellung zu bringen, die garnicht hierher, sondern in das Schuldrecht gehören und dementsprechend zu behandeln sind. Dies habe ich schon vor 40 Jahren in meinem ältesten patentrechtlichen Werke dargestellt. Die schuldrechtliche Pflicht ist teils eine

---

[1]) RG. 15. 2. 1903 JW. 37, 242.

Pflicht aus ungerechtfertigter Bereicherung, teils eine Pflicht
aus unerlaubter Handlung.

Dahin gehört a) die Pflicht des gutgläubigen Schenk-
erwerbers, die gezogenen Früchte, deren Eigentümer er geworden ist, und ebenso die Nutzungen nach dem Grundsatz
der Bereicherung herauszugeben, § 988, b) die Pflicht des bösgläubigen Besitzers, Früchte und Nutzungen in vollem Maße
herauszugeben, soweit er sie bezogen hat, aber auch soweit er
sie nach den Regeln einer guten Wirtschaft hätte beziehen
können, §§ 990, 991. Dies ist eine einfache Folge seines Widerrechts; man könnte es auch auf den Grundsatz der unfreiwilligen
Geschäftsführung zurückführen, wenn dieser Grundsatz nicht
selbst etwas anderes wäre als eine Umkleidung des Grund-
satzes vom Schadenersatz wegen rechtswidrigen Verhaltens.[1]
Dahin gehört a) die Haftung für schuldhafte Sachbeschädigung
und b) die Haftung auch für zufällige Schäden und Untergang
nach den Grundsätzen des Schuldrechts, also einmal bei Verzug
§ 287 und sodann in dem Falle, daß nicht nur der Fortbestand,
sondern der Besitzerwerb selbst auf einer entziehenden Tätigkeit beruht und dadurch die Sache in ein besonderes Gefähr-
dungsgebiet gebracht ist, §§ 992, 848. Dies alles hat mit der
rei vindicatio nichts zu tun, sondern beruht lediglich auf dem
möglichen Zusammentreffen der Ansprüche.

4. Auch der pandektologische Begriff des possidere desiit
fällt völlig in das Schuldrecht: es kann jemand schuldrechtlich
haftbar sein, wenn er sich arglistig aus dem Besitze setzt, also
ihn etwa verheimlicht, an Dritte weggibt, um den Eigentumsanspruch zu vereiteln.[2]

VI. Sodann pflegt man auch die Lehre von den Verwendungen hier zu behandeln; diese aber gehört in das
Wertrecht. Vgl. S. 516.

---

[1] Vgl. meine Abhandlung über Gewinnschaden in Markenschutz
und Wettbewerb XVII S. 71: die negotiorum gestio ist nur eine
Rechtslage, die man fingiert, um seine Entschädigungspflicht nach
dieser Richtung hin ausgiebiger zu gestalten, § 687 BGB.

[2] Stettin 29. 4. 1910 M. 26, 62.

2. Grenzansprüche.

§ 89.

I. Sind die Grenzen zweier Grundstücke so verwirrt, daß eine Bestimmung aus den Daten der Vergangenheit nicht zu gewinnen ist, so muß die Gegenwart für sich und für die Zukunft sorgen; denn eine Grenze muß bestehen, damit die menschliche Leidenschaft nicht Tag für Tag von neuem erwacht. Die Hoffnung auf friedliche Begleichung derartiger Dinge ist bei dem stark entwickelten Eigenbetrieb des genus humanum eitel. Die Bildung der Grenze in einem solchen Falle ist eigentlich nicht eine Tat der streitigen, sondern der freiwilligen Gerichtsbarkeit, ganz ähnlich wie die Teilung; die streitige Gerichtsbarkeit hat nur zu sagen, daß man aus den Akten nicht zum Ziele gelangt: dann hat die freiwillige Gerichtsbarkeit einzusetzen. Daß man dies in der Praxis nicht streng scheidet, daß vielmehr der Prozeßrichter nunmehr in die freiwillige Gerichtsbarkeit übergeht, ist vollkommen verständlich; das Gegenteil wäre nutzlose Pedanterie. Die streitige Gerichtsbarkeit kann übrigens nicht nur die negative Erklärung abgeben, daß aus der Vergangenheit keine sichere Grenze zu entnehmen ist, sondern auch den positiven Satz beifügen, daß aus der Vergangenheit mindestens für das eine oder andere einige Wahrscheinlichkeit spreche. Dies kann dann die freiwillige Gerichtsbarkeit als eines der Momente betrachten, um eine den Umständen angemessene Grenze zu treffen, ebenso wie auch der Besitzstand mit berücksichtigt werden kann. Im übrigen ist, wie in der freiwilligen Gerichtsbarkeit überhaupt, der soziale Gedanke maßgebend, daß die Regelung so geschehen soll, wie es den Kulturbedürfnissen am besten entspricht.

II. Bemerkenswert ist noch, daß die Grenzverwirrung nicht immer die Folge geschichtlicher Ereignisse ist, welche ein früheres klares Verhältnis verwischten, sondern daß vielfach von Anfang an die Grenze eine unsichere war, indem eine vergangene Zeit kein Interesse daran hatte, eine klare Scheidung vorzunehmen; namentlich bestand in alten Tagen vielfach der Brauch, nicht eine Grenzlinie, sondern einen Grenzrain, einen Grenzwald und derartiges zur Ausscheidung der Grund-

stücke zu verwenden, weil man auf solche Zwischenstücke-
und ihre Erträgnisse keinen Wert legte: sie galten zunächst
als gut genug, um eine Grenze zu bilden, was dann später
vielfach anders geworden ist.[1] Hier zeigt sich nun die
ungeschichtliche Gegenwärtigkeit des Grenzregulierungs-
wesens klar.

III. Von selbst versteht es sich daher, daß in einem solchen
Falle der Richter nicht etwa die Grenzen unsicher läßt und
einfach den Grenzkläger abweist, sondern daß er eine Grenze
feststellen muß;[2] es handelt sich nicht etwa um eine Vindikation, die man überall dann abweisen kann, wenn der Kläger
sein Recht nicht dartut; vielmehr handelt es sich um das
Kulturbedürfnis, anstelle der schwankenden und zweifelhaften
Verhältnisse eine sichere Norm zu setzen. Dies ist die Grenz-
scheidungsklage des § 920 BGB., bei dessen Fassung allerdings
die Redaktoren die richtige Bedeutung der Frage nicht erkannten.

IV. Das Grenzscheidungsurteil hat den Charakter einer
dinglichen Zuerkennung. Mit der Rechtskraft des Urteils
richten sich von selbst die dinglichen Verhältnisse nach der an-
gegebenen Norm; eine Einigung der Parteien und Auflassung
ist nicht erforderlich: die dingliche Wirkung vollzieht sich von
selbst ohne Eintragung.[3] Stimmt das Grundbuch damit nicht
überein, so ist es unrichtig und kann berichtigt werden.

---

[1] Vgl. mein internationales Strafrecht S. 226.
[2] RG. 5. 11. 1898 Gruch. 43, 986.
[3] KG. 30. 3. 1910 M. 20, 405.

IV. Buch.

Dingliche Rechte.

I. Hauptabschnitt.

1. Allgemeines.

§ 90.

I. Dingliche Rechte sind Rechte an der Sache, welche das Eigentum belasten, ohne es aufzuheben.

II. 1. Diese Rechte sind teils reale Substanzrechte, teils bloße Wertrechte; von letzteren wird später (S. 366) ausführlich die Rede sein.

Die Substanzrechte teilen sich wieder in

1. einfache Substanzrechte und in
2. Substanzrechte mit Sachbesitz,
3. und diese sind wieder
   a) einfache Substanzrechte mit Sachbesitz,
   b) Sachbesitzrechte mit Verselbständigung.

2. Den dinglichen Rechten gesellen sich die jura in rem scripta zu, weil sie den Sachenrechten gleichsam magnetisch folgen.

3. Keine dinglichen Rechte, sondern Sacheigentumsrechte sind die Anwartschaftsrechte, von denen aber wegen ihrer äußerlichen Ähnlichkeit mit den Sachbesitzverhältnissen erst hier zu handeln ist.

III. 1. Dingliche Rechte sind Sachenrechte, keine Schuldrechte; sie können aber infolge des Zusammentreffens der Rechte sekundäre Geleitspflichten aus sich erzeugen. Dies sind Pflichten, welche nicht aus der Existenz, sondern aus der Ausübung der dinglichen Rechte hervorgehen: der Berechtigte ist nicht verpflichtet, sein Recht auszuüben, wenn er es aber ausübt, so muß er diese Pflichten wahren.

2. Dies schließt aber nicht aus, daß aus der Nichterfüllung solcher Pflichten Verpflichtungen hervorgehen, Ersatzpflichten, welche nicht mehr sekundärer Art sind, sondern selbständige Natur annehmen. Wenn also beispielsweise ein Berechtigter auf sein Recht verzichtet, so kann er sich zwar für die Zukunft von den sekundären Pflichten ledigen, aber wenn er die bisherigen ihm obliegenden Pflichten nicht erfüllt hat, so entsteht eine Verpflichtung des Ersatzes, welche die gewöhnlichen Eigenschaften einer schuldrechtlichen Verpflichtung an sich trägt und daher von den weiteren Schicksalen der Sache unabhängig ist. Allerdings wird der Eigentümer, welcher auf diese Weise ein Gläubigerrecht gegen den dinglich Berechtigten erwirbt, bei Veräußerung der Sache häufig, aber nicht immer, mit der Sache die erwachsenen Pflichtrechte mit veräußern. Eine solche Verpflichtung wird auch in der gewöhnlichen Weise befriedigt, also z. B. durch Aufrechnung, sie kann auch erlöschen durch Konfusion. [1]

3. Diese Pflicht ist eine Pflicht zunächst gegen den Eigentümer, nicht etwa gegen einen anderen dinglich Berechtigten, z. B. nicht gegen den Hypothekar. Wenn also der Nießbraucher schlecht wirtschaftet, so ist er nur dem Eigentümer haftbar; der Hypothekar hat sich wegen der eventuellen Sachverschlechterungen an den Eigentümer zu wenden. [2] Vgl. S. 322.

4. Doch ist nicht ausgeschlossen, daß die sekundäre Geleitspflicht gegen den Eigentümer auch, wenn nicht erfüllt, eine Verpflichtung gegen Dritte erwachsen läßt, sofern die an einen Dritten zu machende Leistung zugleich im Interesse des Eigentümers und im Interesse des Dritten ist. So namentlich, wenn die Pflicht des Nießbrauchers dahin geht, die Hypothekenzinsen zu bezahlen und wenn der Vermögensnießbraucher die Pflicht hat, das Vermögen von den Zinspflichten zu befreien, §§ 1047, 1088. Hier kann a) auch der Dritte die rückständigen Leistungen vom Nießbraucher verlangen und b) sodann vermag der Eigentümer, der sonst den Nießbraucher seiner sekundären

---

[1] RG. 18. 2. 1907 S. 62 nr. 182.
[2] Vgl. KG. 9. 2. 1911 M. 26, 93.

Pflichten entledigen kann, ihn nicht von diesen Zinsleistungen und Zinsverpflichtungen zu befreien. [1]

5. Die sekundäre Pflicht geht aus der Lage hervor, in welche kraft des dinglichen Rechts die Personen zur Sache und unter sich gelangen. Im Falle der Nichtigkeit des dinglichen Rechts fallen die sekundären Pflichten nicht etwa weg, aber sie erfahren eine der Rechtslage entsprechende Änderung.

6. Im Falle der sekundären Pflicht tritt der Rechtsschein mit seiner doppelten Rechtsordnung ein: wenn der Nießbraucher von einem Nichteigentümer sein Recht ableitet, so ist er gegenüber dem Eigentümer frei, wenn er in gutem Glauben die Pflicht gegenüber dem Besteller erfüllt, § 1058, dasselbe gilt von Hypothek und Pfandrecht, vgl. §§ 1148, 1223 und 1248. Es gilt hier eine doppelte Rechtsordnung; der Verpflichtete wird natürlich auch dann befreit, wenn er die Pflicht gegenüber dem richtigen Eigentümer erfüllt.

IV. 1. Bei dem Zusammentreffen dinglicher Rechte kommen die Begriffe von Verwaltung und Verfügung vielfach in Betracht, indem eine Reihe von dinglich Berechtigten bloße Verwaltung, nicht auch Verfügungsgewalt hat. Verwaltung ist die normale wirtschaftliche Betätigung zur Erhaltung und Ausnutzung eines Gegenstandes, Verfügung aber ist eine Betätigung, welche, sei es den Gegenstand, sei es auch das Recht am Gegenstand, in Mitleidenschaft zieht.

Regelmäßig hat der Eigentümer die Verwaltung; doch gibt es Ausnahmen bei den sogenannten Besitzbelastungen, welche die regelrechte Verwaltung dem dinglich Berechtigten überantworten. Die Verfügungen aber sind entweder so gestaltet, daß sie bloß das Recht des Verfügenden in Mitleidenschaft ziehen, die übrigen Rechte aber nicht berühren; hier bietet die Sachlage keine Schwierigkeit: jeder verfügt über sein Recht. Oder aber es sind Verfügungen, welche entweder den Gegenstand selbst oder die Gesamtheit der Berechtigungen in Frage stellen, sogenannte G e s a m t v e r f ü g u n g e n ; hier müssen regelrecht alle zustimmen, sofern nicht die Zustimmung durch

---

[1] KG. 15. 11. 1912 M. 26, 9. Dies gilt auch von § 1047; der zweifelhafte Wortlaut spricht nicht dagegen.

höheres Rechtsgebot ersetzt wird. Dahin gehört besonders auch die Teilung der Gemeinschaft, §§ 1066 und 1258, die Verfügung im Enteignungsverfahren und beim Zwangsvergleich.

Danach bemißt sich auch, ob beim Aktienrecht der Eigentümer oder der Nießbraucher oder beide zusammen stimmberechtigt sind; im regelmäßigen Lauf der Dinge ist es der Nießbraucher; wenn es sich aber um grundsätzliche Änderungen, z. B. um Aufhebung oder Fusion der Aktiengesellschaft, handelt, müssen beide zusammenwirken. [1])

2. Diese Grundsätze treten auch im Prozeß ein. Der Eigentumsprozeß trifft, wenn er gegen den Eigenbesitzer erhoben wird, nur diesen, nicht auch die entsprechend dinglich Berechtigten, sie müßten denn mit in den Prozeß gezogen sein. Wenn allerdings nach Ausbruch des Prozesses Rechtsänderungen eintreten, dann gelten die bekannten Grundsätze der Prozeßstandschaft; und wenn dingliche Rechte nach der Entscheidung begründet werden, so werden sie begründet in der Rechtsstellung, in welche das Eigentum durch die Entscheidung gelangt ist. [2])

3. Eine Zwangsvollstreckung gegen das Grundstück trifft nicht nur das Eigentum, sondern die Gesamtheit der dinglichen Rechte. Die Art und Weise, wie diese in das Verfahren herangezogen werden, ergibt sich aus dem Zwangsversteigerungsgesetz von selbst, vgl. §§ 9, 37 Z. 4, 66, 83 110, 53, 109 ZVG. [3])

4. Ein Servitutenprozeß gegen das Eigentum ist nicht gegen den Eigentümer, sondern gewissermaßen gegen das Grundstück selbst zu richten, es werden also die sämtlichen Beteiligten mitbetroffen. Dies gilt namentlich bei einer Mehrheit von Miteigentümern. Die Entscheidung kann daher nur einheitlich ergehen; und sollte auch einer der Beteiligten das Recht anerkennen, so wäre dies wirkungslos, denn die Entscheidung kann nur als Entscheidung gegen das ganze Grundstück mit allen Beteiligten gelten. [4]) Vgl. S. 266.

---

[1]) Vgl. auch, über Konkursabstimmungen, Leitfaden des Konkurs-Rechts S. 280.
[2]) Vgl. auch KG. 9. 2. 1912 M. 26, 88.
[3]) Unrichtig KG. 26. 11. 1909, 6. 12. 1909 M. 20, 389 f.
[4]) Vgl. auch Köln 30. 1. 1908 M. 18, 149.

2. Rangordnung.

§ 91.

I. Die Rangordnung ist, wie im Hypothekenrecht, S. 392, näher auszuführen, nicht eine stockwerkmäßige Ordnung der Rechte, sondern eine Regelung nach Intensitäten. Der Sache steht eine bestimmte Quantität von Kräften zu Gebote, und diese bedingen sich gegenseitig in ihrem Wesen und ihren Wirkungen: die Rechte sind nun so gestaltet, daß sie nach gewissen Intensitätsregeln auf die Sache angewiesen sind. Daraus geht hervor: Da die Sache stets in der Totalität ihrer intensiven Wirkungen erscheint, so müssen die Rechte in der Weise verteilt sein, daß sie zusammen die volle Intensität ausfüllen; dies geschieht in der Art, daß, soweit die dinglichen Rechte nicht auf ihr lasten, die Restintensität dem Eigner zukommt. Das Intensitätsgesetz ist für die Wertrechte von besonderer Bedeutung, kommt aber auch für Substanzrechte, für Nießbrauch und Servituten in Betracht. Auch hier ist die Ordnung der Intensität bedeutsam, und man kann auch hier von einer Rangordnung sprechen: das vorhergehende Recht, sei es ein Substanz- oder Wertrecht, kommt zunächst zur Verwirklichung, die im späteren Rang stehenden erhalten noch soviel Intensität, als die Sach- oder Kapitalkraft des Grundstücks übrig läßt.

II. Die Intensitätsverhältnisse zwischen zwei Rechten können erhöht oder gemindert werden, und zwar einfach durch die Vereinbarung dieser Berechtigten ohne die Zustimmung der übrigen, sofern und soweit dadurch in die übrigen nicht eingegriffen wird. Man spricht hier vielfach von Rangverschiebung, aber dies ist nicht so zu betrachten, als ob etwa das eine Recht vor- und das andere nachgeschoben würde, denn eine Stockwerkordnung der Rechte besteht nicht, sondern es ist so, daß das eine Recht an Intensität zu-, das andere abnimmt, wobei dann das Gesamtresultat der Intensitätsverteilung im übrigen gleich bleibt. Wie später (S. 401) darzulegen, spielt dies im Bereiche der Wertrechte eine besondere Rolle. Aber auch bei anderen dinglichen Rechten ist etwas ähnliches möglich, insofern als die Tragweite des einen Rechts erhöht, des anderen gemindert wird. So kann auch Nießbrauch oder Servitut vom dritten auf den ersten Rang rücken und dafür eine Hypothek vom ersten auf den dritten Rang. Dies ist allerdings keine tauschartige Änderung, wie bei zwei Hypotheken unter sich, aber es bewirkt, daß Nießbrauch und Servitutenrecht in der Art gesteigert wird, daß die Hypothek, welche ihr sonst als erste Hypothek im Wege stünde, sie nicht mehr an der Entwickelung hindert. Natürlich bleibt eine Zwischenhypothek, die dabei nicht beteiligt wurde, bestehen, und sie wird das Nießbrauchs- und Servitutenrecht natürlich ebenso beeinflussen, wie sie es beeinflussen würde, wenn die erste Hypothek noch vorhanden wäre. Daher der Grundsatz: 1. der Nießbraucher bekommt die Miete und Pachtzinsen, soweit die erste Hypothek sie beanspruchen könnte, und der zweite Hypothekar kann sie ihm nicht durch Beschlagnahme entziehen. 2. In der Zwangsversteigerung erhält der zweite Hypothekar soviel, wie er erhielte, wenn der erste Hypothekar noch vorhanden wäre und der Nießbraucher an dritter Stelle stünde. Sollte etwa durch den in ersten Rang tretenden Nießbrauch das zweite Hypothekenrecht weniger erhalten, als es bei der früheren Sachlage erhielte, so könnte der Nießbrauch ohne dessen Genehmigung nicht in reali bestehen bleiben, sondern er wäre mit einer Summe auszulösen, die dann aber nicht höher sein kann als dasjenige, was der erste Hypothekar bekäme, §§ 92 und 121 ZVG.

III. Die Intensität kommt nur bei dinglichen Rechten und bei denjenigen jura in rem scripta in Betracht, welche den dinglichen Rechten gleichstehen, dagegen nicht bei Anwartschaftsrechten, nicht im Verhältnis von Eigentum und Resolutivbedingung, z. B. bei Vor- und Nacherbschaft. Hier kann allerdings die Nacherbschaft einer Hypothek des Vorerben im Wege stehen, aber dies nicht wegen des Einflusses auf die Intensität, sondern wegen der Verschiebung des Eigentums, welche durch die auflösende Bedingung eintritt und welche den Rechten dieser Sphäre die Grundlage entzieht. Wenn hier der Nacherbe zur Hypothekenbestellung seine Zustimmung gibt, so ist dies wirksam, weil er damit die künftige neue Grundlage übernimmt: aber dies hat mit Rangverschiebung nichts zu tun. [1]

---

1) KG. 12. 2. 1914 EfG. 14, 67.

IV. Handelt es sich um eine sogenannte relative Veräußerungsbeschränkung, so sind es, wie S. 90 bemerkt, in der Tat
positiv dingliche Rechte, die sich nur zeitweilig in negativer
Weise äußern. Hier ist das Intensitätsprinzip möglich, und,
sofern das dingliche Recht eine Intensitätsänderung zuläßt,
auch diese. So steht nach der Konkurseröffnung nichts im
Wege, daß vorhergehende Hypotheken sich dem Konkursbeschlagsrecht in der Art unterwerfen, wie wenn die Konkurseröffnung zu früherer Zeit erfolgt wäre. Ob es umgekehrt auch
möglich ist, daß das Beschlagsrecht des Konkurses zurücktritt,
ist eine konkursrechtliche Frage, die hier nicht zu erörtern ist.

V. Absolute Veräußerungsbeschränkungen, wie z. B. Ver-
mögensbeschlag kraft der Strafprozeßordnung, berühren die
Geschäftsfähigkeit; sie unterliegen nicht dem Intensitätsgesetz
und lassen keine Intensitätsänderung zu. Vgl. S. 89.

VI. Die Intensitätslehre bezieht sich auf das Verhältnis
mehrerer Rechte zu einander, sie bezieht sich nicht auf das Verhältnis der mehreren an ein und demselben Rechte beteiligten
Personen; wie diese sich auseindersetzen, richtet sich nach den
Regeln des Mitberechtigungsverhältnisses und betrifft die Intensitätslehre nicht, § 1051. So wenn bei mehreren Mitberechtigten bestimmt wird, daß im Falle der Befriedigung der eine
Mitberechtigte dem anderen vorgeht: hier gilt der Grundsatz
des § 1010 BGB., und nur ein Fall dieses Gemeinschaftsverhält-
nisses ist es, wenn kraft Subrogation der persönliche Schuldner
auf Teilzahlungen hin in einen Teil der Hypothekenforderung
eintritt, während der übrige Teil der Forderung dem Hypotheken-
berechtigten verbleibt. Hier besteht zwischen beiden das Be-
teiligungsverhältnis, daß der alte Hypothekenberechtigte für
seinen Teil gegenüber dem Ersatzberechtigten einen Vorgang
hat, §§ 268, 774, 1150, 1164, 1176. Natürlich kann dieses Verhältnis durch Vertrag geändert werden, aber dies ist keine
Rangverschiebung und bedarf deswegen auch nicht die Zustimmung des Grundeigentümers. [1]) Eine solche vertragsmäßige Änderung ist nach § 1010 einzutragen. [2]) Vgl. auch
§ 1024.

---

[1]) Vgl. Dresden 28. 3. 1911 M. 26,162 (= S. 66 nr. 164).
[2]) KG. 29. 10. 1900 M. 2, 46; KG. 3. 11. 1902 M. 6, 202.

3. Entstehen und Vergehen.

§ 92.

I. Gemeinschaftliche Grundsätze für die Begründung dinglicher Rechte lassen sich nur in einem beschränkten Rahmen
geben, insofern das Grundbuchrecht in Betracht kommt. Bemerkenswert ist nur der gemeinsame Gedanke, daß prior
tempore, potior jure, daß also die Rangfolge sich nach der Zeit
der Begründung richtet, aus dem durchschlagenden Grund, daß
das einmal begründete Recht nicht durch neue und spätere
Rechte geschmälert werden darf.

II. Unter gemeinsamen Erlöschungsgründen sind hervorzuheben die Enteignung und das Unschädlichkeitszeugnis:
letzteres ein Mittel, um es zu ermöglichen, daß abgesplitterte
Parzellen von dinglichen Belastungen aller Art befreit werden,
wofür man den Berechtigten einen behördlich garantierten
vollständigen Ersatz bietet.

Beide Institute gehören, das letztere durchgängig, das erste
fast vollkommen, dem Landesrecht an, a. 109, 120 BGB.; über
das Preuß. Unschädlichkeitszeugnis vgl. Preuß. Ausf.-Gesetz
zur Grundbuch-Ordnung a. 20. Vgl. auch oben S. 45.

II. Hauptabschnitt. Substanzrechte.

I. Hauptkapitel.

Einfache Substanzrechte, Servituten.

A. Servitutengrundsätze.

§ 93.

I. Der Ausdruck servitus des klassischen römischen Rechts
bezog sich nur auf Realservituten, insbesondere ist es erst
späterer Brauch gewesen, den Ususfruct als Servitut zu bezeichnen. Für eine solche Abtrennung spricht, was den Ususfruct betrifft, auch heute noch vieles; denn dieser ist ein Recht
mit Sachbesitz und folgt als solcher besonderen Regeln (S. 317).
Der große Irrtum bestand aber darin, daß man den Nießbrauch
als das Musterbeispiel der persönlichen Dienstbarkeiten be-

trachtete, während er in der Tat etwas ganz anderes ist und den Realservituten nicht als Gegenpart gegenübergestellt werden darf. Die wirklichen persönlichen Dienstbarkeiten aber ließ man so sehr hinter dem Nießbrauch zurücktreten, daß sie ganz verschwanden und alle Bedeutung verloren.

II. Mag es nun im römischen Recht sein wie es will, so ist es doch vollständig unrichtig, wegen dieser Ausnahmestellung des Nießbrauchs den Grundparallelismus zwischen Real- und Personalservituten zu verkennen: ein Weg-, ein Wasserleitungsrecht, ein Recht der elektrischen Leitung, ein Recht auf Pflanzung auf dem Nachbargut kann ebensogut Real- wie Personalservitut sein. Dies zeigt die heutige Zeit einem jeden, der nur einen Einblick in die Grundbücher nimmt, sodaß ein erfahrener Grundbuchrichter mir bei Mitteilung wichtiger Grundbucheinträge erklärte, daß hier für Personal- und Realservituten so ziemlich dasselbe berichtet werden könne. Zeigt doch auch schon P a p i n i a n treffend den Parallelismus in fr. 6 de serv. legata: si quis non usum transeundi personae datum, sed legatum servitutis esse plenum intellegat.

III. Dies haben auch schon die mittelalterlichen Juristen sehr wohl erkannt; wenn man diese Schriftsteller nachliest, wo sie etwa von Wald- und Weiderechten sprechen, so findet man: sie heben besonders hervor, daß derartige Rechte sowohl den Grundstücken als auch den Einzelpersönlichkeiten, insbesondere auch den Gemeinden oder anderen Genossenschaften, zustehen können.

So treffend B o u h i e r , Coutume de Bourgogne (1746) II p. 380:

L'usage dans les bois d'autrui consiste au droit d'y prendre diverses sortes de commoditez, suivant que la chose est réglée par les titres ou par la possession; sçavoir d'y mener pâturer ses bestiaux; d'y mettre des porcs en paisson au tems de la glandée; et d'y prendre même du bois, soit pour brûler ou pour bâtir, et l'employer en d'autres nécessitez sur le lieu désigné par la concession.

Il n'y a nul doute, que ce ne soit une servitude, quoi qu'en ait voulu dire un Auteur moderne. Mais est-elle réelle ou personelle? Il y a une distinction à faire à cet égard. Si ce droit est accordé à une personne et pour une considération personelle, la servitude est personelle et finit par la mort de la personne. Et s'il est concédé à un corps, qui ne meurt point, en ce cas il finit au terme de cent ans.

Que si au contraire l'usage est accordé à des particuliers par rapport à leur domicile dans le lieu, et pour les mettre en état d'y subsister plus commodément avec leurs bestiaux et d'y bâtir ou réparer leurs maisons, en ce cas la servitude est réelle et suit le possesseur de l'héritage.

So auch Z a s i u s , der allerdings, um der 100jährigen Grenzfrist zu entgehen, die Rechte der Gemeinde für die Gemeindegenossen als Realservitut erklärt (Sing. Resp. I c. 11):

Potest enim servitus realis rei singulari, id est, praedio in specie deberi, quo casu omnia fere jura de huiusmodi servitutibus loquentia intelligi conveniet. Potest et secundo servitus realis intelligi, quae rei universali, id est, alicui loco et personis eo loco degentibus debetur: ut cum communitati alicuius civitatis, villae, monasteii, habitatoribus castri ius pascendi, venandi, piscandi etc. debitum est: ea servitus etiam realis dici iure optimo potest, quia a re rei, id est, a praedio serviente loco vicino, et occasione loci personis illic habitantibus debetur.

IV. Die Dienstbarkeit kann also der Persönlichkeit zustehen, sie kann auch einem Grundstück zustehen. Eine weitere Verbindung läßt unser Recht nicht zu; man könnte sich etwa denken, daß ein Jeder, der in eine bestimmte Lage kommt, zeitweise die Dienstbarkeit hätte, z. B. könnte mit einem Fischereirecht der Gebrauch eines Weges verbunden sein. Das englische Recht nimmt dieses an. [1]) Dies ist unzutreffend: die Befugnis des Fischereiberechtigten, das Ufer zu betreten, ist, wie unten auszuführen, eine Begleiterscheinung des Fischereirechts, die allerdings vertragsmäßig so oder anders gestaltet werden kann; allein eine solche Begleiterscheinung darf nicht zum selbständigen Recht erhoben werden; vgl. S. 309.

Ebenso ist eine Grunddienstbarkeit nicht möglich zugunsten des Realberechtigten an einem Grundstück, z. B. zugunsten des Nießbrauchers oder Hypothekengläubigers, auch nicht zugunsten des Mieters: der etwaige Bedarf kann hier durch eine Personalservitut oder durch eine Realservitut mit beschränkter Ausdehnung gedeckt werden (S. 287 und 311). Aber auch eine Grunddienstbarkeit zugunsten eines Miteigentümers ist unzulässig: sie stünde mit dem Satz in Widerspruch, daß die Miteigentümer das Grundstück gemeinsam und gleichmäßig zu verwenden haben. Vgl. S. 260.

---

[1]) Vgl. Hanbury v. Jenkins 2 Chanc. 401 (1901), auch Gale p. 11.

V. Die Übertragung des Besitzinstituts auf Dienstbarkeiten ist bedenklich, weniger wenn es sich um eine feste Anlage handelt, denn dann hat der Besitz ein greifbares Objekt; schon schwieriger im Falle eines Wegerechtes, denn, wenn hier in § 1029 als Norm angeführt wird, daß jemand einmal im Jahre die Dienstbarkeit ausgeübt haben müsse, so ist dies eine in der Vergangenheit liegende Tatsache, die in der Gegenwart nicht greifbar ist. Dürfte man hier gegen einen Widerstand Gewalt anwenden, so wäre dies eine wenig empfehlenswerte Selbsthilfe, die nur dann einen Sinn hätte, wenn der Brauch ein ganz ständiger wäre oder wenn es sich etwa um ein dienstbarkeitsartiges Notwegrecht handelte. Das BGB. suchte hier damit zu helfen, daß es den Besitz nur als Tabularbesitz schützt, also nur dann, wenn die Dienstbarkeit eingetragen ist. Gewiß sind dies aber keine Verhältnisse, welche eine private Selbsthilfe als angemessen erscheinen ließen; nur eine Erleichterung des Prozesses durch Besitzklage ist gerechtfertigt. Eine Selbsthilfe aber bei einer servitus prohibendi, z. B. wenn der Dienstbarkeitsbelastete bauen will und infolge der Dienstbarkeit nicht bauen soll, ist ganz unzulässig. Hier würde denn auch der § 1029 versagen, denn von einer „Ausübung" ist gar nicht die Rede. Im gemeinen Recht hat man sich hier mit einer Art von operis novi nuntiatio geholfen, an deren Stelle aber bei uns die einstweilige Verfügung getreten ist.

Das englische Recht hat allerdings noch bis in die neuere Zeit bei Eingriff in die Servituten eine Selbsthilfe gestattet, so in Bractons Tagen, so auch noch Blackstone, vgl. 3 Blackstone 5, im übrigen Gale, Easements p. 576. 3 Blackstone 5 sagt: such nuisance may be abated, that is, taken away or removed, by the party aggrieved thereby, so as he commits no riot in the doing of it. If a house or wall is erected so near to mine that it stops my ancient lights, which is a private nuisance, I may enter my neighbour's land, and peaceably pull it down.

Dieselben Grundsätze haben übrigens in dem Recht der Römischen Juristen gegolten, wo gleichfalls die Selbsthilfe gestattet war: fr. 6 § 1 si serv. vindic.: cum nihil sit innovatum, ille possidet et aedificantem me prohibere potest (das folgende ist Interpolation), fr. 15 de op. novi nunt.: nec aedificanti vim facturum, vgl. auch fr. 50 de adq. rer. dom.: manu prohibendus est.

Das ist durch die der Eigeninitiative feindseligen Justinianischen Änderungen beseitigt, wie dies aus der Interpolationsbetrachtung klärlich hervorgeht.

VI. Der konfessorische Schutz der Servitut entspricht dem negatorischen Schutz beim Eigentum, § 1027; auch er kann strafrechtlich verstärkt werden: so ist mitunter das Wegerecht geschützt durch die Strafbestimmung gegen denjenigen, welcher den Weg durch Abpflügen verringert, § 370 Z. 1 StGB. [1])

VII. Die Sphäre der Substanzrechte ist der Grund und Boden; Substanzrechte an beweglichen Sachen sind Ausnahmen; sie kommen vor im Bereich des Nießbrauchs, wovon S. 318 zu sprechen ist; sie kommen auch vor im Bereich der immateriellen Güter, worüber in meinen Schriften über das Immaterialgüterrecht ausführlich gehandelt wird; daß im Autorrecht auch eine Analogie der Realservituten vorkommt, habe ich in meinem Urheberrecht an Schriftwerken S. 285 f. dargelegt.

B. Grundprinzipien. [2])

§ 94.

I. 1. Der Inhalt der Servitut darf nicht gegen die öffentliche Ordnung und gegen die Sittlichkeit verstoßen. So kann z. B. für eine Fabrik eine Grunddienstbarkeit für Notdurftseinrichtungen begründet werden, nicht aber eine Dienstbarkeit, wonach die Bedürfnisbefriedigungen in anstandswidriger Weise stattfinden dürfen, und selbstverständlich hat man eine Servitut abgewiesen, als für ein Bordell entsprechende Gartenräumlichkeiten beansprucht wurden. Ebenso sind Dienstbarkeiten unstatthaft, welche die Nachbarschaft in unzulässiger Weise belästigen; in einem solchen Falle kann sich nicht nur

---

[1]) RG. 23. 5. 1902 G. 49, 271.

[2]) Die Servitutenlehre war bis zu meiner Abhandlung Archiv f. civ. Praxis 87 S. 157 in einem erstaunlichen Marasmus. Die von mir entwickelten Grundsätze sind von den Nachfolgern nur teilweise anerkannt worden, was sich aber von einer Generation von selbst versteht, welche das Servitutenrecht in der öden unphilosophischen Weise des Pandektenrechts gelernt hatte, vgl. auch meine Abh. in der Rhein. Ztschr. III 409.

die Nachbarschaft beschweren, sondern das dienende Grundstück kann sich derartigen Dingen versagen. [1]) Ebenso ist eine negative Servitut in der Art unzulässig, daß eine Schleuse nicht geöffnet werden dürfe, wenn die Öffnung der Schleuse durch die allgemeinen Interessen des Wasserlaufs und der Wasserversorgung geboten ist. [2])

2. Dazu tritt aber das weitere: persönliche Dienstbarkeiten dürfen nicht in einer solchen Weise begründet werden, daß eine Person, z. B. eine Aktiengesellschaft, trustartig den Güterschatz einer ganzen Gegend in Anspruch nimmt; eine Aktiengesellschaft, die etwa auf alle Kaliwerke, auf alle Wasserkräfte, auf alle Elektrizitätserzeugungen einer Gegend Anspruch erwerben wollte, würde den inländischen Verkehr knebeln und das ganze Land sich zum Sklaven machen. Eine solche Servitutenausdehnung wäre als gegen die öffentliche Ordnung verstoßend unzulässig, und es ist daher in solchem Falle Sache richterlicher Prüfung, wie weit derartige Rechte einzuräumen sind.

II. Die Belastung muß eine Grundstücksbelastung sein. Daher 1. die Belastung als Belastung des Grundstücks kann nicht in etwas bestehen, was sich in einmaligem Tun erschöpft. So kann z. B. die einmalige Entnahme von Produkten oder von Sachbestandteilen niemals eine Dienstbarkeit darstellen, denn dies widerspräche dem Gedanken, daß das Grundstück durch sein wirtschaftliches Wirken zu dienen hat; das wirtschaftliche Wirken des Grundstücks ist aber eine fortlaufende wirtschaftliche Kraftäußerung; dabei ist es allerdings ohne Belang, ob dieses Wirken in regelmäßigen Zwischenräumen oder bei Eintritt gewisser Möglichkeiten stattzufinden hat.

2. Die Belastung muß eine sachliche Belastung sein, nicht eine rechtliche, z. B. nicht etwa ein Verbot, das Grundstück zu veräußern oder zu teilen; nicht etwa der bloße Verzicht auf Entschädigung gegenüber fremdem Tun. Jedoch ist in letzter Beziehung folgendes hervorzuheben: es ist wohl zu untersuchen, ob etwa in einem Verzicht auf Ersatz wegen

---

[1]) Vgl. auch über das englische Recht Gale, Easements p. 449.
[2]) Naumburg 1. 2. 1907 M. 15, 361.

Bergschäden oder wegen Beschädigung durch Rauch und Einwirkungen aller Art nicht etwa die positive Bestimmung enthalten ist, daß das Grundstück irgendwelche Einwirkungen
blankweg dulden will, die es sonst nicht zu dulden braucht
und daß es deshalb dem Nachbargrundstück eine Servitut in
diesem Sinne einräumt. Die Nichtentschädigung ist dann die
Folge der Einräumung des positiven Rechts. [1])

3. Die Dienstbarkeit kann darin liegen, daß etwas aus dem
Grundstück herausgeholt wird, Nutzung, Früchte, Sachbestandteile. Sie kann ferner darin liegen, daß auf das Grundstück
in irgend einer anderen Weise eingewirkt wird, daß man darüber geht, darüber Wasser, Gas, Elektrizität leitet oder Ge-
bäulichkeiten hinüberragen läßt. Die Nutzung kann auch negativer Art sein, indem das Grundstück in einem bestimmten
Stande verbleiben und dieser Stand nicht geändert werden
soll, § 1018 BGB. Man kann in dieser Beziehung von Servitutes faciendi, habendi, prohibendi sprechen.

Auf diese Weise kann es geschehen, daß Vorteile des
Grundstücks einer bestimmten Person oder einem anderen
Grundstück zukommen, die einen größeren Nutzen darstellen,
als wenn sie in der Sphäre des Grundstückes verblieben, und
das ist eben die Bedeutung der Servitut, daß die Kulturkraft
der Sachenwelt gesteigert und die Nachteile gemindert werden,
die aus der Verteilung der Grundstücke unter die verschiedenen Personen und aus ihrer Zuweisung an verschiedene Ver-
mögensmassen hervorgehen könnten. [2])

4. Dem Erfordernis des Grundstückscharakters entspricht
das Erfordernis der perpetua causa, das die Römer mit großem
Scharfblick aufgestellt, das aber die Pandektologie vollkommen
verkannt hat. [3]) Der Grundsatz ist der: eine Dienstbarkeit

---

[1]) Dies wird vielfach übersehen oder doch nicht genügend be-
achtet; unrichtig KG. 11. 3. 1901 und 13. 5. 1901 M. 3,96 und M. 4,68;
KG. 18. 4. 1916 Joh. 49 A 195; richtig ObLG. 15. 10. 1909 Seuffert
Blätter f. R. 75, 113.

[2]) Enzyklopädie II S. 60.

[3]) Das englische Recht folgt dem römischen, vgl. Arckwright
versus Gale 1839 und andere Entscheidungen bei Gale Easements p. 20.

kann allerdings darin bestehen, daß man aus dem dienenden Grundstück Naturprodukte oder Grundstücksbestandteile herausnimmt, nicht aber darin, daß man Industrieprodukte oder solche Sachen herausholt, welche erst auf dem Wege des Lebensverkehrs auf das Grundstück gebracht werden, also nicht etwa, daß man berechtigt sei, jährlich so und so viel von den Kohlen, die der Fabrikant in seine Fabrik bringt, herauszuschaffen, oder so und so viel Kleider, welche in dem Warenhaus untergebracht werden, zu beziehen, Abfuhr- oder Abfallstoffe aus einem industriellen Grundstück zu entnehmen. Dies hängt allerdings auch noch mit dem anderen Prinzip zusammen, daß die Servitut nicht in einem Tun bestehen darf, denn dies würde, ernstlich durchgeführt, es erfordern, daß das dienende Grundstück dahin wirken muß, die Gegenstände herbeizuschaffen, also z. B. die Fabrik zu betreiben, Kohlen auf das Grundstück zu bringen oder etwa Abfuhrstoffe, Abwässer und derartiges in einem Gasthofe zu erzeugen. Nun könnte man allerdings diesen weiteren Gedanken ausschalten und den Fall so konstruieren, daß der Berechtigte solche Gegenstände nur verlangen dürfe, wenn und soweit sie dort angehäuft oder erzeugt werden. Es leuchtet aber ein, welche unerträglichen Zustände daraus entstehen könnten. Wie, wenn nun der Servitutenberechtigte stets befugt wäre zu begehren, daß ihm jeweils das nötige Quantum der vorhandenen Dinge freigestellt würde, wie immer es auf das Grundstück gebracht wird? Höchstens Produkte, wie Fäkalien, welche mit den natürlichen Einrichtungen des Grundstückes zusammenhängen, können den Naturprodukten gleichgestellt werden.

5. a) Besteht die Belastung in einem non facere, so muß auch dieses non facere ein Grundstücks-non-facere sein, d. h. eine Freilassung des Grundstückes in bezug auf seine Grundstücksqualität; z. B. ein Verbot, nicht höher zu bauen, ein Gebot, in bestimmter Entfernung nicht zu bauen, etwa um die Aussicht nicht zu stören oder um die Errichtung einer Brandmauer unnötig zu machen.[1] Dagegen gehört nicht in das Servitutenrecht die Freilassung des Grundstückes in bezug auf

---

[1] Unrichtig RG. 11. 10. 1905 E. 61, 338.

wirtschaftliche Tätigkeiten, die sich unabhängig von der Art
des Grundstücks auf ihm entwickeln können: nicht in das
Servitutenrecht gehört die Belastung des Grundstücks mit
einem Verbot der Konkurrenz,[1] nicht die Belastung mit dem
Verbot, fremde Ware zu verkaufen, z. B. fremdes Bier aus-
zuschenken,[2] nicht die Belastung, kraft deren ein durch das
Grundstück führender Weg nicht benützt werden dürfe, um ein
bestimmtes Unternehmen zu unterstützen.[3]

Dagegen ist allerdings eine Belastung in der Art, daß
auf dem Grundstück kein geräuschvolles Gewerbe betrieben,
keine störende Arbeit verrichtet wird,[4] eine Grundstücksbelastung; denn hier kommt die gewerbliche Tätigkeit
nicht als solche, sondern als eine von Grundstück zu Grundstück erfolgende Einwirkung in den Luftraum des Nachbarn
in Betracht: nicht der gewerbliche Erfolg der Tätigkeit, sondern
die durch die Tätigkeit erregte Unruhe im Nachbargrundstück
ist das störende Element, das vermieden werden soll.

b) Wenn die Konkurrenzklausel im Schuldrecht nur
unter beschränkenden Voraussetzungen statthaft ist, so wäre
hier das Sachenrecht ein Mittel, um durch servitutenrechtliches
Konkurrenzverbot Verhältnisse der allerschlimmsten Art herbeizuführen. Wie, wenn auf solche Weise die besten und ge-
eignetsten Grundstücke der Umgegend dem Gewerbe für
immer entzogen blieben? Ist man denn immer noch auf dem
kleinbürgerlichen Standpunkt? Hat man noch keinen Einblick
in die ungeheuren sozialen Schäden, welche der Kultur dadurch
erwachsen könnten, daß zum Vorteil eines einzelnen Grundstückes ganze Gewerbe brach gelegt würden? Und man sage
nicht, daß derartige Mißstände sich noch wenig gezeigt hätten,
denn gerade unsere Zeit mit dem stark nervösen Betrieb und
der Überreizung aller Verhältnisse wäre dazu angetan, hier

---

[1] Hamburg 8. 4. 1904 M. 10, 117. Unrichtig OLG. 24. 2. 1890
S. 45 nr. 168.

[2] KG. 30. 6. 1902 M. 5, 154; KG. 25. 5. 1906 M. 15, 371.

[3] Vgl. RG. 9. 2. 1909, JW. 38, 688.

[4] Insofern das Verbot des Schankbetriebes, KG. 12. 4. 1906
M. 15, 372.

in trustartiger Weise das gewerbliche Leben für immer zu schädigen.

Schließlich wäre auch eine Dienstbarkeit in der Art möglich, daß der Nachbar zwar ein Gewerbe betreiben. aber seine Ware·nur in. ein bestimmtes Land verhandeln, seine Erzeugnisse nicht über einen bestimmten Preis verkaufen, keine Reklame machen oder überhaupt das Gewerbe nur in der Art betreiben dürfte, wie es dem Inhaber des herrschenden Grundstücks beliebte. Das würde zu Ungeheuerlichkeiten führen, die sich von selbst verbieten. Das ganze Register der sozialen Abhängigkeiten und Bedrängnisse, über welche die Wirtschaftsordnung heute schon klagt, würde beigezogen und mit der Sanktion des Sachenrechts versehen!

c) Man hat entgegengehalten, daß gerade ich im Servitutenrechte hervorgehoben habe, daß das Grundstück nicht als bloßes Naturwesen, sondern auch als Träger gewerblicher Einrichtungen in Betracht komme; allein dieser Einwand beruht auf einer Verkennung der Sachlage. Eine Fabrik als herrschendes Grundstück bringt auch als Fabrik den Grundstückscharakter zutage, während, wenn in einem dienenden Grundstück ein Gewerbe nicht betrieben werden darf, dies eine reine Negative ist, die nicht zur Kennzeichnung des Grundstuckes dienen kann. Die Negative ist eine Grundstücksnegative, wenn sie das Grundstück in seiner Grundstückseigenheit betrifft, nicht wenn sie dasjenige betrifft, was auf dem Grundstück geschehen darf. Oder soll es auch eine Grundstückskennzeichnung sein, daß in ihm kein Morgen- und Abendgebet verrichtet werden darf?

d) So ist es auch nicht statthaft zu bedingen, daß das Grundstück nicht von Personen bestimmten Glaubens bewohnt, daß darin keine Vorträge über bestimmte Themata gehalten oder kein Gottesdienst gepflogen werden darf, vorausgesetzt natürlich, daß es sich um Einrichtungen handelt, welche nicht in ihren Äußerlichkeiten, z. B. durch Glockengeläute oder Personenbesuch, die Ruhe des Nachbargrundstücks beeinträchtigen: dann aber beruht das Wesen der Servitut nicht in dem Verbot der internen Benutzung, sondern in dem Verbot bestimmter äußerlicher störender Kundgebungen.

6. Die Belastung muß auch insofern eine sachliche Belastung sein, als sie nicht in einem menschlichen Tun bestehen darf, außer soweit dieses Tun einen beihelfenden Charakter hat, also auch nicht so, daß das Grundstück verpflichtet wäre, bestimmte Arbeiter zu stellen oder etwa für eine photographische oder kinematographische Anstalt das nötige menschliche Material zu liefern.

Hierüber ist zu bemerken: a) Daß die Dienstbarkeit nicht in einem Tun bestehen darf, ist ein Satz von der allergrößten wirtschaftlichen Bedeutung: die Reallasten mit ihren bald familiär anheimelnden, bald aber auch wirtschaftlich drückenden oder entwürdigenden Folgen passen für vergangene Kulturstufen, aber nicht für die heutige Zeit; man hat sie im Laufe des vorigen Jahrhunderts bei uns zu Grabe getragen, so wie es die Römer längst getan hatten. Die Römer hatten ganze Arbeit gemacht: entweder Sklavenwesen oder der dem freien Menschen entsprechende Satz, daß die Belastung des Grundstücks nicht Personalbelastung sein dürfe. Die Kolonatsverhältnisse und anderes haben sich erst nach den blühenden Zeiten des römischen Reichsrechts entwickelt. Die moderne Zeit konnte daher an das römische Reichsrecht anknüpfen: Reallasten sind im allgemeinen nur statthaft, wenn sie die Helfer und Unterstützer der Servituten sind, also auf Erhaltung und Wiederherstellung von Anlagen abzielen, welche der Servitut dienen.

b) Der Belastete ist also regelmäßig nicht zu einem Tun gehalten, sondern nur gehalten, das Grundstück in seinem Stande zu belassen, damit es weiter seine Grundstücksfunktion vollziehen kann. Dies muß aber richtig verstanden werden. Die Erhaltung eines Lebensgutes besteht sehr häufig nicht in der bloßen Negative, sie verlangt häufig ein beihelfendes Tun, und sie ist trotzdem nur eine Erhaltung des Bestehenden, nur konservativ, nicht erneuernd. Darum muß auch hier der Satz gelten: es kann dem Dienstbarkeitsbelasteten obliegen, das dienende Grundstück in seinem Kulturdasein zu erhalten, und darum hat er die beihelferische Tätigkeit soweit zu entwickeln, als sie erforderlich ist, um die Fortexistenz zu ermöglichen. Ist also z. B. der Bestand des Waldes für die Servitut erforderlich, so ist es Sache des Belasteten, die nötigen Aufforstungen zu vollziehen, den Wald nicht im Naturzustand, sondern im gepflegten Zustand der Servitut darzubieten. Man vergleiche beispielsweise Preußisches Landrecht I 22 § 232. Das gleiche gilt von der Instandhaltung der Wassereinrichtung, von der aus der Dienstbarkeitsberechtigte seine Wasserrinne speist; dasselbe gilt auch von der Mauer, auf welche der Nachbar den Balken legen oder den Ring für seine Gondel befestigen darf. Natürlich ist dies etwas ganz anderes als die Unterhaltung der Servituteneinrichtung selber: hier wird nicht die Servituteneinrichtung, sondern die Eigentumsvorrichtung erhalten, deren Vorhandensein nur die Bedingung ist, daß die Servitut sich entwickeln kann. Eine andere Frage ist es, ob der Belastete dann, wenn diese Einrichtung völlig unterging, zur Wiederherstellung verpflichtet ist, falls er nun für sich auf die ganze Anlage verzichtet: eine solche Weiterverpflichtung besteht regelmäßig nicht, vgl. darüber auch schon das Preußische Landrecht I 22 § 37. Der Eigentümer hat es dann dem Dienstbarkeitsberechtigten zu überlassen, auf seine Kosten zu bauen; es müßte denn sein, daß öffentliche Gründe zur Erhaltung der Sache verpflichten, so namentlich wenn der Wald als Schutzwall des Geländes dienen soll.[1] Entsprechend bestimmt auch das Preuß. LR. I 22, 231 und 232, daß der Holzungsberechtigte unter Umständen das Wiederanpflanzen, das „reforestare", verlangen kann; ähnlich ist auch die Servitut, den Wald in bestimmter Weise zu erhalten (Plenterwald). Dagegen könnte die Herstellung eines noch nicht bestehenden Forstes zu diesem Zwecke natürlich nur als Reallast auferlegt werden.

c) Dies gilt auch bei der Umfriedung. Es ist eine Dienstbarkeit in dem Sinne möglich, daß eine bestehende Umfriedungseinrichtung fortbestehen bleibt, nicht aber daß eine Umfriedung erst geschaffen wird.[2] Die im romanischen Recht bestehende Umschließungspflicht läßt sich also nicht servitutenartig begründen; aber es läßt sich kraft schuldrechtlichen

---

[1] KG. 6. 2. 1911 E. f. G. 11, 133 (= M. 26, 83 = Joh. 41 A 228).
[2] Colmar 12. 9. 1912 M. 26, 82.

Vertrags eine Umschließung herstellen, und ihre Erhaltung kann durch Dienstbarkeit gesichert werden. Vgl. S. 155.

d) Handelt es sich aber nicht um eine Anlage oder organische Natureinrichtung, sondern um den Betrieb eines Geschäftes, bei welchem das menschliche Tun die Hauptsache ist, dann kann auch nicht der Fortbestand und Fortbetrieb des Geschäftes zur Servitut gemacht werden; es gibt daher keine Dienstbarkeit für den Fortbestand einer Holzschneiderei, [1] für den Betrieb einer Fähre, [2] für den Betrieb eines Seebades (unter Zahlung an die Badebediensteten). [3] Denn diese Belastung wäre keine Grundstücksbelastung, diese Aufrechterhaltung wäre keine Aufrechterhaltung eines Grundstückes, sondern eines auf dem Grundstück betriebenen Gewerbes.

Der Grundsatz bestimmt sich also dahin: ist die Anlage, um die es sich handelt, eine Anlage des belasteten Grundstückes, welche als Funktionsmittel des Grundstückes für den Eigentumsgenuß bestimmt ist, dann ist die Erhaltung der Anlage einer Erhaltung der Sache gleich und die Pflicht ihrer Erhaltung ist von selbst damit gegeben, daß das Grundstück dem Servitutenberechtigten dienen muß. Ist aber die Anlage eine Anlage des Gewerbes und dessen Funktionsmittel, dann bewirkt die Servitut nicht die Pflicht zu ihrer Unterhaltung.

e) Die Sachlage kann sich auch so gestalten, daß die Benutzung der Anlage von seiten des Eigners und des Dienstbarkeitsberechtigten eine gleichgeordnete ist, sodaß die Sache dem einen dient, wie dem anderen; in diesem Falle ist ein gesellschaftliches Verhältnis gegenseitiger Reparaturpflicht der Sachlage angemessen, §§ 1021, 1022. Preuß. LR. I 22 § 36.

In allen anderen Fällen muß der Satz gelten, daß der Servitutenberechtigte allein die Ausbesserungen der ihm dienenden Anstalten und Einrichtungen zu tragen hat.

f) Hierbei ist aber folgendes zu bemerken:

Hat der Dienstbarkeitsberechtigte die Ausbesserung zu besorgen, so führt solche Besserungsarbeit vielfach zu Zu-

---

[1] RG. 4. 3. 1911 Gruchot 55, 137.
[2] KG. 14. 6. 1911 M. 26, 101.
[3] Vgl. Rostock 23. 2. 1912 M. 26, 104.

sammenstößen mit der Bodenpflege des Eigners. Das Preuß. LR. I 22 § 32—34 hat darum die Bestimmung, daß die Arbeiten angesagt und möglichst schonlichst ausgeführt werden sollen (S. 282). Andererseits können auch solche Besserungsarbeiten mit sonstiger Bodenarbeit verbunden sein; hier ist es wirtschaftlich zuträglicher, wenn die Ausbesserung durch den belasteten Grundeigner in Verbindung mit seinen Bodenarbeiten erfolgt; es ist dann eine Frage der Interessenausgleichung, wie sich beide in die Herstellungskosten teilen.

Dem entspricht der Satz, daß die Parteien die Möglichkeit haben, darüber freie Bestimmungen zu treffen, und zwar mit dinglicher, die Grundstücke bindender Kraft, die im Grundbuch einzutragen sind und wie eine Reallast behandelt werden, im übrigen aber den landesgesetzlichen Reallastbeschränkungen nicht unterliegen, § 1021.[1]) In den Rechten, welche eine Entstehung der Servituten durch Ersitzung zulassen, nimmt man an, daß die Ersitzungszustände auch für die Ausbesserungspflicht maßgebend sind.[2])

Das Preuß. LR. hatte die Bestimmung, daß, wenn die Servitut durch lästigen Vertrag erworben wird, der Belastete stets die Ausbesserungspflicht habe, I 22 § 35,[3]) eine Bestimmung, die sich nicht einmal als Präsumtion rechtfertigen läßt.

C. Inhalt und Begrenzung.

§ 95.

I. Der Eigentümer kann natürlich die Sache soweit mitbenutzen, als der Dienstbarkeitsberechtigte dadurch nicht beeinträchtigt wird; er muß aber zurücktreten, soweit die Benutzung nicht für beide ausreicht. Desgleichen muß folgendes gelten: wenn der Eigentümer zwei Dienstbarkeiten hinter einander bestellt, so geht die erste Dienstbarkeit der zweiten insoweit vor, daß diese nur die noch übrigen Nutzungswerte

---

[1]) ObLG. 1. 5. 1903 M. 8, 128; RG. 1. 2. 1905 W. 60, 87.

[2]) So im schottischen Recht, vgl. Gale, Easements p. 484; so auch im französischen Recht.

[3]) RG. 26. 4. 1884 E. 11, 313.

für sich in Anspruch nehmen darf, § 1024. Doch gelten diese
Grundsätze nicht absolut, sie müssen vielfach gebeugt werden
unter der sozialen Bestimmung der Sachkultur; insbesondere
ist vielfach bestimmt, daß, wenn der Waldeigentümer und der
Servitutenberechtigte in der Benutzung des Forstes miteinander zusammentreffen, der Waldeigentümer im Interesse der
Waldkultur nicht notwendig hintan zu stehen hat, daß vielmehr beide eine entsprechende Minderung sich gefallen lassen
müssen, also der Dienstbarkeitsberechtigte ebenso wie der
Eigentümer; so ist es vielfach in den Forstgesetzen bestimmt, auch im Preußischen Landrecht I 2 § 103 und namentlich 226 und 227.

II. Im allgemeinen aber hat der Belastete sich derjenigen
Veränderungen zu enthalten, welche in das Servitutenrecht
eingreifen. Er darf z. B. den Weg nicht verbauen, er darf den
Weg nicht verschließen, auch wenn er dem Berechtigten den
Schlüssel gibt, denn das wäre eine Erschwerung; [1] er darf das
auf seinem Grundstück befindliche Wasser, an dem eine
Wassergerechtigkeit besteht, nicht ableiten, und auch bei den
Forstgerechtigkeiten gilt der Satz, daß, wenn auch bei ander-
wärtiger Waldkultur ein größeres Erträgnis erzielt werden
könnte, diese Änderung dann unterbleiben muß, wenn sie der
Ausübung der Servitut störend oder gar vernichtend im Wege
stünde. [2] Es ist ja gerade die Eigenart der großen Ablösungs-
gesetze gewesen, daß, als infolge der eingetretenen Kultur-
verhältnisse derartige Servituten die Eigentumsentwickelung
und die Intensität der Eigentumsbenutzung störten, durch
gesetzgeberische Eingriffe die Servituten beschränkt oder aufgehoben, die Berechtigten anderweits vergütet, daß mit anderen Worten die bestehenden Rechte scharf angefaßt wurden.

III. Dagegen sind dem Eigentümer alle diejenigen Einrichtungen auf dem Grundstück gestattet, welche zur Erhaltung

---

[1] RG. 25. 4. 1908 Recht XII nr. 2184.
[2] Vgl. hierüber die auch für den Juristen recht bedeutsamen
Ausführungen von Danckelmann, Über die Grenzen des Servituten-
rechts, Zeitschrift für Forst- und Jagdwesen 16 (1884), S. 65 f., 121 f.,
namentlich S. 123.

und zur normalmäßigen Ausgestaltung seines Grundstückes notwendig sind, also z. B. dem Waldeigentümer alles, was zur richtigen Kultur des Waldes gehört, dem Eigentümer einer Quelle oder Wasserrinne, was zu ihrer Pflege erforderlich ist, z. B., daß die Wasserrinne gefaßt und daß die nötigen Einrichtungen getroffen werden, um die Quelle zu erhalten· Der Servitutenberechtigte muß sich dem fügen, denn er darf sein Recht nicht benutzen, um auf die Zerstörung oder auf die mißbräuchliche Verwendung des Eigentums hinzuarbeiten. So sagt auch beispielsweise das bayer. Forstrecht 28. 3. 1852 a. 24: „Forstberechtigte können den Waldbesitzer in der nachhaltigen Bewirtschaftung des Waldes sowie in der durch die Boden- und klimatischen Verhältnisse gebotenen Veränderungen der Holz- und Betriebsarten nicht hindern." Ebenso hat der Eigentümer eines Hauses die Befugnis, das vorzunehmen, was nötig ist, um das Haus in Bau und Besserung zu erhalten, auch wenn die am Gebäude bestehenden Dienstverhältnisse dadurch einige Störungen erleiden. Eine Entschädigung ist dafür nicht zu bezahlen, denn es handelt sich um eine in der Natur der Sache liegende, nicht um eine durch besondere individuelle Umstände des Eigentümers herbeigeführte Begrenzung des Rechts.

Daraus geht hervor:

1. Der Eigentümer darf nicht etwa einen Wald abholzen, wenn die Servitut den Bestand des Waldes verlangt, wie dies bereits oben (S. 274) bemerkt wurde.

2. Er darf auf die Wassereinrichtung in seinem Grundstücke nicht in der Weise einwirken, daß hierdurch die Servitut gestört wird. Das hindert nicht, daß, wenn er zugleich der Besitzer eines anderen Grundstückes ist, von dem aus das Wasser in das dienende Grundstück fließt, er auf diesem anderen Grundstück Einrichtungen treffen kann, welche den Wasserlauf nach jenem Grundstück hindern und dadurch den Servitutenberechtigten stören; denn diese Störung erfolgt nicht durch die Behandlung des belasteten Bodens, sondern durch die Behandlung eines anderen Grundstückes, in dessen Benutzung der Eigentümer völlig frei ist. Ob nicht hierin eine schuldhafte Handlung liegt, die nach den Grundsätzen das Schuldrecht verantwortlich macht, ist eine andere Frage, die

nicht hierher gehört und von den besonderen Umständen abhängt.

IV. Aus dem obigen Satze, daß der Eigentümer zur normalen Kultur der Sache berechtigt ist, geht hervor: der Servitutenberechtigte kann nicht verlangen, daß er sein Eigentum in einer mißbräuchlichen, dem gesunden Sinn widersprechenden oder gegen die polizeilichen Vorschriften verstoßenden Weise behandelt. Wenn also eine chemische Fabrik einen Vorteil daraus zöge, daß im dienenden Grundstück sich zufällig Sümpfe mit Miasmen befänden, so kann eine Aufrechterhaltung derartiger Unkultur nicht verlangt werden, wenn der Eigentümer das Grundstück in ordentliche Pflege nehmen will; dies vornehmlich, wenn derartiges verderblich und hygienisch schädlich wäre: eine Fabrik, die solches haben will, muß Eigentum erwerben und kann dann auch die nötigen Einrichtungen treffen, damit die Nachbarschaft dadurch nicht gefährdet wird; eine Aufrechterhaltung derartiger Servituten aber wäre mit der regelmäßigen Kultur unverträglich. So verhält es sich auch, wenn beispielsweise jemand im Wald ein Recht auf das sogenannte Lagerholz hat, d. h. auf das durch Alter oder mangelnde Pflege gefallene Holz, vgl. Preußisches Landrecht I 22 § 216: bei der ordentlichen Waldkultur kommt solches nicht mehr vor, und der Berechtigte kann nicht verlangen, daß zu diesem Zwecke die Waldkultur vernachlässigt wird, damit es derartige umgefallene Stämme gibt; und gleiches kann gelten bei der sogenannten Trockenholzberechtigung, welche bei einer sorgfältigen Durchforstung des Waldes gegenstandslos wird: ist eine solche Durchforstung zum normalmäßigen Betriebe der Waldkultur erforderlich, so kann der Berechtigte dem nicht entgegentreten und nicht verlangen, daß der Wald schlecht gehalten wird. Anders natürlich, wenn ohne diese Durchforstung eine normalmäßige Entwickelung des Waldes möglich wäre und die Durchforstung nur erfolgte, um die Erträgnisse zu erhöhen; dann müßte der Satz gelten, daß um der bloßen Ertragserhöhung willen die Dienstbarkeit nicht leiden darf.

IV. 1. Die Servitutenübung muß eine pflegliche sein, d. h. sie soll den Eigentümer nicht mehr belasten als den Zwecken der Dienstbarkeit unter Berücksichtigung der Interessen des Eigentums entspricht, § 1020 BGB.

Dieser auf die Zweckbestimmung der Rechte und auf die Erfordernisse der Kulturordnung gegründete Satz ist von ausnehmender Bedeutung, sowohl in agrarischer Beziehung wie in allen den Verhältnissen, welche Wohnung und Industrie betreffen, vgl. Preuß. LR. I 22, 80: daß der Eigentümer „an der Substanz der Sache keinen Schaden leide und an der nach Landesart gewöhnlichen Kultur und Benutzung nicht gehindert werde". Insbesondere kommt dieser Satz auch bei Walddienstbarkeiten in Betracht, und hier hat man mit Recht erklärt, daß der Berechtigte es so zu halten hat, daß womöglich der Bestand des Waldes geschont und der Wald in seiner Entwickelung nicht beeinträchtigt werde. Namentlich die Hütungs- und Mastgerechtigkeiten sollten pfleglich ausgeübt werden, so auch das Preuß. LR. I 22, §§ 80 und 241. Dazu gehört auch die Anordnung, daß womöglich die Grunddienstbarkeiten fest bestimmt und, soweit mit den Interessen des Berechtigten verträglich, auf gewisse Tage beschränkt werden sollen; vergl. Preuß. LR. I 22, 218, worin gesagt ist, daß für Raff- und Leseholz bestimmte Holztage anzusetzen sind. Außerdem sollen die Gerechtigkeiten nicht ausgeübt werden dürfen, wenn der Wald zeitweise zu schonen ist; und wenn er zur ordnungsmäßigen Bewirtschaftung in Schläge geteilt wird, so muß dies berücksichtigt und müssen die jungen Schläge beim Viehtrieb so lange unberührt bleiben, bis der Viehtrieb keine zu große Störung verursacht, Preuß. Landrecht I 22, §§ 170 und 172. Vgl. S. 282.

2. Noch mehr gilt der Satz, daß der Dienstbarkeitsberechtigte sich der allgemeinen Polizeiordnung unterwerfen muß, insbesondere auch den Wald- und Forstpolizeigesetzen, welche gewisse Betätigungen als kulturwidrig verbieten: solche Anordnungen haben absolute Geltung, sie treffen auch dann zu, wenn derartige Bestimmungen zur Zeit der Begründung der Servituten noch nicht bestanden: denn es handelt sich hier nicht um den bürgerlich-rechtlichen Inhalt der Dienstbarkeit,

sondern um die polizeilichen Schranken, innerhalb deren die der
Dienstbarkeit entsprechenden Betätigungen gestattet sind.[1]

3. Zur pfleglichen Benutzung gehört natürlich auch, daß
der Dienstbarkeitsberechtigte, welcher die Ausbesserungspflicht hat, die Anlage in der Art ausbessert, daß sie keinen
Schaden bringt; denn er hat die Dienstbarkeit durch eine Anlage auszuüben, welche nicht mehr schädigt, als der Natur der
Anlage entspricht.[2] Er soll die Reparatur auch vorher an-
sagen, damit sich der Eigner danach richten kann, vgl. Preuß.
LR. I 22 §§ 33 und 34. Vgl. oben S. 277.

4. Ist die Dienstbarkeit unbestimmt und infolgedessen bedränglich, so kann kraft Billigkeit eine Festlegung verlangt
werden, so eine örtliche Festlegung beim Wegerecht. Bei
Walddienstbarkeiten kommt, wie oben bemerkt, insbesondere
eine Festlegung in Art und Zeit der Benutzung in Frage, S. 281.

Besondere Bestimmungen hat beispielsweise das Preuß.
LR. I 22, 235 (bei Beholzungsrecht), so auch die Gemeinh. ThO.
§§ 166—168. So auch schon die Brandenburger Forstordnung
v. 1531.[3] Dieser Interessenrichtung gehört es an, daß ehedem
Holzgerechtigkeiten vielfach in Reallasten umgewandelt wurden, denn es wurde als erhebliche Erleichterung empfunden,
wenn der Waldbesitzer ein bestimmtes Holzquantum lieferte
und damit von der Last frei war, statt daß der Holzberechtigte
den Wald durchstöberte und Störungen in den Wald brachte.[4]

5. Wird die Dienstbarkeit an der bestimmten Örtlichkeit
lästig und bedränglich, so hat der Servitutenbelastete die Befugnis, eine Verlegung zu verlangen, sofern eine solche unter

---

[1] Vgl. auch Preuß. Obertribunal 10. 2. 1847 E. 15, 283; Obertribunal 19. 10. 1854 Strieth. 15, 145 (Verbot des Gebrauches eiserner
Haken).

[2] Gale, Easements p. 488 f.

[3] Dickel S. 905. Lehrreiche Einzelheiten über solche Fixierun-
gen finden sich in den Entscheidungen des Preuß. Obertrib. 24. 2. 1848
E. 16, 208; 10. 7. 1856 E. 33, 393; 6. 3. 1856 Striethorst 20, 252;
15. 1. 1858 Strieth. 28, 165; 12. 7. 1860 E. 43, 181.

[4] Vgl. Preuß. Obertrib. 20. 12. 1855 Strieth. 20, 54; 22. 10. 1857
Strieth. 26, 302.

voller Wahrung der Interessen des Berechtigten geschehen kann, § 1023.

Kein Grund liegt vor, dieses Verlegungsrecht des Servitutenbelasteten auf dasselbe Grundstück zu beschränken; was für diese Beschränkung vorgebracht wurde, ist großenteils unzulässige Motivjurisprudenz.[1]) Natürlich kann die Verlegung auf das andere Grundstück nur dann begehrt werden, wenn gegenüber den dortigen Hypotheken die Servitut denselben günstigen Stand hat wie auf dem ursprünglichen Grundstück.

V. Die Ausdehnungssphäre einer Servitut ist von besonderer Bedeutung, wenn nachträgliche Änderungen im Gebrauch und der Benutzung beliebt werden, z. B. wenn bei der Berechtigung, über ein Grundstück zu schießen, sich der Berechtigte neuer Waffen bedient, oder wenn bei einer Wegeberechtigung für ein Wohnhaus dieses Wohnhaus mit einem Laden verbunden wird, der ein ganz anderes Publikum über den Weg führt, oder wenn infolge einer neuen Straßenanlage eine ganz andere Bevölkerung über den Servitutenweg geht.[2]) Hier ist zu bemerken:

1. Soweit diese Änderung nicht eine Änderung in der Benutzung des dienenden Grundstückes, sondern nur in der Zweckbestimmung der Benutzung enthält, hat sie überhaupt nichts zu bedeuten; z. B. wenn die Wegebenutzung dieselbe bleibt, aber von nun an nicht mehr einem Landgrundstück, sondern einem Stadtgrundstück dient, oder wenn das herrschende Grundstück eine Fabrik oder ein Bergwerk wird; denn die Änderung trifft hier nur den Ausgangspunkt, nicht aber die dem Grundstück obliegende Last.

---

[1]) Unrichtig RG. 3. 12. 1901 E. 50, 32 (Seuff. 58 nr. 188). Anstatt meine Gründe zu widerlegen, bezieht sich das Reichsgericht 1. auf die Verhandlungen der 2. Kommission (was natürlich garnichts beweist), 2. darauf, daß die Kommentare und die systematischen Darstellungen sich fast alle in seinem Sinne aussprechen (eine Betrachtungsweise, die in einer Dissertation besser angebracht wäre als in einem Urteil des höchsten Gerichtshofs Deutschlands).

[2]) Vgl. auch Marienwerder 7. 3. 1901 M. 2, 345.

2. Eine Änderung, welche weder eine qualitative Umwandlung noch eine quantitative Steigerung enthält, sofern
etwa der Lichtberechtigte sein Fenster verlegte, kommt natürlich nicht in Betracht. [1])

3. Wenn dagegen die Änderung eine qualitative Änderung
in der Belastung des Grundstücks enthält, wenn also z. B. eine
für Wagen bestimmte Scheune, für Automobile oder gar zur
Unterbringung von Luftfahrzeugen verwendet werden soll,
dann ist das dienende Grundstück nicht mehr gehalten, sich
dem zu fügen.

4. Findet keine qualitative Änderung in der Benutzung
statt, sondern nur eine größere Intensität, dann kann sich im
allgemeinen das dienende Grundstück hiergegen nicht wehren,
denn jede Dienstbarkeit ist insofern elastisch, als sie den wechselnden Bedürfnissen des herrschenden Grundstückes nachzukommen hat. Nur dann wäre es etwas anderes, wenn das Maß
der Steigerung zu gleicher Zeit den Charakter der Belastung
änderte, weil nach den Anschauungen des Verkehrs eine derartige gesteigerte Belastung wirtschaftlich als eine ganz andere
Belastung anzusehen ist. Es gilt hier wie im ganzen wirtschaftlichen Leben der Satz, daß eine quantitative Steigerung
nur bis zu einem bestimmten Grade quantitativ bleibt und dann
ins qualitative umschlägt. Ich verweise wegen der Einzelheiten auf meine Abhandlung im Archiv für Zivilistische Praxis.
Bd. 87 S. 218 f.

VI. Bei jeder Dienstbarkeit sind Betätigungen möglich, die
nicht im Inhalt der Dienstbarkeit liegen, aber notwendige Vor-
bereitungen und Bedingungen für ihre Ausführungen sind (sog.
Geleitsrechte). Wer das Recht hat, Wasser zu schöpfen,
darf das Grundstück betreten, und wer eine Wasserleitung hat,
darf sie ausbessern. Hier gelten folgende zwei Grundsätze:

---

[1]) Vgl. für das englische Recht Scott v. Pape (1886) bei Gale,
Easements p. 551 f.

1. die Vorbereitungshandlung ist gestattet, auch wenn sie bei der Servitutenbestellung nicht ausdrücklich erwähnt worden ist. [1]

2. Sie ist bloß dienend und erlischt darum, wenn die Hauptberechtigung aufhört. Ist der Brunnen versiegt, so hat der Dienstbarkeitsberechtigte auch nicht mehr ein Wegerecht [2] an die Stelle, wo der Brunnen war. Vgl. S. 288.

D. Entstehen und Vergehen.

i. Entstehen.

§ 96.

I. Über den Erwerb der Servitut durch Bestellung ist im Grundbuchrecht das nötige gesagt. Vgl. S. 95.

II. Die Bestellung verlangt Einigung und Grundbucheintrag; ein formloser Vertrag genügt nicht, er kann nur schuldrechtliche Verpflichtung erzeugen. Im gemeinen Rechte hat man, von dem schuldrechtlichen zum dinglichen Titel überspringend, den Vertrag als genügend erachtet; auch moderne Rechte, z. B. das Tiroler Gesetz von 1897, lassen die Servituten nicht eintragen. Bei der ungeheuren Wichtigkeit dieses Rechts für die ganze Entwickelung der Grundeigentumsverhältnisse ist das Grundbuchsystem unter allen Umständen vorzuziehen.

III. Ersitzung gibt es nicht; die Gründe, welche zur Verneinung führen, habe ich anderwärts ausgeführt: es geht nicht an, das Nachbarleben so zu vergiften, daß ein jeder bei gewährten Gefälligkeiten zu befürchten hat, daß diese mit der Zeit sich zur Servitut auswachsen und ihm hindernd entgegentreten, falls er später über das Eigentum und seine Benutzung anderwärts verfügen will.

---

[1] So das Römische Recht an manchen Stellen; vgl. 1 § 1 si ususfr. pet.: ususfructus legatus adminiculis eget, sine quibus uti frui quis non potest; fr. 10 de serv. praed. urb.: sine accessu nullum est fructus legatum; fr. 17 quemadmod. serv.: si is, qui haustum habet, per tempus . . ierit ad fontem neque aquam hauserit, iter quoque eum amisisse.

[2] Im englischen Rechte spricht man hier von secundary easements, Gale p. 492.

Nur gilt folgendes:

1. Bestand eine Servitut zur Zeit des BGB. bezw. zur Zeit der Anlegung des Grundbuchs, so besteht sie ohne Eintragung weiter; doch kann jeder Teil die Eintragung begehren, und die Landesgesetzgebung kann eine Eintragung vorschreiben, a. 187 BGB.: letzteres bestimmt z. B. das bayerische Übergangsgesetz a. 10.

2. Die Ersitzung ist auch bei Servituten als Tabularersitzung möglich, wenn zu einem (unwirksamen) Grundbucheintrag eine 30jährige Ausübung hinzutritt, § 900 cf. 1029.

IV. 1. Die Lehre von der sog. destinatio patris familias hat im französischen und englischen Recht eine große Rolle gespielt. Im französischen Rechte waren eine Reihe von Coutumes ganz dagegen, andere nahmen sie nur bei einer servitus apparens et continua an, so auch der Code Napoleon. Allerdings ist der scheinbare Widerspruch in a. 692—694 Gegenstand unaufhörlicher Kontroversen gewesen. Vgl. Excurs II.

2. Auch deutsche Rechte erkannten eine solche an, so Sächs. Gesetzb. 575, verlangten aber eine Anlage oder Vorrichtung.

3. Die ganze Lehre beruht auf grobem Irrtum. Die destinatio patris familias ergibt sich von selbst aus der Teilung und aus dem Grundgedanken, daß bei örtlicher Teilung der Grundstücke, falls nichts anderes bedungen ist, jeder Teil in dem Bereich seiner Interessen bleibt; wie dies bereits S. 44 ausgeführt worden ist. Die Servitut entsteht nicht durch Bestellung, sondern durch generatio spontanea, ganz ebenso wie bei Teilung des belasteten Grundstücks die eine Servitut durch generatio spontanea in eine Mehrheit von Servituten zerfällt.

2. Vergehen.

§ 97.

I. Die Servitut kann erlöschen kraft der Eigenart ihrer inneren Natur; denn

1. die Dienstbarkeit kann unter auflösender Bedingung bestellt werden, z. B. falls das herrschende Grundstück aus der

Familie fällt.[1]) Sie kann auch auf Zeit bestellt werden und gegen Kündigung; so dürfen z. B. in Preußen nach der Gemeinh. Teil O. 1821 § 164 und 27 (Ergänzungsges. 1850 § 12) gewisse Dienstbarkeiten nur in der Art bestellt werden, daß sie nach 10 Jahren kündbar sind.

2. Sie können auch in Gegenseitigkeit bestellt werden, so daß die eine nur besteht, so lange die andere besteht und daß die Ausübung der einen gehemmt werden kann, wenn die andere nicht gestattet wird.

3. Es gibt Dienstbarkeiten mit beschränkter Sphäre, z. B. Dienstbarkeiten an einem Grundstück, sofern und soweit Nießbrauch besteht. Dies ist keine Dienstbarkeit zugunsten des Nießbrauchs, sondern eine zeitlich beschränkte Dienstbarkeit zugunsten des Grundstücks. Vgl. S. 266 und 311.

II. Die Servitut kann erlöschen kraft rechtlicher Einwirkung von außen:

1. in Grundbuchweise durch Löschungsbewilligung, Löschungserklärung und Löschungseintragung.

2. Kraft Tabularversitzung durch (unrichtige) Löschung und 30jährigen Nichtgebrauch, § 901.

3. Der formlose Verzicht bewirkt nur eine schuldrechtliche Verpflichtung, welche dinglich höchstens kraft exceptio doli geltend gemacht werden könnte, und dies nur, wenn das Vertrauen auf den Verzicht den Eigentümer zu einer solchen Handlungsweise veranlaßt hat, der gegenüber die Geltendmachung der Servitut als besondere Treulosigkeit erschiene.

4. Eine solche schuldrechtliche Pflicht besteht auch, wenn zwar kein Verzicht erfolgt ist, wenn aber die Lage der Sache sich so geändert hat, daß die Servitut keinen Vorteil mehr gewährt und nur Belastungen erzeugt.[2])

5. Der Untergang durch Rechtsvereinigung (Confusio) ist durch das Grundbuchsystem ausgeschlossen, § 889.[3])

---

[1]) ObLG. 15. 3. 1912 EfG. 12, 69.

[2]) KG. 7. 2. 1914 M. 31, 336.

[3]) Das englische Recht ist noch sehr rückständig; es läßt in solchem Fall nur easements of necessity bestehen, Gale p. 517, 180.

6. Ebenso ist das Erlöschen durch Gegenservitut ausgeschlossen.

Gesund ist der Begriff der Gegenservitut gegen die gesetzliche Eigentumsbeschränkung: sie kündigt sich an als eine Berechtigung gegenüber dem Nachbargrundstück, wonach dieses
etwas zu dulden hat, was es nach den normalen Eigentumsverhältnissen nicht zu dulden brauchte. Vgl. oben S. 131.

Ungesund aber wäre der Begriff einer Gegenservitut
gegenüber einer wirklichen Dienstbarkeit; denn dies wäre eine
Berechtigung gegenüber dem Nachbargrundstück, wonach man
etwas verbieten könnte, was man kraft der Servitut zu dulden
hat. Dies ist aber keine Belastung des Gegengrundstückes,
kein Servitut; es ist nur Aufhebung oder Minderung der pri-
mären Servitut. [1]

III. a) Die Servitut kann erlöschen durch tatsächliche
Gegenwirkung, die sich nach Ablauf einer bestimmten Zeit
legalisiert (Versitzung); diese erfolgt dadurch, daß eine der
Dienstbarkeit widersprechende Anlage während der ganzen
Verjährungszeit besteht, § 1028. Der ursprüngliche Gedanke
war natürlich der: was man auf diese Weise geduldet hat, soll
man weiter dulden; allein das Recht ging hier, wie sonst, über
diesen Gedanken hinaus: die Dienstbarkeit erlischt, auch wenn
der Eigentümer etwa abwesend war oder die Einrichtung übersehen hat. Bis zum Ablauf der vollständigen Erlöschungszeit
bleibt die Dienstbarkeit in vollem Stande. [2]

b) Ist die Dienstbarkeit teilweise zugebaut, so erlischt sie
zu dem betreffenden Teil. [3] Ist sie aber ganz zugebaut, so
erlischt sie völlig, auch wenn Hilfstätigkeiten möglich bleiben,
wie dies bereits oben S. 285 erwähnt worden ist.

c) Dagegen erlischt die Servitut nicht durch bloßen Nichtgebrauch, z. B. eine Lichtgerechtigkeit nicht dadurch, daß der
Berechtigte selbst die Fenster zubaut. Ob nicht im einzelnen

---

[1] KG. 20. 1. 1902 M. 4, 305.
[2] KG. 27. 2. 1908 M. 18, 148.
[3] RG. 3. 7. 1884 E. 14, 211.

Falle ein Verzicht anzunehmen ist[1]) und ob nicht dieser zur exceptio doli führt, ist eine weitere Frage, z. B. wenn der Nachbar auf Grund dieses Zumauerns und im Vertrauen darauf zu bauen beginnt und der andere Teil nicht widerspricht.

E. Persönliche Dienstbarkeiten.

I. Allgemeines.

1. Anwendungsbereich.

§ 98.

I. Wie die Forderung nicht notwendig wirtschaftlichen Interessen zu dienen hat, noch weniger etwa bloß wirtschaftlichen Interessen des Gläubigers, so verhält es sich auch mit den Dienstbarkeiten. Eine Personendienstbarkeit kann der Person zustehen, nicht etwa bloß aus eigenen wirtschaftlichen, sondern auch aus sozialen Interessen. Und wenn es doch wirtschaftliche Interessen sein müssen, so können es wirtschaftliche Interessen Dritter sein, welche durch den Berechtigten gedeckt werden. Nur muß folgendes gelten: ebenso wie im Schuldrecht, muß die Person, welche durch die Dienstbarkeit ein Recht an der Sache erwirbt, die Trägerin eines vernünftigen, innerhalb der Grenzen des Verkehrs liegenden Interesses sein. Daher kann eine Baugesellschaft ein Gelände in der Art parzellieren, daß nur Villen oder nur Arbeiterwohnungen mit bestimmten Konstruktionen oder mit bestimmten gesundheitlichen Einrichtungen gebaut werden dürfen, und eine Gemeinde, welche Grund und Boden überträgt, kann sich ausbedingen, daß nur Einfamilienwohnungen, keine Mietskasernen gebaut, daß sie nur an Arbeiter in Miete gegeben werden dürfen und daß der Gemeinde ein gewisses Überwachungsrecht zusteht. Ebenso kann eine Gemeinde sich ausbedingen, daß Einrichtungen, welche für Hafenanlagen zum Betrieb bestimmter Industrien erforderlich sind, nicht entfernt werden. Daß der-

---

[1]) Im englischen Recht, wo man kein Grundbuch hat, operiert man mit der Annahme eines stillschweigenden Verzichts, Gale, Easements p. 522.

artige Einträge vielfach erfolgen, weiß jeder, der einen Einblick
in die modernen Grundbücher gewonnen hat.

II. Das Reichsgericht hat hier den Zug der Zeit nicht erkannt und nach ganz veralteten Auslegungsmethoden einen
wirtschaftlichen Vorteil (also Egoismus) für notwendig erklärt, [1]) entgegen der früheren Annahme, daß die Gemeinde
sich die allgemeine Benutzung eines Parkes für das Publikum
servitutenmäßig ausbedingen könne. [2])

III. 1. Die verderbliche Lehre des Reichsgerichts hat leider
nicht den direkten Widerstand der Oberlandesgerichte gefunden, vgl. Hamburg 28. 4. 1909 M. 26, 81. Auch die Frage,
ob eine Gemeinde für gesundheitliche Zwecke eine solche
Dienstbarkeit erwerben könne, wird verneint. Darmstadt
29. 12. 1908 M. 18, 227 läßt die Bestellung einer solchen Servitut zu allgemeinförderlichen Zwecken für einen Verein zu,
fügt aber der Sicherheit halber bei, daß hier auch ein gewisses
Interesse des Vereins vorliege!

Also nur indirekt hat man widerstrebt! Sehr interessant
ist es, wie insbesondere das Kammergericht sich mehrfach
Mühe gab, trotz aller entgegenstehender Umstände ein Interesse
des Dienstbarkeitserwerbers herauszufinden; so in der Entscheidung vom 18. 3. 1912 Joh. 42 A. 244, vgl. auch KG. 29. 6.
1908 Joh. 36 A. 216. Eine Landesversicherungsanstalt läßt sich
eine persönliche Dienstbarkeit am Grundstück in der Art
bestellen, daß dieses nur als ein für Arbeiter bestimmtes Fa-
milieneinhaus benutzt werden dürfe, wobei der Versicherungsanstalt gestattet sein solle, das Gebäude regelmäßig zu be-
sichtigen. Das Kammergericht nimmt an, daß die Landesversicherungsanstalt auch ein Eigeninteresse daran habe, daß
die betreffende Bevölkerung in entsprechender Weise wohnt
und lebt!

Dies erinnert wesentlich an die ähnlichen Bestrebungen bei
§ 193 StGB., wo man auch ein Eigeninteresse herausklügeln
will, um das soziale Leben nicht ganz schutzlos zu lassen.

Man vergleiche auch die Entscheidung KG. 2. 5. 1904 M. 10,
118, wo man einen möglichen Vorteil als genügend erkannte.

---

[1]) RG. 11. 10. 1905 E. 61, 338 (= EfG. 6, 210).
[2]) RG. 6. 10. 1885, E. 14, 214.

IV. Die Praxis des Grundbuchsystems hat sich nun auch mehr und mehr nach der Richtung hin entwickelt, daß man solche sozialen Dienstbarkeiten zugunsten von Gemeinden oder auch zugunsten besonderer zu diesem Zwecke geschaffener Gesellschaften gestattete; man rechtfertigt sich dem Reichsgericht gegenüber durch die Bemerkung, daß dies zu gleicher Zeit für die Gemeinden oder für die Gesellschaften einen gewissen wirtschaftlichen Vorteil habe: wenn durch derartige Servituten in weitem Maße gesunde, angenehme, zuträgliche, den Bedürfnissen der Neuzeit entsprechende Wohnungen gewährleistet werden, so könne die Gemeinde darauf rechnen, daß aus der gutgestellten Bevölkerung ein erheblicher Zuzug stattfinde und sich dadurch der Ertrag der Gemeindesteuern erhöhe. Auf diesen Umweg mußte man gelangen, um den dringenden Anforderungen zu genügen und dabei der lebens- und kulturwidrigen Rechtsprechung des Reichsgerichts zu entgehen! Es erinnert dies an die Geschichte des englischen Rechts, als man den Exchequer Court (Finanzhof) zugleich als Zivilgericht anzurufen begann mit der Klausel quo minus, d. h. mit der Motivierung, daß, wenn der Gläubiger nicht seine Zahlung bekomme, er nicht so gut in der Lage sei, seine Steuern zu zahlen und die Staatspflichten zu erfüllen, wie er es könnte, wenn seine Gelder richtig eingegangen wären. So wurde der Exchequer Court zum zweiten Zivilgericht. Ebenso möchte man sich die Grundbucheinträge denken mit der Klausel quo minus . . .

Auf diese Weise werden in der neueren Zeit trotz des Reichsgerichts soziale Dienstbarkeitsrechte der Gemeinden gegenüber den zu bebauenden Grundstücken in großer Fülle eingetragen, zum Heile der Bevölkerung, zur größeren Behaglichkeit und zur Gesundung der Städte. So beispielsweise die Servitut, daß nur Wohnhäuser im Villenstil gebaut werden dürfen, oder nur solche Wohnhäuser, die mit Zentral-Warmwasserversorgung versehen sind. Und dies reicht vielfach nach der ästhetischen Seite hin: es darf nur eine solche Fassade gebaut werden, welche von der Stadtgemeinde oder von der betreffenden Zentralgesellschaft genehmigt ist; die Höfe dürfen nur als Gärten angelegt werden, die Trennung der

Grundstücke nur durch Drahtgitter erfolgen, die Vorplatze müssen als Gärten angelegt sein, und auch in dieser Beziehung ist vielfach vorgeschrieben, daß vor dem Bau Pläne eingereicht und genehmigt werden. Auch nach der Richtung hat sich das Servitutenrecht entwickelt, daß durch die Art des Baues die Zwecke der polizeilichen Bauordnung noch besser erfüllt werden, als es sonst geschähe, z. B. daß die Gebäude nur in einer gewissen Entfernung stehen dürfen, daß sie aus bestimmten Materialien zu errichten sind. Dies zeigt jeder Einblick in die Grundbuchblätter großer Städte. Vgl. S. 131.

V. Sehr bedeutsam sind auch die Dienstbarkeiten für Röhrenleitungen zu Gas- und Abfuhrzwecken und für Kabel zugunsten einer Anstalt, welche eine Gemeinde mit dem nötigen Bedarf versorgt. Es handelt sich hier vor allem um die Dienstbarkeiten über öffentliche Straßen und Plätze. Diese Plätze brauchen, wie aus dem obigen hervorgeht (S. 19 und 89), nicht im Grundbuch zu stehen, und die Dienstbarkeiten werden darum auch nicht eingetragen. Dies wird erst dann anders, wenn die Gemeinde das Eigentum daran in das Grundbuch aufnehmen läßt. Derartige Einträge haben aber stattgefunden und hiermit auch die Eintragung der Servituten; so z. B. seinerzeit zugunsten einer Gasgesellschaft in Berlin und in den Vororten. In Schöneberg wurde folgendes eingetragen:

„Behufs der Ausführung sowohl der öffentlichen als der Privatgasbeleuchtung, gewähren die Gemeinden von Alt- und Neu-Schöneberg der . . . . für ewige Zeiten das Recht, von ihren Grundstücken aus, wo das Gas bereitet und aufgesammelt wird, Leitungsröhren in den Grund und Boden des Territorii beider contrahierenden Gemeinden zu legen und überall dahin zu führen, wo es die Einrichtung am öffentlichen oder privaten Lichte nötig macht.

. . . . verzichtet die Stadtgemeinde Schöneberg hierdurch endgültig auf das ihr etwa zustehende Recht Einspruch dagegen zu erheben, daß die . . . ., sowohl während der Verbandsdauer, als auch nach Ablauf derselben, ihre Leitungsröhren in Schöneberg mit ihrem ein zusammenhängendes Ganze bildenden Rohrnetze in Berlin und seinen Vororten verbunden hält und Gas je nach Bedarf sowohl aus anderen Gemeindegebieten nach Schöneberg hineinleitet, als auch aus Schöneberg wieder ausführt.

Aber auch Servituten, wonach private Eigentümer die Zuleitung des elektrischen Stromes, die Anlegung von Kabeln, Röhren, Kanälen usw. gestatten, wonach Private die Vorrichtungen, welche für die Straßenbeleuchtung nötig sind, und die Rosetten für die Oberleitung der elektrischen Bahn zulassen, alle derartige Servituten stehen in unseren Grundbüchern.

VI. Natürlich muß das eine vorausgesetzt werden, daß die Servitut eine Belastung des Grundstückes als Grundstück enthalten muß; auch solche soziale Belastungen dürfen nur G r u n d s t ü c k s belastungen sein. In dieser Beziehung ist auf das obige (S. 270 f.) zu verweisen. So sind zwar Servituten nach der Richtung gestattet, daß ein Grundstück nicht mit Gebäuden bestückt wird, welche in ihrem Bestand und Betrieb die Bevölkerung belästigen oder die Gesundheitsverhältnisse stören; so entspricht es dem Grundstückscharakter, wenn ein Grundstück mit Villen, nicht mit Mietskasernen, zu bebauen ist, und wenn sich darunter keine Hospitale, keine Tanzlokale, keine Anatomie, keine Leichenhäuser befinden dürfen. Dagegen wäre eine Servitut unstatthaft, wonach in den Gebäuden keine Personen einer bestimmten Staatsangehörigkeit oder einer bestimmten Religion oder einer bestimmten Parteirichtung leben dürfen, oder keine Beschäftigung betrieben werden soll, welche dem Servitutenberechtigten Konkurrenz macht. Schließlich könnte man sonst auch eine persönliche Dienstbarkeit in der Art konstruieren, daß im Hause nur dreimal gespeist oder nur 8 Stunden geschlafen werden dürfe.[1]

2. Berechtigte Personen.

§ 99.

I. Eine persönliche Servitut kann einer physischen wie einer juristischen Person zustehen; sie ist auch zugunsten mehrerer Personen möglich, die sich einstweilen in den Genuß teilen, aber so, daß bei Wegfall der einen ihr Genußrecht der anderen zuwächst. Vgl. S. 299.

---

[1] Vgl. darüber auch KG. 29. 6. 1908, Joh. 36 A 216.

II. Eine persönliche Dienstbarkeit kann insbesondere auch den Gemeinden in der Art zustehen, daß den einzelnen Gemeindegenossen gewisse Vorteile des Grundstücks zugute kommen, also z. B. Wasser abzuleiten, Fahrzeuge aufzustellen u. a.[1] Von ganz besonderer Bedeutung aber ist es, daß solche Rechte einer Gemeinde in der Art gewährt werden können, daß nicht nur die Gemeindegenossen, sondern das ganze Publikum ein Grundstück, z. B. einen Park, genießen dürfe. Mit Recht ist dies als zulässig erklärt worden; man hat auch von wirtschaftlicher Seite darauf hingewiesen, daß durch den Fremdenzuzug die ganze Gemeinde einen Vorteil erfährt und daß es auch für die Gemeindegenossen von Wert ist, wenn sie ohne jede Kontrolle zugelassen werden. Derartige Rechte sind bei uns ebenso wie in romanischen Ländern anerkannt worden; bei uns namentlich durch RG. 6. 10. 1885 E. 14, 214, in Frankreich durch verschiedene Entscheidungen, in Rom durch das Urteil, worin der giardino Borghese dem Publikum eröffnet wurde.[2]

Ob in diesem Falle ein eigentlicher usus publicus stattfindet, kann immerhin die Frage sein,[3] denn die Gemeinde als Servitutenberechtigte kann guten Grund haben, sich das Belieben vorzubehalten, ob die Verhältnisse Bestand haben sollen und ob sie nicht auf ihr Recht verzichten will, in welchem Falle dann nur ein vorübergehender Gebrauch, nicht die dauernde, ständige Rechtslage des publicus usus anzunehmen ist. Vgl. oben S. 22.

---

[1] RG. 23. 11. 1880 E. 4,131; RG. 4. 11. 1881 E. 7,164.

[2] Der römische Kassat.-Hof 9. 3. 1887 (Legge 1887 I 433) spricht darüber ziemlich verworren: „da una parte il diritto affetta il fondo su cui si esercita, e dall'altra è esso inerente solo all'abitazione nel Comune, ma non alla persona dell'abitante, tanto che questi lo perde, se lascia il Comune medesimo. D'onde deriva che, sotto questo aspetto, possa ravvisarsi il diritto su di un fondo in favore di un altro fondo, e quindi una servitù reale; non ci ha più allora l'esercizio di un uso individuale, ma una facoltà generale concessa alla universalità di una popolazione, in quanto abita una borgata, un Comune, una città; sicchè perde essa quel carattere puramente personale che varrebbe ad escludere la servitù reale."

[3] Vgl. OVG. 8. 6. 1903 E. 43, 379.

III. 1. Eine noch viel größere Rolle spielten dereinst die Gemeindedienstbarkeiten, welche den Gemeindegenossen Weiderechte und Forstgerechtsame gewährten; sie gehörten zur Charakteristik des mittelalterlichen Lebens und fanden so lange keinen Anstand, als sich der Boden in Hülle und Fülle darbot, sodaß die Landwirtschaft nicht intensiv zu sein brauchte. Es war aber begreiflich, daß sie mit den Interessen des Eigentums in Zusammenstoß kommen mußten, als sich dieses zu intensiver Bewirtschaftungsweise aufraffte. Daher die ständigen Kämpfe des Mittelalters, die im 17. und 18. Jahrhundert die Welt erfüllten und im 19. Jahrhundert teilweise zur Aufhebung der Berechtigungen geführt haben. Vermittelnd suchten die Gesetze einzuwirken, welche auf eine pflegliche Benutzung derartiger Rechte drangen und insbesondere eine Minderung der Weiderechte verlangten, namentlich bei Aufforstungen, so Preuß. LR. I 22,174. Schließlich ist denn auch die Entwickelung durchgedrungen, und diese Rechte mußten mehr oder minder vom Schauplatz verschwinden.

2. Von den Kämpfen früherer Zeit will ich nur erwähnen, was deutsche Juristen, wie C a p i b i l i u s und N o v a r i u s ausführten.[1]

Baronem posse reducere ad culturam bona sua feudalia, quae semper tenuit pro pascuis, licet in eis cives soluerint habere usum, dicens usum, quem habent cives in domicalibus silvis, concessionem interpretari, rebus in eodem statu permanentibus; et quod praevalere debeat jus proprietatis simplici commoditati usus, quia eo usus concessus, quousque dominus utatur re sua ad eum statum, in quo est nunc destinata. Unde in hujusmodi casu cessabit gravamen, si id faciant barones. . . . . .

Determinatum fuit, quod prior poterat ipsam terram redigere ad agriculturam, stagnum vel vineas ibidem facere, non tamen ipsam poterat claudere pro bosco nutriendo vel pasturagio sibi proprio faciendo, quin ipsi homines, quando ipsa terra erit vacua, habeant suum pasturagium in eadem.

Sofern die Berechtigungen auf Ersitzung zurückgeführt wurden, war es hier vielfach strittig, ob der einzelne Gemeindegenosse gegen einzelne Gemeindegenossen oder ob Gemeinde gegen Gemeinde er-

---

[1] Bei Merlin Rep. v. Usage II 52.

sessen habe. Vgl. H a u b o l d , Opuscula acad. II 547: quoties ex juris adversus singulos exercitio universitatis ratio est habita. [1]

3. Einen tiefen Einblick in die Verhältnisse am Anfang des 19. Jahrhundert bietet das bekannte Preußische Edikt vom 14. 9. 1811 zur Beförderung der Landkultur, §§ 10, 11, 26, wo es heißt:

„§ 10. Nach Aufhebung der, in der Verfassung gegründeten Kulturhindernisse bleiben noch diejenigen zu entfernen, welche aus besonderen Verhältnissen und Servituten entspringen.

So nachteilig die letzteren im Allgemeinen sind, so stehen sie doch mit dem einmal eingeführten Landbau in den meisten Gegenden in einer so engen Verbindung, daß sie ohne Gefahr der Zerrüttung nicht mit einem Male aufgehoben werden können, sondern nur nach und nach gelöset werden dürfen. Letzteres soll so weit geschehen, wie es für die freie Anwendung der vorhandenen Kräfte Bedürfnis, oder sonst nützlich und ohne Verlust für die Berechtigten zulässig ist.

§ 11. Als nächstes und einfaches Mittel dazu verordnen wir, daß der dritte Teil der Ackerländerei einer jeden in Weidecommunion befindlichen Feldmark unter den nachfolgenden Bestimmungen von der Hütung befreit und der privativen Benutzung der Besitzer überlassen werden soll. . . .

§ 26. Hinsichtlich des Raff- und Leseholzes:

1. Daß jeder Waldeigentümer befugt sein soll, das Sammeln der Berechtigten auf das Bedürfnis einzuschränken;

2. daß es nur an bestimmten Tagen unter der Aufsicht eines Forstbedienten nach dessen Vorschrift geschehen darf, wenn der Eigentümer gut findet, diese Einrichtung zu treffen.“

Schon das Preußische Landrecht kannte derartige Bestimmungen I 22, § 80 f., 170 f., 218 f., 226 f., vgl. auch Badisches Forstgesetz von 1833 § 33 f., 107, 127.

4. Auch noch andere persönliche Dienstbarkeiten, sowohl zugunsten der Gemeinde als zugunsten der Einzelpersonen, hat das deutsche Recht in Fülle entwickelt, z. B. das Glöcknerrecht der Gemeinden, d. h. das Recht, in einem Grundstück eine Glocke zu halten, welche zu gewissen Tageszeiten geläutet

---

[1] Vgl. auch Preuß. Obertrib. 31. 1. 1848 E. 16, 18.

wird. [1]) So auch das Recht auf ein Absteigequartier, auf einen Keller zur Herbstzeit, auf eine Leinwandbleiche. [2])

5. Hierher gehört auch das Bondelholz- oder vielmehr Quasibondelholzrecht in Norddeutschland. Das Bondelholzsystem besteht darin, daß gewisse Waldparzellen in der Nähe von Bauernhöfen gepflegt, nicht gerodet und so erhalten werden müssen, daß den Höfen das nötige Feuerungsmaterial gewahrt bleibt, so in Schleswig-Holstein die Forstordnung von 1784 und Patent vom 15. 6. 1785. Natürlich ist eine solche aus dem öffentlichen Rechte hervorgehende Belastung nicht eintragungsfähig, denn es handelt sich hier um öffentlich rechtliche Interessen des Eigentums, welche durch eine allgemeine Ordnung, nicht etwa durch das Privatrecht, sei es des Fiskus oder einer anderen Persönlichkeit, gedeckt werden sollen. [3])

Indes kann hier wie sonst ein Erfolg, welcher regelrecht durch öffentliche Ordnung erzielt wird, durch das Privatrecht bewirkt werden, indem man dem Staat eine persönliche Dienstbarkeit in dieser Weise einräumt, eben mit Rücksicht auf das Prinzip, daß solche Dienstbarkeiten auch allgemeinen Kulturinteressen dienen können. So hat man namentlich, wenn gewisse Bondelholzwaldungen freigegeben wurden, an anderen Waldungen eine solche Belastung kraft Servitutenrechts begründet, damit der Bedarf an Feuerungsmaterial auf diesem Wege gedeckt wurde. Solche Dienstbarkeiten zu schaffen ist unverfänglich. [4])

3. Entstehen und Vergehen.

§ 100.

I. Die Begründung persönlicher Servituten mit Übertragbarkeit läßt das Schweizer Zivilgesetzbuch, § 781, unbedingt zu. Das englische Recht hat sich nur allmählich und zunächst

---

[1]) Rheinisches Archiv III S. 409 f.
[2]) Zahlreiche Nachweise bei Huber IV 734.
[3]) KG. 21. 4. 1903 M. 6, 490, vgl. auch noch über dieses Bondelholzsystem OVG. 11. 10. 1908 E. 53, 346.
[4]) KG. 22. 10. 1914 M. 30, 19.

im Equity dazu verstanden. [1] Das deutsche BGB. hat die ver-
fehlte Taktik der Unübertragbarkeit des Nießbrauchs auch auf
diese Rechte erstreckt, § 1092: an ihnen soll nur die Ausübung
übertragen werden können. Damit ist nicht viel gesagt: die
Überlassung der Ausübung ist nichts anderes als die Übertragung unter bestimmten Schranken; davon ist im Nießbrauch
(S. 323) zu handeln. Die persönlichen Dienstbarkeiten sind
daher trotz § 1092 übertragbar; sie sind es, wenn sie nicht als
höchst persönlich und unübertragbar begründet wurden.

II. Ein ganz gewaltiger Fehler des BGB. aber war es,
daß man den § 1061 in den § 1090 hineinzog. Der Wortlaut
würde dahin führen, daß eine persönliche Dienstbarkeit nicht
etwa bloß regelmäßig mit dem Tode erlischt, sondern notwendig mit dem Tode erlöschen müsse, daher auch nicht auf
die Erben gestellt werden könne. Dies nimmt man denn auch
vielfach an; [2] es wäre aber von Grund aus verfehlt. Wie,
wenn der Inhaber einer Fabrik das Recht erwürbe, an einem
Wasserfall seine Accumulatoren zu laden? oder ein Fabrikant
das Recht, über das fremde Grundstück einen elektrischen
Draht zu legen? und wie, wenn dies alles zugunsten der Person,
nicht zugunsten des Grundstückes stattfindet? denn wenn das
Recht zugunsten eines Grundstückes erworben würde, so wäre
die Gefahr vorhanden, daß es verloren ginge, wenn die Fabrik
auf ein anderes Grundstück verlegt würde!

Das Erlöschen der persönlichen Dienstbarkeit mit dem
Tode des Berechtigten als verbindlicher Rechtssatz hat guten
Grund beim Nießbrauch, welcher so ziemlich den ganzen
Eigentumsgenuß in sich vereinigt und damit den Eigentümer
verdrängt: dies soll nicht auf die Dauer geschehen, damit nicht
der unleidige Zustand der Trennung von Eigentümer und Ge-
nußberechtigtem permanent wird (S. 326). Bei persönlichen
Dienstbarkeiten aber besteht eine derartige Befürchtung nicht.
Die analoge Anwendung gemäß der Herbeiziehung des § 1061 in
§ 1090 ist daher ein grober Fehlgriff. Der Gesetzgeber hat dies

---

[1] Zahlreiche Entscheidungen hierüber in Columbia law Review VII S. 536.

[2] So auch KG. 27. 9. 1906 M. 14, 88.

sicher gewollt, aber dieser Wille ist für uns nicht entscheidend. Die Bestimmung kann auch in der Art ausgelegt werden, daß sie nur den Charakter einer Bestimmung des nachgiebigen Rechtes hat und eine entgegengesetzte Vereinbarung nicht ausschließt. Mit dieser Auslegung ist der Fehler vermieden; ist aber diese Auslegung möglich, so ist sie als die allein vernünftige anzunehmen. Ich bin zwar sicher, daß nunmehr die Vertreter der alten Schule wieder die bekannten Entgegnungen machen: die Fassung des Paragraphen spreche für etwas anderes, und wenn der Gesetzgeber dies gewollt hätte, hätte er sich anders ausgedrückt usw. usw.; auf derartige veraltete Wendungen lasse ich mich aber grundsätzlich nicht ein. — — —

Übrigens kann der Satz der Sicherheit wegen auch dadurch umgangen werden, daß man die Dienstbarkeit zugunsten einer juristischen Person als Treuhänderin bestellte, welche dann die Benutzung dem betreffenden Fabrikanten und seinen Erben zu gestatten hätte. Eine andere Umgehungsweise wäre, daß die Servitut zugunsten mehrerer Personen begründet wird, in der Art, daß sie bei Tod der einen für die anderen fortbesteht (S. 293).

III. Auch eine persönliche Dienstbarkeit in momentum mortis ist möglich, nämlich die Dienstbarkeit, welche die Befugnis gewährt, seinerzeit in einem bestimmten Gewölbe bestattet zu werden, wie dies auch das englische Recht Bryan v. Whistler (1828) annimmt. [1]

II. Jagd- und Fischereirecht insbesondere.

1. Jagdrecht.

§ 101.

I. 1. Das Jagdrecht ist eine persönliche Dienstbarkeit, kraft welcher es dem Berechtigten zusteht, gewisse Tiere (das Wild) auf einem Gebiet zu hegen und zu jagen.

2. Es ist eine persönliche Dienstbarkeit, es ist auch als Sachdienstbarkeit denkbar.

3. Als dingliches Recht wird es nicht nur dem Grundeigentümer, sondern auch Dritten gegenüber geschützt.

---

[1] Gale, Easements p. 39.

II. Geschichtlich lassen sich vier Rechtsgedanken aufweisen:

1. Der erste Gedanke war in der Pandektologie der herrschende; man sagte: allerdings könne der Eigentümer des
Grundstückes jedem verbieten, daselbst zu jagen; wenn ein
solcher aber doch jagt, so verletze er zwar den Besitz und
wohl auch das Eigentum, aber er bekomme die Jagdbeute für
sich und habe sie entweder gar nicht herauszugeben oder
höchstens Vergütung dafür zu leisten, daß er in fremdes Grundstück eingetreten und damit zu gleicher Zeit fremdes Persönlichkeitsrecht verletzt habe. Es handele sich also nicht nur
um eine Verpflichtung, das Wild herauszugeben, sondern um
irgend eine Geldgenugtuung, und das Ganze würde sich etwa
so verhalten, wie wenn jemand auf fremdem Grundstück wider-
rechtlich photographiert hat, in welchem Falle er zwar dafür
eine Sühne leisten muß, dagegen weder das Eigentum an den
Photographien, noch sein Photographierecht verliert.

Dieser Gedanke ist auch noch in heutigen Entscheidungen
zu verfolgen, man vergleiche Kammergericht 12. 6. 1906 M.
13,382 und 386, wenn es schließlich sagt, daß der Jagdberechtigte zu dem Grundstück etwa in dem Verhältnis stehe wie
einer, dem das Spazierengehen auf dem Grundstück erlaubt ist!

Hierbei wird völlig verkannt, daß der Wildstand nur dann
zum Gedeihen der Menschheit gereichen kann, wenn zwischen
dem Jagdberechtigten und dem die Jagd bergenden Grundstück ein wirtschaftliches Verhältnis besteht und zwischen der
Sorge und Pflege für das Wild und dem Rechte auf das Erträgnis eine feste Beziehung herrscht.

Der Sachsenspiegel II 61 sagt allerdings auch, daß die Jagd
frei sei, nimmt aber die königlichen Bannforsten aus und bestimmt, daß, wer sie durchreitet, Bogen und Armbrust unge-
spannen haben müsse II 61, 3.

Weitere Betrachtungsweisen waren: 2. das Jagdrecht ist
ein Grundstücksrecht und untrennbar mit dem Grundstück verbunden.

3. Es ist mit dem Grundstück nicht verbunden, steht aber
auch nicht jedem zu, sondern ist Regal und Prärogative des
Regalberechtigten.

4. Es ist mit dem Grundstück verbunden, aber nicht als Ausfluß des Eigentums, sondern als ein abtrennbares selbständiges Recht.

Der Regalgedanke, der sich aus dem Institut der Bannforsten entwickelt, dann weiter verbreitet hat, mußte, wie oben (S. 208) erwähnt, in der ganzen Lehre ungünstig wirken; er erfreute sich auch in späteren Jahrhunderten einer steigenden Unbeliebtheit. Seine mißbräuchliche Anwendung und die Konflikte mit der Bauernschaft haben tiefe Feindseligkeiten erregt. Immerhin hat er das Verdienst, daß hier zuerst die Idee der Hege des Wildstandes und der wirtschaftlichen Beziehung zwischen Jagd und Wild zum Ausdruck gelangte.

Der Gedanke der untrennbaren Verbindung mit Grund und Boden (2) ist von liberaler Seite stark aufgeworfen und ausgeprägt worden. Seine direkte Verwirklichung verbietet sich aber, wenn man an die Zwergjagdbezirke denkt, die sich hiernach entwickeln müßten.

Nur der vierte Gedanke ist wirklich brauchbar: danach gestaltet sich die Jagd entweder als Eigenjagd, wenn der Bezirk groß genug ist, oder als ein aus dem Bereich der einzelnen Grundstücke heraus gewährtes Recht, von dem die heutige Gesetzgebung allerdings will, daß es nicht zu einer ständigen, sondern nur zu einer vorübergehenden Trennung vom Grundstückseigentum führen, also nur auf Zeit gewährt oder, wie man sagt, nur verpachtet werden darf. Pacht ist hier Bestellung eines dinglichen Rechts in pachtweise, eine Kombination, welche auch sonst möglich ist. Vgl. auch S. 183.

III. Daraus ergibt sich:

1. der Jagdberechtigte hat das bekannte Schutzrecht, das sich aus dem § 117 StGB. ergibt.

2. Er hat auch bürgerlich-rechtlich einen (konfessorisch) negatorischen Anspruch gegen den Störer, namentlich gegen denjenigen, der die Jagd durch übermäßigen Lärm beeinträchtigt und durch sein Gebaren den Wildstand verdrängt. Er hat einen solchen Anspruch auch gegen einen widerrechtlichen

Jagdpächter, der in sein Gebiet eingreift, auch gegen einen solchen, der ohne seine Genehmigung auf dem Gebiete wilde Kaninchen jagt. [1]

Von zwei Jagdpächtern für dasselbe Gebiet und dieselbe Zeit geht der erste dem zweiten vor. [2]

3. Das Notwegerecht steht auch ihm zu. Vgl. S. 164.

4. Was den Manöverschaden betrifft, so hat man angenommen, daß zwar der Eigentümer, nicht aber der Jagdberechtigte einen Anspruch auf Entschädigung wegen Truppenübungen habe. [3] Wie wenig dies unserem Rechtsgefühl entspricht, leuchtet ein; [4] vor allem aber ist die weitere Annahme, daß Kauf Jagdrecht breche und daß daher, wenn z. B. ein Eigenjagdbezirk ganz oder teilweise veräußert wird, der Erwerber den Pächter verdrängen könne, völlig abzulehnen, eine Annahme, die von unserer Rechtsprechung in ganz scholastischer Weise und in Widerspruch mit dem praktischen Bedürfnis und dem gesunden Rechtsgefühl vertreten wird. [5] Vgl. S. 306 und 310.

5. Es ist richtig, daß der Jagdberechtigte beeinträchtigt werden darf durch Einhegungen und sonstige Einrichtungen, zu welchen der Eigentümer berechtigt ist; allein dies sind tatsächliche Veränderungen, auf welche jeder Jagdberechtigte gefaßt sein muß. [6]

---

[1] Vgl. darüber München 24. 5. 1910 M. 26, 73 und vgl. auch die zahlreichen preußischen Verordnungen über den Kaninchenfang bei Bauer, Jagdordnung S. 284 f.

[2] RG. 8. 2. 1898 E. 41, 345.

[3] ObLG. 24. 3. 1898 S. 53 nr. 233.

[4] In Österreich wird eine solche Manöverentschädigung als selbstverständlich gewährt, vgl. Dickel in Festgabe für Gierke S. 481, 507, wo die Praxis in reichlichem Maße verzeichnet ist. Unrichtig hat auch das Kriegsschadenamt 3. Juli 1918 die Kriegsentschädigung wegen Jagdstörung abgelehnt, Jurist. Z. XXIII 690.

[5] KG. 12. 6. 1906 M. 13, 382; RG. 1. 12. 1908 E. 70, 70. Hierher gehören indirekt auch die unten zu erwähnenden Entscheidungen über die Schriftlichkeit des Jagdpachtvertrages.

[6] RG. 4. 7. 1902 E. 52, 126.

6. Die Jagdpacht ist Grundstückspacht, d. h. Erwerb der dinglichen Grundstücksberechtigung in der Form des Pachtvertrages; sie bedarf daher, wenn sie über ein Jahr hinausdauert, der schriftlichen Fassung, § 566. Man hat dagegen geltend gemacht, daß es sich hier nicht um ein Pachtrecht an einem Grundstück handele; diese Annahme beruht aber auf einer Verwechselung von Gegenstand und Inhalt des Rechts: Gegenstand ist das Grundstück, Inhalt sind die Befugnisse, welche dem Pächter gewährt werden. [1]) Für die Gemeindepacht verlangt die Preuß. Jagdordnung § 22 Schriftlichkeit, für die Eigenpacht ist dies nicht bestimmt: [2]) hier tritt die obige Kontroverse hervor, in der das RG. unrichtig entschieden hat.

IV. 1. Das Jagdrecht ist ein bürgerliches Recht, wenn auch eine Reihe von Fragen aus sozialen Gründen dem bürgerlich rechtlichen Austrag entzogen und den Verwaltungsgerichten überantwortet sind. Soweit dies nicht der Fall ist, gilt der bürgerliche Austrag. [3])

2. Es ist ein Recht, zu hegen und zu jagen. Die Idee des Hegens ist lange Zeit vernachlässigt worden. [4]) Die Hegung zeigt sich positiv und negativ. Positiv darin, daß die Bedingungen eines guten Wildstandes gesetzt werden: der Jagdberechtigte kann Futterstellen errichten, Salzlaken anlegen, die Wildbahn verbessern und dadurch den Übertritt des Wildes erleichtern, das Wild durch Lockmittel anziehen. Er kann aber negativ andere zurückhalten, insbesondere, wenn sich ein Dritter in das Jagdgebiet einschleicht; er kann auch, wenn ein

---

[1]) Richtig hatte KG. 28. 10. 1901 M. 4, 444 entschieden, unrichtig RG. 9. 5. 1902 E. 51, 279 und 1. 2. 1908 E. 70, 71.

[2]) Vgl. Bauer, Jagdordnung S. 68. Über diese Schriftform vgl. auch RG. 25. 6. 1915 E. 87 196.

[3]) Vgl. auch OVG. 26. 6. 1911 E. 59, 353; vgl. auch 28. 6. 1910 E. 57, 410 und 8. 1. 1912 E. 60, 420.

[4]) Es ist das Verdienst von Dickel, auf dieses Hegerecht des Jagdinhabers hingewiesen zu haben, insbesondere in der Festschrift für Gierke II S. 359 f., wo über das Hegerecht auch Geschichtliches zu finden ist. Vgl. auch Nagler in der vergleichenden Darstellung des Strafrechts, Besonderer Teil VIII S. 439.

solcher nicht Tiere erlegen, sondern sie durch Jagdübung ver-
scheuchen und die ruhige Jagd stören will, dagegen mit
allem Rechte vorgehen. Und als strafrechtlicher Schutz tritt
auch noch die Bestimmung hinzu, daß ein jeder, der ohne seine
Genehmigung in Jagdausrüstung auf dem Jagdgebiete herum-
streicht, nach § 368 Z. 10 StGB. geahndet wird. Er kann sich
auch gegen sonstige Eingriffe wehren, welche der Jagd schädlich sind. Natürlich gehört von seiner Seite zur richtigen
Pflege, daß er die Zeiten sorgfältig einhält und auch, abgesehen
von der Schonzeit, sich so einrichtet, daß der Wildstand erhalten wird.

3. Der Jagdberechtigte hat die Befugnis,

a) dem Tier in waidmännischer Weise nachzustellen. Eine
solche Nachstellung ist sein ausschließliches Recht; auch wer
kein Wild erlegt, aber das Wild waidmännisch auftreibt, verstößt gegen das Jagdrecht und stört den Betrieb. Dahin gehört
auch die sonstige Tötung der Tiere, z. B. durch Gift. [1]

b) Die Befugnis, das Wild zu occupieren und es dadurch zu
seinem Eigentum zu machen.

c) Er hat ferner das Eigentum an allem Wild, welches
jemand auf dem Jagdgebiet durch Occupation in Besitz genommen hat, aber auch an den verendeten Tieren und den
Dejekten, den abgefallenen Geweihen usw. (oben S. 184, 209).

d) Das Jagdrecht gibt natürlich auch die Befugnis, das
Jagdgebiet zu betreten. Der Nichtjagdberechtigte ist dem
Eigentümer des Bodens gegenüber nicht hierzu berechtigt,
auch wenn er darauf ausgeht, nicht jagdbare Tiere zu fangen. [2]
Der Nichtjagdberechtigte verstößt aber auch gegen das Jagd-
recht, wenn er das Jagdgebiet in Jagdrüstung betritt.

Die Notwendigkeit, einen Jagdschein bei sich zu führen,
beruht auf polizeilichen Gründen, sie berührt die privatrechtliche Befugnis nicht. [3]

---

[1] RG. 23. 9. 1886 E. St. 14, 419.
[2] RG. 3. 12. 1894 E. St. 26, 266.
[3] KG. 9. 5. 1898 Goltd. 46, 232.

4. Aus dem obigen ergibt sich: Der Schuß vom eigenen Jagdgebiet in das fremde [1] ist Verletzung des Jagdrechtes; der Schuß von fremden in das eigene wird vom Obertribunal 16. 6. 1869 Goltd. XVII 663 nicht als Jagdverletzung angesehen, indes unrichtig; denn schon der Schuß, nicht erst das Erschießen ist Ausübung der Jagd.

V. Bei der Jagd tritt folgendes hervor: Hegung des Wildes und Jagdausübung steht vielfach mit der Bodenkultur im Kampf. Sind die Personen des Jagdberechtigten und des Eigentümers verschieden, so erwächst hier ein Widerstreit, der Jahrhunderte lang umso größere Ungelegenheiten verursachte, als die beiden Berechtigten verschiedene Stände repräsentierten (S. 209). Die Ausgleichung hat man nun in doppelter Weise herzustellen gesucht:

1. Indem man den Eigentümer und den Jagdberechtigten identifizierte, was allerdings nur möglich ist, wenn das Eigentum einen einheitlichen Jagdbezirk bildet; in diesem Falle liegt Eigentum und Jagdrecht nebeneinander, denn da das Jagdrecht Befugnisse gewährt, welche das Eigentum nicht hat, so wird es durch das Eigentum nicht aufgezehrt.

2. Bei kleineren Revieren dagegen muß eine künstliche Trennung eintreten, die aber nicht auf die Dauer, sondern nur auf eine Reihe von Jahren statthaft ist, damit eine schroffe endgültige Scheidung der Interessen vermieden wird.

3. Die Ausgleichung wird umsomehr gefördert, wenn die Gegenleistung nicht in einer einmaligen Summe, sondern in Gestalt von Pachtzinsen erfolgt, die an die Grundeigentümer zu verteilen sind, so daß immer periodisch die Vorteile der Jagd indirekt an die einzelnen Grundeigentümer fallen und diese selbst daran interessiert sind, daß die Jagd in gewissem Maße gefördert und dadurch die Pachtzinsen gesteigert werden. So kam man zur Rechtsform der Jagdpacht: [2] wo die Jagd nicht als Eigenjagd zu betreiben ist, muß sie in der Art vom Boden

---

[1] Vgl. mein Luftfahrtrecht S. 7.

[2] So schon eine Verfügung des Gouvernements der Rheinlande 18. 8. 1814, dann Preuß. VO. 1830, und sodann die späteren deutschen Gesetze seit 1848.

gelöst werden, daß der Jagdpächter eine Reihe von Jahren
gegen einen an die Grundbesitzer zu verteilenden Zins die Jagd
ausüben darf. Die Jagdpacht richtet sich schuldrechtlich nach
den Grundsätzen des Pachtrechts, so insbesondere auch was
die Gewährleistung betrifft, [1]) und bei Abschluß des Jagdpachtvertrages muß der Gemeindevorstand als Treuwalter der
Grundeigentümer gelten, sodaß er dem § 266 StGB. unterliegen
kann. [2]) Doch diese Verhältnisse kommen sachenrechtlich nicht
in Betracht; wesentlich ist für uns, daß der Jagdpächter unter
allen Umständen der dinglich Jagdberechtigte wird.

4. Das Jagdgebiet, an welchem die Eigenjagd gestattet ist
(75 Hektar), wird nach bestimmten Grundsätzen berechnet, wobei gewisse Einschiebsel, z. B. ein See, den Zusammenhang
nicht unterbrechen. Näheres darüber bestimmt die Preuß.
Jagd-O. 1907, worauf zu verweisen ist. [3])

5. Mißlichkeiten entstehen, wenn man streng darauf hält,
daß die Eigenjagd mit dem Augenblick entsteht, wo die
75 Hektar Besitz erreicht sind (§ 4 Jagdordnung). Man hat angenommen, daß von diesem Augenblick an die noch laufenden
Berechtigungen der Jagdpächter erlöschen. [4]) Dies ist unrichtig: das neue entstehende dingliche Recht kann nur vorbehaltlich der bestehenden Rechte zur Entwickelung gelangen:
die Pächter müssen im bisherigen Rechte verbleiben. Vgl.
S. 302.

VI. Noch weitere Zwiespalte sind auszugleichen: die Hegung des Wildes hat zur Folge, daß dieses die Feldfrüchte be-
schädigt und dem Landwirt schweren Abtrag tut. Hier sind
wiederum zwei rechtliche Interessen zu versöhnen; eine solche
Versöhnung konnte aber erst erzielt werden, als man den ro-
manistischen Culpastandpunkt aufgab und von dem Grundsatz
abging, daß der Jagdberechtigte nur im Falle der Verschuldung
den Wildschaden zu vergüten habe. Es handelt sich in der Tat
hier nicht um eine Unrechtsentschädigung, sondern um eine
Ausgleichung zusammenstoßender Rechte, die von der Ver-

---

[1]) RG. 10. 1. 1890 E. 25, 351.
[2]) RG. 11. 7. 1905 J. W. 34, 753.
[3]) Vgl. auch OVG. 9. 4. 1908 E. 52, 361.
[4]) OVG. 19. 2. 1912 E. 61, 306.

schuldungsfrage vollkommen unabhängig ist: nicht ein durch Verschuldung herbeigeführter, sondern ein in der objektiven Natur der Sache liegender Zwiespalt ist zu begütigen.

Jahrhunderte lang wollten sich die Landwirte den Wildschaden nicht gefallen lassen und suchten eine Art von Notwehr gegen das Wild auszuüben, und Jahrhunderte lang widerstrebten hier die Jagdberechtigten oft in terroristischer Weise. In der Tat besteht die Ausgleichung in folgendem:

1. Die Landkultur muß sich eine Beschädigung durch die Jagdtiere gefallen lassen, soweit der Schaden sich in gewissen normalen Grenzen hält. Sie ist insofern nicht im Notrecht, ein Notstand nach § 228 BGB. liegt nicht vor.

2. Dafür aber ist den Landinteressenten eine Entschädigung zu gewähren und

3. es ist dafür zu sorgen, daß bei Abmessung und Zuteilung der Entschädigung weniger die individualistischen Interessen als die soziale Begütigung in Betracht kommt.

4. Schon einige französische Parlamente, namentlich das Parlament von Paris, 21. Juli 1778, kamen dem richtigen nahe; die spätere französische Praxis ist aber mehr und mehr zum Culpastandpunkt übergetreten, allerdings ohne ihn gerade pedantisch festzuhalten, vgl. darüber Merlin, Repertoire v. Gibier VII und VIII. Beherzigenswert ist aber insbesondere eine Verordnung von Friedrich Wilhelm III. vom 30. September 1827, worin betont wird, daß ohne Rücksicht auf die Verschuldung eine Geldausgleichung erfolgen solle: „übermäßig oder nicht, so sind doch die benachbarten Acker- und Wiesenbesitzer nicht verpflichtet, ihre Felder und Wiesen ohne Entschädigung verwüsten zu lassen." Damit war das Eis gebrochen; nunmehr ist eine Reihe von Wildschadensgesetzen ergangen; in Preußen wurden schließlich die entsprechenden Bestimmungen in die Jagdordnung von 1907 aufgenommen; hier ist auch mit Recht in großem Umfang der verwaltungsgerichtliche Austrag vorgesehen, denn es soll mehr ein gütlicher Ausgleich unter Berücksichtigung aller Interessen, als ein parteipolitischer Streit feindlicher Gegner sein. Vgl. nun auch § 835 und a. 71 BGB.

Natürlich ist gerade diese Jagdordnung für Lösung dieser Konflikte entscheidend, Polizeiordnungen dürfen hier nicht mehr hineinreden. [1]

5. Allerdings genügt dies nicht immer, es ist den Land. wirten auch gestattet, in gewisser Weise dem Hegerecht ent. gegenzutreten durch bestimmte Verscheuchungsmittel, auch durch Hunde, aber dies nur in beschränktem Umfange. Gerade den Schäden durch das Jagen der Hunde suchte man von jeher entgegenzutreten, und so wurde im Preuß. LR. II 17, 64 be- stimmt, daß nur geknüppelte Hunde in das Jagdgebiet ein- treten dürfen. [2]

Einige Bestimmungen derart finden sich auch in der Preu- ßischen Jagdordnung § 65 (Klappern, aufgestellte Schreckbilder, auch kleine oder gemeine Haushunde).

VII. Soweit der Zwiespalt mit der Landwirtschaft statt- findet, ist das Jagen selbst nicht nur ein Recht, sondern auch eine Pflicht; m. a. W., es ist eine Pflicht, die Hegung nicht über ein bestimmtes Maß zu erstrecken. Bei Zuwiderhandlung gegen diese Pflicht ist dann wirklich eine Entschädigung aus uner- laubter Handlung angezeigt, die nicht den Normen des Wild- schadenrechtes unterliegt, sondern darüber hinausgeht. Aber es sind auch noch andere Mittel gegeben, die allerdings nicht dem Privatrecht, sondern dem öffentlichen Rechte angehören. So kann insbesondere den Grundeigentümern kraft öffent- lichen Rechtes eine Abschußbefugnis gewährt werden, sodaß das Hegerecht hier eine Durchbrechung erleidet. Vgl. darüber auch die Preußische Jagdordnung 1907 §§ 61—63, 66 und 67. Besonders gilt dies von dem für die Fluren außerordentlich schädlichen Schwarzwild, gegen welches besondere Vorsorge getroffen ist, § 64: man darf es nicht nur auf seinem Grund und Boden töten, sondern erwirbt auch daran das Eigentum; hier gilt: fangen, töten und behalten.

---

[1] KG. 15. 11. 1909 Joh. 38 C. 34.
[2] Über weitere Verordnungen vgl. beispielsweise KG. 14. 12. 1891 Joh. 12 nr. 84; 22. 11. 1894 Joh. 16 nr. 113; 26. 9. 1907 Joh. 34 C 39.

Handelt es sich um die Verpachtung der Eigenjagd, so kann der Pächter, welcher den Wildstand verwildern läßt, aus dem Pachtvertrag in Anspruch genommen werden. [1]

2. Fischereirecht.

§ 102.

I. Die neue Rechtsordnung der Fischerei hat den Gedanken der Hegung der in Betracht kommenden herrenlosen Tiere viel besser zum Ausdruck gebracht, als es in den Jagdordnungen geschah. So sagt das Preußische Fischereigesetz vom 11. Mai 1916, daß das Fischereirecht die Befugnis enthält, die betreffenden Tiere zu hegen und sich anzueignen; und hier ist denn auch, wie schon S. 142 bemerkt, zum Ausdruck gebracht, daß die Fischbrut nicht durch übermäßige Einwirkung industrieller Faktoren allzu sehr beeinträchtigt werden darf. Man vergleiche beispielsweise §§ 101 und 102, ferner die Bestimmung über Schonbezirke und ebenso die weitere Bestimmung, daß, wenn Wehre, Schleusen, Dämme hergestellt werden, Fischwege angelegt und unterhalten werden müssen, § 115.

II. Umgekehrt kann auch ein Zwiespalt entstehen zwischen dem Fischereiberechtigten, der, um das Abschwimmen der Fische zu hindern, das Wasser sperrt, und dem Mühlenberechtigten, dem dadurch Wasser entzogen wird. [2]

Über solche Zwiespältigkeiten vgl. Preuß. Fischereigesetz § 104 mit Wassergesetz § 46. [3]

III. Früher war es seltsamerweise streitig, ob der Fischereiberechtigte auch die Befugnis habe, über Privateigentum zum Fischwasser zu gelangen. [4] Darüber hat nun das Preuß. Fischereigesetz 1916 §§ 13—15 die natürliche bejahende Antwort gegeben: es ist ein Notwegerecht, bei dem sich gewisse Beschränkungen und eine billige Entschädigung von selbst verstehen. Vgl. S. 164 und 302.

---

[1] RG. 20. 6. 1898 bei Bauer Jagdo. S. 62.
[2] KG. 25. 9. 1911 M. 26, 79.
[3] Aus früherer Zeit vgl. Preuß. Obertrib. 31. 10. 1865 Strieth. 61, 193.
[4] ObLG. 23. 1. 1886 S. 41 nr. 201.

IV. 1. Auch bei der Fischerei gilt als Norm, daß die Eigentümer des Gewässers, d. h. der Wasserrinne, auch zu gleicher Zeit das Fischereirecht haben; allerdings bleiben daneben noch aus älterer Zeit Fischereirechte Dritter bestehen, die auf Antrag in das Wasserbuch einzutragen sind. Die von dem Gewässereigentum abgetrennten Fischereirechte können persönliche, sie können auch Grunddienstbarkeiten sein, welche mit dem Eigentum an einem Grundstück verbunden sind, aber doch so, daß sie vom Grundstück losgelöst werden können. Natürlich kann ihre Übertragung auch an den Eigentümer des Gewässers erfolgen, in welchem Falle dann dieses Recht im Rechte des Wassereigners aufgeht, so §§ 18, 19 und 24 des Preuß. Fisch.-G.

2. Das Recht des Dritten kann ein in der einen oder anderen Weise beschränktes Recht sein, namentlich auch ein Fischereirecht für den häuslichen Bedarf oder in irgend einer ähnlichen Begrenzung, [1] in welchem Falle das Recht ebenso unveräußerlich ist, wie eine sonstige höchstpersönliche Dienstbarkeit; die Veräußerung ist hier nur als Übertragung an den Eigentümer des Gewässers möglich, § 20.

V. Übrigens kann auch das Fischereirecht verpachtet werden in einer Pacht auf mindestens 12 Jahre, so §§ 28 und 29; auch diese Pacht hat einen dinglichen Charakter, und das Recht des Pächters bleibt bestehen, auch wenn das Wassereigentum und damit das zugrunde liegende Fischereirecht an einen anderen übergeht: das neue Fischereigesetz hat in § 29 ausdrücklich erklärt, daß die §§ 571 f. BGB. hier Anwendung finden. Vgl. S. 302 und 306.

F. Grunddienstbarkeiten.

(Realservituten.)

I. Herrschendes und dienendes Grundstück.

§ 103.

I. 1. Die Beziehung zwischen dem herrschenden und dem dienenden Grundstück ist nicht die Beziehung des Rechts-

---

[1] ObLG. 22. 6. 1914 M. 29, 346.

subjekts zum Rechtsobjekt, sondern die Beziehung zwischen einem Interessenzentrum zum anderen. Das in einem Grundstück verkörperte Interessenzentrum will seine Befriedigung in dem anderen suchen, § 1019.

2. Interessenzentrum ist ein Grundstück, das aber nicht nur ein Naturalgrundstück, sondern auch ein Wohn-, Fabrik-, Handelsgrundstück sein kann.

3. Interessenzentrum ist ein Grundstück mit seinen Bestandteilen, auch mit seinem Zubehör, welches ja eine zur Charakteristik des Grundstücks gehörige ständige Einrichtung bildet. So kann z. B. eine Erziehungs- oder Pflegeanstalt die Befugnis haben, eine Badeanstalt zu benutzen mit sämtlichen beweglichen und unbeweglichen Einrichtungen.

4. Interessenzentrum ist ein Grundstück, nicht das Recht an dem Grundstück, nicht das Eigentum, nicht der Nießbrauch (S. 266 und 287).

Nur verselbständigte Rechte, wie Erbbaurechte, machen eine Ausnahme.

5. Das herrschende Grundstück ist eines. Es ist aber nicht ausgeschlossen, daß zwei Grundstücke Grunddienstbarkeiten haben, die nur zusammen ausgeübt werden dürfen, oder sich im Turnus abwechseln müssen. In diesem Falle sind zwei beschränkte Grunddienstbarkeiten vorhanden; ihr Verhältnis unter einander ist als Gemeinschaft zu behandeln und ihre gegenseitigen Beziehungen sind nach den Regeln der Gemeinschaft zu lösen; ganz ebenso wie eine Grunddienstbarkeit und eine persönliche Dienstbarkeit auf dieselben Sachgenüsse neben einander bestehen können. [1]

6. Ein mit einem Grundstück verbundenes Recht kann auch in der Art dem Grundstück anhaften, daß es nicht allen Grundberechtigten, sondern nur dem Eigentümer zusteht. In diesem Falle ist er allein berechtigt, die Dienstbarkeit zu benutzen und, wenn er sie anderen Grundstücksbeteiligten gestattet, so ist dies eine Benutzung kraft der von ihm gegebenen Erlaubnis, nicht eine Benutzung kraft der den Grundstücksbeteiligten als solchen zustehenden Befugnis. Ebenso ist hier der Eigentümer

---

[1] KG. 1. 8. 1907 M. 15, 359.

befugt, allein, ohne die anderen zu befragen, über das Recht zu verfügen, also insbesondere auch es zu mindern oder darauf zu verzichten. Anders ist es, wenn das Recht allen Grundstücksbeteiligten zusteht: dann hat jeder nach Maßgabe seiner Beteiligung ein Benutzungsrecht; es ist dann so, wie wenn die Nutzkraft des Grundstücks nach der Nachbarseite hin erweitert wäre, und eine Verfügung über das Recht kann nur in der Art erfolgen, daß die übrigen Beteiligten zustimmen, wenigstens dann, wenn sie daran ein Interesse haben, § 876.

Der Gegensatz dieser beiden Berechtigungsformen prägt sich auch im Grundbuch aus. Im ersten Falle wird das Recht nur auf der Passivseite eingetragen, denn es steht dem Eigentümer zu, kraft seines Eigentums, nicht als des Vertreters des Grundstücks; im letzteren Falle wird es auch auf der Aktivseite gebucht zum Zeichen, daß die Grundstücksrechte in ihrem vollen Bestande erweitert werden, § 21 Grundbuchordnung. [1])

Wie sich übrigens die Servitutenbenutzung unter die Berechtigten verteilt, bestimmt sich nach der Art, wie der Grundstücksgebrauch dinglich abgeteilt ist, sodaß bald eine gleiche Weise der Ausübung stattfindet, bald der eine den anderen ausschließt.

7. a) Eine Übertragung der Grundbuchdienstbarkeit ist insofern möglich, als sie der Eigentümer in dem eben erwähnten Falle, wenn er zunächst alleinberechtigt ist, den übrigen Grundstücksberechtigten zuteilen kann, was dadurch geschieht, daß er das Recht auf aktiver Seite eintragen läßt.

b) Eine Befugnis des Servitutenberechtigten, die Servitut auf ein anderes Grundstück als herrschendes Grundstück zu verlegen, wäre bedenklich; denn mit der Individualität des herrschenden Grundstücks stehen wesentliche Interessen des dienenden in Verbindung. Die Bedürfnisse des Grundstückes

---

[1]) Diese Bestimmung ist eine besonders wichtige und wohltätige. Sie wird völlig verkannt von G ü t h e, Grundbuch-O. S. 518 und anderen von ihm genannten Schriftstellern, als ob sie bloß formale Bedeutung hätte und das materielle Recht nicht beträfe. Man mache doch das Recht nicht ärmer als es ist, indem man ihm solche treffende Hilfsmittel zur Interessenbefriedigung verkümmert!

können mehr oder minder ausgiebig sein, und entsprechend wird natürlich das dienende Grundstück mehr oder minder belastet, je nachdem das eine oder andere Grundstück das herrschende ist. Allerdings ist der Fall denkbar, daß durch einen solchen Tausch das dienende Grundstück in keiner Weise beeinträchtigt, das herrschende aber bedeutend begünstigt wird; man denke sich, daß die Anlegung einer Fabrik auf dem Grundstück A sich wegen der Bodenbeschaffenheit als untunlich erweist oder die bestehende Fabrik infolge von Erdrutsch und anderen Ereignissen notwendig auf das benachbarte Grundstück B verlegt werden muß, welches einen viel günstigeren Boden bietet. Hier wäre die Gestattung der Verlegung des Grundstückes ein Erfordernis der Billigkeit; es wäre dies dem Falle ähnlich, wenn die Servitut passiv auf ein anderes Grundstück übertragen würde (oben S. 282).

II. 1. Die Belänge der beiden Interessenzentren müßten in einer solchen örtlichen Beziehung zu einander stehen, daß die eine Landessphäre nicht der anderen aufgeopfert wird. Das ist der richtige Grundgedanke in dem Erfordernis der Nachbarschaft (Vicinität) der Grundstücke. Ein Abgehen von diesem Prinzip führt zu Ungeheuerlichkeiten. Hiernach könnte eine Fabrik in Basel auf sämtliche Waldungen und Kohlenlager Deutschlands Servituten erwerben und amerikanische Landgrundstücke auf Deutschlands Kalibohrungen, oder eine Fabrik Schwedens auf Deutschlands Wasserfälle. Man verlasse doch auch hier den kleinbürgerlichen Standpunkt der Betrachtung, als ob sich die Verkehrsverhältnisse unter Gevattern und Freunden abspielten; man verkenne doch den Monopolismus und seine Gefahren nicht, man verkenne nicht, daß mehr als einmal die Trusts es versucht haben, durch Mißbrauch des Vertragsrechts die deutsche Industrie zu erdrosseln. Sollen diese auch noch den deutschen Boden beherrschen?

2. Die Pandektologie hat diesen römischen Rechtssatz in ihrem gewöhnlichen Mangel an Überschau nicht erfaßt und als geschichtliche Sonderlichkeit behandelt. Meiner Darstellung gegenüber hat man zunächst behauptet, das BGB. kenne dieses Erfordernis nicht. Darauf lasse ich mich nicht ein. Wem der Gesetzestext das Maß aller Dinge ist und wer die moderne

Jurisprudenz nicht so weit erfaßt hat, um zu erkennen, daß der Gesetzestext nur eines der Elemente ist, auf welche sich das Recht aufbaut, mit dem habe ich nicht zu streiten. Man hat aber auch behauptet, daß derartige Erfordernisse rechts= politisch wenig empfehlenswert seien und daß etwa eine Aus= sichtsservitut von einem Ende des Sees zum anderen wohl be= gründet sein könnte; allein bei der Aussicht von Seeshaupt zum Seesende ist die Nachbarschaft gewahrt, soweit hier überhaupt von ordentlicher Aussicht die Rede sein kann.

3. Allerdings kann der Nachbarschaft gleich stehen

a) die Kontinuität der Verbindung durch einen elektrischen Draht, aber damit ist eben die Begrenzung von selbst gegeben;

b) die Kontinuität der Hertzschen Wellen: diese führt allerdings sogar über den Erdteil hinaus, aber eine solche Dienstbarkeit ist sachlich so sehr beschränkt, daß dieser Um= stand keine Schwierigkeit bietet; nötigenfalls müßten nationale oder internationale Bestimmungen dazwischentreten.

II. Entstehen und Vergehen.

§ 104.

I. Für den Erwerb der Grunddienstbarkeiten gelten die all= gemeinen Grundbuchregeln. Hervorzuheben ist aber, daß, wie eine Grunddienstbarkeit zwischen Grundstücken desselben Eigentümers bestehen, sie auch zwischen Grundstücken des= selben Eigentümers errichtet werden kann (Eigentümerdienst= barkeit). Dies wird nicht anerkannt; man hat behauptet, daß die Eigentümerdienstbarkeit zwar aus der Fremddienstbarkeit entstehen, nicht aber von sich aus begründet werden könne, und man hat sich darauf bezogen, daß die Entstehung der Dienst= barkeit eine Einigung voraussetzt, welche bei dem Geschäft mit sich selbst nicht möglich wäre. Das ist aber unrichtig. Eine Eini= gung in sich selbst ist auch eine Einigung, denn auch Ge= schäfte in sich selbst gibt es, sobald sie nach außen dringen und Dritten kund werden, und dies geschieht durch Eintragung ins Grundbuch in einer Weise, welche eine Publizität ersten Ranges darstellt; gestattet man doch auch im Hypothekenrecht eine Rangverschiebung bei Hypotheken desselben Hypothe=

kars, wo doch ebenso eine Einigung in sich selbst stattfindet. Daß man sich aber dabei noch auf die Motive bezieht, sollte man kaum glauben, und doch ist dies von Seiten des Reichsgerichts geschehen;[1] noch befremdender ist die aus der Pandektologie hergeholte Argumentation, es entspreche der Rechtslogik, daß niemand einem seiner Grundstücke an dem anderen eine Grunddienstbarkeit einräumen könne, weil die Servitut begrifflich ein Recht an fremder Sache sei und weil niemand einen Vertrag mit sich selbst abschließen könne (S. 208)! Sätze abstruser Scholastik! Und wie: es hat jemand zwei Grundstücke, von welchen das eine mit einem Nießbrauch belastet ist; er erlangt vom Nießbraucher das Recht, darauf eine Grunddienstbarkeit zu legen, die vielleicht für die künftige Entwickelung des Nachbargrundstückes von der größten Bedeutung ist — er kann es nicht, weil es die Rechtslogik nicht will und weil diese Rechtslogik durch die Motive verstärkt wird!

II. Über den Untergang der Realservituten ist auf das frühere (S. 286) zu verweisen.

III. Einzelheiten.

§ 105.

I. Die einzelnen Grunddienstbarkeiten, welche teils dem agrarischen Leben, teils dem Wohnungsbedarf angehören, haben sich schon in älterer Zeit entwickelt; man denke an die Wege-, Weide- und Wasserleitungsgerechtigkeiten, sodann an die negativen Baudienstbarkeiten, z. B. die Servitut, auf einem Grundstück kein Wohnhaus zu errichten, das über 3 Stockwerke hoch ist, oder kein Quergebäude anzulegen. Dazu kommt das servitutenmäßige Gebot, Fabriken mit Lärm oder Ausdünstungen, Einrichtungen mit Motorbetrieb, Lagerplätze mit übelriechenden Gegenständen, Krankenhäuser, Irrenanstalten, Läden oder Schankwirtschaften, Bäckereien, Schlächtereien,

---

[1] RG. 26. 1. 1901 E. 47, 202. Für die richtige Ansicht Enzyklopädie II S. 60, wo auch Literatur und weitere Entscheidungen. Richtig auch Schweizer ZGB. a. 733. Unrichtig dagegen KG. 24. 9. 1900 M. 1, 427.

Stallungen, Werkstätten nicht zu halten, oder auch, wenn Fabriken betrieben werden, sie nur so zu betreiben, daß die erfolgreichsten Vorrichtungen zur Verminderung des Lärmes und der Rauchentwickelung angebracht sind.[1] Vgl. S. 131.

II. Eine Reihe von Grunddienstbarkeiten schließt sich an Polizeiverordnungen an; wenn z. B. gewisse Bauerleichterungen gewährt sind, falls mehrere zusammenhängende Grundstücke einen bestimmten Baucharakter haben, so werden nicht selten nachbarliche Dienstbarkeiten in diesem Sinne geschaffen, damit man an den Privilegien der Bauordnung teilnimmt.

III. Andere Servituten sind dem feineren Leben gewidmet, wie z. B. die Servitut, an der Grenzmauer des Nachbarn Spalierobst zu pflegen, oder die Gondel an dem Ufergarten zu befestigen.

IV. Heutzutage aber treten die Servituten des industriellen Lebens besonders hervor. Das Recht, elektrische Drähte zu ziehen, Kabel durch die Grundstücke zu legen, das Recht auf Benutzung der Wasserkraft für die Elektrizitätserzeugung, das Recht auf Anlegung von Telefunkenstationen, das Recht, die Rohstoffe für eine Fabrik aus dem Nachbarboden zu erlangen oder die Fabrikarbeiter auf dem Nachbargrundstück frühstücken zu lassen, das Recht, den Rauch von der Fabrik zeitweise auf das Nachbargrundstück zu leiten usw. Schon von älterer Zeit her datiert die Servitut, zu verlangen, daß der Mühle der Wind nicht verbaut wird.[2] Vgl. S. 172.

V. Sodann der Servituten der Hygiene, das Recht des Villenbaues und die vielen Berechtigungen, welche auf Gesundung der ganzen Gegend hinsteuern. Auch Servituten, die auf die Schönheit der Nachbarschaft abzielen und etwa verlangen, daß in einem bestimmten Stil gebaut werden muß. Vgl. S. 291.

VI. Der Luftverkehr wird eine neue wichtige Quelle von Servituten sein: die Notwendigkeit, die Flugzeuge anzulegen, Vorrichtungen anzubringen, um ihr Steigen zu erleichtern, die Möglichkeit, da und dort Stützpunkte für den Verkehr zu erlangen usw., wird neue Berechtigungen hervorrufen.

---

[1] RG. 18. 2. 1899 S. 54 nr. 171, Ob.LG. Bayern 24. 2. 1890 S. 45 nr. 178, KG. 23. 8. 1902 M. 5, 316.
[2] Celle 18. 6. 1910 M. 26, 81.

VII. Überall zeigt sich hier die Servitut als ein Institut, das nicht etwa ausgelebt hat, sondern eine wichtige Einrichtung des modernen Lebens ist und bleiben wird.

G. Dingliche Rechte mit Sachbesitz.

I. Unterkapitel. Wirkliche Sachenrechte.

1. Unterabschnitt. Nießbrauch.

I. Grundprinzipien.

§ 106.

I. Die dinglichen Rechte mit Sachbesitz streben dahin, das Ganze oder wenigstens einen Teil des Sachbesitznutzens an sich zu ziehen, aber ohne daß das Eigentumskapital geschmälert wird. Der Sachbesitznutzen besteht in Nutzungen und Früchten: beide sollen dem Berechtigten zukommen, allerdings nur in den Schranken der üblichen Erträgnisse; aber so, daß zunächst sämtliche Früchte in sein Eigentum gelangen und dann, soweit sie die Erträgnisse übersteigen, eine Ausgleichung stattfindet. Auf diese Weise wird die Sachwirkung für den Eigner ganz oder teilweise lahm gelegt. Vgl. oben S. 206 und 327.

II. 1. Der Eigentümer überläßt dem Nießbraucher die Sache zur Benutzung, so wie sie ist und wie sie sich weiter entwickelt; irgend eine Behütung der Sache oder eine Sorge für ihre Wahrung übernimmt er dem Nießbraucher gegenüber nicht. Er hat nicht, wie bei der Miete und Pacht, die Sache dem Genießenden von Moment zu Moment in brauchbarem Zustande darzubieten, sondern er übergibt sie und wird dadurch jeder Verpflichtung gegenüber dem Nießbraucher los. Umgekehrt aber soll der Nießbraucher kraft seiner Geleitpflicht insofern das Sachinteresse wahren, daß er 1. den Genuß in einer dem Sachinteresse entsprechenden Weise einrichtet und 2., daß er dem Eigner im Falle der Sachgefährdung jeweils Anzeige macht, § 1042.

2. Allerdings kann der Eigner in seinem eigenen Interesse sich mit der Sache befassen: 1. er kann eine Ausbesserung und Erneuerung der Sache vornehmen, wenn der Nießbraucher es nicht tut, § 1044, und 2. er kann, wenn der Nießbraucher durch

die Art dieser wirtschaftlichen Tätigkeit das Kapitalinteresse gefährdet, Sicherung verlangen, nötigenfalls die Sequestrierung der Sache bewirken, §§ 1051 und 1052.

3. Eine pachtartige Verknüpfung des Rechts erfolgt auch nicht, wenn der Nießbraucher für seinen Genuß eine Rente zahlt und dadurch den Nutzen wieder indirekt dem Eigentümer zuführt: dies ändert an der Lage des Nießbrauchers nichts, beides steht nebeneinander: es sind zwei unabhängige, vielleicht durch gewisse Bedingungen gegenseitig ausgeglichene, aber durchaus nicht zu einem einheitlichen Verhältnis verbundene Rechte.

4. Eine nähere Verknüpfung zwischen den Interessen des Eigners und des Nießbrauchers kann allerdings eintreten

a) dadurch, daß dem Eigner der Realgenuß belassen wird und er dem Nießbraucher periodisch die Ertragsrente zu gewähren hat, oder

b) dadurch, daß einem Dritten die Benutzung der Sache anheimgestellt ist und dieser die entsprechende Rente an den Nießbraucher abgibt. Daß eine solche Sequestrierung gerichtlich verfügt werden kann, ergibt sich aus dem Obigen, § 1052. Sie kann aber auch, ebenso wie die vertragsmäßige Eigentumsnutzung, bei Bestellung des dinglichen Rechtes vorbehalten werden. Die Annahme, daß dies unstatthaft sei,[1] ist irrig und läßt sich auch nicht damit rechtfertigen, daß die Zahl der dinglichen Rechte im Ganzen beschränkt sei; denn es handelt sich hier um die Modalität eines in unserer Rechtsordnung bezeichneten dinglichen Rechtes, und es ist kein Grund vorhanden, diese Modalität auszuschließen, § 1030. Immerhin bildet die Selbstnutzung und Eigenverwaltung durch den Nießbraucher die durchgängige Regel, § 1036.

III. Daß der Nießbrauch im Gegensatz zu den Servituten auch an beweglichen Sachen bestehen kann, auch an immateriellen Gütern, wurde bereits S. 268 bemerkt. Es gelten hier die Mobiliargrundsätze, §§ 1032, 1033.

IV. 1. Der sogenannte Quasinießbrauch, §§ 1067 und 1084, ist nur ein Nießbrauchersatz, d. h. eine Eigentumsübertragung mit schuldrechtlicher Figuration, welche ein wirtschaftliches

---

[1] KG. 25. 5. 1903 M. 8,132.

Verhältnis herbeiführt, wie wenn der Wert der Sache Gegenstand des Nießbrauchs wäre, also eine Art von Sicherungsübereignung, wovon später die Rede ist. Dies gilt insbesondere für den Nießbrauch an Geld, es gilt auch für den Nießbrauch an Warenlagern, § 92 BGB.

2. Schon anderwärts habe ich dargelegt, daß dieser von den Römern konstruierte Nießbrauchsersatz nicht, wie man schon annahm, durch die Not der Sachlage geboten war; findet er doch auch bei der Nutznießung keine Anwendung. Die dem Nießbrauch entsprechende richtige Bildung wäre eine Gestaltung des Nießbrauchs als Verfügungsnießbrauch, kraft deren dem Nießbraucher die Verfügung über die einzelnen verbrauchbaren Stücke gestattet wäre, während bis zur Verfügung die einzelnen Stücke im Eigentum des Eigners und im Nießbrauch des Nießbrauchers blieben. Eine solche Behandlung der Sache wäre unter allen Umständen vorzuziehen, namentlich auch bei Warenlagern, weil sonst im Falle des Konkurses wenig zutreffende Verhältnisse eintreten: denn beim Quasinießbrauch wird der Nießbraucher Eigentümer, und im Falle seines Konkurses bemächtigt sich die Gläubigerschaft dieses Eigentums, und wenn der Eigner seine Ansprüche geltend macht, so verweist man ihn auf die Konkursanmeldung, die, wenn keine gehörigen Sicherungen vorhanden sind, ihm nur sehr spärliche Befriedigung bietet; während bei zutreffender Gestaltung der Sachlage der Eigner die noch nicht veräußerten Stücke einfach aus dem Konkurs heraus vindizieren kann, denn sie sind sein Eigentum geblieben. Die Mißlichkeit ließe sich nur dann vermeiden, wenn man den Quasinießbrauch folgerichtig als Treuhandverhältnis konstruierte und dem Treuhaupt ein utilis vindicatio im Konkurs gewährte. Man sollte mindestens dieser Bildung nicht entgegentreten. Vgl. unten S. 521 und 530.

3. Jene Gestaltung, kraft welcher der Nießbraucher auch das Veräußerungsrecht hätte, also wie bei der Nutznießung,[1] wäre die Gestaltung des Verfügungsnießbrauchs, der sich bei uns nur in dem beschränkten Rahmen als Inventarverfügung mit dem Ersatzprinzip findet in § 1048. Anstelle dessen ist bei

---

[1] Lehrbuch III 1. S. 194 f.

uns das Anwartschaftsrecht mit auflösend bedingtem Eigentum getreten (S. 347).

II. Inhalt.
§ 107.

I. Die Benutzung der Sache durch den Nießbraucher muß eine pflegliche sein; sie muß

a) von dem Gedanken der Kapitalerhaltung gegenüber der Nutzung und Fruktifikation getragen sein, § 1036,

b) sie muß sich, entsprechend der Zeitlichkeit des Rechts, auf die Gebrauchsweise des Eigentümers einstellen, § 1037,

c) sie muß in diesen Grenzen so gestaltet sein, daß die Sachinteressen des Eigentümers möglichst gewahrt bleiben, §§ 1041, 1050.

II. Der Nießbraucher hat das Fruchtrecht (nicht das Recht auf den Schatz), §§ 1039, 1040. Für den Fruchterwerb gelten die obigen Grundsätze: durch gestrecktes Rechtsgeschäft kann der Nießbraucher auch über die künftigen Früchte verfügen, jedoch nur für den Fall, daß sie im Augenblick der Trennung in das Eigentum des Nießbrauchers fallen, sodaß die Tradition zur Wirksamkeit gelangen kann. Dies gilt auch vom Nießbrauch an einem verzinslichen Papier.[1] Vgl. S. 202, 208 und 223.

III. 1. Der Nießbraucher tritt nach § 571 BGB. in das Grundstück und damit auch in die bestehenden Mietsverhältnisse ein, und es gilt für die gegenwärtigen wie für die künftigen Mietszinsen dasselbe wie bei Eintritt eines neuen Eigentümers, daher auch was die Vorausbezahlung nach § 574 betrifft.[2] Daß übrigens die Nießbrauchbestellung nicht eine Vorauszession künftiger Mietszinsen an den Nießbraucher enthält, versteht sich von selbst.[3] Vgl. S. 330.

2. Ebenso tritt aber auch der Eigner nach normaler Beendigung des Nießbrauchs in die vorhandenen Genußverhältnisse ein und muß Miete und Pacht anerkennen, jedoch mit dem Rechte der Kündigung; denn es wäre ein Übergriff des

[1] Braunschweig 7. 5. 1903 M. 7, 40.
[2] KG. 15. 2. 1908 M. 14, 129.
[3] RG. 22. 1. 1908 E. 68, 10.

Nießbrauchers, sich über seine Verwaltungsperiode hinaus des Sachgenusses zu bemächtigen. Billigerweise kann dem Eigner für die Kündigung eine Frist gestellt werden, nach deren vergeblichem Ablauf er die normale Fortdauer des Mietsverhältnisses gestatten muß, §§ 1055 und 1056. Die Verteilung der Miet- und Pachtzinsen erfolgt nach Maßgabe des § 101 BGB.

IV. 1. Das Benutzungsrecht des Nießbrauchers ist ein Benutzungsrecht gegenüber dem Eigentümer; gegenüber den am Grundstück dinglich Berechtigten ist es ein Erträgnisrecht nach Maßgabe der Rangordnung. Allerdings, solange der Eigentümer an sich (abgesehen vom Nießbrauch) das Nutzungs- und Fruchtziehungsrecht hat, steht dieses an des Eigentümers Statt dem Nießbraucher zu, und die Hypotheken kommen nur insofern in Betracht, als ihm die Zahlung der Zinsen derjenigen Hypotheken obliegt, die ihm vorhergehen, die also bei Begründung seines Rechts schon bestanden, § 1047. Wenn aber die Beschlagnahme des Grundstückes (mit Zwangsverwaltung) stattfindet, dann kann der Nießbraucher es nur so lange behalten, als er in der Rangordnung den Hypothekaren vorgeht. Ist er der Erste im Rang, dann allerdings wird man ihm die Nießbrauchsausübung (mindestens unter Aufsicht des Zwangsverwalters) überlassen müssen; letzteres mit Rücksicht darauf, daß für die Gläubiger die Ertragsfähigkeit des Grundstücks zu erhalten ist, § 152 ZVG. [1]) Ist er aber nicht der Erste im Rang, so kommen die Zinsen der ihm vorstehenden Hypotheken zuerst zur Befriedigung, und er hat nur das Recht auf das, was von den Erträgnissen übrig ist: dies ist im Teilungsplan zu bestimmen. Natürlich muß hier der Zwangsverwalter die Verwaltung führen und auch die Mietszinsen einziehen, letzteres auch dann, wenn die Sache von dem Nießbraucher selbst vermietet worden ist. [2])

Der Zwangsverwalter kann auch dem Nießbraucher gegenüber die entsprechende zwangsweise Übergabe des Grundstücks erwirken, § 150 ZVG.; eines besonderen Vollstreckungstitels gegen den Nießbraucher bedarf er nicht. [3])

[1]) Vgl. Kiel 12. 10. 1906 M. 15, 366.
[2]) Celle 18. 1. 1912 M. 26, 141.
[3]) Vgl. oben S. 260.

Das Verfahren richtet sich nach dem ZVG.; der Teilungsplan ist in dem Verteilungstermin zu bestimmen, der dem Nießbraucher wie den übrigen Beteiligten durch Zustellung kundzugeben ist, §§ 146, 155 und 156 ZVG.

2. Schwierigkeit entsteht aber allerdings dadurch, daß die maßgebende Beschlagnahme auch als Beschlagnahme der Mietszinsen nach den Grundsätzen der Forderungspfändung erfolgen kann. In solchem Falle geht zunächst allerdings nach dem Grundsatze der Forderungspfändung der erste Pfänder den folgenden vor, allein es kann die Hinterlegung begehrt werden, und in dem Verteilungsverfahren ist sodann anstelle dieser Zeitfolge die Folge nach dem Rang der Hypotheken- und Nießbrauchsrechte zu setzen. Inwiefern des Nießbrauchers Stellung durch Vorauszession von Mietszinsen oder durch Beschlag verbessert werden kann, richtet sich nach dem bekannten Grundsatze des § 1124 in seiner neueren Fassung. Über alle diese Verhältnisse bestehen eine Menge von Entscheidungen, die allerdings nicht alle umsichtig genug die schwierigen Probleme lösen.[1]) Zur Regelung dieser Fragen kann eine Zwangsverwaltung eingerichtet, sie kann auch durch einstweilige Verfügung angeordnet werden.[2])

3. Abgesehen von dem Fall der Zwangsverwaltung haben die Hypothekare kein Recht, gegen den Nießbraucher vorzugehen, insbesondere auch nicht die Befugnis, von ihm Rechnungsstellung zu verlangen; denn so lange die Beschlagnahme noch nicht erfolgt ist, ist das Eigentum in bezug auf den Erträgnisgenuß frei. Die Hypothekare haben nur das Recht wegen Verschlechterung nach §§ 1133 und 1134, und dieses nur gegen den Eigentümer, der nötigenfalls gegen den Nießbraucher einzuschreiten hat.[3]) Vgl. S. 258.

4. Im Fall gleichzeitiger und im gleichen Range stehender Rechte haben nötigenfalls die entsprechenden Beschränkungen einzutreten, §§ 1060 und 1024.

---

[1]) Vgl. RG. 3. 2. 1902 E. 50, 388; RG. 3. 2. 1904 E. 56, 388; RG. 21. 12. 1912 JW. 42, 330; Kassel 7. 6. 1910 M. 26, 89; KG. 23. 11. 1912 M. 26, 143; RG. 19. 1. 1915 E. 86, 135; RG. 15. 2. 1916 E. 88, 99.
[2]) KG. 7. 11. 1907 EfG. 9, 150; Naumburg 7. 11. 1911 M. 26, 142.
[3]) KG. 9. 2. 1911 M. 26, 93.

V. 1. Die modernen Gesetze haben im Gefolge des Pandektenrechts meist den Nießbrauch als ein unübertragbares
Recht erklärt, dann aber bemerkt, daß die Ausübung des Nießbrauchs, das exercitium ususfructus, übertragbar sei, § 1059.
Über dieses exercitium machte man sich aber die unklarsten
Vorstellungen, und dabei verwechselte man ein doppeltes, wie
ich dies schon vor vielen Jahren ausgeführt habe, aber ohne daß
es von den Redaktoren des BGB. beachtet worden wäre. Vermietet oder verpachtet der Nießbraucher die Sache, so übt er
damit seinen eigenen Nießbrauch aus, denn da er die Nutzung
der Sache hat, so kann er sie durch Vermietung zu Früchten
machen, und da ihm der Bezug der Naturalfrüchte zusteht, so
kann er sie durch Verpachtung zu Zivilfrüchten umwandeln.
Eine derartige Umwandlung von Nutzungen in Früchte und von
Natural- in Zivilfrüchte ist auch eine Art des Sachgenusses.
Der Mieter und Pächter bekommt dadurch sein bekanntes Besitzrecht, aber kein dingliches Recht. Vgl. S. 41.

2. Anders ist es bei der Übertragung des Nießbrauchs; eine
solche ist möglich, aber allerdings nur in der Art, daß ein neuer
Nießbrauch in der Sphäre des alten Nießbrauchs begründet
wird.[1] Ein Nießbrauchsgreis kann den Nießbrauch nicht an
ein Kind in dem Sinne veräußern, daß nun ein Nießbrauch entsteht, der erst bei dem Tode des Kindes erlischt. Die Ausdehnungssphäre wird in bezug auf die Zeitdauer des Rechts
dauernd durch die Persönlichkeit des Veräußerers begrenzt,
und die Schranken des Nießbrauchs können nicht erweitert
werden. Wohl aber gilt folgendes:

a) das Recht des Erwerbers liegt im Kreise des seinerzeit
bereits bestehenden Nießbrauchsrechts,

b) es ist ebenfalls ein Recht in der Art des Nießbrauchs, sodaß es auch dann erlischt, wenn der Erwerber innerhalb der
genannten Zeit stirbt. In einem solchen Falle lebt natürlich der
belastete Erstnießbrauch wieder auf, und dasselbe gilt, wenn

---

[1] Richtig auch das französische Recht; so schon Merlin,
v. Ususf. § IV nr. 10, so Marcadé zu a. 595 nr. 500: ce n'est pas
seulement l'exercice de son droit, c'est le droit lui-même que l'usu-
fruitier confère.

das Recht des Erwerbers in anderer Weise erlischt. Damit ist das exercitium ususfructus gekennzeichnet: es ist ein Zweit-nießbrauchsrecht, welches den Erstnießbrauch belastet, sodaß der Erstnießbrauch sich von selbst konsolidiert, sobald der Zweitnießbrauch aufhört.

3. Ist doch die Vorstellung von der Ausübung eines fremden Rechts ein Unding, welche man der Hellwigschen Konstruktion überlassen kann. Bei aller Konstruktion muß man doch stets in den logischen Grenzen bleiben. Wer aber ein fremdes Recht ausübt, kann nicht selbst ein Recht haben: ich kann ein Recht haben, welches in der Sphäre eines fremden Rechts liegt, aber ich kann nicht, indem ich mein Recht ausübe, ein fremdes Recht ausüben. Der Genußgehalt eines fremden Rechtes kann ganz oder teilweise ausgeschieden und mir zu Eigenrecht zuge-wiesen sein, aber mein Eigenrecht kann nicht Ausübung eines fremden Rechtes sein. Man spreche darum nicht von exer-citium ususfructus, sondern von Zweitnießbrauch, womit ein gesundes Wort für eine gesunde Sache gegeben ist.

4. Die unrichtige Anschauung des exercitium ususfructus hat es allerdings herbeigeführt, daß ihm das Grundbuch ver-wehrt ist, und wenn der Nießbraucher mehreren hintereinander die Ausübung gewährt, dann entscheidet die Priorität ohne Rücksicht auf irgend eine grundbuchliche Sicherheit. Und ebenso fehlt jede Sicherheit für die Pfändung und Verpfändung eines solchen Rechts. „Das hat mit ihrem Sange die Pandekto-logie getan." [1]

Im übrigen ist der Nießbrauch in Gestalt des Zweitnieß-brauchs auch Gegenstand der Verpfändung, Pfändung, Zwangs-vollstreckung.

VI. 1. Der Nießbraucher hat eine Reihe sekundärer Pflichten gegen den Eigner. Schon oben (S. 317) wurde von der An-zeigepflicht gesprochen. Außerdem hat er, wie S. 320 bemerkt, die Pflicht der pfleglichen Benutzung und hat dabei diejenigen Lasten zu tragen, welche als Nutzungs- und Fruchtlasten er-scheinen, denn deren Bestreitung gehört zur pfleglichen Nutz-

---

[1] KG. 7. 6. 1910 Joh. 40 A. 254 und KG. 18. 3. 1915 Joh. 48 A. 212.

verwaltung. Dahin gehört auch die Pflicht der Sachversicherung, soweit diese einer ordnungsmäßigen Wirtschaft entspricht, so namentlich die Brandversicherung. Die Versicherung ist nicht etwa gedacht als Versicherung des Nießbrauchs, sondern als Versicherung des Eigentums, mithin als Versicherung zugunsten des Eigentümers, wobei aber dem Nießbraucher ein Nießbrauch an der Versicherungssumme zusteht; außerdem aber hat ein jeder dieser Beteiligten die Befugnis, die Versicherungssumme als Zwecksumme aufzufassen, um damit die Wiederherstellung der verletzten Sache zu betreiben, §§ 1045, 1046 und 1047.

2. Die sekundäre Geleitpflicht kann a) durch Feststellung, Bestandaufnahme, Aufnahmeprotokoll (privates, öffentliches) fixiert werden; darauf hat jeder Teil einen Beihilfeanspruch,[1] §§ 1034 und 1035; sie kann b) durch Sicherungsmaßnahmen bestärkt werden, cautio ususfructuaria. Eine solche Stärkung der Pflicht kann der Eigentümer verlangen bei Besorgnis des Mißbrauchs. Das Nähere wurde bereits S. 317 bemerkt, § 1052 f.

3. Sekundäre Pflicht ist die Pflicht der Zinszahlung an die dem Nießbraucher vorgehenden Hypotheken, § 1047; die Zinsen an die ihm nachfolgenden Hypotheken braucht er nur zu bezahlen, wenn die Hypotheken mit seinem Willen bestellt sind; dann geht infolgedessen die Hypothek ihm nicht kraft des Kapitals vor, wohl aber kraft des Zinsertrages.

Die Behauptung, daß der Nießbraucher die Zinszahlungspflicht nur dem Eigentümer gegenüber, nicht auch dem Hypothekar gegenüber habe, ist unrichtig und steht mit der ganzen Konstruktion des Nießbrauchs in Widerspruch, § 1088.[2] Vgl. auch S. 258.

4. Der sekundären Pflicht des Nießbrauchers entspricht die sekundäre Pflicht des Eigentümers auf Verwendungsersatz, in bezug auf diejenigen Verwendungen des Nießbrauchers, welche prinzipiell dem Eigentümer obliegen, § 1049: Ausgleichung.

---

[1] Lehrbuch I 183.
[2] Unrichtig KG. 9. 7. 1906 M. 13, 239.

5. Für das aus den sekundären Pflichten hier und dort hervorgehende Ersatzrecht gilt die bekannte 6monatliche Verjährung, § 1057.

6. Für die Abwickelung im agrarischen Verkehr und für die Benutzung der Grundstücksbestandteile zu agrarischen Verbesserungen gelten ähnliche Grundsätze, wie bei der agrarischen Pacht, §§ 1055 und 1043, vgl. auch 591—593.

7. Für die negatoria des Eigentümers gegen die Verfehlungen des Nießbrauchers, die auch zu einer Sequestration führen kann, und für die confessoria des Nießbrauchers wegen jedweder Störung vgl. man §§ 1053, 1054 und 1065, und über den Rechtsschein § 1058.

III. Entstehen und Vergehen.

1. Entstehen.

§ 108.

I. Die Begründung des Nießbrauchs an beweglichen Sachen richtet sich völlig nach den Regeln des Mobiliarerwerbs, § 1032. Hier gelten die Grundsätze des Rechtsscheins in der Art des beweglichen Gutes, so auch das Institut der Ersitzung.

II. Die Begründung des Nießbrauchs an Grundstücken folgt dem Grundbuchrecht.

2. Vergehen.

§ 109.

I. 1. Der Nießbrauch erlischt durch den Tod des Nießbrauchers, § 1061. Dieser Satz hat einen wichtigen sozialen Grund: das Eigentum soll nicht zum Scheineigentum herabgedrückt werden; die alten feudalen Erbpachtverhältnisse gehören einer vergangenen Zeit an, darum dieser Grundsatz: er ist unabänderlich und unverbrüchlich. Die Bestellung des Nießbrauchs auf die Zeit nach dem Tode des Nießbrauchers ist nichtig, und dies kann auch nicht dadurch umgangen werden, daß etwa zum voraus für den Erben ein neuer Nießbrauch begründet wird.[1] Statthaft ist es allerdings, einen Nießbrauch

---

[1] KG. 15. 12. 1905 M. 6, 266.

zugunsten des A. und zugleich des B. zu bestellen, so daß zunächst beide, und nach dem Tode des einen der Überlebende Nießbraucher ist, oder auch so, daß A., solange er lebt, und nach seinem Tode B. Nießbraucher ist. So kann z. B. ein Nießbrauch zugunsten einer Gütergemeinschaft begründet werden.[1] Aber dies hat insofern seine Begrenzung, als nur gegenwärtig lebende Personen als Nießbraucher ernannt werden können, nicht künftige Erben, nicht künftige Generationen, wie es ehedem gestattet war. [2]

2. Bedauerlich ist es, daß man die heilsame Bestimmung aufgegeben hat, wonach auch bei juristischen Personen der Nießbrauch nach längerer Zeit erlöschen soll, § 1061: denn nach § 1061 kann der Nießbrauch bei juristischen Personen ewig sein; dies ist ein grober Fehler, der sich übrigens auch schon im Preuß. LR. I, 21, 179 und im Österr. GB. 529 findet, während das Schweizer ZGB. a. 749 mit richtiger Intuition die Beschränkung von 100 Jahren aufrechterhalten hat; der Cod. Nap. a. 619 hatte nach dem entgegengesetzten Extrem nur 30 Jahre gestattet. Die Ewigkeit des Rechts hat einen guten Sinn, wenn es sich um Einzelbenutzungsrechte handelt, nicht aber bei einem Nießbrauch, welcher die Kraft des Eigentums fast ganz aufzehrt und auf solche Weise das Eigentum lahmlegt. Vgl. S. 317.

3. Mit dem Untergang der juristischen Person hört allerdings der Nießbrauch auf. Hierbei ist noch zu bemerken, daß das Konkurs- und Liquidationsverfahren die juristische Person nicht auflöst: sie erlischt erst mit Schluß der Liquidation und mit Schluß des Konkurses, und auch letzteres nur dann, wenn die juristische Person nicht nach erledigtem Konkurs aufrecht erhalten wird, wie es z. B. bei der offenen Handelsgesellschaft oder bei der Aktiengesellschaft der Fall sein kann. [3] Auch bei Bestandsveränderung (Fusion) besteht der Nießbrauch weiter, und zwar für die Gesamtpersönlichkeit, mag er nun früher der einen oder anderen Person angehört haben. [4]

---

[1] Colmar 23. 10. 1909 M. 26, 85.
[2] Vgl. z. B. Regesto di Farfa III 342 (368): Nießbrauch für Enkel und Urenkel.
[3] RG. 28. 4. 1886 E. 16, 1; Braunschweig 26. 7. 1912 M. 26, 99.
[4] Arch. f. b. R. 40 S. 310.

II. 1. Der Tod des Nießbrauchers ist ein in der Natur des Rechts liegender objektiver Erlöschungsgrund, beruhend auf der sozialen Anschauung, daß Genuß und Eigentum nicht dauernd getrennt sein sollen. Der Erlöschungsgrund ist daher nicht ein subjektiver, von der Person des Nießbrauchers ausgehender: er ist in der Grundbestimmung der sozialen Rechtsordnung begründet, und es verhält sich hier ganz ähnlich wie bei dem Erlöschungsgrund des Patents durch Zeitablauf. Darum hören mit dem Tode auch alle Rechte auf, welche im Ausschnitte des Nießbrauchs liegen, namentlich also auch die infolge der Nießbrauchübertragung entstandenen Rechte: denn der Nießbraucher kann das Recht nur soweit übertragen, als er es hat.

2. Es versteht sich von selber, daß auch durch Zwangsversteigerung und durch die übermächtige Wirkung des Grundbuches und seines guten Glaubens der Nießbrauch zur objektiven Erlöschung gebracht werden kann.

III. 1. Ganz anders ist die subjektive Beendigung des Nießbrauchs aus der Person des Nießbrauchers heraus auf Grund seines Verzichts: es verhält sich hier ebenso, wie mit dem Verzicht des Patentberechtigten: erlischt das Recht des Nießbrauchers, so erlischt nicht der Nießbrauch. Dies gilt auch dann, wenn der Nießbraucher zum Verzicht verpflichtet ist: der geschuldete Verzicht ist auch ein Verzicht, die Verpflichtung zum Verzicht wirkt nicht dinglich;[1] dies wäre nur der Fall, wenn der Nießbrauch mit einer auflösenden Bedingung belastet oder die Pflicht zum Verzicht nach § 883 verdinglicht wäre.

2. Der Verzicht erfolgt beim Grundstücksnießbrauch nach Grundbuchrecht, beim Mobiliarnießbrauch nach Mobiliarrecht, letzterenfalls durch formlose ankunftsbedürftige Erklärung gegenüber dem Eigentümer, §§ 875, 1062 und 1064.

3. In diesem Fall bleiben alle Rechte, welche im Ausschnitt des Nießbrauchs Anderen fest zugewendet worden sind, bestehen, also insbesondere der Zweitnießbrauch; ebenso auch die Besitzrechte des Mieters und Pächters; sie bleiben in

---

[1] KG. 10. 10. 1907 M. 18, 150.

gleicher Weise, wie wenn der Nießbraucher noch am Leben
wäre. Natürlich schweben sie jetzt nicht zwischen dem
Mieter und Nießbraucher, sondern zwischen dem Mieter und
demjenigen, welcher infolge der Beendigung des Nießbrauchs
in den Sachgenuß eintritt, § 1056, vgl. auch 1071.

Wenn dagegen der Nießbrauch im obigen Sinne erlischt,
so erlöschen auch die auf dem Nießbrauch ruhenden Rechte, soweit nicht (wie bei Miet- und Pachtverhältnissen) mit dem Ge-
nußinteresse auch das Miet- und Pachtverhältnis auf den
Nachfolger (den Eigner) übergeht.

IV. Für das Erlöschen kraft Rechtsvereinigung (Konfusion)
gelten bei dem Grundstücksnießbrauch die Regeln des Grundbuchrechts, § 889, beim Mobiliarnießbrauch die Grundsätze des
Mobiliarrechts, § 1063: also dort einfaches Bestehenbleiben
nach dem Inhalt des Grundbuchs, hier Bestehenbleiben im Fall
eines begründeten Interesses.

IV. Praktische Anwendungen.
§ 110.

I. Das Anwendungsgebiet des Nießbrauchs im praktischen
Leben ist sehr beschränkt. Immerhin gibt es noch Fälle des
Nießbrauchsvermächtnisses; allein hier wird mehr durch Vor-
und Nacherbeinsetzung und durch Vor- und Nacherbvermächt-
nis gewirkt: statt des Nießbrauchs gilt bei der Vor- und Nacherbeinsetzung das Eigentum mit auflösender Bedingung, ein
Verhältnis, welches eine viel freiere Gestaltung zuläßt und
insbesondere auch diejenigen Verhältnisse ermöglicht, die man
früher durch Dispositions- oder Verfügungsnießbrauch zu
decken suchte.

Die Fälle aber, die man ehedem unter ususfructus parenta-
lis und ususfructus maritalis angliederte, scheiden aus, da man
zutreffend die familienrechtliche Nutznießung als ein besonderes
familienrechtliches Institut behandelt, das allerdings in seiner
sachlichen Gestaltung mit dem Nießbrauch manche Ähnlich-
keiten bietet. [1]) Vgl. Lehrb. III 1 S. 187 f., 457 f.

---

[1]) Der familienrechtlichen Nutznießung ist auch der Nießbrauch
der Ehegatten nach dem Höferecht (bis zum 25. Lebensjahr des Anerben) verwandt, z. B. Höfegesetz Hannover 28. 7. 1899, § 14.

Im Verkehrsleben aber hält man es mehr mit Treuhand-verhältnissen und mit Kauf und Wiederkauf und kommt dadurch zu einer viel ·einfacheren Abwickelung· der Sache; man gibt hierdurch namentlich· dem Genießenden eine viel größere Frei-heit, wofür er dann dem Anderen durch Sicherheitsdeckung die nötige Gewähr bieten kann.

II. Die Fälle der Eintragung des Nießbrauchs. im Grund-buch sind darum selten; eine Ausnahme besteht bei Waldungen und Bergwerken, deren Eigenart das System des Nieß-brauchers· besser entspricht. Einigermaßen kommt noch der Nießbrauch als indirektes Ersatzmittel für die Antichrese an Grundstücken in Betracht oder auch noch, um einem Gläubiger die künftigen Mietzinsen zuzuweisen, für welche eine Voraus-zession nicht möglich wäre. Vgl. S. 320.

III. 1. Bei dem Waldnießbrauch sind insbesondere die sekun-dären Pflichten bedeutsam; denn hier ist der Nießbrauch nur unter einem System von Bezug und Leistung durchzuführen. Näheres erörtert die Forsttechnik, die sich aber den erwähn-ten rechtlichen Grundsätzen anzuschmiegen hat. [1] Dahin gehört auch die Frage der Waldbrandversicherung, § 1045, vor allem aber die Pflicht der Nachpflanzung, § 1041, die An-zeigepflicht bei Lawinenschaden, § 1042 u. a.

Das BGB. bietet wenig, § 1038. Besondere Bestimmungen über den Waldnießbrauch enthalten manche Forstordnungen, z. B. schon die Westpreuß. Forst-O. 8. 10. 1805, § 6. Es kommt hier namentlich auch das Durchforsten in Frage (Aushieb der Weichhölzer usw.). .

2. Der Nießbraucher eines Waldes oder eines Bergwerkes muß nicht nur selbst das nötige tun, damit der ordnungsmäßige Betrieb aufrecht erhalten wird, sondern er muß sich auch ge-fallen lassen, daß der Eigentümer soweit hineinspricht, als hierzu erforderlich ist, und nötigenfalls selbst auf die richtige Kultur drängt; denn die Vernachlässigung hätte nicht nur eine

---

[1] Tuchtiges bei Dickel, Forstcivilrecht S. 912 f.; Endres, Recht an Nießbrauchwaldungen im Forstwiss. Zentralblatt XXVIII 140; Danckelmann, Z. f. Forst- und Jagdwesen XVI (1884) S. 65 f., 121 f.

augenblickliche, sondern eine dauernde jahrzehntelange Schädigung zur Folge. [1]

IV. 1. Da man trotz meiner Mahnung (Pfandrechtliche Forschungen S. 256) die Grundstücksantichrese in das bürgerliche Gesetzbuch nicht aufgenommen und die altbewährte Form der Pfandschaft in vorwitziger Weise einem verkehrten Modernismus aufgeopfert hat, [2] so tritt die Notwendigkeit ein, hierfür Ersatzmittel zu schaffen, zu denen die wirtschaftliche Notlage unweigerlich drängt. [3]

2. Die Antichrese ist ja für viele Fälle eine Notwendigkeit; man denke insbesondere, daß ein Theater, ein Gasthof oder sonst eine große Unternehmung in Schwierigkeiten gerät und die Gläubiger sie nur dann aufrecht erhalten wollen, wenn sie die Führung selbst in die Hand nehmen dürfen. Man hat als Ersatz die Form des Nießbrauchs gewählt, was allerdings mit einigen Schwierigkeiten verbunden ist:

a) man muß die Fälle des Untergangs des Nießbrauchs beseitigen, er darf nicht durch den Tod des Gläubigers erlöschen. [4] Handelt es sich um eine juristische Person, so ist durch die Bestimmung des § 1061 abgeholfen, andere Fälle kann man dadurch versteifen, daß eine juristische Person als Treuhänder ernannt wird.

Andererseits müssen aber Erlöschungsgründe beigefügt werden, welche dem Pfandrechte eigen sind: der Nießbrauch muß unter die auflösende Bedingung gestellt werden, daß er erlischt, wenn die Befriedigung erfolgt oder wenn die Forde-

---

[1] Vgl. darüber auch Danckelmann in der Zeitschrift für Forst- und Jagdwesen 16. 1884 S. 65 f., 121 f.

[2] Das Preuß. LR. I 20, 139 kennt die Grundstücksantichrese; das Österreich. Ges.-B. 1372 verbietet die Antichrese überhaupt und gestattet dem Gläubiger höchstens, sich die unschädliche Benutzung der Sache auszubedingen: hier wirkten noch die alten Wucherideen nach. Auch sonst finden sich derartige Beschränkungen; so schließt das nordische Seerecht a. 38 (Handelsgesetze des Erdballs S. 211) das Nutzpfand an Schiffen aus.

[3] RG. 3. 2. 1908 E. 67, 383.

[4] Vgl. KG. 15. 12. 1902 M. 6, 266; KG. 27. 3. 1907 M. 15, 367.

rung sonst untergeht, denn er soll ja nur der Forderung dienen
wie ein Pfandrecht. [1]) Eine solche Gestaltung ist möglich.

b) Damit sind noch nicht alle Schwierigkeiten beseitigt.
Für den Fall, daß eine Forderung an einen Anderen übergeht,
kann ihr nicht ohne weiteres auch der Nießbrauch folgen. Ist
die Forderungsübertragung eine freiwillige, dann ist allerdings
die Bestellung eines Zweitnießbrauchs an den Zessionar möglich. Dies schlägt aber fehl, wenn die Forderung gepfändet
und überwiesen wird. Für diesen Fall müßte bei Begründung
des Nießbrauchs die Pflicht zur Bestellung eines Zweitnieß-
brauchs an den etwaigen Forderungszessionar geschaffen werden. [2]) Dies kann obligationsrechtlich geschehen, und die Obligation kann durch Vormerkung verdinglicht werden.

c) Ein schweres Gebrechen ist es auch, daß der Nießbrauch
stets ein Vollnießbrauch ist und nicht etwa nach dem Inter-
essenkreis des Forderungsberechtigten abgestuft werden kann.
Ein Nießbrauch in der Art, daß der Nießbraucher nur einen
Teil der Früchte beziehen oder nur einen Teil der Mietszinsen
erhalten soll, widerspräche der Natur des Nießbrauchs; dem
ließe sich auch hier nur durch obligationsrechtliche Bestimmungen abhelfen. [3]) Daher kann das Zinsfruchtverhältnis nur
ein rein antichretisches sein und ist dinglich jedes gegenseitige
Rechnungsverhältnis ausgeschlossen.

3. Überall Schwierigkeit auf Schwierigkeit. Ein anderes
Mittel wäre etwa, wenn die Gläubiger einen vollstreckbaren
Titel verlangten und eine Zwangsverwaltung erwirkten, was
allerdings alle Nachteile einer Zwangsverwaltung mit sich
führte, denn die Art der Ausbeutung würde dadurch den Händen
der Gläubiger entzogen.

Man sieht, zu welch krampfhaften Zuständen es führt,
daß man meinen damaligen Rat mißachtet hat: man hat ihn
seinerzeit als veraltet und dem modernen Leben widersprechend
verworfen; es war die Art des Liberalismus, welchem jeder
Blick in die Zukunft fehlte.

---

[1]) KG. 27. 3. 1907 M. 15, 367.
[2]) Vgl. RG. 28. 2. 1907 M. 15, 370.
[3]) Celle 23. 10. 1902 M. 6, 121; KG. 27. 3. 1907 M. 15, 367; KG.
11. 7. 1910 M. 26, 85.

V. 1. Große Schwierigkeiten treten überhaupt ein, wenn, wie hier, der Nießbrauch an einem Industrie- oder Handels- institut, an einer Fabrik, einem Hotel oder auch einem Theater bestellt ist. Bei einem solchen Betrieb ist nicht von Sachen- früchten, sondern von Erträgnissen, und nach Abzug der Be- triebskosten von einem Einkommen die Rede; hier handelt es sich um Anstellung und Entlassung von Leuten, um Ver- besserung von Einrichtungen, und schließlich ist aus dem Be- trieb das Einkommen als Ergebnis zu entnehmen. Hier können die Bestimmungen des BGB. 1036 f. gar nicht angewendet werden. Der Nießbraucher muß hier vollständig freie wirt- schaftliche Befugnisse haben und muß betriebsmäßig ein Ein- kommen herauswirtschaften mit der entsprechenden Sorge für Reklame und Amortisation. Was das Inventar betrifft, so gibt § 1048 einen dürftigen Fingerzeig.

2. Auch hier mahnt das Leben, durch Treuhandgeschäfte oder durch Kauf auf Wiederkauf zu helfen.

2. Unterabschnitt. Wohnrecht.

§ 111.

I. Von Bedeutung für die wirtschaftlichen und familien- rechtlichen Verhältnisse ist das Wohnrecht, das mit größerem oder geringerem Gebrauchs- und Nutzungsrecht (z. B. an Gärten und Anlagengeländen) verbunden sein kann, § 1093. Dieses Wohnrecht könnte wohl verwendet werden, um dem gewöhnlichen häuslichen Leben zu entsprechen, und solcher- gestalt hat man versucht, Miete und Pacht in diese Bahnen zu lenken, indem der Wohnberechtigte als Gegenleistung eine Rente versprach.[1] Das könnte vorteilhaft sein, insbesondere wäre das Recht im Falle der Zwangsvollstreckung nicht der Kündigung des Erstehers unterworfen. Doch hat sich dieses Konstruktionsmittel wenig einbürgern können, denn ihm stehen große Nachteile entgegen: wie beim Nießbrauch, so fehlt es auch hier an einem einheitlichen Verhältnis, welches Recht und Gegenrecht, Leistung und Gegenleistung stets in ein aus-

---

[1] RG. 8. 4. 1903 E. 54, 233.

gleichendes Verhältnis setzt; insbesondere hat der Wohnberechtigte keinen Anspruch auf die sachliche Sorge und auf
Sachherstellungen von seiten des Eigners. [1]) Und sodann läßt
sich die doppelseitige Beziehung zwischen Mietszinsen auf der
einen Seite und den Leistungen des Vermieters auf der anderen
durch diese Konstruktionselemente nicht wiedergeben, und die
mit der Fürsorgepflicht verbundenen Kontrollrechte des Eigentümers scheitern auch hier an der Eigenart des dinglichen
Rechts.

II. Alles dieses ist gezwungen und läßt sich nicht einbürgern. Die Hauptverwendung des Wohnrechtes ist vielmehr
das Leibgedings-, Altenteils- oder Häuslerverhältnis, a. 96 BGB.
Hier tritt es in Verbindung mit schuldrechtlichen Pflichten und
mit Reallasten, um dem in den Ingostand zurücktretenden
Greise den Lebensunterhalt und den Lebensbedarf in seinen
alten Tagen zu gewähren; also der sogenannte König-Lear-
Vertrag, der sich nach örtlichem Gebrauch und Sitte richtet
und darum auch in seinen Einzelheiten dem Landesrecht anheim gegeben ist. Vgl. Preuß. Ausf.-G. z. BGB. a. 15.

III. Hervorzuheben ist, daß das Wohnungsrecht dem Berechtigten nur einen Teil des Sachkapitalgenusses zu bieten
pflegt und meist in Verhältnissen vorkommt, in welchen der
Berechtigte aus dem aktiven Kreise des Verkehrslebens mehr
oder minder ausscheidet. Daher obliegt ihm weder eine Ver-
sicherungspflicht, noch eine Pflicht, die Lasten der Sache zu
tragen, und die Pflicht der Ausbesserung hat er nur, soweit
sie dem Häuslervertrag entspricht. Gerade hier ist es im
Gegenteil üblich, daß der Eigner die Verpflichtung übernimmt,
die Wohnung in ordentlichem Stande zu erhalten, ja im Falle
des Unterganges wiederherzustellen. Dazu muß die Möglichkeit der Kündigung und die Möglichkeit treten, falls sich
die Verhältnisse ungünstig gestalten, einen geeigneten Ersatz
zu verlangen; alles dieses führt eine Verbindung von Wohnungsrecht mit schuldrechtlichen und reallastartigen Verhältnissen herbei, welche das Institut aus dem Sachenrecht heraus-
heben und ihm einen familienrechtlichen Charakter verleihen.

---

[1]) KG. 24. 2. 1902 M. 4, 481.

IV. Daraus geht auch hervor, daß das Wohnungsrecht höchst persönlich und unübertragbar zu sein pflegt; handelt es sich doch um einen Gebrauch, welcher in Art und Maß nach dem Bedarf der Personen verschieden ist; wozu noch der Umstand hinzutritt, daß bei dem nahen Zusammenleben sehr leicht Reibungen zu befürchten sind, die nicht durch Einschiebung fremder Personen gesteigert werden dürfen, §§ 1091, 1092 und 1093.

3. Unterabschnitt.

Gebrauchseinlagen der Gesellschafter.

§ 112.

I. Völlig vernachlässigt wird in unserem Rechte das Gebrauchsrecht einer Gesellschaft, sei es nun einer Handelsgesellschaft als juristischer Person oder einer Gesamthandgesellschaft des bürgerlichen Rechts. Wenn der eine Gesellschafter Gegenstände nur zum Gebrauch einwirft, so pflegt man hier eine bloße schuldrechtliche Benutzungsbefugnis anzunehmen; dies würde aber vollkommen dem Zwecke widersprechen. Gesetzt, ein Gesellschafter hat Räumlichkeiten, Magazine, Erfindungen zur Benutzung einer Fabrik eingeworfen, und verkauft nun diese Gegenstände zu Eigentum, oder er belastet sie mit Pfandrechten oder Hypotheken, oder sie werden von seinen Gläubigern gepfändet — hier fragt es sich: soll an all diesen Dingen die Gesellschaft ihre Rechte verlieren und auf eine einfache Entschädigung beschränkt sein, während vielleicht ihr ganzes Gedeihen und ihr Wohlstand mit der Benutzung dieser Gegenstände zusammenhängt?

II. Zuträgliche Verhältnisse können nur eintreten, wenn die Gesellschaft ein dingliches Gebrauchs- und Besitzrecht erwirbt, allerdings auch in unübertragbarer Weise, und hier natürlich mit den sekundären Pflichten ähnlich dem Nießbraucher. Die nähere Darstellung dieses vor allem im Handelsbetrieb vorkommenden Instituts muß dem Handelsrecht überlassen werden.

II. Unterkapitel. Nießbrauchähnliche Teilrechte.

I. Allgemeines.

§ 113.

I. Das ganze Kapitel vom Nießbrauch an Rechten beruht auf Verfehlungen und Konstruktionswidrigkeiten. Es gibt kein Recht am Recht, keinen Nießbrauch an Rechten, es gibt nur Rechte an Gegenständen. Wenn man erwidert hat, daß insofern vom Recht an Rechten die Rede sein könne, als der Nießbraucher das Eigentum belastet und sein Ausübungsrecht beschränkt, so ist dieses zwar richtig, aber die Folgerung zeigt den Mangel juristischer Konstruktion. „Ich habe ein Recht an einem X." will nicht sagen, daß dieses X. von meinem Recht belastet ist, sondern daß dieses X. das Objekt meines Rechts ist. Wie kann man aber sagen, das Eigentum sei das Objekt meines Rechts? Objekt im Recht ist immer der Gegenstand, hier die Sache, nicht das Recht an der Sache; was sich schon darin zeigt, daß der Nießbrauch fortbesteht, auch wenn das Eigentum erlischt. [1])

II. Schon längst habe ich vorgeschlagen, die Ausdrucksweise Voll- und Teilrecht zu gebrauchen, indem ich nachwies, daß die unterscheidende Struktur des Nießbrauchs nicht in der Sphäre des Sachenrechts, sondern in der Sphäre des Rechtes überhaupt liegt, indem jedes Recht, mindestens jedes Vermögensrecht, Voll- und Teilrecht sein kann. [2]) So ist denn Nießbrauch in dem Sinne, wie ihn das BGB. gebraucht, ebenso wie Pfandrecht, durchaus nicht etwa ein sachenrechtlicher Begriff, sondern ein Begriff des Rechts überhaupt, während Eigentum eine nur sachenrechtliche Potenz ist. Dem Nießbrauch entspricht als Gegensatz nicht Eigentum, sondern das Vollrecht, und so kann es im Forderungsrecht ein Vollrecht und einen Nießbrauch geben, ebenso wie im Sachenrecht; vollkommen verfehlt ist es dagegen, vom Eigentum an Forderungen zu

---

[1]) Unrichtige Fassung in § 1068: „Gegenstand des Nießbrauchs kann auch ein Recht sein." Dies ist der Gipfel der Konfusion.

[2]) Rechtsphilosophie S. 103.

sprechen, wenn man damit das Vollrecht bezeichnen will: man verwendet dann einen Begriff, der nur dem Sachenrecht angehört, im Gebiete des Forderungsrechts, während man doch nicht ein sachenrechtliches Verhältnis, sondern lediglich ein Vollrecht bezeichnen will. Zur größeren Sicherheit wäre es auch besser, statt vom Nießbrauch an Forderungen von nießbräuchlichen Teilrechten zu sprechen. Der Kürze halber sei aber im folgenden der Ausdruck Nießbrauch gewählt.

III. 1. Daraus ergibt sich von selbst: der Nießbrauch ist nur dann sachenrechtlich, wenn er ein Nießbrauch an Sachen ist; er ist immaterialrechtlich, wenn er ein Nießbrauch an Immaterialgegenständen, er ist schuldrechtlich, wenn er ein Nießbrauch an Forderungsgütern ist.

Wenn man daher den Nießbrauch an „Forderungen" neben dem Nießbrauch an Sachen behandelt, so ist dies systematisch ungenau, ebenso wie wenn man etwa das Vollrecht an Forderungen neben dem Eigentum behandeln wollte; und wenn wir dennoch vom Nießbrauch an „Forderungen" und „Immaterialrechten" sprechen, so kann dies nur anhangsweise geschehen und mit Rücksicht darauf, daß die Anforderungen des Lebens uns mitunter nötigen, von der strengen Systematik abzuweichen.

2. Noch eines ist dabei zu bemerken: die unrichtige Anschauung hat sich dadurch gebildet, daß es regelmäßig der Forderungsberechtigte ist, welcher einen Nießbrauch bestellt. Es wäre aber nicht undenkbar, daß etwa der Schuldner sich als Schuldner des A. in der Art erklärt, daß neben A. der B. das Forderungsrecht in Nießbrauchsweise haben solle. Dies ist ein Fall, der, wenn er auch im Leben weniger vorkommen wird, sich eben doch ereignen kann und sich namentlich auch in testamentarischen Verhältnissen schon ereignet hat.

IV. Von allen Arten des nießbrauchähnlichen Teilrechtes gilt der Satz, daß für Konfusion und Verzicht das Mobiliarrecht maßgebend ist, § 1072.

II. Nießbrauchähnliches Teilrecht an immateriellen Gütern.

§ 114.

I. Über den Nießbrauch an immateriellen Gütern habe ich in meinen Immaterialschriften gehandelt und kann ich darauf verweisen. [1]

II. Zu bemerken ist nur, daß die Bestellung des Nießbrauchs in derselben Form, wie die Übertragung des Rechts geschieht, § 1069; bei dem Patentrecht kommt insbesondere die Eintragung in die Patentrolle in Betracht.

III. Nießbrauchähnliches Teilrecht an Forderungsgütern.

§ 115.

I. 1. Was den Forderungsnießbrauch betrifft, so hat ihn das BGB. bei unverzinslichen Forderungen als Eigenverwaltungsnießbrauch, bei verzinslichen als Mitverwaltungsnießbrauch konstruiert, §§ 1070, 1074, 1075 einerseits und §§ 1076—1083 andererseits. Von diesen beiden Formen ist natürlich der Eigenverwaltungsnießbrauch mit den entsprechenden sekundären Pflichten belastet, § 1074. Was aber die zweite Form betrifft, so ist ihre Wahl eine große Ungeschicklichkeit. Man verfährt hier, als ob die Menschen lauter Engel wären, die sich leicht in Gemeinschaftsverhältnisse finden. Das Gegenteil ist der Fall, vor allem, wenn die Menschen sich nicht freiwillig zusammentun, sondern durch Umstände zusammengeführt werden, und dies kommt gerade bei dem Nießbrauch häufig vor, denn er beruht regelmäßig auf testamentarischer Grundlage. Die Bestimmung, wonach an beide gezahlt, von beiden zusammen gekündigt werden muß und beide verpflichtet sind, nach den Regeln einer guten Verwaltung zusammen zu wirken, ist eine Pandorabüchse der bösesten Streitigkeiten. Die Bestimmung könnte

---

[1] Handbuch des Patentrechts S. 498; Lehrbuch des Patentrechts S. 181.

nicht schlimmer getroffen sein, wenn sie durch einen Geist der Zwietracht in die Menschheit hineingetragen wäre. Entweder hätte man auch hier den Nießbrauch als Eigenverwaltungsnießbrauch mit voller Berechtigung des Nießbrauchers gestalten sollen, wobei ihm die nötige Sicherheitsleistung auferlegt werden konnte, oder man hätte die Ausübung des Forderungsrechtes einem Treuwalter überlassen können, sodaß der Nießbraucher auf die Zinsergebnisse beschränkt worden wäre: im Falle der Kapitalrückzahlung hätte dann der Treuwalter durch neue Anlage des Geldes oder in anderer entsprechender Weise sorgen müssen. Nach unserem Rechte ist jedenfalls so viel sicher, daß der Nießbraucher den direkten Zinsgenuß hat und zu diesem Zwecke ein direktes Eintriebsrecht gegen den Schuldner. Dies gilt namentlich auch vom Nießbrauch einer Sparkassenbuchforderung. [1]) Eigentümer der Schuldurkunde (§ 952) wird der Nießbraucher nicht, [2]) doch ist sie ihm so weit auszuhändigen, als er sie zur Geltendmachung seines Rechtes bedarf. Vgl. S. 244.

2. Der Nießbraucher wird an den Zinsen und Renten berechtigt nach ihrer periodischen Fälligkeit; dies auch dann, wenn die Renten in den Zeitläuften verschieden sind oder, wie Leibrenten oder Tilgungsrenten, das Kapital erschöpfen, § 1073.

3. Noch ist auf den Fall einzugehen, daß der Schuldner einen Nießbrauch an einer gegen ihn bestehenden Forderung erwirbt. In einem solchen Falle kompensieren sich die Zinsen von selbst. Was das Kapital betrifft, so zieht er es bei dem unverzinslichen Nießbrauch fiktiv ein und erlangt an dem Geld einen Quasinießbrauch, d. h. er hat das Geld nach Erlöschen des Nießbrauchs dem Vollberechtigten zurückzuzahlen. Bei dem verzinslichen Nießbrauch hat er nach Fälligkeit der Forderung das Geld in Gemeinsamkeit mit dem Vollberechtigten anzulegen. [3])

II. Glücklicherweise ist diese ganze Art des Nießbrauchs in seltenem Gebrauch. An Stelle dessen bedient man sich der Sicherheitsübereignung, d. h. der Zession mit auflösender Be

---

[1]) Kolmar 28. 4. 1910 M. 26, 86.
[2]) Kiel 30. 1. 1903 M. 6, 267.
[3]) KG. 19. 21. 1914 EfG. 14, 215, auch KG. 10. 10. 1910 M. 24,2.

dingung (S. 521), wodurch der Menschheit all diese Not und Qual erspart wird. In einem Falle allerdings hat man diesen Forderungsnießbrauch hervorgeholt, um Jemandem, dem ein Hypothekar die Hypothekenzinsen übertragen hat, eine Sicherung zu geben; da nämlich der Hypothekar jederzeit die Hypothek löschen, die Forderung und das Zinsrecht aufgeben kann, so wäre der Zinserwerber sehr gefährdet; um dem zu entgehen, gibt man ihm an der Hypothekenforderung einen Nießbrauch, den der Hypothekar respektieren muß. Vgl. auch oben S. 317.

IV. Vermögensnießbrauch.

§ 116.

I. Der Vermögensnießbrauch ist ein Nießbrauch an den einzelnen Vermögenssachen, einschließlich der immateriellen Güter und der Forderungen, aber zu dem Zweck, daß dem Nießbraucher das Einkommen des durch die Vermögensliquidation erzielten Nettokapitals zukommt, § 1085. Auch hier zeigt das bürgerliche Gesetzbuch das größte Ungeschick und eine volle Verkennung der Verhältnisse. Liquidator könnte der Nießbraucher oder der Eigentümer sein; bei uns ist es aber keiner von beiden, sondern jeder greift bald da, bald dort in das Vermögen hinein, um den wechselnden Bedürfnissen gerecht zu werden. Es ist eine dilettantische Behandlung zu nennen, wenn hier bestimmt ist, daß der Nießbraucher so viel an Vermögen herausgeben soll, als zur Schuldenzahlung nötig ist, wobei er die Auswahl hat, jedoch nur geeignete Gegenstände auswählen darf! und daß der Eigentümer dann aus diesen Gegenständen die Gläubiger zu befriedigen hat, während umgekehrt auch der Nießbraucher Vermögensgegenstände veräußern kann, um die Gläubiger zu befriedigen, falls diese Befriedigung nicht ohne Gefahr abgewartet werden kann usw., §§ 1086, 1087. Auch das sind Normierungen, die nicht schlimmer und unsozialer ausgedacht werden könnten, gerade geeignet, um die besten Seelen in Zwietracht und Feindseligkeit zu stürzen.

II. Daß übrigens der Nießbraucher direkt für die Schuldzinsen einstehen soll, ist eine zutreffende Bestimmung des § 1088, die auch schon das preußische Landrecht enthielt, I 21,

71; aber es steht ihm natürlich zu, durch Preisgebung des Nießbrauchs sich der künftigen Zinszahlung zu entledigen.

III. Diese Grundsätze gelten auch vom Nießbrauch an einer
Erbschaft, bei welcher sich dann die Liquidation auf Vermächtnisse und sonstige Erbpflichten miterstrecken muß, § 1089. [1])
Dem Erblasser aber, welcher den Nießbrauch bestimmt, muß
es gestattet sein, eine ordnungsmäßige Liquidation in der einen
oder anderen Form anzuordnen.

II. Hauptkapitel.

Verselbständigte Substanzrechte.

I. Erbbaurecht.

§ 117.

I. Die Befugnis, auf fremdem Gelände ein Bauwerk für sich
zu haben, kann eine persönliche oder eine sachliche Dienstbarkeit sein; so wird die Sache auch richtig im Schweizer Gesetzbuch a. 779 dargestellt. Auch in anderen Rechten, z. B.
im sächsischen Gesetzbuch § 661 und im österreichischen
Rechte a. 529, ging man von der Anschauung der persönlichen
Dienstbarkeit aus, die eben nur auf die Erben gestellt werden
kann. Selbst bei uns steht nichts im Wege, solche Dienstbarkeiten als Personalservituten zu begründen; [2]) aber auch in
der Gestalt von Realservituten, z. B. in der Art, daß etwa ein
Wirtschaftsgebäude auf fremdem Grund und Boden einen Eis-
keller oder einen Aufbewahrungsraum haben kann. [3])

II. Die Ausscheidung eines solchen Rechts aus dem Gebiete der persönlichen Dienstbarkeit hat nur dann einen Sinn,
wenn es verselbständigt wird, sodaß es selbst wieder zur gegenständlichen Belastung oder zur gegenständlichen Berechtigung

---

[1]) KG. 11. 3. 1911 M. 26, 91.

[2]) Unrichtig KG. 18. 10. 1909 Joh. 39 A. 215.

[3]) Die Römer nahmen an, daß ein conclave oder ein porticus
des einen Hauses sich über das andere erstrecken könne, in der Art,
daß das Ganze zum Eigentum des einen Hauses gehört, fr. 31 leg. III,
fr. 47 de damn. inf.

heranwachsen soll, als Träger einer aktiven und passiven Dienstbarkeit oder als Träger einer Hypothek oder eines sonstigen Wertrechts. Zwar ist auch hier nicht das Recht, sondern die Sache berechtigt oder belastet, aber eben das Bauwerk wird als Berechtigungs- oder Belastungsgegenstand von den sonstigen Grundstücksteilen ausgeschieden und selbst zu einem Interessenzentrum oder zu einem Wertgegenstand gemacht. Dafür spricht ein einleuchtendes Bedürfnis, denn hier walten selbständige Werte und hierum gruppieren sich selbständige Interessen. [1]

III. Das BGB. hat das Erbbaurecht nur in einer völlig ungenügenden Weise behandelt; es will uns besagen, daß das Recht nur an Bauwerken bestehen kann, denen allerdings gewisse nebensächliche Grundparzellen angegliedert sein können, also Gärten, Vorgärten, §§ 1012, 1013; denn es sollen solche Rechtsbeziehungen an Bäumen, Sträuchern oder überhaupt an organischen Naturverbindungen ausgeschlossen sein, während sie nach preußischem Landrecht I 22, 243 und nach österreichischem Gesetzbuch § 1147 möglich waren. Aber man muß jedenfalls Bauwerke im weitesten Sinne annehmen; so gehört auch ein Spielplatz hierher, ebenso natürlich auch ein Erbbegräbnis; [2] so hat man auch mit Recht angenommen, daß elektrische Leitungen, Drahtseilbahnen Gegenstände eines Erbbaurechtes sein können, [3] und dasselbe muß auch für Tunnels, für Schienenwege usw. gelten.

2. Des weiteren wird nur von der Bestellung des Erbbaurechts und seiner Übertragung gesprochen und hier die gleichzeitige Anwesenheit beider Teile verlangt, sodann die (jetzt ziemlich unpraktische) Bestimmung beigefügt, daß die Erklärung vor dem Grundbuchamt geschehen soll. Ferner geht daraus hervor, daß die Bestellung eines Erbbaurechts mit einem Termin oder mit auflösender Bedingung geschehen kann, nicht aber die Übertragung eines bereits bestehenden Rechts,

---

[1] Solche Verselbständigungen kennt auch das Schweizer ZGB. a. 779.
[2] KG. 30. 5. 1907 M. 18, 145; Stuttgart 14. 8. 1903 M. 8, 122.
[3] Kiel 2. 12. 1912 M. 26, 126.

§§ 1015, 1017. Auch soll durch Untergang des Bauwerks das Recht nicht erlöschen: das Bauwerk kann ja erneuert werden, § 1016. Daß man endlich das Stockwerkrecht möglichst beseitigen wollte, § 1014, wurde schon oben (S. 43) bemerkt.

3. Über die grundbücherliche Behandlung bestimmt der § 7 GBO., daß für das Erbbaurecht auf Antrag ein besonderes Grundbuchblatt anzulegen sei, und daß eine solche Anlage von Amtswegen erfolgen solle, wenn das Recht veräußert oder belastet wird.

IV. Das ist alles. Offenbar hatte man keine Ahnung von der ungeheuren wirtschaftlichen Bedeutung, welche das Erbbaurecht annimmt, obgleich dem einigermaßen kundigen Beobachter sofort die Tragweite der Sache hätte aufstoßen müssen. Das Erbbaurecht ist ein Mittel, um der wilden Grundstücksspekulation bei Neubaugeländen entgegenzutreten und den völlig ungerechten Konjunkturengewinn einzuschmälern, welchen frühere Perioden der armseligsten Wirtschaftserkenntnis zu Millionenbeträgen hatten anwachsen lassen. Sache der Gemeinden ist es, das Baugelände in ihrem Eigentum zu behalten und nur mit Erbbaurechten zu besetzen, dann aber diese Rechte so zu gestalten, daß sie mit ihnen und ihrem Betrieb in ständiger ausschlaggebender Berührung bleiben. Das kann einmal geschehen auf dem Wege von Resolutivbedingungen und Kündigungsrechten; die Gemeinde erklärt: es müssen von dem Erbbauberechtigten bestimmte Grundsätze eingehalten, z. B. dürfen nur Wohnungen in gewisser gesunder und sozial angelegter Weise gebaut und es müssen die Wohnräume in einer der menschlichen sozialen Entwickelung gemäßen Weise verwendet werden; es soll also an Stelle eines Mietskasernensystems ein System von gut eingerichteten Einzelwohnungen eintreten. Wenn auf solche Weise die Gemeinde Bedingungen setzt und sich selbst ein Heimfallsrecht vorbehält, falls dem nicht entsprochen wird, so ist für die sozialen Interessen bereits sehr viel getan. Ebenso kann bestimmt werden, daß das Erbbaurecht nicht beliebig veräußert werden darf, und dies

gilt ebenfalls unter dem Drucke eines etwaigen Kündigungs-
rechtes. [1])

V. Diese Grundgedanken sind vielfach weiter entwickelt
worden, namentlich auch in der Richtung, daß der Erbbauberechtigte regelrecht verpflichtet ist, das Grundstück in gutem
Stand zu halten, das Bauwerk zu versichern und alle öffentlichen Lasten zu tragen. Das alles kann nicht mehr geschehen
in der Rechtsähnlichkeit des Nießbrauchs: der Eigentümer und
der Bauberechtigte können jetzt nicht etwa einfach dinglich
nebeneinander stehen, ohne daß ein weitgehendes Schuld- und
Pflichtverhältnis zwischen ihnen erwächst: es treten daher
ähnliche Berührungsflächen ein wie zwischen Vermieter und
Mieter, nur daß umgekehrt hier nicht der Eigentümer, sondern
der Erbbauberechtigte es ist, welcher die Pflichten der Erhaltung und die Tragung der öffentlichen Lasten übernimmt.

Zu bemerken ist dabei, daß das Heimfallsrecht mit all
seinen damit verbundenen weiteren Befugnissen, ebenso
aber auch die reallastartigen Obligationsansprüche des Grundeigentümers, nicht etwa selbständiger Natur sind, sondern mit
dem Grundeigentum zusammenhängen und daher nicht etwa
Gegenstand einer sie vom Grundstück ablösenden Pfändung
sein können; womit nicht gesagt ist, daß der Eigentümer nicht
auch das Heimfallsrecht für einen Dritten ausbedingen kann.

VI. Schwierige Fragen mußten sich nun auch erheben:

1. über das Eigentum am Bauwerk: Hier entscheiden die
Grundsätze des Einbaurechtes; aber ihre Durchführung in der
Art, daß bei Aufhören der Bauberechtigung der Berechtigte
ein Wegnahmerecht hätte, wäre völlig sachwidrig. Vgl. oben
S. 50. Es ist vielmehr Sache der Gesetzgebung oder auch der
Vereinbarung, hierüber Bestimmungen zu treffen, namentlich in

---

[1]) Schon unter dem jetzigen Recht nimmt man an, daß das
Erbbaurecht zwar nicht als unveräußerlich erklärt oder unter die
Veräußerungsgestattung des Eigentümers gestellt werden dürfe, daß
aber für den Fall einer Veräußerung eine Vertragsstrafe bedungen
oder das Erlöschen des Rechts ausgemacht werden könne, KG. 5. 10.
1908 EfG. 9, 271 (im Gegensatz zu einer früheren Entscheidung v. 7. 11.
1907 M. 18, 144).

dem Sinne, daß bei Aufhören des Baurechts, und insbesondere beim Heimfall, das Bauwerk dem Eigentümer zukommt. Eine billige Entschädigung ist in solchem Falle angemessen. Das österreichische Baurechtsgesetz vom 26. April 1912 verfügte darüber in § 9, daß mangels Vereinbarung eine Entschädigung in der Höhe von ¼ des vorhandenen Bauwertes zu leisten sei.

Eine 2. Frage ist die über das Verhältnis zwischen dem Eigentümer und dem etwaigen Bauzins. Bauzins als Reallast darf nicht vollkommen von dem Bauverhältnis abgetrennt werden; es darf insbesondere nicht statthaft sein, ihn auf künftige Zeiten zu zedieren: dies würde den Zusammenhang zwischen dem Eigentum und dem Erbbaurecht zerreißen und die Interessen zerschneiden, welche beide Befugnisse aneinander ketten sollen.

Ein 3. wichtiger Punkt ist die hypothekarische Belastung des Erbbaurechts. Eine solche ist gewiß zulässig, aber die schwankende Grundlage, auf welcher das Baurecht steht, hätte für den Kapitalisten nicht sehr viel verlockendes, und doch handelt es sich wesentlich darum, der sich ansiedelnden Bevölkerung die nötigen Kapitalien möglichst ausgiebig zur Verfügung zu stellen. Es muß daher bestimmt werden,

a) daß bei Geltendmachung des Heimfallsrechtes die Hypothek nicht untergeht,

b) daß auch andere Erlöschungsgründe des Erbbaurechts für die Hypothek nicht ohne weiteres zerstörend wirken, so insbesondere, wenn etwa der Erbbauberechtigte auf seine Berechtigung verzichtet. Das österreichische Gesetz, § 8, bestimmt in diesem Falle, daß die Hypotheken so lange fortbestehen als sie bestehen würden, wenn nicht auf solche gewillkürte Weise die Beendigung herbeigeführt worden wäre.

c) Besonders angemessen sind hier natürlich die Tilgungshypotheken, die so angelegt sein müssen, daß die Tilgung vor der normalen Beendigung des Rechts vollendet ist. Das österreichische Gesetz, § 7, betrachtet eine solche Amortisationshypothek als sicher, wenn sie spätestens im 5. Jahre vor Löschung des Baurechtes erledigt werden soll, § 7. Natürlich kann ausbedungen werden, daß, wie die Veräußerung, so auch die Verpfändung nur mit Einwilligung des Eigentümers geschehen darf, und das letztere wird namentlich von Bedeutung sein, wenn man daraus den Schluß zieht, daß durch solche Zustimmung eventuell auch Grund und Boden belastet wird und der Hypothekar hierdurch auch fernerhin gesichert ist.

d) Schwierig ist insbesondere auch das Verhältnis zwischen der Erbbauhypothek und den auf dem Grundstück bereits bestehenden Hypotheken. Es wird sich darum handeln, hier, sobald ein neues Bauwerk errichtet wird, es als Melioration gegenüber den Bodenhypotheken zu verselbständigen.

e) Für die normale Dauer des Erbbaurechtes bestimmt das österreichische Gesetz die Zeit von 30—80 Jahren. Es wären aber noch besonders Bestimmungen darüber zu geben, ob und wann eine Erneuerung möglich ist, und ob und unter welchen Umständen der Erbbauberechtigte ein Anrecht auf den Eigentumserwerb hat.

VII. Man ist gegenwärtig bemüht, in Deutschland die Materie neu zu regeln, weshalb hier auf das Einzelne nicht weiter eingegangen werden kann. Über die Bedeutung des Instituts vergleiche man mein Werk über Recht und Persönlichkeit in der Kultur der Gegenwart (1913) S. 207 f.

II. Andere Selbständigkeitsrechte.

§ 118.

I. Wie das Erbbaurecht, so werden auch Bergwerksrechte und Abbaugerechtigkeiten, z. B. Kohlenbaugerechtsame, verselbständigt, indem für sie ein eigenes Grundbuchblatt errichtet wird, vgl. a. 68 EG. zum BGB., § 84 GBO. und a. 23—28 Pr. AG. zur GBO. und a. 38 Pr. AG. zum BGB.

Das Bergwerksrecht besteht allerdings bereits durch Verleihung des Oberbergamtes, § 32 Berggesetz, welches aber das Grundbuchamt um Eintragung ersucht, a. 23 Pr. AG. zur GBO.

II. Erbpachtrechte bestehen noch landesgesetzlich fort mit der Befugnis der Übertragung, ähnlich wie der Erbbau, und mit dem Rechte auf ein besonderes Grundbuchblatt, a. 63 BGB.

und §§ 84, 7, 20 GBO. Sehr ausführlich waren sie im bayerischen Landrecht IV 7 geregelt. In den meisten Ländern sind sie im Laufe des vorigen Jahrhunderts weggefallen, der Code Napoléon nennt sie nicht, und in seinem Gebiete hat man sie auch nicht mehr anerkannt. [1] In Baden, wo sie nach Landesrechtssatz 1831 b. a. noch bestanden, sind sie fast durchgängig zur Ablösung gelangt; in Preußen sind sie, wo sie noch gelten, als Eigentum mit Verfügungsbeschränkung zu behandeln und in dieser Form einzutragen, Preuß. AG. zu GBO. a. 15.

III. Das Lehenrecht, ein Recht von ehemals unendlicher Tragweite, beruhend auf einer eigenartigen Verbindung von selbständigem dinglichen Rechte mit einer beiderseitigen Treupflicht, ein Recht von bewunderungswertem ethischem Gehalt und tief sittlichem Ernst, aber zugleich ein Recht, das der Staatsgewalt mit der Zeit höchst gefährlich werden konnte, ein Recht, das noch im Preuß. LR. (I 18, 1. Abschnitt) in 679 Paragraphen behandelt, im BGB. a. 59 aber dem Landesrecht zugewiesen wird, ist eine gefallene geschichtliche Größe, welche von unserer Erörterung auszuscheiden ist.

IV. Fideikommißrechte unterliegen gleichfalls dem Landesgesetz a. 59 BGB. Auch sie dürften dem Untergang entgegengehen.

III. Hauptabschnitt.

Eigentum und Schuldrecht
im Dienste dinglicher Rechtsentwickelung.

A. Anwartschaftsrechte.

I. Das volle Anwartschaftsrecht.

§ 119.

I. Der Erwerb kraft auflösender Bedingung beruht auf Anwartschaftsrecht. Der Nachberechtigte erwirbt hier 1. von selbst, 2. er erwirbt das Sachkapital in dem Stand, in welchem es sich bei Begründung der Anwartschaft befand. Daraus geht

---

[1] OLG. Colmar 25. 3. 1907 Elsaß-Lothringen 33, 359.

hervor: die Änderungen des Rechts am Grundkapital, welche in der Zwischenzeit erfolgt sind, bleiben Änderungen der Zwischenzeit und fallen bei Eintritt der auflösenden Bedingung zusammen. Der Erstberechtigte hat daher in der Zwischenzeit den vollen Nutzgenuß, und das einstweilige Kapitalrecht, er ähnelt dem Nießbraucher, jedoch mit dem Unterschied, daß er in der Zwischenzeit Eigentümer ist und die von ihm gemachten Eigentumsverfügungen in der Zwischenzeit gelten.

II. Anwartschaftsrechte sind so weit möglich, als ein Eigentumsübergang möglich ist, insbesondere auch in bezug auf Miteigentumsteile.

III. Das Prototyp einer solchen Anwartschaft ist das Erwerbsverhältnis zwischen Vor- und Nacherben; auch der Erwerb beim Vor- und Nachvermächtnis würde hierher gehören, wenn wir dingliche Vermächtnisse hätten: da dies nicht der Fall ist, so scheidet er für uns aus.

IV. Der Begründung einer solchen Anwartschaft durch Verkehrsrecht steht bei Grundstücken die Bestimmung der Immobiliarordnung im Wege, wonach Auflassungen nur unbedingt, also ohne Bedingungs-, Zeit- und Terminbeschränkung, erfolgen dürfen, § 925.[1]) Das gleiche gilt auch von der Veräußerung bestehender Erbbaurechte, § 1017. Bei beweglichen Sachen haben solche Anwartschaften keine große Bedeutung, höchstens bei solchen, welche, wie Gemäldegallerien, örtlich mehr oder minder festgelegt sind; an Immaterialrechten ist eine Anwartschaft möglich, vor allem an Patentrechten, doch ist bei der geminderten Dauer solcher Rechte das Institut von keiner sehr großen Tragweite.

V. Wo es bedingtes Grundeigentum gibt, ist es einzutragen, insbesondere gilt dies von der Nacherbschaft. Hier muß das Verhältnis des Resolutivrechtes im Grundbuch zur Geltung kommen, auch unter Angabe der Nacherbberufenen, soweit diese bereits bestimmt sind. Auch die etwaigen befreiten Verhältnisse der Vorerben sind im Grundbuch zu vermerken, § 52 GBO.[2]) Vgl. oben S. 83 und 85.

---

[1]) Vgl. auch KG. 12. 8. 1908 M. 12,20.
[2]) RG. 12. 7. 1905 E. 61, 228.

VI. Das Weitere ist im Erbrecht zu entwickeln, ebenso wie überhaupt das Nähere über diese Anwartschaften, welche sich praktisch um das Institut der Vor- und Nacherbschaft gruppieren.

VII. Sehr bedeutsam war das ehemalige „widerfällige" Eigentum im deutschen Rechte. Das Gut der Ehegatten war mit dem Anwartschaftsrecht der Verwandten belastet; im Falle der Kinderlosigkeit gelangte es zwar an den anderen Ehegatten, aber so, daß es seinerzeit an die Verwandten der Linie, von der es herrührte, zurückfiel; ja selbst bei bekindeten Ehegatten nahm man vielfach ein solches Anwartschaftsrecht an, wenn die Kinder ohne Kinder starben; dann galt der Satz: paterna paternis, materna maternis.

Wie dieses Warterecht allmählich unterging, wie das Resolutiveigentum sich zur Leibzucht gestaltete, zum „Schliß", wie man es in Süddeutschland nannte, ist eine reizvolle Seite in der Geschichte des Rechts, worüber ich auf meine Carolina IV S. 215 f. verweisen möchte. Als bloß rechtsgeschichtlich scheidet es hier aus.

II. Die geminderten Anwartschaftsrechte.

1. Das Verwirkungsrecht.

§ 120.

I. Das Verwirkungsrecht ist ebenfalls eine auflösende Anwartschaft, die aber nicht von selbst eintritt, sondern nur, wenn unter den betreffenden Umständen der Anwartschaftsberechtigte eine einseitige ankunftsbedürftige Willenserklärung in dem Sinne gibt, daß eine Verwirkung stattfinden solle: mit dieser Erklärung tritt dann die Auflösung und damit der Anfall des Rechts von selbst ein. In der Pandektenlehre sprach man von der lex commissoria; heutzutage kommt dieses Verwirkungsrecht, das ja seine bedenkliche soziale und wirtschaftliche Seite hat, namentlich im Gebiet des beweglichen Vermögens bei Abzahlungsgeschäften vor, wo man infolge der großen Gefahren sich genötigt gesehen hat, besondere Vorkehrungen zu treffen; vgl. das Gesetz über Abzahlungsgeschäfte vom 16. 5. 1894.

II. Das Nähere ist im Handelsrecht darzustellen, dem, trotz
der Beschränkung in § 8 jenes Gesetzes, vor allem dieses Institut angehöit.

2. Das Näherrecht.

§ 121.

I. Eine Anwartschaft geminderter Art ist das sogenannte
Retrakt- oder Näherrecht. Es wirkt nicht als auflösende Bedingung, und der Berechtigte stellt sich nicht auf den Stand
des dinglichen Rechts, wie es im früheren Augenblick war,
sondern wie es ist in der Zeit, in welcher der Eigentümer die
Sache verkauft: der Näherberechtigte tritt in den Kauf ein in
der Gestalt, wie er mit dem Käufer ausbedungen ist. Mit dem
Verwirkungsrecht hat es aber das gemein, daß es nicht von
selbst eintritt, sondern einer einseitigen ankunftsbedürftigen
Erklärung bedarf, § 505 BGB.

II. Bei beweglichen Sachen gestaltet sich das Näherrecht
lediglich als Vorkauf; es bleibt ein Verhältnis zwischen dem
Berechtigten und dem Verkäufer, ohne dingliche Wirkung gegen
den Käufer. Anders entwickelt sich die Sache bei Grundstücken, wenn das Näherrecht eingetragen ist: hier erweitert
es sich zum Recht gegen den Erwerber.

III. Entsprungen ist das Institut aus uralten Horden-
und Familienverhältnissen, aus der Zeit des agrarischen Ge-
meinrechts und des Familiengutes; es ist nicht nur germanisch,
nicht nur indogermanisch, es findet sich bei allen Völkern, die
sich aus der Gemeinsamkeit des Fruchtlandes zum Einzelrecht
emporgearbeitet haben; als Erblosung läßt sich das Institut in
die Jahrtausende verfolgen. Mitunter ist es in einzelnen Zeiten
auf Grund besonderer politischer und finanzieller Bestrebungen
wieder hervorgeholt und neu sanktioniert worden.

Man vergleiche in dieser Hinsicht das allerdings in seiner Echt-
heit zweifelhafte Gesetz Friedrich II. über das jus protimiseos (Huill.
Bréh. IV p. 229), das einem aus Steuerzwecken ergangenen byzantinischen Gesetz des Romanus Lacapenus von 922 (Zachariä, Jus
Graeco-Rom. III p. 234, Zachariä, Geschichte des Griech.-Röm. Rechts
3. Auflage S. 238) entspricht. Aber eben dieses Gesetz verweist auf
früheres Recht: es ist ein uraltes Rechtsinstitut, das da und dort
auch zu opportunistischen Staatszwecken verwendet wurde; ein

Recht, das mit dem Gemeindeleben und dem Leben der Familien und Geschlechter zusammenhing.

Ein näheres Eingehen auf den universalgeschichtlichen Verlauf muß ich mir versagen, schon um der Nerven derer willen, die es mir verargen, wenn ich im Fluß der Entwickelung des deutschen und modernen Rechts einmal auf uralte Zeiten verweise.[1])

IV. Das Näherrecht an Grundstücken hat sich in deutschen Landen überall als Anwartschaftsrecht entwickelt, als ein Recht mit der Befugnis, den Erwerber des Grundstücks gegen Leistung des Kaufpreises vom Boden zu vertreiben, als Abtriebs- und Losungsrecht.

Dies zeigt jeder Blick in das deutsche Urkundenwesen. Man vergleiche nur die unzähligen Weistumsbestimmungen; so Seiffersheim bei Grimm IV 618 § 6:

mögen dess verkauffer negste erben oder gesiepten inwendig monats frist nach ihrem wissen den kauffer mit darlegung seiner ausgab, weinkauffs und gottsheller abtreiben.

Und im Weistum von Gleisweiler Grimm V 571/72 muß der Loser schwören, das Grundstück für sich zu losen und dies nicht vor Jahr und Tag zu veräußern.

Und so die ausführliche Darstellung bei dem mittelalterlichen Hauptschriftsteller dieser Lehre, bei Tiraquellus, de retractu conventionali § 3 gl. 1.

V. 1. Heutzutage spielt das Institut nur noch eine untergeordnete Rolle. Insbesondere ist das sog. gesetzliche Näherrecht auf wenige Gebiete beschränkt; vor allem besteht es noch als vertragsmäßiges sog. Vorkaufsrecht, als retractus conventionalis. Es hat sich auch hier abgemildert. Zwar seinen ursprünglichen Charakter hat es beibehalten, als Anwartschaftsrecht und damit als dingliches Recht im weiteren Sinne. Für die Näherrechte gelten daher auch bei uns die Bestimmungen des Rechtsscheines, § 892, es gilt der große Grundsatz

---

[1]) In der Darstellung des Retractrechts, Carolina IV S. 215 f. habe ich S. 219 unglücklicherweise darauf hingewiesen, wie in erstaunlichem Maße Bestrebungen des altdeutschen Rechts sich schon bei den Assyrern finden. Von einem zum anderen Recensenten wird dieser Hinweis als ungehörig hervorgehoben. Habeant sibi. Widerlegt hat es keiner, denn es ist nicht zu widerlegen. Die meisten haben es wohl vorher auch gar nicht gekannt.

des § 889, daß das Recht trotz der Rechtsvereinigung bestehen bleibt.

2. Jedoch hat es sich gemäßigt. Das Näherrecht soll, wenn es zur Geltung gebracht wird, nicht eine Eigentums_ verschiebung bewirken, sondern nur die Pflicht zur Eigentums_ verschiebung, d. h. die Wirkung des Anwartschaftsrechts ist nur die Wirkung eines jus in rem scriptum, nicht die Wirkung einer Resolutivbedingung. Der Grund ist offensichtlich: man braucht nur den Tiraquellus zu lesen; da zeigt es sich, wie die Abtreibung des Erwerbers gegen Kaufpreisvergütung und Ersatz der Auslagen vielfach zu Streitigkeiten aller Art führte und den Eigentumsstand unsicher machte; und es ist doch an- gemessen, den Eigentumswechsel nur nach Volleistungen ein- treten zu lassen, wie sich auch aus § 1098 BGB. ergibt. Ver- langte man doch auch im französischen Rechte, daß die Retrakt- summe während des ganzen Retraktprozesses dem Erwerber bereit liegen müsse. Wie sollte dieses an die verschiedensten Bedingnisse geknüpfte Recht direkt dinglich wirken?

VI. Daher gilt bei uns folgendes:

1. Das Näherrecht wird ausgeübt durch eine ankunfts- bedürftige Näherrechtserklärung an den Besteller des Rechts; diese bewirkt ein sofortiges Kaufverhältnis zwischen dem Näherberechtigten und dem Rechtsbesteller, §§ 505, 1098. Bei beweglichen Sachen behält es hiermit sein Bewenden; das ver- dinglichte Näherrecht an Grundstücken aber gewährt dem Berechtigten einen Forderungsanspruch gegenüber dem Grund- stückserwerber dahingehend, daß das Eigentum gegen die ent- sprechende Vergütungsleistung an den Näherberechtigten übertragen und zum Grundbuch aufgelassen werde. Die Art der Ausgleichung, je nachdem der Grundstückserwerber bereits den Kaufpreis an den Verkäufer gezahlt hat oder nicht, ergibt sich von selbst; vgl. darüber die entsetzlich umständliche Be- schreibung in §§ 1100, 1101, 1102.

2. Die sekundäre Mitteilungspflicht des Vorkaufsbelasteten und die entsprechende Frist (von 2 Monaten), §§ 510, 1099, gilt auch hier, wozu noch die Möglichkeit des Aufgebots hinzutritt, falls der Berechtigte unbekannt ist, § 1104.

3. Über Art und Umfang der zu leistenden Vergütung ist auf Lehrbuch II 1 S. 299 zu verweisen.

4. Im einzelnen ist zu bemerken:

Die Befugnis des Näherberechtigten geht dahin, daß der Berechtigte in die Kaufbedingungen eintritt, also entweder dem Verkäufer die Kaufleistung zu machen oder den Käufer für die bereits erfolgte Leistung entsprechend zu vergüten hat. Ein Retraktrecht in dem Sinne, daß der Berechtigte zu einem vorausbestimmten Geldbetrage den Eintritt verlangen dürfe, würde das Verhältnis vollkommen entstellen und ist daher unstatthaft.[1] Eine schuldrechtliche Vereinbarung in diesem Sinne ist allerdings möglich, es ist aber dann kein Näherrecht mehr.[2]

5. Nach dem Obigen ist heute die Gestaltung nicht etwa so zu denken, daß durch die Näherrechtserklärung das Eigentum sofort übergeht und das Grundbuch unrichtig wird, vielmehr bleibt das Grundbuch richtig und das Eigentum geht erst durch Auflassung über, und dem Auflassungsanspruch gegenüber hat der Grundstückserwerber die Rückbehaltungseinrede mit der gewöhnlichen Wirkung.[3]

6. Daß sich das Recht im Zweifel auch auf das Zubehör bezieht, versteht sich von selbst, § 1096.

7. Der Gedanke des Instituts ist es: dem Näherberechtigten soll nicht ohne seinen Willen ein anderer vorgezogen werden; daraus ergibt sich von selbst, daß es nur auf die freiwillige Veräußerung, nicht auf die Zwangsveräußerung angelegt ist, § 512; indes hat man das Grundstücksnäherrecht auch auf die Veräußerung des Konkursverwalters aus freier Hand erstreckt, bei welcher zwar der Verkehrscharakter zurücktritt, die Verwertung aber doch in dem Rahmen des Verkehrsgeschäfts liegt, § 1098. In landesrechtlichen Verhältnissen hat man vielfach das Näherrecht auch der Zwangsversteigerung gegenüber gestattet, vgl. z. B. im Ansiedlungs-

---

[1] Dresden 5. 7. 1901 M. 4, 69; Dresden 19. 12. 1903 S. 59 nr. 56; KG. 3. 10. 1904 M. 10, 119.

[2] RG. 22. 11. 1913 S. 69 nr. 127.

[3] So auch Sächs. Gesetzb. § 1124.

gesetz 8. 6. 1896, § 27, im Westfälischen Anerbengesetz § 33. Die wirtschaftlichen und familiären Verhältnisse, welche hier spielen, sind als so wichtig erschienen, daß sie auch die Interessen des Versteigerungskredits überwinden.

8. Das Näherrecht kann aktiv verdinglicht sein zugunsten des jeweiligen Eigentümers eines Grundstückes, § 1103. Eine solche Verdinglichung hatte von jeher besondere Bedeutung, um veräußerte Teile eines Gutes später wieder mit dem Ganzen zu vereinigen (Gespilderecht).

VII. Gesetzliches Näherrecht besteht noch bei uns im Erbrecht § 2034, worüber an seiner Stelle zu handeln ist.

Außerdem in Landesgesetzen, namentlich bei der Enteignungsübung (wenn die enteigneten Grundstücke für den Enteigner nicht mehr notwendig sind), § 57 Preuß. Enteignungsgesetz, § 141 Preuß. Berggesetz. Sodann kommt es in den Anerb- und Höferechtsordnungen vor, z. B. § 33 Westfälisches Anerbengesetz vom 2. Juli 1898, § 27 des Anerbengesetzes bei Renten- und Ansiedlungsgütern vom 8. Juni 1896 usw. Einer Eintragung bedarf das Näherrecht hier nicht: bei Anerbengütern genügt die Eintragung der Anerbengutseigenschaft; die Enteignung aber unterliegt überhaupt keiner Eintragung, a. 22 Preuß. AG. zum BGB. Auch der Verzicht auf das solchergestalt entstehende Näherrecht ist nicht einzutragen. [1])

VIII. 1. Das Näherrecht ist bei uns regelmäßig ein vertragsmäßiges, § 1094. Es bedarf der Einigung und ist auf Antrag gegen Eintragsbewilligung einzutragen. [2])

2. Es kann, wie schon nach altem Recht, vertragsmäßig in größerem oder geringerem Umfang begründet werden; also entweder nur für den einen Verkauf oder für jeden Verkauf des das Recht bestellenden Eigentümers oder auch für die Verkäufe künftiger Eigentümer, § 1097.

3. Es kann auch bezüglich eines Miteigentumsteiles begründet werden, unterliegt aber, ebenso wie die Wertrechte, der beschränkenden Bestimmung, daß es sich auf ein bereits bestehendes Miteigentum beziehen muß und daß das Mit-

---

[1]) KG. 6. 10. 1902 M. 5, 423.
[2]) RG. 30. 9. 1911 E. 77, 84.

eigentum nicht durch und für dieses Recht erst geschaffen werden darf, § 1095. Auch Bestimmungen, daß es nur auf einen örtlichen Teil des Grundstückes geltend gemacht werden soll, sind möglich: hier wird das ganze Grundstück belastet, aber in der angefügten beschränkten Weise; eine Abschreibung nach § 6 Grundbuch-Ordnung ist daher nicht erforderlich.[1] Vgl. oben S. 47.

B. Das Recht zur Sache.

1. Geschichtliches.

§ 122.

I. Es ist ein Gedanke des deutschen Rechts, daß, wenn jemand innerhalb seiner Gewere eine dingliche Änderung zugesagt hat, auch der Nachfolger der Gewere daran gebunden ist, vorausgesetzt, daß die Zusage öffentlich gemacht ist, oder daß sie zur rechten Zeit zur Kenntnis des Nachfolgers gelangte, was man insbesondere dann annahm, wenn solche Abmachungen in das Stadtbuch eingetragen waren. Dies ist das sogenannte Recht zur Sache.

II. Die mittelalterliche Entwickelung erfolgte zunächst auf Grund der Rechtsfigur der auflösenden Bedingung. Sie war dem deutschen Recht sympathisch, das sie in unzähligen Verträgen entwickelte, wie uns ein Einblick in die Urkundenbücher, z. B. in das Cölner Schreinsbuch, zeigt (z. B. I S. 191 (von 1190), II 1 S. 316 u. a.); mußte doch der Gedanke des Erbenrückfalles, des paterna paternis, materna maternis, diese Rechtsfigur besonders nahelegen.

III. Die romanisierende Entwickelung stützt sich völlig auf Bartolus und Paulus de Castro.

Bartolus zu l. in diem addicto (9) de aqua pluv.: Tota die contingit: vendo tibi rem, pacto apposito, quod eam tenearis revendere pro eodem precio mihi intra certum terminum; interim tu obligas rem; postea revendis mihi; an ad me transferatur illa res sine onere obligationis, an cum onere? Et haec lex facit, quod non transeat cum onere, quia debuit requiri consensus venditoris. Sed pro declaratione huius legis debes distinguere. Aut res revertitur ad venditorem vel alium auctorem de necessitate, et tunc rescinditur omne ius servitutis vel pignoris constituti ab emptore; aut revertitur de

---

[1] Dresden 23. 4. 1901 M. 4, 76.

voluntate vel de facto debitoris seu emptoris, ad hoc directe ordinato, et jus constitutum non rescinditur; aut facto debitoris vel
emptoris, non directe ad hoc ordinato, et tunc solvitur omne ius per
debitorem seu emptorem constitutum, 1. lex vectigali (31) de pign.:
ibi enim, licet non solvat, non tamen fuit voluntatis directae, quod
ad auctorem rediret. Et per hoc apparet, idem esse in pacto legis
commissoriae, quod hic, per d. 1. lex vectigali. Sed quid si ideo, quia-
venditor dicit, se deceptum ultra dimidium iusti precii, et sic rem
habuit? Certe hic fuit de voluntate emptoris ad hoc ordinata, quia
voluit reddere, non precium supplere, quod est in suo arbitrio: l. 2.
C. de rescind. vend., et lex non transfert ipso iure sine eius facto et
traditione, sicut in dicta lege lex vectigali et in pacto legis commissoriae. Et ex hoc apparet decisio omnium quaestionum, quae circa
hoc possunt occurrere.

Paulus de Castro zu fr. 5 § 1 praescr. verb.:

ille qui implevit contractum, si sibi non impletur, habet condic-
tionem ob causam ad repetendum, quod dedit, et ista non oritur ex
contractu, sed extra id quod agit, sed quod datur ad resolvendum.

Auf diese Stellen bauen die späteren, so insbesondere auch
Tiraquellus, de retractu conventionali § 3 gl. 1 nr. 1 und
nr. 10: distinguendum, utrum res revertatur . . . de necessitate, et rescinditur omne jus servitutis et pignoris.

IV. Darauf stützen sich die späteren Franzosen, nament-
lich Furgole und Pothier: Auflösung, Auflösungserklärung,
Auflösungsklage sind die Elemente, mit denen das romanische
Recht nun operierte.

So Furgole, Traité des testaments VII sect. 3 nr. 100:

la condiction ob causam datorum compète ad resolvendum, ad
dissolvendum, et c'est dans ce sens qu'elle peut être considerée
comme personnelle; mais elle produit aussi l'action réelle, parce que,
comme le remarquent les auteurs françois, et notamment Loyseau, les
actions révocatoires et en restitution sont mixtes, elles produisent
l'action personnelle pour faire résoudre le contrat, et par voie de
conséquence l'action rei vindicationis, dès que le contrat est rescindé.
C'est donc un trés-mauvais argument de dire, que les loix accordent
la condiction ob causam datorum par le défaut d'accomplissement
du mode ou de la charge, et cette action étant personnelle, elle ne
peut pas être intentée contre le tier-acquereur: puisque la condiction
compète d'abord pour résoudre le contrat ou le legs, après quoi la
propriété revenant de plein droit au donateur ou à ses heritiers ou
aux heritiers du testateur ils peuvent sans contredit intenter l'action
réelle contre le tiers' acquereur, dont le droit se trouve résolu par
la résolution de celui de son auteur.

So P o t h i e r in seiner Einleitung zur Coutume d'Orléans nr. 122:

Telles sont les actions qu'on appelle personnelles réelles, ou personnelles in rem scriptae, qui naissent d'une obligation personnelle, à l'exécution de laquelle la chose qui en fait l'objet est affectée.

·On peut apporter pour exemple l'action de réméré. Cette action est principalement personnelle, quisqu'elle naît de la clause du contrat de vente et de l'obligation, que l'acheteur d'un héritage a contractée envers le vendeur de lui rendre l'héritage, lorsqu'il y voudrait rentrer, en offrant la restitution du prix et des loyaux coûts. Mais comme l'héritage est affecté à l'execution de cette obligation, n'ayant été aliéné qu'à cette charge, cette action, quoique personnelle principalement, tient de la nature des actions réelles, en ce qu'elle suit l'héritage, et qu'elle peut se donner contre les tiers déten- teurs de l'héritage, pour qu'ils le délaissent comme affecté à l'exécution de l'obligation de l'acheteur.

Mit Pothier ist die französische Wissenschaft versandet. Die Folgezeit bietet keinen Fortschritt, selbst nicht Troplong, der von den Kommentatoren des Code Napoléon die meisten geschichtlichen Studien gemacht hat.

V. 1. In Deutschland selbst hat sich eine zweite Auffassung entwickelt; sie verzichtete auf das Element der auflösenden Bedingung und gab dem Berechtigten einen schuldrechtlichen Anspruch gegen jeden dritten Erwerber auf Verwirklichung seiner Rechtshoffnung. Auf diese Weise wurde der Kreis der Obligationspflicht so erweitert, daß auch ohne auflösende Be- dingung das Ziel erreicht werden konnte: das Recht löste sich nicht dinglich auf, sondern der Nachfolger wurde schuld- rechtlich verpflichtet, das Recht ganz oder teilweise zu über- tragen, und zwar nicht etwa der eine Nachfolger, sondern auch jeder folgende. Diese Gestaltung bot den großen Vorteil, den Rechtsgedanken außerordentlich zu erweitern und in der mannigfaltigsten Weise zu gestalten. Es konnte auf solchem Wege nicht etwa bloß der Rückfall des Eigentums, sondern es konnte auch das Versprechen einer Pfandbegründung oder das Versprechen der Aufhebung einer Servitut oder der Löschung eines Pfandes verdinglicht, d. h. in der Art gestaltet werden, daß ein jeder Erwerber daran gebunden war. Diese Ge- staltung bietet eine bessere und ausgiebigere Entwickelung der Idee, auch wird damit zugleich die nach der vorigen Theorie verbreitete Ansicht zurückgewiesen, daß der Berechtigte zuerst gegen seinen unmittelbaren Vertragsgenossen auf Auflösung klagen müsse, um dann erst gegen Dritte vorgehen zu können.

2. Die sehr interessante Entwickelung bis zum Preuß. LR. muß ich, um hier nicht zu sehr ins geschichtliche zu verfallen, anderwärts geben.

II. Vormerkung.

I. Allgemeines.

§ 123.

I. Das BGB. hat das Institut entwickelt in Gestalt der Vormerkung in Verbindung mit dem Grundbuchwesen. Die Publizität, welche das deutsche Recht verlangte, liegt jetzt im Grundbucheintrag und ein solcher ist statthaft, wo überall ein Abkommen darüber getroffen wird, daß ein dingliches Recht neu begründet, verändert, umgestaltet oder vernichtet werden soll. Wer eine Vormerkung gewährt, heißt V o r m e r k e r, der von ihm weiter Betroffene ist der V o r m e r k u n g s - b e l a s t e t e, § 883.

II. Hiernach ergibt sich das Wesen der Vormerkung dahin: die Vormerkung bietet eine obligatio in rem scripta gegen jeden, der in Zukunft an dem Grundstück kraft Grundbuchs berechtigt ist, dahingehend, daß er dazu beiträgt, diese obligatio zur Verwirklichung zu bringen, § 888.

III. Der Grundsatz ist also: Jeder im Grundbuch Eingetragene wird zum Schuldner und hat zur Verwirklichung dieses Schuldrechtes mitzuwirken. Daraus ergeben sich die Folgerungen für die Ausdehnung des Instituts, für die Form und für die Wirkung, und zwar nach individualistischer wie nach sozialer Seite hin. Die Vormerkung verlangt

1. ein schuldrechtliches Abkommen, es genügt aber ein bindender Vertragsantrag. [1]) Noch mehr genügt ein betagtes oder bedingtes Schuldübereinkommen; [2]) es ist aber auch ein

---

[1]) KG. 5. 4. 1907 Joh. 37 a. 280.
[2]) RG. 24. 9. 1910 E. 74, 158.

solches notwendig. Eine Vormerkung ist nicht möglich für ein erst künftig etwa entstehendes Schuldverhältnis; daher kann ein jetziger Wiederkauf zugunsten des Verkäufers verdinglicht werden, aber es ist nicht statthaft zu bedingen, daß in künftigen Fällen, wenn das Grundstück weiter verkauft wird, zugunsten des Weiterverkäufers ein Wiederkaufsrecht entstehen soll.[1]) Eine solche Wiederkaufsbestimmung ist allerdings ausnahmsweise möglich bei den Rentengütern nach besonderer Bestimmung des Preußischen Rechts, a. 29 § 1 AG. zum BGB., sonst aber nicht.

2. Die Vormerkung ist auch möglich bei einem schuldrechtlichen Abkommen zugunsten eines bestimmten Dritten: es ist statthaft, den Wiederkauf zu bedingen, nicht nur zugunsten des Verkäufers, sondern auch zugunsten des Eigentümers eines bestimmten Grundstücks; was insbesondere von Bedeutung ist, wenn jemand von einem Grundstück einen Teil veräußert und die Möglichkeit vorbehalten will, daß der zurückbleibende Eigentümer das Wiederkaufsrecht für den veräußerten Teil ausüben kann.[2])

3. Die Vormerkung ist möglich für ein Schuldrecht, welches auf Änderung der dinglichen Grundverhältnisse geht; eine solche liegt auch dann vor, wenn der Hypothekar ausbedingt, daß er die Unterwerfungsklausel verlangen kann, denn dies ist eine Steigerung des hypothekarischen Rechts.

4. Dagegen ist die Vormerkung nicht möglich bei einem Schuldrecht auf faktisches Tun;[3]) auch nicht bei einem Schuldrecht, welches auf Zahlung an einen Dritten geht, etwa zur Ablösung des einem Dritten zustehenden dinglichen Rechts; mit anderen Worten, die Vormerkung kann nicht zur Reallast werden, auch nicht zur reallastartigen Verdinglichung einer Zahlungspflicht;[4]) es ist auch nicht bei einem Versprechen möglich, wonach der Vormerkungsbelastete zu einer Hypothekenpfändung seine Zustimmung geben soll, denn hier handelt

---

[1]) KG. 12. 7. 1906 M. 14, 71.
[2]) KG. 15. 6. 1908 Joh. 37 a. 212 (= EfG. 9, 263).
[3]) KG. 12. 3. 1900 Joh. 20 A. 91.
[4]) RG. 11. 7. 1903 E. 55, 270, unrichtig KG. 6. 12. 1901 M. 4, 23.

es sich nicht um Änderung eines dinglichen Rechts durch Rechtsakt, sondern um einen prozessualischen Parteiakt, welcher einen richterlichen Akt ermöglicht;[1]) und ebenso ist es nicht zulässig, eine Vormerkung in der Richtung einzutragen, daß der Eigentümer sich eine Judizialhypothek gefallen lassen soll, und zwar aus denselben Gründen.[2]) Ebenso ist es nicht möglich, daß der Anfechtungsberechtigte eine Vormerkung erwirbt, um die Schuldanfechtung, die er gegen den Grundeigentümer hat, auch auf den Nachfolger zu erstrecken,[3]) denn die Schuldanfechtung ist nur ein Anspruch dahin, daß die Sache der Vollstreckung preisgegeben werde.[4]) Vgl. oben S. 88.

5. Die Vormerkung ist keine dingliche Belastung des Grundvermögens, wirkt aber ähnlich einer solchen; daher ist sie nur demjenigen möglich, welcher das Grundstück zu belasten fähig ist: wer also nicht verfügen kann, kann auch keine Vormerkung auf das Grundstück legen, und eine Verbindlichkeit, die ein solcher eingeht, kann eine solche Ausweitung nicht erfahren, so z. B. bei fideikommissarischen Grundstücken, so bei Nacherbschaften, so bei Nachlaßvermögensstücken: wenn nachträglich Nachlaßkonkurs ausbricht, so wird dieser bekanntlich auf die Zeit des Erbanfalles zurückdatiert und die dinglichen Verfügungen der Zwischenzeit sind unwirksam, § 221 der KO, und ähnlich ist es bei § 1990 BGB.

6. Die Vormerkung geht aber nur gegen diejenigen Rechte, für welche das Grundbuch maßgebend ist. Daher betrifft sie nicht Zinsen und Nebenforderungen, welche außerhalb des Grundbuches stehen, § 1158; und bei Vormerkungen, welche Hypotheken betreffen, wirkt sie nur gegen Buchhypotheken, nicht gegen Briefhypotheken, denn die Briefhypotheken stehen insofern außerhalb des Grundbuches.[5])

---

[1]) RG. 11. 11. 1903 E. 56, 10, auch KG. 5. 4. 1909 EfG. 10, 157.
[2]) KG. 25. 3. 1901 EfG. 2, 93.
[3]) RG. 5. 11. 1907 E. 67, 39 und RG. 9. 5. 1905 E. 60, 423.
[4]) RG. 5. 11. 1907 cit.
[5]) Vgl. München 28. 12. 1912 M. 26, 197.

7. Im übrigen geht die Vormerkung natürlich nur gegen solche Rechte, die nach ihrer Eintragung entstehen, nicht gegen solche, welche zur Zeit der Eintragung schon vorhanden sind. So verhält es sich auch bei Vormerkung gegen Vormerkung: die erste Vormerkung geht der zweiten vor. Es ist aber statthaft, daß durch Rangvereinbarung ihre Ordnung verschoben und eine Vormerkung auf bereits bestehende Rechte, auch auf bereits bestehende Vormerkungen erstreckt wird. [1])

IV. Der Anspruch aus der obligatio in rem scripta geht gegen den im Grundbuch Eingetragenen, dessen Recht im Interesse des Schuldrechts überwunden werden soll. Dieser ist daher in Anspruch zu nehmen, dahin, daß er den betreffenden dinglichen Akt vollziehe, welcher das Schuldrecht verwirklicht, also z. B. die Auflassung, die Bestellung des dinglichen Rechtes, den Verzicht oder das Zurücktreten eines dinglichen Rechts, z. B. einer Servitut oder einer Hypothek, § 888.

Die vielfach vertretene Annahme, daß der Anspruch zunächst gegen den ursprünglichen Vormerker zu richten ist, beruht auf der überwundenen Auflösungstheorie und bedarf keiner Widerlegung [2]) noch weniger die Ansicht, als ob ein solcher Prozeß gegen den ursprünglichen Schuldner eine allgemeine res judicata bewirke. Man verderbe doch praktische Institute nicht durch unpraktische Behandlung!

Des näheren gilt von dieser Wirkung folgendes:

1. Wenn es sich um Vormerkung einer Hypothek handelt, so geht der Anspruch auf Bestellung einer Hypothek durch den nunmehr als Eigentümer eingetragenen.

2. Er geht ferner gegen alle diejenigen, welche das Recht des Hypothekars beeinträchtigen würden, und verlangt ihr Zurücktreten.

3. Er geht auch gegen die Konkursgläubigerschaft, welche kraft des Beschlagsrechts die Hypothek verhindern möchte, § 24 KO.

4. Er wirkt auch in der Zwangsvollstreckung, und zwar direkt, wenn die zu begründende Hypothek noch innerhalb des

---

[1]) KG. 17. 6. 1901 M. 3, 231.
[2]) Unrichtig RG. 8. 11. 1902 E. 53, 28.

geringsten Gebots fällt; wenn nicht, dann nach den Grundsätzen der Geldausgleichung, und wenn sie bedingt ist, nach
den Grundsätzen der Geldausgleichung bedingter Rechte, § 9
Ziffer 1, §§ 48, 92 und 120 ZVG., § 882 BGB. [1]

5. Geradezu unbegreiflich ist hiernach die Meinung, als ob
die Vormerkung selbst eine Hypothekenbestellung wäre. Diese
Ansicht beruht auf der vollständigen Verwechselung zwischen jus in re und obligatio in rem scripta. [2] Aus der falschen
Ansicht hat man noch alle möglichen verkehrten Folgerungen
gezogen, wie z. B. daß, wenn die Vormerkung erlösche, etwas
ähnliches wie eine Eigentümerhypothek entstehe, daß also der
nunmehrige Eigentümer ebenso wie der Vormerkungsberech-
tigte die Befugnis hätte, die dinglichen Rechte zurückzudrängen,
um eine Hypothek zu erwerben. Von alledem kann nicht die
Rede sein; andererseits ist der Eigentümer als Vormerkungs-
belasteter verpflichtet, eine förmliche Hypothek zu bestellen,
also unter Erteilung eines Hypothekenbriefes. [3]

6. Die actio in rem scripta geht gegen den im Grundbuch
Eingetragenen in seiner Eigenschaft als dinglich Berechtigten,
sie geht gegen ihn, auch wenn er in der Eigenschaft als Erbe
des Erstverpflichteten nicht haften würde; also wenn z. B.
B. Erbe des A. und kraft dieses Erbrechtes Eigentümer des mit
der Vormerkung belasteten Grundstückes X ist. Die Vormerkung schlägt gegen ihn durch, auch wenn er eine Nachlaßverwaltung eintreten läßt und infolge dessen nicht persönlich
haftet, §§ 884, 1971 und 1974 BGB.

2. Entstehen und Vergehen.

§ 124.

I. Die Ausweitung erfolgt durch Eintragung; eine solche
kann erreicht werden kraft Rechtsaktes des Vormerkers: ihm
kann eine Einigung zugrunde liegen, es genügt aber eine Ein-

---

[1] RG. 23. 3. 1904 E. 57, 209; 8. 2. 1908 JW. 40, 559.
[2] Richtig das RG. 6. 3. 1907 E. 65, 260; KG. 11. 7. 1902 M. 5, 390,
Dresden 9. 4. 1906 M. 14, 69.
[3] KG. 5. 10. 1903 M. 7, 367.

tragsbewilligung als formelle Erklärung für das Grundbuch; sie hat nach § 29 GBO. zu erfolgen, § 885 BGB. [1]) Vgl. S. 113.

II. 1. Die Eintragung zum Zwecke der Ausweitung des Rechts kann aber auch ohne Rechtsakt des Vormerkers kraft richterlichen Aktes erfolgen; der richterliche Akt ist eine einstweilige Verfügung, die hier nicht als Vollstreckungsakt, sondern als ein die Erklärung des Vormerkers ersetzenden Akt mit der Funktion der freiwilligen Gerichtsbarkeit erfolgt, § 885.

2. Diese Eintragung kraft richterlichen Aktes geschieht unter der Voraussetzung des Bestehenbleibens der einstweiligen Verfügung, § 25 GBO. Wenn also eine einstweilige Verfügung vorliegt, so kann man sich nicht, wie in den Fällen der §§ 32 und 55 GfG. ohne weiteres darauf verlassen, man muß vielmehr die Möglichkeit der Aufhebung in Betracht ziehen, so lange nicht etwa durch rechtskräftige Feststellung ein Definitivum erzielt ist.

3. Nötigenfalls kann der Vormerkung bis zur Erledigung der Frage ein Widerspruch kraft einstweiliger Verfügung entgegengestellt werden. [2]) Im übrigen vgl. § 886.

III. Für die Löschung der Vormerkung gelten die Grundsätze des Grundbuchrechts; über Aufgebot vgl. § 887.

IV. Eine gelöschte Vormerkung kann erneuert werden, aber nur mit neuerem Datum. [3]) Eintragungen in der Zwischenzeit sind Eintragungen, welche der maßgebenden Vormerkung vorhergehen. [4])

V. Man hat gefragt, inwiefern der Rechtsschein sich auch auf die Vormerkung erstreckt. In dieser Beziehung ist zu sagen:

1. die Vormerkung bietet, wie bereits bemerkt, die Ausweitung eines Schuldrechts, sie steht daher und fällt mit dem

---

[1]) KG. 4. 9. 1910 S. 66 nr. 237; KG. 14. 5. 1914 EfG. 14, 179. Allerdings heißt es in § 885 nicht ausdrücklich es müsse eine den Vorschriften der Grundbuchordnung entsprechende Eintragsbewilligung vorliegen (wie in § 873), allein die Form des § 29 versteht sich, wenn vor dem Grundbuch gehandelt werden soll, von selbst.

[2]) Dresden 29. 7. 1915 S. 71 nr. 8.

[3]) KG. 16. 10. 1911 Joh. 41 A. 220.

[4]) KG. 10. 4. 1913 EfG. 13, 140.

Schuldrecht. Ihre Übertragung richtet sich nach den Regeln des Schuldrechts, Einwendungen gegen das Schuldrecht treffen auch die Vormerkung:[1] der Eingetragene ist dann zur Löschung verpflichtet.[2]

2. Dagegen gilt der Rechtsschein allerdings insofern, als er in das dingliche Recht hineinspielt. Wenn ein im Grundbuch eingetragener Eigentümer die Eintragung einer Vormerkung gestattet, so wirkt die Vormerkung zugunsten des gutgläubigen Vormerkungserwerbers gegenüber dem wahren Eigentümer und allen seinen Nachfolgern, wie wenn die Vormerkung vom wahren Eigentümer bestellt worden wäre; sie wirkt ebenso gegen alle Rechtsnachfolger, wie wenn der Nichteigentümer einem gutgläubigen Erwerber eine Servitut übertragen hätte. Sie wirkt daher vor allem, wenn der Vormerker die Eintragung bewilligt; sie wirkt aber auch, wenn sie auf Grund einstweiliger Verfügung erfolgt, weil diese bestimmt ist, die Einwilligung des Vormerkers zu ersetzen. Vgl. auch S. 234.

3. Anwendung im Wiederkaufsrecht.

§ 125.

I. Ein Hauptanwendungsfall des Vormerkungsinstituts ist der dingliche Wiederkauf. Er wird durch Vormerkung verdinglicht, sodaß er gegen jeden Dritterwerber durchzuführen ist, und er kann, wie bereits oben erwähnt, nicht nur zugunsten des Verkäufers, sondern auch zugunsten eines bestimmten Dritten, auch zugunsten eines jeden, der ein bestimmtes Grundstück erwirbt, begründet werden.[3] Vgl. S. 359.

II. Heutzutage dient das Wiederkaufsgeschäft hauptsächlich sozialen Interessen. Wenn Gemeinden oder andere Sozialwesen Grundstücke veräußern, um bestimmten Bevölkerungsklassen eine zuträgliche Existenz zu verschaffen, so kann dies in Erbbauweise geschehen, aber auch in Eigentumsweise; im letzteren Falle aber hätte man zu gewärtigen, daß die

---

[1] KG. 30. 10. 1910 M. 26, 5; RG. 8. 11. 1902 E. 53, 28.

[2] KG. 17. 6. 1912 EfG. 12, 170.

[3] KG. 15. 6. 1908, Joh. 36 A. 212.

Grundstücke aus der Fürsorge der Gemeinde völlig heraus-
träten und so in den Kreis der Eigengrundstücksspekulation
fielen. Um dies zu verhüten, werden solche dinglichen Wieder-
kaufsverträge abgeschlossen, welche es dem Gemeinwesen ermöglichen, sobald eine bestimmungswidrige Benutzung des
Grundstückes im Begriff steht, vom Wiederkaufsrecht Gebrauch zu machen. Die gesetzliche Frist von 30 Jahren kann
hierbei einer vertragsmäßigen längeren Frist Raum geben nach
§ 503. Um den Bau- und Besserungstrieb nicht zu schmälern,
pflegt man die Bestimmung beizufügen, daß für die auf dem
Grundstücke gemachten Anlagen möglichst vollkommene Entschädigung geleistet werde.

III. Im übrigen ist auf das Obige (S. 343) zu verweisen.

III. Bei beweglichen Sachen.
§ 126.

I. Das Preuß. LR. I 10, 25 und I 19, 5 (vgl. auch 1 18, 461)
hat das Recht zur Sache in weitem Umfange angenommen:
wer zur Zeit der Übergabe von dem früher entstandenen Titel
eines Anderen weiß, kann zum Nachteil desselben die frühere
Übergabe nicht vorschützen.

II. In unserem Rechte tritt hier das Recht zur Sache bedeutend zurück. Wir haben den Grundsatz nicht, daß, wenn
jemand eine Sache kauft im Bewußtsein, daß ein Anderer sie
vor ihm gekauft hat, dieser Andere vorgeht. Der Grund ist
leicht ersichtlich: unser Recht ist dahin angelegt, daß die gekaufte bewegliche Sache regelmäßig sofort durch Einigung und
Konstitut oder einen der anderen Übereignungsvorgänge Eigentum des Käufers wird, sodaß, wenn nunmehr ein Zweiter kauft
und eine zweite Einigung erfolgt, der Erste kraft der Regel des
dinglichen Rechts vorgeht. Der Fall könnte also nur dann
bedeutungsvoll sein, wenn der erste Kauf mit der Bestimmung
abgeschlossen worden ist, daß das Eigentum erst späterhin
durch Realübertragung übergehen soll. In einem solchen Falle
aber wird, wenn ein zweiter Käufer davon Kunde hat und trotzdem die Sache kauft und sich übereignen läßt, regelmäßig eine
mala fides vorliegen, welche auch ohne Annahme eines Rechts
zur Sache dahin führt, daß der erste Käufer bei seinem Rechte

bleibt, § 826. Sind die Umstände allerdings so, daß jener an‑
nehmen konnte, der erste Kauf sei rückgängig geworden oder
von Anfang an unwirksam gewesen, dann liegt eine mala fides
nicht vor; aber dann ist auch kein Grund vorhanden, ihn zu‑
rücktreten zu lassen. [1])

III. Hauptabschnitt. Wertrechte.

1. Kapitel. Allgemeines.

A. Natur des Wertrechts.

§ 127.

I. 1. Das Wertrecht, im Gegensatz vom Substanzrecht, ist
ein dingliches Recht an der Sache, welches die Befugnis gibt,
aus ihren Nutzelementen einen bestimmten Wert zu entnehmen,
in der Art also, daß, wenn man den Wert erlangt hat, der
Zweck erreicht und das dingliche Recht erschöpft ist. Darin
liegt eine gewisse Ähnlichkeit zum Schuldrecht: In beiden geht
der Zweck auf einen solchen Wert; nur die Mittel sind ver‑
schieden: beim Schuldrecht die Verpflichtung der Person, beim
Wertrecht die dingliche Haftung der Sache. Es ist längst
darauf hingewiesen worden, daß diese Ähnlichkeit früher noch
größer war; denn das Schuldrecht ging ehedem auf ein Wert‑
recht an der Person zurück: die Person haftete wie eine Pfand‑
sache mit Leib und Leben, eine Vorstellung, welche die alten
Rechte der Völker durchdringt, bis schließlich dieser ganze
Haftungsgedanke aufhört und durch den Verpflichtungs‑
gedanken verdrängt wird. Mit diesem Augenblick löst sich das
Schuldrecht vom Wertrecht ab und wandeln beide auf ver‑
schiedenem Wege, indem sie sich nur im Ziele wieder begegnen.

2. Der Gedanke des Wertrechtes ist von mir zuerst im
Archiv für zivilistische Praxis 91 S. 158 entwickelt worden.
Er ist so einleuchtend, daß eine Auseinandersetzung mit den
Gegnern überflüssig ist; ist doch auch die Gegnerschaft längst

---

[1]) RG. 30. 10. 1913 E. 83, 238.

überwunden. Man wundert sich heutzutage über die Widersprüche, die laut wurden.[1])

II. 1. Die ganze Konstruktion ist so einfach, daß man es kaum für möglich hält, daß an ihrer Stelle die verwickeltsten Klitterungen geltend gemacht worden sind.

2. Man hat insbesondere entgegengehalten, daß eine Zusammenstellung z. B. des Hypothekenrechts mit dem Rechte der Aktionäre an dem Aktienvermögen keine rechte Lötstelle biete und es sich hier um ganz verschiedene Dinge handelte. Allein wenn man die Verbindungsstelle nicht erkennt, so ist damit nicht gesagt, daß eine solche nicht besteht: in der Tat ist sie vorhanden, allerdings in der Weise, daß der Aktionär ein solches Wertrecht nur an dem Saldovermögen, nicht an den einzelnen Stücken, besitzt; dieses Recht am Saldovermögen ist im Aktienrecht ein unentbehrliches Konstruktionsmittel. Damit ist allerdings der Gegenstand des Wertrechts verschoben, nicht aber auch das Wertrecht selbst: es bedarf keiner weiteren Ausführung, daß den Aktionären, und auch den Genußberechtigten die Befugnis zusteht, entsprechende Werte, z. B. Dividenden, aus dem überschüssigen Aktienvermögen zu erzielen. Doch darüber ist anderwärts zu handeln.

3. Man hat eine Konstruktion in der Art versucht, daß der Wertberechtigte, insbesondere der Hypothekar, eine Art von Forderungsanspruch gegen den Eigentümer der belasteten Sache habe, der etwa so lautet: der Belastete habe zu zahlen, aber er brauche nur aus dem Wertgegenstand, z. B. aus dem Grundstück, zu zahlen. Die Konstruktion einer solchen Verpflichtung ist vollständig fiktiv, und was noch mehr heißt, sie ist überflüssig und fehlerhaft. Sie ist überflüssig und fehlerhaft, denn

---

[1]) So z. B. bei Isay, Jahrb. für Dogmatik 48. 196, so bei Ehrenberg, Festschrift für Regelsberger S. 44 f., und ganz besonders unglücklich sind die Exspektorationen österreichischer Juristen gegen das Beschlagsrecht im Konkurs, die völlig verkennen, daß es neben dem Pfandrecht noch andere Wertrechte gibt und das Beschlagsrecht eben ein dem Pfandrecht paralleles Wertrecht ist.

a) der Wertberechtigte kann von dem Wertbelasteten keine Tätigkeit verlangen, welche zur Erreichung des Wertes führen wird, er kann höchstens verlangen, daß der Andere ihm nicht im Wege steht, wenn er zur Verwertung schreitet; doch in dieser Beziehung steht der Wertbelastete wie jeder Dritte.

b) Ein Wertrecht ist auch möglich an einer res nullius. Wie, wenn z. B. eine Gesetzgebung den Kolonisten eines fremden Landstrichs an eigentumslosem Gute nicht Eigentum, sondern Hypothekenrecht oder etwa Nutzpfandrecht gewährt! Und so erfährt das Hypothekenrecht auch durch die Abeignung des Grundstücks keinerlei Änderung.

c) Der Berechtigte erlangt unmittelbar aus der Sache heraus den ihm zukommenden Wert, es bedarf nicht etwa einer Zwischentätigkeit des Eigentümers, um den Wert herbeizuschaffen. Wo es aber einer solchen Zwischentätigkeit nicht bedarf, da ist die Konstruktion eines vermittelnden Schuldanspruchs nicht nur unnötig, sondern fehlerhaft und irreführend.

d) Wenn man sich auf den Wortlaut der Gesetze, sofern sie von Zahlungen, Gläubiger usw. sprechen, bezieht, so bedarf dies keiner Erwiderung, denn es beruht auf einer völligen Verkennung dessen, was das Gesetz mit seinem Wortlaut gegenüber der Rechtswissenschaft zu leisten hat. Es ist ebenso, wie wenn man in der Chemie den wissenschaftlichen Konstruktionen die Ausdrucksweise des gewöhnlichen Lebens entgegenhalten wollte. Betrachtet man aber die Worte des Gesetzes in den §§ 1113, 1191, 1199 genauer, was besagt es? Das Grundstück wird damit belastet, daß eine Geldsumme aus ihm zu zahlen ist. Das will nichts anderes heißen, als daß aus dem Grundstück eine solche Geldsumme herausgeholt werden kann: ein Grundstück kann nicht zahlen, aber aus ihm kann ein Wert entnommen werden. Die Belastung ist als Belastung des Grundstücks bezeichnet, nicht als Belastung der Person des Eigentümers. Das richtige Verständnis ergibt sich auch aus § 1147: der Gläubiger erlangt seine Befriedigung aus dem Grundstück, er erlangt sie nicht durch Vermittelung der Person des Eigentümers, sondern durch einen von ihm selbst eingeleiteten Vollstreckungsakt.

4. Auch bei den Wertrechten hat man mit dem Schein-
begriff des Gestaltungsrechtes operieren wollen. Dieser Begriff beruht auf Unklarheit und ist völlig unbrauchbar. Er
enthält nichts anderes als eine Umschreibung des Umstandes,
daß eine Person fähig ist, durch rechtsgeschäftliches Handeln
eine Einwirkung auf das Rechtsleben hervorzurufen. Will
man diese Befähigung der Person juristisch zusammenfassen,
so kann nur der Begriff des Persönlichkeitsrechtes dienen, denn
nur er verbindet eine solche Befugnis mit vorhandenen, an-
erkannten Rechtselementen, während das Gestaltungsrecht
völlig in der Luft hängt ohne jeden brauchbaren Anschluß an
das Rechtssystem. Daß das Persönlichkeitsrecht ein einfaches
und ein gesteigertes sein kann, indem die Persönlichkeit entweder ohne alles weitere wirken kann oder durch eine besondere Rechtsbeziehung, z. B. durch einen Vollstreckungstitel, in ihrem Rechte gesteigert sein muß, ist selbstverständlich, ebenso wie z. B. in normalem Falle die Persönlichkeit
einfach sich ihr Brot kaufen kann, während sie in den
Kriegszeiten noch ihrer Brotmarke bedarf. Der Vollstreckungstitel, kraft dessen das Wertrecht zur Kapitalisierung gebracht wird, ist nichts anderes als eine Steigerung
des Persönlichkeitsrechts.

III. 1. Mit dem Forderungsrecht des Wertberechtigten und
mit dem Gestaltungsrecht ist es also nichts. Es ist unsäglich,
wie man sich durch derartige Konstruktionen die richtige Erkenntnis verbaut hat, und geradezu abenteuerlich sind die
Streitigkeiten, welche sich über die Natur der Hypothekenklage
erhoben haben. Ich habe mich anderwärts darüber ausführlich
ausgesprochen. [1]) Diese Hypothekenklage ist allerdings das
allerunnötigste in der Welt und wird auch in den Zentren unseres Verkehrs durch ständige Aufnahme der Unterwerfungsklausel in die Hypothekenurkunde beseitigt. Hat sie doch
keine andere Funktion, als ungefähr die des § 731 ZPO. oder
als die actio judicati im gemeinen Recht: es soll dadurch
festgestellt werden, daß die Voraussetzungen eines Vollstreckungstitels gegeben sind; diese Feststellung dient dann

---

[1]) Vollstreckungsurkunde als Verkehrsmittel S. 1 f. Auch unten
S. 389.

als Vollstreckungstitel und gibt die Möglichkeit, das Wertrecht durch Vollstreckung auszuüben. Weiter soll die ganze Klage nichts und weiter bedeutet sie nichts.

2. Es bleibt also bei der Dinglichkeit des Wertrechts, und dafür sprechen nun auch alle Aspekte.

IV. 1. Die Dinglichkeit des Wertrechts zeigt sich in der Abwehrbefugnis gegen jeden, welcher in so gefährdender Weise auf das Grundstück einwirkt, daß hieraus eine die Wertsicherung vermindernde Verschlechterung zu befürchten ist, § 1134. Dieses Recht hat man gegenüber jedem Dritten, selbst dann, wenn er mit Einwilligung des Eigentümers handelt, denn der Wertberechtigte braucht sich ebenso wenig wie z. B. der Nießbraucher eine derartige Verschlimmerung gefallen zu lassen. [1]) Natürlich geht dieses Abwehrrecht auch gegen den Eigentümer, und gegen ihn auch dann, wenn er eine etwaige schädliche Behandlung Dritter begünstigt oder auch nur, wenn er sie nicht mit den Mitteln seines Rechts verhütet. Auch die Entfernung von Zubehör kann eine Verschlechterung sein; was aber die Nichtversicherung betrifft, [2]) so ist allerdings das versicherungslose Gebäude nicht etwa verschlechtert im Sinne des § 1133, aber es ist in einer Wertlage, daß die Verschlechterung zu befürchten ist, § 1134. [3]) Vgl. S. 391.

2. Dieses dingliche Recht steht dem Wertberechtigten auch zu, wenn es sich um bewegliche Pfänder handelt, sofern und soweit eine Vindikation beweglicher Sachen stattfindet. Aber auch im Hypothekenrecht ist es möglich, daß eine Vindikation beweglicher Zubehörsachen erfolgt, wenn sie zu Unrecht aus dem Grundstück weggeschafft werden, [4]) und dies selbst dann, wenn die Wegnahme und Fortschaffung mit Einwilligung des Eigentümers geschah, sofern sie eine die Siche-

---

[1]) Naumburg 20. 1. 1911, Braunschweig 6. 1. 1911, Rostock 13, 6. 1910 M. 26, 150—152.

[2]) Breslau 14. 1. 1909 M. 17, 171.

[3]) RG. 15. 10. 1902 E. 52, 295, vgl. übrigens auch RG. 28. 7. 1896 E. 37, 356.

[4]) Naumburg 20. 1. 1911 M. 26, 150, Rostock 20. 10. 1909 S. 65 nr. 48.

rung des Hypothekars gefährdende Verschlechterung des Grundstücks enthielt und der Erwerber in bösem Glauben war.[1]

3. Die Abwehrbefugnis enthält die Befugnis, eine weitere schädigende Einwirkung zu verbieten und die Maßregeln zu ergreifen, welche die Fortwirkung des bisherigen Tuns verhindern.

V. Für die Dinglichkeit des Rechts spricht auch der Grundsatz der Zeitfolge: der Zweitberechtigte kann nur so viel an Rechtsintensität beanspruchen, als der erste übrig gelassen hat.

VI. 1. Die Dinglichkeit des Wertrechts ergibt sich auch aus dem Versicherungsrecht: die Versicherung soll den Wert der Sache decken, sie soll daher nicht bloß dem Versicherungsnehmer, sondern jedem zukommen, dem der Wert der Sache verfangen ist. Dies tritt namentlich bei der Gebäudeversicherung hervor; hier gilt folgendes:

a) Das Wertrecht am Gebäude setzt sich, sobald es zum Wertsatz kommt, um in ein Wertrecht an der Versicherungssumme und, soweit diese aussteht, in ein Wertrecht an der Versicherungsforderung.

b) Der Wertberechtigte kann aber auch bereits in das laufende Versicherungsverhältnis eintreten. Dies geschieht nicht von selbst, es geschieht durch einseitigen, ankunftsbedürftigen Akt, durch Anmeldung bei dem Versicherer: in solchem Falle kann er die Entwickelung des Versicherungsverhältnisses in erhaltender Weise beeinflussen, sodaß es bestehen bleibt, selbst wenn es infolge des Benehmens des Versicherungsnehmers verfiele; dies auch in der Art, daß anstelle eines ungültigen Verhältnisses ein gültiges tritt. Über diese versicherungsrechtlichen Fragen (§ 100 f. Vertragsversicherungsgesetz) habe ich bereits anderwärts gehandelt.[2]

c) Der Eintritt in die Versicherungsforderung erfolgt bei Verfall der Summe, er erfolgt ohne die geschilderte Anmeldung: für das Verhältnis zwischen dem Wertberechtigten und dem zahlenden Versicherer genügt die Publizität des Bestehens des

---

[1] RG. 7. 5. 1910 E. 73, 333.
[2] Vgl. meine Darstellung in Dernburg VI 480 f.

Wertrechtes; ihr dient die Öffentlichkeit des Grundbuches, welches der Versicherer jederzeit einsehen kann. [1])

d) Über das oben besprochene Wertrecht an der Versicherungsforderung gibt § 1128 BGB. besondere Regelung. [2]) Der Versicherer setzt durch Anzeige an den Hypothekar diesen in die Rechtslage, daß er sich in Monatsfrist erklären muß, ansonst der Versicherer sich durch Zahlung an den Versicherungsnehmer befreien kann: ein Verlust des Rechts tritt für den Hypothekar hierdurch nicht ein, er kann es immer noch durch Beschlagnahme geltend machen, und dies selbst dann, wenn der Versicherungsnehmer die Versicherungsforderung an einen Dritten zediert hat. [3])

e) Geht der Versicherungsanspruch auf Beihilfe zur Wiederherstellung des Gebäudes, so tritt auch der Wertberechtigte in diesen Anspruch ein, und er kann jeder Änderung dieses Anspruchs widersprechen, indem er innerhalb der gesetzlichen Frist nach der Anzeige eine Erklärung abgibt, § 1130 BGB., § 97—99 VVG. Und auch wenn der Versicherungsvertrag dies nicht ausdrücklich bestimmt, muß eine solche Wiederherstellung, soweit sie eine Werterhöhung auch für den Wertberechtigten bietet, statt der Zahlung gelten. [4])

f) Die Anzeige an den Hypothekar kann Schwierigkeit bieten, sie kann untunlich sein, so wenn bei der Briefhypothek der Erwerber dem Versicherer nicht bekannt ist. Im Falle der Untunlichkeit läuft die einmonatliche Frist von der Fälligkeit der Versicherungsforderung an.

2. Bei anderen Immobiliarversicherungen sind die Hypotheken nicht in gleicher Weise gesichert: eine strenge Anzeigepflicht mit Ausschlußfrist besteht nicht; aber auch hier kann der Hypothekar sich durch Beschlagnahme das sonst lose Ersatzrecht sichern. Erst nach einem Jahr nach der Fälligkeit hört diese Beschlagsmöglichkeit auf, §§ 1127, 1129, 1123 und 1124.

---

[1]) Königsberg 25. 9. 1910 M. 26, 147.
[2]) Vgl. RG. 6. 7. 1910 E. 74, 106.
[3]) Breslau 17. 11. 1906 M. 14, 110.
[4]) Vgl. RG. 4. 7. 1906 E. 64, 28.

3. Versicherung von Zubehör und Bestandteilen ist Mo-
biliarversicherung. Hier bleibt die Hypothek fern. [1]

VII. Das Wertrecht ist ein Recht an einem Gegenstand, und
zwar vor allem an einer Sache, es ist nicht ein Recht am Eigentum an der Sache. Es gibt nur Rechte an Lebensgütern, nicht
Rechte an Rechten von Lebensgütern. Die ganze Gestaltung
von Recht an Recht verstößt gegen die primitivsten Regeln der
Konstruktion. Vgl. S. 336. Daraus geht hervor:

1. Es gibt, wie oben bereits bemerkt, Wertrechte auch an
einer res nullius.

2. Die Abeignung (Dereliction) der Sache läßt das Wertrecht unangetastet; die Veräußerung der Sache nicht minder,
ebenso die Belastung der Sache mit dinglichen Rechten.

3. Auch die Trennung der Sache, z. B. des Grundstücks in
mehrere Parzellen, hat prinzipiell auf das Wertrecht keinen
Einfluß, z. B. bleibt die Hypothek an einem Grundstück trotz
Parzellierung als Gesamthypothek bestehen, sie geht nicht in
eine Reihe getrennter Hypotheken an den einzelnen Stücken
über. [2] Bei Reallasten allerdings findet eine besondere Behandlung statt, was aber damit zusammenhängt, daß sie den
Servituten angenähert sind, § 1109. Vgl. S. 43.

4. Die Hypothek an einem Grundstück ist nicht als die Gesamtheit mehrerer Hypotheken an den Eigentumsquoten des
Grundstücks zu betrachten. [3]

5. Die Verwandlung des Grundstückes in eine öffentliche Sache
kann zwar auch das Wertrecht ergreifen, aber sie ergreift es
nicht mittelbar mit dem Eigentum, sondern unmittelbar, denn
der Gedanke ist der, daß sämtliche Privatrechte am Grundstück pausieren sollen. Daher muß bei der Enteignung für das
Wertrecht besonderer Ersatz gegeben werden, was dadurch
geschieht, daß die Gesamtsumme, die anstelle des Grundstücks
tritt, den Wertberechtigten in dem Maße zukommt, wie das
Grundstück selbst dem Wertrecht verfangen war, vgl. a. 52,

---

[1] Vgl. meine Darstellung bei Dernburg VI 481; RG. 21. 10. 1908
[2] Vgl. auch KG. 23. 4. 1912 EfG. 12, 150.
[3] Vgl. auch RG. 25. 10. 1902 E. 52, 360 und darüber unten
S. 465 und 476.

53, 109 BGB. Allerdings ist auch die Möglichkeit nicht ausgeschlossen, daß ein Grundstück enteignet wird und ein Wertrecht erhalten bleibt. Im übrigen besteht die Anzeigepflicht und der Ausschluß wie bei der Gebäudeversicherung (§ 1128).

VIII. Beim Wertrecht ist zu unterscheiden: Gegenstand und Ziel des Rechtes. 1. Das Ziel muß auf etwas gehen, was auch Gegenstand einer Obligationsleistung sein kann. Einige Wertrechte, wie Grundschuld und Hypotheken können nur auf Geld gehen; allerdings können dahin auch solche Geldansprüche gehören, welche mit dinglichen oder Familienverhältnissen zusammenhängen, z. B. die Ansprüche aus einer Nacherbschaft: auch sie können wertrechtlich gesichert werden. [1]

2. Gegenstand des Wertrechtes kann jeder Gegenstand des Rechts sein, der kraft seiner Vermögenskraft in der Lage ist, Werte aus sich zu erzeugen, also materielle und Immaterialgüter, bei den materiellen Gütern bewegliche und unbewegliche. Hier ist nur von den materiellen Gütern zu sprechen und zunächst von den Grundstücken.

3. Das Subjekt des Wertrechtes ist regelmäßig nicht dinglich bestimmt. Eine subjektive Verdinglichung analog der Realservitut, ist nur bei der Reallast möglich, die vielfach dem Servitutenrecht angenähert ist, § 1105, dagegen nicht bei Grundschuld, Rentenschuld oder Hypothek; [2] die Verknüpfung mit einem Inhaberpapier (Inhabergrundschuld) ist allerdings nicht ausgeschlossen.

4. Wie es Gesamtgläubiger gibt, so gibt es auch Gesamtwertberechtigungen; davon ist unten, S. 427, zu handeln.

Wie es Gesamtschulden gibt, so gibt es auch Gesamtwertrechte in der Art, daß die verschiedenen Wertrechte an den verschiedenen Sachen demselben Zweck, derselben Werterlangung dienen; woraus hervorgeht, daß durch die Erlangung des Wertes aus einer der Sachen, also kraft des einen Wertrechtes, der Berechtigte in bezug auf alle Wertrechte befriedigt ist. Im übrigen stehen sich die verschiedenen

---

[1] RG. 14. 10. 1905 E. 61, 355.
[2] Hamburg 12. 8. 1904 EfG. 4, 257.

Wertrechte unabhängig gegenüber, ebenso wie mehrere Gesamtschuldner; und ebenso wie der Gläubiger seine Gesamtschuldner, so kann auch der Berechtigte sein Gesamtwertrecht
auswählen oder auch die Haftung unter die verschiedenen
haftenden Sachen verteilen. § 1132 BGB.

Und wie es Eigengesamtgläubigerschaften und Eigen-
gesamtschuldnerschaften derselben Person abgibt, [1]) so gibt es
auch Eigengesamtheiten im Hypothekenrecht; insbesondere
können zwei Hypotheken an demselben Grundstück für dasselbe Wertziel bestehen, was bedeutsam ist, weil möglicherweise die eine weiter geht als die andere, die eine gültig, die
andere nichtig ist. [2]) Vgl. S. 468.

5. Wie das Forderungsrecht durch Vertrag und durch
Schuldschöpfung begründet werden kann, so ist auch bei dem
Wertrechte möglich, daß Schuldschöpfungen eintreten. Dem
Inhaberschuldbrief ist analog die Inhabergrundschuld.

6. a) Das Ziel des Wertrechtes, also insbesondere die
Geldsumme einer Hypothek, steht mit seinem ganzen Wesen in
nächster Verbindung. Es ist natürlich statthaft, unter Aufhebung des einen Wertrechtes ein anderes zu schaffen; dagegen kann ein Wertrecht nicht zugleich weiter bestehen und
zugleich dahin geändert werden, daß das Wertziel vertauscht
wird. Eine Ausnahme ist nur für die Nebenansprüche, insbesondere für die Zinsen gegeben, vgl. § 1119 BGB.; dagegen
ist es allerdings möglich, das Wertziel zu verringern, insbesondere indem ein Teil des Wertrechts abgelöst wird, ein
anderer Teil bestehen bleibt, § 1145 BGB., §§ 61 und 70 GBO.

b) Eine Veränderung des Zieles wäre auch die Ver-
schmelzung zweier Hypotheken, die gleichfalls unzulässig ist.[3])

7. Wie bei Schuldrechten gilt auch hier der Satz, daß,
wenn die Person des Berechtigten einstweilen unbestimmt ist,

---

[1]) Lehrbuch II 1. S. 155 f.
[2]) Vollkommen zu Unrecht wird meist das Gegenteil angenommen, z. B. LG. Mainz, Hess. Rechtspr. X 77, Colmar 26. 2. 1903
M. 6, 478, KG. 14. 12. 1905 M. 12, 282.
[3]) ObLG. 5. 7. 1906 EfG. 8, 45, LG. Mainz 29. 3. 1910 Hess.
Rechtspr. XI 91.

durch eine Interessenvertretung (stillschweigende juristische Person) geholfen werden kann, so z. B. bei Nacherbschaft. [1)]

B. Arten des Wertrechtes.

§ 128.

I. Das Wertrecht kann absolut bestehen ohne jede Verbindung mit einem anderen Recht. Ein derartiges absolutes Wertrecht ist die Grundschuld: sie ist ein Wertrecht, welches ein Grundstück mit einem Geldwerte belastet und in keiner Stufe der Entwickelung mit einem Schuldrecht verbunden ist, höchstens mit dem sekundären Schuldrecht, welches den dinglichen Rechten überhaupt anklebt.

Nicht prinzipiell verschieden, sondern nur eine Abart der Grundschuld, ist die Rentenschuld, bei welcher das Grundstück mit einer dauernden Rente belastet ist.

II. Die Reallast ist ein nicht ganz absolutes Wertrecht; auch sie belastet ein Grundstück, sei es mit einem Geldwert oder mit einem anderen Sachwerte, und zwar in kontinuierlichen, zeitlich fällig werdenden Raten, unterscheidet sich aber von der Grund- und Rentenschuld dadurch, daß sie in einem bestimmten Stadium der Entwickelung mit einem Schuldrecht verbunden wird.

Die Reallast ist trotz dieser äußeren Verwandtschaft von der Grundschuld abzusondern, weil sie geschichtlich eine ganz andere Entwickelung angenommen hat und heutzutage nur noch in kümmerlichen Resten fortbesteht. Sie ist später (S. 476) besonders zu behandeln.

III. Das Wertrecht kann zu anderen Rechten in Verbindung treten. Eine solche Verbindung kann eine mehr oder weniger innige sein.

a) Eine innige Verbindung liegt vor, wenn Wertrecht mit Forderung sich zum Pfandrecht verschwistert, weil hier Forderung und Pfandrecht zusammenwirken sollen, um ein und denselben Zweck zu erreichen, und weil sie auch in ihrer Wirksamkeit die Fühlung miteinander nicht verlieren. Das

---

[1)] RG. 9. 3. 1917 E. 65, 277; KG. 24. 5. 1908 M. 18, 186.

Pfandrecht ist nicht das einzige dieser Rechte; neben ihm besteht das Beschlagsrecht, das sich bei uns hauptsächlich im Konkurs entwickelt hat. Der Unterschied zwischen Pfand- und Beschlagsrecht ist bekanntlich der, daß das Pfandrecht individuell, das Beschlagsrecht generell und sozial gestaltet ist. Darüber habe ich an anderen Stellen Ausführung gegeben und kann darauf verweisen, wobei ich noch insbesondere hervorhebe, daß, wenn immer und immer wieder gerade von seiten österreichischer Schriftsteller entgegengehalten wird, daß zwischen Pfandrecht und Beschlagsrecht sich kein Unterschied konstruieren läßt, ich entgegenhalten muß, daß der Unterschied so klar ist wie überhaupt ein Unterschied zwischen individuellen und sozialen Instituten.

b) Wertrecht in mehr mittelbarer Verbindung mit anderen Rechten ist das oben (S. 367) hervorgehobene Aktien- und Stiftungsrecht. Hier steht das Wertrecht in Verbindung mit dem Organschafts- und Mitgliedschaftsrechte an der juristischen Person, auch mit dem Rechte des Stiftlings an der Stiftung.

c) In unserem Werke ist das Konkursbeschlagsrecht und sind die mittelbaren Wertrechte auszuscheiden. Für das erste vergl. meine konkursrechtlichen Schriften, für das zweite Lehrbuch I S. 341, 360, 416. Was aber das Pfandrecht betrifft, so wird davon in folgenden Abschnitten die Rede sein (S. 413), wobei aber zu bemerken ist, daß das BGB. den Ausdruck Pfandrecht nur von beweglichen Sachen gebraucht und im übrigen von Hypotheken spricht. Daß dieser Sprachgebrauch nicht empfehlenswert ist, wird sich unten erweisen.

Im übrigen geht das Wertrecht an unbeweglichen Sachen so sehr andere Wege, als das an beweglichen, daß von nun an eine Ausscheidung gemacht und zunächst von unbeweglichen Wertrechten zu handeln ist.

2. Kapitel. Wertrechte am Grundvermögen.
I. Abschnitt. Allgemeines.
A. Gegenstand.
§ 129.

I. Gegenstand von Grundschuld und Hypothek ist ein Grundstück samt den Nebensachen, also 1. samt der Zubehör, 2. samt den Früchten und den getrennten Bestandteilen.

II. 1. Über Zubehör ist bereits Lehrbuch I S. 473 f., Ency-
clop. II S. 21 und oben S. 53 gehandelt worden. [1]) Die Zubehörsachen haften, wenn sie dem Grundeigner zur Zeit der Begründung des Rechts gehören, also rechtlich und nicht bloß
tatsächliches Zubehör sind. Eine Eintragung des Zubehörs in
dem Sinne, daß hier der gute Glaube des Grundstückes gilt,
besteht nicht.

2. Zubehörsachen können entfremdet werden, wie sich
alsbald ergeben wird.

3. Von Früchten gilt folgendes:

a) Die Früchte gehören nur dann hierher, wenn sie bei
ihrem Entstehen in das Eigentum des Sacheigentümers, nicht
in das eines Fremdberechtigten, z. B. des Nießbrauchers oder
Nutznießers oder Pächters fallen.

b) Verarbeitete Früchte sind keine Früchte mehr, also z. B.
wenn aus dem Grundstück Erde entnommen und diese zu
Ziegel gestaltet, oder wenn aus dem Steinbruch Steine gewonnen und aus diesen Grabsteine gefertigt werden. [2]) Die
Verarbeitung hebt die Sache aus dem Kreis der Früchte hervor
und macht sie selbständig.

c) Auch Früchte können nachträglich dem Grundstück entfremdet werden.

III. Gehört ein Stück Zubehör mehreren Grundstücken, so
steht es zu jedem Grundstück in einer halben Untertänigkeit,
und diese halbe Untertänigkeit zeigt sich nun auch bei der Verwertung des Grundstückes: mit dem Grundstück wird die Zubehörsache soweit mit veräußert, als diese Halbzugehörigkeit
reicht. [3]) Vgl. § 1120, 1121 und 1122.

IV. 1. Diese Behaftung der Früchte und Zubehör mit der
Hypothek ist eine Behaftung vorbehaltlich der Wirtschafts-
und Verfügungsrechte des Eigentümers. Im Charakter des
Wertrechts, wie es sich bei Grundschuld und Hypothek gestaltet, liegt es, daß der Eigentümer einstweilen in seiner Wirt-

---

[1]) Daß nur die objektive Sachbestimmung entscheidet und daß
es keine gewillkürte Zubehör gibt, wurde bereits I S. 474 entwickelt.
Vgl. auch RG. 12. 6. 1904 JW. 35, 556.

[2]) Breslau 23. 6. 1906 M. 14, 905.

[3]) KG. 24. 4. 1911 M. 26, 140. Vgl. auch schon Lehrb. I 475.

schaft unbehindert sein soll und erst dann ein Hemmnis erfährt, wenn eine Beschlagnahme stattfindet, welche die Stränge schärfer anzieht. Daher kann der Eigentümer Früchte und Zubehör von der Hypothek befreien, wenn er sie im Laufe ordnungsmäßiger Wirtschaft vom Grundstück entfernt und die Zugehörigkeit aufhebt. Diese Freiheit hört aber auf in dem Augenblick der Beschlagnahme, und zwar wirkt in dieser Beziehung

1. die Zwangsversteigerungsbeschlagnahme bezüglich des Zubehörs,

2. Die Zwangsverwaltungsbeschlagnahme bezüglich des Zubehörs und bezüglich der Früchte.

2. Eine Entfernung in anderer Weise würde nicht genügen, sofern sie nicht mit der Veräußerung verbunden ist. [1]

3. Die Entfernung des Zubehörs vom Grundstück muß endgültig sein. Eine zeitweilige Abtrennung etwa zum Zwecke der Reparatur oder um den Gegenstand zu verbergen oder ihn einer anderen Person zu leihen oder ihn vor Beschädigung irgendwo unterzubringen, und derartiges hätte keine pfandaufhebende Bedeutung. [2]

V. 1. Abgesehen hiervon kann der Sacheigner trotz der Hypothek die Belastung von Zubehör und Früchten lösen, wenn er sie sowohl veräußert als auch vom Grundstück entfernt. [3] Die Veräußerung allein löst den Grundstückszusammenhang nicht, sofern nicht die äußerliche Trennung vom Grundstück hinzutritt; denn die äußerliche Verbindung ist so stark, daß sie den guten Glauben des Erwerbers überwindet: dieser muß beim Erwerb solcher Sachen stets dessen gewärtig sein, daß hypothekarische Belastungen vorhanden sind; erst die Entfernung hebt den Bann auf.

2. Der Veräußerung steht die Bestellung eines dinglichen Rechtes, z. B. die Bestellung eines Nießbrauchers, gleich.

---

[1] KG. 28. 3. 1912 M. 26, 141.
[2] RG. 29. 10. 1910 Gruch. 55, 654.
[3] So auch seinerzeit das sächsische Gesetzbuch § 413: bewegliche Sachen, welche mit dem Grundstück . . . verbunden waren und veräußert worden sind . . . .

VI. 1. Auch hier verändert sich das Bild, wenn das Wertrecht durch Beschlagnahme zur stärkeren Anspannung gebracht ist: die Beschlagnahme hindert die Befreiung der Sache,
wenn sie vor der Veräußerung erfolgte; erfolgt sie nach der
Veräußerung, aber vor der Entfernung, so gilt natürlich bezüglich des Erwerbers der Grundsatz des guten Glaubens,
welcher ausgeschlossen ist, wenn er zur Zeit der Entfernung
(oder richtiger zu der Zeit der Erlangung des Eigengewahr-
sams) die Beschlagnahme kannte.

2. Was die Beschlagnahme zur Zwangsverwaltung und
zur Zwangsversteigerung betrifft, so gilt das vorige.

3. Die Konkurseröffnung steht der Beschlagnahme gleich.
Nach dieser Richtung bewegt sich auch die Jurisprudenz. [1])

VII. Die Zubehörsachen werden daher, was das fremde
Eigentum betrifft, anders behandelt, wenn sie fremdes Eigentum
waren zur Zeit der Hypothekenentstehung (S. 378), und anders,
wenn sie damals dem Grundstückseigentümer gehörten und
nach Entstehung der Hypothek fremdes Eigentum geworden
sind. In letzterem Falle gilt die obige Bestimmung, wonach
sie der Hypothek gegenüber nur dann die Zubehöreigenschaft
verlieren, wenn sie vor der Beschlagnahme nicht nur veräußert, sondern auch von dem Grundstück entfernt werden.
Mithin kann der Fall vorkommen, daß etwas eine Zubehörsache
ist mit Rücksicht auf die Hypothek A., nicht aber mit Rücksicht
auf die später entstehende Hypothek B. oder C. [2]) Sollte dann
aber eine Zwangsvollstreckung stattfinden, bei welcher sowohl
die Hypothek A. als B. und C. beteiligt ist, dann ließe sich eine
Trennung nicht vollziehen und das Zubehör müßte dann sämtlichen Hypotheken zugerechnet werden; und bei einer etwaigen Rangverschiebung, bei welcher die Hypothek C. in den
Rang von A. tritt, würde sie auch in bezug auf das Zubehör
diese Stellung einnehmen.

---

[1]) RG. 12. 6. 1906 E. 63, 372, Marienwerder 9. 7. 1906 M. 14, 104.
Celle 25. 11. 1907 M. 18, 164, Dresden 21. 3. 1916 M. 26, 139. Dresden
21. 3. 1910 S. 66 nr. 13. Ferner KG. 1. 6. 1907 M. 15, 169, KG. 28. 3.
1912 M. 26, 14, Braunschweig 6. 1. 1911 M. 26, 150.

[2]) Hamburg 18. 10. 1911 M. 24, 247.

VIII. 1. Das Wertrecht ergreift auch die aus der Sache hervorgehenden Zivilfrüchte, also Miet- und Pachtzinsen, sofern und soweit sie erwachsen, d. h. mit Abzug der etwaigen Minderungen und Abzüge, die sich aus der Entwickelung der Miete und Pacht ergeben; es ergreift ebenso die etwaigen Reallastleistungen, welche dem Grundstück geschuldet werden. Es ergreift aber nicht die etwaigen Entschädigungsansprüche des Vermieters, und, was die Entschädigungsansprüche des Mieters betrifft, so kommen sie nur insofern in Betracht, als sie die Mietszinsen mindern, §§ 1123, 1126.

2. Die Erfassung der Zivilfrüchte durch den Wertberechtigten ist ebenso, wie die Erfassung der naturalen Früchte, zunächst nur eine lose; fest wird sie erst mit der Beschlagnahme, welche, was die Zivilfrüchte betrifft, durch Zwangsverwaltungsbeschlag oder auch durch Forderungsbeschlag erfolgen kann. Der Grundgedanke ist der: die Sachbenutzung soll dem Eigner durch das Wertrecht nicht entzogen werden; denn auch hier liegt es im Interesse des Wertberechtigten, daß der Eigner auf seinem Gut gedeiht, und das geschieht hier durch die indirekte Ausnutzung des Gutes in Miet- und Pachtverhältnissen. Vgl. S. 383.

3. Nach Ablauf einer bestimmten Zeit treten die Zivilfrüchte außerhalb des Wertrechtes und nehmen den Charakter gewöhnlicher Forderungen an; denn wenn der Mieter oder Pächter längere Zeit ohne Zinsen auf dem Gut bleibt, so ist es so aufzufassen, daß ihm die fälligen Beträge kreditiert werden: es sind dies Erträge, die längst abgeworfen, vom Grundstück gelöst sind, ebenso wie die vom Grundstück entfernten Früchte. Man kann auch die Denkform bilden: sie sind bezahlt und wieder als Darlehen zurückbezahlt worden. Die Freizeit ist der Ablauf eines Jahres.

4. Bei Miet- und Pachtzinsen wird als Normsatz das Kalendervierteljahr berechnet und die am Schluß des Vierteljahres zu zahlenden Zinsen gelten als Norm. Ist eine anderweitige Zahlungsweise bedungen, stimmt also die Fälligkeit nicht mit dieser Norm, ist namentlich Vorauszahlung verabredet, dann gilt dies als Verfügung über die künftigen Zinsen. Die Befreiung, die sonst ein Jahr nach der Fälligkeit eintritt,

trifft daher nicht diejenigen Zinsen, die zwar vorauszuzahlen sind, aber einem späteren Kalendervierteljahr als Norm ent. sprechen.

5. Eine Verfügung über die Zivilfrüchte zu Ungunsten des Wertberechtigten ist nur innerhalb der Grenzen statthaft, welche die normale befriedigende Abwickelung der Miet- und Pachtverhältnisse mit sich bringt. Eine derartige Verfügung ist statthaft 1. bezüglich des laufenden Zinsbetrages des Ka. lendervierteljahrs. 2. bezüglich des folgenden Kalenderviertel. jahrs, sofern die Beschlagnahme erst im letzten halben Monat des Kalendervierteljahres erfolgt ist; denn der Hypothekar hat damit zu rechnen, daß im letzten Halbmonat des Quartals die Mietzinsen bereits für das folgende Quartal bezahlt werden.

Als Verfügung gilt auch das Zahlungsgeschäft mit dem Mieter und Pächter, daher auch die Aufrechnung, aber auch die Anweisung und Zession, § 1123—1125, und Gesetz vom 8. 6. 1915.

6. Die gleichen Grundsätze gelten von der Reallastleistung. Anstelle des Kalendervierteljahres treten 3 Monate nach der Beschlagnahme. Das Freijahr beginnt mit der Fälligkeit, § 1126.

7. Gegenüber dem Zwangsvollstreckungsgläubiger gilt noch etwas besonderes. Man hat früher angenommen, daß die Verfügung des Eigentümers über die künftigen Miet- und Pachtzinsen nicht nur nach der Norm der Beschlagnahme zu bemessen wäre, sondern, wenn die Zwangsvollstreckung zu einer Versteigerung geführt hat, nochmals nach den Normen der Eigentumsveräußerung, sodaß also noch das Kalendervierteljahr zur Zeit des Zuschlages und etwa noch das folgende Kalendervierteljahr der Verfügung des beschlagnahmten Eigners offen stehe. Das war schon nach dem früheren Rechte eine ganz abenteuerliche Meinung; denn mit dem Moment der Beschlagnahme ist bereits ein Bann auf die Zivilfrüchte gelegt, welcher sich während der ganzen Vollstreckung fortsetzt. Die Kalendervierteljahre sind daher stets von der Beschlagnahme. und durchaus nicht noch einmal von dem Moment des Zuschlages zu berechnen, vgl. §§ 57, 57 a, 57 b ZVG. nach der Änderung des Gesetzes vom 8. Juni 1915.

8. Auch hier bewirkt die bereits oben charakterisierte Steigerung eine stärkere Anspannung des Rechts und ein Zurückdrängen der Benutzungsbefugnis des Eigentümers. Zwar bei dem Nutzpfand setzt das Wertrecht sofort in voller Kraft ein, beim Kapitalpfand aber soll die Kapitalverwertungsbefugnis des Hypothekars die Nutzungslage des Eigentümers einstweilen nicht schmälern. Dies wäre im Widerspruch mit dem Zweck der Sache; denn es hätte einen Rückgang im Ertrag und Gedeihen der Sache zur Folge, welcher für die künftige Verwertung verhängnisvoll wäre. Vgl. S. 381.

Dementsprechend bewirkt die Steigerung eine Verschiebung in der Behandlung des Miet- und Pachtrechts. So lange man dem Eigentümer die Verwaltung und Bewirtschaftung überläßt, überläßt man es dem Hypothekar, sich wegen der Miete und Pachtzinsen mit dem ihm untergebenen Eigentümer auseinander zu setzen, und so lange die wirtschaftliche Ordnung waltet, soll auch an dieser Wirtschaftsweise nichts geändert werden. Anders wird es, wenn die Sache der Privatwirtschaft des Eigentümers entzogen wird: dann sind die Miet- und Pachtzinsen in die Kasse des Wertberechtigten abzuführen und haben diesem Rechte zu dienen. Daher der Satz: a) bei der Zwangsverwaltung tritt der Zwangsverwalter für die Gläubiger in das Miet- und Pachtverhältnis ein und b) die Zwangsversteigerung führt mit dem Zuschlag zu einem Übergang des Mietsverhältnisses auf den Ersteher: bis dahin bleibt es unangetastet, sofern nicht mit Rücksicht auf die Sicherheit der Gläubiger dem Eigentümer die Verwaltung durch Richterbeschluß mehr oder weniger entzogen wird, § 25 ZVG.

Die Steigerung kann aber c) auch dadurch erfolgen, daß der Wertberechtigte die Miet- und Pachtzinsen kraft des Forderungspfändungsrechts mit Beschlag belegt.[1]) Der Eigentümer verliert den Sachgenuß und behält nur die treuhändige Sachwaltung. Vgl. des Näheren S. 321.

9. Die Steigerung hat auch eine Verschiebung in der Lage der Hypothekenzinsen zur Folge. So lange alles in Ordnung ist, hat der Hypothekar wegen seiner Zinsen sich mit dem

---

[1]) RG. 21. 12. 1912 E. 81, 147 (wo auch weitere Entscheidungen).

Eigentümer auseinanderzusetzen, und die rückständigen Zinsen
werden rechtlich von dem Kapital getrennt und einer besonderen Behandlung unterworfen. Das wird anders mit jener
Steigerung, denn 1. bei der Zwangsverwaltung sind die Zinsen
aus den Nutzungsergebnissen zu entnehmen, § 155 ZVG., 2. bei
der Zwangsversteigerung werden die Zinsen mit in die Versteigerung gezogen, und zwar die laufenden Zinsen und die
Zinsen der zwei letzten Jahre in der Rangstufe des Kapitals.
Steht das Kapital im geringsten Gebot und wird es deshalb
von dem Ersteher übernommen, so müssen diese Zinsen nichtsdestoweniger aus dem Barerlös befriedigt werden, §§ 49 und
129 ZVG.

B. Wertrecht an Gesamtheiten.

§ 130.

I. Inwiefern die Pfändung und Verpfändung eines Nach-
lasses oder eines Erbteils möglich ist, also in der Art, daß das
Wertrecht den aktiv und passiv gewonnenen Saldo ergreift,
darüber ist im Erbrecht näher zu handeln.

II. Nur das ist hier zu bemerken: Es ist vorteilhaft, wenn
bei einer derartigen Pfändung und Verpfändung eines Erbteils
auch das Grundbuch in Anspruch genommen wird, damit man
bei der etwaigen Liquidation des Grundstückes berücksichtigt,
daß an dem Anteil des Erben Pfandrechte bestehen. Wer ein
solches Grundstück erwirbt, kann mit Recht verlangen, daß
ihm durch das Grundbuch hiervon Kenntnis gegeben wird.
Hiernach ist eine Eintragung im Grundbuch, wenn auch nicht
mit rechtsschöpferischer, so doch mit rechtssichernden Funktionen als möglich und sogar als wünschenswert zu erklären. [1]

C. Wertrecht an der Melioration.

§ 131.

Die Wertverpfändung ist die Verpfändung einer Sache in
der Art, daß dem Berechtigten ein durch ein bestimmtes Wert-

---

[1] Vgl. KG. 5. 10. 1905; 29. 11. 1906; 14. 12. 1908 Joh. 31 A 259;
33 A 226 und 37 A 275; RG. 14. 1. 1914 E. 83, 434; 16. 5. 1917
E. 90, 232.

element herbeigeführter Mehrwert zukommt, vor allem ist dies der Fall bei der sog. Meliorationshypothek, der Hypothek an dem durch Verbesserungen geschaffenen Mehrwert. Derartige Gebilde sind mannigfach versucht worden. [1])

D. Wertbefriedigung.

§ 132.

I. Die Wertbefriedigung geschieht in der verschiedenen Weise, wie man aus dem Grundstück einen Wert herauszieht. Sie kann durch Nutzung erfolgen, dann spricht man von Nutzpfand, welches leider für Grundstücke in unserem bürgerlichen Gesetzbuch nicht aufgenommen ist und nur auf dem Wege der Zwangsverwaltung erfolgen kann; sie kann aber auch geschehen durch Kapitalisierung des Grundstückes, indem man dieses Grundstück in ein Geldkapital verwandelt, sogenanntes Kapitalpfand im Gegensatz zum Nutzpfand, und dies ist die hauptsächlichste Art der Wertrechtsausübung.

II. An und für sich steht nichts dem entgegen, daß die Kapitalisierung des Grundstückes durch den Wertberechtigten ohne Staatshilfe erfolgt oder auch bloß mit einer solchen Staatshilfe, welche sich als freiwillige Gerichtsbarkeit darstellt; doch sprechen viele Gründe dafür, daß bei Grundstücken der Wertberechtigte nur durch Staatshilfe zum Ziel gelangen kann: denn einmal pflegt der Hypothekar nicht im Besitz der Sache zu sein, er müßte sich also erst, wie nach römischem Rechte, den Besitz erschaffen, um privatim vorgehen zu können, und sodann greift eine solche Kapitalisierung sehr stark in die Interessen nicht nur des Eigentümers, sondern aller am Grundstück Berechtigten ein; darum hat die Rechtsordnung gute Gründe, Garantien zu verlangen, daß die Grundstücksinteressen nicht der Willkür oder dem Unverstand des Einzelnen preisgegeben werden. Es sind also rationelle Gründe, welche für die Fortdauer des Systems der Befriedigung durch Zwangsvollstreckung sprachen, eines Systems, das sich in Deutschland

---

[1]) So Österreich. Ges. v. 6. Juli 1896 über das Meliorationsdarlehen.

geschichtlich entwickelt hat durch Anlehnung der neueren Satzung an die gerichtliche Verwertung. Der rationelle Vorzug dieses Systems zeigt sich noch in folgendem:

Das römische Recht konnte nur der ersten Hypothek Veräußerungsrecht geben, denn die Privatveräußerung ist viel zu sehr dem Einfluß der Persönlichkeit anheimgestellt, als daß man sie dem nachfolgenden Hypothekar mit Umgehung des Vorgängers überlassen konnte: dem nachfolgenden Hypothekar blieb nur das Einlösungs- und Eintrittsrecht vorbehalten. Diese unvollkommene Gestaltung hat das germanische System überwunden. Die Verwertung mit Hilfe des öffentlichen Rechts kann auch durch den zweiten oder dritten Hypothekar erfolgen, weil bei der Verwertung die Persönlichkeit ausgeschaltet ist: sie gibt der Verwertung nur die Anregung, während alles andere, Sachübertragung und Wertverteilung, durch die öffentliche Macht erfolgt unter Berücksichtigung der Gesamtheit der auf der Sache ruhenden dinglichen Rechte, namentlich auch der vorhergehenden Hypotheken.

III. Die Verwertung muß also in einer bestimmten Weise erfolgen; eine andere Art der Verwertung kommt dem Wertrecht nicht zu. Ihm steht nicht zu die Verwertung durch Privatveräußerung, ihm steht nicht zu die Verwertung durch Eigentumsverschiebung: lex Commissoria; solches ist auch nicht durch Vereinbarung zu erzielen, mindestens nicht, solang das Wertrecht nicht fällig ist, § 1149. [1]) Auch das ist natürlich nicht möglich, das Wertrecht reallastartig in der Art zu steigern, daß jeder künftige Eigner persönlich haftbar würde. Dagegen kann die Verwertungsbefugnis beschränkt werden, etwa in der Art, daß sie nur unter bestimmten Umständen eintreten darf, oder daß dem Wertberechtigten nur gewisse Wege zu Gebote stehen sollen, also beispielsweise, daß er nicht von sich aus die Zwangsvollstreckung betreiben, sondern nur der

---

[1]) Daher kann sich auch der Verkäufer für den Fall der Nichtzahlung den Rücktritt vorbehalten, nicht aber das Recht, das Grundstück auf Rechnung des Käufers zu veräußern, ObLG. 3. 9. 1902, EfG. 3, 194.

Zwangsvollstreckung anderer hinzutreten kann.[1]) Statthaft ist
es auch zu bedingen, daß die Verwertung nur auf dem Wege
der Zwangsverwaltung begehrt werden kann, wodurch allerdings das Grundpfand auf den Stand der alten Revenuen-
hypothek herabgedrückt wird. Das entspricht allerdings nicht
der Absicht des Gesetzgebers, allein es ist kein Grund vorhanden, einen Weg abzuschneiden, der es ermöglicht, wichtigen
gesellschaftlichen Bedürfnissen zu entsprechen, auch wenn die
Redaktoren in völlig verkehrter Weise etwas anderes gewollt
haben. In solchem Falle ist das Wertrecht in seiner Reaktion
beschränkt: dies ist eine bürgerlich-rechtliche Beschränkung,
welche allerdings in den Prozeß einwirkt, aber nur deshalb,
weil das Vollstreckungswesen die Form und der Prozeß das
Mittel ist, um die Verwertungsbefugnis zur Geltung zu bringen;
die Geltendmachung jener Beschränkung aber erfolgt durch
Vollstreckungsgegenklage. Allerdings kann hierdurch nur
verhütet werden, daß der betroffene Gläubiger den Voll-
streckungsantrag stellt; wird er von anderen gestellt und
kommt es zur Zwangsversteigerung, dann tritt die Verab-
redung außer Kraft: denn sie kann nur der Vollstreckungs-
initiative entgegentreten, nicht aber der Vollstreckungs-
anschließung, die für den Gläubiger eine Notwendigkeit ist,
falls er in seinem Rechte nicht durch Andere verdrängt
werden soll.

IV. Das ältere deutsche Recht gestattete auch, zur Sicherung des Wertberechtigten gewissermaßen einen Bann auf das
Grundstück zu legen und das Eigentum unveräußerlich zu
machen; dieses ist bei uns natürlich schon aus allgemeinen
Gründen unstatthaft, § 135. Aber es ist nicht einmal ein schuldrechtlicher Vertrag in dem Sinn möglich, daß dem Eigentümer
die Veräußerung verboten wird, § 1136.[2]) Möglich ist aller-

---

[1]) KG. 29. 5. 1911 EfG. 11, 151. Das LG. Mainz 25. 5. 1908 Hess.
Rechtspr. X 30 nimmt an, es sei zulässig, durch Eintragungsklausel
die Subhastation auf einige Jahre auszuschließen, aber nicht vollständig.

[2]) So schon Preuß. LR. I 20, 439. Vgl. RG. 6. 6. 1903 E. 55, 78;
RG. 18. 11. 1911 Gruch. 56, 600.

dings ein solches schuldrechtliches Veräußerungsverbot zwischen Käufer und Verkäufer; [1]) aber der Wertberechtigte, namentlich der Hypothekengläubiger, soll eine solche Pression nicht ausüben dürfen: die Hypothek samt allen wirtschaftlichen Operationen, welche damit verbunden sind, soll nicht als Druckmittel dienen.

Was vom Veräußerungsverbot gilt, gilt auch vom Teilungs- nud Zerlegungsverbot. [2]) Landesrechtlich allerdings gelten Besonderheiten bei den einer besonderen Kontrolle unterstehenden Rentengütern.

V. Das Wertrecht gibt die Befugnis, aus der Sache die Befriedigung herauszuholen. Diese Betätigung des Wertrechts aber kann dadurch gekreuzt werden, daß das Recht abgelöst wird. Ablösung ist die sonstige Herbeiführung des durch das Wertrecht zu erstrebenden Erfolges, also insbesondere durch Leistung der Geldsumme, oder des anderweitigen Befriedigungswertes, sie kann durch Zahlung, durch Hinterlegung, durch Aufrechnung geschehen, § 1142. Die Ablösung kann auch gegen den Willen des Wertberechtigten erfolgen, sobald nur die Umstände hierzu reif sind. Andererseits kann der Belastete nicht zur Ablösung gezwungen werden; löst er nicht ab, so ist es eben Sache des Wertberechtigten, sich an das Grundstück zu halten: er hat also, soweit er wertberechtigt ist, nicht etwa einen persönlichen Schuldrechtanspruch auf Zahlung gegen den Belasteten und kann daher sein Wertrecht auch nicht durch Aufrechnung geltend machen. [3]) Daher kann auch von einem Verzug der Ablösung nicht die Rede sein, überhaupt fällt der Verzugsbegriff hier vollkommen weg. Allerdings schuf die Rechtsordnung hier ein gewisses Analogon in der Zinspflicht, die eintritt, wenn der Wertberechtigte trotz der Wertreife von dem Verwertungsrechte keinen Gebrauch macht: der Belastete, der in solchem Falle das Kapital benutzt, muß es sich gefallen lassen, daß zu dem Wertrecht eine Zinssteigerung hinzutritt, vorausgesetzt, daß nach der Wertreife

---

[1]) RG. 6. 6. 1903 E. 55, 78.
[2]) KG. 9. 1. 1910 S. 66 nr. 210.
[3]) Königsberg 20. 12. 1905 M. 20, 305.

eine Mahnung oder solche Umstände erfolgen, welche dem Belasteten dieses Billigkeitsmoment besonders nahe legen, §§ 1118 und 1146.

VI. 1. Die Kapitalisierung bei der Verwertung erfolgt durch Zwangsvollstreckung, § 1147; diese kann nur auf Grund eines vollstreckbaren Titels erfolgen. Es wäre nun nichts natürlicher, als daß ein Auszug aus dem Grundbuch oder ein Hypothekenbrief als Vollstreckungstitel gelten sollte; hier ist aber das Gesetz wieder einmal zurückgeblieben: um das Grundbuch zum Vollstreckungstitel zu machen, ist eine Unterwerfungsklausel nötig, die ins Grundbuch einzutragen ist, § 800 ZPO. Diese Einrichtung ist so verschroben als möglich: die Unterwerfungsklausel sollte sich von selbst verstehen. Nach französischem Recht war sie nicht notwendig, ebenso nicht nach rheinischem, nicht nach bayerischem Recht; erst die Zivilprozeßordnung hat sich wieder nach rückwärts gewandt. An Orten lebhaften Fortschrittes ist sie übrigens so gebräuchlich, daß man es als einen Kunstfehler betrachtet, wenn der Anwalt nicht bei der Hypothekenbegründung darauf hindrängt.[1] Allerdings welche Schwierigkeiten: die Unterwerfungsklausel muß, um dingliche Wirkung zu haben, eingetragen werden, ein Verzicht auf die Eintragsbewilligung genügt nicht.[2] Wird die Hypothekensumme (durch Zinsen) erhöht, so bedarf es einer neuen Unterwerfungsklausel![3] Und wie ist es bei der Höchsthypothek?[4] Ist hier die Klausel möglich? Wann ist sie wirksam? Alle diese Häklichkeit wäre unnötig, wenn das Gesetz richtig gebildet wäre. Ist im übrigen die Unterwerfungsklausel erfolgt, so gelten die gewöhnlichen Grundsätze; die etwaigen Einreden und Einwendungen hiergegen sind auf dem Wege der Vollstreckungsgegenklage zu erledigen.

Ist die Unterwerfungsklausel unterlassen, dann bedarf es der Hypothekenklage. Über ihre Fassung hat man große

---

[1] Vgl. darüber auch meine Schrift Vollstreckungsurkunde als Verkehrsmittel (1918). Auch oben S. 369.

[2] KG. 28. 4. 1902 M. 4, 483.

[3] KG. 25. 9. 1913, Joh. 45 A 260.

[4] Posen 4, 5. 1908 M. 17, 334.

Reden gehalten. Was sie bedeutet, habe ich in der erwähnten
Schrift gezeigt: sie ist, wie bereits oben S. 369 erwähnt, nichts
anderes als eine Feststellungsklage, mit dem Zweck, einen
vollstreckbaren Titel zu erzielen. Die vielen zum Teil recht
verwunderlichen Konstruktionen, die großenteils mit den
Worten des Gesetzes operieren, können einfach beiseite
bleiben.

2. Wie beim Schuldrecht, so ist auch beim Wertrecht zu
unterscheiden zwischen der Zeit, in welcher das Recht am
Werden brütet, und der Zeit, in welcher es zum vollen Ausbruch gelangt. Es gibt also auch hier eine Analogie zur schuldrechtlichen Fälligkeit, und wie im Schuldrecht eine Fälligkeit
im Interesse des Gläubigers oder auch im Interesse des Schuldners oder beider sein kann, so auch beim Wertrecht. Die
Hypothek kann fällig werden und die Fälligkeit kann auch im
Interesse des Belasteten sein, z. B. wenn er bei einer stark
verzinslichen Hypothek die Möglichkeit erwirbt, nach Befriedigung der Hypothek Kapitalien zu geringeren Zinsen zu
erlangen. Mit der Fälligkeit tritt die Wertreife ein.

3. Die Reife des Wertrechtes kann durch einfachen Zeitablauf eintreten oder auch durch Zeitfolge nach Kündigung.
Kündigung ist natürlich hier nicht Kündigung zur Zahlung,
sondern Kündigung zur Sachbefriedigung unter Vorbehalt der
Ablösung. Nach dem obigen kann nicht nur von einer Kündigung des Berechtigten, sondern auch von einer Kündigung
des Belasteten die Rede sein. Die Kündigung kann an sich
beliebig hintangezogen werden; indes drängen die Landesgesetze vielfach dahin, die Sachgüter gegen Verträge zu
sichern, welche sie unkündbaren Rechten unterwerfen, vgl. a.
117 BGB. und Pr. AG. a. 32: hier ist bestimmt, daß die Kün-
digungsbefugnis des Eigentümers nur auf höchstens 20 Jahre
(mit sechsmonatlicher Frist) ausgeschlossen werden kann. [1]
Wie im Schuldrecht unter Umständen eine vorzeitige Fälligkeit, so kann auch hier eine vorzeitige Wertreife eintreten.

4. Die Wertreife kann schon in früheren Stadien eintreten,
nämlich im Falle der sachlichen Gefährdung des Wertrechts.

---

[1] KG. 29. 10. 1900 M. 2, 9; KG. 17. 3. 1902 M. 4, 315.

Sachliche Gefährdung ist die Minderung durch Verschlechterung der Verhältnisse, welche die konkrete wirtschaftliche Funktion des Grundstücks bedingen, nicht etwa die Verschlechterung der allgemeinen Konjunktur, nicht Überangebot, nicht mangelnde Nachfrage. Die verfrühte Verwertung kann durch Aufbesserung, d. h. durch Vervollkommnung der dem Gläubiger zukommenden Sicherung vermieden und die Verwertungsbefugnis insofern aufgeschoben werden, § 1133.

Die Verschlechterung ist gedacht als sachliche Minderung der Wertsache,[1] die auch in der Verschleuderung von Zugehörsachen bestehen kann, § 1135; sie liegt nicht in der dinglichen Belastung des Grundstücks, weil diese die bestehende Hypothek nicht berührt, es müßte denn eine Belastung sein, welche in ihrer wirtschaftlichen Durchführung eine Verschlechterung des Grundstückes bewirkt oder welche als rechtliche Bevorzugung vom Hypothekar anzuerkennen ist, z. B. die Belegung mit einem öffentlichen Wege.[2]

Die Geltendmachung der Wertrechte hat dann zu erfolgen unter Berücksichtigung der Zwischenzinsen, § 1133. Für Hypothekenbanken ist bestimmt, daß sie in dieser Beziehung ihre Schuldner schonlich behandeln und das Wertrecht nur bezüglich des nicht mehr gedeckten Fehlbetrages geltend machen dürfen, § 17 Hyp.BG.

5. Die Sachbefriedigung gilt für die Summe, welche das Ziel des Wertrechtes bildet, wozu aber noch die Kosten der Verwertung (aber nicht die Kosten der Entstehung des Rechts) gehören, einschließlich der Kosten der Überwindung der Vollstreckungsgegenklage, nicht aber die Kosten der persönlichen Klage gegen denjenigen, der neben dem Wertrecht schuldrechtlich verpflichtet ist,[3] § 1118, auch nicht die Kosten des Schutzes gegen den Sachverletzer und Wertverminderer, § 1134, vgl. auch §§ 10 und 12 ZVG. Vgl. S. 370.

---

[1] RG. 15. 10. 1902 E. 52, 295; Hamburg 20. 2. 1906 S. 62 nr. 12.
[2] Unrichtig Schulzenstein JZ. XVI 1523.
[3] Königsberg 23. 5. 1906 S. 62 nr. 73; Dresden 11. 10. 1910 S. 66 nr. 63.

E. Untergang.

§ 133.

I. Eine Verjährung der Grundstückswertrechte, namentlich der Hypotheken, gibt es nicht, solange sie im Grundbuch stehen; die Verjährung der Forderung ist für sie einflußlos, § 223. Über die Tabularversitzung gilt § 901. Vgl. S. 440.

II. Es gibt nur einen Untergang durch Verschweigung, wenn sich zu der einfachen Verschweigung eine Aufgebotsverschweigung hinzugesellt: die einfache Verschweigung schafft eine Rechtslage, die kraft Aufgebotsverschweigung zum Untergang der Hypothek führt. Die einfache Verschweigung ist eine zehnjährige Verschweigung von der Eintragung bezw. von der nach Kalenderzeit bestimmten Fälligkeit der Forderung an; sie liegt vor, wenn die Hypothek nicht durch Zinszahlung oder sonstige Anerkennung betätigt worden ist, § 1170.

2. Abschnitt. Intensitätsgesetz.

I. Recht und Rang.

1. Stockwerksystem.

§ 134.

I. Die Möglichkeit, daß Grundrechte mehreren Ranges hintereinander stehen, führt im Fall des Unterganges oder der Ablösung zu einem Problem. Das alte Recht verfolgte das naive System, daß sich bei erloschenen Rechten zunächst ein leerer Raum bildete, in welchen sich wegen einer Art von horror vacui die nachstehenden Rechte einschöben, sodaß sie also nachrückten.

II. Dieses Nachrücken ist für sie von Vorteil, verschiebt aber die Lage des Eigentümers, der von nun an nur solche Grundrechte begründen kann, die hinter allen Nachrückenden in tieferem Range stehen. Das möchte hingehen, wenn das Nachrücken mit einer bestimmten Sicherheit oder Wahrscheinlichkeit vorausbestimmt werden könnte, sodaß ein festes wirtschaftliches Wertprinzip herrschte, welches vorausberechnet und bei den Spekulationsansätzen berücksichtigt werden könnte. Dies ist aber nicht der Fall; es handelt sich um ein ganz zufälliges Element, das der vernünftigen Gestaltung widerstrebt und darum wirtschaftlich schädlich ist. Vielleicht wird ein Hypothekengläubiger wegen dieser Möglichkeit etwas günstigere Bedingungen geben, aber dem ganzen Zufallscharakter entsprechend nicht in rationeller Bemessung. Der Nachteil des Eigners bleibt daher ohne genügende Vergütung, und die Ausnutzung der wirtschaftlichen Kraft ist lückenhaft.

III. Anstelle dessen tritt im deutschen Rechte der Gedanke der Haftung nach „Stockwerken". Begrifflich hatte man doch das Stockwerkrecht im Raume entwickelt, warum nicht auch im Bereich der Werte? Der Gedanke war also: jedes Recht steht auf einem bestimmten Stockwerk; erlischt es, so wird das Stockwerk frei und der Eigentümer kann darüber weiter verfügen: Stockwerkstheorie. [1]

IV. Allerdings war dieses System nur durchzuführen im Gebiete der Wertrechte: wenn etwa im zweiten Stockwerk ein Nießbrauch steht, so konnte man beim Verzicht auf den Nießbrauch nicht etwa einen neuen Nießbraucher in das Stockwerk heraufholen. Noch weniger ging dies an bei beschränkten persönlichen oder gar bei realen Dienstbarkeiten. Vgl. S. 261.

Bei den Wertrechten aber ist ein solches Stockwerksystem durchführbar; allerdings gelangt man bei der Durchführung zu schweren Mißlichkeiten, die sich in der neueren Zeit im Schweizer Zivilgesetzbuch gezeigt haben, a. 814, 815, 863. [2] Es ist dieselbe Mißlichkeit, wie bei allen leeren Rechten: ein leeres Recht, das einer Ausfüllung bedarf, ist eine wirtschaftliche und rechtliche Verlegenheit. Der Gedanke ist der: die freie Stelle steht dem Eigner zur Verfügung; solange er aber nicht verfügt, ist sie leer. Kann er nun aber zur Verfügung genötigt werden?, kann sein Gläubiger sie an seiner Stelle vornehmen, oder der Konkursverwalter im Konkurse? Noch mehr; geht das Eigentum über, so fragt es sich, ob der bisherige Eigner die Ausfüllungsbefugnis behält oder ob sie

---

[1] Man hat auch den Ausdruck Lokustheorie; daß dieser Ausdruck übermäßig geschmackvoll wäre, ist nicht zu sagen.

[2] Es fand sich auch im Sächs. Gesetzb. §§ 442—444.

dem Nachfolger zukommt. Auf solche Weise führt diese Konstruktion, wenn sie auch rechtlich durchführbar ist, doch zu
Schwierigkeiten und Mißständen.

V. 1. Dem hat unsere Rechtsordnung vorgebeugt. Ebenso
wie im Konkurse das Beschlagsrecht auf einmal einen festen
Halt gewährt, wo früher alles schwankend und unbestimmt
war, ebenso hat die Idee der Eigentümergrundschuld über
viele Schwierigkeiten hinweggeholfen. Der Eigentümer erlangt bei Wegfall des Wertrechts nicht eine leere Stelle,
sondern ein positives Wertrecht an der eigenen Sache: der
leere Raum ist sofort wieder besetzt, und dieses Recht ist,
wie ein anderes, veräußerlich, verpfändbar und pfändbar, es
fällt im Konkurs in die Masse und bleibt bei der Veräußerung
des Grundstückes in der Hand des Veräußerers.

Allerdings hat man sich lebhaft dagegen aufgebäumt, aber
aus Gründen, die keiner Widerlegung bedürfen. Der Haupt-
grund war der horror vor Rechten an eigener Sache, der noch
an den alten horror vacui anklingt; allein dieser horror ist
völlig unbegründet. Wenn man ein Recht an der Sache hat,
so ist es völlig unerheblich, wem die Sache gehört, oder ob sie
überhaupt jemandem gehört: ebenso wie ein solches Recht
an einer res nullius bestehen kann, ebenso auch an der eigenen
Sache.

2. Richtig ist, daß das römische Recht einen Widerwillen
gegen Rechte an eigener Sache zeigte, aber dies beruhte auf
einer Anschauung, der nur geschichtliche Berechtigung zukommt. Das Eigentum war bei den Römern der Leviathan,
der alle Rechte an der Sache verschlang. Der Gedanke, daß
das Eigentum möglichst wenig zurückgedrängt werden soll,
daß es jedenfalls womöglich immer wieder hervorbricht, war
echt römisch. In ihm zeigt sich ein ständiges Bestreben, der
Zerteilung und Zerfaserung des Eigentums entgegenzutreten;
wo immer möglich, sollte wieder eine Konsolidation erzielt
werden. Zwar hatte man eine Art von bonitarischem Eigentum geschaffen, aber es sollte nach kurzer Pause zum quiri-
tarischen Eigentum werden, sodaß die Norm wiederhergestellt
wurde.

Daß diesem Bestreben ein gesunder Gedanke zugrunde liegt, ist nicht zu bestreiten; denn eine Eigentumsordnung, welche dahin abzielte, daß nach Erlöschen der dinglichen Rechte im Eigentum ein leerer Raum bliebe, hätte sehr große Mißlichkeiten zur Folge. Aber die Römer haben diesen Satz bedeutend übertrieben; dem Grundsatz: nemini res sua servit liegt keine genügende Vernünftigkeit zugrunde; er ist als Hemmung der wirtschaftlichen Operationen zurückzudrängen und hat nur insofern noch eine Berechtigung, als möglicherweise an der Aufrechterhaltung der Doppelrechte kein Interesse mehr vorhanden ist; in welchem Falle zur Vereinfachung der Rechtsübung und Rechtskonstruktion das Prinzip der Konzentration aufrecht erhalten bleiben kann.

2. System der Eigentümergrundschuld.
§ 135.

I. Daraus entwickelt sich folgendes System:

1. Jede Hypothek und jede Grundschuld enthält eine event. Eigentümergrundschuld, vorausgesetzt, daß die Bedingungen für das Wertrecht erfüllt wurden, also eine entsprechende Einigung und Eintragung erfolgt ist; eine eventuelle Grundschuld, welche Brief- oder Buchgrundschuld ist, je nach der zugrunde liegenden Hypothek. [1]

Voraussetzung ist also, daß ein Hypotheken- oder Grundschuldrecht besteht. Ist es gar nicht erwachsen, insbesondere, weil es an der nötigen Einigung fehlt, oder weil die Einigung selbst eine bedingte war und die Bedingung nicht eintrat, oder weil es an der Rechtsfähigkeit der Person fehlte, dann liegt eine Null vor, es fehlt nicht das Hypothekar-, sondern das Hypothekenrecht. [2]

2. Die Eigentümergrundschuld tritt dagegen hervor:

a) wenn trotz gültigen Wertrechts das Gläubigerrecht nicht vorhanden ist, also bei der Hypothek, deren Forderung etwa wegen Unsittlichkeit nicht begründet oder erloschen,

---

[1] Dresden 27. 3. 1907 EfG. 8, 282.
[2] RG. 3. 3. 1909 E. 70, 353; RG. 24. 6. 1916 E. 88, 335.

bei der Grundschuld, deren vorausgesetzte Valutierung nicht erfolgt ist.[1] In diesem Falle fehlt es nicht am Hypotheken-, sondern am Hypothekarrecht; es fehlt nicht am Grundschuld-, sondern am Grundgläubigerrecht.[2]

b) Sie tritt bei anfänglichem Nichtvorhandensein des Gläubigerrechts sofort hervor, sie tritt bei seinem Erlöschen hervor im Augenblick des Erlöschens, §§ 1163, 1168 und 1169.

II. Nur dann entsteht kein Eigentümerrecht, wenn es sich um eine im Wunsche der Rechtsordnung liegende ordnungsmäßige Regulierung der Verhältnisse handelt. So 1. wenn eine Gesamthypothek auf verschiedene Grundstücke verteilt wird, § 1132: hier entsteht keine Eigentümerhypothek, und deswegen kann die Verteilung auch ohne Zustimmung der Eigentümer erfolgen.[3]

2. Auch in anderen Fällen wird das Problem der Gesamthypothek in der Art gelöst, daß eine einfache Hypothekenerlöschung stattfindet, worüber später (S. 473) zu sprechen ist.[4]

III. Ist die Hypothek zur Eigentümerhypothek geworden, so ist das Grundbuch unrichtig und es kann daher eine Berichtigung begehrt werden in der gewöhnlichen Weise und mit den gewöhnlichen Mitteln, so insbesondere bei Ablösung der Hypothek durch den Eigentümer; allerdings muß der Grundbuchrichter in solchem Falle prüfen, ob die Zahlung nicht die Subrogation eines Dritten herbeiführt, und es steht ihm in dieser Beziehung freie Prüfung zu.[5] Vgl. S. 74, 400, 415, 441.

---

[1] RG. 5. 2. 1908 E. 68, 97. Auch wenn die Forderung deshalb nicht entstanden ist, weil sie als Schenkungsforderung der Schenkungsform entbehrte, RG. 1. 7. 1916 E. 88, 366.

[2] Dieser Unterschied wird von dem Reichsgericht bei der Grundschuld verkannt; man glaubt, daß bei dieser nur entweder das Grundschuldrecht oder eine reine Null vorhanden wäre und bestreitet hier die Eigentümergrundschuld. Dies ist unrichtig. RG. 8. 3. 1905 E. 60, 251; RG. 6. 12. 1911 E. 78, 61. Vgl. unten S. 422.

[3] RG. 5. 12. 1908 E. 70, 91; KG. 29. 10. 1914 EfG. 14, 210.

[4] KG. 29. 10. 1914 Joh. 47 A. 207.

[5] Vgl. KG. 13. 6. 1910 M. 23, 325.

IV. Solange dagegen ein Hypothekenrecht besteht, besteht keine Eigentümergrundschuld, wohl aber eine der Qualität des Eigentums innewohnende Anwartschaft auf künftiges Entstehen einer Eigentümergrundschuld, welche bewirkt, daß der Hypothekar über die Hypothek nur unter Vorbehalt des etwaigen Entstehens einer künftigen Eigentümergrundschuld verfügen darf. Es ist dies eine Anwartschaft, wenn auch eine unverbrüchliche Anwartschaft; aber als eine mit der Eigentumsqualität zusammenhängende Anwartschaft ist sie vom Eigentum nicht loslösbar, kann daher nicht Gegenstand der Übertragung oder Verpfändung oder Pfändung sein[1]), auch nicht Gegenstand eines Intensitäts- oder Rangvertrages.[2]) Sie ist deswegen auch nicht als ein Vermögensrecht im Inventar aufzunehmen, und das Reichsgericht hat mit Unrecht ausgesprochen, daß ihre Nichterwähnung eine Verletzung des Offenbarungseides sei.[3])

Auch ein Verzicht in futurum kann nicht erfolgen, sondern höchstens ein Versprechen, daß man mit einer künftig entstehenden Eigentümergrundschuld zum Zwecke des Nachrückens zurücktreten wolle, welches Versprechen durch Vormerkung verdinglicht werden kann. Aber immerhin handelt es sich hier nicht um einen dinglichen Verzicht, sondern nur um eine Verdinglichung eines in futurum gerichteten Versprechens. Vgl. S. 408.

V. Diese Anwartschaft ist dem Eigentum innewohnend und geht deshalb auch mit dem Eigentum über; und ist das Eigentum ein resolutiv bedingtes, so hat auch der Nachberechtigte daran teil, so namentlich der Nacherbe.[4]) Ihre Hauptbedeutung ist, daß der Hypothekar keine Verfügung vornehmen kann, welche das künftige Entstehen einer Eigentümerhypothek verhinderte. Die Anwartschaft ist also die Hüterin des künftigen Rechts, daher ist die Zustimmung des gegenwärtigen Eigentümers nötig 1. für das Erlöschen der Hypothek, § 1183 BGB.

---

[1]) KG. 1. 9. 1910 EfG. 11, 50; KG. 4. 9. 1915 EfG. 15, 69; KG. 10. 7. 1912 Joh. 45 A 268.
[2]) RG. 27. 5. 1905 E. 61, 38.
[3]) RG. 29. 2. 1912 E. St., 45, 429.
[4]) KG. 28. 6. 1906 EfG. 7, 268.

und § 27 GBO., und 2. zur Änderung der Hypothek, welche die
künftige Eigentümergrundschuld in eine andere Lage brächte,
so insbesondere, wenn es sich um Änderung des Ranges
handelt, § 880 BGB., ebenso bei Einfügung einer neuen Hypothekenforderung statt der alten, § 1180, ebenso bei Zusammenlegung von Hypotheken, § 66 GBO.

VI. Eine besondere Gestalt nimmt die Sache an, wenn die
Hypothek für eine zukünftige Forderung bestellt ist und ferner
bei der Höchsthypothek, so lange die Valutierung noch nicht
erfolgt oder nicht definitiv zu Ende geführt ist. Hier wächst
sich die Anwartschaft zu einer resolutiv bedingten, das Nachrücken verhütenden Eigentümergrundschuld aus. Dasselbe
gilt auch für die Zeit der Briefhypothek von der Eintragung bis
zur Übergabe des Briefes. Die gesteifte Anwartschaft hat hier
die Kraft, das Nachrücken zu verhindern, aber das Recht ist
nur ein gebrechliches; denn sobald die Valutierung stattfindet,
hört es von selbst auf.[1] Daher ist auch eine Übertragung,
Pfändung oder Verpfändung der gesteiften Anwartschaft nicht
möglich.[2] Vgl. S. 438.

VII. Die Eigentümerhypothek entsteht, wie oben bemerkt,
mit dem Augenblick, in welchem das Hypothekarrecht definitiv
wegfällt, und zwar steht die Eigentümerhypothek demjenigen
zu, welcher Eigentümer ist zu der Zeit dieses Wegfalles.[3]

VIII. Die Eigentümerhypothek entsteht mit dem Wegfall
des Hypothekarrechtes, sie entsteht nicht, wenn bei Aus-
lösung der Hypothek ein Anderer anstelle des Hypothekars tritt.
so namentlich im Falle der gesetzlichen Subrogation, wenn der
persönliche Schuldner, welcher den Regreß gegen den Eigentümer hat, den Gläubiger befriedigt, § 1164;[4] daß aber, wenn
ein Dritter den Gläubiger befriedigt, ohne daß dieser ihn in sein

---

[1] RG. 28. 2. 1902 E. 51, 43; RG. 11. 2. 1911 E. 75, 221. Vgl. auch
Kiel 22. 12. 1913 S. 69 nr. 215.

[2] RG. 18. 10. 1905 E. 61, 374.

[3] Unrichtig RG. 31. 5. 1902 E. 51, 398.

[4] Jena 5. 7. 1906 S. 62 nr. 49; vgl. auch Dresden 26. 9. 1906
S. 62 nr. 198.

Recht einweist, keine Subrogation stattfindet, versteht sich
von selbst. [1])

IX. Die Eigentümergrundschuld steht dem Eigentümer zu,
bei Miteigentum den mehreren Miteigentümern, jedem für den
Teil des Miteigentums. [2]) Herrscht Vor- und Nacherbschaft,
so gelten die gewöhnlichen Grundsätze, wonach der Nacherbe
zur Verfügung seine Zustimmung zu geben hat. [3])

X. Ist nicht das Gläubigerrecht, sondern das dingliche
Hypothekenrecht nichtig, z. B. mangels der Einigung oder der
richtigen Eintragung, dann entsteht, wie oben bemerkt, keine
Eigentümerhypothek, sondern es liegt eine reine Null vor, und
das Nachrücken steht frei. Vgl. S. 395.

XI. Dies ist das System unseres Zivilrechtes; es hat gegenüber dem Stockwerkssystem gewisse Vorteile, ist aber nicht
ohne Schwierigkeiten und nicht ohne Bedenken. Die Schwierigkeiten sind aber zu überwinden. Das Hauptbedenken liegt in
folgendem: Ist das Eigentum mit einer Reihe von Hypotheken
belastet, unter denen eine Eigentümerhypothek sich hervortut
und wird nun das Vermögen des Eigentümers liquidiert, so gilt
die Eigentümerhypothek als ein freies Vermögensstück des
Eigentümers, das der gewöhnlichen Exekution unterliegt. Der
Immobiliarwert wird daher der Mobiliarvollstreckung unterworfen, die von der Zwangsversteigerung unabhängig ist
und die dem Grundsatz untersteht, daß die erste Pfändung der zweiten vorgeht usw. Es entsteht daher hier
ein Wettlauf der Gläubiger, und ein bedeutender Teil des
Liegenschaftswertes ist auf solche Weise dem Liegenschafts-
rechte entzogen und in den Mobiliarkredit hinübergeschoben,
eine Erscheinung, welche bei dem Schweizer und bei dem ehemaligen sächsischen Prinzip nicht eintritt. Ja, wenn an Stelle
der Eigentumsgrundschuld die Verweisung auf den Barerlös
stattfindet, so ist dieser Barerlös gewöhnlicher Gegenstand des
Gläubigerzugriffs. [4]) Indes, diese Bedenken können begütigt
werden, wenn Einrichtungen getroffen sind, wonach im Falle der

---

1) KG. 15. 3. 1906 EfG. 7, 151.
2) KG. 27. 9. 1906 EfG. 8, 61.
3) KG. 28. 6. 1906 EfG. 7, 268.
4) RG. 7. 6. 1916 E. 88, 300.

Eigentümerhypothek gewisse Liegenschaftsberechtigte befugt
sind, in die Eigentümerhypothek einzutreten oder ihren Eintritt
zu verlangen. Und dafür gibt es auch nach unserem Rechte zwei
Mittel; es kann erfolgen dadurch, daß 1. in gewissen Fällen
das Nachrücken ermöglicht wird, oder daß 2. sich in gewissen
Fällen ein Hypothekar, der an anderer Stelle steht, in den
Rang der Eigentümergrundschuld einschiebt. Im ersten Falle
tritt ein Nachrücken ein mit allen seinen Folgerungen, im anderen Fall wird ein sonstiger Hypothekar außer der Ordnung
in die Eigentümerhypothek eingesetzt. Das erste System ist
das schwerfälligere, das zweite ist viel angemessener und wirk-
samer. Ob es bei uns durchführbar ist, wird unten (S. 408 und
410) zu erörtern sein.

XII. Ein Punkt bleibt allerdings noch als schwarzer Punkt
zurück; es kann fraglich sein, ob die Hypothek erloschen ist
oder nicht, insbesondere ob eine Zahlung und ob eine vollständige Zahlung erfolgt ist, und vor allem, ob sich nicht bei
der Zahlung ein Eintritt in die bezahlte Forderung samt Hypothek vollzogen hat; so bei der Zahlung des Bürgen, so bei der
Zahlung des Schuldners, welcher gegen den Eigentümer den
Rückgriff hat, § 1164. Hiervon wird S. 415 die Rede sein.

II. Folgen unseres Intensitätssystems.

§ 136.

I. Mit der Ablehnung des Stockwerksystems haben wir
also die Eigentümerhypothek übernommen, im übrigen aber
das Intensitätssystem beibehalten. Das Intensitätssystem besteht darin, daß das eine dingliche Recht, insbesondere die
eine Hypothek, im Wettlauf der Befriedigung eine größere
Kraft hat und daher zuerst zum Ziele gelangt und dann erst
die übrigen. Der Unterschied zwischen 1., 2. und 3. Hypothek
ist daher ein Unterschied in der Intensität, ein Unterschied
nicht in der quasiörtlichen Stellung der Hypothek, sondern ein
Unterschied in der Kraft und Wirksamkeit. Vgl. S. 261.

II. Wie bei allen Intensitäten kann es auch hier keinen
leeren Raum geben und nichts, was einem leeren Raum ent-

spricht, sondern die Intensitäten müssen immer das ganze Recht ausfüllen. Wo die Wertberechtigten nicht den ganzen Wert der Sache erfassen, da tritt der Eigentümer ein und, belegt das übrige: die Eigentumsintensität tritt nunmehr an Stelle der hypothekarischen. Dieser Grundsatz von der Totalität der intensiven Kraft gilt von allen Hypotheken, auch von der Höchsthypothek. [1]) Die Intensität ist natürlich nicht ein Recht, sondern eine Qualität des Rechts; daher ist es selbstverständlich nicht möglich, sie vom Rechte als ein besonderes Wertgut loszulösen, und von einer Pfändung der Intensität kann daher keine Rede sein. [2])

III. Die Intensität kann nicht als ein besonderes Rechtsgut abgetrennt, aber sie kann vermindert oder vermehrt werden, und zwar in der Weise, daß, was die eine Hypothek an Spannung verliert, die andere an Spannung gewinnt; denn das Weniger muß auf der anderen Seite wieder einem Mehr entsprechen.

IV. Das System der Intensitäten ist wirtschaftlich von der allergrößten Bedeutung. Die erste Hypothek gilt als etwas ganz anderes als die zweite und folgende. Erste Hypotheken lasten auf den Sachgütern in so hohem Maße, daß sie einer der wichtigsten Wertfaktoren sind; sie beherrschen das Grundeigentum, dem sie vielfach die Wirtschaftsführung diktieren. Ganz anders die zweite und Folgehypothek, die dagegen ganz zurücktreten, in ihren Ergebnissen unsicher sind und neuerdings durch besondere Versicherungen und andere Garantien gestützt werden sollen. [3])

V. Eine Intensitätsveränderung ist nun dasjenige, was man Rangverschiebung nennt. Wenn die Hypotheken A., B. und C. aufeinander folgen, so kann der Rang B. mit dem von A., C. mit dem von B. oder von A. vertauscht werden, sodaß durch das Mehr oder Minder wieder das Gleichgewicht hergestellt wird; eine Verschiebung, welche beispielsweise auch das Sächs. Ges.-B. § 440 kannte.

---

[1]) KG. 13. 6. 1904 M. 10, 106.
[2]) Vgl. Dresden 14. 10. 1908 M. 17, 341.
[3]) Vgl. Recht und Persönlichkeit (1914) S. 134 f.

Nötig ist dazu die Einigung der beiden beteiligten Wert.
berechtigten und die Eintragung im Grundbuch, und bei den
Hypotheken noch zudem die Zustimmung des Eigentümers,
dessen künftige Eigentümerhypothek dadurch bedeutend beeinflußt werden kann. [1] Die Notwendigkeit der Eigentümer-
zustimmung war im Preuß. Recht streitig, was zu Mißlichkeiten führte; [2] jetzt steht dieser Punkt außerhalb des
Streites, § 880.

Von einer Rangverschiebung ist in der Rechtsprechung
sehr viel die Rede. [3]

Auch wenn zwei Hypotheken in der Hand desselben
Gläubigers sind, kann eine solche Verschiebung erfolgen.
Die Einigung geschieht hier natürlich durch Erklärung des
Gläubigers gegen sich selbst, d. h. durch einseitige Erklärung
gegenüber dem Grundbuchamt, wodurch diese Zwiesprache in
die Erscheinung tritt. [4] Ist ein Wertrecht belastet, z. B. durch
eine Pfändung, so gehört auch die Zustimmung des Pfändungs-
gläubigers dazu. [5] In allen Fällen ist auch hier die Zustimmung des Eigentümers erforderlich.

VI. Die Rangverschiebung kann auch eine bedingte sein;
so insbesondere wenn die Hypothek für Meliorationen gegeben
wird. In Ermangelung einer richtigen Regelung der Melio-
rationshypotheken verfährt man in Praxis so, daß der erste
Hypothekar gegenüber einer Baugeldhypothek insoweit zurücktritt, als diese die Gelder zur Melioration des Grundstücks
gewährt. [6] Vgl. S. 404.

---

[1] Ist das zurücktretende Recht eine Servitut, dann bedarf es
der Zustimmung des Eigentümers nicht, Colmar 19. 10. 1903 M. 8, 106.

[2] RG. 21. 3. 1883 E. 9, 250. Versuch der Konstruktion in RG.
2. 10. 1886 E. 16, 244.

[3] Vgl. KG. 10. 2. 1908; KG. 9. 12. 1912; KG. 20. 11. 1913; KG.
17. 7. 1915, sämtlich in EfG. 9, 199; 12, 256; 13, 257; 14, 317; KG.
18. 5. 1910 Joh. 40 A 241.

[4] Ob.LG. Bayern 19. 6. 1908 M. 18, 108.

[5] KG. 7. 12. 1908, Joh. 37 A 213.

[6] RG. 14. 6. 1911 E. 76, 374; 27. 9. 1913 E. 83, 125.

VII. Aus der Intensitätslehre ergibt sich nun folgendes:

1. Die Zwischenglieder, welche ihre Zustimmung nicht gegeben haben, bleiben in ihren Rechten, so wie sie waren; sie verbleiben auch im gegenseitigen Range unter sich und wenn also z. B. zwischen der Hypothek A. und der Hypothek E. die Hypotheken B., C. und D. stehen, und A. und E. verschoben werden, so bleiben die Posten B., C., D. nicht nur im übrigen ungeschmälert, sondern sie bleiben auch unter sich in gleichem Rangverhältnis. [1])

2. Treten mehrere Posten hinter einem anderen zurück, so bleiben sie in ihrer gegenseitigen Intensität bestehen; wenn daher beispielsweise die Posten A., B., C. hinter E. zurücktreten, so ist die Rangordnung unter A., B. und C. dieselbe wie sie war. [2]) Dies muß auch dann gelten, wenn die Posten A., B., C. nicht gleichzeitig zurückgetreten sind, sondern zuerst A., dann B., dann C.; denn der Rücktritt soll eben das Ergebnis wie vorhin herbeiführen, und dem ist zu entsprechen. [3]) Es muß auch gelten, wenn zuerst A., B. und C. ihre Ordnung verschoben haben, sodaß sie jetzt in der Reihe B., C., A. stehen. Geben sie nunmehr der Hypothek E. den Vorrang, so reihen die Hypotheken jetzt E., B., C., A. [4])

3. Treten umgekehrt mehrere Posten vor, z. B. bei A., B., C., D. die Posten C., D. vor A. und B., so bleibt ebenfalls bei C. und D. das gegenseitige Intensitätsverhältnis dasselbe. [5])

4. Ist die Verschiebung erfolgt, so ist fürder die Intensität eines jeden Postens unabhängig von den nachträglichen Änderungen des anderen Postens. Ist also bei den Posten A., B., C., D. der Posten D. mit A. vertauscht, so behält D. den Rang auch dann, wenn etwa A. auf die Hypothek verzichtet: an Stelle des verzichtenden A. tritt natürlich die Eigentümer-

---

[1]) RG. 30. 3. 1912 E. 79, 170.
[2]) KG. 27. 11. 1911 EfG. 11, 297; Dresden 24. 11. 1905 M. 12, 278.
[3]) Vgl. RG. 21. 9. 1906 E. 64, 101.
[4]) KG. 7. 1. 1915, Joh. 47 A 189.
[5]) KG. 7. 1. 1915 EfG. 14, 219; unrichtig hatte KG. 11. 7. 1900, Joh. 20 A 181 (= EfG. 1, 128) entschieden.

hypothek, und zwar in derselben Rangfolge, in der A. beim Erlöschen gewesen war.

Ist allerdings die eine Hypothek, mit der die Vertauschung
erfolgen soll, infolge der Hinfälligkeit des Hypothekarrechts
bereits Eigentümerhypothek, so kann die Vertauschung nur mit
dem Eigentümer als Träger der Eigentümerhypothek vollzogen
werden. [1])

VIII. 1. Die Intensität kann man auch in der Art verschieben, daß einer Hypothek bei ihrer Bestellung in bedingter
Weise eine mindere Intensität gewährt wird, indem dieses
übrigbleibende Intensitätsplus dem Eigentümer vorbehalten
bleibt, welcher in der Lage ist, eine weitere Hypothek mit entsprechender höherer Intensität zu bestellen. Dies ist der berühmte Rangvorbehalt, der eine große Rolle spielt. [2]) Es ist leicht
ersichtlich, wie bedeutsam das Interesse für den Eigentümer,
welcher eine Hypothek bestellt, sein kann, sich vorzubehalten,
einem Anderen, der ihm für irgendwelche Zwecke ein wichtiges
Darlehen macht, eine Hypothek im Range vor dem Rechte
des ersten Hypothekars zu gewähren. Der Eigentümer
behält also einen Bruchteil der Intensität in seinem Eigentum
zurück, um sie durch eine spätere hypothekarische Schöpfung
zu entladen. So hauptsächlich in den vielen Fällen, in welchen
eine Baugelderhypothek für ein zu errichtendes Gebäude vorbehalten wird (vgl. S. 402). Da wir keine zweckmäßige Gestaltung der Meliorationshypothek haben, so bedient man sich
dieses Mittels. [3]) Man nennt die Hypothek, welche zurück-

---

[1]) Vgl. auch KG. 8. 5. 1911 EfG. 11, 157.
[2]) KG. 17. 5. 1906 M. 14, 90.
[3]) RG. 27. 9. 1913 E. 83, 125. Über das Geding der Vorrangeinräumung gegen Bestellung einer Bauhypothek spricht sich das
RG. 6. 2. 1915 E. 86, 223 wie folgt aus: Durch die Vorrangeinräumung
„soll dem Zurücktretenden Gewähr dafür geboten sein, daß ihm durch
eine der jeweiligen Valutierung der Baugeldhypothek entsprechende
Förderung des Baues die durch die Vorrangeinräumung aufgegebene
Sicherheit, zum großen Teil wenigstens, wieder eingebracht werde.“
Es handelt sich also hier darum, daß durch die Baugeldhypothek ein
Bau hergestellt wird, welcher die Vermögenslage des zurücktretenden
Hypothekars so sehr verbessert, daß dadurch die durch Zurücktreten
entstandene Minderung des Rechts wieder ausgeglichen wird. Hier-
über können besondere Vereinbarungen getroffen werden, denen nach-
zukommen ist.

treten soll, V o r b e h a l t s h y p o t h e k, und diejenige,
welcher das Plus der Intensität gewährt wird, V o r r a n g -
h y p o t h e k.

2. Hier ist zu bemerken: a) Die Sache entwickelt sich
sehr einfach, wenn auf die Vorbehaltshypothek sogleich die
Vorranghypothek folgt. Kommt hier das Grundstück zur
Zwangsversteigerung, so übernimmt die Vorranghypothek so
viel vom Erlös, als zu ihrer Befriedigung erforderlich ist und
entzieht dadurch nötigenfalls der Vorbehaltshypothek die Be-
friedigungssumme ganz oder teilweise. Ist also der Erlös 120 000
Mark, die Vorbehaltshypothek A. 80 000 Mk., die Vorranghypothek B. 50 000 Mk., so entnimmt die Vorranghypothek B. zunächst dem Erlös die 40 000 Mk., welche die Vorbehaltshypothek
A. von dem Erlös zurückläßt und ergänzt sich noch dadurch,
daß sie die fehlenden 10 000 Mk. der Vorbehaltshypothek entnimmt. Die Folge ist also, daß die Vorbehaltshypothek auf
70 000 Mk. herabgesetzt wird und die Vorranghypothek 50 000
Mark erhält. Wir können dies rechnerisch auch so darstellen:
bezeichnen wir die 40 000 Mk., welche die Vorranghypothek
zunächst aus dem Überschuß nimmt, mit n und die Vorbehaltshypothek des A. mit a, die Vorranghypothek des B. mit b,
so ergibt sich: B. erhält einmal n, ihm fehlt also noch b—n.
Diesen Betrag entnimmt er dem a.; er erhält also im ganzen
$n + b — n = b$ (= 50 000), während A. auf $a — (b — n) =$
$a — b + n$ reduziert wird (= 70 000).

b) Einige Schwierigkeit entsteht aber in dem Falle, wenn
zwischen der Vorbehaltshypothek A. und der Vorranghypothek
B. eine Zwischenhypothek X. steht, für welche der Vorbehalt
nicht gilt, sei es, daß sie ohne diesen Vorbehalt bestellt wurde,
sei es, daß es eine gerichtliche Hypothek ist, welche einem
solchen Vorbehalt nicht unterliegt. Hier tritt folgendes ein.
Die Zwischenhypothek X. wird so behandelt, als ob der Vorbehalt nicht gemacht worden wäre: ihr Recht wird nach diesem
Maße festgestellt, und wenn dies so festgestellt ist, dann entsteht zwischen A. und B. das obige Vorrangverhältnis. Die
Hypothek X. kann den A. nicht mindern, sie steht dem A. nach,
und irgend eine Besonderheit gilt für sie nicht. Beträgt daher

der Erlös des Grundstückes bei der Zwangsversteigerung nur
a ohne einen Überschuß, so bekommt X. nichts, denn er kann
als zweiter Hypothekar dem A. nichts wegnehmen. Anders
steht es mit B.: Infolge des Vorbehalts nimmt er dem A. den
Erlös so weit weg, als zu seiner Befriedigung erforderlich ist.
Es gilt die vorige Gleichung: A. bekommt a — b + n. n. ist
hier nicht vorhanden, also bekommt A. nur den Betrag a—b und
B. entzieht ihm also alles, was er zu seiner Befriedigung braucht.
Wird dagegen bei der Zwangsversteigerung ein Überschuß
über a erzielt, also ein n, so nimmt X. als zweiter Hypothekar
dieses n hinweg, soweit es zu seiner Befriedigung nötig ist,
und B. erhält hiervon nichts, d. h. er erhält nur so viel, als von
dem n noch etwas für ihn übrig bleibt. Fragen wir nun, wie
jetzt B. weiter behandelt wird, ob etwa B. sich in diesem Falle
an A. halten und von dem Betrag a. zu seiner Befriedigung
etwas wegnehmen kann, so ist zu sagen: A. kann nicht mehr
verkürzt werden, als er es würde, wenn X. nicht dazwischen
stände. Daraus ergibt sich das Resultat:

B. kann ihm also nur so viel nehmen, als er ihm zu seiner
Ergänzung nehmen dürfte, wenn das n, das jetzt dem X. zu-
fiel, ihm zugefallen wäre. Ist der Erlös gering, ist er nicht
mehr als a, dann bekommt X. nichts und B. erhält seine Befriedigung aus dem Teil, den A. bekäme. Ist dagegen der Erlös
mehr als a, so nimmt X. dieses Plus weg, soweit er es bedarf,
er nimmt somit dasjenige weg, was zunächst B. zu seiner
Befriedigung verlangen dürfte. B. kann folgeweise dem A.
nichts mehr oder nur so viel nehmen, als er ihm nehmen dürfte,
wenn dieses Plus, dieses n, zu seiner Befriedigung nicht genügt
hätte. Betrachten wir dieses rechnerisch: B. kann dem A. nur
abziehen b — n. Ist dieses n größer als b oder dem b gleich,
so kann er ihm nichts abziehen, ist es kleiner als b, so kann
er ihm einen entsprechend verkürzten Betrag b — n abziehen.
Der Umstand nun, daß dieses n, statt an B., an den X. fällt,
kann dem A. nichts schaden. Die Lage der Sache ist also die:
X. ist für B. ein minderndes Element in dem Falle, wenn viel
erzielt wird, weil dann ein n vorhanden ist, welches, statt
an B., an X. fällt; X. ist dagegen ein unschädliches Element,
wenn wenig erzielt wird, weil dann kein n vorhanden ist,

welches dem B. zugunsten des X. entzogen werden könnte, und weil B. daher so viel erhält, wie wenn X. nicht vorhanden wäre; mithin bekommt B. mehr, wenn der Erlös geringer, weniger, wenn er größer ist. So daher auch § 881.

c) Man hat darüber ein großes Gerede vollführt und es für auffallend gefunden, daß hiernach der B. günstiger gestellt ist bei einem geringeren Erlös und ungünstiger bei einem größeren, und gesagt, hiernach wäre die Immobiliarspekulation ein Lottospiel, welches den merkwürdigsten Schwankungen unterläge. Allein dies gilt nur insofern, als überhaupt die Hypothekarspekulationen Zufälligkeiten unterworfen sind mit Rücksicht auf das Schwanken der Preise. Der Umstand aber, daß jemand im Falle eines größeren Ergebnisses weniger und im Falle eines geringeren Ergebnisses mehr bekommt, beruht einfach darauf, daß im Falle eines größeren Erlöses das mindernde Element stärker ist als im Falle eines geringeren. Das kommt auch sonst vor. Man denke sich den Fall einer Gesellschaft, bei welcher der erste Gesellschafter A. bei einem Gewinn von 100 000 Mk. 50 %, bei einem Gewinn von 200 000 Mk. 80 % und bei einem Gewinn von 300 000 Mk. 90 % erhält: dann wird sich das Ergebnis ebenfalls so gestalten, daß der zweite Gesellschafter B. bei einem Gewinn von 100 000 Mk. 50 %, also 50 000 Mk., bei einem Gewinn von 200 000 Mk. 20 %, also 40 000 Mk., und bei einem Gewinn von 300 000 Mk. 10 %, also 30 000 Mk., erhält: je größer der Gewinn, desto geringer sein Anteil, desto größer der Betrag, welchen der andere Gesellschafter ihm nimmt; das Plus des Gewinnes ist daher für A. ein erhöhendes, für B. ein minderndes Element, und ebenso ist es auch in unserem Fall.

Übrigens steht nichts im Wege, den Vorbehalt in der Art zu erweitern, daß bestimmt wird: auch im Falle von Zwischenhypotheken soll die Vorranghypothek den Erlös bis zu ihrer vollen Befriedigung in Anspruch nehmen können. Die Intensität der Vorranghypothek wird dann gesteigert, wozu es allerdings einer Steigerung des Vorbehaltes bedarf. Das möge man tun, um den Überraschungen des § 881 zu entgehen.

3. Der Intensitätsvorbehalt kann möglicherweise für eine einzige Situation gegeben werden, sodaß, wenn der Eigentümer diese nicht ausnutzt, der Vorbehalt erlischt. Dies ist

aber nicht die Regel und kann nicht die Regel bilden, denn es wird dem Eigentümer darum zu tun sein, eine ständige wirtschaftliche Zuflucht zu haben, die auch dann fortbesteht, wenn etwa der erste Vorrangberechtigte seine Hypothek abschüttelt, z. B. weil ihm die Bedingungen zu lästig sind. Der Intensitätsvorbehalt wirkt hier nach: der Eigentümer kann daher nach Erledigung des B einém anderen Geldgeber C. unter den gleichen Bedingungen die Vorranghypothek gewähren und ist hierbei durch seinen Vorbehalt gedeckt. [1])

4. Die wirtschaftliche Bedeutung des Rangvorbehaltes ist meist in die Zukunft gelegt; allein es liegt nichts im Wege, warum der Eigentümer nicht zugunsten einer bereits bestehenden Hypothek einen Rangvorbehalt gegenüber einer anderen bestehenden Hypothek sich ausbedingen könnte. [2]) Es entsteht dann ein ähnliches Ergebnis, wie bei der Rangverschiebung, aber nicht durch gegenseitige Einigung der Hypothekare, sondern kraft des dem Eigentümer gewährten Rechts der Intensitätsminderung. [3])

5. Der dem Eigentümer zustehende Rangvorbehalt ist dem Eigentum immanent; von einer Ablösung, Zession, Pfändung kann daher keine Rede sein. [4])

III. Vermeidung der Eigentümergrundschuld.

1. Allgemeines.

§ 137.

I. Ein Mittel, die Eigentümergrundschuld zu verhindern, ist das Versprechen des Eigentümers, seinerzeit, bei Entstehung einer Eigentümerhypothek, diese Hypothek auf Verlangen aufzugeben, also löschen zu lassen, sodaß ein leerer Raum entsteht und die Nachfolger von selbst einrücken. Dieses Schuldversprechen kann, da es sich auf dingliche Verhältnisse bezieht, durch Vormerkung verdinglicht werden, sodaß auch jeder künftige Eigentümer daran gebunden ist, ebenso wie derjenige,

---

[1]) KG. 10. 10. 1910 EfG. 11, 65 (allerdings unter recht formaler Begründung).

[2]) KG. 8. 5. 1907 M. 15, 330.

[3]) Vgl. aber auch KG. 21. 2. 1910, Joh. 39 A. 193.

[4]) KG. 9. 8. 1906 EfG. 8, 53.

der etwa nach Entstehen der Eigentümergrundschuld daran
ein Pfandrecht erwirbt, [1] und so, daß, wenn an Stelle der
Eigentümerhypothek infolge der Subhastation ein Geldersatz
tritt, dieser in gleicher Weise dem Nachrücken eröffnet wird. [2]
Dies ist die Bestimmung des § 1179.

II. Dieses Versprechen kann natürlich auch zugunsten eines
Substanzberechtigten, z. B. eines Nießbrauchers oder eines
Servitutenberechtigten, gegeben werden, in welchem Falle dann
das Nachrücken in der Weise geschieht, wie überhaupt bei derartigen Rechten. [3] Es kann nicht nur zugunsten des unmittelbaren, sondern auch zugunsten eines späteren Hypothekars
gegeben werden, der dann durch das Vorrücken nur mittelbar
einen Vorteil erwirbt, indem eben sämtliche Hypothekare
sich vorwärts schieben. [4] Erfolgt es zugunsten eines bereits
bestehenden Postens, so gilt der Anspruch nicht nur für
den jetzigen Träger dieser Hypothek, sondern auch für denjenigen, der etwa künftig diese Hypothek erwerben und dadurch den Posten ausfüllen wird. [5] Dagegen geht er natürlich nicht auf eine andere Hypothek über, auch wenn diese
durch Rangverschiebung an ihre Stelle rückt, denn das Versprechen ist nicht der Stelle gegeben, sondern dem Hypothekar
und seinen Nachfolgern. [6]

III. Das Versprechen kann auch stattfinden zugunsten
eines, der noch keine Hypothek hat, für den Fall, daß er eine
solche erwerben wird. [7] Eine beliebige Übertragung und
Zession dieses Rechts ist aber natürlich nicht möglich, denn es
ist dem einen gewährt, nicht jedem, dem er es weitergeben
möchte. [8]

IV. Das Versprechen gilt im Zweifel für alle Fälle, in
welchen anstelle einer Fremdhypothek die Eigentümerhypothek
eintritt, also auch dann, wenn die Eigentümerhypothek nach

[1] KG. 6. 11. 1912 M. 26, 165.
[2] Dresden 20. 7. 1904 S. 60 nr. 12.
[3] RG. 11. 4. 1906 E. 63, 153. Vgl. oben S. 262.
[4] Vgl. KG. 14. 10. 1909 M. 26, 168.
[5] Köln 2. 5. 1910 Rhein. Archiv 108, 270; KG. 15. 3. 1906
EfG. 7, 142.
[6] KG. 14. 10. 1909 (wie oben).
[7] RG. 11. 4. 1906 (wie oben); KG. 1. 3. 1906 Joh. 32 A. 213.
[8] KG. 10. 10. 1904 M. 10, 390.

§ 1163 entsteht, weil die Voraussetzungen für die Gläubigerhypothek von Anfang an nicht vorhanden sind. Natürlich ist
es aber auch statthaft, das Versprechen in der einen oder anderen Weise zu beschränken; eine Ausdehnung aber über die
Grundsätze der Vormerkung hinaus ist nicht möglich.

V. Das Recht, auf Löschung zu drängen, kann auch zeitlich
beschränkt und an Bedingungen geknüpft werden. Dies ist
sehr zweckmäßig, weil sonst ein sehr unangenehmer Schwebe-
zustand entsteht. Nötigenfalls kann dem Berechtigten ex
aequitate eine Frist gestellt werden, in annehmbarer Zeit von
dem Rechte Gebrauch zu machen, ansonst es untergeht. Ist es
nicht untergegangen, so besteht es auch in dem Falle noch
weiter, wenn das Grundstück versteigert wird und der sogenannte Subhastat, d. h. der Eigentümer, gegen den die Vollstreckung geht, die Eigentümerhypothek hat. Gerade für
diesen Fall ist ein solches Recht besonders wertvoll.[1]

VI. Ohne Vormerkungsverdinglichung wirkt das Versprechen nur schuldrechtlich und verpflichtet nur den Ver-
sprechenden, nicht auch seine Nachfolger im Eigentum, auch
nicht diejenigen, welche die nachträgliche Eigentümerhypothek
pfänden. Fraglich kann es nur sein, ob, wenn der Eigentümer
in Konkurs kommt, die Gläubigerschaft kraft ihres Beschlagsrechts der Erfüllung dieser Pflicht entgegentreten könne. Sie
darf dies, ebenso wie ein eigentlicher Pfandgläubiger, jedoch
unter Vorbehalt einer etwaigen exceptio doli, z. B. wenn der
nachstehende Hypothekar dem Eigentümer mit Rücksicht auf
sein Versprechen besondere Vorteile eingeräumt hat, die der
Gläubigerschaft zugute kommen: dann wäre es unbillig, wenn
die Gläubigerschaft die Vorteile in Anspruch nehmen und
nunmehr die Erfüllung des Versprechens verhindern wollte.[2]

2. System der Ersatzhypothek.
§ 138.

I. Aus dem Ganzen ergibt sich, daß dieses Institut recht
schwerfällig ist und eine Lösung nur in der Weise gibt, daß eine

---

[1] RG. 23. 3. 1904 E. 57, 209.
[2] Vgl. Leitfaden des Konkursrechtes S. 113 f. und zur speziellen
Frage auch Voß in Leipziger Zeitschrift VI 270, 354; Dresden 18. 1.
1905 M. 17, 134; Karlsruhe 16. 11. 1905 M. 12, 135.

Reihe von Gläubigern emporwandelt; wobei es fraglich ist, ob derjenige, dem das Versprechen gegeben ist, davon einen entsprechenden Vorteil hat. Und sodann: die ganze Reihe der Gläubiger wird in Mitleidenschaft gezogen, während es doch vom Belieben des einen abhängt, von dem Versprechen Gebrauch zu machen oder nicht; auch das spricht nicht zugunsten dieses Instituts, das schließlich nur dahin abzielt, das alte System des Nachrückens mit all seinen Zufallserscheinungen wieder in Gang zu setzen.

II. Viel wichtiger ist das andere System einer Ersatzhypothek für den Fall, daß eine Eigentümerhypothek entsteht, so daß diese entweder sofort einer bestimmten anderen Hypothek weichen muß, oder diese andere Hypothek mindestens die Befugnis hat, eine Rangverschiebung zu begehren, damit sie anstelle der Eigentümerhypothek tritt und mit ihr den Posten vertauscht. Das erste Mittel des sofortigen Hypothekenüberganges auf einen Ersatzhypothekar ist in unserem Rechte nicht entwickelt, wohl aber steht kein Hindernis dem entgegen, daß einem nachstehenden Hypothekar das Recht gegeben wird zu verlangen, daß im Falle des Entstehens der Eigentümerhypothek eine Rangverschiebung zwischen ihm und dem Eigentümerhypothekar stattfindet, wodurch indirekt dieser nachstehende Hypothekar einrückt und die Eigentümerhypothek verdrängt. Daß das Reichsgericht diese Rechtsfigur verworfen hat, zeugt nicht von großem Fortschrittsgeist.[1] Dagegen hat das Oberste Landesgericht Bayern eine solche Operation anerkannt und damit die Bahn für die Weiterentwickelung geebnet.[2] Es ergibt sich von selbst, daß dieses System viel beweglicher ist und sich den Umständen anbequemen kann.

III. Richtig ist, daß der § 1179 von diesem Falle nicht spricht; es liegt aber kein Grund vor, ein derartiges Versprechen einer künftigen Rangverschiebung als ungültig zu behandeln oder ihm die Möglichkeit der Vormerkungsverdinglichung abzustreiten. Man verkenne doch nicht die Anforderungen der Zeit!

---

[1] RG. 11. 12. 1909 EfG. 10, 274 und RG. 24. 1. 1914 EfG. 13, 277.
[2] Ob.LG. 6. 6. 1913 EfG. 13, 152.

IV. Intensitätsgeltendmachung.

§ 139.

I. Der Rang unter den mehreren Wertrechten hatte im römischen Recht noch folgenden bedeutenden Einfluß. Hier hatte nur der erste Hypothekar ein Veräußerungsrecht, nicht auch der nachfolgende, denn das Veräußerungsrecht war ein privates, und es ging nicht an, auch einem zweiten und dritten Hypothekar eine private Verfügung über die Sache zu gestatten. Der nachfolgende Hypothekar hatte daher nur die eine Möglichkeit, den ersten Hypothekar auszulösen und auf diese Weise das Veräußerungsrecht zu erlangen. Vgl. oben S. 386.

II. Bei uns dagegen hat auch der nachfolgende Hypothekar das Zwangsvollstreckungsrecht, mit Rücksicht darauf, daß hier die Zwangsvollstreckung zur öffentlichen Versteigerung führt und von ihr kein anderes Ergebnis zu erwarten steht, ob sie von dem ersten oder letzten Hypothekar beantragt worden ist. Man schloß daraus, daß auch ein nachfolgender Hypothekar die Liquidation der Liegenschaft, die Zwangsverwaltung und die Zwangsverteilung verlangen könne.

III. Dieses System aber, welches zunächst von unseren Hypothekenrechten eingenommen wurde, beruhte auf einem schweren Mißgriff; denn man verkannte hierbei zweierlei: 1. der erste Hypothekar kann großes Interesse haben, seine Hypothek stehen zu lassen, die vielleicht unter sehr günstigen Zinsen für längere Zeit festgelegt ist, und 2., bei der Versteigerung kommt die Zeitlage und die Lage der Verhältnisse sehr in Betracht. Wie nun, wenn dem Nachfolgehypothekar die Möglichkeit zusteht, eine Versteigerung zu bewirken, auch wenn die Zeitlage ungünstig ist, auch wenn sie so ungünstig ist, daß nicht nur er selbst nichts bekommt, sondern auch die früheren Hypothekare notleiden? Soll man ihn ohne weiteres gewähren lassen?

IV. Nach der richtigen Betrachtungsweise muß man vielmehr sagen: der Nachfolgehypothekar hat allerdings den Vollstreckungsbetrieb, aber doch nur in der Art, daß die Rechte der Vorgänger in keiner Weise angetastet werden. Er kann daher die Zwangsversteigerung nur so durchführen, daß die vorgehenden Hypothekare in ihrem Bestande erhalten bleiben, daß sie mithin auf den Ersteher des Grundstückes übergehen, so wie sie bei dem früheren Eigentümer waren; weshalb der betreibende Hypothekar hier nur dann sein Ziel erreichen kann, wenn ein Ersteher darauf eingeht, die vorstehenden Hypotheken sämtlich zu übernehmen. Der betreibende Gläubiger wird mithin für seine Hypothek nur dann etwas herausschlagen, wenn der Ersteher nicht nur die sämtlichen vorgehenden Hypotheken übernimmt, sondern außerdem noch einen Barerlös zahlt, der ihm dann zur Befriedigung dienen kann.

V. Es ist daher nicht ein neuer Gedanke, es ist eine einfache Folgerung aus der Natur der Verhältnisse, wenn unsere heutigen Hypothekengesetze zu dem Prinzip des geringsten Gebotes und zu dem Prinzip der Hypothekenübernahme gelangt sind. Es ist das nichts anderes, als eben die Folge dessen, daß die ersten Hypothekare ihre Stellung behalten müssen und ein späterer Hypothekar nur soweit mit der Zwangsversteigerung vorgehen kann, als die Rechte der Vorgänger vollkommen gewahrt sind, § 49 ZVG. Das weitere gehört dem Prozeßrechte an.

3. Abschnitt.

Verbindungen des Wertrechts.

I. Pfandrechtsbegriff.

§ 140.

I. Eine besondere Gestaltung des Wertrechtes stellt das Pfandrecht dar; es ist eine Verbindung des Wertrechtes mit einer persönlichen Forderung. Es bedeutet daher eine Verschwisterung von Personal- und Realkredit und ist im Leben besonders gebräuchlich, weil der Kredit zunächst in erster Linie ein Personalkredit ist und der Realkredit als seine Ergänzung und Verstärkung hinzutreten soll.

II. Personal- und Realkredit könnten unvermittelt neben einander stehen, Grundschuld auf der einen Seite, Forderung auf der anderen; allein diese Gestaltung könnte eine große Wirrnis mit sich führen, weil möglicherweise die Forderung in die eine, die Grundschuld in die andere Hand überginge und auf solche Weise die Kreditverhältnisse verschoben und ins ungerechte verkehrt würden. Es wäre ähnlich, wie wenn z. B. bei der Gesamtschuld die Forderung gegen den einen Gesamtschuldner an den A., die gegen den anderen an den B. zediert oder bei Wechselduplikaten die mehreren Duplikate selbständig akzeptiert würden. Will man geregelte Verhältnisse schaffen, so kann dies nur dadurch geschehen, daß beide Kreditweisen verschwistert werden, sodaß beide in einer Gläubigerhand vereint bleiben. Allerdings steht nichts im Wege, in bezug auf die Ausübung der Rechte Besonderheiten festzusetzen, z. B. in der Art, daß das Schuldrecht erst nach Durchführung des Pfandrechts und für den Rest verwirklicht werden soll. [1])

III. Die Gedoppeltheit der Schicksale der Kreditformen könnte also verhängnisvoll werden. Dagegen hat es keine juristischen Schwierigkeiten, daß das Wertrecht untergeht und das Forderungsrecht weiter besteht; ebenso kann das Wertrecht bleiben, wenn das Schuldrecht aufgegeben wird, eine Erscheinung, welche man leider lange verkannt hat, weil der Begriff des reinen Wertrechts noch nicht entwickelt war. Das Pandektenrecht hat sich erst allmählich und ausnahmsweise zu einem solchen reinen Wertrecht erhoben, als die Bedürfnisse des Lebens unaufhörlich danach drängten. Heutzutage hat eine solche Loslösung des Wertrechtes keine Bedenken mehr, wenigstens nicht auf dem Gebiete des Immobiliarrechts.

IV. Bemerkenswert ist noch folgendes: die Verbindung zwischen Wertrecht und Forderung ist zunächst in der Art gedacht, daß der Besteller des Wertrechtes zugleich der Eigentümer der Sache und der Schuldner der Forderung ist, sodaß das Gläubigerrecht nach beiden Seiten hin gegen diese selbe Person loszielt. Von altersher hat man sich aber der Möglichkeit nicht verschlossen, daß der Schuld des einen ein anderer beihelfend hinzutritt, nicht als Bürge, denn er will nicht persönlicher Schuldner werden, sondern durch Bestellung eines Pfandrechtes an seinem Eigentum. Hieraus folgt die Erscheinung, daß die Forderung gegen den einen, das Wertrecht gegen

---

[1]) KG. 11. 10. 1906 M. 14, 94 (= EfG. 8, 63).

den anderen geht. Es ist dies einer der Fälle der Intervention oder Kredithilfe, wie zwischen Hauptschuldner und Bürgen, und der Interventionsgrundsatz verbindet beides miteinander, wie den Hauptschuldner und den Bürgen, so den Schuldner und das Wertrecht. Diese Kredithilfeform hat gewisse Folgen:

a) daß regelmäßig mit der Schuld (der Hauptschuld) die Kredithilfe erlischt,

b) daß die Einrede des § 770 gilt, vgl. §§ 1137 und 1211, und

c) daß, wenn von seiten der Kredithilfe Befriedigung erfolgt, eine Subrogation in die Forderung eintritt, §§ 1143, 1225.

Dagegen ist die Einrede der Vorausklage nur eine singuläre und eine sehr zweifelhafte Eigenart der Bürgschaft; sie stünde mit der Aufgabe der Realsicherung in vollkommenstem Widerspruch.[1]) Trotzdem steht natürlich nichts im Wege, daß auch hier ein Recht der Vorausklage vertragsmäßig ausbedungen wird, in welchem Falle das Wertrecht in seiner Aktionskraft gemindert wird.

V. Die Kredithilfe kann sich in der Art gestalten, daß der Realkredit als das Wesentliche erscheint und die persönliche Haftung nur unterstützend hinzutritt. Dann steht umgekehrt dem persönlich Haftenden die Subrogation in das Realrecht zu, mit der Wirkung, daß der Gläubiger dafür einstehen muß, daß er nicht durch Verzicht oder mangelnde Nachricht den Eintritt in das Realrecht unwirksam macht, §§ 1164—1167 und 776 BGB.[2])

VI. Die Verbindung von Wertrecht und Schuldrecht zu einer unverbrüchlichen Einheit heißt Pfandrecht, und ein solches kann bei beweglichem und bei unbeweglichem Vermögen stattfinden. Entsprechend hat sich auch die bisherige Wissenschaft nicht gescheut, von einem Pfandrecht an Grundstücken wie vom Pfandrecht an beweglichen Sachen zu sprechen.

VII. Die Verbindung bewirkt eine rechtliche Einheit, die aber nicht ausschließt, daß sie aus zwei Wertfaktoren besteht, weshalb der Verkäufer einer Pfandforderung auch dann haftet, wenn etwa das eine Element zu Recht besteht, das andere nicht.[3])

---

[1]) RG. 24. 3. 1911 Zeitschr. Bayr. Recht 7, 310.
[2]) RG. 28. 10. 1916 E. 89, 77.
[3]) Vgl. RG. 1. 2. 1913 E. 81, 266.

II. Anwendungsformen.
§ 141.

I. Das BGB. spricht nur vom Pfandrecht an beweglichen Sachen; denn bei Grundstücken redet es von Hypothek und Grundschuld. Dieser Sprachgebrauch ist nicht empfehlenswert: er reißt ein einheitliches Institut auseinander und zerstört die Brücke, welche das eine mit dem anderen verbindet. Er hat auch dazu beigetragen, die wahre Erkenntnis zu trüben.

1. Man hat sich dadurch den Weg verbaut, um die Beschlagnahme bei der Grundstückszwangsvollstreckung richtig zu kennzeichnen; dieser Beschlag ist nichts anderes als eine Art der Pfändung und erzeugt ein richterliches Pfandrecht, was sich schon daraus ergibt, daß die zeitliche Rangordnung auch hier gilt, so § 10 Ziffer 5 und § 11 Abs. 2 des ZVG. Es ist juristisch verfehlt, einfach von Beschlagnahme zu sprechen; man muß den Erfolg juristisch deuten und in eine der vorhandenen Kategorien einordnen, und dies kann nur die Kategorie des Pfandrechts sein.

2. Man konnte auch zu einem richtigen Verständnis anderer Vorgänge nicht gelangen. Das Zubehör eines Grundstückes wird bei der Zwangsversteigerung allerdings meistens in Grundstücksweise verwertet, denn es ist gerade das Wesen des Zubehörs, daß seine wirtschaftliche Verbindung mit der Sache richtig berücksichtigt wird, sodaß die technischen Vorteile des Zusammenhanges nicht durch juristische Operationen vernichtet werden sollen. Aber es kann doch vorkommen, daß ein Teil des Zubehörs nicht auf diese Weise verwertet wird; in einem solchen Falle muß die Verwertung nach den Grundsätzen der Mobiliarvollstreckung erfolgen, § 65 des ZVG. Dieses zeigt aber deutlich, daß das Hypothekenpfand im Grund und Wesen mit dem Mobiliarpfand identisch ist.

3. Das gleiche tritt hervor, wenn mit dem Grundstück eine Forderung verbunden ist. Auch hier kann eine Loslösung erfolgen und die Hypothek in ein Forderungspfandrecht übergehen, § 65 ZVG.

4. Endlich muß als Beschlagnahme des Grundstückes in bezug auf die Miete und Pachtforderungen auch die Forderungspfändung der Miet- und Pachtziele gelten. Vgl. S. 321 und 383.

Überall also dringt der Gedanke durch, daß zwischen Hypothek und Pfandrecht keine unübersteigliche Schlucht ist, daß vielmehr beide Institute von derselben Quelle genährt werden. [1])

5. So bedurfte es auch beispielsweise erst einer Entscheidung des Reichsgerichts, um festzustellen, daß die aus der Natur des Pfandrechtes hervorgehenden §§ 1134 und 1135 sich auch auf Pfandverhältnisse der Rentengüter erstrecken. Allein auch das sind Pfandverhältnisse, die zwar in vielen Punkten landrechtlich geregelt sind, im großen Ganzen aber den Grundbedingungen des Pfandrechtes unterliegen. [2]) Im Preuß. Rentengütergesetz von 1890 § 4 sind die Rechte des Pfandgläubigers noch gesteigert: es kann dinglich bedungen werden, daß der Eigentümer das Grundstück in bestimmter Weise verbessere.

III. Entwickelung der Hypothek.
§ 142.

I. 1. Die Entwickelung des Hypothekarrechts hat in Preußen mit der Hypothekenordnung vom Jahre 1722 begonnen, sie wurde fortgesetzt im Preußischen Landrecht I 20, 411 und verschiedenen Verordnungen, z. B. von 1820; einen bedeutenden Ruck machte die Sache vorwärts in dem bayerischen Hypothekengesetz von 1822.

2. Das bayerische Hypothekenrecht blieb allerdings doch noch in der ersten Stufe der Entwickelung stecken; das Hypothekengesetz von 1822, das von Gönner und später von Regelsberger erläutert wurde, brachte das System der Eintragung der Hypothek, aber nicht als allgemeines Grundbuchsystem, sondern als Sondersystem für das Hypothekenrecht. Die hauptsächlichsten §§ 25 und 26 gewährten den Schutz des guten Glaubens.

Dagegen hat sich das Gesetz nicht von dem System des Nachrückens befreien können, denn ihm fehlte der Stützpunkt, die eventuelle Eigentümergrundschuld, und diese fehlte wieder,

---

[1]) Über die Verwertung des von der Zwangsversteigerung ausgeschlossenen Zubehörs vgl. RG. 24. 10. 1903 E. 55, 415, Hamburg 16. 6. 1906 Seuff. 61 nr. 265, Braunschw. 25. 10. 1906 M. 14, 33. Unrichtig Kassel 13. 7. 1905 M. 11, 137.
[2]) RG. 12. 12. 1903 Gruch. 48, 351.

weil bei dem Haften an der accessorischen Eigenschaft der Hypothek der Grundschuldbegriff überhaupt mangelte; was auch zu schwerer Mißlichkeit bei der Rangverschiebung geführt hat: denn es wurde fraglich, ob die nach § 62 statthafte Rangänderung bestehen bleibt, wenn die den Vorrang gewährende Hypothek nachträglich erlischt.

Ob nicht die bayerische Praxis und die Doktrin vieles hätte fortbilden können, ist eine andere Frage. Jedenfalls Regelsberger, der in der Vorrede zur zweiten Auflage ganz im Gegensatz zu dem, was er seinerzeit als älterer Würzburger Kollege mir gegenüber geltend machte, von der schöpferischen Kraft der Jurisprudenz schreibt, hat diese in seinem Kommentar wenig bewährt.

3. Die grundlegende Reform erfolgt in Preußen durch die Gesetzgebung vom 5. 5. 1872. Aber auch die anderen deutschen Gesetze bemühten sich, dem Fortschritt zu dienen, vor allem das sächsische Gesetzbuch § 387—465. Am wenigsten geschah dafür im Gebiet des rheinischen Rechts. Das Hypothekenwesen des Code Napoleon ist eines der schlimmsten, und auch die spätere Gesetzgebung hat hier nichts durchgreifendes geändert. Noch schlimmer allerdings stand die Sache im englischen Rechte, in dem man erst neuerdings ein Grundbuchsystem einzuführen begann, und auch in den amerikanischen Gesetzen liegt die Sache sehr im argen.

Das Hypothekenrecht von 1872 steht dem des BGB. sehr nahe, mußte aber nach verschiedenen Richtungen hin weiter ausgebaut und fester gestaltet werden.

II. Die Hauptrichtungen, in welchen sich das neugestaltete Hypothekenwesen bewegen mußte, waren folgende:

1. Das Grundbuchsystem mußte nach Realfolien gestaltet werden, und zwar zunächst für das Eigentum, für dingliche Rechte und nun besonders auch für das Hypothekenwesen.

2. Das System des Nachrückens mußte beseitigt werden, und hier bot sich dann die Wahl zwischen dem Stockwerkssystem und dem Intensitätssystem.

3. Das Intensitätssystem mußte zur Eigentümerhypothek führen oder vielmehr zur Eigentümergrundschuld, und die

Grundschuld mußte wenigstens in dieser Anwendung als absolutes Wertrecht aufgenommen werden.

4. Das führte dann zu der Möglichkeit der Forderungsvertauschung, der Rangverschiebung und zu all den Folgerungen, die unser modernes Recht gezeitigt hat.

5. Dieses System mußte mit einem fortschrittlichen Vollstreckungswesen verbunden werden, namentlich nach der Richtung des Übernahmerechts und des geringsten Gebots, und es mußten Bestimmungen beseitigt werden, wie die des Sächs. Gesetzb. § 452, daß mit Eintragung der Zwangsversteigerung alle Hypotheken erlöschen.

6. Besonders schwierig war die Kombination von Wertrecht und Forderungsrecht, welche als „Hypothekenrecht" am allerhäufigsten ist, und hier mußte sich wieder die Verkehrshypothek mit den eigenartigen Grundsätzen des guten Glaubens herausbilden.

III. Was die heutige Fortbildung betrifft, so wurde bereits oben hervorgehoben, daß die mögliche Ausstoßung der Eigentümergrundschuld durch Einschiebung von Ersatzhypotheken eine Anforderung an die Zukunft ist.

4. Abschnitt. Reines Wertrecht.

I. Grundschuld.

§ 143.

I. Die Grundschuld ist ein absolutes Wertrecht, d. h. ohne jede Beziehung zu einem Schuldrecht und ohne jede Beziehung zu einer Verbindlichkeit einer Person, abgesehen von den bei jedem dinglichen Recht stattfindenden sekundären Verpflichtungen.

II. Die Grundschuld muß auf eine bestimmte Kapitalsumme gehen, neben welcher Zinsen und andere Nebenleistungen bedungen sein können, § 1191; sie kann nicht einfach auf Zinsen und Terminleistungen gehen: dies ist nur möglich bei der Rentenschuld, für welche besondere Bestimmungen gelten, § 1199. Für das Verhältnis von Zinsen und Nebenleistungen neben dem Kapital gilt dasselbe wie bei der Hypothek; das

nähere ist mit Rücksicht auf die viel größere praktische Tragweite der Hypothek dort (S. 428) zu entwickeln.

III. Die Grundschuld wird regelmäßig auf beiderseitige
Kündigung gestellt, im Zweifel auf 6 Monate, § 1193.

IV. 1. Die Grundschuld steht mit keiner Forderung in Verbindung. Wenn daher eine Forderung besteht, so geht sie
ihren eigenen Weg.[1]) Daher kann auch hier von einem For-
derungswechsel im Sinne des § 1180 nicht die Rede sein.[2])
Bei einer Grundschuld ist nur das eine möglich, daß nachträglich eine Forderung mit ihr verbunden und sie dadurch zur
Hypothek gestaltet wird. Insofern ist es ein beträchtlicher
Unterschied, ob eine Eigentümergrundschuld oder eine Eigentümerhypothek besteht: besteht eine Eigentümerhypothek, so
ist immer noch eine Forderung gegeben, welche mit einer anderen vertauscht werden kann.[3])

Das Erlöschen einer begleitenden Forderung hat keinen
Einfluß auf die Grundschuld. Der Grundschuldberechtigte bleibt
berechtigt, und es entsteht keine Eigentümergrundschuld,[4]) es
kann höchstens ein Kondictionsverhältnis bestehen, kraft dessen
der Grundschuldberechtigte zurücktreten muß.

2. Daraus ergibt sich folgendes: Übernimmt der Käufer
des Grundstücks eine Grundschuld, so übernimmt er damit dem
Verkäufer gegenüber keine Verbindlichkeit, also insbesondere
nicht die Verbindlichkeit, eine Schuld des Verkäufers an den
Kapitalisten zu bezahlen. Es ist also anders wie bei der
Hypothek, bei welcher der Käufer es übernimmt, die Forderung
des Hypothekars zu berichtigen und dadurch den Verkäufer zu
entlasten: bei der Grundschuld ist er ja bereits entlastet. Dies
hat die Folge, daß der Käufer eine etwaige Wandlung oder
Minderung nur während der Verjährungszeit, nicht mehr
nachträglich einredeweise geltend machen kann, denn da keine
Forderung des Verkäufers mehr vorhanden ist, so auch keine
Einrede.[5])

---

[1]) KG. 27. 9. 1912 EfG. 12, 251.
[2]) Frankfurt 9. 2. 1911 M. 26, 170.
[3]) KG. 12. 3. 1913 EfG. 13, 128.
[4]) RG. 23. 5. 1914 E. 85, 89.
[5]) Rostock 5. 11. 1913 S. 69 nr. 29.

3. Eine Verbindung der Grundschuld mit der schuldrechtlichen Forderung tritt nur im Zwangsversteigerungsverfahren,
kraft § 53 ZVG., ein, sofern hier in gewissen Fällen der Ersteher auch die persönliche Schuld übernehmen muß; eine Bestimmung „in favorem debitoris". [1]

V. Die Grundschuld wird wie andere dingliche Rechte an
Grundstücken begründet durch Einigung und Eintragung in
das Grundbuch. Sie wird auf ebendiese Weise übertragen,
sofern sie nicht eine Briefgrundschuld ist. Letzteres ist allerdings die Regel und gilt, wenn nichts anderes bestimmt ist,
§§ 1192, 1116. Erfüllungsort ist der Ort des Grundbuchamts,
§ 1194.

VI. Die Grundsätze über den Grundschuldbrief folgen im
allgemeinen denen des Hypothekenbriefes, § 70 GBO., worüber
später (S. 459) gehandelt werden soll. Hier nur die Bemerkung:

1. Der Grundschuldbrief ist ein Vorzeigungspapier: er ist
aber zu gleicher Zeit auch ein Übertragungspapier. Wer eine
Briefgrundschuld begründet, erklärt: berechtigt soll der richtige Erwerber des Briefes sein, der erste oder der spätere
Erwerber: hierdurch soll die Übertragung der Grundschuld
vom Grundbuch unabhängig gemacht werden; der Brief wirkt
also ähnlich wie ein Orderpapier, doch erfolgt die Übertragung
nicht durch Indossament, sondern durch Übergabe in Verbindung mit einer Übertragungsurkunde, welche allerdings auch
durch Eintragung ins Grundbuch ersetzt werden kann, § 1154.

2. Grundschuldbriefe können aber auch (im Gegensatz
zu Hypothekenbriefen) auf den Inhaber gestellt werden: § 1195
BGB. [2] Dann sagt der Grundbuchbesteller: Es soll eine
Grundschuld bestehen zugunsten des Eigentümers des Grund-
schuldbriefes. Der Grundschuldbrief ist kein Inhaberschuldbrief, sondern ein dinglicher Inhaberbrief, der aber insofern
dem Inhaberschuldbrief gleicht, als das Wertrecht mit dem
Schuldrecht Verwandtschaft hat, und daher auch im öffentlichen Recht dem Inhaberschuldbrief gleich behandelt wird,

---

[1] RG. 19. 11. 1910 JW. 40, 114.

[2] Aber keine Blankozession, RG. 25. 4. 1906 E. 63, 230. Es ist
nicht nötig, die Unsicherheit noch mehr zu steigern.

§ 1195 BGB., weshalb auch er der staatlichen Genehmigung bedarf, § 795 BGB. [1])

II. Eigentümergrundschuld insbesondere.
§ 144.

I. Die Grundschuld kann auch am eigenen Grundstück bestehen, es gilt hier der Grundsatz von dem Nebeneinanderbestehen der dinglichen Rechte mit dem Eigentum.

II. Eine solche Eigentümergrundschuld kann entstehen, wenn die für einen Dritten begründete Grundschuld vom Eigentümer erworben wird; sie kann aber auch direkt begründet werden: dann gestaltet sich die zur Entstehung des dinglichen Rechts nötige Einigung zu einem Selbstgespräch des Eigentümers mit sich, d. h. die Eigentümergrundschuld wird durch einseitige Erklärung gegenüber dem Grundbuchamt begründet, § 1196; und auch wenn der Grundschuldbrief auf den Inhaber lautet, liegt eine Eigentümergrundschuld vor, sofern der Eigentümer des Grundstücks zu gleicher Zeit der Eigentümer des Inhaberbriefes ist.

III. Es wird behauptet, daß eine nichtige Grundschuld eines Dritten nicht zur Eigentümergrundschuld werde, sondern eine reine Null sei, sodaß sofort das Nachrücken stattfinde. Indes liegt hier die obige Verwechselung vor: man muß auch hier unterscheiden zwischen der objektiven Nichtigkeit, wenn es z. B. an einer Einigung oder richtigen Eintragung fehlt, und den mangelnden Voraussetzungen in der Person des Grundschuldgläubigers, so namentlich wenn die Grundschuld valutiert sein soll und dies nicht der Fall ist, d. h. man muß unterscheiden zwischen dem Grundschuldrecht und dem Grundgläubigerrecht: bei Nichtigkeit des ersten besteht eine Null, bei Nichtigkeit des letzteren eine Eigentümergrundschuld; im ersten Fall fehlt es am Grundschuldrecht, im letzteren am Grundgläubigerrecht. Dies wird von der Theorie und Praxis gewöhnlich verwechselt, in der Verkennung der wirtschaftlichen Sachlage und in logischem Mißverständnis. [2])

IV. Die Grundschuld als realwirtschaftliches Element ist in einigen Teilen Deutschlands gebräuchlich. In Preußen tritt

---

[1]) RG. 18. 1. 1905 E. 59, 381.
[2]) RG. 8. 3. 1905 E. 60, 251; RG. 6. 12. 1911 E. 78, 60. Vgl. auch oben S. 396.

sie völlig hinter der Briefhypothek zurück. Um so häufiger ist die Eigentümergrundschuld als Überbleibsel der Hypothek infolge der Nichtigkeit oder des Erlöschens des Hypothekarrechts nach dem obigen Intensitätsprinzip (S. 397).

V. 1. Die Eigentümergrundschuld ist eine Grundschuld wie jede andere, jedoch wird ihr Recht einstweilen durch das Recht des Eigentums aufgesogen, soweit als das Eigentum seinem Träger bereits die volle Befriedigung verschafft. Wenn er also als Eigentümer das volle Genußrecht an der Sache hat, so soll er sich als Eigentümer und nicht als Grundgläubiger verhalten; denn wer als Eigentümer alles hat, was die Sache bietet, soll nicht durch Geltendmachung seines damit zusammenhängenden Wertrechtes die Beteiligten beunruhigen und in ihrer Stellung erschüttern: es wäre dies eine Verletzung der Rücksicht, die man den dinglichen Rechten zollen muß.[1] Er hat daher weder ein Recht auf Zwangskapitalbefriedigung, noch ein Recht auf Verzinsung aus dem Grundstück.[2]

2. Eine Aktivierung der Eigentümergrundschuld ist daher nur angezeigt

a) wenn kraft dinglichen Rechtes die Früchte einem anderen hinter der Grundschuld stehenden Berechtigten zukommen, so insbesondere, wenn ein hinter der Eigentümergrundschuld stehender Nießbraucher die Früchte der Sache bezieht. Der Grundgläubiger hat sein Anrecht auf die Grundschuldzinsen, und diese kann er jetzt aus dem Eigentum nicht erlangen, weil die Früchte dem Nießbraucher zustehen; daher kann er als Grundgläubiger die Grundzinsen von dem Nießbraucher einziehen, § 1047 BGB. Vgl. S. 321. Noch mehr

b) wenn die Sache in Zwangsverwaltung kommt; in diesem Falle mußte der Eigentümer die Früchte der Sache vollkommen den Wertberechtigten abtreten, er muß daher die Grundschuld vorkehren, um nicht ins Hintertreffen zu gelangen, § 1197.

c) Wenn die Sache durch Anregung eines Dritten in Zwangsversteigerung kommt: dann muß er als Wertberechtigter auftreten, weil er sonst an dem Versteigerungserlös keinen Teil nimmt.

---

[1] RG. 3. 4. 1905 E. 60, 359; KG. 16. 2. 1905 M. 10, 388; Dresden 11. 7. 1902 M. 5, 425.
[2] KG. 11. 7. 1914 Joh. 46 A 234.

3. Im übrigen ist die Eigentümergrundschuld Gegenstand des Verkehrs, sie kann übertragen, sie kann verpfändet und gepfändet werden, § 857 ZPO. Die Pfändung geschieht durch Beschlagnahme gegenüber dem Eigentümer als aktivem und passivem Träger des Rechts und durch Eintragung nach § 830 ZPO. Für eine Überweisung zum Einzug bedarf es eines weiteren Eintrages nicht, da aus ihr kein neues ·dingliches Recht entsteht, sondern das Pfandrecht nur seine Aktionskraft erlangt. [1])

Anders ist es mit der Überweisung an Zahlungsstatt, welche das Pfandrecht zum Eigenrecht heraufgestaltet, § 837.

VI. Von der Eigentümergrundschuld ist zu unterscheiden die Eigentümerhypothek, denn bei dieser besteht neben der Grundschuld eine Forderung in gleicher Weise wie bei jeder anderen Hypothek; nur muß natürlich die Forderung eine Forderung gegen einen Dritten sein: eine Eigentümerhypothek in der Art, daß der Eigentümer eine Forderung gegen sich selbst hat, gibt es nicht. [2]) Im übrigen entbehrt die Eigentümerhypothek gegenüber dem Grundstück der Aktionskraft in gleicher Weise und im gleichen Maße wie die Eigentümergrundschuld, § 1177.

III. Verwandlung.

§ 145.

I. 1. Eine Grundschuld kann in eine Hypothek verwandelt werden durch Verkoppelung mit einer Forderung, § 1198. [3]) Eine solche Verkoppelung verlangt die Zustimmung des Eigentümers, weil hierdurch die Entstehung einer künftigen Eigentümerhypothek beeinflußt werden kann. Bei der Eigentümergrundschuld natürlich genügt eine einseitige Erklärung. [4]) Die Forderung muß Forderung an einen Dritten sein, eine Forderung an sich selbst hat keine Tragweite.

2. Eine Hypothek kann in eine Grundschuld verwandelt werden, indem die Forderung aufgegeben oder von der Grund-

---

[1]) KG. 13. 7. 1913 M. 30, 18; Jena 30. 1. 1914; Thüringen 61, 186.
[2]) Vgl. auch KG. 15. 12. 1902 EfG. 3, 212.
[3]) KG. 15. 3. 1906 EfG. 7, 151; KG. 6. 4. 1908 M. 18, 179.
[4]) Vgl. KG. 15. 3. 1906 EfG. 7, 151; KG. 3. 6. 1906 EfG. 7, 227.

schuld abgetrennt wird; zu letzterem ist die Zustimmung der Beteiligten erforderlich. Ist sie zur Grundschuld geworden, so kann diese nach den obigen Grundsätzen wieder zur Hypothek werden, allein nicht einfach durch Rückgängigmachung des ersten Vorganges.

3. Eine Intensitätsverschiebung erfolgt durch die Verwandlung nicht, weshalb die sonstigen dinglich Berechtigten nicht zuzustimmen brauchen, § 1198.

II. Wenn eine Hypothek bei der Zwangsversteigerung erlischt, und wenn der Gläubiger auf den Barerlös verwiesen und dann hierfür eine Sicherungshypothek eingetragen wird, so ist dies nicht eine Verwandlung, sondern eine Zerstörung und Neuschaffung. Dies gilt auch für den Fall, wenn der in Zwangsvollstreckung begriffene Schuldner eine Eigentumsgrundschuld hat und für sie auf den Barerlös verwiesen wird.[1] Daß im Fall dieser Umwandlung ein etwaiges Pfandrecht an der Hypothek auf die Ersatzforderung und damit auf die Sicherungshypothek übergeht, steht damit natürlich nicht in Widerspruch.

IV. Rentenschuld.

§ 146.

I. Die Rentenschuld ist, sofern sie als Gegenstand des Privatverkehrs dient, von der Reallast zur Grundschuld hinübergeschoben worden, sich von der Reallast dadurch unterscheidend, daß die Einzelrente nicht zur schuldrechtlichen Verpflichtung gegen den Eigentümer wird, sondern einen lediglich wertrechtlichen Charakter behält, § 1199. Vgl. S. 480.

II. Im übrigen unterscheidet sich die Rentenschuld von der Grundschuld dadurch, daß sie nur indirekt kapitalisiert ist: die Kapitalisierung erfolgt durch die Ablösungssumme, und das Recht auf diese tritt hervor, wenn der Eigentümer gekündigt hat. Die Kündigung hat regelmäßig mit 6 Monatfrist zu geschehen und die Befugnis dazu kann nicht länger als 30 Jahre hinausgeschoben werden, §§ 1200 und 1202. Gesperrt wird die Kündigung während des Zwangsversteigerungsverfahrens,

---

[1] Vgl. auch RG. 22. 11. 1906 E. 64, 308.

weil während dieses Verfahrens die Sachlage nicht verschoben werden darf.[1) Vgl. S. 430.

III. Sie findet auch außerhalb dieser Norm statt im Falle der Realkreditverschlechterung, und zwar zugunsten des Gläubigers, dem sonst eine Ablösungskündigung nicht zusteht und nicht eingeräumt werden kann, § 1201. Vgl. § 1133.

IV. Die Rente hat Zinscharakter, nur daß sie ein Zins ohne Kapital ist. Sie wird regelmäßig eine Kündigungsrente bilden, kann aber auch auf Zeit bestehen, kann auch eine Tilgungsrente sein, sodaß sie die Ablösungssumme aufzehrt. Im übrigen hat die rückständige Rente den selbständigen Charakter wie der Zins bei der Hypothek, worüber auf das spätere (S. 434) zu verweisen ist. Natürlich hat der § 1119, wonach eine Erhöhung der Rente ohne Gestattung der nachstehenden Wertberechtigten geschehen darf, hier keine Bedeutung.

V. Die Rente muß Rentencharakter haben, d. h. einem fiktiven Kapital als Zeitfrucht entsprechen. Zielforderungen, welche auf materiellen Bedingnissen beruhen, wie z. B. Pachtzinsen, sind keine Rentenschulden.[2)

VI. Die Ablösungssumme kann beliebig bestimmt sein, vorausgesetzt, daß sie nicht eine so unerschwingliche Höhe erreicht, daß die Rente in der Tat als unablösbar erscheinen müßte. Daß eine nachträgliche Erhöhung der Ablösungssumme nicht statthaft ist, wenn spätere Wertberechtigte dadurch beeinflußt werden, versteht sich von selbst; aber auch wenn solche nicht vorhanden sind, kann nach den obigen Grundsätzen der Eintrag nicht einfach geändert werden, sondern er muß gestrichen werden und einem neuen Eintrag Raum geben.[3) Vgl. oben S. 375.

VII. Die Rentenschuld kann in eine Grundschuld umgewandelt werden, wobei die Ablösungssumme maßgebend ist, § 1203. Eine ähnliche Kapitalisierung auf die Ablösungssumme hin muß eintreten, wenn bei der Zwangsversteigerung die Verwandlung in einen festen Geldabtrag notwendig ist, § 92 ZVG.

[1) RG. 24. 2. 1915 E. 86, 255. Darüber ist in meinem Lehrb. des Zivilprozesses näher zu handeln.
[2) Hamburg 12. 8. 1908 M. 8, 148.
[3) KG. 19. 9. 1910 EfG. 11, 51.

5. Abschnitt.

Hypothek.

A. Hypothek im Allgemeinen.

§ 147.

I. Mehrere Gläubiger können ein Gesamtrecht an der Hypothek haben, wenn das rechtliche Befriedigungsbestreben auf dieselbe Summe geht;[1]) auch ein bruchteilhaftes Gläubigerrecht mehrerer ist möglich, da auch in diesem Falle keine völlige Sonderung der Forderungen eintritt.[2]) Dagegen ist eine einheitliche Hypothek für zwei getrennte Forderungen, z. B. für eine Hauptforderung und eine entsprechende Regreßforderung nicht möglich,[3]) ebenso nicht für zwei gestaffelte Forderungen, von denen die eine bei Fehlschlagen der anderen entsteht. Handelt es sich um ein und dasselbe Forderungsverhältnis, welches sich bedingt so oder anders gestalten kann, dann gelten die Grundsätze der Bedingungsverhältnisse: es sind aber dann, wenn bedingungsweise der eine oder der andere Gläubiger berechtigt ist, zwei bedingte Hypotheken einzutragen.[4])

II. Das Wertrecht geht auf ein bestimmtes Vermögensziel (Wert). Die Beziehung zwischen dem Gegenstand und zwischen dem Wert ist abstrakt, der sogenannte Schuldgrund ist unerheblich und die irrige Angabe unschädlich;[5]) auch hat die Nichtigkeit des Schuldgrundes keine Bedeutung, so insbesondere auch, wenn es sich um eine unsittliche Forderung handelt. Ob nicht in den Beziehungen der maßgebenden Personen eine exceptio doli begründet sein kann, ist eine andere Frage, welche aber das Bestehen oder Nichtbestehen des dinglichen Rechtes nicht antastet. Die Schuld kann eine abstrakte Schuld nach § 780 BGB. sein.[6])

---

[1]) KG. 5. 3. 1914 S. 70 nr. 167 (= Joh. 46 A. 226). Vgl. S. 374.
[2]) KG. 29. 6. 1905 Joh. 31 A. 313. Vgl. S. 463.
[3]) Rostock 13. 8. 1912 S. 68 nr. 14 (= M. 25, 382). Vgl. S. 437.
[4]) Vgl. RG. 1. 3. 1911 EfG. 11, 117.
[5]) KG. 20. 4. 1907 M. 15, 339; Braunschweig 4. 10. 1906 M. 14, 126.
[6]) KG. 29. 6. 1903 M. 8, 136.

III. Das Vermögensziel kann bei dem Mobiliarpfandrecht ein beliebiges sein, bei Hypothek und Grundschuld geht es stets auf Geld. Mit dem Geldbegriff steht die Angabe einer bestimmten Währung, in der bezahlt werden soll, insbesondere auch die Goldklausel, nicht im Widerspruch. [1]

Statthaft ist auch die Zulassung einer datio in solutum, z. B. die Klausel, daß in Pfandbriefen gezahlt werden kann, sodaß der Schuldner die Alternative hat. Eine Klausel dagegen, daß in Pfandbriefen gefordert werden kann, wäre unstatthaft. Vgl. Hypothekenbank-Ges. § 14.

IV. Die Umgrenzung der Geldschuld kann erfolgen:

1. durch Bestimmung einer festen Summe (Betragshypothek),

2. durch Angabe eines Höchstbetrages, innerhalb dessen die Belastung schwankt. Danach ist zunächst von Betragshypotheken, dann von Höchsthypotheken zu handeln.

I. Betrags- und Höchsthypothek.

1. Betragshypothek.

§ 148.

I. 1. Die Betragshypothek kann Sonderbestimmungen verschiedener Art enthalten. In dieser Beziehung ist zu bemerken:

a) Von einiger Bedeutung ist die Angabe der Währung; eine Änderung der Währung, z. B. eine Beifügung der Goldklausel, macht die Hypothek nicht zu einer anderen, ist aber nur unter Zustimmung der gleich- oder nachstehenden Rechte gestattet. [2]

b) Von ganz besonderer Bedeutung ist aber der Zusatz der Zinsen. Das Verhältnis zwischen Kapital und Zinsen ist das gleiche wie beim Schuldrecht. Die Gründe; welche im Schuldrecht dahin geführt haben, gewisse Beschränkungen des Zinsennehmens festzusetzen, gelten auch hier; daher sind die §§ 247 und 248 auch im Hypothekenrecht maßgebend.

---

[1] RG. 22. 11. 1902 E. 50, 145; KG. 22. 9. 1902 M. 5, 317.
[2] KG. 20. 1. 1916 Joh. 48 A. 218.

2. Die Unsicherheit des Zinsenwesens kann gesteigert werden durch einen Wechsel des Zinsbetrages. Es ist statthaft, zu bestimmen, daß er sich unter bestimmten Umständen erhöht oder mindert, z. B. 4 Proz., bei Verzug 5 Proz.; [1]) oder 4 Proz., im Falle früherer Rückzahlung 4½ Proz.; [2]) oder 4 Proz. mit einem Zuschlag von ½ Proz., der wegfallen soll, wenn die Tilgungszinsen beginnen, [3]) Einzelheiten der Bedingung können sich aus den Eintragungsakten ergeben; [4]) wohl aber muß die Zinsenhöhe grundbuchmäßig zu bestimmen sein, nicht aus Momenten von anderer Seite her, also nicht als Zinsbestimmung nach dem Lombardzins der Reichsbank, [5]) — denn sonst könnte man den Zinssatz auch auf irgend welche dritte oder irgend welche fremde Bestimmungsquelle zurückführen. Natürlich darf auch nicht der Zinsfuß in einer Weise bestimmt werden, daß eine lange mathematische Rechnung erforderlich ist: die Höhe muß sich schon aus einer einfachen Rechenoperation ergeben; das verlangt die Bestimmtheit und Ersichtlichkeit des Grundbuches. [6]) Auch der Zeitpunkt, von welchem an die Zinsen beginnen, muß sicher sein; [7]) er kann sich aber aus den Eintragsakten ergeben. [8]) Sodann dürfen die Zinsen nur ein Zusatz sein neben dem Kapital; eine Hypothek einfach für Zinsen ohne Kapital gibt es nicht, sie würde den Grundsätzen der Betragshypothek widersprechen; [9]) weshalb auch von einem Kapital nur Zinsen de futuro, nicht de praeterito eingetragen werden können. [10])

---

[1]) KG. 22. 5. 1900 M. 1, 200; KG. 18. 6. 1900 M. 1, 291; KG. 8. 1. 1906 M. 12, 284; Karlsruhe 4. 1. 1902 EfG. 3, 52.

[2]) KG. 18. 6. 1900 M. 1, 291.

[3]) Hypothekenbankgesetz § 20.

[4]) KG. 6. 7. 1903 M. 8, 135.

[5]) KG. 6. 6. 1907 EfG. 9, 61 (= Joh. 34 A 279); Oldenburg 28. 2. 1906 EfG. 7, 135.

[6]) KG. 29. 3. 1909 M. 20, 409.

[7]) KG. 28. 6. 1906 M. 14, 95; KG. 31. 1. 1907 M. 15, 374; Colmar 3. 4. 1907 M. 15, 376.

[8]) Colmar 7. 1. 1902 M. 4, 198.

[9]) KG. 22. 5. 1900 M. 1, 200. 22. 6. 1903 M. 8, 200; 15. 6. 1903 EfG. 4, 38.

[10]) KG. 11. 7. 1902 EfG. 3, 154.

Eine scheinbare Ausnahme davon machen die Rentenschulden, von denen oben (S. 425) gehandelt wurde.

3. Eine Erhöhung der Zinsen gilt nicht als neue Hypothek,
sondern als Erweiterung der bisherigen, weshalb für diese Erweiterung auch nicht ein selbständiger Hypothekenbrief gegeben werden kann. [1]) Wäre ja doch eine solche neue Eintragung schon deswegen unzulässig, weil, wie oben angeführt,
keine Hypothek auf bloße Zinsen gestellt werden darf. Im
übrigen ist zu unterscheiden: Eine Steigerung der Zinsen bis
zu 5 Prozent kann mit der ursprünglichen Rangfolge stattfinden ohne Rücksicht auf die kommenden Hypotheken, § 1119;
dagegen eine Steigerung darüber hinaus wäre zwar zulässig,
aber in der Rangfolge hinter den bestehenden Hypotheken. [2])
Eine solche Erhöhung kann auch in praeteritum stattfinden,
nur daß die vergangenen Zinsen lediglich nach ihrem damaligen Betrag an dem Vorteil des § 10 ZVG. teilnehmen. [3]) Mit
Genehmigung der Nachhypothekare sind natürlich Erweite-
rungen mit dem ursprünglichen Range möglich. [4])

4. Eine Zinssteigerung kann nicht mehr erfolgen nach der
Beschlagnahme, denn mit diesem Momente wird das Grundbuch für die Zwangsvollstreckung gesperrt, nicht nur was den
betreibenden Gläubiger, sondern auch was die übrigen betrifft. [5])

5. Zins ist nicht nur der tote, sondern auch der lebende
Zins, also auch derjenige Zins, welcher nicht bloß einen Ka-
pitalnutzen darstellt, sondern zu gleicher Zeit an der Wurzel
des Kapitals nagt und das Kapital allmählich aufzehrt: also der
sog. Amortisations- oder Tilgungszins. Es entspricht völlig
der Geschichte, daß die Kapitalfrüchte zu gleicher Zeit an
dem Kapital zehren, und dies zeigte sich insbesondere in älteren Zeiten, als der Gläubiger den Genuß der Sache hatte und

---

[1]) Dresden 20. 3. 1900 M. 1, 481.
[2]) Wie dies im Grundbuch zum Ausdruck zu bringen ist, hängt
von dem jeweiligen Hypothekenformular ab, wovon hier nicht zu
handeln ist, vgl. Dresden 16. 1. 1912 M. 26, 138; KG. 23. 9. 1915 Joh.
48 A 216.
[3]) KG. 21. 12. 1908 Joh. 37 A 295.
[4]) Vgl. KG. 9. 6. 1906 EfG. 7, 258.
[5]) Unrichtig Hamburg 16. 1. 1911 M. 26, 136. Vgl. S. 425.

ihre Erträgnisse bezog: hier konnten die Erträgnisse entweder bloß den Kapitalzins tilgen, oder auch das Kapital auf-
zehren: Todsatzung im Gegensatz zur Zinssatzung. Ganz so
ist es beim Tilgungszins. Es ist eine völlige Verkennung der
Sachlage, anzunehmen, daß er Kapitalcharakter habe und als
teilweise Kapitalrückzahlung zu betrachten sei; im Gegenteil:
er ist ein Zins, wie ein anderer, aber mit der Wirkung, daß er
am Kapital nagt. Er wird deswegen auch in der Gesetzgebung, was die Verjährung betrifft, als Zins betrachtet, ebenso
was die Befriedigung in der Zwangsversteigerung angeht,
§ 197 BGB., §§ 10 und 12 ZVG.; aber auch sonst gelten von
ihm alle Grundsätze, die oben (S. 429) von den Zinsen entwickelt worden sind:

a) Die Tilgungszinsen müssen in ihrer vollen Eigenart im
Grundbuch stehen; es genügt nicht, auf die Eintragsbewilligung
Bezug zu nehmen, § 1115.

b) Sie können ebenso wie andere Zinsen erhöht werden,
und auch hier gilt das Privileg der 5 Prozent.

c) Wenn die Hypothek geteilt und an mehrere Personen
übertragen wird in der Art, daß zwischen ihnen eine Rangordnung bestehen soll, so sind die Tilgungszinsen trotzdem
gleichmäßig an die verschiedenen Teilzessionare zu zahlen,
denn die Rangordnung der Teile hat keinen Einfluß auf das
Zinsrecht. [1]

d) Allerdings gilt für die Tilgungszinsen die Besonderheit:
weil sie an dem Kapital zehren, so tritt, insoweit als das Kapital hierdurch eine Minderung erfährt, anstelle der Gläubigerhypothek eine Eigentümerhypothek. Dieses beruht aber einfach auf dem Satze, daß eben die Tilgungszinsen Tilgungszinsen
sind und das Kapital abschwemmen. Von selbst versteht sich
daher, daß der § 1178 hier eine geeignete Änderung erleidet,
und dem entspricht es auch, wenn § 21 des Hypothekenbank-
gesetzes der Hypothekenbank die Verpflichtung auferlegt, für
die getilgten Beträge die nötigen Grundbuchberichtigungen zu
veranlassen; denn natürlich, wo das Kapital aufgezehrt wird,
müssen Eigentümerhypotheken entstehen.

---

[1] RG. 9. 1. 1911 Gruchot 5, 1114.

e) Da durch die Hypothekenbanken die Tilgungshypotheken besonders gefördert werden sollen, so gelten hier noch
einige begünstigende Bestimmungen, die nicht wegbedungen
werden dürfen, §§ 19, 20 und 21 Hypothekenbankgesetz.

f) Die Frage über die Natur der Tilgungszinsen hat die
Gerichte seit neuerer Zeit lebhaft beschäftigt: das Kammergericht hat zuerst richtig und dann unrichtig entschieden, [1]
das Oberlandesgericht Karlsruhe hat richtig entschieden,
worauf aber eine ganz unhaltbare Entscheidung des Reichsgerichts erging, [2] im völligen Verkennen dessen, daß es auch
Zinsen gibt, welche an dem Kapital zehren, und in völliger
Verwechselung des Unterschiedes des zehrenden Zinses von
der Kapitalrückzahlung. Die Entscheidung widerspricht vollkommen dem wirtschaftlichen Charakter der Tilgungshypo-
thek, die namentlich beim Landbau eine sehr große Rolle
spielt. Der Boden soll gerade dadurch entschuldet werden,
daß aus den Erträgnissen solche Zinsen bezahlt werden, welche
die Bodenbelastung allmählich aufheben, daß also eine Befreiung ohne neue Kapitalien erfolgen kann. Die sparsame Bewirtschaftung soll das Gut in besseren Schuldenstand bringen;
daher sind diese Zinsen ganz wie die übrigen Zinsen zu behandeln, als Leistungen, welche bestimmungsgemäß aus den
Erträgnissen des Vermögensgutes genommen werden sollen.
Es wäre besser, wenn Kammergericht und Reichsgericht auf
derartige Erwägungen bauten, anstatt in der altmodischen
Weise die Einzelheiten der Vorarbeiten des Gesetzes heranzuziehen. Die Vorarbeiten der Gesetze sind nicht der Pendel-
schlag der Weltgeschichte.

g) Eine besondere Art des Tilgungswesens entsteht bei den
Quasitilgungshypotheken: es sind dies Hypotheken, die durch
die Zinsen an sich nicht verringert werden, bei welchen aber
ein Gegenrecht entsteht, das, wenn die Tilgungssumme einen
bestimmten Betrag erreicht, eine entsprechende Einrede gewährt: Annuitätenreserven. [3]

---

[1] Richtig KG. 2. 12. 1901 M. 4, 70; unrichtig KG. 26. 5. 1902
EfG. 3, 137.

[2] RG. 4. 3. 1903 E. 54, 88.

[3] Dresden 8. 12. 1905 M. 14, 17.

II. 1. Die Festigkeit der Betragshypothek kann ferner erschüttert werden durch den Zusatz von Nebenleistungen, d. h. von Leistungen, welche den Bestand oder Betrieb des Wertrechtes bedingen oder fördern, wie Provision, Maklerkosten, Kosten der Eintragung usw. Die Festigkeit muß aber dadurch gewahrt werden, daß die Leistungen zu einem Geldbetrag abgeschätzt werden,[1] sodaß in diesem Nebenelement die Hypothek wie eine Höchsthypothek gilt. Vertragsstrafen können ebenfalls Nebenleistungen sein, aber nur solche, welche ausbedungen werden für den Fall, daß die Leistung von Kapital und Zinsen nicht richtig und rechtzeitig erfolgt;[2] auch hier ist ein Höchstbetrag zu bestimmen, weil sonst die Übersichtlichkeit fehlen würde.[3] Das gleiche gilt auch von Zinseszinsen, die nicht die Übersichtlichkeit der Zinsen haben und daher als Nebenleistungen zu behandeln sind.[4]

2. Andere Verpflichtungen, wie z. B. die Verpflichtung, das Gut zu verbessern, Versicherungen aufzunehmen oder gewisse Veräußerungsschranken innezuhalten, sind keine Nebenleistungen und können nicht bedungen werden: dies würde der Freiheit des Eigentums widersprechen. Jedenfalls kann der Eigentümer nicht in dieser Weise unter die Herrschaft seiner Gläubiger gestellt werden, sondern höchstens unter die Aufsicht eines höheren Amtes. Eine solche Beschränkung ist daher nur statthaft, wo eine obrigkeitliche Behörde die Kulturweise überwacht, und das ist landesgesetzlich der Fall bei Gütern, welche zu einer besonderen Kultursteigerung dienen sollen, bei Rentengütern, Ansiedlungsgütern u. dgl.[5] Sonst ist es unzulässig, etwa in das Grundbuch die Verpflichtung einzutragen, die Gelder in einer bestimmten Weise zu verwenden[6] oder dem Gläubiger den Einblick in die Bücher des Eigentümers zu gewähren oder ihm keine Konkurrenz zu machen usw.

---

[1] KG. 9. 6. 1906 EfG. 7, 258.

[2] KG. 22. 3. 1906 EfG. 7, 154 (= M. 14, 96). Auch KG. 23. 2. 1905 M. 10, 418.

[3] Vgl. KG. 22. 3. 1906 wie oben.

[4] KG. 11. 6. 1900 M. 1, 201.

[5] So z. B. Preuß. Gesetz 26. 4. 1886, 7. 7. 1891 u. a.

[6] KG. 18. 3. 1912 M. 26, 183; 23. 2. 1905 M. 10, 418.

3. Allerdings hat man indirekt solche Verpflichtungen hypothekarisch zur Geltung zu bringen versucht

a) durch die Bedingung, daß der Gläubiger das Kapital kündigen darf, falls den Normen nicht entsprochen wird.[1] Man hat es auch für zulässig erklärt, die Kündigung für den Fall zu vereinbaren, daß der Eigentümer die Waren von einer anderen Seite bezieht;[2] doch gilt dies nur insoweit, als solche Bezugsverträge überhaupt bindend sind.[3] Man hat es versucht

b) durch Feststellung von Vertragsstrafen für den Fall der Nichterfüllung. Solche Vertragsstrafen sind keine Nebenleistungen,[4] sie können nur selbständig eingetragen werden, und zwar unter Angabe einer Höchstsumme, also nach den Grundsätzen der Höchsthypothek.[5]

III. Die Unsicherheit könnte auch durch Rückstände von Zinsen und Nebenleistungen sehr wesentlich erhöht werden. Hier muß sich das Hypothekenrecht helfen, damit der Grundstückswert nicht durch derartige schwülstige Zusätze völlig überschüttet wird. Das Verjährungsinstitut würde nicht ausreichen; daher gilt

1. der weitere Grundsatz, daß Zinsrückstände nur auf die Zeit zweier Jahre rückwärts im Rang des Kapitals befriedigt werden können; frühere Zinsen treten in eine bedeutend spätere Klasse herunter; was natürlich auch dann gilt, wenn die Zinsbeträge durch einen Zessionar oder einen Ablösungsberechtigten eingetrieben werden.[6]

2. Außerdem aber gilt folgendes:

Zinsrückstände unterliegen nicht den hypothekarischen, sondern den allgemeinen Forderungsgrundsätzen, und zwar

---

[1] Vgl. KG. 3. 1. 1911 M. 23, 321.
[2] KG. 27. 8. 1901 M. 3, 232.
[3] Vgl. meine Studien zum BGB. II S. 74.
[4] KG. 22. 3. 1906 M. 14, 96.
[5] Diese Nebenverhaftungen können einen erheblichen Zwang auf das Eigentum ausüben; sie werden dem Eigentümer meist durch die ersten Hypotheken auferlegt, welche in typischer Weise das Grundvermögen belasten. Vgl. Recht und Persönlichkeit S. 134 f.
[6] RG. 12. 12. 1917 E. 91, 297.

mit den Besonderheiten, welche den Zinsen und periodischen Leistungen überhaupt zukommen. Sie unterliegen also

1) den gewöhnlichen Forderungsgrundsätzen, vor allem in bezug auf die Geltendmachung: der Grundsatz, daß die Geltendmachung der Hypothek die Vorlegung des Hypothekenbriefes verlangt, trifft hier nicht zu, § 1160. Daher werden auch die Zinsen nicht auf dem Hypothekenbrief quittiert, § 1145;

2) die Übertragung geschieht nicht in der Weise der dinglichen Übertragung, sondern in der Art des gewöhnlichen Forderungsüberganges; sie wird nicht in das Grundbuch eingetragen und kann nicht eingetragen werden,[1] weshalb sich auch der Zinserwerber nicht auf den guten Glauben des Grundbuches berufen darf, § 1159.

3) Das gleiche gilt von der Verpfändung und von der Pfändung, § 830 ZPO.

4) Daher befreit die gutgläubige Zahlung an den bisherigen Berechtigten: der Zahlende wird also frei, wenn er von dem Übergang keine Kenntnis hat, § 1159.[2]

5) Die Vereinigung von Gläubigerschaft und Schuldnerschaft in einer Person bewirkt das Erlöschen, ebenso wie bei anderen Forderungen, § 1178.[3]

6) Ein Verzicht und ein Erlöschen durch Konfusion hat keine Eigentümerhypothek zur Folge, daher bedarf es zum Verzicht nicht einer Zustimmung des Eigentümers, §§ 1178 und 1168.

7) Aus der Eigenschaft des Zinses als einer periodischen Rentenleistung ergibt sich:

a) die Besonderheit wegen der Verjährung, §§ 902 und 197,

b) die Besonderheit bei der Anrechnung nach § 367 BGB.

c) Die Besonderheit sowohl bei der Zwangsverwaltung als auch bei der Zwangsversteigerung. Die Zwangsverwaltung soll zunächst zur Tilgung der Zinsen führen, denn diese sollen aus den Erträgnissen bestritten werden, §§ 156, 157 ZVG.; und bei der Zwangsversteigerung geht die Befriedigung der Zinsen (allerdings mit der Zeitschranke von 2 Jahren) dem Hauptanspruch vor und sind die Zinsen der im geringsten Gebot

---

[1] KG. 10. 4. 1912, Joh. 42 A 248.
[2] Vgl. Braunschweig 29. 6. 1906 M. 15, 336.
[3] Vgl. KG. 10. 4. 1912 EfG. 12, 145.

stehenden Forderungen durch Barzahlung zu befriedigen, § 49
und § 12 Z. 2 ZVG.

3. Die künftigen Zinsen unterliegen den Kapitalgrundsätzen,
so insbesondere was die Übertragung und Pfändung betrifft;
auch hat der Verzicht eine Eigentümerhypothek zur Folge, die
nur dadurch abgewendet werden kann, daß der Eigentümer
seine Zustimmung gibt; § 1183 findet hier Anwendung. [1])

Nur bezüglich der Vorzinsen (der Zinsen des laufenden
und des folgenden Kalendervierteljahres) gelten, was Zahlung
und Aufrechnung betrifft, die Forderungsgrundsätze, § 1158.

IV. Die Vertragshypothek kann auf einen zukünftigen oder
bedingten Wert (zukünftige, bedingte Forderung) gehen, z. B.
auf eine Forderung, die sich aus späterer Valutierung ergibt. [2])

In dieser Beziehung kann die Betragshypothek der Höchsthypothek praktisch nahekommen.

Wird die Hypothek unter der Bedingung künftiger Valutierung gegeben und geschieht die Valutierung in der Art, daß
der Gläubiger das Opfer bringt, auf eine ihm zustehende Forderung zu verzichten, so ist dies natürlich kein Forderungstausch und unterliegt nicht den Regeln dieses, sondern den
Regeln der Bedingungserfüllung. [3])

2. Höchsthypothek.

§ 149.

I. Von der Betragshypothek wohl zu unterscheiden ist die
ehemalige Kautionshypothek, jetzt Höchsthypothek genannt,
§ 1190. Ihre Eigenart ist, daß die Forderung nicht bloß objektiven, sondern auch subjektiven Unsicherheiten unterworfen
werden kann; denn ihre Funktion ist, einen gewissen Kredit
zu sichern, dessen Betrieb mehr oder minder in das Belieben
sowohl des Gläubigers als auch des Schuldners gestellt ist.
Nur der Gläubiger braucht bestimmt zu sein, [4]) dagegen kann
nicht nur ein Schuldner, sondern eine Mehrheit von Schuldnern

---

[1]) KG. 27. 1. 1904 M. 10, 89; RG. 19. 1. 1910 E. 72, 362.
[2]) RG. 27. 4. 1907 Recht XI nr. 1445.
[3]) RG. 30. 1. 1909 Recht XIII nr. 1139.
[4]) KG. 10. 10. 1897, Joh. 35 A. 279; RG. 1. 3. 1911 E. 75, 245. Vgl.
auch oben S. 427.

von der Höchsthypothek erfaßt sein, sofern sie in einem einheitlichen Verpflichtungsverhältnis stehen und daher einen Kontokorrent bilden.[1] Ist der Schuldner nicht näher bezeichnet, so ist der Grundeigentümer als Schuldner zu betrachten.[2] Auf solche Weise wird der kreditgebende Gläubiger gedeckt in der ganzen Sphäre des von ihm geleisteten Kredits, und so ist die Höchsthypothek in der Tat nichts anderes als eine Kredithypothek. Vgl. S. 427.

II. Der Hauptfall der Höchsthypothek ist die Kontokorrenthypothek. Vgl. Lehrb. II 1 S. 219.

Sie ist aber auch die richtige Hypothek

1. für Hypotheken bei Vertragsstrafen, die für verschiedene Fälle, z. B. bei verschiedenen Zuwiderhandlungen, erwachsen sollen (vgl. oben S. 434).

2. Bei Leibrenten.[3]

3. Die Arresthypothek ist stets Höchsthypothek, weil die Summe eine Unbestimmtheit in sich hat, §§ 932, 923 ZPO. Entsteht nachträglich eine Vollstreckungshypothek, so wird sie zur Betragshypothek.[4]

III. Die Höchsthypothek als Kontokurrent-Hypothek folgt dem Grundsatz des Kontokurrentrechts, wonach also einstweilen keine feste Schuld vorhanden ist, sondern erst die Elemente einer solchen, aus denen sich bei der Abrechnung die feste Schuld herausbildet. Daraus ergibt sich

1. daß die Vorgänge innerhalb des Kontokurrents für die Hypothek bedeutungslos sind. Eine Forderung kann ausscheiden, eine andere kann neu hinzutreten, ohne daß das Wesen der Höchsthypothek in irgend einer Weise beeinträchtigt wird; vor allem: wenn eine Forderung ausscheidet durch Übertragung oder durch Befriedigung, bleibt die Höchsthypothek in demselben Stande. Daraus ergibt sich auch:

2. Eine Übertragung der Höchsthypothek ist nur in der Art möglich, daß ein anderer Gläubiger in das Kontokurrent-

---

[1] RG. 1. 3. 1911 E. 75, 245; KG. 22. 1. 1914, Joh. 47 A. 229.
[2] KG. 14. 1. 1915, Joh. 47 A. 198.
[3] LG. Straßburg 22. 5. 1903 Els.-Loth. 29, 382.
[4] KG. 2. 1. 1906 M. 13, 231; KG. 26. 9. 1910 EfG. 11, 54.

verhältnis eintritt; auf solche Weise kann sich auch ein Forderungstausch vollziehen. [1]

Eine solche Übertragung, wonach ein anderer Gläubiger
in das Kontokurrentverhältnis tritt, ist auch mit Fortsetzung
der Kontokurrents möglich. [2]

3. Daraus ergibt sich ferner: da die Höchsthypothek auf
eine erst später zu bestimmende Summe ausläuft, so ist einstweilen die Hypothek forderungslos, aber sie ist die Hypothek
für eine künftige Forderung, die sich aus der schließlichen
Kontokurrententwickelung ergibt. Daher ist die Stellung der
Eigentümerhypothek dieselbe wie bei der Hypothek für eine
künftige Forderung: also einstweilen bedingte, aber unüber-
tragbare und verkehrsunfähige Eigentümerhypothek, [3] als
solche aber zugleich die Hüterin einer künftigen realen Eigentümerhypothek, weshalb der Eigentümer zur Hypothekenände-
rung die Zustimmung zu geben hat. [4] Vgl. S. 398.

IV. Aus der Eigenschaft der Höchsthypothek geht hervor:
1. Die Bezeichnung der Forderung bei der Höchsthypothek
beschränkt sich auf Angabe des Betrages und auf Angabe der
Umstände, welche das Kontokurrentverhältnis individuali-
sieren. [5] Ein Schuldgrund braucht nicht angegeben zu
werden. [6]

2. Ihr Maximum ist fester zu bestimmen als bei den übrigen Hypotheken; es ist daher nicht möglich, Zinsen beizufügen;
dagegen sind die Betreibungskosten ihr aufzuschlagen. [7]

3. Ihre reale Höhe ist unbestimmt, so lange das Kontokurrentverhältnis dauert; daher ist eine Vollstreckungsunter-
werfung so lange unzulässig, als diese Unbestimmtheit besteht;
möglich ist aber eine persönliche Verpflichtung, die Unter-

---

[1] KG. 13. 12. 1913 Joh. 45 A 287; KG. 16. 3. 1916 Joh. 49 A 224.
[2] KG. 20. 6. 1907 Joh. 35 A 318 (= M. 15, 386); KG. 10. 7. 1908
M. 18, 184; Dresden 16. 10. 1908 M. 18, 185; ObLG. 11. 5. 1912 ErG.
12, 159; KG. 10. 7. 1908 M. 18, 184.
[3] RG. 18. 10. 1905 E. 61, 374; RG. 20. 12. 1911 JW. 41, 297.
[4] Vgl. auch KG. 20. 6. 1907 M. 15, 386; Darmstadt 3. 2. 1911
M. 26, 199.
[5] Vgl. auch Colmar 21. 12. 1912 M. 26, 197.
[6] Braunschweig 4. 10. 1906 M. 14, 126.
[7] RG. 21. 4. 1917 E. 90, 171.

werfungsklausel zu gewähren, und möglich ist auch die Sicherung dieser Verpflichtung durch Vormerkung. Vgl. oben S. 359.

V. 1. Der Charakter der Höchsthypothek ändert sich, sobald der Kontokurrent abgeschlossen ist: dann wird sie zur gewöhnlichen Hypothek für den Saldobetrag; und was die Eigentümerhypothek betrifft, so wird diese, soweit die Abrechnungssumme gegenüber der Höchstsumme noch einen Überschuß gestattet, zur aktuellen Hypothek; soweit aber die endgültige Schuld reicht, hat der Eigentümer die Lage des Eigentümers wie bei der Betragshypothek (S. 397).[1]

Es gelten hier die gewöhnlichen Grundsätze, die allerdings in diesen Verhältnissen besonders wichtig sind, nämlich:

Die Eigentümerhypothek gehört demjenigen, welcher Eigentümer ist zu der Zeit, in welcher sie aktuell wird, also demjenigen, welcher Eigentümer ist zu der Zeit, in welcher das Kontokurrentverhältnis den Abschluß findet und sich ein freier Rückstand ergibt, oder demjenigen, der Eigentümer ist zu der Zeit, wenn nach erfolgtem Abschluß des Kontokurrents und nach erfolgter Saldierung die Saldierungshypothek erlischt.[2] Ist allerdings das ganze Kontokurrentverhältnis nichtig, dann ist derjenige berechtigt, der Eigentümer ist zu der Zeit, in welcher die Hypothek für das nichtige Kontokurrentverhältnis bestellt wurde.[3] Vgl. S. 396.

2. Die Hypothek kann durch Rechtsgeschäft in eine Betragshypothek umgewandelt werden,[4] sie kann dann zur Verkehrshypothek werden;[5] eine solche Verwandlung bedarf natürlich der Einwilligung des Eigentümers, dessen Eigentümerhypothek dadurch beeinflußt wird.[6] Die Umwandlung ergibt sich übrigens von selbst, wenn der Eigentümer des Grundstücks durch Zahlung eines Kontokurrentpostens diesen

---

[1] KG. 18. 6. 1914 EfG. 14, 186.
[2] RG. 19. 3. 1902 E. 51, 115; RG. 20. 1. 1904 E. 56, 322; RG. 27. 5. 1905 E. 61, 38; RG. 1. 3. 1911, EfG. XI 111; Posen 26. 3. 1908 M. 16, 329; Darmstadt 3. 2. 1911 S. 66 No. 138; Celle 4. 3. 1908 M. 18, 183.
[3] RG. 13. 12. 1905 E. 62, 168.
[4] KG. 3. 5. 1906 EfG. 7, 227.
[5] KG. 11. 7. 1911 EfG. 11, 240.
[6] Köln 18. 1. 1909 M. 18, 182; KG. 11. 7. 1911 EfG. 11, 240; KG. 13. 12. 1913, EfG. 13, 259.

Posten nach § 1143 erwirbt, ihn zur Eigentümerhypothek macht und dadurch aus dem Bereich der Kontokurrenthypothek herauszieht. [1])

II. Entstehen und Vergehen, Forderungstausch.

§ 150.

I. Die Hypothek entsteht nach Grundbuchrecht; für Briefhypothek gilt etwas besonderes, davon ist S. 456 zu sprechen.

II. Die Hypothek als Pfandrecht an Grundstücken verlangt, daß Forderung und Wertrecht beide begründet werden; allerdings so, daß möglicherweise das Wertrecht für eine künftige Forderung gelten soll, § 1113; auch wird, wenn die Forderung nichtig ist, das Wertrecht in Gestalt einer Eigentümergrundschuld entstehen. Prinzipiell aber kann die Hypothek nur begründet werden, indem mindestens äußerlich mit dem Wertrecht eine Forderung verbunden wird, welche sich dann mit der Hypothek unverbrüchlich verschwistern soll, § 1153.

Allerdings steht nichts im Wege, daß jemand zuerst eine Grundschuld schafft und dann diese Grundschuld durch Hinzufügen einer Forderung in eine Hypothek verwandelt, § 1198. [2])

III. Die Hypothek kann als gerichtliche Hypothek durch Vollstreckungsakt, sie kann als Zwangsversteigerungshypothek durch Zwangsversteigerungsakt entstehen. Da solche Hypotheken aber stets Sicherungshypotheken sind, so wird diese Entstehungsweise dort abgehandelt werden.

IV. Ein Erlöschen der Hypothek kann erfolgen durch

a) Tabularversitzung nach den gewöhnlichen Grundsätzen, § 901. Sie kann erfolgen

b) durch Aufgebotsversitzung, wenn zur langjährigen Nichtausnutzung der Hypothek das Aufgebot mit negativem Erfolg hinzutritt, § 1170 BGB., Schweizer ZGB. a. 871. Vgl. S. 392.

c) Durch Aufgebotsverfahren bei Unbekanntschaft des Gläubigers mit Hinterlegung des entsprechenden Geldbetrages § 1171. Vgl. Schweizer ZGB. a. 861.

---

[1]) Dresden 11. 6. 1915 S. 70, 246; KG. 28. 6. 1909 M. 20, 415.
[2]) KG. 15. 3. 1906 EfG. 7, 151; KG. 21. 12. 1908 M. 18, 197. Vgl. S. 424.

V. 1. Die Hypothek erlischt nicht mit der Forderung, sie erlischt hierbei mindestens nur als Hypothek des Hypothekars: sie wird regelrecht zur Eigentümergrundschuld.

2. Nicht immer aber erlischt die Forderung durch Zahlung, sie erlischt nicht, wenn eine Subrogation des Zahlenden in der Forderung stattfindet, sodaß er der Gläubiger wird. Hier entsteht keine Eigentümergrundschuld, sondern die Forderung geht auf den Zahlenden über. So, wenn der Bürge zahlt, so auch, wenn der nominelle Schuldner zahlt, während der Eigentümer virtuell der Hauptschuldner ist, § 1164, so auch, wenn der Eigentümer zahlt, während der Schuldner ein Dritter ist: jetzt entsteht nicht eine Eigentümergrundschuld, sondern eine Eigentümerhypothek, § 1143. Vgl. S. 396, 400, 415.

3. Schon S. 74 wurde betont, daß diese Verhältnisse mit zur crux des Hypothekenrechts gehören, weil es hiernach zweifelhaft sein kann, ob ein Hypothekarrecht erloschen und eine Hypothek zur Eigentümergrundschuld geworden ist. Das Grundbuchamt muß in dieser Beziehung die nötigen Nachforschungen pflegen und nach seiner Überzeugung handeln: es ist dies einer der Fälle, wo das Grundbuch sterblich ist.

VI. Da bei uns zwar das Hypothekarrecht mit der Schuld verknüpft ist, nicht aber das Hypothekenrecht, so hat es keine Schwierigkeit, eine Forderung von der Hypothek abzulösen und dafür eine andere zu setzen, § 1180, nur daß natürlich der Eigentümer, der wegen der künftigen Eigentümerhypothek daran interessiert ist, seine Zustimmung zu geben hat; [1] ebenso wie es auch möglich ist, eine Grundschuld durch Zufügung einer Forderung zur Hypothek, eine Hypothek durch Ablösung der Forderung zur Grundschuld zu machen, § 1198. Vgl. S. 424.

B. Normale Hypothek, Sicherungshypothek.

I. Allgemeines.

§ 151.

I. Die ordentliche Hypothek, welche man Sicherungshypothek zu nennen pflegt, zeigt eine solche Verbindung von Forderung und Wertrecht, daß in ihr die Forderung die leitende Rolle spielt.

---

[1] Königsberg 13. 1. 1903 M. 6, 124.

II. Nur an einem Punkte wird von diesem Gedanken abge-wichen: die Übertragung von Forderung und Wertrecht zu-sammen erfolgt nicht in der Weise der Forderung, sondern in der Weise des Wertrechts: sie geschieht durch Einigung und Eintragung, § 1154; [1]) und das gleiche gilt von der Verpfän-dung, § 1274; [2]) das gleiche auch von der Pfändung, § 830 und 837 ZPO. [3])

Eine Zession in anderer Weise wäre unwirksam, dagegen ist ein pactum de cedendo ohne Form möglich; denn die Zessionsform ist hier nicht im subjektiven Interesse der Par-teien, sondern im objektiven Interesse des Rechtsverkehrs be-stimmt, und dieses Interesse tritt erst bei der Zession, nicht schon bei diesem pactum zutage.

III. Im übrigen gilt der Satz: die Nichtigkeit und das Er-löschen der Forderung hat nicht die Nichtigkeit und das Er-löschen des Wertrechts zur Folge, sondern die Verwandlung des Wertrechtes in eine Eigentümerhypothek oder Eigen-tümergrundschuld nach den obigen Grundsätzen, S. 395.

IV. 1. In Sachen des Forderungsrechtes gelten die ge-wöhnlichen Regeln. Es ist danach zu bemessen, ob der For-derung Einreden oder Einwendungen entgegenstehen, ob und unter welchen Umständen die Forderung als getilgt zu be-trachten ist. Ebenso gelten bei der Zession die bekannten Grund-sätze von § 406 f. BGB., und in gleicher Weise bestimmt sich auch die Weiterentwickelung der Forderung nach den Regeln des Schuldrechtes, so, was Kündigung, Mahnung usw. betrifft, vgl. § 1185. Nur diejenigen Einreden und Einwendungen, welche nicht die Forderung selbst betreffen, sondern das Deckungsrecht des Gläubigers, bleiben der Hypothek fern, denn die Hypothek ist ein Deckungsmittel, welches seinen eigenen Deckungsgrundsätzen folgt; so insbesondere was Verjährung, Zwangsvergleich, Erbüberschuldung betrifft, § 223, 1137 BGB., § 193 Konk.-O. Über Deckung vgl. Lehrb. II 1 S. 205.

---

[1]) KG. 18. 3. 1912 M. 21, 153.
[2]) KG. 28. 6. 1906 EfG. 7, 271.
[3]) Etwas besonderes gilt allerdings von der Inhaber- und Wechselhypothek nach § 1187 BGB. und 830, 837 ZPO. Vgl. unten S. 449.

2. Im übrigen gilt folgendes:

a) Ein Hauptfall einer materiellen Einrede liegt vor, wenn eine Kaufpreisschuld eingetragen ist und die Wandlungseinrede wegen Mängel der Sache begründet ist (§ 478). [1]

b) Die Einwendung kann sich auch auf die Übertragung beziehen, so insbesondere nach § 399 BGB.

V. Aus dem Obigen ergibt sich:

1. Wenn jemand Hypothek und Forderung erwirbt, so wird er trotz seines guten Glaubens nicht Hypothekar, wenn die Forderung nichtig ist, und die entsprechenden Einwendungen gegen die Forderung treten auch gegen ihn ein.

2. Die Kündigung geschieht von Gläubiger zu Schuldner, § 1141 und 1185. [2]

3. Auch bei Übertragung von Forderung und Hypothek gilt der Grundsatz, daß die Kenntnis des Drittschuldners maßgebend ist, § 1156 und 1185; allerdings wird dieser letzte Punkt von geringer Bedeutung sein, da, wenn der Hypothekenübergang eingetragen wird, dem Schuldner offizielle Nachricht zuzukommen pflegt, § 55 GBO. Vgl. S. 80.

Zahlt daher der Schuldner in gutem Glauben dem Zedenten, so ist das Hypothekarrecht des Zessionars erloschen. [3]

4. Was aber die dingliche Frage betrifft, wer Eigentümer und ob das Eigentum belastet oder unbelastet ist, so gilt auch bei der Sicherungshypothek der gute Glaube des Grundbuchs. [4]

VI. Sicherungshypotheken können

1. Vertragshypotheken sein, dann gelten die Regeln des Grundbuchrechts.

Sie können

2. Hypotheken kraft Verwaltungsaktes oder kraft Aktes der freiwilligen Gerichtsbarkeit sein, so die Hypothek zur Sicherung des Mündelvermögens gegen den Vormund, § 1844 BGB. und § 54 GfG., sodann die Hypothek zur Sicherung öffentlicher Körperschaften oder Stiftungen (öffentlicher Stiftungen und Stiftungen mit öffentlicher Aufsicht) an dem Ver-

---

[1] RG. 30. 3. 1909 E. 71, 12.
[2] Vgl. Rostock 8. 6. 1914 S. 71, 227.
[3] Vgl. KG. 19. 12. 1907 Joh. 35 A 302.
[4] RG. 12. 10. 1910 E. 74, 213.

mögen ihrer Verwalter und anderer an der Verwaltung be-
teiligter Personen, a. 91 BGB. Vgl. auch oben S. 102 und 116.
Hierfür gelten keine besonderen Bestimmungen.

3. Sie können gerichtliche Hypotheken sein, von denen
weiter zu handeln ist.

II. Gerichtliche Sicherungshypotheken.

1. Zwangshypothek.

§ 152.

I. Auf Grund eines auf Geld lautenden vollstreckbaren
Titels kann beim Grundbuchamt der Antrag auf Eintragung
einer Hypothek gestellt werden. Das Grundbuchamt handelt
hier zunächst als Vollstreckungsgericht, welches sich selbst
den Auftrag gibt, den es dann als eine Behörde freiwilliger Gerichtsbarkeit vollzieht (oben S. 116). Es gelten daher zunächst
nicht die Grundsätze der Grundbuchordnung, sondern die des
Vollstreckungsrechts, insbesondere bedarf der Antrag nicht der
Form, die sonst für das Grundbuch nötig ist. [1]) Ebenso erfolgt
die Berücksichtigung eines gerichtlichen Einstellungs- oder Auf-
hebungsbeschlusses ohne weiteres bei Vorlegung des gerichtlichen Aktes. [2])

II. 1. Bei der gerichtlichen Hypothek steht statt der Einigung der vollstreckbare Titel. Er bewirkt daher mit der Eintragung eine Hypothek, er bewirkt sie, sofern er zur Zeit der
Eintragung ein vollstreckbarer Titel ist; und die Hypothek
bleibt bestehen, auch wenn der Titel nachträglich die Vollstreckbarkeit verliert oder etwa in höheren Instanzen aufgehoben wird, denn der vollstreckbare Titel hat durch sein
bloßes Vorhandensein die Funktionskraft, eine Hypothek zu
erzeugen; wird er nachträglich aufgehoben, dann fehlt für das
Weiterbestehen des Hypothekarrechts die Grundlage:
das Hypothekarrecht erlischt und es entsteht eine Eigentümerhypothek. Dies gilt auch vom Arrestbefehl, §§ 867, 868, 932. [3])

---

[1]) RG. 3. 7. 1909 E. 71, 312.
[2]) KG. 29. 5. 1911 EfG. 11, 233.
[3]) Hamburg 4. 7. 1907 M. 16, 313.

Ist dagegen ein vollstreckbarer Titel nicht vorhanden, dann entsteht keine Hypothek; ebenso, wenn zwar ein solcher vorhanden ist, aber wenn ihm die Vollstreckbarkeit für das betreffende Vermögen gebricht, z. B., wenn das Vermögen im Konkurs steht. In allen diesen Fällen ist es ebenso, wie wenn es bei der Vertragshypothek an der Einigung fehlte.[1] S. 395.

2. Was aber die Stellung des Hypothekarrechts bei Nichtigkeit oder Zahlung der Forderung betrifft, so besteht ein großer Unterschied zwischen der gerichtlichen und der Vertragshypothek, ebenso wie ein Unterschied zwischen dem Pfändungspfand und dem Vertragspfand besteht.

a) Eine Vertragshypothek entsteht, wenn die Forderung nicht besteht, sofort als Eigentümerhypothek, eine gerichtliche Hypothek aber entsteht trotzdem als Hypothek des Trägers des Vollstreckungstitels.

b) Bei Vertragshypotheken erlischt das Hypothekarrecht mit der Zahlung und es entsteht (falls nicht eine Subrogation des Zahlenden stattfindet) eine Eigentümerhypothek; eine gerichtliche Hypothek aber besteht trotz der Zahlung so lange fort, bis sie aufgehoben wird.

Die Aufhebung geschieht in diesen Fällen durch Aufhebungsakt des Hypothekars oder durch gerichtliches Urteil kraft der Vollstreckungsgegenklage, bezw. durch einstweilige Verfügung. Dann erst entsteht eine Eigentümergrundschuld.[2] Im übrigen erfolgt die Aufhebung im Falle a) ex tunc, im Falle b) ex nunc, was wichtig ist, weil im ersten Falle der Eigentümer ex tunc, im letzteren der Eigentümer ex nunc der Träger der Eigentümerhypothek ist, §§ 868 und 932 ZPO.[3]

3. Der Vollstreckungstitel kann auch ein Vollstreckungstitel kraft öffentlich rechtlicher Forderung, z. B. kraft Steuerforderung oder Strafforderung sein.[4]

III. 1. Die Zwangshypothek ist eine Hypothek mit hypothekarischem Wertziel, sie muß daher auf Geld gehen und kann im übrigen eine Betrags- oder Höchsthypothek sein; auf bloße

[1] Dresden 2. 7. 1912 M. 26, 158.
[2] Kolmar 14. 4. 1905 M. 11, 114.
[3] KG. 4. 3. 1910 M. 26, 155 (= 67 nr. 99); RG. 4. 3. 1912 E. 78, 398.
[4] ObLG. 10. 5. 1912 M. 25, 213.

Zinsen darf sie nicht lauten,[1]) wohl aber auf Kapital, Zinsen, und Nebenleistungen in der üblichen Weise. S. 429.

2. Sie ist als Gesamthypothek nicht zulässig, sondern muß, wenn sie auf verschiedene Grundstücke eingetragen werden soll, geteilt werden, § 867 ZPO. Vgl. S. 469 und 476˙

3. Diese dem französischen richterlichen Pfandrecht entsprechende gerichtliche Hypothek hatte in manchen Ländern, wie in Baden, so große Bedeutung gewonnen, daß sie mit der Vertragshypothek in völlige Konkurrenz trat, ein Brauch, der in den letzten Jahren mehr und mehr abgekommen ist. Hierbei ist der Mißstand eingetreten, daß solche Hypotheken für die geringste Summe eingetragen wurden; insbesondere war es üblich, Vollstreckungsbefehle einfach einregistrieren zu lassen. Man hatte daher früher in der Prozeßordnung den Grundsatz aufgestellt, daß Vollstreckungsbefehle sich nicht für die Zwangshypothek eigneten, diesen Grundsatz aber aufgegeben, dagegen die andere Beschränkung belassen, daß eine solche Eintragung nur erfolgen darf, wenn der Vollstreckungstitel über 300 Mk. beträgt, § 866 ZPO. In dieser Beziehung ist zu bemerken,

a) es kommt auf die Summe des Vollstreckungstitels an und es ist nicht wesentlich, wenn dieser sich aus einer Mehrheit von Posten zusammensetzt, die erst in ihrer Summe über 300 Mk. betragen. [2])

b) Es kommt auf die Summe des Vollstreckungstitels für jeden Gläubiger an; mehrere Gläubiger, auch wenn aus demselben Rechtsgrund, sind nicht zusammenzuzählen. [3])

c) Wenn über 300 Mk. eingetragen sind, so kann nicht auf Grund eines unterwertigen Vollstreckungstitels weiter eingetragen werden, sondern auch jeder weitere Vollstreckungstitel muß diese Höhe erreichen. [4])

d) Eine Ausnahme muß allerdings in folgendem Falle gelten: Wenn die Hypothek auf mehrere Grundstücke eingetragen wird und sie infolgedessen geteilt werden muß, dann wird bei

---

[1]) KG. 9. 2. 1903 M. 6, 407.
[2]) RG. 17. 6. 1900 E. 48, 242; ObLG. 3. 3. 1911 M. 22, 393 (= EfG. 11, 114).
[3]) Stuttgart 11. 6. 1904 Joh. 28 A 318.
[4]) RG. 1. 11. 1905 E. 61, 423.

dieser Teilung die Einzelsumme auf einen geringeren Betrag herabgehen dürfen; denn maßgebend ist zunächst der Vollstreckungstitel der Gesamthypothek, und daß sie geteilt werden muß, ist eben eine gesetzliche Vorschrift, der sich der Gläubiger unterwerfen muß. [1])

e) Die Bestimmung gilt auch für die Arresthypothek. [2])

2. Zwangsversteigerungshypothek.

§ 153.

I. 1. Wird bei der Zwangsversteigerung der Barerlös vom Ersteher nicht bezahlt, so werden die entsprechenden Gläubiger durch richterliche Anordnung auf den Ersteher angewiesen, sie haben also gegen ihn die entsprechenden Forderungsrechte: es ist ebenso wie wenn der Ersteher das Geld bezahlt und es kreditweise zurückerhalten hatte, § 118 ZVG. Die betreffenden Gläubiger sind also Forderungsgläubiger, und zwar zunächst einfache Forderungsgläubiger, weshalb für Übertragung, Pfändung, Verzicht die Grundsätze des Forderungsrechts gelten. [3])

2. Der Vollstreckungsrichter hat aber für diese Forderung eine Sicherungshypothek, und zwar in der Rangfolge der unbezahlten Hypothekare, einzutragen, §§ 128 und 129 ZVG.

3. Diese Sicherungshypothek ist eine gerichtliche Hypothek, welche den dortigen Grundsätzen entspricht, aber noch einige Eigentümlichkeiten an sich trägt, welche sich eben daraus ergeben, daß sie nur ein vorübergehendes Hilfsmittel sein soll, um dem Gläubiger möglichst schnell über die unangenehme Lage, die sich aus der Nichtzahlung des Barerlöses ergibt, hinwegzuhelfen.

a) Die Sicherungshypothek für die vorübergehenden und nebensächlichen Grundstückslasten soll nicht dauernd die erste Hypothek zurückdrücken, sondern sie soll innerhalb 6 Monaten liquidiert werden: die ersten Hypotheken werden dadurch nicht an die zweite Stelle gerückt, die ersten Hypotheken sollen erste Hypotheken bleiben, § 129 VG.

---

[1]) Dresden 26. 8. 1901 M. 3, 201; Köln 2. 8. 1902 M. 5, 331.
[2]) RG. 13. 3. 1905 E. 60, 279.
[3]) RG. 8. 7. 1903 E. 55, 260; RG. 3. 2. 1909 E. 70, 278.

b) War der Ersteher selbst Hypothekenberechtigter, so wird er mit dem entsprechenden Teil des Erlöses auf sich selbst angewiesen. Dieses Forderungsrecht ist daher eine Scheinforderung, und die Sicherungshypothek dafür würde sich als Eigentümergrundschuld gestalten.[1] Dem steht aber eine exceptio doli entgegen, denn es wäre unzuträglich, daß der Ersteher, welcher vertragswidrig den Barerlös nicht bezahlt hat, noch kraft dieser Eigentümergrundschuld den Nachfolgern, welche wahre Gläubiger sind, i m Wege stände, § 128 Abs. 3 ZVG.[2] Daß es anders ist, wenn etwa diese Hypothekenforderung des Erstehers vor der Versteigerung gepfändet worden ist, versteht sich von selbst.

c) Die Zwangsvollstreckung auf Grund dieser Sicherungshypothek hat auch noch besondere Erleichterungen, § 133.

d) Die Eintragungen erfolgen auch zugunsten von unbekannten Berechtigten, also namentlich von solchen, deren Hypothekenbriefe nicht vorgelegt werden, §§ 126, 135 ZVG.

e) Auch zugunsten von Surrogatrechten, d. h. von Geldansprüchen, welche als Ersatz geschaffen werden für dingliche Rechte, wie Nießbrauch, Servituten, die in der Versteigerung nicht aufrechterhalten werden können, § 92 ZVG., entstehen solche Sicherungshypotheken.[3]

II. Diese obigen Unterschiede rechtfertigen es, daß im Grundbuch diese Sicherungshypotheken ausdrücklich als Zwangsversteigerungshypotheken zu verzeichnen sind, § 130 ZVG. Eine Umwandlung in eine gewöhnliche Sicherungshypothek ohne Einwilligung der Beteiligten ist nicht möglich, noch weniger eine Umwandlung in eine Verkehrshypothek; die Annahme, daß eine solche Verwandlung erfolgen könne, daß aber der Erwerber einer so verwandelten Hypothek sich die Einwendungen von früher her gefallen lassen müsse, führt zu endlosen Wirrnissen.

III. Die hier einzutragenden Sicherungshypotheken gehen den Hypotheken vor, die der Ersteher auf das Grundstück legt; auch wenn etwa die Vorschrift des § 130 Abs. 3 ZVG.

---

[1] KG. 9. 7. 1901 M. 3, 233; RG. 6. 4. 1914 E. 84, 379.
[2] KG. 14. 10. 1915 EfG. 15, 83.
[3] Jena 15. 6. 1912 EfG. 12, 167.

nicht beobachtet und die Eintragungen zur Unzeit vorher erfolgt wären.[1]

3. Massenhypotheken.

§ 154.

I. Der Hypothekenbrief, von dem alsbald zu handeln ist, war nahe daran, zum Inhaberbrief zu werden, und in der Tat hat man solchen auch bei Grundschulden als möglich erkannt, § 1195. Dagegen hat man sich bei der Hypothek schließlich davor gescheut, weil der Hypothekenbrief zu gleicher Zeit ein Forderungs- und ein dinglicher Inhaberbrief gewesen wäre, die Forderungsinhaberbriefe aber besonderer Bestimmung unterliegen. Man mußte daher entweder, wie es im Schweizer Recht geschehen ist, die Forderung durch Schuldneuerung dem dinglichen Rechte anpassen, Schweizer-ZGB. a. 855, oder man mußte darauf verzichten und einen anderen Weg betreten. Letzteres hat man in der Art getan, daß Order- und Inhaberpapiere als Forderungspapiere ausgegeben werden, denen die Hypothek als Sicherungshypothek hinzutritt, sodaß die Hypothek durch die an die Inhaberpapiere geknüpfte Forderung beherrscht wird. In einigen Beziehungen mußte man allerdings diese Sicherungshypothek modifizieren, denn

1. die Übertragung und Verpfändung von Forderung samt Hypothek erfolgt nicht im Grundbuch, sondern durch Übertragung des Inhaber- und Orderpapieres, § 1187 cf. 1154.

2. Entsprechend gilt auch bei der Pfändung nicht die übliche Bestimmung von §§ 830, 837 ZPO.; sondern die Pfändung geschieht nach Art der Pfändung der Inhaber- und Orderpapiere.

II. Diese Art der Forderung mit der Hypothek wird nicht durch Vertrag geschaffen, sondern durch Schuldschöpfung (durch Kreation); die Schaffung der Inhaber- und Orderpapiere bewirkt von selbst eine Schuldnerschaft und eine Hypothekenverhaftung gegenüber den künftigen Inhabern der Papiere. Daher genügt neben der Schaffung der Papiere die einseitige Erklärung vor dem Grundbuchamte, § 1188, und es genügt, den Gesamtbetrag der Schulden unter Angabe der

---

[1] KG. 11. 10. 1907 EfG. 8, 65.

Anzahl, des Betrages, der Bezeichnung der Titel und ihrer Höhe ins Grundbuch einzutragen, § 51 GBO. [1]

III. Die Obligation entsteht zunächst als Obligation des Ausstellenden gegen sich selbst. [2] und die Hypothek zunächst als Eigenhypothek, die sich aber bereits durch Erwerb der Papiere von seiten Dritter automatisch zum Obligationsrecht und zur Hypothek Dritter umgestaltet.

IV. 1. Diese Art der Hypothek, §§ 1187 ff., eignet sich zur Massenhypothek: nicht eine einzelne, sondern ganze Gruppen und Mengen solcher Briefe werden gegen Gegenleistung ausgegeben, um dadurch Geldbeträge in großen Summen zu vereinigen. Hier tritt das eine Erfordernis ein, für diese Massen eine gemeinsame Vertretung zu finden und die gemeinsamen Interessen in einheitlicher Weise zu wahren; ein Erfordernis, das nicht nur hier, sondern überhaupt bei den Massenobligationen, auch bei den nichthypothekarischen, gegeben ist, denn die Masse soll als Masse wirken, sie soll als Masse die großen kapitalistischen Funktionen ausführen.

2. Einen schüchternen Versuch der Organisation macht das BGB. § 1189: daß der Hypothekengründer einen Vertreter ernennen könne, um in den Verkehrsverhältnissen die nötigen Erklärungen abzugeben und entgegenzunehmen, weil sonst jeweils die Massenurkunden vorzulegen wären. Das gilt natürlich auch dann, wenn die Rolle des Hypothekars nur eine sekundäre ist, wie z. B. bei einer Vormerkung nach Maßgabe des § 1179 (S. 409). [3] Damit ist noch nicht viel gewonnen. Welche Stellung hat dieser Vertreter? Wie, wenn er wegfällt? Kann ihm gekündigt werden? Alles Fragen der ge-

---

[1] Der § 51 spricht nun von Inhaberpapieren, ist aber auf indossable Papiere, welche die Inhaberpapiere vertreten (Orderschuldbriefe mit Blankoindossament) mitzubeziehen, Dresden 25. 6. 1901 M. 4. 191.

[2] Lehrbuch II 1 S. 432. Ich muß mich, nachdem ich dort die Schuldschöpfungstheorie in aller Form und Ausführlichkeit dargestellt habe, dagegen verwahren, daß man mir heute immer noch frühere Konstruktionsversuche vorhält, die ich längst verlassen habe. Mindestens wäre es angezeigt, diesen Wandel mit kundzugeben.

[3] Vgl. 19. 4. 1917, Joh. 50, 198.

wichtigsten Art, die keine Lösung gefunden haben.[1]) Über diese Schwierigkeiten hat uns erst das allgemeine Gesetz vom 4. 12. 1899 hinweggeholfen.

3. Der Vertreter des § 1189 ist ein vom Hypotheken-begründer ernannter Vertreter des Obligationenrechts und Hypothekengläubigerrechts; er ist von ihm zunächst ernannt als ein Vertreter seiner selbst, als der Träger seiner Obligationen und Hypothekenrechte; er wird, sobald diese Obligationen und Hypothekenrechte von Dritten erworben werden, von selbst Vertreter dieser. Er hat als Vertreter der Gläubiger-schaft zu kündigen, ihm kann vom Eigentümer gekündigt werden; er hat nötigenfalls die Zwangsvollstreckung zu betreiben. Und nun hakt der § 16 des Sondergesetzes ein: der Vertreter kann verlangen, daß eine Versammlung der Obligationäre be-rufen wird und daß diese nötigenfalls bei dem Amtsgericht des Wohnsitzes des Schuldners tagt; er wird durch das Amts-gericht auf Antrag einer bestimmten Zahl von Obligationären abberufen, worauf durch die Versammlung nach § 14 ein an-derer Vertreter ernannt und seine Vertretungsmacht bestimmt wird. Auf diese Weise kann auch der nach § 1189[2]) bestellte Vertreter neu und mit neuen Vollmachten ernannt werden.

4. Der Gläubigervertreter des Gesetzes von 1899 bedarf keines Grundbucheintrages.[3])

V. Das weitere gehört dem Bank- und Handelsrecht an.

C. Verkehrshypothek.
I. Einfache Buchhypothek.
§ 155.

I. Mit der Theorie der Eigentümergrundschuld mußte sich von selbst die Idee entwickeln, daß es möglich sei, die etwa entstehende Eigentümergrundschuld zur Sicherung des Hypo-thekars selbst zu verwenden, indem man die entsprechenden Rechte nicht dem Eigentümer, sondern dem Hypothekar, der sonst leer ausgegangen wäre, zuwies. Man erlangte dadurch

---

[1]) Über diese Mißlichkeiten vgl. man KG. 30. 5. 1913 und 26. 6. 1913 Joh. 45 A 270, 275.
[2]) Über seine Befugnisse vgl. RG. 13. 11. 1914 E. 86, 21; 11. 5. 1917 E. 90, 212.
[3]) Dresden 28. 12. 1910 EfG. 11, 228 (= S. 66 nr. 137).

den Vorteil, daß der Kapitalist, auch wenn die Hypothek wegen Versagens der Forderung gebrechlich wäre, doch seine hypo_ thekarische Stellung erwirbt. Wie, wenn im Falle der Nicht_ existenz der Forderung anstelle der Eigentümerhypothek die Hypothek des Hypothekars tritt? Wie, wenn bei Mängeln des Forderungsrechtes die Hypothek in allem, was ihr als Hypothek fehlen würde, durch das ergänzt wird, was dem Eigentümer an Eigentümerhypothek oder an Anwartschaft zur Eigentümerhypothek gebührt?

Dies alles konnte man mit den Ideen des guten Glaubens und des Rechtsscheins in Verbindung setzen und erklären: Wie der Hypothekar in bezug auf dasjenige, was an seinem Rechte dinglich ist, durch den guten Glauben des Grundbuches ge_ deckt ist, ebenso wird er durch den Rechtsschein gedeckt in bezug auf die Schwächen, welche aus der Abhängigkeit der Hypothek von der Forderung hervorgehen: er wird gedeckt durch die Herübernahme der sonst der Eigentümerhypothek zustehenden Rechtselemente: er soll in der Hypothek ebenso stehen, wie er stände, wenn der seiner Hypothek infolge der Forderungsmängel anklebende Defekt durch die Eigentümer- hypothek ergänzt würde, ganz in dem Maße, wie es den Regeln des Rechtsscheines entspricht.

II. So entstand die sogenannte Verkehrshypothek, welche nunmehr den Hypothekar in die Lage setzt, sein Wert- recht in sicheren Umtausch zu setzen; denn mag es sein wie es will, der Erwerber in gutem Glauben hat nun seine sichere Deckung nicht nur in bezug auf die Dinglichkeit des Wert- rechtes, sondern auch in bezug auf das, worin das Wertrecht von der Forderung abhängig ist, § 1138 BGB. Aus der Eigen- tümerhypothek wird der Rechtsschein herübergenommen: wo sonst die Eigentümerhypothek waltet, da waltet die Gläubiger- hypothek: sie verliert die Schwäche, weil sie aus der Eigen- tümerhypothek die Ergänzung nimmt. Sie enthält daher nicht nur eine Vermutung, daß die Hypothekenforderung besteht, [1]) § 891, sie schafft bezüglich des gutgläubigen Erwerbers das-

---

[1]) Welche Vermutung ja sehr bedeutsam sein kann, da die Vermutung auch inter partes gilt, nicht nur bezüglich des gutgläubigen Erwerbers, RG. 12. 6. 1901 E. 49, 6.

jenige, was man Fiktion genannt hat, mit einem Ausdruck der Unwissenschaftlichkeit: denn Fiktion ist keine Erklärung, sondern nur eine Beschreibung; die Erklärung liegt in dem obigen, in der Selbständigkeit der Hypothek trotz ihres Hypothekencharakters durch Herübernahme der stützenden Elemente aus der Eigentümerhypothek.

Wie wenig man mit der Fiktion ausrichten kann, zeigt schon der Umstand: die Fiktion müßte eine relative Fiktion sein, eine Fiktion des Bestehens der Forderung, soweit als nötig, um die Hypothek zu stützen, und nur soweit; abgesehen davon wird die Forderung in ihrem Entstehen und in ihrer Geltendmachung nach ihren eigenen Grundsätzen behandelt.[1] Daß nachträglich Ausgleichungen erforderlich sein können, ist möglich, kommt aber hier nicht weiter in Betracht.

Dies zeigt auch noch der Fehler, den man seinerzeit im Preuß. Recht gemacht hat, indem man annahm, daß der gutgläubige Erwerb den Forderungsmangel nicht endgültig decke, sondern nur subjektiv zugunsten des gutgläubigen Erwerbers, sodaß der von ihm weiter erwerbende Nachfolger sich seine eigene Kenntnis von dem Mangel entgegenhalten lassen müsse.[2] Dadurch würde gegen die Grundsätze der Verkehrssicherheit verstoßen, und der gutgläubige Erwerber hätte eine Hypothek in der Hand, die nunmehr unverkäuflich wäre; denn man könnte sie jetzt nicht verkaufen, ohne den Dritten von dem nachträglich bekannt gewordenen Mangel in Kenntnis zu setzen.

II. Aus dieser konstruktiven Gestaltung ergibt sich von selbst: die Sicherungshypothek kann mit Zustimmung des Grundeigners in eine Verkehrshypothek umgewandelt werden, indem die entsprechenden Sicherungselemente aus dem Eigentum entnommen werden; und umgekehrt kann die Verkehrshypothek sich in eine Sicherungshypothek zurückverwandeln, § 1186.

Die Wandlung betrifft die Festigkeit des Rechts, sie betrifft nicht seine Intensitätsstellung und bedarf daher keiner Zustimmung der sonstigen Intensivbeteiligten.

---

[1] RG. 16. 9. 1908 JW. 37, 658.
[2] RG. 8. 11. 1893 E. 32, 222.

III. Aus der hiernach gewonnenen Selbständigkeit der kraft guten Glaubens erweiterten Hypothek ergibt sich weiter:

1. Eine Schwächung der Hypothek durch Einreden gegen die Forderung berührt den Erwerber nicht, sofern er in gutem Glauben ist, d. h. von der Einrede nichts weiß und sofern diese nicht, was ja möglich ist, aus dem Grundbuch hervorgeht. Daher die Bestimmung der §§ 1137, 1138, 1157, wonach der Rechtsschein alle Mängel heilt, welche der Hypothek infolge einer solchen Abhängigkeit ankleben.

2. Auch die künftigen Schicksale der Forderung treffen den Hypothekar nicht, der durch die Einreihung in die Anwartschaftsrechte des Eigentümers gedeckt ist. Hier tritt natürlich der Rechtsschein zurück, hier ist die Ergänzung durch die Eigentümerhypothekelemente eine unbedingte. Daher ist nach § 1156 eine Zahlung, welche nicht an ihn erfolgt, ihm unschädlich, auch wenn sonst der Zahlende sich durch die Fehlzahlung befreit, wenn dieser z. B. nach erfolgter Zession unkundig an den Zedenten gezahlt hat, ein Fall, der allerdings bei einiger Vorsicht kaum eintreten kann, da die Zession an die Form des § 1154 gebunden und das Grundbuchamt nach § 55 GBO. allen Beteiligten Mitteilung machen soll. Vgl. S. 80 und 443.

3. Eine Kündigung der Forderung von seiten des Schuldners oder an den Schuldner berührt ihn nicht; für ihn gilt nur die dingliche Kündigung vom Eigentümer und an den Eigentümer.

Dabei ist folgendes zu beachten:

a) Als Eigentümer gilt der im Grundbuch Eingetragene, § 1141, dies mindestens insofern, als der Hypothekar gültig an ihn kündigen kann und seine Kündigung entgegennehmen muß. Sollte der Hypothekar an den wahren Eigentümer kündigen, so bestünde auch diese Kündigung zu recht (vorbehaltlich der Konflikte, welche aus dem gutgläubigen Erwerb eines Dritten hervorgingen).

b) Kündigung von seiten eines künftigen Eigentümers (z. B. des Erwerbers vor der Auflassung) wäre, wenn sie nicht zurückgewiesen wird und der Eigentumserwerb wirklich stattfindet, als gültig anzunehmen. [1]

---

[1] Rostock 15. 5. 1912 S. 67, 225.

c) Die Kündigung des Eigentümers an den Hypothekar könnte bei der Briefhypothek Schwierigkeiten haben. Darum hat man sich genötigt gesehen, in § 1156 die Bestimmung einzufügen, daß der bisherige Hypothekar als Kündigungsempfänger zu gelten hat, sofern nicht der Übergang der Forderung ins Grundbuch eingetragen oder dem Eigentümer bekannt geworden ist.

IV. Da man überzeugt war, daß eine solche Hypothekengestaltung große Vorteile biete, so ist man im BGB. weiter gegangen, zu sagen: jede Hypothek ist eine Verkehrshypothek, wenn sie nicht ausdrücklich als Sicherungshypothek bestellt wird oder wenn nicht aus den Umständen des Falles ihre Eigenart als Sicherungshypothek hervorgeht. Die Sicherungshypothek tritt nun im Leben zurück für die Fälle, welche nicht auf den Verkehrsbetrieb der Hypothek abzielen, so besonders bei der gerichtlichen Hypothek, oder bei welchen, wie bei der Höchsthypothek, das wechselnde Schuldelement eine derartige Veräußerung ausschließt, §§ 1184 und 1190; wogegen eine sonstige Hypothek für eine künftige Forderung auch eine Verkehrshypothek sein kann.[1] Dies ist eigentlich eine Verkehrung der Verhältnisse: die konstruktive Regel ist zur praktischen Ausnahme, die praktische Regel zur konstruktiven Ausnahme geworden.

V. Das Institut der Verkehrshypothek findet sich auch in solchen Rechten, bei welchen das Stockwerkssystem gilt; so in dem alten sächsischen Gesetzbuch, § 465, so auch im Schweizer Gesetzbuch a. 865, 866, 872 (Schuldbrief): der Gedanke ist hier der, daß der gutgläubige Erwerber nach Maßgabe des Schuldbriefes nicht nur in das freie Stockwerk eintritt, sondern hier auch den in der Hypothekenforderung bezeichneten Grundstückswert findet und an sich nimmt.

VI. Für die Übertragung der Verkehrshypothek trifft das obige zu (S. 442); etwas besonderes gilt aber, wenn sich die Verkehrshypothek als Briefhypothek gestaltet, wovon nun zu sprechen ist.

VII. Über die exceptio non numeratae pecuniae wird dort (S. 458) gleichfalls gehandelt werden.

---

[1] RG. 27. 4. 1907 Recht XI nr. 1445.

II. Briefhypothek.

1' Grundgedanken.

§ 156.

I. Die preußische Praxis und demgemäß das Bürgerliche Gesetzbuch hat sich auf die Briefhypothek versteift, indem man annahm, daß der Hypothekenverkehr sich damit leichter bewirken lasse. Das gleiche tat das Schweizer ZGB. mit seinem Pfandtitel, der dort bei Verkehrshypothek (Schuldbrief) und Grundschuld (Gült) stets auszustellen ist, a. 856. Allein die Briefhypothek hat verschiedene Nachteile:

1. man kennt den künftigen Erwerber des Briefes nicht, und es entstehen dadurch erhebliche Unsicherheiten.

Wem ist zu kündigen? Um hier abzuhelfen, hat man angenommen, daß die Kündigung an den bisherigen Gläubiger geschehen kann, so lange der Eigentümer den neuen Erwerber nicht kennt, so § 1156, vgl. oben S. 455.

2. Sodann: an wen ist die Ablösungssumme zu zahlen? Hier hat man damit geholfen, daß bei Unbekanntschaft des Briefinhabers der Weg der Hinterlegung und des Aufgebots beschritten wird, § 1171 BGB. und § 987 ZPO., vgl. Schweizer ZGB. a. 861; auch das hat seine wesentlichen Bedenken.

3. Vor allem ist im Zwangsvollstreckungsverfahren die Unsicherheit mißlich, oft sogar verhängnisvoll; einmal erhält der Hypothekeninhaber, den man nicht kennt, keine Nachricht. Dies kann ihn in Nachteile verwickeln, welche sein wirtschaftliches Gleichgewicht vollkommen verschieben, ein Umstand, der auch bei sonstigen wichtigen Hypothekenaktionen bedeutsam ist. Empfehlenswert ist es darum auch bei der Briefhypothek, sich des Hilfsmittels des § 1154 Abs. 2 zu bedienen und eine Eintragung der Abtretung zu erwirken. Sodann ist im Verteilungsverfahren die Unbekanntschaft der Person von der größten Mißlichkeit, sodaß man sich hier durch ein ganzes System des Aufgebotsverfahrens durchhelfen muß, § 126 und 138 f. ZVG. Das Aufgebotsverfahren ist bei maßvoller Anwendung eine Wohltat, bei übertreibendem Gebrauch aber eine Quelle von Unsicherheiten und Verlusten.

4. Man macht demgegenüber die Leichtigkeit der Übertragung geltend: die Übertragung der Hypothek verlangt nur
Übergabe des Hypothekenbriefes und schriftliche Erklärung,
und sind diese Übertragungserklärungen noch öffentlich beglaubigt, so steht eine Reihe solcher Erklärungen, was den
guten Glauben betrifft, einer Reihe der Eintragungen im
Grundbuch gleich, §§ 1154 und 1155. Das Grundbuch ist dann
so aufzufassen, als wolle es besagen: Hypothekar ist nicht, wer
im Grundbuch als solcher bezeichnet ist, sondern jeder, der
kraft öffentlich beglaubigter Übertragung des Hypothekenbriefes schriftlich als Nachfolger erklärt wird.

Man sagt, daß dies leichter sei als der Verkehr mit dem
Grundbuchamt; doch man kann den Verkehr mit dem Grundbuch erleichtern. Kann nicht, wie in Süddeutschland, der Notar, der bei der Übertragung beteiligt ist, einfach den Verkehr
mit dem Grundbuch besorgen und die Eintragung bewirken
lassen? Sollte dies nicht genügen, um einen ebenso leichten
wie sicheren Hypothekenwechsel zu ermöglichen?

5. Dazu kommt noch eine weitere Schwierigkeit. Wer
mahnt oder kündigt, hat den Brief vorzulegen, sonst hat
er zu gewärtigen, daß der Adressat widerspricht, sodaß Mahnung und Kündigung einfach wirkungslos bleibt, § 1160, 1161.
Soll aber derjenige, der mahnt oder kündigt, den Brief ein-
senden, was recht gefährlich ist? oder selbst mit dem Brief erscheinen oder einen Vertrauten schicken? All dies hat erhebliche Schwierigkeiten, von denen noch unten (S. 464) zu
sprechen ist.

6. Eine weitere Mißlichkeit ist

a) die Notwendigkeit, den Brief stets mit den Neuerungen
des Rechts in Einklang zu setzen und damit die endlose Vorlegung der Briefe, um sie bei dem Grundbuchamt zur Berichtigung zu bringen. Vgl. S. 460;

b) die Umständlichkeit bei der Teilzahlung. Diese soll auf
dem Brief vermerkt oder es soll auf Verlangen ein Teilhypothekenbrief ausgestellt werden, was wiederum zu großen
Komplikationen führt. Vgl. S. 463.

7. Daraus ergibt sich, daß die Briefhypothek ein Institut
zweifelhaften Wertes ist. Sie ist allerdings in der preußischen
Praxis fest verankert. In Süddeutschland hat sie nicht überall

Boden gefunden, in Baden in einigen Städten, während dort auf dem Lande die Sicherungshypothek ziemlich allgemein ist. In Bayern ist die Briefhypothek selten: entweder begnügt man sich mit der Sicherungshypothek, oder man schließt bei der Verkehrshypothek den Brief aus. Nur in Württemberg hat sich die Briefhypothek regelmäßig eingebürgert, weil der Hypothekenbrief in dem Württemberger Pfandschein (nach a. 14, 191, 192 des Pfand-Ges. 1825 und a. 32 des Zusatzgesetzes von 1828) einen Vorgänger hatte; und dies wurde durch a. 214 des Württemb. Ausf.-G. z. BGB. begünstigt, weil hier der Pfandschein als Hypothekenbrief des neuen Rechts erklärt wurde.

II. Einen Vorzug kann man der Briefhypothek nachsagen:

Bei der Buchhypothek führen die Lebensverhältnisse zu einer exceptio non numeratae pecuniae. Von alters her wird nämlich die Hypothek als Deckungsmittel bestellt, bevor die Kreditsumme bezahlt wird: der Kapitalist ist zu vorsichtig, um vorher das Geld wegzugeben, der Kreditsucher wird daher genötigt, zunächst die Hypothek zu bestellen, und erwartet dann das Kapital. Sollte nun der Kapitalist das Geld nicht gewähren, so hätte der Schuldner das Nachsehen; er wäre gegenüber dem gutgläubigen Weitererwerber der Hypothek geliefert. Um dem abzuhelfen, soll nach § 1139 die Eintragung innerhalb eines Monats mit der Schwäche behaftet sein, daß sie als Eintragung mit Widerspruch gilt, wenn innerhalb des Monats ein Widerspruch eingetragen wird; der innerhalb dieser Frist erhobene Widerspruch gilt wie ein bei der Eintragung bereits vermerkter Widerspruch. Der Widerspruch kann natürlich, wenn er unberechtigt ist, niedergekämpft werden, aber er hat die sperrende Wirkung des Widerspruchs.

Bei der Briefhypothek liegt alles dieses nicht vor, denn, wenn die Hypothek auch vorher eingetragen wird, so wird der Brief erst mit der Zahlung übergeben; § 1139 gilt daher hier nicht; und daß er bei der Sicherungshypothek nicht gilt, versteht sich von selbst, § 1185. Vgl. S. 442.

2. Einzelnes.

§ 157.

I. Das Wesen der Briefhypothek besteht darin, daß, was die Person des Wertberechtigten betrifft, das Grundbuch in ein Fragezeichen ausläuft, welches durch ein weiteres Element gelöst werden soll, also in eine Unsicherheit, welche durch ein vom Grundbuch unabhängiges Schriftstück zu begütigen ist. Das Grundbuch sagt: das Wertrecht gehört demjenigen, welcher im Hypothekenbrief oder in einer Rechtsnachfolgeurkunde bezeichnet wird.

II. Die Briefhypothek unterscheidet sich dadurch von der Buchhypothek wesentlich, und daher kann eine Umwandlung von der einen zur anderen nicht ohne konstituierenden Akt erfolgen: sie geschieht durch Einigung und Eintragung. [1])

III. 1. Der Hypothekenbrief ist vom Grundbuchamte auszustellen als öffentliche Urkunde, welche gewisse Erfordernisse erfüllen muß und andere Erfordernisse erfüllen soll. Er m u ß enthalten:

a) die Bezeichnung als Hypothekenbrief,

b) die Bezeichnung des Geldbetrages,

c) die Bezeichnung des Grundstückes; er m u ß unter Brief und Siegel erfolgen. Nur wenn alle diese Erfordernisse erfüllt sind, liegt ein Hypothekenbrief mit rechtlicher Wirkung vor, der also durch Übertragung es bewirkt, daß die Eigentümerhypothek zur Hypothek des Briefempfängers wird, so daß die weitere Möglichkeit vorliegt, das Hypothekenrecht weiter und weiter zu übertragen und zu verpfänden, § 56 GBO.

2. Außerdem soll der Hypothekenbrief gewisse Erfordernisse erfüllen; bei ihrer Nichterfüllung besteht er allerdings trotzdem zu Recht, doch verfehlt sich der Grundbuchbeamte, welcher der Vorschrift nicht nachkommt, gegen seine Pflicht und setzt sich einer disziplinären Verantwortung aus. Als Sollerfordernisse muß er enthalten:

a) die Nummer des Grundbuchblattes.

b) die Bezeichnung des Grundstücks nach Maßgabe des Grundbuches.

---

[1]) KG. 10. 12. 1900 M. 2, 322.

c) die Bezeichnung des Eigentümers,

d) die Einträge im Grundbuch nach Maßgabe des § 1115, und wenn auf Urkunden verwiesen ist, die Angabe des Inhaltes dieser Urkunden, jedoch mit Erleichterung im Falle des § 1115 Absatz 2;

e) die kurze Bezeichnung der Eintragungen, welche der Hypothek vorgehen oder gleichstehen, vgl. § 57 GBO. Ist die Hypothek mit der Vollstreckungsklausel ins Grundbuch aufgenommen, so ist natürlich auch die Vollstreckungsklausel im Hypothekenbrief zu erwähnen.

3. Eine äußerliche Verbindung mit der Forderung läßt sich dann bewirken, wenn für die Hypothekenforderung eine Schuldurkunde, und zwar eine spezielle Schuldurkunde, ausgestellt ist; sie ist dann mit dem Hypothekenbrief äußerlich zu vereinigen, so daß eine auch nur faktische Zweung der Forderungs- und Hypothekenschicksale schwer möglich ist. Indes ist dies nur durchzuführen

a) bei Schuldurkunden, die sich auf die vereinzelte Schuld, nicht auf eine ganze Schuldreihe erstrecken,

b) bei Schulden, für welche überhaupt eine Urkunde besteht. Im Falle a) ist ein Auszug zu geben, im Falle b) genügt die Erklärung des Hypothekenbestellers, daß keine Urkunde vorhanden ist, § 58.

4. Eine Abtrennung hat zu erfolgen bei der Loslösung der Schuld von der Hypothek, also bei dem Schuldtausch und bei der Verwandlung der Hypothek in eine Grundschuld, sowie bei der Löschung der Hypothek, in welchem Falle die Hypothekenurkunde zu vernichten, die Schuldurkunde loszutrennen ist, §§ 65 und 69 GBO.

5. Der Hypothekenbrief soll auch die künftigen Änderungen im Grundbuch, soweit sie auf die Hypothek Bezug haben, erwähnen, dies auch dann, wenn der Brief die Klausel der Unveräußerlichkeit enthält, [1] denn nicht nur der Nachfolger, sondern auch andere Personen haben ein Interesse, daß der Brief vollständig ist. Darum können solche Änderungen regelmäßig nur dann vorgenommen werden, wenn der Hypothekenbrief

---

[1] ObLG. 1. 7. 1915 EfG. 14, 313.

vorgelegt wird, sodaß sie auf ihm sofort bemerkt werden, und zwar durch einen Vermerk unter Brief und Siegel, §§ 42 und 62 GBO.

Nur negative Einträge, Widersprüche, welche eine Fürsorge, nicht eine Änderung des Rechts bezwecken, sind ohne den Brief einzutragen: sie sind ja auch so schleunig einzutragen, daß man die Vorlegung nicht abwarten kann. So wenn der Widerspruch kraft einstweiliger Verfügung, so wenn der Widerspruch vom Grundbuchamt von amtswegen eingetragen wird, §§ 42, 54 GBO. Der Vermerk soll aber hier nachgeholt und hierzu soll nötigenfalls die Vorlegung des Hypothekenbriefes durch die Hilfsmittel der freiwilligen Gerichtsbarkeit erzwungen werden, § 62 GBO., § 33 GfG. [1]

Eine bedeutungsvolle Ausnahme aber gilt bei der generellen Grundstücksliquidierung im Zwangsvollstreckungsverfahren: zur Löschung der Hypotheken bedarf es nicht der Vorlegung der verschiedenen Hypothekenbriefe: das Grundstück wird generell befreit, § 131 ZVG.

6. Bei Löschung der Hypothek ist der Hypothekenbrief amtlich unbrauchbar zu machen, § 69 GBO., § 127 ZVG. In Preußen geschieht dies durch Durchstreichen und durch Bewirkung von Einschnitten. [2]

7. Der Hypothekenbrief gehört dem Hypothekar; als solcher gilt bei Begründung der Hypothek der Grundeigner, da die Hypothek zuerst als (bedingte, unpfändbare) Eigentümerhypothek entsteht, § 60 GBO. (S. 398); durch Übergabe des Hypothekenbriefes von ihm an den Hypothekar wird die Hypothek dieses begründet und wird dieser Eigentümer; wird später die Hypothek wieder zur Eigentümerhypothek, so wird der Grundeigner von neuem Eigentümer; daher ist der § 1144 BGB., was den Hypothekenbrief betrifft, überflüssig.

8. Eine Leihe des Hypothekenbriefs in der Weise, daß der Anleiher ein Rückbehaltungsrecht erwirbt, ist innerhalb der zuständigen Interessen möglich; sie gibt eine gewisse tatsächliche Sicherheit. [3] Vgl. S. 516.

---

[1] Vgl. KG. 19. 11. 1901 M. 2, 59.
[2] Güthe II S. 1136.
[3] RG. 17. 11. 1917 E. 91, 155.

9. Über die Editionspflicht gelten die gewöhnlichen Regeln; ein Dritter hat nicht ohne weiteres das Recht, die Vorlegung zu verlangen. [1]

10. Was das Verhältnis zum Hypothekenamt betrifft, so ist auch hier zwischen dem formellen Rechtspolizeiverfahren und dem daneben sich entwickelnden Zivilverfahren zu unterscheiden.

a) Nach Rechtspolizeigrundsätzen hat das Grundbuchamt den Hypothekenbrief dem Grundeigner zu überreichen; einem anderen nur dann, wenn er durch öffentliche oder durch öffentlich beglaubigte Urkunde vom Grundeigner als Empfänger bezeichnet wird, § 60 GBO. Das Begehren auf Grund dieser Bezeichnung bedarf keiner Form. [2]

b) Was aber das sich abwickelnde dingliche Verhältnis betrifft, so ist zu sagen:

Der Brief gehört sofort dem Hypothekar, wenn bestimmt ist, daß er vom Grundbuchamt dem Hypothekar direkt übergeben werden soll, § 1117 BGB. Eine solche Bestimmung ist unwiderruflich: der Hypothekenbrief wird, sobald er entsteht, Eigentum des Hypothekars: das Grundbuchamt hat ihn für den Hypothekar inne; [3] er wird diesem daher nicht übereignet, sondern als sein Eigentum übergeben.

Daraus erhellt von selbst, daß, wenn diese Erklärung dem Grundbuchamt in grundbuchgemäßer Weise gegeben worden ist, das Grundbuchamt keinen Widerspruch berücksichtigen darf; [4] sodann richtet sich der gute Glaube des Hypothekars nach dem Zeitpunkt des Eintragungsantrages, [5] denn es ist ebenso, als ob der Hypothekeneintrag direkt zugunsten des Hypothekars erfolgt wäre (§ 892). Nur so ist der Hypothekar genügend gedeckt, wenn er dem Grundeigner vor realer Übergabe des Briefes das Darlehen gibt.

11. Gewisse Änderungen des Briefes werden vorgesehen, die nicht zivilrechtlich, sondern nur rechtspolizeilich von Bedeutung sind: so die Einbeziehung eines neuen Grundstücks in

[1] KG. 19. 3. 1908 M. 18, 181.
[2] KG. 25. 5. 1905 EfG. 6, 78.
[3] Vgl. auch Breslau 7. 1. 1909 M. 18, 175.
[4] KG. 8. 2. 1909 M. 21, 26.
[5] RG. 6. 12. 1916 E. 89, 152.

die Hypothek, welche die Hypothek zur Gesamthypothek macht, § 63; so die Zerteilung des Gesamthypothekenbriefes in mehrere Einzelbriefe, wenn die Hypothek auf mehrere Grundstücke zerlegt wird, § 64 GBO., eine Bestimmung, die rechtsähnlich auch in dem Falle gilt, wenn örtliche Teile vom Grundstück abgelöst werden;[1]) so die Änderung bei Verwandlung einer Hypothek in eine Grundschuld, § 65 GBO.; so die Verbindung mehrerer Hypotheken desselben Gläubigers zu einem Hypothekenbrief, sofern die Hypotheken unmittelbar aufeinander folgen, § 66 GBO. In letzterem Falle ist, obgleich die Verbindung keine zivilrechtliche Bedeutung hat, doch die Zustimmung des Grundeigners erforderlich, weil die Änderung für ihn tatsächliche Nachteile haben könnte.

12. Zinsscheine als Teile des Hypothekenbriefes gibt es nicht; solche finden sich nur bei Inhabergrundschuldbriefen.

13. Ist - die Hypothek in der Mitberechtigung mehrerer (S. 427), so kann ein jeder Mithypothekar seine Teilhypothek übertragen, § 1152; der Hypothekenbrief ist hier Miteigentum, und das gleiche tritt ein, wenn kraft Teilzahlung eine teilweise Rechtsnachfolge eintritt, § 1145: das Miteigentum kann im letzteren Falle in der Art markiert werden, daß die Teilzahlung auf den Hypothekenbrief vermerkt wird. Am besten wird die Zwiespältigkeit allerdings durch Ausstellung von Teilhypothekenbriefen beglichen, dies auch im Falle der Teilübertragung.[2]) Solche Miteigentumsverhältnisse liegen auch vor, wenn die Forderung von Anfang an teilweise nichtig, die Hypothek also teilweise Eigentümergrundschuld ist.[3])

Der Teilhypothekenbrief kann nicht nur vom Grundbuchamt, sondern auch vom Gericht oder Notar (in Preußen vom Amtsgericht oder einem deutschen Notar, a. 31 AG. zum GfG.) hergestellt werden. Die notwendigen Erfordernisse sind hier die Bezeichnung als Teilhypothekenbriefe, die beglaubigte Abschrift der im Haupthpothekenbrief enthaltenen notwendigen Angaben, die Angabe des Teilbetrages im Gegensatz zum Ge-

[1]) KG. 7. 3. 1904 M. 9, 347.
[2]) Erforderlich ist die Ausstellung eines Teilhypothekenbriefes allerdings nicht, KG. 25. 2. 1901 M. 2, 273; Hamburg 8. 6. 1904 M. 9, 314; vgl. auch RG. 3. 6. 1908 E. 69, 36.
[3]) RG. 3. 6. 1908 E. 69, 36.

samtbetrag und Brief und Siegel. Sollerfordernisse sind die
beglaubigte Abschrift der sonstigen im Haupthypothekenbrief
enthaltenen Bestimmungen und der dem Brief angehängten
Urkunden, § 61 GBO.

Der Notar kann aber natürlich nur von einem Vollhypothekenbrief einen Teilhypothekenbrief, nicht von einem
Vollhypothekenbrief einen Teilgrundschuldbrief machen: eine
solche Umwandlung steht nicht in seiner Macht. [1])

Zum Zwecke solcher Ausgleichungen ist der Inhaber des
Hypothekenbriefes gehalten, ihn der Behörde oder dem Notar
vorzulegen, § 1145. [2])

IV. Die Briefhypothek führt es als Erfordernis mit sich,
daß, wer die Hypothek geltend macht, insbesondere durch
Kündigung und Mahnung, den Hypothekenbrief und die
etwaigen Rechtsfolgeurkunden vorlegen muß, sofern der andere
Teil es verlangt, weil dieser sonst keine Sicherheit dafür hat,
daß die Erklärung von dem wirklichen Hypothekenberechtig-
ten ausgeht, § 1160. So sachgemäß dies zu sein scheint, so
unpraktisch ist es; deshalb hat sich das Leben dadurch geholfen, daß man auf diese Vorlegung verzichtet, und die
Praxis hat diesen Verzicht, wenn zum Grundbuch erklärt, als
dinglichen, auch den Rechtsnachfolger im Eigentum bindenden
Verzicht anerkannt. Dem ist nicht entgegenzutreten. Man hat
nur mit Recht beigefügt, daß, wenn die Verzichterklärung dinglich gestaltet ist, sie allgemein sein müsse und nicht Vorbehalte
und Klauseln enthalten dürfe, was einen Herd von Zweifeln und
Unsicherheiten zum Gefolge hätte. [3]) Vgl. S. 457.

-Richtig hat man ferner angenommen, daß, wenn bei Erhebung der Klage die Vorlegung unterblieben ist, sie während
des Prozesses mit voller Wirkung nachgeholt werden kann. [4])

V. 1. Die Übergabe des Hypothekenbriefes bei Übertragung der Hypothek geschieht nach den gewöhnlichen Grundsätzen der Übergabe: sie kann natürlich auch eine brevi manu

---

1) KG. 27. 2. 1911 EfG. 11, 138.
2) RG. 3. 6. 1908 E. 69, 36.
3) KG. 2. 4. 1900 M. 1, 10 und 23. 2. 1905 M. 10, 421; RG. 27. 4.
1904 E. 57, 342.
4) RG. 27. 6. 1903 E. 55, 224.

traditio, sie kann auch eine Besitzauftragung, Konstitut, sein, doch ist dies praktisch zu widerraten mit Rücksicht auf die beschränkende Behandlung des Konstituts durch unser Reichsgericht. Möglich ist auch eine Übertragung durch Überweisung, § 1117.[1]) Daß der Fall, wenn der Grundeigner dem Grundbuchamt aufgibt, den Hypothekenbrief dem Hypothekar direkt zu übergeben, anders zu konstruieren ist, ergibt sich aus dem Obigen (S. 462). Ist der Brief verloren, so ist eine Übergabe nach Art des § 931 unwirksam, es muß in diesen Fällen durch Brieftötung (Kraftlosigkeitserklärung) geholfen werden, worauf unten (S. 466) zurückzukommen ist.

2. Wegen der Teilübertragung ist auf das Obige zu verweisen. Natürlich ist aber die Teilübertragung einer Hypothek wohl zu unterscheiden von der Übertragung der Hypothek an einem Miteigentumsteil des belasteten Grundstücks: der Hypothekar ist nicht in der Lage, die Hypothek so zu übertragen, daß der Erwerber nur eine Hypothek am Miteigentum des Grundstücks hätte.[2]) Vgl. oben S. 373.

3. Die Übergabe des Briefes muß mit einer schriftlichen Abtretungserklärung verbunden sein, die Abtretungserklärung braucht nicht öffentlich beglaubigt zu sein, der Zessionar kann es aber verlangen, § 1154. Eine schriftliche Empfangserklärung ist empfehlenswert, aber nicht notwendig. An Stelle der schriftlichen Abtretungserklärung kann eine Abtretungserklärung im Grundbuch treten. Solche ist empfehlenswert aus Gründen, die oben S. 456 entwickelt wurden.

4. Die Übergabe des Briefes hat zu mehrfachen Fragen Anlaß gegeben:

a) Da erst mit der Übergabe des Briefes die dingliche Wirkung eintritt, so hat eine Konkurseröffnung, die auch nur einen Moment vorher erfolgt, die Bedeutung, daß die Übergabe nicht oder vielmehr nur mit Belastung des Beschlagsrechtes erfolgen kann.[3])

b) Wenn der Brief an den Grundstückseigner zurückgegeben wird, um ihn im Namen des Rückgebenden weiter aufzubewahren, so stört dies die Wirkung der Übergabe nicht.

[1]) Vgl. RG. 1. 5. 1912, Gruchot 56, 980.
[2]) RG. 25. 10. 1902 E. 52, 360.
[3]) RG. 7. 10. 1911 E. 77, 106.

Anders wenn der Hypothekar die Hypothek verpfändet und den Brief übergibt: dann gelten die später zu entwickelnden Grundsätze des Pfandrechts, §§ 1278 und 1253. [1])

c) Findet die Übergabe nur zum Schein statt, so kann, wenn aus der schriftlichen Übergabeerklärung die Scheinhaftigkeit nicht hervorgeht, die Scheinhaftigkeit Dritten gegenüber nicht geltend gemacht werden, vgl. § 405 BGB. [2]) Es tritt also dieser Gesichtspunkt neben den Gesichtspunkt des dinglichen Rechtsscheines.

d) Die Übergabe an den Notar, um im Namen des Erwerbers die Eintragung zu erwirken, ist als Übergabe an den Erwerber zu betrachten, indem der Notar nunmehr die Urkunde im Namen des Letzteren inne hat. [3])

5. Eine Kette öffentlich beglaubigter Übertragungen steht einer Reihe aufeinander folgender Grundbucheinträge gleich und es gilt hier das Prinzip des guten Glaubens wie bei dem Grundbuch: die Übertragungskette gilt als Ergänzung des Grundbuches, § 1155, auch bezüglich etwaiger Widersprüche mit dem Grundbuch, § 1140.

6. Die Übertragungserklärung braucht aber nicht sakramentell zu geschehen, es genügt eine Erklärung, welche den jeweiligen Rechtsakt hinreichend bezeichnet. [4]) Liegt dazwischen eine Rechtsfolge durch Erbgang, so muß der Erbschein dieses Glied der Kette ersetzen. [5])

7. Die Verpfändung und Pfändung einer Briefhypothek bedarf der Übergabe bezw. der pfändungsweisen Ergreifung des Hypothekenbriefes, § 830 ZPO. Hat der Gläubiger den Hypothekenbrief schon, dann bedarf es natürlich bei der Pfändung einer nochmaligen pfandweisen Ergreifung nicht. [6])

VI. Ein Aufgebotsverfahren zur Brieftötung erfolgt

1. wenn der Brief abhanden gekommen oder vernichtet ist, § 1162,

---

[1]) Vgl. RG. 11. 2. 1911 E. 75, 221.

[2]) RG. 23. 5. 1917 E. 90, 274.

[3]) RG. 15. 6. 1907 S. 62 nr. 13.

[4]) Vgl. Posen 9. 4. 1908 M. 18, 178.

[5]) Unrichtig KG. März 1903 M. 10, 94.

[6]) Kiel 27. 4. 1904 M. 9, 128.

2. in den oben (S. 456) beschriebenen Fällen (§§ 1170 und 1171). Hierüber gilt folgendes:

a) Ein verlorener Grundschuld- oder Hypothekenbrief kann nicht nach § 931 BGB. übertragen, sondern muß nach § 67 GBO. amortisiert und neu errichtet werden. [1]) Vgl. S. 465.

b) Wird der Brief offiziell unbrauchbar gemacht, was im Falle der Löschung der Hypothek zu geschehen hat, § 69 GBO., § 127 ZVG., so ersetzt die offizielle Bekundung dieses Aktes die Kraftloserklärung. Der Brief ist durch das Gericht tatsächlich getötet, er braucht nicht noch einmal rechtlich getötet zu werden. [2])

c) Das Aufgebotsverfahren ist ein Verfahren erga omnes ohne Rücksicht auf den Antragsteller, denn natürlich kann die Urkunde nur im ganzen kraftlos oder nicht kraftlos sein: die Brieftötung ist ein soziales Institut, nicht ein Institut unter den Parteien. Sie wirkt auch gegen den Pfandgläubiger, dem die Hypothek verpfändet worden ist; [3]) sie gilt auch, wenn sie durch einen Unberechtigten veranlaßt worden ist. [4])

d) Meldet sich im Aufgebotsverfahren ein Prätendent, so ist entweder die Sache zuerst zu erledigen und dann erst zu entscheiden, oder sie ist unter Vorbehalt seines Rechtes zu entscheiden (§ 953 ZPO.) [5]) Solange solche Rechte vorbehalten sind, ist die Frage, ob die Hypothek zur Eigentümerhypothek geworden ist, in Schwebe und ist daher ein Eintrag zugunsten des Eigentümers nicht zulässig. [6])

D. Gesamthypothek.

I. Allgemeines.

§ 158.

I. 1. Wie eine Gesamtschuld, so ist auch eine Gesamthypothek nicht etwas einfaches, sondern etwas mehrfaches. Die Gesamtschuld enthält so viele Obligationen, als Gesamtschuldner sind, die Gesamthypothek so viele Hypotheken, als

---

[1]) KG. 25. 5. 1906 M. 14, 115; KG. 20. 11. 1913 EfG. 13, 255.
[2]) KG. 8. 7. 1915 EfG. 14, 314.
[3]) KG. 31, 1. 1907 M. 15, 379.
[4]) KG. 20. 11. 1913, Joh. 45 A 294.
[5]) RG. 16. 11. 1907 EfG. 9, 117.
[6]) RG. 16. 11. 1907 E. 67, 95.

Grundstücke sind: aber alle diese Rechte streben nach demselben Ziel und müssen daher mit gleichheitlichen dinglichen Mitteln ausgestattet sein. Es läßt sich nicht durchführen, daß die Gesamthypothek aus einer Verkehrshypothek am einen und einer Sicherungshypothek am anderen Grundstück besteht. [1] Ebenso ist es unmöglich, daß eine Vertragshypothek und eine Zwangshypothek miteinander verbunden werden, selbst wenn die Vertragshypothek eine Sicherungshypothek ist, [2] denn die Zwangshypothek hat bestimmte Eigentümlichkeiten, welche zu der Entwickelung der Vertragshypothek nicht stimmen.

2. Ja, die Gesamtrechte müssen noch mehr zusammenhängen als bei Forderungen, weil die Auseinandersetzung der Gesamtschuldner untereinander viel leichter und flüssiger ist als die Auseinandersetzung unter Grundstücken.

Daher der Satz:

Während bei Gesamtschulden die Zahlungs- und Kündigungsfristen verschieden sein können, so ist dies bei Gesamthypotheken nicht tunlich: es ist nicht möglich, verschiedene Kündigungsbedingungen zu vereinbaren; nur bei den Zinsen, die nach Art der Forderungsrechte behandelt werden, ist es statthaft. [3]

3. Wie es eine Eigengesamtschuld gibt, indem derselbe Schuldner die mehreren Schuldnerschaften auf sich vereinigt, [4] so gibt es auch eine Eigengesamthypothek, indem der Gläubiger an demselben Grundstück für dieselbe Forderung zwei Hypotheken, etwa die erste und dritte Hypothek, hat, sodaß es möglich ist, die eine zu löschen und die andere weiter bestehen zu lassen. Vgl. oben S. 375.

4. Eine Gesamthypothek kann als ein Ganzes übertragen, aber nicht in der Art zersplittert werden, daß die Hypothek gegenüber den einzelnen Grundstücken auf verschiedene Personen übergeht, daß also z. B., wenn jemand eine Gesamthypothek auf ein Grundstück A. und B. hat, er die Hypothek gegen A. dem Einen und die gegen B. dem Anderen überträgt.

---

[1] Vgl. RG. 3. 7. 1909 E. 70, 245; KG. 7. 6. 1909 M. 21, 413.
[2] KG. 9. 12. 1912 EfG. 12, 269. Unrichtig Ob.LG. 15. 1. 1915 EfG. 14, 223.
[3] KG. 28. 1. 1911, Joh. A. 299, 41 (= EfG. 11, 127).
[4] Lehrbuch II 1 S. 155.

Das hätte eine wesentliche Änderung in der Belastung der Grundstücke zur Folge.[1]) Daher kann die Gesamthypothek auch nur als Ganzes gepfändet werden und ist die Pfändung auf alle Grundstücke einzutragen.[2]) Dagegen ist es natürlich unbedenklich, die Forderung in Teile zu zerlegen und für jeden Teil die Gesamthypothek zur Einzelhypothek zu gestalten: die verschiedenen Teile der Forderung werden wie verschiedene Forderungen behandelt;[3]) eine solche Zerteilung ist nicht nur möglich, sondern auch rechtlich erwünscht; bei einer Zwangshypothek soll sie erfolgen, § 867 ZPO. Vgl. S. 446.

II. 1. Die Gesamthypothek hat wie die Gesamtschuld den Zweck, den Gläubiger (den Wertberechtigten) dadurch sicher zu stellen, daß eine Mehrheit von haftenden Objekten seiner Gewalt unterworfen wird; es soll also jedes Grundstück dafür haften, daß der bestimmte Einwert einmal und vollständig erzielt wird. Das Institut findet sich weniger bei dem städtischen Besitz, als bei dem Landbesitz, wo die stark zersplitterten Güter oft nur in der Zusammenfassung einen genügenden Kredit geben.

2. Man hat daher in Rechtsähnlichkeit der Gesamtschuld in § 1132 bestimmt, daß der Gläubiger ein jedes dieser Grundstücke nach seinem Belieben in Anspruch nehmen könne und daß er darin die freie Wahl habe. Schon diese Bestimmung hat eine zweifelhafte Berechtigung. Bei Gesamtschulden ist, wie anderwärts bemerkt,[4]) das Wahlrecht des Gläubigers dadurch begründet, daß bei der Schuldendeckung nicht nur die finanzielle Kraft des einzelnen Schuldners in Betracht kommt, sondern auch seine Persönlichkeit, je nachdem sie als eine leicht zugängliche und der loyalen Abwickelung des Verhältnisses geneigte Person den Interessen des Gläubigers mehr oder minder entspricht. Es ist deswegen mit Recht eine Gestaltung der Gesamtschuld verworfen worden, bei welcher die Schuldner die Rechtswohltat der Teilung haben: eine solche ist unter gewissen Umständen zuträglich, im großen

---

[1]) KG. 20. 3. 1913 EfG. 13, 138.
[2]) KG. 23. 10. 1906 EfG. 8, 136; RG. 16. 3. 1908 E. 63, 74. Vgl. S. 512.
[3]) Dresden 21. 3. 1911 M. 26, 163.
[4]) Encyklop. II S. 92.

und ganzen aber würde sie die Stellung des Gläubigers verschlechtern und seine Interessen schädigen. Diese ganze Betrachtungsweise fällt für die Gesamthypothek hinweg; denn hier steht an Stelle der Persönlichkeit das Grundstück, und bei der Betreibung des Grundstückes fällt der Einfluß der Persönlichkeit fort. Es steht daher nichts im Wege, eine Bestimmung zu treffen, daß der Gläubiger genötigt werden kann, eine etwaige Zwangsvollstreckung der Gesamthypotheken auf sämtliche Grundstücke zu erstrecken, sodaß daraufhin im Wege des Subhastationsverfahrens die Befriedigung bei sämtlichen Grundstücken nach Verhältnis herbeigeführt wird, oder daß der Gläubiger wenigstens eine Verteilung vorzunehmen hat, welche den Interessen der Billigkeit entspricht. [1]

3. Dies hat unsere Gesetzgebung nicht angeordnet, sie sieht zwar in §§ 18, 63 ff., 112, 122 und 123 ZVG. die Gesamtversteigerung vor und hat insbesondere in §§ 64 und 122 einige schüchterne Versuche gemacht, hier durch soziale Bestimmungen einzugreifen, aber alles dieses ist im höchsten Grade unvollkommen und unzureichend. Die Gesamthypotheken sind in unzutreffender Weise ins Schlepptau der Gesamtschulden genommen worden.

Man vergleiche dagegen bereits die Bestimmung des § 98 des Württemb. Pfandgesetzes von 1825: „Ein Gläubiger, welchem mehrere Grundstücke in ungeteilter Summe verpfändet sind, ist aus denjenigen Gütern zu befriedigen, deren Angriff für Rechtsansprüche Anderer oder für den Schuldner am wenigsten nachteilig ist und zugleich dem Gläubiger die gebührende Zahlung sichert. [2]

4. Aber noch mehr, die sozialen Gedanken, welche namentlich kraft des deutschen Rechts die Materie durchdrungen und das Institut der Gesamtschulden den Regeln der Billigkeit unterworfen haben, sind bei der Gesamthypothek einfach weg-

---

[1] Vorzügliches bietet in dieser Beziehung Marcuse, Z. vgl. R. XIII S. 220, wo namentlich auch über die Bemerkungen Dernburgs und Hachenburgs und über die Schwedischen und ehem. Württemb. Bestimmungen Bericht gegeben wird.

[2] Auch in Preußen hatte man derartige Versuche gemacht, sie aber nicht zum schließlichen Ziele geführt.

geblieben. Der Gedanke der Gesamtschuld ist der, daß die Last unter die einzelnen Gesamtschuldner geteilt sein soll, allerdings nicht notwendig dem Gläubiger gegenüber, aber unter einander, indem jeder Gesamtschuldner die Möglichkeit hat, durch einen Rückgriff das Verhältnis herzustellen, wie wenn ein jeder der zahlungsfähigen Genossen in angemessenem Verhältnis sich an der Erfüllung beteiligt hätte. Hierdurch wurde der gesunde Gedanke der Teilungseinrede aufgenommen, die verwerfliche Nebenwirkung aber beseitigt.

Dies hat man bei der Gesamthypothek nicht getan. Es wäre erforderlich gewesen zu sagen: die Hypothekenlast ist unter die einzelnen Gesamthypotheken nach Verhältnis geteilt; das Verhältnis hätte entweder ein Verhältnis der Kopfteilung sein können, sodaß jedes Grundstück zu gleichen Teilen beigezogen würde, besser aber ein Verhältnis der Wertteilung sodaß der Wert eines jeden Grundstückes, natürlich unter Berücksichtigung der bereits vorhandenen Belastungen, entscheidend gewesen wäre. Es wäre dies eine Verteilung gewesen wie nach §§ 112 und 122 ZVG. Daraus hätte sich von selbst ergeben:

a) Daß, wenn eine Hypothek durch Zwangsversteigerung eines Grundstückes zur Lösung gelangt ist, aus jedem der mithaftenden Grundstücke ein entsprechender Betrag herausgezogen werden könnte, welcher dazu hilft, die Hypothekenlast zu begleichen. Die Folge wäre also, daß, wenn etwa infolge der Befriedigung der Hypothek als erster Hypothek die folgenden Hypotheken vollständig ausgefallen wären, der betreffende Betrag aus dem anderen Grundstück ergänzend eingeschaltet und so das Ergebnis erzielt würde, wie wenn nur ein entsprechend geringerer Betrag zur Befriedigung der ersten Hypothek verwendet worden wäre. [1])

b) Wenn einer der Eigentümer die Gesamthypothek berichtigt, so wäre die Folge die, daß er eine Eigentümerhypothek an seinem Grundstück, aber nicht für den ganzen Betrag, sondern für den entsprechenden Teilbetrag erlangte und für die anderen Teilbeträge in die Hypothek an den übrigen Grund-

---

[1]) Vgl. die Vorschläge bei Marcuse S. 277.

stücken einträte. Die Eigentümerhypothek wäre hier eine
Eigentümerhypothek, nicht eine Eigentümergrundschuld, denn
die Rückgrifforderung tritt anstelle der ursprünglichen.

c) Wenn der Gläubiger auf die Hypothek verzichtet, so
wäre, ähnlich wie bei der Gesamtschuld, der Verzicht entweder ein Verzicht auf das Recht an dem einen Grundstück
oder ein Verzicht auf das Recht an allen Grundstücken. Im
ersteren Falle würde eine Eigentümergrundschuld an dem Verzichtsgrundstück und eine Fortdauer der Gläubigerhypothek
an den übrigen Grundstücken eintreten, aber unter Abzug des
auf das Verzichtsgrundstück fallenden Betrages. Würde dagegen der Gläubiger auf die Hypothek der mehreren oder aller
Grundstücke verzichten, so würde auf jedem Verzichtsgrund-
stücke eine Eigentümergrundschuld zu dem betreffenden Be-
trage eintreten.

5. Diese ganze Gestaltung wäre die Entwickelung ein und
derselben klaren Idee und würde zu folgerechten und sach-
gemäßen Ergebnissen führen. Hier überall aber hat das BGB.
sehr stark gefehlt. Es spricht zwar auch von Rückgriffverhält-
nissen, beschränkt sie aber auf diejenigen Fälle, in welchen für
den Rückgriff ein besonderer Grund spricht, und damit setzt es
sich wieder auf die Stufe herab, welche einst die Pandektologie
bei den Gesamtschuldverhältnissen einnahm, als sie lehrte, daß
ein Rückgriff nur bei besonderen Vertragsbeziehungen gegeben sei.

Dies ist hier besonders schlimm; denn, anstatt daß der
Rückgriff auf das dingliche Verhältnis bezogen wird und als
eine Ausgleichung dinglicher Verhältnisse dient, wird er in das
Schlepptau des Obligationenrechts genommen und wird bestimmt, daß der Rückgriff nur infolge einer Rückgriffsobligation
stattfinden könne. Solches ist aber verkehrt, denn der Rückgriff soll ausgleichen und er soll hier die dinglichen Verhältnisse
in einer Weise zur Lösung bringen, wie sie der Billigkeit entspricht, und der Billigkeit entspricht es, daß, wenn die mehreren Grundstücke belastet sind, die Belastung unter sie sämtlich
umgelegt und verteilt wird; denn es ist, wenn mehrere
belastete Gegenstände in Anspruch genommen werden, besser,
daß die Belastung nach Verhältnis verteilt wird, als daß sie

nach dem Zufall der Wahl dem einen oder anderen allein obliegt. Dies hat in der Tat zu unerträglichen Verhältnissen geführt. Insbesondere in dem Falle, wenn die mehreren Grundstücke denselben Eigentümer haben; wenn hier die Hypothek aus einem Grundstück befriedigt wird, so kann von einem schuldrechtlichen Rückgriff des Eigentümers gegen sich selbst nicht die Rede sein, und mithin auch nicht von einem dinglichen Rückgriff! [1]

6. Abgesehen von den Rückgriffsverhältnissen soll nach dem BGB.

a) wenn die Forderung, auf der die Gesamthypothek sich aufbaut, nichtig ist, eine Gesamtgläubigerhypothek sämtlicher Eigentümer eintreten, die sich durch Teilung zu einer verhältnismäßigen Eigentümerhypothek eines jeden Grundstückseigners an seinem Grundstück umwandeln kann, § 1172 (diese Zerteilung sollte von selbst eintreten, nach dem BGB. kann sie von jedem verlangt werden).

b) Wenn ein Eigentümer die Gesamthypothek befriedigt, so soll er (abgesehen von dem Fall einer möglichen Rückgriffforderung) an seinem Grundstück eine Eigentümerhypothek erwerben, die Hypothek an den übrigen Grundstücken soll erlöschen, § 1173. [2]

In gleich verfehlter Weise ist der Fall behandelt, wenn ein persönlicher Schuldner die Hypothek befriedigt und nur von einem der Gesamthypothekeigner Ersatz verlangen kann, § 1174: Surrogationshypothek an dem einen Grundstück, sonstiges Erlöschen!

c) Wird die Hypothek aus dem einen Grundstück befriedigt, so soll zwar, falls ein Ausgleichsanspruch gegeben ist, ein Rückgriff stattfinden, aber nur ein Notrückgriff, er soll auf den Resterlös- beschränkt sein, der übrig bleibt, wenn bei den übrigen Grundstücken alle Nachbarhypotheken befriedigt sind, §§ 1181 und 1182! [3] ein so verfehlter Grundsatz, daß hierüber

---

[1] So auch KG. 28. 7. 1911 EfG. 11, 346.

[2] KG. 13. 9. 1904 M. 9, 354.

[3] RG. 7. 12. 1912 JW. 42, 268 (= E. 81, 71), wo eine Reihe verkehrter Konstruktionsversuche angeführt ist: die Rückgriffhypothek kann doch auch eine Hypothek für den Rückgriffsanspruch sein! Über den Notrückgriff vgl. auch KG. 19. 11. 1914 Joh. 47 A 210.

nicht weiter zu handeln ist. Man hat im Schuldrecht diese Aus_
gleichungsverhältnisse richtig ausgedacht, um sie im dinglichen
Rechte zu vergessen.

7. Ganz besonders aber werden die Verhältnisse verzerrt,
wenn ein Gläubiger auf die Hypothek verzichtet. Verzichtet
er bezüglich aller Grundstücke, so treten Eigentümergrund_
schulden ein, welche sich sofort nach den obigen Prinzipien
teilen sollten. Sie teilen sich aber nicht von selbst, wie zu
erwarten wäre, sondern die Teilung muß erst begehrt und
nötigenfalls zwangsweise nach Verhältnis unter den mehreren
Grundeignern durchgeführt werden (vgl. S. 473), §§ 1175, 1172.
Wenn nun aber der Gläubiger nur auf die Hypothek an einem
Grundstück verzichtet, so treten die vertraktesten Verhältnisse
ein: der Verzicht soll nämlich das Erlöschen der Hypothek an
diesem Grundstück bewirken, sodaß die Nachhypothekare auf_
rücken; die Hypothek an den übrigen Grundstücken bleibt ohne
Ausgleichung bestehen. [1] Die Folge ist also: Denken wir uns
3 Grundstücke A., B. und C., die gemeinsam belastet sind. Ver_
zichtet der Gläubiger auf die Hypothek an A., B. und C., so
tritt Eigentümergrundschuld an diesen 3 Grundstücken mit jener
obenerwähnten indirekten Ausgleichung ein. Wenn dagegen
der Gläubiger zuerst auf die Hypothek am Grundstück A. ver_
zichtet, so erlischt die Hypothek an diesem Grundstück und
die nachstehenden Hypothekare rücken nach; auf den Grundstücken B. und C. bleibt dagegen die Gesamthypothek; ver_
zichtet er sodann nachträglich auf die Hypothek an B., so tritt
auch auf dem Grundstück B. ein solches Nachrücken ein, auf
dem Grundstück C. bleibt die Hypothek bestehen. Diese ist
nun aber nicht mehr eine Gesamthypothek, sondern wird zur
Einzelhypothek; und wenn der Gläubiger jetzt verzichtet, so
erlischt nicht die Hypothek, sondern es tritt nach § 1168 Eigentümerhypothek oder Eigentümergrundschuld ein!

Derartige Dinge gehen schon über das Maß dessen hinaus,
was die Gesetzgebung sich an Mißgestalt leisten kann.

Die ganze Disharmonie beruht darauf, daß eine Reihe von
völlig planlosen und unzusammenhängenden Bestimmungen es
sich zur Aufgabe machte, die Gesamthypothek in ihrem Wirken

---

[1] Vgl. den Fall RG. 7. 12. 1912 E. 81, 83.

zu beeinträchtigen und sie möglichst aus der Welt zu schaffen; allein solche organische Dinge können nur aus einem gemeinsamen Grundgedanken geregelt werden, wie dies oben (S. 471) dargelegt worden ist.

8. Die bisherige Jurisprudenz hat nach ihrer ganzen Art, den Willen des Gesetzgebers zu erkunden, anstatt die Rechtsinstitute nach den Zwecken des Verkehrs in freier Weise weiter auszuarbeiten, wenig ergeben. So hat man angenommen, es sei allerdings statthaft, den verderblichen § 1132 schuldrechtlich dahin zu ändern, daß ein Glied der Gesamthypothek vor dem anderen in Anspruch genommen werde, allein es sei nicht möglich, diese Vereinbarung zu verdinglichen (Motivjurisprudenz). [1])

Anerkennenswert ist es, daß man, im Falle die Gesamthypothek aus dem einen Grundstück befriedigt ist, dem Eigentümer des befriedigten Grundstücks ohne weiteres gemäß § 1143 einen Ersatzanspruch nach § 1182 zugestanden hat. [2])

9. Vielfach suchen die Hypothekenämter auf gedeihlichere Verhältnisse hinzuwirken, insbesondere in der Art, daß die Leute veranlaßt werden, die Nachhypotheken auf dieselben Grundstücke zu legen, wie die Gesamthypothek; so werden die Zustände in Württemberg geschildert.

II. Entstehen und Vergehen.

§ 159.

I. Eine Gesamthypothek kann durch Einigung entstehen, und zwar durch Einigung mit derselben Person, welche mehrere Grundstücke hat oder durch Einigung mit den mehreren Eigentümern der Grundstücke. Sie kann auch in der Art entstehen, daß zu der Hypothek an einem Grundstück die Hypothek an einem anderen hinzugefügt wird, von welchem Falle der § 63 der GBO. spricht.

II. Eine Gesamthypothek kann auch aus einer Einzelhypothek dadurch entstehen, daß ein Grundstück parzelliert wird, wodurch von selbst die Hypothek sich in mehrere Hypotheken

---

[1]) KG. 29. 1. 1908 Joh. 35 A 310 (= EfG. 9, 137).
[2]) KG. 11. 12. 1911 Joh. 42 A 275.

spaltet. [1]) Dagegen liegt eine Gesamthypothek nicht vor, wenn das Eigentum an einem belasteten Grundstück an mehrere Miteigentümer zerfällt: die Hypothekenbelastung trifft das Grundstück und nicht-etwa jedes Miteigentum als besonderes Belastungsobjekt. [2]) Vgl. S. 373 und 465.

III. Im Fall einer Gesamthypothek muß das Grundbuch bei jedem Grundstück die Mitbelastung der übrigen erkennbar machen, § 49 GBO.

IV. Erlischt die Mitbelastung eines der Gesamtgrundstücke, so muß dies auf den übrigen Grundstücken vermerkt werden, § 49 GBO.

V. Unzulässig ist es, eine Zwangshypothek als Gesamthypothek zu begründen: diese kann immer nur in geteilter Weise auf mehrere Grundstücke gelégt werden, § 866 ZPO. Vgl. S. 446 und 469.

VI. Die landschaftlichen Pfandinstitute sind eine spezielle Schöpfung des preußischen Rechts; sie haben verschiedene Entwickelungsstufen durchgemacht, von der Spezialhypothek zur generellen Hypothek der landschaftlichen Grundstücke bis zur einfachen schuldrechtlichen Haftung der Landschaft. Von ihr und ihrer Verbreitung und Ausbildung, sowie von den landesrechtlichen Bodenkreditinstituten überhaupt ist im Partikularrecht oder im Kreditrecht, nicht im Reichssachenrecht zu handeln. [3])

6. Abschnitt.
Reallasten.
I. Geschichtliches.
§ 160.

I. Das römische Reichsrecht hat im Institut der Sklaverei das Maß menschlicher Untertänigkeit erschöpft. Es wollte keine Übergänge; daher war der freie Mann wirklich frei, und man gestattete es nicht, daß er sich in halbe Untertänigkeit und Hörigkeit begab. So wenigstens das klassische Reichsrecht, während allerdings das provinzielle Lokalrecht in dieser Beziehung die größte Mannigfaltigkeit aufweisen mochte. Diesem

---

[1]) ObLG. 24. 2. 1903 Recht 7, 151.
[2]) Vgl. über diesen Fall auch KG. 25. 9. 1911 EfG. 11, 280.
[3]) Vgl. darüber Trumpler, Encyklopädie, III, S. 244 f.

Reichsrechtsgedanken entsprach die Abneigung gegen Reallasten und gegen alles, was den Reallasten ähnlich ist. Kein Grundstückseigner soll als solcher zur Leistung verpflichtet sein, kein Bodeneigentümer als solcher zum Diener eines anderen werden: servitus in faciendo consistere nequit. Daß es mitunter Ausnahmen gab, insbesondere was die Herstellung der Servituteinrichtungen betrifft, darüber vgl. S. 276.

II. Dem germanischen Recht aber war die Hörigkeit des Landbesitzers ein gewöhnliches Institut: die Halbuntertänigkeit des Landbauern war anstelle der Sklaverei getreten; daher konnte der römische Satz zunächst wenig Verständnis finden, und es ist begreiflich, daß er als geschichtliche Sonderlichkeit erschien. Das Hörigkeitsverhältnis wurde Jahrhunderte lang als eine natürliche sachgemäße Einrichtung behandelt, und die Landbevölkerung fühlte sich unter ihr glücklich und zufrieden. Erst allmählich führte die wirtschaftliche Krise zu schweren Konflikten, die dann schließlich mit der sogenannten Befreiung des Bauernstandes endeten.

III. Auch außerhalb der Hörigkeit haben die agrarischen und gewerblichen Zustände des Mittelalters zu Belastungen geführt, die wichtige Interessen der sozialen Welt beglichen. Eine solche Reallast war der Schmiedezwang,[1]) der Fährzwang, der Zwang zur Brückenerhaltung[2]) — Dinge, welche bis in die neue Zeit noch ihre letzten Ausläufer erstrecken.

IV. Eine weitere Quelle von Reallasten war das Streben nach zinshaftem Kredit. Da dies wegen des Zinsverbotes nicht auf einfachem Wege zu verwirklichen war, so verfiel man auf den Ewigzins, auf die für den Gläubiger unkündbare, jedoch durch den Schuldner ablösbare Rente. Hier schien nichts mehr von Zins und nichts mehr von dem Zwiespalt zwischen Zins und Kapital vorzuliegen: die Rente wurde gekauft und konnte durch Ablösung zurückgekauft werden. Um sie sicher zu stellen, gab es kein besseres Mittel als die Einwurzelung in ein Grundstück, wozu ja die Leihinstitute des Mittelalters das Muster gaben: bei den Leihinstituten war es das Hörigenverhältnis, welches den Hörigen wie das Grundstück belastete

---

[1]) RG. 16. 10. 1903 E. 55, 380.
[2]) KG. 14. 1. 1903 M. 2, 413 und KG. 11. 5. 1903 M. 8, 126.

und dem Hörigen zu gleicher Zeit persönlich oblag; dies letztere fiel bei der Rentenschuld weg: sie war lediglich eine Last
des Grundstücks oder, wenn sie mit der Person des Eigentümers in Verbindung gestellt wurde, so geschah es nur auf
dem Wege eines einfachen schuldrechtlichen Verhältnisses. [1]

V. Die Grundrente ist im allgemeinen unserem heutigen
Hypothekenwesen gewichen, doch wurde sie im letzten Jahrhundert neu belebt in den Rentengütern, vor allem auf die Anregung von Rodbertus hin. Diese Rentengüter erfüllen namentlich im kolonisatorischen Leben eine wichtige Funktion. Sie
werden nicht zu einem einmaligen Kaufpreis, sondern zu festen
Geldrenten erworben und geben also dem Landwirtschafter
ohne großes Kapital ein reiches Feld agrarischer Betätigung.
Über die Ablösung und die Nichtablösung gelten besondere Bestimmungen, ebenso über die Art der Bewirtschaftung, welche
unter öffentlicher Kontrolle steht und der Aufsicht einer Aus-
einandersetzungsbehörde unterliegt. Die Sonderbestimmungen
bezüglich des Kündigungsrechts und der Ablösung sind im
Grundbuch einzutragen, sonst treten allgemeine gesetzliche
Normen ein: Ablösung zum zwanzigfachen Betrag mit 6monat-
licher Kündigung, vgl. Preuß. Gesetz 27. 6. 1890 § 1. Bemerkenswert ist, daß, während sonst der Grundsatz gilt, daß
Reallasten nur in Geld bestehen können, mitunter auch eine
Leistung an Körnerfrüchten vorgesehen wird, so Preuß. Gesetz
26. 4. 1886 § 4.

VI. Soweit die Reallasten in ehemaligen Klassenverhält-
nissen wurzelten, mußten sie seit dem 19. Jahrhundert verschwinden. Sie wurden daher großenteils durch Landesgesetze
aufgehoben und nur insofern festgehalten, als die Reallast als
Aushilfsmittel zur Erreichung anderer dinglicher Verhältnisse
dient; so bei Servituten, wenn der eine oder andere Teil die
Herstellungs- und Ausbesserungspflicht übernimmt, in welchem
Falle die Reallast als Anhängsel der Dienstbarkeit erscheint;
so entsprechend auch bei Erbbauverhältnissen, bezüglich
welcher eine Neuordnung auch in dieser Beziehung dringend
nötig ist; einstweilen wird man die auf gegenseitige Ausbesse-

---

[1] Vgl. darüber mein Carolinawerk IV S. 256.

rungspflicht bezüglichen Abmachungen im Erbbau als eigentliche Reallasten eintragen.

VII. 1. In einem Institut fristet die Reallast noch ein bedeutungsvolles Dasein; sie dient als unständiges Element in
einem für die Landverhältnisse sehr wichtigen Institut, nämlich
im Leibgeding oder Altenteil. Hier wirken Wohnungsrecht,
schuldrechtliche und reallastartige Leistungen zusammen, um
die Verhältnisse des abtretenden Wirtschafters gegenüber den
jungen Wirtschaftsübernehmern in erträglicher Weise zu ord-
nen. Davon ist bereits oben (S. 334) die Rede gewesen. Auch
in Verhältnissen zwischen Anerben und den Abfindungsberech-
tigten haben die Reallasten noch ihre Bedeutung: allüberall
überhaupt, wo agrarische und Familienverhältnisse in entsprechender Weise zu begütigen sind.

2. In diesen Fällen gilt namentlich die Bestimmung, daß die
Reallastberechtigung im Ganzen wie im Einzelnen höchst persönlich und unübertragbar ist, § 1111.

VIII. Quasireallastartige Belastungen sind die dinglichen
Umwandlungsansprüche, wenn also der Überbauende gehalten
ist, auf Verlangen des Nachbarn das Nachbargebiet zu erwerben
und dadurch das Überbauverhältnis abzulösen, und das gleiche
kann im Notwegrecht vorkommen, sofern eine solche Ablösung
vorbehalten ist.

II. Grundsätze.
§ 161.

I. Die Reallast ist ein Wertrecht, das aus dem Grundstück
den Wert einer Leistung herausziehen will; das Grundstück und
seine Erträgnisse werden dafür in Anspruch genommen: der
Eigentümer, welcher sich nicht fügen will, kann und muß das
Grundstück verlassen; dies ist es, was die französischen Coutumes déguerpissement nennen.

II. Die Reallast ist nicht kapitalistisch, sondern ertrags-
wirtschaftlich gedacht. Die Last ruht auf dem Grundstück
kraft seiner periodischen Erträgnisse: sie geht nicht auf einen
einmaligen, sondern auf einen (regelmäßig oder unregelmäßig)
periodisch wiederkehrenden Leistungswert. Dies gilt auch nach
unserem Recht. Reallasten für einen einmaligen aus dem
Grundstück zu erzielenden Kapitalwert gibt es nicht,[1] § 1105.

[1] RG. 19. 4. 1904 E. 57, 33.

III. Die, auf dem Grundstück lastenden Leistungswerte konnten früher sehr unsicher sein, insbesondere konnte es Reallasten dahin geben, daß ein Grundstück, soweit nötig, Kartoffeln zur Brennerei liefern, oder daß ein Schneidewerk, soweit nötig, für ein anderes tätig sein sollte. [1]) Auch der Tonnenzins war üblich, d. h. so und so viel Geld für jeden Betrag der in einem Bergwerk geförderten Kohle. [2])

Heutzutage verlangte man mindestens eine solche Bestimmtheit, daß eine Abschätzung im Falle der Zwangsversteigerungsablösung möglich ist, §§ 45, 46, 92, 121 ZVG. [3])

IV. Der Leistungswert kann im allgemeinen Verkehr stehen, er kann auch höchst persönlich und unübertragbar sein, § 1111.

V. Die Verbindung mit dem Bezugsrecht kann eine persönliche, aber auch eine reale sein: es können auch Reallasten für ein bestimmtes Grundstück begründet werden, §§ 1105 und 1110: solche mußten sich vielfach entwickeln, wenn es sich um Bedürfnisse handelte, die speziell einem Grundstück oblagen, und deren Erfüllung gerade die Zwecke dieses Grundstückes förderte.

VI. 1. Das Verhältnis der einzelnen Leistungswerte zur ganzen Reallast ist zunächst das wertrechtliche; die fällige Reallast bildet einen Einzelwert, der sich von dem gesamten Recht loslöst und der, sofern er nicht höchst persönlich ist, Gegenstand wertrechtlicher Übertragung und wertrechtlicher Verpfändung und Pfändung sein kann, der auch durch Rechtsvermischung und durch einfache Verzichtleistung erlischt, ganz nach Art der Hypothekenzinsen, §§ 1107, 1159 und 1178.

2. Doch verliert das einzelne Reallastziel in einem Punkt den bloß wertrechtlichen Charakter: der fällige Einzelleistungswert soll regelmäßig zur schuldrechtlichen Verpflichtung desjenigen Eigentümers werden, unter dessen Eigentum er entstanden ist, womit aber nicht gesagt ist, daß das Eigentum insofern frei werden soll: es bleibt belastet, und daher stehen hier persönliche und reale Haftung neben einander, § 1108:

---

[1]) RG. 4. 3. 1911 Gruch. 55, 1137.
[2]) KG. 25. 2. 1915 Joh. 47 A. 218.
[3]) KG. 8. 7. 1901 EfG. 2. 191; KG. 22. 12. 1902 M. 7, 32.

dem realen Einzelwertrecht tritt eine schuldrechtliche Pflicht des damaligen Eigentümers, und, wenn es mehrere Miteigentümer sind, eine schuldrechtliche Pflicht der Mehreren als gesamtschuldnerische Pflicht hinzu, § 1108. Bezüglich des Nießbrauches gilt § 1047.

III. Entstehen und Vergehen.

§ 162.

I. Die Entstehung richtet sich nach dem Rechte des Grundbuchs. Die Entwickelung des Rechtes an einzelnen Leistungswerten kann von Bedingungen und Voraussetzungen abhängig sein, von einem besonderen Bedarf, von besonderen Umständen und Verhältnissen, auch von bestimmten Gegenleistungen.

II. Ersitzung, die im früheren Recht häufig war,[1]) gibt es nicht, auch keine Tabularersitzung, § 900.

III. Für das Erlöschen gilt die Tabularversitzung des § 901 und die Aufgebotsausschließung kraft § 1112, die allerdings nur bei persönlichen, nicht bei realen Grundstücksberechtigungen möglich ist.

3. Kapitel. Wertrecht an beweglichen Sachen.

A. Pfandrecht.

I. Abschnitt.

Vollkommenes Pfandrecht.

I. Unterabschnitt. Sachpfand.

I. Vertragspfand.

1. Allgemeines.

§ 163.

I. Das Pfandrecht an beweglichen Gegenständen ist ein mit Forderungsrecht verbundenes Wertrecht, verbunden in der Art, daß die Forderung ohne das Wertrecht, das Wertrecht aber regelmäßig nicht ohne die Forderung bestehen kann; wenigstens regelmäßig: denn es ist unrichtig, zu behaupten, daß

---

[1]) CbLG. 20. 4. 1885 S. 41 nr. 33.

unser Mobiliarrecht des schlichten Wertrechtes völlig entbehre. Es gibt solche Fälle 1. im Pfändungsrecht, 2. im Verwendungsrecht. Außerdem zeigt das Wertrecht darin eine gewisse Selbständigkeit, daß mit einem unbedingten Wertrecht eine bedingte oder befristete Forderung verbunden sein kann, ja es genügt auch der Keim einer Forderung: man kann ein gegenwärtiges Pfandrecht für eine künftige Forderung bestellen, vor allem, wenn ein Verhältnis besteht, aus dem die künftige Forderung hervorgehen kann, § 1204. Allerdings ist in diesen Fällen das Wertrecht ein Wertrecht mit einem auf die bestimmte oder unbestimmte Zukunft gerichteten Inhalt, aber es ist ein bereits bestehendes Wertrecht, § 1209.

II. Das Pfandrecht ist ein Recht an beweglichen Sachen; also nicht ein Recht an einer Sachgesamtheit, z. B. an einem Erbrecht oder Miterbrecht.[1]) Über diese Formen ist im Erbrecht zu handeln.

III. 1. Die Entstehung des Pfandrechts erfolgt durch Rechtsgeschäft, sie kann auch erfolgen durch Gesetz, sie kann auch erfolgen durch Prozeßakt. Hier ist zunächst von dem rechtsgeschäftlichen Pfand die Rede.

2. Das rechtsgeschäftliche Pfand entsteht nach den Grundsätzen dinglicher Rechte: nötig ist Einigung und Übergabe, und zwar letztere in gesteigertem Maße. Die Übergabe muß eine publike Übergabe sein, die Besitzauftragung genügt nicht, wohl aber die kurzhändige Übertragung (brevi manu traditio) und die Übertragung durch Anweisung an einen für den Eigentümer besitzenden Fremdbesitzer, vorausgesetzt, daß diesem das Pfand angezeigt wird, § 1205.

3. Das Pfand kann auch in die Hand eines dritten Vertrauensmannes gelegt werden, der den Besitz für den Gläubiger ausübt und seine Interessen zu wahren hat, der auch, wenn das Pfand verwertet werden soll, dem Gläubiger den Gegenstand zu diesem Zwecke bereitstellen soll, §§ 1205 und 1231. Gestattet ist auch die Einräumung eines Mitbesitzes, aber es muß ein Mitbesitz mit Sperrwirkung sein in der oben (S. 35) angeführten Weise, § 1206.[2])

---

[1]) RG. 25. 4. 1914 E. 84, 395.
[2]) RG. 23. 12. 1902 E. 53, 218.

IV. 1. Eine Mehrheit von Pfandrechten an derselben Sache ist möglich; sie ist möglich trotz des Besitzerfordernisses, denn a) der Besitz kann für die mehreren Pfandgläubiger demselben Vertrauensmann übertragen werden, der dann sämtliche Rechte nach Maßgabe ihres Ranges zu wahren hat.

b) Der eine Pfandgläubiger, der die Sache als Pfandgläubiger innehat, kann zu gleicher Zeit der Vertrauensmann anderer Pfandgläubiger sein und sie für diese innehaben. [1]

c) Wo gesetzliche Pfandrechte ohne Besitz bestehen, fällt die Besitzschranke überhaupt weg.

2. Bei der Mehrheit der Pfandrechte entscheidet der Vorzug des Alters; der spätere erlangt nur, was der vorige übrig läßt. Dieser Altersvorzug besteht im bürgerlichen Rechte durchaus; er kann aber Ausnahmen finden im Handelsrechte und außerdem, was die Pfandrechte des öffentlichen Rechts (Zoll- und Steuerpfandrechte) betrifft. Vgl. § 1209.

3. Da es mit Ausnahme einiger Fälle kein Eigentümerpfandrecht gibt, so gilt, abgesehen hiervon der Grundsatz des Nachrückens. Eine andere Gestaltung ist nicht möglich, und alle die Verschiebungen, welche das Immobiliarrecht kennt, sind hier ausgeschlossen, sie sind nur bei einem grundbuchmäßigen System durchführbar.

4. Über die Pfandverwertung bei einer Mehrheit von Pfändern ist später zu handeln. Vgl. S. 497 und 498.

V. 1. Die Verpfändung kann von einem anderen als von dem Schuldner ausgehen; dann hat das Pfandrecht einen Interventionscharakter wie die Bürgschaft, insbesondere hat der Pfandeigentümer die Einreden des § 770, so vor allem die Einrede, daß der Gläubiger sich durch Aufrechnung gegenüber dem Schuldner befriedigen kann, so § 1211. [2] Vgl. S. 415.

2. Dagegen gelten die übrigen Rechtswohltaten der Bürgschaft nicht, wohl aber das Subrogationsrecht nach §§ 1225 und 268.

3. Das Subrogationsrecht steht auch jedem dinglich Berechtigten zu, der durch Pfandverwertung sein Sachenrecht verlöre, vor allem einem nachstehenden Pfandgläubiger, § 1249.

---

[1] KG. 14. 3. 1907 M. 15, 11.
[2] Vgl. Celle 28. 9. 1910 M. 26, 202; RG. 16. 4. 1912, JW. 41, 749.

2. Das Pfand als Besitzpfand.

a) Allgemeines.

§ 164.

I. Das Pfandrecht ist ein Besitzpfand insofern, als die Bestellung der Besitzübertragung bedarf. Es ist es aber nicht in
dem Sinne, daß die Fortdauer an den Besitz gebunden ist, vielmehr wenn der Besitz aufhört, können die Pfandgläubiger
gegen jeden Dritten die Pfandsache vindizieren, § 1227; nur
die freiwillige Rückgabe des Pfandes an den Besteller bringt
das Pfandrecht zum Erlöschen, § 1253.

II. 1. Der Gedanke ist: es soll das besitzlose Mobiliarpfand
unterbleiben: man will den Mobiliarkredit steigern und es vermeiden, daß, wenn die persönlichen Gläubiger auf diesen
Besitz greifen, ihnen latente Hypotheken entgegengehalten
werden können, welche natürlich namentlich im Konkurs eine
Überraschung bereiten. Für den Sachverkehr selbst bedurfte
es dieses Mittels nicht, da ja der gutgläubige Erwerber durch
seinen guten Glauben gedeckt ist und es sich in dem Fall,
wenn der Eigentümer eine mit latentem Pfand belastete Sache
veräußert, nicht um eine abhanden gekommene Sache handelt,
mithin der gute Glaube durchschlägt. Der ganze Zweck kann
sich daher nur auf das Vollstreckungswesen konzentrieren, um
das Vollstreckungswesen vor unangenehmen Vorkommnissen
zu sichern.

2. Dieser Zweck ist nicht erreicht worden. Zwar die
nächsten Umgehungswege sind gesperrt; weder kann man in
der Form des Konstituts den Besitz auftragen, noch ist es
möglich, dadurch zu helfen, daß man momentan den Besitz an
den Pfandgläubiger überträgt und von ihm die Sache zurück-
mietet: der eine Weg ist direkt versperrt durch §§ 1205, 1206,
der andere Weg durch § 1253, wonach die Gewahrsamzurück-
gabe an den Schuldner notwendig die Aufhebung des Pfandes
zur Folge hat. Wohl aber ist der Zweck in Umgehungsweise
erreicht worden,

a) durch das Institut der Sicherungsübereignung: die Sache
wird zu Eigentum übertragen mit der Verpflichtung, sie im Falle
der Einlösung zurückzuübertragen; denn da das Mobiliar-

eigentum nicht den obigen Beschränkungen unterliegt, da es möglich ist, die Sache durch Konstitut zum Eigentum zu erwerben, oder wenn sie durch reale Tradition übereignet worden ist, sie dem Veräußerer zur Miete zurückzugeben, ohne daß das erlangte Eigentum verloren geht, so kann hier alles dasjenige bewirkt werden, was bei dem Pfand unmöglich ist: das einlösbare Eigentum steht anstelle des Pfandrechtes, und es kann fortbestehen, auch wenn der Eigentumserwerber die Sache dem Pfandbesteller in das Gewahrsam zurückstellt.

Ist ein solches Umgehungsgeschäft gültig? Man hat diese Frage in der neueren Zeit aufgeworfen und geglaubt, damit etwas neues anzuschneiden. In der Tat habe ich sie bereits vor 40 Jahren behandelt und war allerdings damals geneigt, das Geschäft wegen des Umgehungscharakters als nichtig zu behandeln; später aber bin ich davon zurückgekommen, und zwar aus folgenden Gründen: der Umgehungscharakter zwar liegt klar vor, allein es fragt sich, ob die obige pfandrechtliche Gewahrsamsvorschrift so dringend und unantastbar ist, daß man sich ihr fügen muß, auch wenn man ein anderes wirtschaftlich gleichwertiges Geschäft wählt. Darüber ist unten (S. 524) in der Lehre von der Sicherungsübereignung zu handeln.

b) Außerdem besteht die zweite Möglichkeit, anstelle des Vertragspfandes ein Vollstreckungspfand treten zu lassen, welches zwar vollstreckbaren Titel und Gerichtsvollzieherpfändung, aber keine Übertragung, sondern nur Versiegelung oder Stempelung verlangt; und ein solches besteht weiter, wenn auch die Siegel, die allerdings unter strafrechtlichem Schutz stehen, abgerissen werden. Auch dies ist ein häufiger Weg der Gläubigersicherung ohne Übertragung der Pfandsache.

3. Immerhin ist durch unsere gesetzliche Vorschrift erreicht worden, daß Zustände, welche einer hypotheca omnium bonorum gleichen, ausgeschlossen sind. Legislativ wird es allerdings fraglich sein, ob man nicht unter Umständen Mobiliarhypotheken mit bestimmten Vorsichtsmaßregeln zuläßt. Vgl. S. 488 und 524.

4. Zu betonen ist, daß nur die freiwillige Rückgabe der Sache den Verlust des Pfandrechtes herbeiführt; also nicht eine Rückgabe auf Grund eines Zwanges, auch nicht eine Rückgabe

aus Irrung, wenn man sich etwa vergriffen und die Sache statt einer anderen übergeben hat, § 1253; auch muß die Rückgabe von dem Berechtigten oder seinem bevollmächtigten Vertreter herrühren; sie muß ferner erfolgen an den Verpfänder oder Eigentümer in Kenntnis dieser Eigenschaft: sie hat die Wirkung nicht, wenn der Gläubiger die Sache irgend einer Persönlichkeit gibt, welche sich späterhin, ohne daß er es wußte, als Verpfänder oder Eigentümer herausstellt; denn eine solche Übergabe hat nicht den Charakter der R ü c k g a b e.

III. Der scharf ausgeprägte Gedanke, daß das Mobiliarpfand nur Besitzpfand sein darf und daß auch die Einräumung des Mitbesitzers nur eine Einräumung unter Mitverschluß sein kann, hat zu einer unabsehbaren Kasuistik geführt, die allerdings vielfach zu Übertreibungen gelangt ist. So hat man erklärt, daß zur Übergabe nicht genügt, wenn der Holzplatz des Schuldners an den Gläubiger vermietet und nun das Holz dorthin gebracht wird, offenbar mit Rücksicht darauf, daß eine solche Vermietung den Zutritt des Schuldners nur ungenügend verhindert; auch das Anbringen von Pfandtafeln solle nicht hinreichen. [1] Besonders wird darauf Wert gelegt, daß dem Schuldner der Zutritt tatsächlich verhindert ist; [2] namentlich gehe es nicht an, daß auch dem Schuldner ein Schlüssel für das entsprechende Gelaß bleibt, mit dem er ohne weiteres öffnen kann. [3] Auch müsse der Gläubiger den Schlüssel ständig im Verwahr behalten und dürfe ihn nicht zeitweise dem Schuldner überlassen. [4] Allerdings hat man auch schon angenommen, daß eine bloß vorübergehende Belassung des Schlüssels nicht gerade verhängnisvoll ist. [5] Jedenfalls muß die Sache so gestaltet sein, daß der Schuldner nicht etwa ein freies Mitbenutzungsrecht hat. [6]

Viel wurde auch der Fall behandelt, daß der Schlüssel nicht dem Gläubiger, sondern einem Vertreter des Gläubigers in die Hand gegeben wird, und dieser Vertreter des Gläubigers kann

---

[1] RG. 1. 7. 1910 E. 74, 146.
[2] Dresden 13. 10. 1910 S. 66 nr. 70.
[3] RG. 19. 3. 1896 E. 37, 31.
[4] Stettin 5. 2. 1901 M. 2, 334.
[5] RG. 20. 3. 1906 S. 62 nr. 51.
[6] RG. 23. 10. 1902 E. 53, 218; RG. 2. 8. 1907 E. 66, 259.

nun gerade ein Angestellter des Schuldners sein. Man hat dies nicht als ausgeschlossen betrachtet, vorausgesetzt, daß dieser Angestellte nach außen hin als Vertreter des Gläubigers hervortritt; seine Vertretungsfunktion muß so ausgeprägt sein, daß er unbedingt den Weisungen des Gläubigers zu gehorchen und in dieser Richtung auch dem Willen des Schuldners zu trotzen hat. [1]

IV. Übrigens hat die starke Betonung des Besitzes noch eine wichtige geschichtliche und soziale Grundlage. Das Faustpfand hatte bei den Völkern zunächst eine Sperrwirkung, die sich heutzutage noch in dem Rückbehaltungsrecht zeigt. Der Verpfänder muß nunmehr die Sache entbehren und diese Entbehrung nötigt ihn, seine Pflichten baldmöglichst zu erfüllen, um wieder in den Besitz der Sache zu kommen. Hiermit hat sich nun aber das Wertrecht verschwistert; der geschichtliche Gedanke tritt aber immer noch hervor:

1. in der starken Ausprägung des Besitzelementes beim Faustpfand;

2. in dem Satz von der Unteilbarkeit des Pfandes, wonach, so lange nicht die ganze Schuld bezahlt ist, kein Teil des Pfandes, und wenn mehrere Gegenstände verpfändet sind, keiner derselben zurückgegeben wird, vgl. § 1222 BGB., ein Satz, der beim Mietpfandrecht allerdings eine Ausnahme erfährt, § 562.

V. Das Faustpfand (Kistenpfand) war im altdeutschen Recht eines der verbreitetsten Institute, der Besitzgedanke war aber durchaus nicht immer in scharfer Weise ausgeprägt worden. [2]

Man verlangte zum vollgültigen Pfand vielfach Bestellung vor dem Richter, gestattete aber die Rückstellung an den Schuldner gegen Wochenzins; so im Frankfurter Recht. [3]

Das Württemberger Landrecht ließ auch Fahrnispfänder ohne Übergabe mit Wirksamkeit gegen Gläubiger zu, II 7, 1, während andere Rechte mehr das Erfordernis der realen Pfandgewere durchführten.

---

[1] Vgl. die Entscheidung RG. 13. 3. 1908 E. 67, 421; RG. 24. 6. 1911 E. 77, 202. Über den Pfandhalter auch RG. 29. 5. 1915 E. 87, 36.

[2] kistinpfant oder allirhande varnde habe, di man getriben unde getragen mac, Freiberger Stadtrecht I 37.

[3] Thomas, Oberhof, zu Frankfurt S. 259 § 13.

Doch auch in sonstigen deutschen Landen findet sich das System des gewahrsamlosen Pfandes, sodaß von einem durchgreifenden deutschen Gewahrsamsprinzip nicht die Rede sein kann.

Über die Verschreibungen von Fahrhabe in der Schweiz (Zürich, Luzern, Uri, Obwalden, Schaffhausen), s. g. kanzleiische Verschreibungen (ohne Besitzübertragung) vgl. Huber IV S. 817.

b) Sekundäre Geleitpflichten.

§ 165.

I. Durch Übergabe und Übernahme des Pfandbesitzes entsteht eine sekundäre Verpflichtung, kraft welcher der besitzende Pfandgläubiger zur Verwahrung verpflichtet ist und dabei für die ordentliche Sorgfalt einsteht. Sie erfolgt nach dem Grundsatze der sekundären Verpflichtung, indem sie dazu dient, die Verhältnisse zwischen Eigentum und Pfandrecht zu begleichen, §§ 1215—1217 und 1226. Daher wälzt sie sich

1. passiv auf jeden kündigen Pfandbesitzer über, insbesondere, wenn der Pfandbesitz infolge der Zession auf den Zessionar der Forderung übergeht. Sie wälzt sich

2. aktiv auf den jeweiligen Eigentümer über, wenn die im Pfandbesitz befindliche Sache den Eigentümer wechselt.

II. Die sekundäre Pflicht erfährt eine Modifikation durch das Verhältnis der doppelten Rechtsordnung; wenn nämlich die Verpfändung durch A. erfolgt, während B. Eigentümer ist, so steht der Pfandgläubiger eigentlich in Beziehung zum Eigentümer, denn das Verhältnis von Pfandrecht und Eigentum soll ausgeglichen werden; dies insbesondere auch dann, wenn ein Nichteigentümer ein Pfandrecht begründet hat, das wegen des guten Glaubens des Pfandgläubigers gültig ist. Hier aber besteht der Grundsatz, daß der Pfandgläubiger sich rechtswirksam mit dem Verpfänder auseinander setzen kann, sobald er von dem fremden Eigentum nichts weiß: der § 1248 gilt auch hier.

III. Ist das Pfandrecht nichtig oder erloschen, so zeigt sich die sekundäre Pflicht vorzüglich als Abwandlungspflicht, d. h. als Pflicht, die Pfandsache herauszugeben. Einen Herausgabeanspruch hätte der Eigentümer schon als Vindikant, aber er hat ihn auch kraft des sekundären Geleitsrechtes. So lange übrigens der Eigentümer sich nicht meldet und legitimiert, steht der Abwandlungsanspruch dem Verpfänder zu; er muß es sich aber gefallen lassen, wenn der Pfandgläubiger die Sache an den Eigentümer herausgibt und dessen Eigentum respektiert, vgl. § 1223, der ungenau gefaßt ist.

IV. Der sekundäre Anspruch ist im römischen Recht ganz außerordentlich reichhaltig vertreten; mit vieler Schärfe wird hier die actio pignoraticia in personam von dem dinglichen Pfandanspruch unterschieden, ein Verdienst, welches dem römischen Rechte nicht gering anzurechnen ist; doch wird es allerdings bedeutend geschmälert

1. durch die Übertreibung, daß hierbei das Verhältnis zwischen dem Pfandgläubiger und dem Eigentümer viel zu sehr zurücktritt und die sekundäre Natur nicht richtig erkannt ist, und

2. durch die mangelnde Erkenntnis dessen, daß mit der Zession der Forderung des Pfandgläubigers auch die sekundäre Pflicht von selbst übergehen muß, eine mangelnde Erkenntnis, die allerdings den römischen Juristen wenig zur Last zu legen ist, weil zu ihrer Zeit die Zession durchaus nicht die Rolle spielte, wie bei uns. Wohl aber ist dies dem Pandektenrecht zum Vorwurf zu machen. Die Verhältnisse, welche sich hier entwickeln, habe ich in meinen Pfandrechtlichen Forschungen S 196, 235 f. 242 wissenschaftlich erörtert.

V. 1. Die sekundäre Pflicht steht unter dem Zeichen des guten Glaubens und der Obsorge, welche der Verwahrer einer fremden Sache zu leisten hat, vor allem wenn er wie hier nicht im fremden, sondern im eigenen Interesse handelt. Das deutsche und verschiedene andere Rechte faßten die Haftung des Pfandgläubigers strenger. Man machte ihn vielfach auch für den Zufall verantwortlich, wie ich dies in den Pfandr. Forschungen S. 111, 242 dargelegt habe, oder man vertrat den Satz, daß der Pfandgläubiger schon durch das Pfand Deckung habe und daß die Verschlechterung oder der Untergang des Pfandes an seiner Forderung nagten und diese verringerten oder ganz vernichteten. Er haftete in solchem Falle nicht an

sich für den Zufall, aber die Zufallsschicksale der Sache drück-
ten auf sein Forderungsrecht. Wie dieses System namentlich
im deutschen Rechte gewirkt hat, darüber kann ich auf meine
Piandrechtlichen Forschungen verweisen; es spielte hier eine
sehr große Rolle, es findet sich aber auch noch in anderen
Rechten, z. B. im Recht des Islam.

2. In unserem Recht sind diese Systeme aufgegeben; ein
Überrest findet sich aber auch noch manchmal in den landesgesetzlichen Leihhausverordnungen, denen eine besonders
strenge Verwahrungspflicht obliegt: sie haften oft ohne weiteres für den Zufall, oder wenigstens in der Art, daß die zu-
fälligen Schicksale die Forderung angreifen und in ihrem Bestande mindern.

VI. Die sekundäre Pflicht gilt gegenüber dem Eigentümer,
sie gilt aber auch gegenüber den sonstigen dinglich Berechtigten, namentlich auch den übrigen Pfandgläubigern gegenüber; wer als Pfandgläubiger die Sache im Besitze hat, ist ja
zugleich auch der Vertrauensmann der übrigen Pfandgläubiger.

VII. Das sekundäre Geleitsrecht offenbart sich nicht nur in
der Entschädigungspflicht, sondern auch in dem Rechte, eine
Änderung des Verhaltens zu verlangen, wenn die Sache durch
die bisherige Behandlung notleidet; namentlich gehört hierher
das Recht, auf vorzeitige Verwertung zu dringen. [1]

3. Das Pfandrecht als accessorisches Pfandrecht.

§ 166.

I. Das Pfandrecht ist fast durchgängig ein der Forderung
anhängendes Pfand; forderungsloses Pfand ist eine seltene
Erscheinung, ebenso die Gestalt des Eigentümerpfandes; einen
Forderungstausch unter Aufrechterhaltung des Pfandes gibt
es nicht: so kann insbesondere das Pfändungspfandrecht nicht
auf eine andere Forderung übertragen werden. [2]

II. Die Forderung kann eine Geldforderung, sie kann aber
auch eine Forderung auf einen anderen Gegenstand, auch eine

---

[1] Der § 1232 erfährt dann eine Ausnahme.
[2] Karlsruhe 27. 10. 1906 M. 15, 393.

Forderung auf eine facere sein, nur daß sie bei der Pfandreife in eine Geldforderung umzuwandeln ist, § 1228.

III. 1. Die Verbindung mit dem Forderungsrecht bewirkt es, daß bei Veräußerung der Forderung auch das Pfandrecht überspringt; indirekt, aber notwendig: das Pfandrecht, einmal entstanden, läßt sich nicht von den dinglichen Grundsätzen, sondern von den Grundsätzen des Forderungsrechts leiten. Ebenso entsteht mit der Verpfändung der Forderung ein Nachpfand. All dieses kann wegen der sekundären Pflicht zu Unstimmigkeiten führen; nicht, wenn sich das Pfand im Besitz eines Vertrauensmannes befindet, wohl aber, wenn es im Besitz des Gläubigers (Zedenten) ist. Immerhin kann ja der Zedent in diesem Falle zum Vertrauensmann ernannt werden, so daß er die Sache weiter besitzt; dies ist aber nicht das regelmäßige, insbesondere ist der Zessionar nicht verpflichtet, sie dem Zedenten zu belassen; er kann verlangen, sie selbst zu besitzen, denn der Besitz durch den Pfandgläubiger ist das gewöhnliche und zuträgliche. Ist ja doch auch sonst der Zedent gehalten, dem Zessionar alles, was zur Forderung gehört, insbesondere auch die Beweisstücke, zu übergeben.

2. Dies gilt auch dann, wenn ein Dritter durch Zahlung in Forderung und Pfand eintritt, § 1249.[1]

3. Mit der Übertragung des Besitzes aber geht die sekundäre Pflicht auf den Zessionar über; doch kann der Zedent hierdurch nicht vollkommen entlastet werden: denn der Pfandschuldner hat ihm die Sache anvertraut, und man kann nicht verlangen, daß er jedem künftigen Zessionar traut, bei dessen Auswahl ihm keine Stimme zusteht. Er bleibt daher haften, die Haftung geht aber in Bürgschaft über, §§ 1250 und 1251: ein Fall der sogenannten Abschwächungsbürgschaft, Lehrbuch II 1 S. 424.

4. Bemerkenswert ist allerdings, daß hierdurch die Pflicht des Zedenten eine gewisse Umgestaltung erfährt; er haftete bisher für s e i n e Verwahrung, und nunmehr haftet er für die Verwahrung eines Dritten. Das mag dem Zedenten eine gewisse Erschwerung sein; allein der Zedent, welcher die Forderung überträgt, ist es ja selbst, welcher diese ganze Verschlimmerung seiner Lage herbeigeführt hat. Erfolgt aller-

---

[1] RG. 19. 12. 1913 E. 83, 390.

dings die Übertragung der Forderung nicht kraft Einwilligung des Zedenten, sondern durch gerichtliche Überweisung, dann bleibt die Unstimmigkeit bestehen; sie wird aber hier dadurch beseitigt, daß der Pfandinhaber die Sache nur gegen Sicherheit herauszugeben hat: es muß ihm dafür Gewähr geleistet werden, daß er bei dieser Abschwächungsbürgschaft keinen Schaden leidet, § 838 ZPO.

5. Wird die Forderung durch Gesetz enteignet und einem anderen übertragen, so tritt eine Abschwächungsbürgschaft des ersten Pfandgläubigers nicht ein. Der Schuldner, welcher einem Pfandgläubiger die Sache übergibt, muß solche gesetzlichen Änderungen gewärtigen und mit in Kauf nehmen; er muß sich mit der Haftung des gesetzlichen Nachfolgers begnügen, § 1251.

4. Erlöschen.

a. Befriedigung und Deckung.

α) Allgemeines.

§ 167.

I. Das Pfandrecht ist auf Befriedigung oder Deckung angelegt. Die Befriedigung kann durch Zahlung, Hinterlegung, Aufrechnung erfolgen; die Deckung erfolgt durch Pfandverwertung, §§ 1223, 1224.

II. Zahlung oder sonstige Befriedigung von seiten des Schuldners ist in einer dem Gläubiger verbindlichen Weise statthaft, sobald die Forderung fällig ist oder der Gläubiger am Fortbestand des Pfandes kein Interesse hat. Ein solches Interesse kann allerdings bestehen, einmal bei Verzinslichkeit der Forderung und sodann im Falle des Nutzpfandes, § 1223. 271.

III. Die Pfandverwertung kann Nutzverwertung und Kapitalverwertung sein. Die Kapitalverwertung kann erfolgen, sobald die Pfandreife eingetreten ist. Die Pfandreife verlangt regelmäßig Fälligkeit und, wenn die Forderung auf etwas anderes als Geld geht, Umwandlung in eine Geldforderung, § 1228.

β) N u t z p f a n d v e r w e r t u n g.

§ 168.

I. 1. Das Nutzpfand, das man im Immobiliarrecht ganz verdrängt hat, ist glücklicherweise im Mobiliarrecht verblieben. Über seine Art kann ich auf meine p f a n d r e c h t l i c h e n F o r s c h u n g e n verweisen. Hier sei noch folgendes bemerkt: Das Nutzpfand gibt ein Recht an den Früchten, nicht etwa ein Pfandrecht, sondern das Eigentum, welches durch die bloße Trennung entsteht (S. 202); es gibt auch ein Nutzungsrecht, ähnlich dem Nießbrauch, alles aber in der Art, daß es dem Zwecke dienen soll, einen bestimmten Wert zu erzielen, und daß es mit Erlangung des Wertes von selbst wegfällt. Dabei können die Früchte und Nutzungen zur Tilgung der Zinsen oder zur Tilgung des Kapitals dienen, sodaß das Nutzungspfandrecht entweder eine Zinssatzung oder eine Todsatzung darstellen kann.

2. Im Pandektenrecht pflegte man von Antichrese zu sprechen, aber dies ist nur eine besondere und durchaus nicht die sachgerechte Form des Nutzpfandes. Mit dieser Einseitigkeit versperrte man sich den Weg zum richtigen Verständnis und ließ das griechisch-römische Recht statt des deutschen gelten. Im Gegensatz dazu habe ich die Konstruktion aus dem deutschen Recht entnommen und im einzelnen durchgeführt, worauf ich verweise.

Die Antichrese enthält nämlich die Einschiebung eines spekulativen Elementes: der Pfandgläubiger erhält Früchte und Nutzung und sollte diese eigentlich mit Zinsen und Kapital verrechnen. Man will nun die Peinlichkeit und Umständlichkeit der Verrechnung vermeiden: darum wird ein- für allemal für Früchte und Nutzung ein bestimmter Betrag angesetzt; und so bestimmte man, daß bei der Todsatzung jeweils eine bestimmte Kapitalssumme, bei der Zinssatzung der Zinsbetrag ganz oder teilweise ausgeglichen werden solle. Die (übrigens universalrechtliche) Antichrese war im deutschen Rechte häufig, allerdings noch mit der Nebenabsicht, das Zinsverbot zu umgehen: man verhüllte das Zinsennehmen, indem man die Beziehungen zwischen dem Fruchtbezug und der Zinstilgung verschleierte. [1])

II. Die Gestaltung der Antichrese ist auch nach dem BGB. möglich, §§ 1213, 1214. Auch hier kann die Abrede eine wucherische sein; in einem solchen Falle ist zu unterscheiden: ist der Wucher das wesentliche, so ist das ganze Geschäft fehlsam, ist er nur nebensächlich, so wird das Geschäft in entsprechender Weise gemindert, sodaß es den wucherischen Charakter verliert. Die Fehlsamkeit im ersten Falle bewirkt aber nicht dingliche Nichtigkeit, sondern nur die schuldrechtliche Pflicht, das Verhältnis zu ändern oder aufzuheben.

γ) Kapitalverwertung.
§ 169.

I. 1. Die Kapitalverwertung könnte in das loyale Ermessen des Pfandgläubigers gestellt sein, und auch das wäre denkbar, daß sie einer beliebigen vorgängigen vertragsmäßigen Regelung unterläge, welche der freien Parteivereinbarung entspräche. Das römische Recht hatte eine ähnliche Ordnung, es war noch wenig vom sozialen Geiste durchdrungen. Erst das christliche Recht hat genügend berücksichtigt, daß auf solche Weise die Interessen des Schuldners höchst bedrängt werden können und der wirtschaftlich Schwächere vielfach der Willkür des Kapitalisten unterliegt.

2. Die berühmteste Wucherbestimmung dieser Art ist die Verwirkungsklausel, die lex commissoria, welche die Sache auf Grund der bloßen Erklärung des Gläubigers vom Eigentum des Schuldners kraft Resolutivbedingung in das Eigentum des Gläubigers hinüberschiebt, sobald die Forderung nicht rechtzeitig gedeckt wird; eine Form, die besonders bedränglich ist, wenn es an jeder Ausgleichung zwischen dem Schuldbetrag und dem gewöhnlich viel höheren Sachwert fehlt. Aber auch andere

---

[1]) Sie wurde darum im Mittelalter von der strengen Richtung wegen Wuchers beanstandet; wie man sich hier zu helfen suchte, zeigt eine merkwürdige Urkunde von 1252 bei Meichelbeck, Hist. Frising. II 2 nr. 20. Der Bischof von Freising gab einem Kapitalisten gewisse Güter in Nutzpfand, und dieser erklärte: earundem possessionum proventus, quamdiu a me redemptae non fuerint, percipiam absque peccato.

Verwertungsformen sind möglich und sind früher vorgekommen.

3. Unser Recht gestattet zunächst eine vorgängige Verwirkungsklausel überhaupt nicht, § 1229, gestattet aber auch
sonst eine von dem gesetzlichen Rechte abweichende Partei-
normierung nur in beschränktem Maße. Es kann keine andere
als die gesetzliche Verkaufsform bedungen und auch diese in
ihrer Form nur in geringfügigen Punkten geändert werden, es
kann namentlich nicht wegbedungen werden, daß die Verwertung durch Versteigerung bezw. durch Pfandverkauf erfolgen und daß die Versteigerung öffentlich bekannt gemacht
werden muß, §§ 1237, 1245. Die Frage kann hier auftauchen,
ob, wenn ein solches Geding in Verbindung mit einem ganzen
Darlehensgeschäft steht, das ganze Geschäft zusammensinkt
oder mit einer dem Gesetze entsprechenden Korrektur erhalten bleibt. Im Zweifel muß man das Weiterbestehen annehmen, da es sich um ein nebensächliches Geding handelt und
auch der Gläubiger von der Nichtigkeit Kenntnis haben sollte. [1]

4. Ist das Pfand verwertungsreif, so können andere Normen
bedungen, es kann auch die obige Verwirkungsklausel bestimmt
werden, § 1229, denn nunmehr ist ja die Sache der Macht des
Gläubigers verfallen und der Kredit, soweit er die Sache betrifft, erledigt. Diese Verwirkungsklausel kann sowohl in
dinglicher, als auch in schuldrechtlicher Weise erfolgen, so daß
entweder sofortiger Anfall oder Verpflichtung zur Eigentumsübertragung eintritt. Abgesehen von diesen Vertragsneuerun-
gen kann jetzt auch eine abändernde gerichtliche Anordnung
über die Verwertung der Sache erfolgen, § 1246.

5. Abgesehen davon ist die Verwertung eine Pfandverwertung nur, wenn die gesetzlichen Grundformen erfüllt
sind.

II. 1. Die Pfandverwertung kann auf dem Wege der Gerichtsverwertung oder der Nichtgerichtsverwertung erfolgen,
§ 1233.

a) Die Gerichtsverwertung hat als konstruktive Bedingnisse, daß sie auf Grund eines vollstreckbaren Titels erfolgt,
daß sie durch einen Gerichtsvollzieher erfolgt, daß sie in der

----

[1] RG. 19. 10. 1909 S. 65 nr. 62.

Form der Versteigerung, daß sie in den entsprechenden Fällen
in der Form der Handveräußerung oder der Umschreibung,
oder daß sie mit gerichtlicher Genehmigung in anderer Form
erfolgt, §§ 816, 820, 821, 822 und 825 ZPO.

b) Sind diese Bedingnisse nicht gewahrt, so ist die Veräußerung keine Gläubigerveräußerung, und da sie nur als
Gläubigerveräußerung gelten soll, so leidet sie an einem inneren Widerspruch und ist ebenso unwirksam wie eine Nicht-
veräußerung.

Sollte dagegen die Veräußerung unter diesen Bedingnissen
stattgefunden haben, aber ohne vorherige rechtsgültige Pfändung, so wäre die Veräußerung eine rechtlich gehemmte Veräußerung, und es müßte daher der Grundsatz des gutgläubigen
Erwerbs gelten. Sind aber nur Einzelbestimmungen über die
Modalität des Vorgehens verletzt worden, z. B. Ort und Zeit
nicht oder nicht in entsprechender Spezialisierung angegeben
oder sind im Falle gerichtlicher Genehmigung nicht alle gerichtlichen Bestimmungen pünktlich erfüllt, §§ 816, 825 ZPO., so
liegt höchstens eine Haftung des Gerichtsvollziehers oder
auch des Gläubigers, sofern er an der Unregelmäßigkeit beteiligt ist oder infolgedessen eine Bereicherung erlangt hat.

2. a) Die Nichtgerichtsverwertung ist eine Verwertung entweder durch öffentliche Versteigerung (durch Gerichtsvollzieher oder Versteigerungsbeamten) oder bei Markt- und
Börsenpreissachen der Verkauf unter der Hand durch Versteigerungsbeamten oder ermächtigten Handelsmakler, wobei
es allerdings statthaft ist, auch zum Voraus einige Modifika-
tionen zu vereinbaren, jedoch so, daß, soweit eine öffentliche
Versteigerung vorgeschrieben ist, von der Öffentlichkeit nicht
abgewichen werden darf, §§ 1235 und 1245.

b) Über die Besonderheit der Edelmetallverwertung ist
einfach auf §§ 1240, 1244 und 1245 zu verweisen.

3. Besteht das Pfandrecht nur in der Sphäre des Miteigentums einer Sache, dann kann der Verwertung eine Vorbereitung durch Lösung der Gemeinschaft vorhergehen, § 1258.

III. 1. Der Erwerber erlangt durch Pfandverwertung
Eigentum, sobald der Veräußerer zur Pfandverwertung berechtigt ist. Er erlangt es auch ohne dieses (also durch recht-

lich gehemmte Veräußerung), wenn er sich bezüglich der Pfand-verwertung in gutem Glauben befindet, nach den Regeln des gutgläubigen Erwerbes, §§ 1244 und 935. Bei der öffentlichen Versteigerung gilt sogar noch eine Verstärkung der Rechts-folgen, § 935 Absatz 2. Vgl. §§ 1242, 1243 und 1248.

2. Der Veräußerer ist zur Pfandverwertung berechtigt, wenn folgende Voraussetzungen vorliegen:

a) Pfandrecht,

b) Pfandbesitz,

c) Pfandreife, und bei einer Mehrheit von Pfändern Pfand-bedürfnis, sofern nämlich nicht mehr verwertet werden soll, als zur Deckung des Gläubigers nötig ist. Hierzu ist zu be-merken:

aa) Die Existenz des Pfandrechts bemißt sich nach den obigen Grundsätzen,

bb) Hat der Gläubiger keinen Pfandbesitz oder keinen Alleinpfandbesitz, so hat er bei Pfandreife die Befugnis, Her-ausgabe oder doch Bereitstellung des Pfandes zu verlangen; dies auch dem nachstehenden Pfandgläubiger gegenüber, der im Besitze ist, während der nachstehende Pfandgläubiger regelmäßig ein solches Begehren gegenüber dem vorgehenden nicht stellen darf.

Über die regelmäßige Pfandreife wurde bereits oben (S. 492) gesprochen. Sie kann ausnahmsweise unter beson-deren Umständen eintreten.

a) kraft Vereinbarung,

b) wenn die Sicherung des Gläubigers durch drohenden Pfandverderb oder Pfandentwertung gefährdet ist, §§ 1219 und 1221.

3. Die Form der Pfandverwertung ist die oben bezeichnete. Bemerkenswert ist nur, daß der Versteigerung eine öffentliche Bekanntmachung vorhergehen muß, § 1237.

IV. Die Kaufverwertung ist eine Verwertung gegen Bar-zahlung oder Quasibarzahlung. Der Verkauf soll gegen Bar-zahlung erfolgen, und zwar mit der Verwirkungsklausel, daß, wenn nicht bar bezahlt ist, die Veräußerungen zusammenfallen und die Sache an den Eigner zurückkehren soll. Erfolgt der Verkauf ohne Barzahlung, so hat er den Charakter eines Verkaufes gegen Quasibarzahlung, d. h. der Pfandverkäufer ist zu betrachten, als wenn er den Preis erhalten und ihn dem Käufer wieder kreditiert hätte, §§ 1238 und 1239.

V. Das Pfandrecht an der Sache setzt sich durch Pfandverwertung über in ein Pfandrecht am Erlös, an dem wirklich empfangenen oder an dem bei Quasibarzahlung fiktiv empfangenen Erlös. Die Folge ist daher 1. der pfandverwertende Gläubiger erlangt durch die Zahlung ein Pfandrecht am Gelde, welches er durch einfachen, auch stillschweigenden Deckungsakt zum Geldeigentum gestalten kann, wodurch er von selbst befriedigt wird;

2) an dem Mehrerlös erlangen die etwaigen nachstehenden Pfandgläubiger nach ihrer Ordnung ein Pfandrecht, also auch ein Geldpfandrecht, kraft dessen sie Herausgabe des Geldes verlangen können, um ihrerseits den Deckungsakt vorzunehmen.

3. Der sonstige Übererlös fällt nach Ausscheidung der obigen Berechtigten in das Eigentum des Pfandeigners, § 1247.

VI. 1. Für die Pfandveräußerung sind noch einige instruktionelle Bestimmungen gegeben, die aber keinen kategorischen Charakter haben und für den Sacherwerb weder direkt noch indirekt in Betracht kommen, auch nicht indirekt; denn auch das Bewußtsein ihres Nichtvorhandenseins schließt den guten Glauben nicht aus. Ihre Bedeutung ist nur eine schuldrechtliche; sie können nur in Betracht kommen für die sekundären Verpflichtungsverhältnisse zwischen dem verwertenden Gläubiger und dem Eigentümer oder Verpfänder.

2. In solchen instruktionellen Bestimmungen wird von dem Gläubiger verlangt

a) Androhung der Pfandverwertung, welche einen Monat vor der Verwertung erfolgen soll, — in beiderseitigen Handelssachen genügt eine Woche, § 1234, BGB., § 368 HGB.; ist die Pfandreife nur durch die Gefahr der Wertminderung herbeigeführt, so ist eine angemessene Frist zur Sicherheitsstellung zu geben, bei Gefahr des Sachverderbs bedarf es eventuell keiner Frist, § 1220.

b) Eine besondere Benachrichtigung von der Versteigerung hat an den Eigentümer (Verpfänder) und andere dinglich Berechtigte zu erfolgen, § 1237.

3. Nach vollzogenem Verkauf ist der Eigentümer (Verpfänder) unverzüglich zu benachrichtigen, § 1241, 1220.

Doch bleiben die Verpflichtungen a), b), c) natürlich im Falle der Untunlichkeit beiseite, was sich schon aus ihrer instruktionellen Natur ergibt.

4. Bei einer Mehrheit von Pfändern hat der verwertende Pfandgläubiger die Wahl, es kann aber etwas anderes bestimmt sein; diese Bestimmung berührt die sekundäre Pflicht und nur sie, § 1230. Über den Ort der Versteigerung § 1236.

b) Sonstige Erlöschungsgründe.
§ 170.

I. 1. Das Pfandrecht erlischt kraft seiner accessorischen Natur mit Erlöschen der Forderung (oben S. 490), §§ 1252, 1254.

2. Es erlischt kraft der Eigenschaft als Besitzpfand mit der Rückgabe, § 1253 (nicht aber mit sonstigem Besitzverlust, oben S. 485); der Rückgabe an den Eigner steht gleich die Rückgabe an jemanden, der die Sache in Disposition des Eigners besitzt.[1]

3. Es erlischt kraft seiner Eigenschaft als Eigentumsbelastung mit der Rechtsvermischung, d. h. mit dem Vorgang, woraus Pfandrecht und Eigentum sich in derselben Person vereinigt: hier besteht es nur dann fort, wenn für den Fortbestand ein Interesse vorhanden ist.[2] Sonst geht es im Eigentum unter, § 1256. Ein solches Interesse wird namentlich bestehen, wenn der Eigentümer als Pfandgläubiger sich gegen nachstehende Pfandgläubiger zu wehren hat.

4. Außerdem erlischt das Pfandrecht durch Rechtsgeschäfte, nämlich durch Verzicht, der ja entsprechendenfalls, wie jedes andere Rechtsgeschäft, angefochten werden kann und der natürlich nur wirken kann, soweit der Verzichtende

---

[1] RG. 28. 2. 1918 E. 92, 265.

[2] Für diesen Fall gilt auch § 27 Abs. 2 GBO.: Das Pfandrecht an einer Hypothek kann trotz Rechtsvermischung fortbestehen und darf daher nicht ohne Zustimmung des Hypothekars gelöscht werden. Wäre allerdings das Pfandrecht infolge von Zahlung erloschen, dann könnte die Löschung auch ohne Bewilligung des Hypothekars nach § 22 GBO. begehrt werden, da das Grundbuch dann unrichtig geworden ist.

verfügungsberechtigt ist, also vorbehaltlich der Rechte Dritter, § 1255. Vor allem kann seiner Verfügungsgewalt entgegenstehen, wenn die Pfandforderung selbst wieder Gegenstand eines Pfandrechtes geworden ist, § 1273.

II. Das Eigentümerpfandrecht hat im Gebiete der beweglichen Werte wenig Raum sich zu betätigen. Es tritt ein in dem obigen Falle der Rechtsvermischung, wenn für Aufrechterhaltung des Pfandrechtes ein besonderes Interesse spricht. Wenn dann die Verbindung aufhört, z. B. wenn die Pfandforderung auf dem Wege der Zession oder Subrogation auf einen Dritten übergeht, geht es in ein Fremdpfandrecht über. Auch im Falle des Werkpfandes ist dieses möglich.

III. Ebenso hat ein forderungsloses Pfandrecht, also ein abstraktes Wertrecht, nur Bedeutung bei dem gerichtlichen Pfand, das auch ohne Forderung entstehen und fortbestehen kann. Vgl. unten S. 504.

II. Gesetzliche Pfandrechte.
§ 171.

I. Gesetzliche Pfandrechte folgen im allgemeinen den Grundsätzen des Vertragspfandrechtes, § 1257. Dies gilt insbesondere von ihrer Verwertung. Auch hier kann die Verwertung zum Voraus nicht beliebig geordnet werden, vielmehr ist der Eigentümer auch hier gegen den Wucher bedrängender Verträge geschützt. [1]

II. Gesetzliche Pfandrechte sind entweder Besitzpfandrechte, welche dem Vertragspfandrecht am nächsten stehen. Als solche gelten 1. das Pfandrecht des Unternehmers an der von ihnen gearbeiteten oder bearbeiteten Sache, § 647, 2. die öffentlichen Pfandrechte für Zoll- und Steuerforderungen, § 49 Ziffer 1 KO.

III. Gesetzliche Pfandrechte können aber auch bestehen ohne Besitzeinräumung, sofern nur Umstände vorliegen, welche der Besitzübertragung nahe stehen. Solche Pfandrechte sind (abgesehen von dem Pfandrechte des Handels- und Seerechtes, welche hier nicht zu berücksichtigen sind) das Pfandrecht des

---

[1] Hamburg 26. 5. 1910 S. 65 nr. 244.

Vermieters und Verpächters und das Pfandrecht des Gast-
wirtes.

IV. Das Pfandrecht des Vermieters und Verpächters entspricht dem römischen Recht. Im altdeutschen Recht steht ihm
das Selbstpfändungsrecht des Mietsherrn nahe. Der Gedanke
beruht darauf, daß der Vermieter dem Mieter Kredit schenkt
für das dauernde Verhältnis, das sich allmählich entrollt und
entwickelt; auch wird es durch die Lebensverhältnisse nahe
gelegt, welche die Einbringungssache des Mieters in die Obhut
des Vermieters bringen. Diese Obhut wird hier dem Besitze angenähert und als ein genügendes Ersatzmittel für den bei
Pfandrechten sonst nötigen Besitz erachtet. Daraus ergibt sich:

1. Das Pfandrecht gilt bei der Miete von Grundstücken
und entsprechenden Räumen, es gilt auch von der Grundstückspacht. Es besteht an den eingebrachten Sachen, bei der
landwirtschaftlichen Pacht auch noch an den landwirtschaftlichen Früchten des Grundstücks, §§ 559, 585.

2. Es entwickelt sich jeweils mit dem Miete- und Pachtverhältnis für die daraus hervorgehenden Pflichten, für die
Pflichten wegen des Miet- und Pachtzinses und wegen der
Verschlechterungsentschädigung, und es entwickelt sich
solchergestalt von Tag zu Tag, aber unter dem alten Datum,
weiter.

3. Es hat jeweils die Pfandreife nicht nur für die vergangenen Verpflichtungen, sondern auch für die zukünftigen,
jedoch nur für die Zinsen des laufenden und folgenden Miets-
oder Pachtjahres und nur für die vergangene Verschlechterungsentschädigung.

4. Für die entstandenen Verpflichtungen gilt es an sich
in pfandreifer Weise, jedoch wird es gegenüber einem Pfändungspfandrecht und auch gegenüber dem Konkursbeschlagsrecht zurückgeschoben bezüglich derjenigen Miet- und Pachtzinsen, welche über ein Jahr alt sind. Bei der Pacht landwirt-
schaftlicher Grundstücke gilt dies allerdings nicht. Der Grund
ist der: es ist üblich, im Eintrieb der Mietzinsen streng zu
sein, sodaß lange anstehende Zinsen gegenüber den Mit-
interessenten nicht als Zinsen, sondern als ein sonstiges
Kreditum zu betrachten sind; was bei landwirtschaftlichen

Pachten weniger zutrifft, wo in schwierigen Jahren häufig Aufschub gewährt wird, §§ 563, 585 BGB. und § 49 Ziffer 2 KO.

5. Ein ähnliches Pfandrecht hat der Gastwirt an den eingebrachten Sachen in dem Sinne, wie sie im Lehrbuch II 1 S. 501 beschrieben sind, § 704.

6. Für das Miet- wie für das Gastwirtpfandrecht gelten folgende Grundsätze:

a) sie entstehen mit dem Einbringen, erlöschen aber durch die Entfernung aus dem Grundstück oder aus dem Gastverwahr nur dann, wenn die Entfernung eine berechtigte war; berechtigt ist sie, wenn α) die Entfernung im regelmäßigen Laufe des Personen-, Haus- oder Geschäftslebens erfolgt, §§ 560, 561, oder auch dann,

b) wenn die zurückbleibenden Sachen eine hinreichende Sicherung bieten; natürlich auch dann, wenn der Pfandberechtigte seine Zustimmung gibt.

c) Das Pfandrecht besteht an den unberechtigterweise entfernten Sachen noch einen Monat lang seit Kenntnis des Vermieters, § 561. Es kann auch gegen jeden Driten dinglich geltend gemacht werden, § 1227 (natürlich vorbehaltlich des gutgläubigen Erwerbes). Es geht auf Rückführung der Sache oder auf Besitzauslieferung an den Pfandgläubiger, § 561, vgl. zum Ganzen auch § 704.

d) Dem Pfandrecht des Vermieters hat das deutsche wie das römische Recht den Selbsthilfecharakter verliehen, der noch heutzutage besteht; dasselbe gilt auch vom Gastwirtpfand. Daher hat der Pfandgläubiger hier

α) die Befugnis, durch Selbsthilfe die Wegschaffung der Sache zu verhindern, §§ 561, 704; daher kann aber auch

β) das ganze Pfandrecht nicht geltend gemacht werden in bezug auf Kompetenzsachen, welche ja auch von der gerichtlichen Vollstreckung frei bleiben, §§ 559 und 704.

γ) Jede einzelne Sache kann durch Sicherstellung ihres Wertes aus dem Pfand gelöst werden, §§ 562, 704.

δ) Gegenüber einem Exterritorialen darf das Selbsthilferecht nicht geltend gemacht werden. [1]

---

[1] Grundlagen des Völkerrechts S. 62.

V. Für das Mietpfandrecht gelten noch folgende Grundsätze:

1. Es entsteht kraft Gesetzes, nicht kraft Einigung; daher gilt der Grundsatz: Hand muß Hand wahren, nicht, und wenn daher der Mieter fremde Sachen einbringt, so erlangt der Hauswirt kein Pfandrecht daran, auch wenn er im guten Glauben war, d. h. von dem Fremdeigentum nichts wüßte, auch nichts zu wissen brauchte, § 559. [1]) Es ist daher bedeutsam, wenn der fremde Eigentümer sich mit dem Mietsverhältnis einverstanden erklärt, womit gesagt ist, daß er das Fremdeigentum nicht geltend machen, sondern die Sache dem Pfandrecht unterwerfen will, wie wenn sie dem Mieter gehörte. Sache eines vorsichtigen Hauswirtes ist es, in solchem Falle auf einer Mitunterschrift des Dritteigentümers zu bestehen. Besonders häufig ist zu diesem Zweck die Mitunterschrift der Ehefrau; diese ist im Zweifel nicht so aufzufassen, daß die Frau für das Mietsverhältnis Gesamtschuldnerin wäre, sondern daß sie ihr Eigengut dem Mietpfandrecht unterwirft. [2])

2. Wird der Mietsanspruch gepfändet, so erwirbt der pfändende Gläubiger mit der gepfändeten Forderung pfandweise auch das der Forderung zustehende Mietpfand: er erwirbt es in einer solchen Weise, daß diese Pfandhaftung ihm nicht mehr entzogen werden kann. Doch gilt dies nur in der Weise, daß sein Pfandrecht die Mietsforderung von Moment zu Moment begleitet und, soweit sie erwächst, für sich fixiert. Dies schließt nicht aus 1. daß mit der Zeit Gegenansprüche des Mieters entstehen, welche die Mietzinsforderung beeinträchtigen, 2. daß der Vermieter das Mietverhältnis kündigt und dadurch das weitere Entstehen der Forderung verhindert; auch nicht, daß der Eigentümer selbst in das Mietsverhältnis eintritt, wodurch dieses für die Zukunft erlischt. [3])

III. Gerichtliches Pfandrecht.

§ 172.

I. Das gerichtliche Pfandrecht unterliegt besonderen Bestimmungen, die dem Prozeßrecht angehören. Noch mehr gilt

---

[1]) KG. 22. 11. 1900 M. 2, 80.
[2]) Vgl. Eckstein J. W. 41 S. 896.
[3]) München 10. 2. 1916 S. 71 nr. 62.

dies natürlich von dem Konkursbeschlagsrecht, welches ja kein eigentliches Pfandrecht, sondern ein dem Pfandrecht nahe-stehendes Wertrecht ist; über diese Dinge ist hier nicht zu handeln.

II. Hervorgehoben sei nur folgendes:

1. Pfändung und Verpfändung gehen nicht immer gleichen Schritts. In manchen Fällen ist die Verpfändung möglich, die Pfändung aber ausgeschlossen, z. B. bei Autorrecht, Pflicht-teilsrecht u. a.: diese Rechte sind deswegen nicht pfändbar, weil die Pfändung in das Persönlichkeitsrecht eingreifen würde. Das gilt natürlich nicht für die Verpfändung, die ja unter Mit-wirkung des Berechtigten erfolgt.

Andererseits kann durch ein Veräußerungsverbot die Ver-pfändung ausgeschlossen sein, so in § 399 BGB.; dies gilt dann nicht von der Pfändung.

2. Das gerichtliche Pfandrecht gliedert sich in die Reihe der Pfandrechte ein nach dem Grundsatze der Zeitfolge; bei einer Mehrheit von Pfandrechten kann eine prozessuale Aus-gleichung stattfinden nach § 805 ZPO.

3. Erfolgt die Pfändung, trotzdem ein Forderungsrecht nicht besteht, so ist das gerichtliche Pfandrecht nicht nichtig, sondern es besteht bis zur Aufhebung; also ein Fall eines Pfandrechtes ohne Forderung. Vgl. S. 500.

4. Die Pfändung und Pfandverwertung von Buch-exemplaren bei dem Verleger oder Sortimenter hat keine autorrechtlichen Schwierigkeiten:[1] die Pfandveräußerung ist eine berechtigte, darum kommen die Buchexemplare nur als Eigentumssachen, nicht mehr als Gegenstände des Autorrechts, in Betracht.[2] Dasselbe gilt von Maschinen, die man s. Z. direkt oder indirekt vom Patentberechtigten erworben hat.[3]

IV. Anhang Schiffspfandrecht
§ 173.

I. Das Schiffspfandrecht, wozu auch das Pfandrecht an einer Schiffspart gehört, ist registerfähig: es gibt Schiffs-

---

[1] Dresden 25. 2. 1904 S. 69 nr. 122.

[2] Urheberrecht an Schriftwerken S. 181. Wie es sich verhält, wenn der Verleger seine Rechte überschritten und zu viel gedruckt hat, darüber vgl. Gewerbl. Rechtsschutz und Urheberrecht XXIV S. 10.

[3] Handbuch des Patentrechts S. 452, Lehrbuch des Patentrechts S. 131.

register, in welche das Pfandrecht eingetragen wird, und das eingetragene Pfand steht hier anstelle des Besitzpfandes. Die Eintragung bewirkt auch eine vollständige Publizität, sodaß der Erwerber des Schiffes dem Eintrag gegenüber sich nicht auf seinen guten Glauben berufen kann, § 1262.

II. Im übrigen ist aber die Eintragung nur ein Mittel der Entstehung des Pfandrechtes, § 1260, sie bewirkt keinen Rechtsschein: der Grundbuchgrundsatz des guten Glaubens gilt hier nicht, § 1260. [1])

Das Schiffsregister als Grundbuch zu gestalten, hat deswegen keinen Sinn, weil bei dem Schiffspfandrechte noch sehr viele andere Elemente in Betracht kommen, insbesondere das Schiffsgläubigerrecht.

III. Eben aus diesem Grunde aber, weil das Schiffspfandrecht nur in Verbindung mit dem ganzen Registrierapparat der Seeschiffe und in Verbindung mit dem Schiffsgläubigerrecht wissenschaftlich behandelt werden kann, fällt die ganze Lehre hier aus und ist in das Handelsrecht zu verweisen.

II. Unterabschnitt.

Das (Quasi) Pfandrecht an immateriellen Gütern.

§ 174.

I. Das Pfandrecht an immateriellen Gütern gehört nicht dem Sachenrecht, sondern dem immateriellen Recht an und ist auch dort behandelt worden. Ich kann darum auf meine Schriften über diesen Gegenstand verweisen. [2]) Man muß endlich aufhören, das Pfandrecht als ein allgemeines sachliches Recht zu betrachten; ebensowenig wie bei immateriellen Gütern ein Eigentum, ebensowenig besteht bei ihnen ein eigentliches Pfandrecht, sondern neben dem Vollrecht entwickeln sich Teilrechte, und so auch Teilrechte, welche dem Sachenpfandrecht analog sind, insofern als sie wertrechtlichen Charakter haben und die Ziele der Wertrechte erstreben. Immerhin ist die Be-

---

1) Hamburg 2. 4. 1908 M. 18, 188.
2) Vgl. jetzt auch München 27. 11. 1914 M. 29, 386.

zeichnung als Pfand in Ermangelung eines entsprechenden Ausdrucks ebenso schwer zu entbehren, wie die Bezeichnung des Nießbrauchs u. a.

II. Hier soll nur erwähnt werden:

1. das sogenannte Pfandrecht wird in der gleichen Weise bestellt, in welcher das Vollrecht übertragen wird, § 1274, bei den meisten Immaterialrechten daher durch bloße Einigung, während beim Patentrecht noch die Eintragung in die Patentrolle die Bedeutung hat, welche dieser überhaupt patentrechtlich zukommt.

2. Die Ausübung des sogenannten Pfandrechtes nach der Kapitalseite hin kann nur auf dem Wege der Zwangsvollstreckung erfolgen, auf Grund eines Vollstreckungstitels. Eine vorgängige Verwirkungsklausel ist unzulässig, auch kann nicht zum voraus bestimmt werden, daß kraft des vollstreckbaren Titels eine andere Art der Verwertung als die mit öffentlicher Versteigerung erfolge, §§ 1277, 1229 und 1245.

3. Da bei den immateriellen Gütern kein Besitz stattfindet, so ist das Pfand kein Besitzpfand, und was an das Besitzpfand gemahnt, fällt weg: insbesondere entscheidet bei mehreren aufeinander folgenden Pfändern lediglich der Altersgrundsatz ohne irgend welche Besitzverhältnisse, § 1290, verglichen mit §§ 1231 und 1232, und die Ausübung des Pfandrechtes bedarf keines Besitzerwerbes.

III. Unterabschnitt.

Das (Quasi) Pfandrecht an Forderungsbeziehungen.

I. Vertragsmäßiges (Quasi) Pfandrecht.

1. Allgemeines.

§ 175.

I. 1. Auch das Pfandrecht an einer Forderung ist kein eigentliches Pfandrecht, sondern es ist neben dem vollen Recht des Gläubigers ein entsprechendes Teilrecht an der Beziehung gegenüber dem Schuldner, welches Teilrecht den wertrechtlichen Charakter in sich trägt und dahin abzielt, aus dieser Beziehung einen Wert herauszuholen.

2. Das germanische Recht hat das Pfandrecht ebenso entwickelt wie die Forderungsübertragung, beides in Verbindung
mit dem Urkundenwesen. Brunners Behauptung, daß dem
deutschen Recht die Forderungsübertragung fremd gewesen
wäre, zeugt von völligem Mangel des geschichtlichen Sinnes;
es ist ja begreiflich, daß kein Rechtshistoriker diesen Sinn entwickeln kann, wenn er sich nicht selbst mit der Herausgabe von
Rechtsurkunden befaßt hat.

Die Urkunde, die Handveste, war gewissermaßen die
Trägerin der Forderung, und wer die Urkunde in der Hand
hatte, der hatte die Forderung in seiner Gewalt. Nur ein
Ausfluß dessen ist die in den Urkunden unzählige Male wieder-
kehrende Klausel, daß zu zahlen ist an den Schuldner oder an
denjenigen, der die Urkunde mit seinem Willen inne hat. Das
ist durchaus nicht eine unechte Inhaberklausel, sondern ein
Ausdruck des Satzes, daß die Urkunde dem Träger die Forderung in die Hand gibt. Neue Gesetze zeigen noch die Spuren
dieser Auffassung; so das sächsische Gesetzbuch § 502: es setzt
urkundliche Geldforderungen voraus und verlangt Übergabe
der Urkunde. Das Preuß. LR. I 20, 281, 288 verlangt schrift-
liche Verpfändung, der C. civ. a. 2075 Verpfändung durch Urkunde mit sicherem Datum.

II Wie das Mobiliarpfand überhaupt, kann bei uns auch
das Forderungspfand zur wertrechtlichen Sicherung irgend
welcher Forderungen dienen, auch einer solchen, welche nicht
auf Geld geht, auch eines Anspruchs auf ein facere, nur daß
auch hier die Pfandreife erst eintritt, wenn die Forderung in
eine Geldforderung übergegangen ist. Zu einer solchen Umwandlung aber hat der Gläubiger, wenigstens soweit die Pfandverwirklichung angeht, das Recht.

III. Da es bei den Forderungen keinen Besitz gibt, so gibt
es hier auch kein Besitzpfandrecht, und alles, was daran erinnert, fällt hier weg; doch gilt es gewisse Fälle, in denen ausnahmsweise der Besitzgedanke hervortritt, nicht etwa bloß
bei den Inhaberpapieren, sondern insbesondere auch bei den
Briefhypotheken; hiervon ist S. 511 besonders zu handeln.
Entsprechend kommt es bei der Pfandverwirklichung regel-

mäßig nicht auf den Besitz an, sondern es ist lediglich der Altersvorzug entscheidend, § 1290.

IV. Eine Forderungsverpfändung erfolgt durch Vertrag und Ansage an den Drittschuldner, §§ 1275, 1279 und 1280. Letztere ist hier unumgänglich, und insofern besteht ein wesentlicher Unterschied zwischen Forderungsübertragung und Forderungsverpfändung. Der Grund ist ein sozialer: wie bei dem Besitzpfand der Besitz, so soll hier diese Ansage der Verpfändung eine gewisse Publizität geben. [1] Die Ansage muß durch den Verpfänder erfolgen: sie erfolgt als Erklärung, daß der Verpfänder sich das Pfandrecht gefallen lassen und sich danach benehmen will; sie ist eine Notifikation im Sinne des § 409 BGB. [2] Eine Ausnahme gilt bei Brief- und Buchhypotheken, wo die Verpfändung nach den Grundsätzen des Rechtes der Wertpapiere und des Grundbuchrechts erfolgt (unten S. 511). [3]

V. Das Forderungspfand kann durch Nutz- oder Kapitalverwertung zur Ausübung gebracht werden; die Nutzung kann daran bestehen, daß der Pfandgläubiger die Zinsen der Forderung einzieht und diese entweder auf seine Zinsansprüche oder auf das Kapital anrechnet. Es gelten hier die gewöhnlichen Regeln des Nutzpfandes; nur ist zu bemerken, daß eine derartige Gestaltung nicht gerade sehr häufig und nicht im Zweifel anzunehmen ist, vgl. §§ 1273, 1213 und auch 1283. Die hauptsächliche Ausübung ist natürlich die Kapitalverwertung.

Die normale Kapitalverwertung einer Forderung aber ist nicht die Veräußerung, sondern die Einziehung: daher nimmt der Pfandgläubiger seine Deckung regelmäßig dadurch, daß er die Forderung einzieht; er hat also ein jus exigendi, er hat es, sobald die Pfandreife eintritt. Hiervon gilt folgendes:

Das Eintriebsrecht geht nur so weit, als das Wertrecht geht. Diese Schranke tritt daher nicht wie beim Sachpfand erst im zweiten Stadium ein, wenn der Erlös der Verwertung zur Geltung kommt, sondern bereits beim ursprünglichen Eintrieb; begreiflich, da bei der Sachpfandveräußerung eine solche Überwirkung notwendig ist: beim Forderungspfand wäre sie überflüssig und zwecklos.

---

[1] Vgl. RG. 3. 4. 1908 E. 68, 278. Vgl. hierüber unten S. 525.
[2] RG. 5. 1. 1915 E. 89, 289.
[3] RG. 9. 7. 1902 E. 52, 141.

VI. Auch hier besteht eine sekundäre Pflicht: der Pfandgläubiger soll das Pfandrecht in einer solchen Weise geltend
machen, daß dadurch die Forderungsverhältnisse genügend
gewahrt sind, er soll also insbesondere den Eintrieb nicht ver-
zögern, wenn dadurch die Beitreiblichkeit gefährdet würde.
Diese sekundäre Pflicht betätigt sich einmal in einer Eut-
schädigungspflicht, sie kommt aber auch dadurch zur Geltung,
daß der Forderungsgläubiger nötigenfalls selbst zur Sicherung
hervortreten kann: er kann trotz des Pfandrechts auch selbst
die Zahlung betreiben, allerdings nicht als Zahlung an ihn, wohl
aber als Zahlung an den Pfandgläubiger oder an eine Hinter-
legungsstelle. In gleicher Weise kann auch ein nachstehender
Pfandgläubiger hervortreten und für den Eintrieb tätig sein.[1])

VII. Mit der Pfandreife tritt die Deckungsbefugnis des
Pfandgläubigers ein, vgl. § 1282. Die Deckung geschieht in
der bezeichneten Weise durch Eintreibung, die Erfüllung durch
den Drittschuldner geschieht durch Zahlung, entsprechendenfalls
durch Hinterlegung und Aufrechnung. Bei der Bezahlung und
Hinterlegung entwickelt sich folgender Vorgang: die Zahlungs-
objekte gehen zunächst in das Pfandrecht des Pfandgläubigers
über, sodaß das Forderungspfandrecht sich in ein Pfandrecht
an den gezahlten Gegenständen umwandelt: also es entsteht
hier ein Faustpfand an den geleisteten beweglichen Sachen, und
wenn es sich um Übertragung eines Grundstückes handelt, so
entsteht eine Sicherungshypothek, und zwar direkt und ohne
Eintragung ins Grundbuch, sodaß mit diesem Augenblick das
Grundbuch unrichtig wird, § 1287. Wird wie gewöhnlich in
Geld bezahlt, so entsteht zwar auch zunächst ein Pfandrecht
an den Geldstücken, das aber der Gläubiger ohne alles weitere
in Eigentum umwandelt, sodaß nun damit seine Befriedigung
von selbst erfolgt.

VIII. Die Zwischenzeit von der Verpfändung bis zur Pfandreife ist das Martyrium dieses Instituts. In der Zwischenzeit
kann die verpfändete Forderung die mannigfaltigsten Schicksale erfahren, Zahlungsaufschub, Kündigung, Rückzahlung und

---

[1]) Vgl. RG. 17. 10. 1901 E. 49, 201; RG. 8. 7. 1910 E. 74, 151;
RG. 25. 4. 1913 S. 69 nr. 68 und RG. 18. 10. 1911 E. 77, 141.

natürlich auch Zinszahlung. Anstatt daß man nun, wie bei
einem Besitzpfand, alles dieses in die Hände des Pfandgläubigers legte unter der sekundären Verpflichtung, für die Interessen des Verpfänders zu sorgen, nötigenfalls mit Interventionsrecht dieses, hat man sich der naiven Gestaltung beflissen,
wonach beide Teile, so wie zwei Brüder, sich in die Obsorge
zu teilen haben, als ob die Verhältnisse des Lebens sich in solch
brüderlicher Weise vollzögen, und dies gerade dann, wenn die
Beziehungen zwischen dem Verpfänder und dem Pfandgläubiger
in so akuter Weise im Kampfe stehen: die Schuld soll an den
Pfandgläubiger und den Gläubiger gemeinschaftlich entrichtet
werden, wobei aber jeder der Beiden Hinterlegung oder ähnliche Verwahrung der geleisteten Sache verlangen kann. Und
leistet der Schuldner nicht freiwillig, dann sollen beide zusammen wirken, um die Forderung einzuziehen und sollen auch
dazu mitwirken, daß der Betrag, soweit tunlich, in Mündelgeld-
weise gesichert wird, §§ 1276, 1281, 1285, 1286, 1288. Das sind
alles Dinge, die auf freundschaftliche Verhältnisse angelegt sind,
aber im harten Kampfe der Interessen von Pfandgläubiger und
Pfandschuldner nur zu ständigen Reibereien und Widerwärtigkeiten und zur Anrufung des Richters führen, also eine Pandorabüchse von Widerwärtigkeiten, die nur Redaktoren aussinnen
konnten, denen jede Menschenpsychologie fehlte. Glücklicherweise ist es gestattet, im Pfandvertrag diese Martyriumzeit
anders zu regeln und insbesondere den Pfandgläubiger mehr
oder minder von dem Gläubiger unabhängig zu machen, § 1284.
Die Zinsen der Zwischenzeit fallen natürlich an den Verpfänder, soweit nicht das Pfand ein Nutzpfand ist. Ist allerdings die Pfandreife eingetreten, dann kann der Pfandgläubiger
auch die restierenden Zinsen eintreiben, nur werden sie, wenn
sie bereits ein Jahr lang fällig sind, durch diese einjährige Frist
vom Pfandrechte gelöst. Die vorgängigen Verfügungen des
Verpfänders über die künftigen Zinsen haben natürlich nur in
der beschränkten Weise Wirkung, in welcher der Verpfänder
über die zukünftigen Früchte verfügen darf, §§ 1273, 1213, 1289,
1123 f. Als Beschlagnahme gilt hierbei die Ansage des Pfandgläubigers an den Drittschuldner, daß nunmehr die Pfandein-
treibung erfolgen werde, § 1289.

2. Pfandrecht an Hypothekenforderungen insbesondere.

§ 176.

I. Die Besonderheit in der Übertragung von Hypotheken-forderungen bewirkt auch eine Besonderheit in der Bestellung eines Pfandrechtes daran. Diese Bestellung erfolgt bei der Briefhypothek durch Erklärung in schriftlicher Form und durch Übergabe des Hypothekenbriefes, wobei allerdings die schrift-liche Form durch Eintragung ins Grundbuch ersetzt werden kann. Bei Buchhypotheken erfolgt sie durch Eintragung in das Grundbuch, ganz nach Art der Eintragung bei dem Forderungs-übergang. Es gelten also die Bestimmungen des § 1154, vgl. § 1274. Eine alte zurückgegebene Übertragungsurkunde für eine neue Übertragung zu verwenden, ist sehr zu wider-raten, wenn auch in milderer Behandlung der Sachlage eine solche Art der schriftlichen Verpfändung zugelassen worden ist. [1]

II. Bei der Briefhypothek findet also eine Besitzübergabe statt, wenn auch nicht eines Pfandgegenstandes, sondern des Wertpapieres, und daher treten hier die Grundsätze des Besitzpfandes ein, § 1274. Der Besitz muß auch hier ein offener Besitz sein, es genügt nicht das Konstitut, wohl aber kann auch hier der Besitz einem Vertrauensmann übertragen werden, wie beim gewöhnlichen Besitzpfand, §§ 1205 und 1206. [2] Daher ist auch hier, wie in der Art des Besitzpfandes, eine Mehrheit von Pfandgläubigern nur in Anlehnung an die Besitz-verhältnisse möglich, also indem der Hypothekenbrief ent-weder einem Vertrauensmann übergeben wird oder indem der eine Pfandgläubiger der Vertrauensmann der übrigen ist, und es müssen auch bei der Verwertung, wenn es sich darum handelt, daß der Verwertende den Hypothekenbrief erlangt, die Grundsätze des Besitzpfandes gelten, §§ 1231, 1232, [3] nament-lich gilt auch die Bestimmung der §§ 1253, 1274. Daß übrigens die Besitzübergabe nur eine Übergabe des sachlichen Über-

---

[1] RG. 2. 12. 1911 E. 78, 26.
[2] Kolmar 29. 4. 1903 M. 7, 42.
[3] Vgl. auch RG. 7. 11. 1914 E. 85, 431.

tragungsmittels, nicht eine Übertragung des unkörperlichen Rechts ist, versteht sich von selbst, und daher kann sich der Erwerber des Hypothekenbriefs nicht auf seinen guten Glauben berufen, um sich als Hypothekenerwerber kund zu geben, §§ 1274 und 1207. [1])

III. Die Buchhypothek unterliegt nicht den Regeln des Besitzpfandes, sondern dem Grundbuchrecht. Die Eintragung geschieht daher auf Grund einer Eintragsbewilligung und eines entsprechenden Antrages, § 873. Auch gilt hier der Rechtsschein des Grundbuches. Einzutragen ist natürlich die Pfandsumme, soweit es angeht, im übrigen ist auf die Eintragsbewilligung zu verweisen, § 874. [2]) Handelt es sich um eine Gesamthypothek, so muß die Eintragung auf sämtliche Grundstücke erfolgen. [3]) Vgl. S. 469.

IV. Die Grundschuld hat kein Forderungsrecht zur Basis, aber ein Wertrecht, das mit der Forderung das gemein hat, daß es durch Ablösung erlischt. Daher treten hier die nämlichen Erscheinungen, wie bei der Verpfändung der Hypothekenforderung ein, und zwar ist auch das Pfandrecht an der Grundschuld bald ein Besitzpfand, wenn die Grundschuld eine Briefgrundschuld ist, bald ein Grundbuchpfand, wenn die Grundschuld eine Buchgrundschuld ist. Dies gilt alles natürlich auch von der Eigentümergrundschuld. Vgl. § 1291.

V. Von den Hypotheken- und Grundschuldpfandrechten gilt folgendes:

a) Fällige Zinsen sind verselbständigt und werden wie gewohnliche Forderungen verpfändet, § 1159, künftige Zinsen können verpfändet werden, aber nur nach dem Grundsatze der Kapitalverpfändung. [4])

b) Auch hier gilt der Satz, daß, wenn der Anspruch des Pfandgläubigers auf etwas anderes als Geld geht, die Pfandreife erst mit der Umwandlung in einen Geldanspruch eintritt. [5])

c) Eine als Hypothekenverpfändung begonnene Verpfändung kann als einfache Verpfändung fortgesetzt werden, wenn vor

---

[1]) Königsberg 4. 7. 1914 M. 29, 379.
[2]) KG. 28. 6. 1910 M. 14, 64.
[3]) KG. 14. 10. 1912 EfG. 12, 254; RG. 16. 3. 1908 E. 63, 74.
[4]) RG. 29. 6. 1910 E. 74, 78.
[5]) Vgl. auch KG. 9. 12. 1912 EfG. 12, 262.

Übergabe des Hypothekenbriefes die Hypothek erlischt; dann ist die Anzeige an den Drittschuldner unentbehrlich, § 1280.

3. Das sog. Pfandrecht an Order- und Inhaberpapieren.

§ 177.

I. Unser Gesetz spricht von Verpfändung von Order- und Inhaberpapieren; dies ist aber lediglich die unklare Ausdrucksweise eines gesetzgeberischen Gedankens. Eine solche Verpfändung bewirkt nämlich nicht Pfandrecht, sondern Sicherungsübereignung; so zunächst, wenn ein Wechsel durch Vollindossement übertragen wird (die jämmerliche Übertragung des Inkassoindossament kann natürlich außer Betracht bleiben): hierdurch wird der Wechsel zum Vollrecht übertragen, ganz in der Weise der Sicherungsübereignung. Natürlich kann der Erwerber, wenn das Papier einen Börsen- oder Marktpreis hat, das Papier börsenmäßig veräußern und dadurch die vollständige Ausgleichung zwischen dem Sicherungseigner und seinem Schuldner bewirken, §§ 1292—1295. Auch bei Inhaberpapieren ist die Verpfändung nichts anderes als eine Sicherungsübereignung, was sich schon aus der Behandlung der Zinsscheine ergibt. Die Zinsscheine zieht der Pfandgläubiger ein, wenn sie ihm hierzu übergeben und dadurch zum Teil des fiduziarischen Erwerbsgutes gemacht worden sind; verpflichtet zu dieser Übergabe ist im gewöhnlichen Falle der Verpfänder nicht, sondern er ist berechtigt, die Zinsscheine für sich zu behalten, die vor der Pfandreife, d. h. vor dem Moment, in welchem der Pfandgläubiger das fiduziarische Gut zur Ausgleichung zu bringen hat, § 1296, fällig werden. [1]

II. Die Verpfändung eines Sparkassenbuches ist die Verpfändung einer Rectaforderung, die wie gewöhnlich dem Drittschuldner (der Sparkasse) anzuzeigen ist. [2] Die Übergabe des Sparkassenbuches hat nur die tatsächliche Bedeutung der Sicherung.

---

[1] Hamburg 31. 10. 1903 M. 8, 193.
[2] Hamm 7. 4. 1908 M. 18, 189; Dresden 19. 4. 1907 M. 18, 189.

III. Verpfändung des Pfandscheines kann Forderungsverpfändung sein, d. h. Verpfändung der Rückgabeforderung, die
man gegenüber dem Pfandinstitut hat; sie ist dann wie eine
solche zu behandeln, mithin ist insbesondere Anzeige an das
Pfandinstitut nötig. Sie hat dagegen den Charakter der Verpfändung eines Inhaberpapieres, wenn der Pfandschein ein
Inhaberpapier ist. [1])

II. Gerichtliches (Quasi) Pfandrecht.

§ 178.

I. Die Pfändung im Gegensatz zur Verpfändung gehört
dem Prozeßrecht an und ist nach prozessualischen Grundsätzen
zu behandeln; doch entsteht dadurch auch ein bürgerliches
Pfandrecht, und es kann in Kollision treten mit den bürgerlich
rechtlichen Pfändern, sodaß hier kurz darauf einzugehen ist.

II. 1. Anstelle der bei der Verpfändung stattfindenden
Einigung tritt die Arrestierung durch Arrestatorium und Inhibitorium, wodurch das Pfandrecht entsteht, und sodann die Überweisung, welche die Pfandreife vollendet, welche Überweisung
nicht nur eine Pfandüberweisung, sondern auch eine Überweisung an Zahlungsstatt sein kann, d. h. eine Überweisung
unter Übertragung der verpfändeten Forderung kraft datio in
solutum.

2. Bei der Briefhypothek muß zur Arrestierung die Erlangung des Hypothekenbriefes hinzukommen, der nötigenfalls
durch den Gerichtsvollzieher herbeizuschaffen ist. Hat ihn der
Gerichtsvollzieher, so ist es so zu betrachten, wie wenn
er bereits im Besitz des Gläubigers wäre. Bei der Buchhypothek dagegen ist eine Eintragung ins Grundbuch nötig,
einmal für die Arrestierung, sodann aber auch für die Überweisung an Zahlungsstatt, weil durch die erste ein Pfandrecht
und durch die letzte ein Eigentum (Vollrecht) entsteht. Ist
der Brief im Besitz eines Dritten, so muß, wenn der Dritte ihn
nicht freiwillig herausgibt, die Herausgabe im Prozeßwege erzwungen werden, §§ 830 und 837 ZPO. [2])

---

[1]) München 11. 4. 1908 M. 18, 193; KG. 26. 10. 1912 M. 26, 207.
[2]) RG. 1. 11. 1906 M. 14, 178; KG. 9. 8. 1905 M. 11, 112.

Natürlich kann die Unvollkommenheit durch nachträglichen Erwerb des Briefes oder nachträgliche Eintragung ersetzt werden; und wenn der Pfandgläubiger schon im Besitz des briefes ist, so bedarf es nicht eines nochmaligen Besitzerwerbungsaktes.

3. Was von der Hypothek gilt, das gilt nach den oben angeführten Erwägungen (S. 512) auch von der Grundschuld; es gilt auch von der Eigentümergrundschuld: arrestorium und Inhibitorium fallen hier zusammen nach Art der conti finti, § 857 ZPO.[1] Im übrigen ist auch bei der Briefgrundschuld eine Wegnahme des Briefes erforderlich und bei der Buchgrundschuld eine Eintragung ins Grundbuch.[2]

III. Zu dem allen ist noch folgendes zu bemerken:

1. Ist die aus der Hypothek entstandene Eigentümergrundschuld noch nicht im Grundbuch eingetragen, so ist das Grundbuch unrichtig. Der Pfändende hat das Anrecht auf Berichtigung nach den gewöhnlichen Regeln.[3] Vgl. oben S. 87, 117.

2. Die Pfändung einer Hypothekenforderung begleitet die Forderung in allen Stadien; sie bleibt daher auch, wenn kraft § 118 ZVG. an Stelle der Hypothek eine Verweisung auf den Barerlös erfolgt und diese Überweisung kraft § 128 durch Sicherungshypothek gedeckt wird.[4] Vgl. S. 448.

3. Ist die Hypothek ohne Eigentümergrundschuld erloschen, dann ist eine gewöhnliche Forderung vorhanden und die Pfändung eine gewöhnliche Forderungspfändung.[5] Ist, nachdem die Pfändung durch Arrestatorium und Inhibitorium erfolgte, die Hypothek erloschen, so sind die Bedingungen für die Pfändung erfüllt, da die Forderung nunmehr eine hypothekenlose ist.[6] Die Annahme, daß eine durch spätere Erscheinungen nicht mehr zu hebende Nichtigkeit vorliege, ist unzutreffend, weil hierfür kein genügendes Interesse spricht.

4. Verfallene Zinsen gelten als gewöhnliche Schulden, dagegen unterliegt die Pfändung künftiger Zinsen denselben

---

[1] RG. 19. 5. 1909 E. 71, 179.
[2] RG. 17. 12. 1904 E. 59, 314; RG. 17. 10. 1903 E. 55, 378; RG. 11. 11. 1903 E. 56, 10.
[3] Dresden 26. 2. 1903 M. 7, 315.
[4] RG. 4. 3. 1905 E. 60, 221.
[5] RG. 25. 4. 1906 E. 63, 214.
[6] Unrichtig RG. 28. 4. 1911 E. 76, 231.

Grundsätzen wie die Pfändung des Kapitals.[1] § 830 ZPO., vgl. oben S. 434 und 510.

b. Die Pfändung der Hypothek führt zur Überweisung und damit zur Befugnis, Forderung und Hypothek gerichtlich auszuüben, namentlich auch mit Hilfe eines Vollstreckungstitels die Zwangsvollstreckung in das Grundstück zu beantragen. Natürlich ist erst dieser letzte Akt eine Beschlagnahme des Grundstückes, nicht schon die Forderungspfändung, § 1124.[2]

6. Zahlt der Drittschuldner in entschuldbarer Unkenntnis der erfolgten Pfändung, so wird er nach den gewöhnlichen Zessionsregeln befreit.[3]

II. Abschnitt.

Unvollkommenes Pfandrecht.

Verwendungsrecht.

I. Allgemeines.

§ 179.

I. Von der Rückbehaltungseinrede ist im Lehrbuch I S. 193 gehandelt worden; das Institut der Rückbehaltung selbst aber mußte dem Sachenrecht vorbehalten werden.

II. Das Rückbehaltungsrecht teilt mit dem Pfandrecht den einen Ausgangspunkt, nämlich die Sperrwirkung. Es soll eine Sachsperre bewirken, um dadurch den Schuldner zur Leistung zu zwingen; es ist daher auch bei Gegenständen möglich, welche keinen Vermögenscharakter, sondern einen persönlichen Charakter haben, z. B. bei Legitimationspapieren. Inwiefern eine solche Rückbehaltung statthaft ist, ist eine Frage des Persönlichkeitsrechts.

III. Dem Rückbehaltungsrecht können aber auch wertrechtliche Elemente beigemischt sein, und das Institut wird im allgemeinen dahin drängen, auch derartige Zusätze in sich aufzunehmen, um damit dem Pfandrecht ähnlich zu werden; denn in der Tat, wenn die Sperrwirkung nicht zum Ziele führt, sollte

---

[1] RG. 29. 6. 1910 E. 74, 78.
[2] Hamburg 4. 3. 1907 M. 18, 165.
[3] RG. 21. 12. 1915 E. 87, 412.

doch dem Berechtigten anderwärts geholfen werden. Dies kann allerdings auf indirektem Wege geschehen durch Klageerhebung, durch Verurteilung und Vollstreckung, welche auch auf die zurückbehaltene Sache hin erfolgen kann; allein die Klage kann Schwierigkeiten haben, z. B. wenn der Eigentümer der Sache nicht bekannt ist, und sodann, wenn der Eigentümer in Konkurs kommt: hier soll der Besitzer trotzdem die Sache in seiner Macht behalten, und die Sperre soll zur Vollstreckung und Absonderung führen.

IV. Das Handelsrecht hat dem Institut eine weitere Entwickelung gegeben; das bürgerliche Recht hat das Verwendungsrückbehaltungsrecht zum Verwendungsrecht gestaltet, ihm ein wertrechtliches Element beigefügt und ihm selbst eine aggressive Ausladung gegeben.

V. In dieser Beziehung ist zu bemerken:

1. Der Verwender ist kein Menschenhelfer, er hat für sein Interesse verwendet, ihm fehlen die ethischen Grundlagen für die Erstattungsgläubigerschaft nach den Grundsätzen der Menschenhilfe (negotiorum gestio). Man könnte ihm nun immerhin eine geminderte Ersatzgläubigerschaft zusprechen, je nach der Notwendigkeit oder Richtigkeit des Aufwandes. Hiergegen würde aber ein Umstand sprechen, welchen ich längst vor dem Bürgerlichen Gesetzbuch geltend gemacht habe, allerdings ohne daß man in den Motiven irgendwie darauf Bezug genommen hätte. Wenn ein Dritter Verwendungen auf meine Sache gemacht hat, so kann es fraglich sein, ob mir die Sache so viel wert ist, daß ich sie gegen den Verwendungsersatz behalten will. Vielleicht ist sie mir überhaupt gleichgültig, vielleicht nicht der Kosten wert. So wenn es sich um einen Hund handelt, der ganz unbrauchbar geworden ist und den ein Anderer gefüttert, oder um eine Ware, die ein Dritter im Lagerraum aufbewahrt hat und die nun einen plötzlichen Preissturz erleidet. Hier läßt sich immer noch eine Ersatzpflicht rechtfertigen, wenn, wie bei der Menschenhilfe, ein tiefes ethisches Gefühl zutage tritt und zu gleicher Zeit auch eine soziale Fürsorge, welche die Rechtsordnung in jeder Beziehung unterstützen soll, nicht aber, wenn barer Selbsttrieb den Aufwendenden geleitet hat. Man muß also dem Eigen-

tümer die Möglichkeit lassen, die Sache dem Aufwendenden
heim zu schlagen. Dies war auch der Grund, warum die
Römer dem Aufwendenden nur eine Rückbehaltungseinrede
keine actio gaben. [1] Vgl. Lehrb. II 1 S. 445.

Solches war allerdings nicht vollkommen korrekt: der
Verwendende könnte ja auch, wenn er nicht im Besitze ist,
einen Klageanspruch erheben und es dem Eigentümer überlassen zu zahlen oder die Sache heimzuschlagen, d. h. dem
Verwendenden zu übereignen. Indes beließ man es bei dem
unvollkommenen Mechanismus; denn regelmäßig mußte die
Rückbehaltung hinreichen, um den Anforderungen des Lebens
zu genügen.

2. Die Pandektologie hätte nun die Aufgabe gehabt, daraus
die richtigen modernen Gebilde abzuleiten, allein dazu fehlt ihr
die Kraft. Das Bürgerliche Gesetzbuch aber hat sich bemüht,
dem obigen Gedanken zu entsprechen, allerdings in seiner ge-
wohnten ungeschickten Formulierung, die auch hier den Klein-
kram Planckscher Darstellung zeigt; und so hat es einige Paragraphen von trostloser Verfassung gezeitigt.

II. Charakter.

§ 180.

I. 1. Das Verwendungsrecht ist ein dingliches Recht, das
auf der Sache ruht und gegen jeden Nachfolger in der Sache
übergeht. Es besteht daher auch gegenüber dem nachträglich
auf die Sache gelegten dinglichen Rechte, es besteht auch in
der Zwangsvollstreckung, und da es der Eintragung nicht bedarf, so gelten die Bestimmungen des § 9 Z. 2, § 37 Z. 4, § 66,
§ 83 Z. 4 ZVG. [2]

2. Das Verwendungsrecht ist auch aktiv verdinglicht: es
steht nicht nur dem Verwender zu, sondern geht als aktives
Realrecht auch auf seinen Rechtsnachfolger über, § 999 BGB.

3. Dem Verwendungsrecht ist ein Wertrecht zugesellt,
welches kraft dinglichen Rechts auch ein Absonderungsrecht
im Konkurse bewirkt, § 49 Z. 3 KO.

---

[1] Vgl. auch für das deutsche Recht das Weisthum von Franken-
stein bei Grimm I 480: Der Erbe könne den Käufer nicht austreiben,
bis er seine „Besserung, Baue und Schär wieder darum bringt".
[2] Ganz verkehrt RG. 2. 10. 1909 E. 71, 424. Die Entscheidung
ist ein Musterbild von Wortauslegung und Vorarbeitenjurisprudenz.

4. Der Verwendungsberechtigte hat ein Wertrecht, solange er im Besitz der Sache ist: die Verwertung geschieht bei beweglichen Sachen durch Pfandveräußerung, bei unbeweglichen durch Zwangsversteigerung, welchem Akte aber vorausgehen soll:

a). eine Mahnung unter Stellung einer bestimmten angemessenen Frist;

b) eine Feststellung des Verwendungsanspruchs in Sein und Höhe, wenn der Eigentümer vor Ablauf der Frist seine Verpflichtung bestreitet, § 1003.

II. Ein Fortschritt ist, daß der Rückbehaltungsberechtigte dieses Wertrecht auch auf dem Wege eines Angriffs geltend machen kann, wenn er nicht mehr im Besitz ist, sondern den Besitz dem Eigentümer abgegeben hat; nur muß dieses Recht dadurch erhalten werden, daß es innerhalb einer Frist von einem Monat bei beweglichen und von 6 Monaten bei unbeweglichen Sachen zur gerichtlichen Klage zugespitzt wird.

III. Genehmigt der Eigentümer die Verwendung, so tritt ein schuldrechtlicher Anspruch auf den Betrag der Summe hinzu. Aus den Worten des Gesetzes scheint zu folgen, daß mit Eintritt dieses schuldrechtlichen Anspruchs das dingliche Wertrecht erlösche, allein dies wäre eine völlig irrationelle Gestaltung der Sache; das Institut muß rationell so ausgelegt werden, daß eben in solchem Falle der Verwendungberechtigte nicht auf das bloße Wertrecht beschränkt ist, sondern auch außerdem eine Forderung hat, wobei aber das Wertrecht bestehen bleibt, was namentlich im Konkurs bedeutungsvoll ist.

IV. Die ganze Fassung der §§ 1000—1003 ist schülerhaft und verworren. Die Praxis hat auch wenig dazu beigetragen, die Sache zu bessern.[1]

III. Fälle.

§ 181.

I. Es gibt nur ein gesetzliches Verwendungsrecht; eine Entstehung durch Rechtsgeschäft oder auch eine Steigerung durch Rechtsgeschäft ist nicht möglich; wenn man die Befugnis erhöhen will, so muß es auf dem Wege pfandrechtlicher Institute geschehen.

---

[1] Vgl. Hamburg 10. 12. 1903 M. 8, 116 und die oben erwähnte verkehrte Entscheidung des Reichsgerichts.

II. Erfolgt die Verwendung in der Art der Menschenhilfe, d. h. aus altruistischem Bestreben, dann treten neben den Befugnissen des Verwendungsrechts die Regeln der Menschenhilfe ein. Erfolgt sie aber aus egoistischem Bestreben, indem man das fremde Eigentum für das eigene hält, dann gilt der Grundsatz, daß ein Ersatzrecht gegeben ist, soweit das Verwendungsrecht ein solches gewährt.

In dieser Beziehung gilt folgendes:

1. Man hat hier aus alten Zeiten her, wie mit Märchenhand geschrieben, immer noch den Unterschied von notwendigen, nützlichen und zierenden Aufwendungen beibehalten. Der Unterschied löst sich aber bei der Betrachtung der wirtschaftlichen Verhältnisse in folgende Beziehungen auf:

a) Der Vorteil bei notwendigen Ausgaben ist das Bestehenbleiben der Sache in vollkommenem und unberührtem Zustande. Hier handelt es sich also um Sein oder Nichtsein.

b) Bei nützlichen Aufwendungen aber liegt ein Pluswert vor, und zwar nicht nach individuellem Belieben, sondern nach allgemeiner sozialer Schätzung. Beim Zieraufwand handelt es sich um einen Pluswert nach Schätzung individuellen Interesses oder nach Schätzung des Interesses exklusiver Volkskreise.

Im ersten Falle ergibt sich der Umfang der Ersatzpflicht von selbst: es ist der Vorteil des Bestehenbleibens der Sache gegenüber dem Untergang. Im zweiten Falle ist es der soziale Mehrwert der Sache, während im dritten Falle ein Ersatz nur zu geben wäre innerhalb des Volkskreises, für welchen die Verwendung als Werterhöhung gelten kann, §§ 994, 995 und 996 BGB.

c) Die Gefahr der Aufwendung trägt der Aufwendende bis zu dem Zeitpunkt, in welchem die Ersatzpflicht akut wird. Im ersten der obigen Fälle handelt es sich um das Bestehenbleiben der Sache nach erfolgter Aufwendung. Im zweiten Falle sind die Ereignisse der Zwischenzeit auch bezüglich des Pluswertes in Betracht zu ziehen. Die Sache kann weiter bestehen bleiben, die Verbesserung aber fällt möglicherweise weg: ein Grund, dem Aufwendenden auch in diesem Verlustfalle das Plus zukommen zu lassen, besteht nicht: die Gefahr der Zwischenzeit hat der Aufwendende auch insoweit zu tragen, als sie nicht die Sache, sondern den durch die Aufwendung erlangten Mehrwert betrifft, § 996.

2. Die Verhältnisse während des etwaigen Vindikationsprozesses zwischen dem Eigentümer und dem Verwendungsbesitzer können das Verwendungsrecht beeinflussen (S. 253), ebenso kann es beeinflußt werden durch den guten und bösen Glauben; nämlich a) der Erfolg des Prozesses wird auf den Zeitpunkt des Prozeßbeginnes zurückdatiert: obsiegt der Kläger, so ist es, als wäre ihm schon im Moment des Prozeßbeginnes die Sache zugesprochen worden und wäre der Verwender der Verwalter einer fremden Sache. Als solcher hat er sich auf den Erhaltungsaufwand oder auf das zu beschränken, was dem Willen des Klägers gemäß ist; nur insofern besteht ein Verwendungsrecht.

b) Geht der gute Glaube in den bösen über, so tritt der Umschwung bereits in diesem Momente ein, §§ 990, 994, 996.

3. Verwendungen, welche als Lasten der Sachbenutzung erscheinen, sind ein Minus der Nutzung und obliegen dem Besitzer, soweit ihm die Nutzung zukommt. Es sind dies die gewöhnlichen Herrichtungen, die jeweils den Nutzungsverderb wieder zu ersetzen haben, § 994: für solche gibt es kein Verwendungsrecht.

B. Eigentum im Dienste des Pfandrechts.

I. Sicherungsübereignung.

1. Allgemeines.

§ 182.

I. Sicherungsübereignung gehört zu denjenigen Gestaltungen des Eigentums, welche man Treuhand nennt, nämlich zu dem Eigentum, welches für Zwecke geschaffen wird, die unterhalb der Sphäre des Eigentums liegen.[1]) Eine Treuhand

---

[1]) Das in der neueren Zeit stark angeschwollene Entscheidungsmaterial ist mit großer Vollständigkeit zusammengestellt bei Schäfer, Arch. f. b. R. 38 S. 1 (1913), worauf verwiesen wird. Eine vollständige Aufführung der Entscheidungen würde hier, wie sonst, den Zwecken dieses Werkes widersprechen.

kann begründet werden 1. um Interessen dritter Personen zu
wahren, sodaß der Treuhänder das Eigentum nur für Verwal-
tungs- und Verwertungszwecke Dritter benutzen soll, 2. um
dem Treuhänder eine Sicherheit zu geben, wie sie sonst das
Pfandrecht gibt. So unterschieden schon die Römer zwischen
der fiducia cum creditore und der fiducia cum amico.

II. Während aber das römische Recht die Sonderverhält-
nisse der Treuhand nur schuldrechtlich zur Geltung brachte
(actio fiduciae), wenn auch mit dem Drohmittel und dem
Schrecken der infamia, so hat das deutsche Recht die Treuhand dinglich zur Geltung gebracht, indem das Eigentum des
Treuhänders resolutiv gestaltet und einer Auflösungsbedingung
unterworfen wurde.

III. Diese dingliche Beschränkung kann allerdings nicht
dahin führen, daß der Treuhänder nur unter einer Bedingung
verfügen kann, denn dies würde gerade dem Zweck der Treuhand widersprechen, welche Sicherheit und unbezweifelte Geltung bringen soll; wohl aber fällt 1. bei Beendigung des Treu-
handverhältnisses das Eigentum an das „Treuhaupt" zurück,
es braucht nicht etwa zurückübertragen zu werden; 2. die
Gläubiger des Treuhänders sind nicht in der Lage, auf dieses
Eigentum zu greifen oder es in seinen Konkurs einzubeziehen:
das Treuhaupt hat ein Aussonderungsrecht. [1])

IV. Die Sicherungsübereignung ist eine Treuhandübereignung, bei welcher der Treuhänder neben dem Interesse des
Treuhauptes sein eigenes Forderungsrecht zu wahren berechtigt ist. Darum steht auch der Fortbestand der Treuhand
nicht in dem Belieben des Treuhauptes, sondern sie erlischt
erst, wenn die Forderung des Treuhänders befriedigt ist. Eine
solche Treuhandgestaltung ist zulässig. [2])

V. Die Vorteile der Treuhand sind bedeutend: die Übergabe an den Treuhänder ist Übergabe zu Eigentum, sie kann
durch Konstitut erfolgen, und das Verhältnis setzt durchaus
nicht voraus, daß der Treuhänder im Besitz bleibt, sondern es
ist möglich, daß er Besitz und Verwaltung an das Treuhaupt

---

[1]) RG. 23. 12. 1899 E. 45 S. 80; RG. 20. 3. 1912 E. 79, 121.
[2]) Vgl. München 31. 5. 1912 M. 26, 42.

zurückgibt. Damit sind die Schranken durchbrochen, welche das Besitzpfandinstitut der freien Entwickelung des bürgerlichen Rechts in den Weg legt. Vgl. S. 484 und 525.

2. Grundsätze der Treuhand.

§ 183.

I. Die Frage der Sicherungsübereignung rührt aber auch zu gleicher Zeit an eines der tiefsten Rechtsprobleme, an das Problem der Umgehungsgeschäfte. Hier stehen Gesetz und Gesetzeszweck, Gesetzesbestrebungen, Gesetzesziele miteinander in Widerstreit, und es handelt sich darum, ob die Wirkung des Gesetzes über die Gesetzesbestimmung hinausreicht, oder ob die Gesetzesbestimmung das letzte Wort des Rechts ist; mit anderen Worten: die ungeheure Frage über das Verhältnis zwischen Gesetz und Recht kommt hier in akuter Weise zur Entscheidung. Soll die Rechtsordnung es sich gefallen lassen, daß ihre Zwecke und Ziele umgangen und das Gesetz zu einem toten Buchstaben gemacht wird, indem man auf einem Umwege, ohne den Gesetzessatz zu verletzen, eben das herbeiführt, was das Gesetz vermeiden will?

II. Seit 50 Jahren habe ich dafür gekämpft, daß Recht Recht werde und daß niemals die Gesetzesbestimmung als das letzte Wort des Rechts zu betrachten ist, daß also den Umgehungsgeschäften möglichst entgegengearbeitet werden solle. So ist denn nun auch schon vor Jahrzehnten die Frage aufgetaucht, ob die Sicherungsübereignung ein derartiges Umgehungsgeschäft ist, welches von der Rechtsordnung für nichtig erklärt werden muß, als Umgehung gegenüber dem Verbote der Mobiliarhypotheken. Vgl. S. 485.

Diese ganze Frage habe ich jüngst ausführlich im Archiv für Rechtsphilosophie XI S. 1 f. erörtert und ich kann darauf verweisen.[1]) Ich will hier nur hervorheben:

1. Die erste Bedingung für die richtige Beurteilung der Frage ist natürlich die, daß man das simulierte Geschäft und das Umgehungsgeschäft scharf voneinander unterscheidet, während früher beides im höchsten Grade durcheinander ge-

---

[1]) Hierüber auch vortrefflich V e t s c h , Umgehung des Gesetzes (1917).

rührt wurde. Darüber habe ich bereits in meiner Abhandlung über Mentalreservation und Simulation vor vielen Jahren die nötigen Grundlagen gegeben, und dies ist nunmehr allgemein anerkannt worden.

2. Wenn aber auf solche Weise das Umgehungsgeschäft vom simulierten ausgeschieden wird, so tritt die wichtige Frage heran: soll das Recht sich von dem Gesetzessatz befreien und ein dem gesetzlichen Zweck entsprechendes eigenes Leben führen, und bis zu welchem Grade der Selbständigkeit hat das Recht fortzuschreiten? Hier ist aber ein wichtiger, vielfach verkannter Satz mit einzufügen. Nicht nur die von dem speziellen Gesetze bezeichneten Ziele dürfen in Betracht gezogen werden, sondern auch die Anforderungen des Rechtslebens. Wenn die legitimen Erfordernisse unseres Lebens eine Abweichung von diesem gesetzlichen Ziele verlangen, dann hat das Recht die Befugnis, sich auf die strikte Bestimmung des Gesetzes zurückzuziehen und zu erklären, daß nicht unter allen Umständen um jeden Preis auf die weiteren Gesetzesziele hingesteuert werden soll. Insofern ist die Umgehung des Gesetzes durch die Vernunft des Rechtes geweiht, und man darf ihr nicht mehr die Neigung vorwerfen, gegen unsere Rechts- und Kulturordnung zu verstoßen. Das ist der Grund, der mich schon vor vielen Jahren veranlaßt hat, der Sicherungsübereignung das Wort zu sprechen, und darum hat auch die Gerichtsübung sich mehr und mehr für die Gültigkeit erklärt. Die Gründe, welche für die Unzulässigkeit des besitzlosen Pfandes sprechen, sind nicht so überwiegend und so durchschlagend, daß sie alle anderen Kulturinteressen überbieten. In der Tat, die Verhältnisse, die eintreten würden, wenn es keine Sicherungsübereignung gäbe, wären so unerträglich, daß längst wieder die Gesetzgebung in beschränkter Weise die Mobiliarhypotheken hätte einführen müssen. Es ist unmöglich, zu verbieten, daß das landwirtschaftliche Inventar, das Inventar eines Gasthofes, das Inventar eines Theaters für notwendige Kapitalaufnahmen verpfändet wird, und die Übergabe an den Gläubiger würde den Betrieb geradeaus zum Stillstand verurteilen. Wünschenswert wäre es nur, daß hierfür eine gewisse Publizität herrschte und solche Maßnahmen durch Ein-

tragung in die Öffentlichkeit gerückt würden. Derartige Bestimmungen werden ohne Zweifel später getroffen werden,
wodurch dann alle Bedenken gehoben werden.

Die Zulässigkeit der Sicherungsübereignung ist denn auch
von unserer Gesetzgebung vorausgesetzt[1]) und von den Gerichten anerkannt.[2])

III. Die Treuhand kann in der Art erfolgen, daß der Treu-
händer unmittelbar besitzen soll: auf solche Weise kann der
Sicherungs- und Befriedigungszweck besser als durch die
Weise des Pfandrechts erreicht werden: hierdurch kommt man
über alle Schwierigkeiten hinweg, welche eine unzulängliche
Gesetzgebung geschaffen hat:

1. Die Treuhand kann vollkommen die vom Gesetz vor-
enthaltene Antichrese ersetzen: der Treuhänder wird Eigen-
tumer und kann schuldrechtlich verpflichtet sein, wegen der
Sachbenutzung mit dem Treuhaupt in Abrechnung zu treten.

2. Die Treuhandübereignung kann das Forderungspfandrecht ersetzen mit Vermeidung all der Häklichkeiten und
Unzuträglichkeiten des BGB.

3. Im übrigen kann die Treuhand auch außer dem Befriedigungszweck noch andere Zwecke verfolgen, insbesondere
den Nießbrauch ersetzen; dies so sehr, daß man heutzutage
vielfach den Nießbrauch an einem Unternehmen als Treuhand
gegen Rückerstattung in Nießbrauchsweise auffaßt.[3])

IV. Zu einigen Punkten müssen besondere Bemerkungen
gemacht werden:

1. Die Treuhand wird dadurch bestellt, daß das Vollrecht
fiduziarisch übertragen wird, und zwar gelten hier die Grundsätze der Eigentumsübertragung, also insbesondere auch, was
die Übertragung durch Konstitut betrifft, und vor allem auch
der Satz, daß das übertragene Eigentum übertragen bleibt,
auch wenn die Sache in den Besitz des Übertragenden zurückgegeben wird.

2. Für Forderungen aber gilt etwas besonderes. Hier
sollte die Zession in der Weise wie bei Übertragung eines
Vorrechtes gelten, sodaß also durch den bloßen Vertrag

---

1) GwO. § 34.
2) Vgl. die Nachweise bei Schäfer und bei Vetsch a. a. O.
3) Dresden 24. 1. 1888 S. 45 nr. 109.

zwischen Zedenten und Zessionar das Forderungsrecht überginge und die Anzeige an den Drittschuldner nur eine rechts-
fördernde, nicht eine rechtsbegründende Bedeutung hätte. Hier
aber muß Halt gemacht werden. Wie aus dem obigen (S. 508)
hervorgeht, ist bei der Verpfändung von Forderungen die Anzeige an den Drittschuldner ein notwendiger Publizitätsakt,
gerechtfertigt durch die oft verwickelten und verfahrenen
Zustände des Schuldners, welcher sich durch Verpfändung
seiner Ausstände ganz im geheimen einen ungesunden Kredit
verschaffen und darum die Publizität gern vermeiden möchte,
da ein solcher Kredit auf Ausstände doch mehr oder minder
von Erkrankungen der Vermögensverhältnisse zeugt. Es ist
kein Vorzug des Schweizer Gesetzbuches, daß in a. 900 die
Anzeige an den Schuldner nicht als erforderlich erklärt wird.

Auch hier hat man durch Umgehung zu helfen gesucht, um
es zu ermöglichen, daß der Schuldner heimlichen Kredit erlangt und auf diese Weise seine Ausstände verpfändet, ohne
daß dieses dem Verkehr bekannt wird. Es ist das zunächst in
Österreich aufgekommene Institut der Diskontierung von
Buchforderungen. Man veräußert Forderungen an eine Bank
unter Abzug eines bedeutenden Diskonts, also z. B. gegen
70 %, bedingt sich aber aus, daß der Drittschuldner nicht benachrichtigt wird. Dieser zahlt natürlich an den bisherigen
Gläubiger, und zu diesem Zwecke bekommt auch der bisherige Gläubiger eine Einzugsvollmacht; dieser Vollmacht entsprechend hat er zu verfahren und das Geld der Bank zur
Verfügung zu stellen, ansonst er sich der Unterschlagung
schuldig macht. Kommt es zum Konkurs, so verlangt die Bank
die Aussonderung der Forderung und beruft sich darauf, daß
die Forderung nicht etwa verpfändet, sondern übertragen
worden sei, mithin die Anzeige an den Drittschuldner nicht
nötig war.

Dieses Geschäft ist als eine unstatthafte Umgehung zu
betrachten und die Aussonderung im Konkurs zu verweigern;
denn hier sprechen nicht etwa wie bei der Sicherungsübereignung tiefer liegende Gründe dafür, von der Publizität ab-
zustehen.

Noch weniger ist es daher statthaft, ein wegen Mangels der Publizität wirkungsloses Forderungspfand als Sicherungsübereignung aufrecht zu erhalten. [1])

3. Ist aber die Mitteilung an den Drittschuldner erfolgt, also die Offenlegung geschehen, dann ist die Sicherungsübereignung der Forderung ohne Bedenken, und der Zessionar hat die Stellung eines mit der Pflicht der Treuwaltung belasteten Treuhänders. [2])

3. Treuhand mit Besitz des Treuhauptes.

§ 184.

I. 1. Am wichtigsten ist die Treuhand, bei welcher die Sache im unmittelbaren Besitz des Treuhauptes bleibt, sodaß lediglich durch Konstitut der Treuhänder Eigentümer und Eigenbesitzer wird, während das Treuhaupt zum Fremdbesitzer herabsteigt. Er besitzt dann als Mieter, als Pächter, als Kommissionär oder in irgend welchem Schuldverhältnis, welches den Zweck verfolgt, ihm den Besitz zu lassen, während der Treuhänder durch das Eigentum gedeckt ist. Natürlich kann eine solche Kombination auch in der Art erfolgen, daß der Besitz zuerst an den Treuhänder übertragen und dann an das Treuhaupt zurückübertragen wird.

2. Eine solche Gestaltung der Sache ist sehr elastisch und läßt die verschiedenen Abwandlungen zu. Man kann insbesondere bedingen

a) daß das Treuhandverhältnis aufhöre und das Eigentum kraft auflösender Bedingung zurückkehre, das Treuhaupt wieder Eigner und Eigenbesitzer sein soll, wenn der Treuhänder befriedigt ist. Aber es kann auch

b) bedungen werden, daß der Treuhänder unter Umständen endgültiger Eigentümer wird, sodaß die Resolutivbedingung erlischt und das Treuhaupt aufhört Treuhaupt zu sein, so bei Nichtzahlung und entsprechender Kündigung.

---

[1]) RG. 30. 4. 1912 E. 79, 306.
[2]) RG. 23. 11. 1904 E. 59, 190.

II. 1. Derartige Treuhandgeschäite können individueller oder allgemeiner Art sein:

1. eine individuelle Sicherungsübereignung mit Besitzrück-übertragung ist das altgebräuchliche Institut des Eigentums-vorbehalts beim Kauf. Der Gedanke ist hier der: das Eigen-tum wird an den Käufer übertragen, er überträgt es aber zur Treuhand wieder zurück, jedoch in der Art, daß der Käufer nunmehr als Benutzer der Sache waltet, so lange, bis das Treuhandverhältnis in einer der obigen Weisen zu Ende geht: also solange bis entweder der Käufer infolge der Zahlung des Kaufpreises kraft Resolutivbedingung wieder Eigentümer wird, oder bis infolge der Nichtzahlung und der Kündigung das Verhältnis in entgegengesetzter Weise zugunsten des Ver-käufers beendet wird, er endgültiger Eigentümer wird und das Besitzrecht des Käufers aufhört.

2. Aber auch in bezug auf Gesamtheiten ist eine solche Sicherungsübereignung mit Rückübertragung möglich. Man denke sich ein landwirtschaftliches Gut, ein Gasthaus, ein Theater, welche mit Inventar auf den Kapitalisten zu Eigen-tum übertragen wird, aber so, daß der bisherige Inhaber es weiter besitzt, bis das Forderungsverhältnis endgültig er-ledigt ist. Hier kann natürlich, was das Inventar betrifft, das bekannte Ersatzrecht eintreten: der Betreiber des Geschäftes kann, obgleich er nicht mehr Eigentümer des Inventars ist, doch unbrauchbare Sachen abstoßen und neue erwerben, welche dann von selbst kraft Ersatzrechts (nicht kraft Kon-stituts) in das Eigentum des Treuhänders übergehen. Ähnlich verhält es sich mit der Übertragung eines Zeitungsunter-nehmens. [1])

3. Man hat aber dieses Institut noch weiter ausdehnen wollen, indem das Treuhaupt nicht nur Grundstück samt In-ventar, sondern kraft constitutum in futurum den künftigen Erwerb auf den Treuhänder übertrug: ja auch die Forderungen und Ausstände, die ihm künftig zukämen, sollten wenigstens indirekt auf den Treuhänder übergehen, indem das Treuhaupt nicht nur das Gut mit Inventar als fremdes Eigentum besitze, sondern auch allen künftigen Erwerb als fremdes Eigentum

---

[1]) Dresden 14. 11. 1906 M. 15, 355.

erwerbe.[1]) Diese Gestaltung ist unzulässig, sie stößt sich an
der Unzulässigkeit des Konstituts in futurum (S. 224), sie würde
zu einer vollkommenen Verwilderung des Verkehrs führen. Jetzt
wüßte niemand mehr, wer Eigentümer und wer Fremdbesitzer
wäre: der ganze künftige Erwerb würde vom Chef des Geschäftes hinweg an einen Dritten fallen. Das Geschäft würde
immer noch im Namen des Chefs und die Bücher würden auf
sein Konto geführt; er könnte auch eigene Geschäftsschulden
machen, alle Aktiven aber würden sofort von ihm abfallen und
einem Dritten zukommen; und wenn er in Konkurs fiele, so
wären von ihm die blanken Schulden da, während einfach der
Treuhänder alle Aktiven herauszöge. Solche Verhältnisse kann
die Rechtsordnung nicht schaffen. Wenn auch das Prinzip
der Publizität nicht übertrieben werden darf, so darf nicht eine
Lage eintreten, die von dem Verkehr gar nicht zu übersehen
und daher für den Kredit völlig unfaßbar ist. Die irrige Vorstellung vom Konstitut in futurum rächt sich hier in er-
schreckendem Maße; und auch der Gedanke des Ersatz- und
Substitutionsrechtes, wonach die Neuerwerbung nicht kraft
Besitzauftragung, sondern kraft des Ersatzprinzips in das
Eigentum des Gläubigers übergeht, ist nur für gewisse her-
gebrachte Verhältnisse (Erbrecht, Ehegüterrecht, Konkursrecht,
Zubehörrecht) brauchbar und darf nicht beliebig ausgeweitet
werden, wenn nicht das ganze Rechtsleben in Unordnung geraten soll.

Man hat dies auch empfunden und hat in der neueren Zeit
sich mit der Wendung geholfen, daß die Sicherungsübereignung, welche ein ganzes Geschäft samt dem künftigen Erwerb
umfaßt und dadurch den Schein erweckt, als ob der Führer
des Geschäftes noch der volle Eigner wäre, als gegen die guten
Sitten verstoßend nichtig sei.[2]) Mitunter wurde auch bereits
mit der Unzulässigkeit der Besitzauftragung bezüglich künftig
zu erwerbender Waren operiert.[3])

---

[1]) Vgl. z. B. Kiel 25. 3. 1908 M. 18, 134; Braunschweig 13. 2.
1912 M. 26, 44 (= S. 67 nr. 260).
[2]) Vgl. RG. 5. 5. 1911 JW. 40, 576; RG. 17. 12. 1912 JW. 42, 318,
Rostock 15. 3. 1912 und Dresden 22. 3. 1912 S. 67 nr. 147, vgl. auch
Braunschweig 20. 3. 1912 M. 26, 48.
[3]) Rostock 13. 5. 1907 M. 18, 133.

Treffend hat sich auch das Gutachten der Ältesten der Kaufmannschaft von Berlin am 15. 6. 1911 gegen die Sicherungsübereignung von Warenlagern ausgesprochen und auf die Gefahren und Nachteile hingewiesen. [1])

Treuhand mit Konstitut ist nur in praesens, d. h. mit Rücksicht auf das gegenwärtige Vermögen, nicht in futurum möglich. Treuhand mit fremdrechtlichem Betrieb unter Vollerwerb der Aktiven zugunsten des Treuhänders ist ein Mißbrauch des Instituts, ein Wirrnis für den Verkehr und von Anfang bis zu Ende unzulässig.

4. Anwendung pfandrechtlicher Grundsätze.
§ 185.

Die Aufgabe der Sicherungsübereignung als Kreditsicherung führt es mit sich, daß eine Reihe von Bestimmungen, welche die Schicksale des Pfandrechtes regeln, auch auf die Sicherungsübereignung Anwendung finden müssen.

1. Im Konkurs des Treuhänders hat das Treuhaupt ein Absonderungsrecht. Wenn man hier einen viel gebrauchten Ausdruck anwenden will: der materielle Eigentümer geht dem formellen Eigentümer vor, oder wenn man die Sache richtiger konstruiert: das Beschlagsrecht im Konkurs ergreift zwar zunächst diese Treuhandgegenstände, der Sicherungsübereigner aber hat das Recht auf Rückgabe in Verbindung mit einer exceptio doli gegen die beschlagnehmende Gläubigerschaft. Es ist dies die Konstruktion, die ich von jeher im Konkursrecht gegeben habe. [2]) Der Sicherungsübereigner hat aber diese exceptio doli nur, soweit er nicht kraft des Sicherungsübereignungsverhältnisses gehalten ist, die Sache dem Gläubiger zur Befriedigung zu überlassen.

2. Der Gläubiger, welcher als Treuhänder ein festes Befriedigungsobjekt hat, kann im Treuhauptkonkurs nur wegen des Ausfalles anmelden; § 64 KO. gilt hier noch mit besonderer Schärfe, das gleiche gilt von der Beschränkung des § 777 ZPO.

3. Wenn das Treuhaupt einen Zwangsvergleich abschließt, so bleibt das Eigentum des Treuhänders zum Zweck der

---

[1]) Leipziger Zeitschr. 6, 57 f.
[2]) Leitfaden des Konkursrechts S. 115 f.

Deckung seiner ganzen Forderung ebenso bestehen, wie im entsprechenden Falle das Pfandrecht; § 193 KO. gilt gleichfalls mit besonderer Schärfe.

4. Wird die Forderung, zu deren Deckung die Treuhand dient, übertragen, so geht zwar das Treueigentumsrecht nicht von selbst auf den neuen Gläubiger über, aber der Zessionar hat regelmäßig ein Recht auf Übertragung. Es verhält sich hier ähnlich wie mit der Forderung, zu deren Deckung eine Grundschuld bestellt ist. [1]

Auf diese Weise erledigen sich auch die Bedenken, welche Posen 22. 6. 1910 S. 66 nr. 211 erhebt. Wenn die Zession nur einen Teil der Forderung ergreift, so ist allerdings nicht das volle Treueigentum, sondern nur ein entsprechender Teil zu übertragen; die nähere Ordnung der Verhältnisse aber ist dem Schuldrecht zu überlassen.

5. Der Treuhänder hat das Eigentum zu seiner Befriedigung zu verwenden; dies muß gutgläubig und mit Sorgfalt geschehen. Eine Verwertung in der Art der Pfandveräußerung ist nicht erforderlich, denn die Sicherungsübereignung hat gerade auch den Vorzug, daß der Gläubiger nicht an die beschränkenden Bestimmungen des Pfandveräußerungsrechtes gebunden ist. Eine Verwirkungsklausel allerdings im Falle der Nichtzahlung wäre auch bei dem Treueigentumsverhältnis nur mit Vorsicht anzunehmen. Erfolgt übrigens die Verwertung durch öffentliche Versteigerung, dann müssen analog die Grundsätze der Pfandveräußerung gelten, namentlich was den gutgläubigen Erwerb des Käufers betrifft. Vgl. oben S. 232 und 497.

6. Eine Veräußerung im Widerspruch mit der Treuhandpflicht ist eine Untreue gegen das Treuhaupt; weiß der Erwerber davon, so beteiligt er sich an der Untreue und ist daher dem Treuhaupt herausgabe- und schadenersatzpflichtig. [2]

7. Bestellt ein Dritter eine Treuhand zur Kreditsteigerung des Schuldners, so hat er, wenn der Gläubiger sein Recht aus-

---

[1] RG. 26. 11. 1917 E. 91, 277.
[2] RG. 24. 11. 1917 E. 91, 218.

üben will, die Befugnis der §§ 770, 1143 und 1225 (Interventionsrecht).[1]

II. Kauf auf Wiederkauf.

§ 186.

I. Eine Sicherungsübereignung liegt nicht vor, sondern ein wesentlich anderes Geschäft, wenn der Schuldner die Sache an den Gläubiger verkauft, den Kaufpreis mit der Schuld kompensiert und sich dabei den Rückkauf vorbehält. Doch kann auch diese Rechtsform benutzt werden, um den wirtschaftlichen Erfolg der Pfandbestellung zu erzielen und dem Gläubiger eine reale Sicherung zu geben. So schon im indischen, so im griechischen Recht, so unzählige Male im deutschen Rechte, so auch im modernen Verkehr; vor allem beruht darauf das ganze Reportgeschäft. Diese Rechtsform ist von der Sicherungsübereignung wohl unterschieden: die obligationsrechtliche Schuld findet hiermit ihre vollständige kompensatorische Lösung; Bürgen und Pfänder werden frei; von einer Veräußerung eines Pfandgegenstandes, von einer Beanspruchung des Schuldners für das Plus der Forderung, das sich aus der gekauften Sache nicht erzielen läßt, von einer Geltendmachung dieses Plus im Konkurs und ähnlichem ist keine Rede. Die Sache ist juristisch vollkommen erledigt und durch den Kauf in einen ganz neuen rechtlichen Stand eingetreten. Der Wiederkauf folgt vollkommen den Grundsätzen des Wiederkaufs, und die Tilgung der ursprünglichen Forderung war nur eine Veranlassung des Wiederkaufsgeschäftes: diese Forderung hat auf den Weiterverkauf keinen Einfluß. Insbesondere hat der Wiederkaufberechtigte für das Wiederkaufsrecht keine Absonderungsbefugnis; ein dingliches Recht hat er nur bei Grundstücken auf Grund der Vormerkung (S. 364).

II. Die Vermischung dieser Rechtsform mit der Sicherungsübereignung ist daher verkehrt und irreführend, ebenso irreführend, als wenn man das römische Fiduziageschäft mit dem griechischen Wiederkaufsgeschäft verwechseln wollte.

Immerhin war auch dieser Form hier kurz zu gedenken.

---

[1] Unrichtig Posen 22. 6. 1910 S. 66 nr. 211.

III. Vinkulationskauf.

§ 187.

I. Eine Art der Sicherungsübereignung ist der, namentlich im Verkehr mit Österreich und besonders mit Galizien vorkommende Vinkulationskauf. Der Verkäufer, welcher für seine Ware sofort bares Geld haben will, könnte sich des Verkaufskommissionärs bedienen, der ihm das Geld vorstreckt, dafür ein Pfandrecht an der Ware erlangt und sich aus dem Erlös für dieses Pfandrecht befriedigen kann.

Diese Methode verlangt aber Übergabe der Ware an den Kommissionär, damit dieser für seinen Vorschuß gesichert ist.

II. Eine neue Art der Kreditierung ist die des Vinkulationskaufes: ein Bankier gibt die flüssigen Gelder, er kommt nicht in den Besitz der Ware, obgleich der Frachtbrief auf ihn ausgestellt wird, aber er wird Treueigentümer der Ware, denn daß der Frachtbrief auf ihn ausgestellt wird, steht einer symbolischen Übergabe gleich (traditio symbolica).

III. Während nun ein Verkaufskommissionär in seinem Namen verkauft, tritt der Bankier hier in das vom Verkäufer bereits abgeschlossene Geschäft ein, allerdings zumeist mit der Bestimmung, daß er jede Haftung wegen Warenmangels ablehnt; er tritt im übrigen in die Verpflichtung ein, die Ware zu übergeben, zu gleicher Zeit aber auch in das Recht, den Kaufpreis in Empfang zu nehmen, sei es nun durch Barzahlung oder durch Wechselakzept.

IV. Die Zahlung durch den Käufer tilgt die Darlehensforderung des Bankiers gegen den Verkäufer und löst das Sicherungsübereignungsverhältnis zwischen diesen beiden.[1]

---

[1] Vgl. hierüber RG. 26. 10. 1907 Leipz. Zeitschr. II 167, Nürnberg 15. 2. 1912 Zeitschr. Rechtspflege Bayern 8, 316.

Exkurs I.

Destinatio patris familias.

I. Die destinatio patris familias ist ein Schmerzenskind des Rechts gewesen. Der Gedanke der automatischen Servituten. entstehung war dem natürlichen Verstande von selbst auf. gegangen; als man aber an der Idee der generatio spontanea strauchelte, so kam man auf den Gedanken der stillschweigen- den Bestellung der Servitut, und hier mußten alle Fragen über die Servitutenschöpfung durch mancipatio, in jure cessio auf- tauchen, samt allen den heiklen und mehr oder minder über- treibenden Sätzen, daß nemini res sua servit und daß alienis aedibus servitutem neque adquirere neque imponere potest, fr. 6 pr., fr. 8, fr. 10 comm. praed., Sätze, die namentlich in der Sabinusschule und bei Julian scharf betont wurden.

Aber da mußte man sich doch etwa den Fall setzen, den Labeo in fr. 47 de damn. inf. bespricht, daß jemand zwei Häuser hat mit einem über beide Häuser gebauten cenaculum; hier mußte man bei Veräußerung des einen Hauses fragen, ob das Gebälk dieses cenaculum, das in das andere Haus ein- gelassen ist, kraft einer servitus oneris ferendi so weiter fortbestehen dürfe. Sollte dies nur möglich sein, wenn ausdrücklich ein servitus oneris ferendi auferlegt ist: servi- tute (oneris) porticus servandae imposita, wie Labeo sagt? Oder sollte man nicht einen Fortbestand auch ohne Servituten- auflegung annehmen? Welche unsinnige Folgerung, daß sonst die Balken einfach herausgerissen werden müssen! Dies scheint die Julianusschule wirklich gewollt zu haben, wie aus dem berühmten fr. 1 de servit. legat. hervorgeht. Minicius hatte sehr vernünftig behauptet: wenn zwei Tabernae mit einander durch das Gebälk verbunden sind und beide tabernae an verschiedene Personen vermacht werden, so ist eine entsprechende Servitut anzunehmen; allerdings hatte er die Entscheidung in die unrichtige Form gekleidet: servitutem impositam videri: hier protestiert sofort Julian: dies gelte nur: si nominatim haec servitus imposita est . . . . Vgl. übrigens auch fr. 34 de serv. praed. urb.

In einem anderen Falle wird die Entscheidung des Minicius künstlich aufrecht erhalten, fr. 31 serv. praed. rust.: nebeneinander liegen A., B., C. — A. hat eine Wassergerechtigkeit gegenüber C.; später erwirbt der Eigentümer von A. das Grundstück C., sodaß man ein Erlöschen der Servitut durch Rechtsvermischung annehmen sollte; dann aber veräußerte er das Grundstück A., so daß A. und C. wiederum in verschiedenen Händen sind. Man müßte nun nach Julian annehmen, daß die erloschene Servitut nicht wieder auflebe, wenn es nicht besonders ausgemacht werde. Hier aber hilft sich Julian durch eine Argumentation des Minicius: da bei der Wassergerechtigkeit auch das Grundstück B. beteiligt ist, dieses aber stets in fremden Händen blieb, so sei eine Rechtsvermischung nicht eingetreten und darum die Servitut bestehen geblieben; eine durchaus nicht zureichende Begründung; denn die Servitut durch das Grundstück B. hindurch ist nur eine sekundäre Hilfsservitut. [1])

Der Julianischen Schule folgt Scaevola nicht. Scaevola spricht in fr. 41 pr. de serv. praed. urb. von dem Fall, wenn Jemandem an einem von zwei Grundstücken eine habitatio vermacht war, während das andere dem Erben einfach verblieb; dabei verhielt sich der Fall so, daß der Erblasser stets durch das erste Grundstück in das zweite ging: hier sollte dem Erben gleichfalls der Durchgang gestattet sein: servitutem quidem non esse (was sich von selbst versteht), sed heredem transire per domum posse (der Fortgang dum non noceat legatario ist offenbar interpoliert). Hier handelt es sich nicht um eine Servitutenbelastung, aber um eine servitutenartige Minderung des Wohnrechtes zugunsten des heres oder vielmehr zugunsten des Grundstückes, das dem heres in vollem Rechte verbleibt.

---

[1]) Allerdings ist es nicht sicher, ob die Argumentation wirklich von Minicius herrührt und nicht erst durch Julian zugefügt ist.

Entscheidend ist aber die Stelle des Scaevola in fr. 20 pr. si serv. vind. Hier will allerdings Riccobono, Riv. ital. XXI p. 401 f. ein „non" einschieben, aber die Gründe sind nicht über. zeugend. Es handelt sich um einen durch Vermächtnis zuge. wendeten fundus, neben dem sich casae junctae befinden, und man fragt, ob dem Erben eine entsprechende Servitut an dem fundus zugunsten der casae junctae zusteht, offenbar wie im Labeonischen Fall eine Servitut wegen Verbindung des Ge. bälks der casae, das auf dem fundus lastete. Er bejaht die Frage ebenso wie Minicius; er bejaht sie nach zwei Rich. tungen: entweder besteht das Vermächtnis als Vindications. vermächtnis, dann ist die Servitut von selbst gegeben: fundus debet servitutem. Oder es läßt sich das Legat nicht als Vindi. kationslegat, sondern nur als Fideikommiß aufrechterhalten, dann ist der schuldrechtlichen Fideikommißklage eine exceptio dahin entgegenzusetzen, daß das Eigentum nur unter Vor. behalt der Servitut zu übertragen sei, also wiederum „deberi".

Dagegen sind Ulpian und Paulus der falschen Fährte ge. folgt. Selbst in dem Falle, wenn die Grundstücke zunächst ge. trennt waren und eine Servitut bestand, soll die Servitut durch die Rechtsvereinigung der Grundstücke in der Art erlöschen, daß, wenn die Grundstücke wieder getrennt werden, servitus nominatim imponenda sei, fr. 30 pr. serv. praed. urb., fr. 7 pr., fr. 10 comm. praed.; vgl. auch fr. 44 § 9 leg. I.

Diese ganze Entwickelung von Minicius bis Paulus war dem ethischen Empfinden der späteren christlichen Juris. prudenz zuwider [1]) und es waren zwei Grundsätze, welche hier durchbrachen: einmal der Satz von der generatio spon. tanea servitutis, denn diese entsprach der Billigkeit: es ist billig, daß nicht ohne Grund, lediglich aus formalistischer Ver. schrobenheit, die Verhältnisse verdorben und entstellt werden: in dieser Beziehung vergleiche man die Interpolation am Schluß von fr. 8 comm. praed., und besonders interessant ist die Interpolation in fr. 15 § 1 de usu leg.: ut haec forma in agris servetur, quae vivo testatore obtinuerit. Sodann der andere Satz, daß das Servitutenrecht möglichst so behandelt werden solle, wie es das allgemeine Beste erheischt; man vergleiche

---

[1]) Vgl. auch Riccobono a. a. O. p. 410 f.

das erwähnte dum non noceat legatario in fr. 41 serv. praed. urb. und die Erörterungen über das Lichtrecht am Schluß von fr. 10 und fr. 11 pr. serv. praed. urb.

Man mag über das byzantinische Recht denken, wie man will; daß es uns von dem formalistischen Unding der Julianischen Schule befreit hat, ist im höchsten Grade lobenswert und ein großes Verdienst.

II. Die ganze mittelalterliche Erörterung geht von Bartolus aus, der sich zu fr. 1 de servit. leg. folgendermaßen äußert:

Si domus una sustineat actum servitutis, habentis causam continuam et permanentem, et alienetur: in dubio servitus videtur imposita. h. d. opp.: dicitur hic, quod servitus videtur imposita; contra, imo debet imponi per haeredem. [1]) Sol. ibi loquitur in servitute viae vel itineris, quae causam continuam non habebat: ideo non videtur imposita per testatorem, licet posset agi ut imponatur: hic vero loquitur de domo sustinente onus servitutis, habentis causam continuam: unde testator videtur imponere, quod habeat causam permanentem. et idem crederem in venditione domus, ut videatur imposita servitus, ut sustineat onera permanentia, quae ipso actu sustinebat, maxime si contrahentes hoc sciebant. Non obstat l. in vendendo (fr. 66) supra-de contrah. empt., quia loquitur in servitute, quae non habebat causam continuam.

Quaero, quando legatur fundus vel ususfructus fundi, utrum illi fundo debeatur servitus viae vel itineris vel alia servitus, sicut vendens et legans utebatur? Tu autem clarius dic: cum quaeritur, an rei venditae vel legatae debeatur servitus illius actus, qui erat apud alienantem ex alia re alienantis. sic distingue: aut ille erat actus servitutis, habentis causam continuam permanentem, et servitus videtur imposita; aut habebat causam discontinuam et non permanentem, et tunc servitus non videtur imposita, sed poterit agi, ut imponatur, secundum distinctionem. An autem possit agi ut imponatur? sic dic: aut fuit legatus ususfructus, aut proprietas. Primo casu potest agi, ut imponatur illa servitus, si alias ususfructus esset inutilis. Aut legatur proprietas, et tunc aut quaeris, utrum a legatario debeat praestari servitus haeredi: et sine dubio debet praestari; si vero quaeris, an debeat praestari ab haerede ipsi

---

[1]) Er bezieht sich hierbei auf fr. 44 § 9 leg. I, fr. 15 de usufr. leg., fr. 20 pr. si serv. vind.

legatario, vel ab uno legatario alii legatario? credo, quod debet
praestari. Eadem ratione debet iter praestare, quia minus male
posset habitare luminibus offuscatis in aedibus, quam uti sine
itinere. Predicta sunt vera, quando proprietas legatur; secus
si inter vivos constituatur, quia haec servitus, que habet causam
momentaneam, non debet constitui, nisi expresse hoc agatur.

Die tägliche Beobachtung des Falles mit Einbau von einem
Grundstück zum anderen führte ihn zur Ausscheidung der servitus continua und permanens. Bei den anderen Servituten
leugnet er zwar die automatische Entstehung, konstruiert aber
die Verpflichtung zur Auferlegung der Servitut, allerdings im
allgemeinen nur bei Vermächtnissen, während bei Geschäften
unter Lebenden eine ausdrückliche Servitutenbestellung
nötig sei.

III. Die alten Coutumes gingen von dem Satze aus, daß
destination de pere de famille vaut titre; so insbesondere die alte
Coutume von Paris a. 91, und ebenso die Coutumes von Dour-
dan a. 72, Estampes a. 73, Montfort a. 84, Melun a. 189. Besonders eindringlich sagt Lodunois (1518) XXI a. 1: en partage
et division faits d'aucune chose commune, dont l'une chose sert
à l'autre y a aucunes veues ou agouts desdites choses parta-
gées, audit cas lesdites veues et agouts demeurent en l'estat
qu'elles estoient au temps desdits partages, si non qu'espresse-
ment soit dit le contraire; und ähnlich Normandie a. 610 und
Touraine a. 212; und in Rheims a. 350 und Sedan a. 323 wird
die destination als equipollente à titre bezeichnet. Auch schon
die alten Pariser Coutumes Notoires aus dem 14. Jahrhundert
enthalten den Grundsatz in a. 80 (Brodeau II p. 540): se aucun
Seigneur et Proprietaire d'aucunes maisons entretenans · · ·
fait que l'une serve à l'autre . . . . telle ordenance vaut titre.
Vgl. auch a. 126. Allerdings finden sich hier in a. 108, 174 dieser
Cout. notoires Ausnahmen bei solchen Gebäuden, welche verschiedenen Leihherrn (censiers) rentenpflichtig sind; bei diesen
widerstrebt eben die verschiedene Zinsherrlichkeit einer solchen typischen Abhängigkeit: die Servitutenabhängigkeit solle
nur während der Vereinigung unter denselben Eigentümer
stattfinden und bei der Trennung aufhören; der Grund war
aber, daß der Leihherr jeweils an der Belastung des Hauses
mit beteiligt war.

Die Zwischenzeit bis zu dem reformierten Stadtrecht kündigt denselben Umschwung an, wie in Rom die Servituten-entwickelung zu der Zeit des Julian, welche, die generatio spontanea verkennend, jede Servitut auf Bestellung gründete und den Satz als Prinzip aufstellte, daß keine Servitut ohne Titel sei. So die Pariser Coutume 216: Destination de pere de famille vaut titre, quand elle est ou a été par écrit. So auch Orléans 228 und Calais a. 202, und in à. 215 wiederholt die Coutume de Paris den Satz von Paulus und Ulpian:

quand un pere de famille met hors ses mains parties de sa maison, il doit spécialement déclarer, quelle servitudes il retient sur l'heritage .... ou quelles il constitue sur le sien .... toutes constitutions generales de servitudes, sans les declarer comme dessus, ne valent ... Und ähnlich Orléans a. 227, 223.

IV. Im Code Napoléon ist man wieder auf den Bartolini-schen Standpunkt zurückgekommen, wonach die destinatio patris familias bei servitutes continuae und apparentes gilt a. 692, allein ohne die Bartolinische Korrektur bezüglich der anderen Servituten; auch hat die Fassung des a. 694 zu end-losen Streitfragen geführt, ob diese Entstehung des Servituten-rechts nicht auch bei servitutes apparentes non continuae stattfinde.

Im englischen Rechte hat man diese Beschränkung im allgemeinen auch angenommen, dabei aber das Wegerecht den servitutes continuae gleichgestellt, ebenso auch die Pump-werke. Vgl. Adams v. Gordon und City of battle Creek v. Goguac Res. A. in Havard Law Review 28 (1914) p. 323 und 106, und vergl. die weiteren hier angeführten Entscheidungen, welche dahin abzielen, daß the easement is continuous, if the tenements are permanently adapted to its enjoyment, d. h. man ist auf den Stand jener Ausleger des Code Nap. gelangt, welche allen Wert darauf legen, daß die Servitut eine servitus appa-rens ist, daß sie sich durch ein äußerliches Zeichen kundgibt, und welche mehr oder minder vom Erfordernis der servitus continua absehen. Im übrigen unterschied man später zwischen dem Fall, daß das Grundstück des Veräußerers, und dem Fall, daß das Grundstück des Erwerbers berechtigt ist und ließ die destinatio nur gelten im letzteren Falle, nicht auch im ersteren, mit anderen Worten, man nahm eine constitutio implicita an, nicht eine reservatio implicita (Gale, Easements 8 Ed. p. 28 f., 161). Nur bei servitutes necessariae (easements of necessity) machte man eine Ausnahme; mit dieser Ausnahme gewährte man dem Equityrecht eine beträchtliche Einwirkung.

IV. Die ganze Lehre von der Destinatio patris familias ist ein Irrgang, beruhend auf dem unrichtigen Grundgedanken, daß jede Servitut auf Bestellung, auf Rechtsakt beruhen müsse. Läßt man diese Irrung fallen, so hört die Frage überhaupt auf, eine Frage zu sein, und es ergibt sich als Billigkeitsrecht der Satz: wo immer ein Grundstück in zwei Grundstücke zerlegt wird, bleiben die gegenseitigen wirtschaftlichen Verhältnisse, soweit sie nicht ausdrücklich geändert werden, dieselben, und was früher bloß internes Verhältnis des einen Grundstücksteils zum anderen innerhalb desselben Grundeigentums war, das wird nun ein externes Verhältnis, das sich von selbst als Dienstbarkeit darlegt. Es ist derselbe Grundgedanke, wie in §§ 1025 und 1026 BGB. Und wenn man diese Entstehungsweise der Servitut im BGB. nicht erwähnt hat, so hat man gut daran getan; denn was sich von selbst aus den Grundgedanken des Rechts ergibt, das bedarf keiner besonderen Bestimmung, die, wie die historischen Beispiele ahnen lassen, nur irrtümlich und unnatürlich ausgefallen wäre.

Exkurs II.

Constitutum possessorium.

I. Die ausführlichste Darstellung über das constitutum possessorium in dem älteren französischen Recht ist von T i r a - q u e l l u s in seiner Monographie de jure const. possess. Op. IV p. 107 f. [1]) Aus ihr ergibt sich, wie auch schon aus Bartolus, daß es ganz unrichtig ist, wenn man der Heranziehung des Ususfrukts bei der Konstitutbegründung eine übermäßige Bedeutung beimißt: dieser tritt vielmehr vollkommen zurück. Der Ususfrukt wird zwar mehrfach auch bei Tiraquellus erwähnt, aber durchaus nur in dem Sinne, daß, wenn ein Ususfruktkonstitut bedungen ist, weniger als in sonstigen Fällen ein Scheingeschäft anzunehmen sei, vor allem, wenn der Ususfrukt auf längere Zeit vorbehalten ist, wenn er reellen einstweiligen Nutzungszwecken des Übertragenden dient, vgl. hierzu Limitatio IX nr. 11 und 12. Die Formen, welche vielmehr fast ausschließlich behandelt werden, sind einmal das constitutum simplex und sodann das constitutum cum precario, und hiervon ist das constitutum simplex das ausgiebigere, denn hierdurch wird die possessio civilis und naturalis übertragen, während beim constitutum cum precario nur die possessio civilis übergeht, vgl. Tiraquellus V nr. 1. Wenn daher zuerst ein const. simplex an den Einen erfolgte, später ein constitutum cum precario an den Anderen, dann geht ersteres vor, während das constitutum cum precario durch das spätere constitutum simplex überboten würde.

Das constitutum simplex hat auch die Bedeutung: wenn A. die Sache an B. mit dem constitutum simplex verkauft und darauf an C. mit der realen Besitzübergabe, so geht B. vor, so I nr. 21. Deutlicher konnte nicht gesagt werden, daß das con-

---

[1]) Vgl. übrigens auch· G u y P a p e Decisiones 112 und die verschiedenen Coutümisten, wie R i c a r d , D u p l e s s i s u. a.

stitutum simplex eben nichts anderes ist als eine Eigentumsübertragung durch bloße Einigung, deren Besitzgestaltung sich
ja von selbst ergibt: nicht Besitz wird übertragen und damit
Eigentum, sondern umgekehrt das Eigentum wird übertragen,
und daraus ergeben sich die Besitzfolgen von selbst. Ganz besonders interessant sind die Ausführungen von Tiraquellus über
die doppelte Frage:

1. ob der Notar ohne besonderen Parteiantrag die Kon-
stitutsklausel einfügen kann, und

2. ob sie, wenn vom Notar vergessen, stillschweigend ergänzt werden darf.

Das erstere wird unbedingt bejaht; im zweiten Fall
kommt es auf die Umstände an, je nachdem ortsgebräuchlich
die Beifügung der Klausel so gewöhnlich ist, daß ein einzelnes
Weglassen nur als ein Versehen betrachtet werden muß.
Anders' wenn der Ortsgebrauch zwiespältig und wechselnd
ist. Hierüber finden sich in Limitatio 31 ausführliche Erörterungen.

Bemerkenswert ist noch der häufige Zusatz am Schluß der
Urkunden „etc." als clausula salutaris; diese galt als Erklärung,
daß alles, was der Partei nützlich ist, hierdurch stillschweigend
hinzubedungen würde. [1]

Erwähnt wird das Konstitut:

1. In der Ordonnance von V i l l e r s - C o t t e r e t s von
1539 a. 133. Hier ist davon die Rede, daß die Schenkungen
erst perfekt werden mit Annahme und Insinuation, und dabei
findet sich die Bemerkung: encores que par les lettres et in-
strumens d'icelles y eust clause de rétention d'ususfruit ou
constitution de précaire.

Erwähnt wird es 2. in einigen älteren Coutumes:

R o c h e l l e (1514): ch. 17 a. 49: Et quand lesdites parties sont en possession desdits biens donnez par la clause
desdites donations mutues ou testament.

Sodann in einigen Coutume:

P o i t o u (anc, cout 1514): a. 209: si ledit donnant en
avoit retenu l'ususfruict ou soy constitué possesseur pour et

---

[1] So auch in einigen meiner Vicentiner Urk. aus dem 15. Jahrh.

au nom du donataire: car audit cas l'heritier après le decès du deffunct n'auroit la premiere possession de la chose ainsi donnée.

Angoumois (1514): a. 117: autrement seroit, si la donation estoit faite entre vifs et la possession baillée et prinse par le donataire durant la vie du donnant, ou que le donnant eust retenu l'usufruit ou se fust constitué possesseur pour et au nom du donataire; esquels cas le donataire demourera saisi, et ne pourra l'heritier intenter remede possessoire.

Erwähnt wird es 3. unzähligemal in den späteren Coutumes, worüber ich mich auf meine zwölf Studien zum BGB. I S. 286 f. beziehen kann.

II. Die Frage des constitutum in futurum wurde von den alten Schriftstellern viel besprochen. Ausgangspunkt war der Fall der societas omnium bonorum: hier nahm man an, daß die künftig erworbenen Güter von selbst gemeinsam wurden. Baldus aber beschränkte in c. 1 pro socio diesen Übergang künftiger Güter mit Recht auf den Fall einer solchen allgemeinen societas: in einem solchen Falle war ja genügende Publizität vorhanden, sodaß der Verkehr hierdurch nicht zu sehr ins Unklare gesetzt wurde. Im übrigen hatte Baldus den richtigen Takt, zu erklären, daß daraus keine allgemeine Regel zu entnehmen sei, und daß in anderen Fällen künftige Güter durch Konstitut in die Zukunft nicht übertragen werden könnten, daß vielmehr die Übertragung nur wirksam sei, wenn die Sachen bereits erworben sind. Er sagt hier ausdrücklich:

si obligo tibi omnia bona mea presentia et futura et constituo me precario nomine possidere, ista constitutio precarii non operatur circa futura.

Weiter gingen Salicetus, Jason u. a. Auch Tiraquellus scheint sich dieser weitergehenden Ansicht anzuschließen, denn er erklärt sich II ampl. 32 wie folgt:

constitutum habet vim transferendae possessionis non solum in bonis praesentibus et jam quaesitis, sed et in futuris quoque et quaerendis, ut, si quis donet omnia sua bona praesentia et futura atque se constituat possidere pro donatario; nam tunc ex hujusmodi constituto transfertur possessio bonorum illorum futurorum tunc, cum erunt acquisita.

Indes macht er in nr. 12 dieser ampl. einen Vorbehalt, der schließlich wieder ganz auf B a l d u s zurückführt; denn er sagt: diese Konstitutswirkung in die Zukunft solle nur eintreten, wenn der Konstituent die künftigen Güter erwirbt „eo animo, ut acquirat constitutario", nicht aber, wenn er sie erwirbt „eo animo ut sibi, non illi acquirat". Damit ist natürlich das constitutum in futurum praktisch aufgegeben.

Nachtrag.

I. Die über das Erbbaurecht S. 341 f. aufgestellten Anforderungen sind zum Teil verwirklicht worden in der V e r o r d n u n g   v o m 1 5.   J a n u a r   1 9 1 9 (in Kraft seit 22. Januar d. J.). Der Gedanke, daß zwischen dem Eigentümer und dem Erbbauberechtigten e i n g e g e n s e i t i g e r schuldrechtlicher Kontakt bestehen muß, welcher in verdinglichter Weise das Rechtsverhältnis begleitet, ist dadurch zum Ausdruck gekommen, daß 1. Bestimmungen über Instandhaltung und Verwendung des Bauwerkes, über seine Versicherung und über die Heimfallpflicht als Bestandteil des dinglichen Rechtes eingetragen werden können; daß 2. Bestimmungen, wonach der Erbbauberechtigte sein Recht nur mit Zustimmung des Eigentümers veräußern oder belasten darf, ebenfalls in verdinglichter Weise erfolgen können; 3. daß der Anspruch auf künftige Bauzinsleistungen nicht von dem Eigentum getrennt werden kann und ebensowenig das Heimfallsrecht, natürlich vorbehaltlich der Befugnis des Eigentümers von sich aus zu verlangen, daß das Baurecht beim Heimfall statt an ihn, an einen Dritten übertragen wird.

II. Das E i n b a u r e c h t (S. 49) ist ein Recht des Erbbauberechtigten; es erlischt aber mit der Erlöschung des Erbbaurechtes, welches Erlöschen übrigens nur kraft Zeitablauf, nicht kraft auflösender Bedingung erfolgen kann. Ein jus tollendi des Erbbauberechtigten ist nicht gegeben. An Stelle dieses jus tollendi tritt vielmehr das Recht des gewesenen Bauberechtigten auf einen Gleichwert in Geld, meist ⅔ des Wertes des Bauwerks betragend, welches Recht als Sicherungshypothek mit dem Range des Baurechtes auf dem Grundstück ruht.

III. Der Frage über das Verhältnis des Erbbaurechtes zu den bestehenden Hypotheken suchte man durch die Bestimmung auszuweichen, daß das Erbbaurecht stets an erster Stelle stehen müsse; doch können Landesgesetze etwas anderes bestimmen, d. h. man hat die Schwierigkeit auf die Landesgesetzgebung übergewälzt.

Beim Heimfall bleibt eine etwaige Erbbauhypothek auf dem übergegangenen Erbbaurecht haften. Bei der Aufhebung des Erbbaurechts geht eine darauf lastende Hypothek in ein Pfandrecht an dem Entschädigungsanspruch mit seiner Sicherungshypothek über.

Sachregister.

Quellenregister.

Bürgerliches Gesetzbuch.

B. G. B.

Einführungsgesetz.

Z. V. G.

Konkursordnung.

Handelsgesetzbuch.

Gewerbeordnung.

Versicherungsvertragsgesetz.

Strafgesetzbuch.

Strafprozeßordnung.

Preußisches Landrecht.

Code Napoléon.

Österreichisches Zivilgesetzbuch.

Österreichisches Baugesetz 1912.
Seite 345.

Österreichisches Gesetz über Meliorationsdarlehen.
Seite 385.

Schweizer Zivilgesetzbuch.

Sachsenspiegel.

Schwabenspiegel.

Berichtigung und Zusatz.
Seite 84 oben § 879 BGB. nicht GBO.
Zu Seite 61 ist unten beizufügen: § 1106.

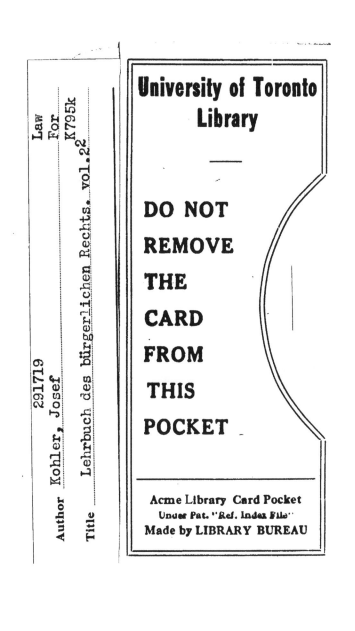

Lightning Source UK Ltd.
Milton Keynes UK
UKHW010802110119
335238UK00008B/755/P